Nun ist es für einen Laien schwer vorstellbar, wie eine Seifenpresse (oder Automat?) funktioniert. Ich kann mir aber denken, daß in Paletten halbe Kastenformen eingelassen sind, in die die Seifenmasse gegossen wird. Es kann doch nicht so schwer sein, (im Zusammenhang mit der Exquisit-Production?) einen der Automaten auf lustige Spielzeugformen umzurüsten. Vielleicht eine Aufgabe für eine Jugendbrigade oder ein Neuererkollektiv? Als Geschenkpackung mit 3 verschiedenen Tieren z.B. würde diese Seife viele Kinder erfreuen. Es gibt Kinderschwämme, Kinderbürsten, aber die Seife ist nach wie vor nur praktischer Natur, schade!

    Sicher ist mein Vorschlag nicht lebensnotwendig, würde aber vielen Muttis und Kindern täglich ein Stückchen Freude schenken. In der Hoffnung, daß dieser letzte Versuch meinerseits nicht umsonst ist, verbleibe ich mit besten Wünschen

Heidi

A. Lüdtke/P. Becker (Hg.)
Akten. Eingaben. Schaufenster.
Die DDR und ihre Texte

Akten. Eingaben. Schaufenster.
Die DDR und ihre Texte

Erkundungen zu Herrschaft und Alltag

Herausgegeben von Alf Lüdtke und Peter Becker

Akademie Verlag

Gedruckt mit Unterstützung des Deutschen Historischen Instituts Washington D. C.

Die Deutsche Bibliothek – CIP-Einheitsaufnahme

Akten. Eingaben. Schaufenster: Die DDR und ihre Texte :
Erkundungen zu Herrschaft und Alltag / hrsg. von Alf Lüdtke
und Peter Becker. – Berlin : Akad. Verl., 1997
    ISBN 3-05-003011-9

© Akademie Verlag GmbH, Berlin 1997
Der Akademie Verlag ist ein Unternehmen von WILEY-VCH.

Gedruckt auf chlorfrei gebleichtem Papier.
Das eingesetzte Papier entspricht der amerikanischen Norm ANSI Z. 39.48 – 1984
bzw. der europäischen Norm ISO TC 46.

Alle Rechte, insbesondere die der Übersetzung in andere Sprachen, vorbehalten. Kein Teil dieses Buches darf ohne schriftliche Genehmigung des Verlages in irgendeiner Form – durch Photokopie, Mikroverfilmung oder irgendein anderes Verfahren – reproduziert oder in eine von Maschinen, insbesondere von Datenverarbeitungsmaschinen, verwendbare Sprache übertragen oder übersetzt werden.

Satz: Akademie Verlag, Hans Herschelmann
Druck: GAM Media, Berlin
Bindung: Druckhaus „Thomas Müntzer", Bad Langensalza

Printed in the Federal Republic of Germany

Inhalt

Vorwort 9

ALF LÜDTKE
Sprache und Herrschaft in der DDR. Einleitende Überlegungen 11
1. Sprache, Repräsentation, „Wirklichkeit" 11
2. Sprache, Herrschaft, Eigensinn 13
3. Sprache in der DDR 16
4. Zur Faktizität der Fiktion 21
5. Fiktionalität und Narrativität der Partei- und Amts-Prosa 23

Systematische Zugriffe

MATTHIAS JUDT
„Nur für den Dienstgebrauch" – Arbeiten mit Texten einer deutschen Diktatur 29
1. Archivlage 30
2. Die Sprache der Akten 33

BURGHARD CIESLA
Hinter den Zahlen. Zur Wirtschaftsstatistik und Wirtschaftsberichterstattung in der DDR 39
1. Die Zweideutigkeit der Wirtschaftsstatistik 39
2. Probleme der Messung und der Datenqualität 44
3. Berichterstattung: fortwährender Wandel der Definitionen 48
4. Hinweise für den Gebrauch 51
5. Zwei Beispiele für Bewertungsprobleme des Wirtschaftswachstums der DDR auf der Basis der Bruttoproduktionsrechnung in den fünfziger Jahren 52
6. Literaturauswahl 54

RALPH JESSEN
Diktatorische Herrschaft als kommunikative Praxis. Überlegungen zum Zusammenhang von „Bürokratie" und Sprachnormierung in der DDR-Geschichte 57
1. „... – auch der Information wegen." 57
2. Die offizielle Sprache – einige Merkmale 60
3. Sprache und Ritual 65
4. „Bürokratie" und Sprache 69
5. Vier zusammenfassende Thesen 75

Fallstudien

INSA ESCHEBACH
Zur Umcodierung der eigenen Vergangenheit. Antifaschismuskonstruktionen in
Rehabilitationsgesuchen ehemaliger Mitglieder der NSDAP, Berlin 1945/46 79

KATHERINE PENCE
Schaufenster des sozialistischen Konsums: Texte der ostdeutschen „consumer
culture" 91
1. „Schaufensterpolitik": Darstellung des Sozialismus im Kalten Krieg 92
2. „Auf dem Wege zu besseren Schaufenstern": Die Produktion der Texte 97
3. „Blick durch die Scheibe": Das Entziffern der Schaufenster 100
4. „Das Auge des Geschäfts": Fenster der Überwachung 110
5. „Phantasiefenster": (Be-)Deutungen und Sehnsüchte 116

UTA G. POIGER
Amerikanischer Jazz und (ost)deutsche Respektabilität 119
1. „Echter" Jazz und Politik 121
2. DDR-Jazzklubs 125
3. Zusammenfassung 133
4. Textbeispiel 134

THOMAS LINDENBERGER
Der ABV im Text. Zur internen und öffentlichen Rede über die Deutsche Volkspolizei
der 1950er Jahre 137
1. Polizei-Texte 140
2. Volkspolizei-Fiktionen: ein Beispiel 163

THOMAS KRAMER
Die DDR der fünfziger Jahre im Comic MOSAIK: Einschienenbahn, Agenten,
Chemieprogramm 167
1. Die Neos-Serie: Idealbild der DDR-Welt? 168
2. Endstation Sehnsucht: Mit der Einschienenbahn in die Zukunft 171
3. Nick Knatterton und MfS-General: Exekutive in MOSAIK und „Gigantum" 177
4. Comic-Helden in Leuna und Espenhain: Chemie- und Energieprogramm
   im MOSAIK 180
5. Die Neos-Serie: Kritik und Rezeption 185

ALF LÜDTKE
„... den Menschen vergessen"? – oder: Das Maß der Sicherheit: Arbeiterverhalten
der 1950er Jahre im Blick von MfS, SED, FDGB und staatlichen Leitungen 189
1. Berichterstattung 189
2. „Die Stimmung der Arbeiter in den Betrieben" 192
3. Produktionsorganisation und „Tendenzen des Managertums" 193
4. Hauptaugenmerk „Sicherheit" 195
5. Arbeitsabläufe: Muhsal ohne Ende? 197
6. Arbeitsniederlegungen 202
7. „... den Menschen vergessen"? 203

8. Motivationen: Titel, Urkunden, Wimpel, Prämien 205
9. Schlußbemerkungen: das MfS als Korrektiv? 206
10. Texte 209

DOROTHEE WIERLING
Der Staat, die Jugend und der Westen. Texte zu Konflikten der 1960er Jahre 223
1. Das Ereignis und seine Vorgeschichte 225
2. Die Perspektive von Staat und Partei: Beat ist amerikanische Unkultur 227
3. Erinnerungen eines Demonstranten: „Sie gelten als nicht vorbestraft". 231
4. Nachrichten aus Nürnberg 234
5. Verbindungen 237
6. Textbeispiel 239

ATINA GROSSMANN
„Sich auf ihr Kindchen freuen". Frauen und Behörden in Auseinandersetzungen um
Abtreibungen, Mitte der 1960er Jahre 241
1. Die Problemlage: Kontinuitäten und Wandel nach 1945 241
2. Auf dem Weg zur Re-Legalisierung: Frauen schreiben – die Regierung antwortet . . 248
3. Staatliche Interessen und Stimmen der Frauen 257

INGA MARKOVITS
Rechts-Geschichte. Ein DDR-Zivilprozeß aus den 1980er Jahren 259

INA MERKEL
„… in Hoyerswerda leben jedenfalls keine so kleinen viereckigen Menschen."
Briefe an das Fernsehen der DDR 279
1. Irrationale Formen der Kommunikation 283
2. Die Steigerung eines absurden Alltags durch seine Entstellung in den Medien:
   „Hoffentlich habe ich Ihnen damit kein Geheimnis verraten!!" 288
3. Über mentale Besonderheiten von Briefeschreibern 289
4. Traditionelle Tugenden 298
5. Texte: Gutenachtlektüre für DDR-Nostalgiker. Briefe aus der Zeitgeist-Sammlung
   1980–1990 299

Autorinnen und Autoren 311

Vorwort

Dieser Band konzentriert sich auf Dimensionen der DDR-Geschichte und der DDR-Forschung, die erst allmählich in den Blick rücken. Es überwiegt bisher ein Interesse an (Staats-)Partei und Staatsapparat, an politischer Organisierung und dramatischen Ereignissen. Welches aber sind die gelebten wie formulierten Deutungen – die „Texte" der DDR-Geschichte und DDR-Gesellschaft?

Den unmittelbaren Anstoß, sich mit dieser Thematik zu beschäftigen, gab eine Diskussionsveranstaltung über die Analyse von Stasi-Akten, zu der das Deutsche Historische Institut in Washington, D. C., Herbert Reinke und Alf Lüdtke als Referenten eingeladen hatte. Dabei zeigte sich, daß die besondere Signatur dieser wie anderer DDR-Texte die historische Forschung in einem umfassenderen Sinn herausfordert. Zur Sondierung und Erkundung war ein größerer Teilnehmerkreis unerläßlich. Eine Tagung sollte zweierlei erreichen: das deutsch-amerikanische Zwiegespräch über neue Zugänge zur Geschichte der DDR anregen; eine Intensiverung der Quellenkritik von DDR-Texten ermuntern, um DDR-eigene Sprachformen und Schreibstile erschließen zu können.

Ermöglicht wurde diese Tagung, die im Oktober 1994 in Washington stattfand, durch die Unterstützung einer Reihe von Personen und Institutionen. Das Deutsche Historische Institut stellte den Rahmen, in dem sich eine fruchtbare Diskussion entfalten konnte. Die Mittel zur Durchführung der Veranstaltung wurden von der Stiftung Volkswagenwerk bewilligt. Aber ohne die Bereitschaft aller Teilnehmer, die Reise nach Washington zu machen und sich auf eine Diskussion einzulassen, die auch die methodische Basis der eigenen Forschung erschüttern mochte, hätte das Unternehmen nicht stattfinden können.

Der vorliegende Band ist das Resultat dieser Tagung; zugleich ist er kein Tagungsband im eigentlichen Sinne. Einige der Tagungsbeiträge finden sich nicht im Band, einige wurden neu aufgenommen. Die vorliegenden Beiträge wurden zudem von den Autorinnen und Autoren revidiert. Das Ziel war dabei vor allem, nicht nur die Ergebnisse der Diskussionen zu berücksichtigen, sondern auch eine Einführung in wichtige Quellenbereiche der DDR zu liefern. Es sollte ein Arbeitsbuch zur Sozial-, Alltags- und Kulturgeschichte der DDR entstehen.

Der Band wäre aber nicht möglich gewesen, wenn nicht weitere Personen und Institutionen Hilfestellung geleistet hätten. Das Deutsche Historische Institut in Washington, D. C., stellte einen Druckkostenbeitrag zur Verfügung, das Max-Planck-Institut für Geschichte in Göttingen ermöglichte eine kostensparende Vorbereitung des Manuskriptes und der Akademie Verlag, vor allem Herr G. Hertel, betreuten den Band durch alle Etappen mit aufmunterndem Zuspruch und tätiger Mithilfe. Wir möchten an dieser Stelle allen sehr herzlich danken.

Alf Lüdtke	Peter Becker
Göttingen	Washington, D. C.

ALF LÜDTKE

Sprache und Herrschaft in der DDR.
Einleitende Überlegungen

1. Sprache, Repräsentation, „Wirklichkeit"

„Es gibt keine Wirklichkeit außerhalb der Sprache". Mit diesem Zitat spitzte vor wenigen Jahren die feministische Historikerin Joan W. Scott eine These zu, die mehrere Diskussionsstränge aus den Debatten der letzten Jahre verknüpft.[1] HistorikerInnen, überhaupt SozialwissenschaftlerInnen haben Sprache in neuer Weise zu interpretieren gelernt. Zwei Perspektivenwechsel sind dafür besonders wichtig gewesen: die philosophisch inspirierte Kritik an der „master narrative"[2], aber auch die Analyse von „Diskursen", d. h. der Regeln und Funktionen von Denkweisen und ihrem Zusammenspiel mit sprachlichen, schriftlichen und außersprachlichen Repräsentationsformen. Zumal Michel Foucault hat diese „Diskurse" zum Thema seiner Arbeiten gemacht.[3]

So unterschiedlich sie im einzelnen sind, so stimmen diese Perspektiven doch in einem überein. Sie betonen die *Eigendynamik* sprachlicher Repräsentationen von Wirklichkeit. Beachtet wird ihre Materialität ebenso wie die Eigendynamik ihrer Narrativität, anders: jene Aspekte von Sprache, die sich gezieltem Zugriff nicht oder nur begrenzt fügen. Hayden White hat argumentiert, daß erklärende, aber auch dokumentarische Texte ungeachtet aller womöglich anderslautender Absichten ihrer Autoren erzählen. Damit aber bleiben sie einem schmalen Set von rhetorisch-dramaturgischen Modellen („Tropen") verpflichtet. Oder: Diskurse im Sinne Foucaults erweisen sich als stumme, vorgegebene Strukturierungen von Repräsentation wie von Kommunikation. Sein Argument betont, daß nicht allein Interessen und individuelle

---

1 Das Zitat stammt von Gareth Stedman Jones, Rethinking Chartism, in: Ders., Languages of Class, Cambridge 1983, S. 102 (vgl. Ders., Klassen, Politik und Sprache, hg. von P. Schöttler, übers. von B. Hahn, Münster 1988, S. 143f); verwendet wird es von Joan W. Scott, Über Sprache, Geschlecht und die Geschichte der Arbeiterklasse (1983/87), in: Christoph Conrad, Martina Kessel (Hg.), Geschichte schreiben in der Postmoderne, Stuttgart 1994, S. 283–309, S. 288; vgl. Joan W. Scott, The Evidence of Experience (1991), in: James Chandler u. a. (Hg.), Questions of Evidence, Chicago 1994, S. 363–387. Zum folgenden auch Peter Schöttler, Wer hat Angst vor dem „linguistic turn"?, in: Geschichte und Gesellschaft 23 (1997), S. 134–151.
2 Dafür repräsentativ und folgenreich Hayden White, Auch Klio dichtet oder: Die Fiktion des Faktischen, Stuttgart 1986 (amerikan. 1978).
3 Michel Foucault, Die Ordnung des Diskurses (1970), Frankfurt u. a. 1977; vgl. Ders., Die Geburt der Klinik. Eine Archäologie des ärztlichen Blickes, München 1973 (Paris 1963/72); s. auch den Überblick bei Angèle Kramer-Marietti, Michel Foucault – der Archäologe des Wissens, Frankfurt a.M. 1976 (Paris 1974); zur Diskussion die Beiträge in Jürgen Fohrmann, Harro Müller (Hg.), Diskurstheorien und Literaturwissenschaft, Frankfurt a.M. 1988.

Motivationen sprachliche und bildliche Aussagen erklären. Vielmehr seien es zeitspezifische Diskurs-Regeln, die den Inhalt und die Struktur von Aussagen über Wirklichkeit prägten.

Davon unterscheiden sich grundlegend jene Thesen, welche die Definitionsmacht einzelner Autoren oder Sprach-Subjekte betonen. Wenn „Gegenwart" wie „Vergangenheit" nur in jenen Repräsentationen „wirklich" sind, die jede und jeder einzelne konstruiert, zerlegen sich „Wirklichkeit" und „Geschichte" in die unbegrenzte Vielstimmigkeit der Deutungen. Ethnologen wie James Clifford haben betont, daß die Erkundung solcher „Stimmen" und ihrer Kontexte nicht darauf ziele, eine einheitliche, kulturübergreifende soziale Logik freizulegen. Im Unterschied zur älteren Hermeneutik richte Kontextualisierung vielmehr den Blick der Forscher auf die Pluralität sozialer Logiken. Diese Sicht öffnet erkenntnislogisch Raum für das Fremde, vielleicht besser: für das Andere.[4]

Bei aller Verschiedenartigkeit stellen diese Sichtweisen erneut jenes Grundmuster der Gesellschaftswissenschaften in Frage, das sich seit der Frühen Neuzeit in ungleichmäßigen Bewegungen zunehmend durchgesetzt hatte. Danach war das „Wesen" oder die „Struktur" menschlichen Handelns und sozialer Beziehungen in sprachlichen, gestischen oder künstlerischen Ausdrucksweisen nur dargestellt. Erst jenseits dieser Oberflächen ließen sich deren „eigentliche" Gründe oder Ursachen finden. Hier müssen Andeutungen zu einigen der Konzepten genügen: die materiale Praxis der Aneignung von Natur in „Arbeit" und „Produktion" waren im Horizont der Analysen von Karl Marx zentral. Emile Durkheim verwies auf die mentale Konstruktion – oder die Destruktion und Abwehr von „Normen", Max Weber auf den „Sinn", der sozialem Handeln innewohne oder beigelegt werde. Dieser Sinn mochte sprachlichen Ausdruck finden, war aber – in dieser Sicht – nicht begründet in Sprachformen oder Texten.[5]

Untersuchungen sozialer Praxen zeigen, daß beides unangemessen ist: die hierarchische Unterscheidung zwischen materialem „Wesen" und (sprachlicher oder piktorialer) „Oberfläche" ebenso wie die Alleinbegründung von Wirklichkeit, d. h. von individuellem Handeln und sozialen Beziehungen in der Grammatik sprachlicher Muster. Materiale Praxen und Repräsentationen in Texten, Bildern oder Gesten verweisen fortwährend aufeinander, wirken wechselseitig.[6] Die Vorstellungen (A. W. Schelling) der Akteure von „Welt" und Geschichte orientieren

---

4 Vgl. für die ethnologische Diskussion James Clifford, George E. Marcus (Hg.), Writing Culture. The Poetics and Politics of Ethnography, Berkeley 1986 und David William Cohen, The Combing of History, Chicago/London 1994; zu der in Sprache vermittelten „sozialen Energie", generell dem literaturwissenschaftlichen „new historicism" s. Stephen Greenblatt, Learning to Curse. Essays in Early Modern Culture, London 1992.

5 Vgl. auch die Rekonstruktion des „Indizienparadigmas", das im 19. Jahrhundert an Dynamik gewonnen habe; es formuliert eine neue Weise des Zugriffs, stellt aber die Hierarchie von „Oberfläche" und „Wesen" nicht in Frage und setzt auch die Rolle des Historikers als „letztem Erzähler" von bzw. „Richter" über die „Fakten" voraus, s. Carlo Ginzburg, Spurensicherung. Der Jäger entziffert die Fährte, Sherlock Homes nimmt die Lupe, Freud liest Morelli – die Wisssenschaft auf der Suche nach sich selbst (1979), in: Ders., Spurensicherungen, Berlin 1983, S. 61–96.

6 Roger Chartier, L'histoire culturelle entre „linguistic turn" et retour au sujet, in: Wege zu einer neuen Kulturgeschichte, Göttingen 1995, S. 29–58. – Die Unterscheidung zwischen (Rede- oder Schreib-)Texten, visuell-piktorialen Darstellungen und (körperlich-)gestischen Expressionen, aber auch musikalischer Intonation wird häufig vernachlässigt, wenn nicht gänzlich ignoriert. Damit gilt aber das (Sprach-)Text-Modell auch für jene Formen der Äußerung, die sich grundlegend unterscheiden, die z. B. nicht nacheinander in der Wortfolge, sondern parallel-gleichzeitig „zeigen" (wie Bilder oder Gesten). Besonders anre-

Einleitende Überlegungen 13

ihr Verhalten und Handeln, das Herstellen von Wirklichkeit. Soziale Praxis – zum Beispiel die von „Arbeit" oder „Herrschaft" – leistet und verknüpft beides: materiale Aneignung, soziale Beziehung und jene Deutungen, die über deren rechtes Maß, über Ausbeutung oder Unrecht (womöglich strittige) Auskunft geben.[7]

2. Sprache, Herrschaft, Eigensinn

Sprachpraxen haben ebenso wie Strategien der Visualisierung im 20. Jahrhundert für die Durchsetzung wie für die Kritik von Herrschaft eine neue Qualität bekommen. Zuspitzungen zeigen das Maß des Möglichen: In den Massenverbrechen der stalinistischen Herrschaft – in den Völkermorden und Raubkriegen des deutschen Faschismus sind gewiß nicht zum ersten Mal in der Geschichte der Neuzeit Millionen von Toten gezielt herbeigeführt oder billigend in Kauf genommen worden.[8] Diese Tötungen wurden aber auch besprochen; in Wort und Bild waren sie präsent – als „Säuberung" des „Volksganzen" oder der „Mutter Heimat"[9].

Sprache ist Teil jener sozialen Praxis, die Herrschaft produziert – Sprache ist ihrerseits geprägt von Herrschaft. Nur ein Element dieser Wechselbeziehung sind sprachliche oder visuelle Propaganda-Strategien „von oben" bzw. rhetorische Künste von (Partei- wie Staats-)"Führern"[10]. Entscheidend sind die Aneignungen im und durch alltäglichen Sprachgebrauch – bei den Herrschenden ebenso wie bei denen, die sich jenseits der Kommandohöhen von Staat, Ökonomie oder Kultur finden. Einer der als „Juden" Verfolgten des deutschen Faschismus, der Romanist Victor Klemperer, hat Sprachformen und -floskeln seiner „reichsdeutschen" Zeitgenossen notiert. In seinem „LTI" versammelte er beklemmende Belege dafür, wie selbstverständlich auch Opfer und Nicht-Nazis vor 1945, aber auch „Antifaschisten" nach 1945 die

---

gend für die Erkundung visueller Praktiken und Felder ist Jonathan Crary, Techniken des Betrachters. Sehen und Moderne im 19. Jahrhundert, Basel/Dresden 1996 (amerikan. 1990).

7 Ein Beispiel mag das verdeutlichen: die Analyse des Gehens in einer Stadt, in der Michel de Certeau die Gleichzeitigkeit von Materialität, Sinnlichkeit und je eigener Nuancierung zeigt: das Gehen scheint immer dasselbe – und ist immer ein anderes, Ders., Kunst des Handelns, Berlin 1988 (Paris 1980), S. 188ff; die französische Überschrift dieses Abschnitts (S. 179) lautet: „Le parler des pas perdus".

8 Tötungsgewalt und der Anspruch, diese rechtmäßig auszuüben, gilt hier also als der Bezugspunkt von Herrschaft; vgl. grundsätzlich Heinrich Popitz, Phänomene der Macht. Autorität – Herrschaft – Gewalt – Technik, Tübingen 1987; der locus classicus zu „Herrschaft" fraglos bei Max Weber, Wirtschaft und Gesellschaft. Grundriß der verstehenden Soziologie, 5. revid. Aufl., Tübingen 1972, S. 122ff; vgl. auch meine Einleitung: Herrschaft als soziale Praxis, in: Alf Lüdtke (Hg.): Herrschaft als soziale Praxis, Göttingen 1991, S. 9–63.

9 Vgl. generell Matthias Vetter (Hg.), Terroristische Diktaturen im 20. Jahrhundert: Strukturelemente der nationalsozialistischen und stalinistischen Herrschaft, Opladen 1996; zur Sowjetunion s. auch Dietrich Geyer, Rußland in den Epochen des Zwanzigsten Jahrhunderts, in: Geschichte und Gesellschaft 23 (1997), S. 258–294, bes. S. 277–290; Boris Groys, Gesamtkunstwerk Stalin. Die gespaltene Kultur in der Sowjetunion, München, Wien 1988, S. 51ff.

10 Vgl. aber am Beispiel von Hitlers „Mein Kampf" Lutz Winckler, Studie zur gesellschaftlichen Funktion faschistischer Sprache, Frankfurt a.M. 1970, S. 27–89; zu den visuellen Formen vgl. Gerhard Paul, Aufstand der Bilder: die NS-Propaganda vor 1933, Bonn 1990.

Sprache des deutschen Faschismus verwandten. Da ließ sich Widerstand offenbar nur als „heroisch" oder als „fanatisch" denken; Reichsdeutsche, die den Krieg verabscheuten, bezeichneten ihn 1944 ganz selbstverständlich als „jüdisch". Klemperers Befund war zutiefst skeptisch. Die Chancen schienen minimal, sich der Imprägnierung durch solche Sprach- und Vorstellungsweisen zu entziehen, die mörderisch-kriegerische Herrschaftspraxis nicht nur abbildeten, sondern zugleich verkörperten.[11]

Zur (Selbst-)Darstellung wie (Selbst-)Stilisierung von Herrschaft gehört seit jeher das Geheimnis. Nur die Herrschenden kennen es. Sie beweisen ihre Herrschaft in der Ausgrenzung der Nicht-Eingeweihten aus der Arkansphäre.[12] Das Sekretieren von Texten war und wurde ein zentrales Mittel zur Sicherung von Herrschaft. Andererseits dienten Geheimsprachen und -schriften den Beherrschten, eigene und eigensinnige Motive vor herrschaftlichem Einblick zu verheimlichen. Das Geheimnis hatte (und hat) sein Pendant im Schweigen, bei Herrschenden wie Beherrschten.[13]

Im Kontext der staatlich angestifteten oder gerechtfertigten Massenverbrechen wurde Schweigen „danach" nachdrücklicher Beleg für die Wirklichkeit herrschaftlicher Tötungsgewalt. Allerdings ist zu unterscheiden – zwischen jenem Stummbleiben, das (Mit-)Schuld überdecken soll[14], und dem Verstummen aus Scham, überlebt zu haben. Zu den Formen der Äußerung und Selbstdarstellung von Herrschaft gehört hingegen das gezielte Verschweigen. Dabei geht es nicht allein um momentanes Verstummen. Bezeichnend scheint das Tilgen von Materialien – für Hannah Arendt in ihrem „Elemente und Ursprünge totaler Herrschaft" ein wesentliches Indiz für totale Herrschaft in der Sowjetunion zur Stalinzeit.[15] Das Auslöschen von Personen reichte bis in den Tod: anonyme (Massen-)Gräber, Tilgen der Namen wie Bilder (selbst auf bereits zuvor anders veröffentlichten Fotografien). Dieses Ver-Schweigen war nicht nur ein Eliminieren politischer Gegner im herkömmlichen Sinn. Im Stalinismus wie im Faschismus traf die physische Vernichtung einzelne Menschen, Menschengruppen oder Völker, die als „Volksverräter", als „Gemeinschaftsfremde" oder „Untermenschen" vorab sprachlich gezeichnet wurden: Bereits vor jedem physischem Zugriff waren sie sprachlich aus jeder offenen Kommunikation ausgeschlossen.

---

11 Victor Klemperer, LTI. Notizbuch eines Philologen, 10. Aufl., Leipzig 1990 (3. Aufl. 1957), vgl. S. 8, 48f, 101ff, 202ff; vgl. Ders., Ich will Zeugnis ablegen bis zum letzten. Tagebücher 1933–1945, Bde. I u. II, Berlin 1995.
12 Herfried Münkler, Im Namen des Staates. Die Begründung der Staatsraison in der frühen Neuzeit, Frankfurt a.M. 1987.
13 Dazu ausführlicher der Band Gerald M. Sider, Gavin Smith (Hg.), Commemorations and Silences, Toronto 1997.
14 Dazu für die 1950er Jahre in der alten Bundesrepublik Robert Moeller, War Stories: The Search for a Usable Past in the Federal Republic of Germany, in: American Historical Review 101 (1996), S. 1008–1048; zu visuell-piktorialen Präsentationen und Ausblendungen vgl. die unveröffentlichte M.A.-Arbeit von Habbo Knoch, Bilder vom Holocaust. Fotografien von NS-Verbrechen und die westdeutsche Erinnerungskultur vom Kriegsende bis in die Sechziger Jahre, Seminar für mittlere und neuere Geschichte der Universität, Masch., Göttingen 1996.
15 Zitiert nach Penka Angelova, Veliko Tarnovo, Strategien des Schweigens im Machtdiskurs der Diktaturen, in: Klaus Steinke (Hg.), Die Sprache der Diktaturen und Diktatoren. Beiträge zum internationalen Symposion an der Universität Erlangen vom 19. bis 22. Juli 1993, Heidelberg 1995, S. 293–396, S. 298f.

Einleitende Überlegungen

Dem Verschweigen entsprach jene Form der Repräsentation, bei der Dokumentation mit zuspitzender Akzentuierung wie mit Ausblendungen unabsichtlich oder absichtsvoll durchmischt war. Organisiert als „Propaganda" sollte sie die eigene Herrschaft rechtfertigen. Dieses anpreisende Ver- oder Enthüllen spiegelte sich im Schweigen, aber auch im Bramarbasieren der Mitmacher und Mitläufer. Mundtot blieben hingegen die Opfer – oder sie wurden es.[16] Insofern war das Unternehmen von Victor Klemperer, an seinem Tagebuch festzuhalten, Beleg für beides: Aufschreiben als Mittel zum Überleben; Spurensicherung gegen die (Mit-)Täter und für die Nachlebenden.[17] Das Tagebuch ermöglicht (mit anderen Gegen-Schriften und -Fotos[18]) Traditionsbildung. Sie dokumentiert Unterdrückung und Leiden ebenso wie Nicht-Hinnahme, „Eigensinn" und Widersetzlichkeit; sichtbar werden die Grenzen von Herrschaft.

Fatal wäre es, wenn die Zusammenhänge von Sprache, Herrschaft, (Über-)Lebenspraxis und „Eigensinn" nur auf diktatorische Regime reduziert würden. Umso wichtiger ist der Vorschlag von James W. Scott, das „public transcript" für richtiges oder erwartetes Verhalten zu unterscheiden von einem zweiten, das wirkungsmächtiger Sprechen und Handeln bestimme, dem „hidden transcript".[19] Dieses „verdeckte" Muster präge die Alltagspraxis, also auch alltäglichen Sprach- und Bildgebrauch.

Gebrauch von Sprache erschöpft sich nicht in der Sprachmacht von Herrschaft und Herrschenden. Die Praxen des Widerstehens, aber auch die der Distanzierung und des Eigen-Sinns benutzen Sprache (und Bilder) – und werden von diesen Ausdrucksformen reguliert. Rituale bieten Manövrierchancen. Ihre unaufhebbaren Mehrdeutigkeiten[20] lassen sich für „hidden transcripts" nutzen, ohne damit eine zwingende Handhabe für die Herrschenden zu bieten. Es sind dies die sprachlichen (oder bildlichen[21]) Dimensionen jener Schwejkiaden, in der sich die angeblich „kleinen Leute" ihre eigene Zeit und ihren eigenen Raum in den Unübersichtlichkeiten der Herrschafts- und Ausbeutungsverhältnisse „moderner" Gesellschaften zu sichern suchen. Sprach- und Bild-Rituale bleiben freilich offen für unangestrengtes Sich-Einfügen in herrschende Verhältnisse. Nicht allein Zwangsherrschaft ist gemeint, sondern auch jene „verwaltete Welt", die z. B. in den 1950er Jahren als Kehrseite technisch-industrieller Dynamik galt.[22]

---

16 Dazu Helmut Peitsch, „Deutschlands Gedächtnis an seine dunkelste Zeit". Zur Funktion der Autobiographik in den Westzonen Deutschlands und den Westsektoren von Berlin 1945–1949, Berlin 1990.
17 Dazu Hannes Heer (Hg.), Im Herzen der Finsternis. Victor Klemperer als Chronist der NS-Zeit, Berlin 1997.
18 Zu denken ist an Joe Heydecker, Die Stille der Steine. Warschau im November 1944, Hg. I. v. Trenkner, Berlin 1994.
19 James W. Scott, Domination and the Arts of Resistance, New Haven/London 1990.
20 Dazu Victor Turner, The Forest of Symbols. Aspects of Ndembu Ritual, Ithaca/London 1973, S. 27ff., bes. S. 48ff.; Raymond Firth, Symbols. Public and Private. London 1973, S. 193ff.
21 Penka Angelova hat auf die Funktion von Entkleidungsszenen in polnischen und DDR-Filmen der späten '70er und der '80er Jahre hingewiesen: Es seien dies Szenen, die „Freiheit vortäuschen" sollten, vgl. Dies., Strategien des Schweigens (wie Anm. 15), S. 301; zugleich zeigten solche Szenen – zumal in ihrer konkreten Anschaulichkeit – jedoch auch Momente von Freiheit, diese Bilder „täuschten" also nicht nur „vor".
22 Karl Korn, Sprache in der verwalteten Welt, Frankfurt a.M. 1958.

Nicht nur in diktatorischer Herrschaft werden sprachliche bzw. textuelle oder bildliche Ausweich- und Überlebenspraxen eingesetzt. Dennoch sind die Unterschiede keineswegs nebensächlich. In den Lebensperspektiven der Menschen bleibt fundamental: ob schweigen oder widersprechen, ob anders zu sprechen (zu schreiben oder zu filmen) als es Autoritäten erwarten, akzeptiert wird, ob Minimalstandards freier Rede einklagbar sind – oder ob man polizeiliche und justizielle Verfolgung oder gar Willkür zu erwarten hat. Die Präsenz von Vorstellung ‚freier Rede' zeigte sich 1989/91 in der Implosion der diktatorischen Regime des „real existierenden Sozialismus": Nach der „Wende" suchten viele die ‚große Aussprache'. Endlich konnte der Traum von freier Rede nicht mehr nur geträumt werden. Forderungen nach grenzlosem, aber auch nach richtendem Aussprechen sind seither mehrfach erhoben, freilich nur punktuell realisiert worden.[23]

3. Sprache in der DDR

„Goldbroiler" und „Verkaufsstelle": zwei Wörter im Alltag der Menschen in der DDR[24]. Belegen sie, daß sich eine eigene „Sprache *der* DDR" entwickelte? Oder zeigten sich in solchen Neuschöpfungen spezifische Formen „deutscher Sprache *in* der DDR"?[25] Diese Frage wurde nicht nur aus anderen deutschsprachigen Gesellschaften gestellt. Germanisten in der DDR selbst argumentierten z. B. 1988, daß nach wie vor *eine* deutsche Sprachgemeinschaft existiere.

Militärische Niederlage und „Zusammenbruch" des deutschen Faschismus, Befreiung der überlebenden Verfolgten, Besetzung – sie bedeuteten für Sprache und Sprachverwendung keineswegs eine „Stunde Null".[26] Die Eigenarten der Sprache, die sich bis 1945 ausgeprägt hatten, wurden im Zuge von Besatzung und „Antifaschismus", von Kaltem Krieg und (relativer) Eigenständigkeit weiterentwickelt (zum Fokus „Antifaschismus" INSA ESCHEBACH in diesem Band). Dabei blieben vielfache Bezüge auf „den Westen" prägend. Das zeigte sich in der Entwicklung und Übernahme, aber auch dem Forcieren von „Gegenwörtern" (wie beim „Gold-

---

23 In den ersten Wochen nach der Maueröffnung wurden in vielen Orten der DDR an den Wochenenden offene Redeforen auf öffentlichen Plätzen eingerichtet, die ihererseits vom Rundfunk direkt übertragen wurden. Von Bürgerrechtlern kamen bald Forderungen nach einem „Tribunal", auf dem die (Un-)Taten der Herrschenden offengelegt und festgehalten werden sollten. Und: im Sinne der Redeforen vom November 1989 sollten sich alle „gelernten DDRler" wechselseitig die eigenen Biographien erzählen. Nicht allein Geschwindigkeit, Intensität und Ungleichmäßigkeit der Umwälzungen „danach", sondern ebenso Einsicht in Mitmachen und Hinnehmen der Vielen dürfte ein Hauptgrund für das rasche Versanden dieses gesamtgesellschaftlichen Gesprächsprojektes gewesen sein.

24 Vgl. Patrice Poutrus, Kurzer Abriß der Geschichte des Goldbroilers, in: Neue Gesellschaft für Bildende Kunst (Hg.), Wunderwirtschaft. DDR-Konsumkultur in den 60er Jahren, Köln 1996, S. 138–143.

25 Horst Dieter Schlosser, Die deutsche Sprache in der DDR zwischen Stalinismus und Demokratie. Historische, politische und kommunikative Bedingungen, Köln 1990, S. 11; Wolf Oschlies, Würgende und wirkende Wörter – Deutschsprechen in der DDR, Berlin 1989.

26 Dazu auch den Beleg von Victor Klemperer, LTI (wie Anm. 11), S. 8.; zu den jungen Antifaschisten und ihre ungewollt dem Nazi-Jargon entlehnte Sprache über das Politische vgl. auch Klemperers Tagebuchaufzeichnungen aus dem Jahr 1945, Ders., Zwiespältiger denn je. Dresdner Tagebuch 1945, Juni bis Dezember, Dresden 1995.

Einleitende Überlegungen 17

broiler"[27]); in den visuellen Repräsentationen läßt sich Ähnliches beobachten (dazu KATHERINE PENCE in diesem Band). Allerdings orientierten sich die „Kommunikationsgemeinschaften" keinswegs nur an den Grenzen der weltpolitischen „Blöcke" (der flächendeckend in der DDR gebräuchliche „Goldbroiler" ist deshalb eher irreführend).[28]

Hochdeutsch im Sinne des vom (DDR-)Duden geregelten Wortschatzes und der Grammatik des Schriftdeutschen war und blieb die öffentliche Sprache von Wissenschaft und Literatur, zumal dort, wo es um das – wie es seit den späten 1970er Jahren hieß – „kulturelle Erbe" ging. Neologismen, von der „Brigade" und ihrem „Brigadier" über den „Dispatcher" bis zum „Plan" und seiner „Abrechnung", aber auch den „Abschnittsbevollmächtigten" bzw. den „ABV" (dazu THOMAS LINDENBERGER in diesem Band): Sie fanden nicht nur rasch Eingang in Wort, Schrift und Bild bei den Medien – sie wurden von den Medien aggressiv ‚in die Gesellschaft' getragen. Aber auch in der Literatur wurden solche Neuschöpfungen oder Umprägungen verwendet, vor allem natürlich in den „Dokumenten" von SED[29] und der von ihr abhängigen Blockparteien, sowie der „gesellschaftlichen Massenorganisationen", nicht zuletzt auch in Lehrbüchern. In unterschiedlicher Verwendung und Nuancierung fanden sie sich aber auch in privater Korrespondenz und häuslichem oder privatem Gespräch (natürlich in Vorlesungen und politischen Schulungen).[30] Umgangs-, politische und Fachsprachen, regional auch Dialektsprachliches, vor allem Mundart: Sie mischten sich in sehr unterschiedlichem Maße an den Arbeits- und den Ausbildungsplätzen, aber auch in Kontexten von „Freizeit" und Erholung.[31]

---

27 Wie sehr zumal in dieser Arena die Ost-West-Konfontation wirksam war und blieb, läßt sich unschwer in ausdrücklichen „Gegenformulierungen" aus dem Westen erkennen, z. B. der vom „Zwangsumtausch" für den Pflichtumtausch von Devisen pro Person und Besuchstag; vgl. dazu auch Gerald Diesener, Rainer Gries (Hg.), Propaganda in Deutschland. Zur Geschichte der Massenbeeinflussung im 20. Jahrhundert, Darmstadt 1996; zur visuellen Dimension s. Dieter Vorsteher (Hg.), Parteiauftrag: ein neues Deutschland. Bilder, Rituale und Symbole der frühen DDR (Ausstellungskatalog des DHM), Berlin 1996.
28 Wolfgang Fleischer, Der Wortschatz der deutschen Sprache in der DDR. Fragen seines Aufbaus und seiner Verwendungsweise. Von einem Autorenkollektiv unter Leitung von W. Fleischer, 2. Aufl., Leipzig 1988, S. 27ff.; vgl. auch Sabina Schroeter, Die Sprache der DDR im Spiegel ihrer Literatur. Studien zum DDR-typischen Wortschatz. Berlin, New York 1994, zusammenfassend S. 216f.; insgesamt auch Oschlies, Würgende und wirkende Wörter (wie Anm. 25).
29 Vgl. ein breites Spektrum interner bzw. vertraulicher Texte der 1950er und 60er Jahre aus dem Apparat von ZK und Politbüro der SED, auch der Zentralen Parteikontrollkommission, zu Stand und Perspektiven von Rechtswissenschaft bzw. Rechtswissenschaftlern, aber auch interne Stellungnahmen einzelner, einschließlich der Texte von „Selbstkritiken" (z. B. des Leipziger Zivilrechtsprofessors Heinz Such, 17. Januar 1960) in: Ralf Dreier u. a. (Hg.), Rechtswissenschaft in der DDR 1949–1971, Baden-Baden 1996; Suchs „Stellungnahme" ebd., S. 282–287; s. auch Oschlies, Würgende und wirkende Wörter (wie Anm. 25), bes. S. 68–98 zum „Kaderwelsch" (S. 84) sowie Diesener, Gries (Hg.) Propaganda (wie Anm. 27), bes. S. 128–190.
30 Dazu auch die Dokumentation von Ruth Reiher (Hg., unter Mitarbeit von Antje Baumann, Sabine Grünert, Christine Willig), Mit sozialistischen und anderen Grüßen. Porträt einer untergegangenen Republik in Alltagstexten, Berlin 1995; s. auch den Ausstellungskatalog: Tobias Böhm u. a. (Hg.), Kurzwort: Ewig blühe. Erinnerungen an die Republik der Lobetrotter. Requisiten aus einem Stück deutscher Geschichte zwischen 1946 und 1989, Berlin 1992; vor allem Oschlies, Würgende und wirkende Wörter (wie Anm. 25).
31 Insgesamt Oschlies, Würgende und wirkende Wörter (wie Anm. 25); speziell zum Dialekt S. 174–204.

Bei der Verwendung der „offiziellen" Sprache, zumindest aber einzelner Wörter (wie das der Brigade) ist zweierlei zu beachten. Es ist – erstens – daran zu erinnern, daß sich die gesellschaftlichen Zusammenhänge und Erfahrungen der Menschen in vielerlei Weise veränderten. Neue Wörter und Redeweisen wurden unerläßlich. Die Rolle von „Brigaden" in der industriellen wie agrarischen Produktion, das Zusammenspiel von „Normenvorgaben und materiellen Anreizen", überhaupt die „Planung der Volkswirtschaft" waren nicht ideologische Formeln und propagandistische Gebetsmühlen. Dem entsprachen vielmehr nicht selten intensive, mitunter auch schmerzhafte Erfahrungen, die man selbst oder die andere am Arbeitsplatz machten.

Verwenden bedeutete jedoch – zweitens – nicht notwendig Übernehmen oder Billigen bzw. Sich-Identifizieren. Distanziert-ironische Brechungen waren alltägliche Erfahrung oder Praxis (bis zu der Karikierung des Abkürzungsfimmels, z. B. in der „Pispilei"!). Distanzierung ließ sich aber auch einsetzen, um eine Zone für eigenes Manövrieren zu gewinnen, für eigensinnige Praxis[32]. Dann konnte das Beschwören der „allseitig entwickelten sozialistischen Persönlichkeit" in der Partei- oder Gewerkschaftsversammlung sehr wohl Raum öffnen für Überlegungen zur individuellen ‚Selbstfindung' und deren Schwierigkeiten.[33]

Die offiziell verwendeten oder erwünschten Wörter taugten keineswegs immer, um konkrete Situationen und Erfahrungen, z.B. mit ökonomischer oder administrativer Effizienz in Worte zu fassen. Direktes Ansprechen bzw. „deutliche Worte" über Ineffizienz und Schlendrian konnten riskant werden, fanden jedenfalls nicht jenes erwünschte gute Gehör bei den Adressaten „oben", das eine direkte Kommunikation zwischen „unten" und „oben" eingeleitet hätte. Wortwitz war in der „Alltagssprache" unabdingbar. Überdies bedeutete selbst häufiges Verwenden „offizieller" Formulierungen – von eher traditionell-unspezifischen Wendungen wie den „werten Abgeordneten" über das politisch trennscharfe „Hauptstadt der DDR" bis zur eher verwaschenen Honeckerschen „Einheit von Wirtschafts- und Sozialpolitik" – durchaus nicht, daß damit die jeweilige „offizielle" Bewertung der Wirklichkeit geteilt wurde. Und das galt nicht nur für

---

32 „*Pispilei*" steht für das Ziel, im „Bereich der materiellen Produktion" (also in Betrieben) nicht nur Höchstleistungen zu vollbringen, sondern „*Pionier- und Spitzenleistungen*" anzustreben. Die Abkürzung war (halbironisch) bei Kulturfunktionären in den 70er und 80er Jahren üblich, die es auch mit einem anderen Langwort zu tun hatten, denn sie hatten in (und zwischen) den Betrieben den „*ökonomisch-kulturellen Leistungsvergleich*" („*Ökulei*") zu organisieren. Dieser hatte selbstverständlich ebenfalls der übergreifenden Zielstellung zu dienen. So stellte die Gewerkschaftszentrale die gewerkschaftliche Kulturarbeit unter die Losung: „Durch ökonomisch-kulturellen Leistungsvergleich zu Pionier- und Spitzenleistungen!". Da dies schwer zu sprechen ist, wurde daraus im Jargon der Kufos (Kulturfunktionäre) kurzerhand: „*Durch Ökulei zu Pispilei!*". – Für Hinweis und Erläuterung danke ich Dietrich Mühlberg, Berlin.

33 Vgl. Alf Lüdtke, Eigen-Sinn. Fabrikalltag, Arbeitererfahrungen und Politik vom Kaiserreich bis in den Faschismus, Hamburg 1993, vgl. zum Konzept S. 9, 13, 376ff. – Generell zu den Vermengungen wie zu „verdeckten" und gegenläufigen Nutzungen offizieller Codes am Beispiel kolonialer Herrschaft und Sprach-Überformung (es geht um die Burjäten unter sowjetischer Herrschaft, im Grenzgebiet zwischen Mongolei und Rußland) Caroline Humphrey, Politische Sprache in einer ethnischen Minderheit. Burjäten und burjätische Sprache seit den 1920er Jahren in der Sowjetunion, in: Alf Lüdtke (Hg.), Herrschaft als soziale Praxis, Göttingen 1991, S. 442–490, S. 457f., 465ff., 477ff., 483; die wechselseitigen Adaptationen russischer wie burjätischer Wörter und Wortgebräuche, von Wortstellung und Namensgebung zeigen, daß Texte bzw. Sprachverhalten nicht in der simplen Polarität von Herrschaft und Gehorsam oder Widerspenstigkeit aufgehen.

Einleitende Überlegungen 19

„Eingaben", in denen sich zahllose „Bürger" nicht nur an den Staatsrat, sondern an „Leiter" auf allen Ebenen wandten (vgl. INA MERKEL in diesem Band).

Das Festhalten an „alten" ist ebenso wie das Verwenden „neuer" Wörter und Redewendungen auch ein Zeichen dafür, daß Menschen eigene Ansichten und Erfahrungen ungeachtet der „fürsorglichen Belagerung" gerade auch durch untere Hierarchen und ihre Chargen prägnant auf den Punkt brachten (in der „Produktion": das allein dem Kapitalismus zugeschriebene Wort „Firma" für Betrieb bzw. VEB – oder auch für die Stasi; „Chef" für den staatlichen Leiter). Ironische, überhaupt augenzwinkernde Verwendungen waren fast nie ausgeschlossen, fanden auch in literarischen Texten und Filmen Niederschlag oder Anregung.[34] Formen eines „hidden transcript" wurden vielfältig entwickelt – und blieben keineswegs nur „versteckt".

Der Differenzierung sprachlicher Praxisfelder und „Kommunikationsgemeinschaften" wird vielfach die Polarität von „offizieller" und „Alltagssprache" unterlegt.[35] Zumal „Jugendsprache" zeige, daß „Alltagskommunikation" nur zu häufig die „offizielle Sprache" ins Leere laufen ließ. Schlosser diagnostiziert sogar eine „gegenseitige Blockade" beider Sprachen in der DDR-Gesellschaft. Die Vorstellung einer „Blockade" verkennt jedoch die Befunde. Schlosser selbst verweist auf das Code-Switching, das offenbar selbstverständliche, jedenfalls vielfach unangestrengte Hin- und Herwechseln zwischen Formen „offizieller" Rede (bzw. Schreibe oder Visualisierung) und denen, die man in einem weniger offiziellen Kontext für angemessen oder notwendig hielt (dazu u.a. ATINA GROSSMANN in diesem Band).[36] Code-Switching bot vielerlei Ausweichmöglichkeiten gegen „offizielle" Zu- oder Anmutungen. Zugleich dürfte solches Ausweichen eine dynamischere Entwicklung der offiziellen Sprache erheblich verzögert, wenn nicht in der Tat „blockiert" haben.

Die These der „Blockierung" unterstellt auch, daß die Differenz der Macht- und Verfügungschancen über gesellschaftliche Ressourcen ein direktes Abbild im Sprachverhalten gefunden habe. Sie ignoriert „querliegende" oder übergreifende Orientierungen, z.B. die Wertschätzung von Erziehung und Disziplin. Es mochte also zu eigentümlichen „Wettläufen" kommen: Wenn sich staatliche und Partei-Institutionen, nicht zuletzt das Ministerium für Staatssicherheit (MfS), als „Erzieher" der DDR-Gesellschaft verstanden[37], so war das nicht nur ein Anspruch „von oben". Wenn offenbar auf allen Ebenen zahllose Menschen die anderen erzieherisch „bessern" und damit den gesellschaftlichen „Fortschritt", zumindest aber „kulturvolleres" Verhalten voranzubringen suchten, konnte es zwar Streit um Dosierungen, nicht aber um den Grundsatz regulierender Dauer-Eingriffe geben (zur Brechung dieses Musters in einer Repräsenta-

---

34 Das gilt auch für Texte, die von den Autoren als „systemkonform" angelegt waren, jedenfalls Antifaschismus und Sozialismus als Perspektive eines eigenen Deutschland als Aufgabe und Auftrag sahen, in aktuellen Zuständen die Differenz zum Ideal zu benennen suchten, z. B. Hermann Kant in seinem Erstling, „Die Aula" (Halle 1963) oder Arbeiten von Christa Wolf, vor allem ihr im selben Jahr, 1963, erschienener „Geteilter Himmel". – Für piktoriale und andere außersprachliche Ausdrucksformen vgl. Uta Grundmann, Klaus Michael, Susanna Seufert (Hg.), Die Einübung der Außenspur. Die andere Kultur in Leipzig 1971–1990, Leipzig 1996.
35 Schlosser, Sprache in der DDR (wie Anm. 25), S. 176ff.
36 Dazu auch Reiher, Vorwort, in: Dies. (Hg.). Mit sozialistischen Grüßen (wie Anm. 30), S. 9.
37 Vgl. dazu Maria Haendcke-Hoppe-Arndt in der Abschlußdiskussion einer Tagung im März 1994, in: Klaus-Dietmar Henke, Roger Engelmann (Hg.), Aktenlage. Die Bedeutung der Unterlagen des Staatssicherheitsdienstes für die Zeitgeschichtsforschung, S. 232.

tion eigener Sorte, dem Comic, THOMAS KRAMER – zu Konflikten über „Disziplin" und Eigensinn, die sich an der ‚Generationenlinie' entzündeten, DOROTHEE WIERLING, beide in diesem Band).[38]

Damit ließ sich ein Zugriff auf Wirklichkeit verbinden, der im Planen und Lenken weniger Kontrolle oder Herrschaft als Entlastung, Überschaubarkeit – und „Ordnung" durchzusetzen suchte. Das weite Feld der „Wohnungswirtschaft" zeigt eine Fülle von extrem planokratischen Konzepten, nicht zuletzt dem in den 80er Jahren in der Verordnungssprache begegnenden „Wohnraumlenker". Aber nicht nur „Wohnraumvergabepläne" oder „Hausreparaturpläne" und die dafür zuständigen „Komplexbrigaden" gehören hierher. Denn zugleich wurden hier auch „vorbildliche Hausgemeinschaften" mit einer „Goldenen Hausnummer" ausgezeichnet: Verordnungswut konnte sich nur zu leicht mit Ordnungs- wie Unterordnungsseligkeit von Bewohnern treffen.[39]

Für den Ost-West-Kontext dürfte die Figur des „Nebeneinander" die zahllosen wechselseitigen Resonanzen und Bezüge verkennen. In den weiten Feldern alltagskultureller Verhaltens- und Ausdrucksweisen läßt sich das vielfältig zeigen (in diesem Band dazu besonders UTA G. POIGER und KATHERINE PENCE sowie DOROTHEE WIERLING). Schlosser hat zutreffend die permanente begriffliche und sprachliche Anwesenheit ‚des' Westens betont. Versuche der DDR-Führung und der SED, bestimmte Begriffe in einem staatstragenden Sinne festzuschreiben, etwa „Freiheit" oder „(Volks-)Demokratie", seien nie gelungen. In den 1980er Jahren wurden sie vielmehr auch in der DDR-Öffentlichkeit und den Halböffentlichkeiten der Bürgerrechtsgruppen zu Drehpunkten einer alternativen, d. h. DDR-kritischen Interpretation der Wirklichkeit. Nicht zuletzt waren offizielle Bezugnahmen auf „eigentlich" gar nicht vorhandene Äußerungen „aus dem Westen", zugleich die Reaktionen auf Kritik im Inneren ein Hinweis darauf, „wie unsicher der Ausschließlichkeitsanspruch der sprachlichen Weltdeutung der SED letztlich" blieb. Und wenn Erich Honecker im Januar 1989 in einer Rede die Dauerhaftigkeit der „Mauer" betonte, dann konnten die Zuhörer in der DDR daraus ein Abrücken vom „Schutzwall" lesen – von einem Begriff, an dem die SED-Führung bis dahin nachdrücklich festgehalten hatte.[40]

Dem entspricht im übrigen die anhaltende Unschärfe auch jener Begriffe, die keineswegs in erster Linie für agitatorische und propagandistische Verwendungen gedacht waren. Das terminologische Inventarium für die Entwicklung der „sozialistischen Volkswirtschaft". d. h. für die Planwirtschaft als säkulare und revolutionäre Alternative zum Kapitalismus des Westens blieb offenbar dauerhaft von „definitorischer Unschärfe" gekennzeichnet.[41]

---

38 Als retrospektive Erkundung dieses Alltags-Habitus vgl. die literarische Brechung fraglos autobiographischer Erfahrungen bei Thomas Brussig, Helden wie wir, Berlin 1995; vgl. auch Reiher (Hg.), Mit sozialistischen Grüßen.
39 Vgl. zur sprachlichen Seite Friedhelm Debus, Ökonomische Grundbedingungen in der DDR, in: Horst Dieter Schlosser (Hg.), Kommunikationsbedingungen und Alltagssprache in der ehemaligen DDR, Hamburg 1991, S. 67f.
40 Horst Dieter Schlosser, Ideologie und Alltagssprache, in: Beiträge zur Sprachwissenschaft 5 (1991), S. 47–54, hier zitiert nach: Ders. (Hg.), Kommunikationsbedingungen und Alltagssprache (wie Anm. 39), S. 47–54, S. 51; ab Mitte der 1970er war der „Schutzwall" des Adjektivs „antifaschistisch" entkleidet worden.
41 Vgl. dazu ausführlicher Debus, Ökonomische Grundbedingungen in der DDR, in: Schlosser (Hg.), Kommunikationsbedingungen und Alltagssprache (wie Anm. 38), S. 65–72, S. 66f.

4. Zur Faktizität der Fiktion

Literarische und filmische, somit artistische Repräsentationen der „Wirklichkeit" galten vielfach als aussagekräftiger denn journalistische Recherchetexte, zumal in den Medien (zu den Ausnahmen zählte das Fernsehmagazin „Prisma", vgl. den Beitrag von INA MERKEL in diesem Band). DDR-Bewohner sahen in „zeitbezogenen" oder „realistischen" Romanen (und auch in Spielfilmen) beides: Berichterstattung wie Kommentar über die eigene Lebenswirklichkeit.[42] Je nach Publikum oder sozialer Gruppe waren in der DDR erzählende Literatur oder (Spiel-)-Filme das wichtigste, jedenfalls von den „Bürgern" wie den Obrigkeiten am stärksten beachtete Medium der Selbstreflektion der Gesellschaft über sich selbst. Im Westen wie im Osten ging man davon aus: In literarischen Texten und filmischen Repräsentationen verknüpften sich öffentliche mit „verschwiegenen Deutungen".[43]

In der DDR gerieten die Autoren und Autorinnen literarischer Texte ebenso wie weibliche und männliche Filmemacher, bildende Künstler und Fotografen fortwährend in zweideutige Situationen. Einerseits waren sie Teil einer anerkannten, d. h. staatlich oder parteilich zumindest akzeptierten, wenn auch nicht immer ausdrücklich begrüßten Öffentlichkeit. Zugleich aber wurden viele gelegentlich (oder immer wieder) zu Kritikern, wenn nicht zu hartnäckigen Streitern für Erweiterung der Redefreiheit. Im Innern der DDR, aber auch von außen gesehen fanden sie sich „immer auf beiden Seiten" (Heiner Müller).[44]

Der Anspruch, zwischen „Fiktion" und „Dokumentation", zwischen literarischen Texten und solchen „sachlich"-beschreibender Art eindeutig unterscheiden zu können, ist mittlerweile zurecht fragwürdig geworden. Die Eindeutigkeit der Grenzziehung wurde in vielen Bereichen infragegestellt: von der Perspektive über die wahrgenommenen Gegenstände oder Themen bis zu den literarischen „Tropen", denen auch historisches Erzählen nicht entkommen kann.[45] Für literarische Texte bedeutete das, daß die artifizielle Produktion von Texten ihrerseits in vielerlei Bezügen zu anderen Texten steht – und damit zu jenen Momenten von Wirklichkeit die in und durch Texte begründet sind.

Etwas konkreter heißt das: Die Unterscheidung zwischen einerseits Texten von Behörden oder Betrieben sowie analytischen Versuchen der Ökonomen oder Soziologen und andererseits den literarischen „Schöpfungen" verfehlt die prinzipielle Nähe wie die faktischen Überschneidungen aller dieser Texte. Daß SchriftstellerInnen nicht nur Fabulierer, sondern Seismographen der Zeit und ihrer Welt waren und sind, zeigte sich dann auch in der DDR darin, daß nicht mehr nur akribisch recherchierte Texte am Schreibtisch komponiert wurden. Das Aufschreiben der Texte bzw. der mündlichen Erzählungen anderer kam hinzu. Mögen die

---

42 Als Überblick David Bathrick, The Powers of Speech. The Politics of Culture in the DDR, Lincoln, Nebraska/London 1995.
43 Vgl. dazu Bathrick, The Powers of Speech (wie Anm. 42), S. 44; zum Konzept des „hidden transcript", das ich hier benutze, vgl. James W. Scott, Domination and the Arts of Resistance. Hidden Transcripts, New Haven/London 1990; vgl. auch die in Anm. 34 genannten literarischen Titel.
44 Bathrick, The Powers of Speech (wie Anm. 42), S. 11; vgl. Peter Böthig, Klaus Michael (Hg.), MachtSpiele. Literatur und Staatssicherheit, Leipzig 1993; zur Kontextualisierung der in „MachtSpiele" versammelten Zeugnisse der Auseinandersetzungen ab 1991: Günther Rüther, „Greif zur Feder, Kumpel!" Schriftsteller, Literatur und Politik in der DDR 1949–1990, Düsseldorf 1991; vgl. auch Heinrich Mohr, Mein Blick auf die Literatur der DDR, in: aus politik und zeitgeschichte 44 (1994), B 10/94, S. 12–22.
45 Dazu Hayden White, Auch Klio dichtet – oder: Die Fiktion des Faktischen, Stuttgart 1986.

Anregungen z. B. von Erika Runge oder Erika von Hornstein gekommen sein – Sarah Kirsch hat in ihrer eigenen Weise die Berichte von fünf Frauen präsentiert als „Fünf unfrisierte Erzählungen aus dem Kassettenrecorder", 1973.[46] Die Texte lösen sich stark von dem Modell der Protokoll-Widergabe, wie es etwa im Rahmen der oral history üblich ist. Dennoch geben diese Texte, wie auch die von Maxie Wander oder von Wolfgang Herzberg herausgegebenen Gespräche[47], Stimmen der Befragten wieder. Es ist ein müßiger Streit, inwieweit damit „Alltagssituationen" oder „Alltagssprache" getroffen waren: Jeder Sprechende konstruiert und kalkuliert seine Sprache, nimmt Bezug auf das Gegenüber (die Situation – so wie sie wahrgenommen wird).

Eine der Absichten von Sarah Kirsch war es, „einmal darzustellen, wie schwer Bandarbeit ist." Aber es sollte nicht nur das sein. Damit verbunden war die Darstellung der Mühsal eines solchen Lebens überhaupt: „Wie schrecklich schwer überhaupt so ein Leben mit Kindern und morgens zur Arbeit gehen ist und wie wenig Geld man eigentlich dafür bekommt, auch in der DDR".[48] Aus einigem Abstand ist vielleicht noch deutlicher, was für manche der Leser und Leserinnen seinerzeit entweder selbstverständlich oder nicht zu ändern war: daß sich damit auch eine Generalperspektive auf den sozialistischen Wunschmenschen verband. Selbst in der ‚unfrisierten' Darstellung von Einzelschicksalen setzte man sich immer mit dem Typus ‚des' DDR-Bürgers auseinander. Doch zeigt gerade das Beispiel der Bandarbeiterin, daß dieser Typus nicht nur geradlinige Karrieren, sondern eher das bürgerliche Thema beständigen Bemühens und Strebens verkörperte. Diese Frau hatte es nicht geschafft, Facharbeiterin zu werden; mit verschiedenen Tätigkeiten, Heimarbeit oder Aushilfe bei der Post, hatte sie sich durchzubringen versucht. Es folgte Akkordarbeit in einem Textillager – erst die Tätigkeit als Justiererin bei der Herstellung von elektrischen Relais war dann tragbar und auch für sie zufriedenstellend. Immerhin ist die Mühsal des Sich-Durchsetzens im Moment des Interviews, mehr noch in der daraus entstehenden „Erzählung" bereits Vergangenheit. Der Erfolg, schließlich doch noch etwas Befriedigendes erreicht zu haben, ist Gegenwart. Zugleich bricht in den Texten der „Pantherfrau" zumindest die Einzel-Geschichte der Bandarbeiterin jene Typisierung, die seinerzeit auch von Kirsch geteilt wurde. Annerose Richter hat die Mächtigkeit dieser Projektion von den „sozialistischen Menschen" als „Wie-sie-sein-sollen-Menschen" folgendermaßen umrissen und zugleich ironisiert: Diese „Wunschmenschen" wurden „eigentlich so gebacken wie sie später mal wirklich von selbst wachsen sollten. Also es war so ne Art Probeback. Und es war eine merkwürdige Keksform herausgekommen, wo plötzlich alle Kekse gleich waren".[49] Freilich: „Es war dann kein Interesse mehr an solchen [Einheits-]Keksen". Bei der „Pantherfrau" war es die Erzählweise, die das „Keksmodell" nicht mehr linear fortsetzte, sondern auf Abstand rückte.

In der „Pantherfrau" relativierte individuelle Konkretion und die in ihrer Nacherzählung aufbewahrte Nicht-Geradlinigkeit von Lebensläufen den Bezug auf den Typus des neuen

---

46 Sarah Kirsch, Die Pantherfrau. Fünf unfrisierte Erzählungen aus dem Kassettenrecorder, Berlin, Weimar 1973; vgl. dazu Hans Joachim Schröder, Zwei Klassikerinnen der Interview-Literatur: Sarah Kirsch und Maxie Wander, Bremen 1996 (Institut für kulturwissenschaftliche Deutschland-Studien an der Universität Bremen, Materialien und Ergebnisse aus Forschungsprojekten des Institutes, H.9), S. 6ff.
47 Wolfang Herzberg, So war es. Lebensgeschichten zwischen 1900 und 1980, Weimar, Leipzig, 1984.
48 Sarah Kirsch, Erklärung einiger Dinge (Dokumente und Bilder), Ebenhausen bei München 1978, S. 32, hier nach Schröder, Zwei Klassikerinnen (wie Anm. 46), S. 24.
49 Dazu Annerose Richter, in: Schröder, Zwei Klassikerinnen (wie Anm. 46), S. 39.

Menschen. Intensiver und inhaltlich gefüllt wurde die Differenz in Maxie Wanders „Guten Morgen, du Schöne" von 1977. Dies war für Richter nicht mehr Produkt der „Kekszeit", sondern eine Gegenwelt, eine „Auswahl von Pralinen". Es war wohl ihre Rolle als Außenseiterin, die bei Maxie Wander (die als Österreicherin z. B. in den Westen reisen konnte, und dies auch tat) die Fähigkeit schärfte, das Eigenartige und „Fremde" in der DDR zu erkennen[50] und sich nicht mit den „Keksen" zu begnügen.

5. Fiktionalität und Narrativität der Partei- und Amts-Prosa

Der Gemeinplatz vom „bürokratischen Sozialismus", der in der DDR geherrscht habe, rieb sich mit andauernden Erfahrungen von der Ineffizienz wie Arroganz zahlloser Bürokraten. Die „Partokratie" (J. Pakulski) betrieb eine obsessive Sicherung ihrer Sphäre, vom Schalter und den geschlossenen Türen über das grenzenlose „Dienstgeheimnis" bis zur Versiegelungswut – als Ausdruck der allgegenwärtigen Geheimhaltungssucht. Hierarchien und Terminologien entsprachen in hohem Maße den Bildern, die ja auch das Bürokratie-Modell (im Sinne Max Webers) kennzeichnen. Und auch die vielfach langen und unkalkulierbaren Warte- und Bearbeitungsfristen lassen sich damit durchaus zur Deckung bringen.

Allerdings war ein Element bürokratischer Regulierung und Kontrolle nicht anzutreffen, das der Zurechenbarkeit. Die Akten sind ein direkter Spiegel einer Praxis, in der diejenigen, die einen Brief oder eine Vorlage entworfen und auch überarbeitet haben, vielfach nicht mehr zu ermitteln sind. Paraphen und Datierungen, überhaupt das „Abzeichnen" gehörte zumal in den 50er und 60er Jahren *nicht* zu den Minimalanforderungen an das Alltagsverhalten am bürokratischen Arbeitsplatz. Diese Praxis entsprach ganz offenbar jenem konspirativen Duktus, der in KPD-Tagen eingeschliffen und durch die NS-Verfolgung in aller Härte verstärkt worden war. Und auch das sowjetische Vorbild ermunterte nur zu einem „Mehr" und nicht etwa zu selbstkritischem Innehalten.

Die Tiefengliederung der Machthierarchien bekräftigte, demonstrierte zugleich ein Machtverhältnis, bei dem die Kalkulierbarkeit von Kompetenzgrenzen als unerheblich, im Zweifelsfall als hinderlich galt. In der Tiefe der staatlichen Instanzen verlief die „Parteischiene". Ganz überwiegend waren die staatlichen „Leiter", zu denen ja z. B. auch die Betriebsdirektoren gehörten, Mitglieder der SED. Für sie war „die Partei" in der betrieblichen „Grundorganisation" tagtäglich präsent. Sie berichteten nicht nur der Kombinatsleitung oder dem Fachministerium, sondern wöchentlich der Betriebsparteiorganisation, zwischendurch von Fall zu Fall dem Parteisekretär. Dieses Machtverhältnis war stets präsent, wurde aber nur im persönlichen Kontakt, in direkter Herrschaft oder Patronage konkret und „greifbar".

Stefan Wolle hat auf die „chaotischen Züge der Überlieferung" aufmerksam gemacht; sie waren das Resultat dieser halb-bürokratischen Mischung aus Parteiherrschaft und Patronagewirtschaft. In eigentümlicher Verkehrung stand dazu die Ausdrucksweise in den überlieferten Texten: „trocken, hölzern und formelhaft". Es überwogen „öde Phrasen". Und wenn einzelne Personen sich individuell äußerten oder verhielten – in den Schrifttexten taucht das fast nie

---

50 Schröder, Zwei Klassikerinnen (wie Anm. 46).

auf.⁵¹ Freilich läßt sich in und hinter den „Phrasen" dennoch eine eigene Logik entziffern, die zugleich auf eine hohe Eigendynamik verweist: Sie waren Ausdruck einer Ritualisierung, die die Bewegungsspielräume für die Mächtigen und ihre „Organe" erweitern und sichern konnte. Das galt nicht unbegrenzt, aber immerhin für mehrere Jahrzehnte (dazu MATTHIAS JUDT, RALPH JESSEN sowie ATINA GROSSMANN und ALF LÜDTKE, alle in diesem Band).

Eine derart flächendeckende Eintönigkeit prägte nicht jene Texte, in denen die „Apparate" Kritik wie Zustimmung „der Bevölkerung" wiederzugeben suchten, d. h. Momentaufnahmen der aktuellen Alltagswirklichkeit gaben, aber auch Zukunftsperspektiven skizzierten: „Informationsberichte".⁵² Sie wurden von „unten nach oben" geschrieben und akkumuliert: Die SED-Betriebsparteiorganisation (BPO) informierte die Kreisleitung der SED; diese wertete den Bericht zahlreicher BPOs aus und meldete weiter bzw. schrieb ihre Berichte mithilfe der Texte, die sie erhalten hatte. – Mary Fulbrook hat bei dieser Berichterstattung über „Stimmungen und Meinungen" in der Bevölkerung bemerkenswerte Veränderungen beobachtet. In den 1950er Jahren seien die Berichte von einem starken Bemühen um Details und Genauigkeit geprägt gewesen. Im Rahmen grundsätzlicher Zustimmung zur DDR waren sich offenbar Berichterstatter wie Leser, d. h. Partei- und Staats-Funktionäre der mittleren und höheren Ebenen, einig, daß die einen wie die anderen „unbedingt wissen wollte[n], was wirklich los war: wie die Leute dachten, was sie machten, wo der 'Klassenfeind' zu finden und zu schlagen war".⁵³ Seit den 60er, mehr aber noch in den 70er und 80er Jahren seien diese Texte immer nichtssagender geworden. Erst ab Mitte der 1980er findet Fulbrook wieder vermehrt Hinweise auf „Kritisches".

51 Stefan Wolle, Die Aktenüberlieferung der SED als historische Quelle, in: Henke/Engelmann (Hg.), Aktenlage, S. 211–219, S. 215f. Zur Eigensinnigkeit einzelner Funktionäre (und ihrer Sprache) vgl. aber Landolf Scherzer, Der Erste. Eine Reportage aus der DDR, Köln 1989 (Rudolstadt 1988): Hier wird der Erste Sekretär einer SED-Kreisleitung im Bezirk Suhl in reportagehafter Dokumentation geschildert, ganz offensichtlich ein nuancierter Mensch; ob sich das auch in seinen ‚amtlichen' Schrifttexten spiegelte, bleibt offen.

52 Lutz Niethammer berichtet, ein „damals führender Zeithistoriker der DDR" habe ihm im Herbst 1985 erklärt, daß in einer „von einer Avantgarde geleiteten Gesellschaft ... die Masse des Volkes naturgemäß ein zurückgebliebenes Bewußtsein habe. Dieses durch seine Forschung und öffentliche Thematisierung mit sich selbst zurückzukoppeln sei unter dem Gesichtspunkt der Avantgarde ein schädlicher Vorgang", Ders., Alexander von Plato, Dorothee Wierling, Die Volkseigene Erfahrung. Eine Archäologie des Lebens in der Industrieprovinz der DDR, Berlin 1991, S. 10. Umso wichtiger waren oder wurden interne „Rückkoppelungen". Die „Eingaben" an alle Stellen und Institutionen, die einen ‚amtlichen' Charakter hatten oder signalisierten – vom (staatlichen) Betrieb bis zum Präsidenten der DDR, ab 1960 dann dem Staatsrat – wurden penibel erfaßt und ausgewertet, vgl. den Beitrag von INA MERKEL in diesem Band sowie Felix Mühlberg, Wenn die Faust auf den Tisch schlägt. Eingaben als Strategie zur Bewältigung des Alltags, in: Wunderwirtschaft (wie Anm. 24), S. 175–184; zu den Meinungsumfragen Heinz Niemann, Meinungsforschung in der DDR. Die geheimen Berichte des Instituts für Meinungsforschung an das Politbüro der SED, Köln 1995. Auch das Zentralinstitut für Jugendforschung, Leipzig, führte ebenso wie das dortige Institut für Marktforschung zumindest seit den 1970er Jahren regelmäßig Meinungsumfragen durch. – Zu den Ansätzen von Oral History in der DDR vgl. Petra Clemens, The State of Oral History in the GDR, in: The History of Oral History/BIOS, Special issue, 1990, S. 107ff.

53 Mary Fulbrook, Zu einer Gesellschaftsgeschichte der DDR. In: Richard Bessel und Ralph Jessen (Hg.): Die Grenzen der Diktatur. Staat und Gesellschaft in der DDR, Göttingen 1996, S. 274–297, S. 279.

Einleitende Überlegungen 25

Die zunehmende Formelhaftigkeit ab 1960/61 mag ein besseres Funktionieren des „politischen Systems" spiegeln, so Fulbrooks These. Allerdings verschiebt sich damit das Problem: Denn es bleibt offen, ob das auf vermehrte Kontrolle und Intervention verweist, oder ob sich darin ein „angepaßteres" Verhalten der Kontrollierten ausdrückte – oder war es ein Drittes: Verbarg sich hier ein geschickteres Abducken und Ausweichen der „Massen"? Dann wäre Akzeptanz die Konzession für jenen „Eigen-Sinn", den viele in Freizeit-„Nischen" und konzessionierten Bastionen (in der Erwerbsarbeit, dem symbolischen Ort der „herrschenden Klasse"!) nachdrücklich auszuleben suchten. Gerade die erhaltenen Texte der Kontroll- und Repressions"organe"[54] machen (ungeachtet aller übersteigerten Bedrohungsvorstellungen) die Grenzen deutlich, an welche die Herrschenden immer wieder stießen. Nicht wenige der Ausgespähten haben nach 1990 bzw. 1992 (der Öffnung der Akten des MfS bzw. der „Stasi"[55]) berichtet, daß „ihre (Stasi-)Akten" auch beeindruckende Fälle von Verweigerung bei Anwerbungsversuchen dokumentieren.[56]

Auch dort, wo in derartigen Texten Faktizität angestrebt war, schienen zahllose „Fiktionen" gegenüber Vorgesetzten erforderlich. Nur so ließ sich z. B. ein Mindestmaß an ökonomischer Produktion und Produktivität sichern (dazu BURGHARD CIESLA in diesem Band) – oder Durchsetzungsansprüche von Institutionen per Rechtsform und Richterspruch bekräftigen (INGA MARKOVITS in diesem Band). Die Notwendigkeit zu fortwährender Fiktionalisierung verstärk-

---

54 „Organ" war ein inflationärer DDR-Ausdruck für Institutionen wie Personen des Herrschaftsapparates. Das Wort mochte „organische" Verbundenheit mit den „werktätigen Massen", generell mit dem „Volk der DDR" beglaubigen.

55 Das grundsätzliche Offenlegen aller Unterlagen der staatlichen Behörden und anderen Institutionen, zumal der Sozialistischen Einheitspartei Deutschlands (SED), ist im Einigungsvertrag geregelt. Im Blickpunkt der breiteren Öffentlichkeit bzw. von Journalisten steht nur ein Teilbestand, die Unterlagen der „Stasi", des ehemaligen Ministeriums für Staatssicherheit (MfS). Dazu ist ein „Gesetz über die Unterlagen des Staatssicherheitsdienstes der ehemaligen DDR" beschlossen worden, das vom 1. Januar 1992 an den Zugang öffnete; vgl. Silke Schumann, Vernichten oder Offenlegen? Zur Entstehung des Stasi-Unterlagen-Gesetzes, Berlin 1995 (Reihe A, 1/95, Veröffentlichungen des Bundesbeauftragten für die Unterlagen des Staatssicherheitsdienstes der ehemaligen Deutschen Demokratischen Republik [BStU]). Für die Umsetzung dieses Gesetzes hat der Deutschen Bundestag einen „Bundesbeauftragten für die Unterlagen des Staatssicherheitsdienstes der ehemaligen DDR" gewählt, Joachim Gauck. Gauck, ehemaliger evangelischer Pastor in Rostock, gehörte bereits im Frühjahr 1990 zu den Initiatoren eines Gesetzes in der frei gewählten letzten Volkskammer der DDR, das die Sicherung und Öffnung der MfS-Akten vorsah. Zu seinen ersten Erfahrungen mit der Akteneinsicht: Joachim Gauck, Zum Umgang mit den Stasi-Akten – eine Zwischenbilanz, in: Bernd Faulenbach u. a.(Hg.), Die Partei hatte immer recht – Aufarbeitung von Geschichte und Folgen der SED-Diktatur, Essen 1994, S. 30–41; vgl. auch Klaus-Dietmar Henke und Roger Engelmann (Hg.), Aktenlage, Die Bedeutung der Unterlagen des Staatssicherheitsdienstes für die Zeitgeschichtsforschung, Berlin 1995. Seit 1991 arbeitet beim BStU eine Abteilung „Bildung und Forschung", deren Mitarbeiter als einzige einen privilegierten Aktenzugang genießen: Sie sind befugt, Akten ohne Schwärzung von (Opfer-)Namen oder Namen Dritter auszuwerten.

56 Dazu u. a. Klaus Schlesinger in einer Diskussionsveranstaltung der Ostberliner Geschichtswerkstatt zur Öffnung der Stasi-Akten, 27. Januar 1993; aufgrund von zugespieltem Material bereits vor der Öffnung der Akten Erich Loest, Der Zorn des Schafes, Leipzig 1990; vgl. auch Peter Böthig, Klaus Michael (Hg.), MachtSpiele (wie Anm. 44).

te sich gegenüber den Kreis- oder Bezirksleitungen bzw. der Zentrale, den ZK-Abteilungen der SED. Dabei sind die zahllosen Hinweise darauf, daß die allermeisten Autoren wie Adressaten diese „Fiktionen" durchschauten[57], kein Beleg dafür, daß nicht alle mit „vollem Ernst" und großem Aufwand daran mitarbeiteten. Vor allem waren diese „Fiktionen" folgenreich: Nach 1985 spiegelte die Abwehr des SED-Politbüros, die DDR „neu zu tapezieren" bzw. dem Vorbild Gorbatschows zu folgen, nicht nur den Starrsinn der Oberen. Hier wurde auch die Eindringtiefe von „Fiktionen" sichtbar, die man mitproduziert hatte – denen man selbst tagtäglich als „Realität" in internen Berichten wie in Mediendarstellungen begegnete.[58]

---

57 Vgl. Landolf Scherzer, Der Erste (wie Anm. 51); vgl. autobiographische Zeugnisse von Ausgereisten oder Flüchtlingen, z.B. für die Frühphase; für die späten 1940er Jahre Wolfgang Leonhardt, Die Revolution entläßt ihre Kinder; für die späten 1950er Fritz Schenk, Im Vorzimmer der Diktatur, Köln/Berlin 1962; für die mit-1970er die jetzt publizierten Tagebuchaufzeichnungen des Schauspielers Manfred Krug, Abgehauen, Düsseldorf 1996; für die 1980er im SED-Apparat, d. h. im Zentralkomitee Manfred Uschner, Die zweite Etage. Funktionsweise eines Machtapparates, Berlin 1993.
58 Vgl. dazu Richard Bessel und Ralph Jessen, Einleitung: Die Grenzen der Diktatur, in: Dies. (Hg.), Die Grenzen der Diktatur. Staat und Gesellschaft in der DDR, Göttingen 1996, S. 7–23.

Systematische Zugriffe

MATTHIAS JUDT

„Nur für den Dienstgebrauch" – Arbeiten mit Texten einer deutschen Diktatur

Die Arbeit des Historikers ist manchmal wie die des Pathologen. Der Gang ins historische Archiv und das Verwenden anderer Zeugnisse der Vergangenheit können wie eine Autopsie sein. Die Diskussion der Ergebnisse solcher Untersuchungen können ebenfalls Ähnlichkeiten aufweisen: Man weiß letztendlich um das Resultat eines Prozeßes und kann, nachdem der „Fall abgeschlossen ist", an die Debatte der Ursachen und der wichtigsten Schritte dieser Entwicklung gehen.

Doch bedauerlicherweise haben nicht alle Historiker es immer nur mit „abgeschlossenen Fällen" zu tun. Insbesondere trifft es Zeithistoriker hart, denn „in der Regel [haben diese] unabgeschlossene Prozesse und Verläufe zu untersuchen [deren] langfristige Wirkungen, Folgen und Nebenfolgen [sie nicht kennen]."[1] Damit unterziehen sich Zeithistoriker der Gefahr, im unerwarteten aber nun dennoch eingetretenen Fall des Dahinscheidens ihres Untersuchungsgegenstandes von manch „Pathologen" unter ihren Zunftgenossen den Vorwurf zu hören, sie hätten den nahen oder fernen, berechtigten oder unberechtigten Tod oder gar das Ende des berechtigten oder unberechtigten Lebens ihres Untersuchungsfeldes nicht erkannt.

Der Fall der DDR ist hier keine Ausnahme. Das historische Interesse an den Geschehnissen in 40 Jahren DDR und der kurzen Periode der Besatzungszeit davor, ist enorm, zumal offensichtlich zu sein scheint, daß der zweite deutsche Nachkriegsstaat im wahrsten Sinne des Wortes nachhaltige Wirkung hat. Nach 1989 haben sich auch solche zu Wort gemeldet, die, um im Bilde der Pathologie zu bleiben, entweder auf die „Leiche DDR" noch einmal spucken oder sie für die ew'ge Totenverehrung einbalsamieren zu wollen.

Ungeachtet der angedeuteten Brisanz und Aktualität des Themas haben sich die Autoren dieses Buches entschlossen, ein Lesebuch zur „Pathologie" der DDR zusammenzustellen. Es soll dem Interessierten Gelegenheit verschaffen, die archivalischen Grundlagen für die „Diagnose" der DDR-Geschichte an einigen Beispielen kennenzulernen. Die Autoren wenden sich überlieferten Akten und anderen historischen Quellen zu, die helfen können, die DDR-Gesellschaft in ihrem Erscheinungsbild zu unterschiedlichen Zeitpunkten zu beleuchten.

Ohne Anspruch auf Vollständigkeit haben die Verfasser versucht, ein möglichst breites Spektrum von Quellentexten vorzustellen. Es reicht von Akten der Zentrale (SED, Ministerrat, Staatssicherheit) über solche einzelner „Staatsorgane" auf Republikebene (Volkspolizei) und Kreisebene (Gericht) bis hin zu „Briefen ans DDR-Fernsehen" oder den Aussagen der „Schaufenstergestaltung im Sozialismus". Vieles ist ausgelassen, doch auch mit ihren Beispielen können die Autoren die Vielschichtigkeit und Vieldeutigkeit der DDR exemplarisch vorführen.

---

1 Jürgen Kocka, Die Geschichte der DDR als Forschungsproblem. Einleitung, in: ders. (Hg), Historische DDR-Forschung. Aufsätze und Studien (= Zeithistorische Studien. Band 1), Berlin 1993, S. 11.

1. Archivlage

Historiker, die sich Themen zur DDR-Geschichte zuwenden, sind in der Regel anfangs von der scheinbar ausgezeichneten Quellenlage beeindruckt. Tatsächlich ist die Überlieferung von Archivunterlagen zur DDR-Geschichte umfangreich. In den Archiven der neuen Bundesländer sind nicht nur „klassische" Unterlagen aus der staatlichen Verwaltung der DDR und aus dem SED-Apparat vorzufinden, sondern auch Quellen, für die anderswo Spezialsammlungen angelegt wurden. Neben künstlerisch orientierten Archiven bzw. Archivbeständen (Literatur-, Film-, Foto- und andere Archive) sind in diesem Zusammenhang besonders die umfangreichen Bestände an Wirtschaftsakten sowohl in ostdeutschen Landesarchiven als auch im Bundesarchiv zu nennen. Nicht zuletzt seien die Archive der ehemaligen Blockparteien CDU und DBD sowie LDP(D) und NDPD sowie der Gewerkschaften (FDGB), des einzigen Jugendverbandes (FDJ), der früheren „Gesellschaft für Deutsch-Sowjetische Freundschaft" (DSF) und anderer sogenannter Massenorganisationen erwähnt.[2]

Auch wenn wir an dieser Stelle auf eine genauere Bewertung des letztgenannten Archivgutes verzichten, ergibt sich schon aus den anderen Quellenüberlieferungen eine ungeheure Fülle von Material, das wegen der Existenz verschiedener Leitungs- und Berichtslinien in der Hierachie der DDR-Bürokratie entstanden war. Drei, voneinander unterscheidbare, jedoch miteinander verknüpfte Hierachien sind auszumachen:

Die Hierachie der staatlichen Bürokratie. Sie umfaßte zum einen die Behörden und Ämter der staatlichen Verwaltung (Staatsrat und Regierung der DDR; Landesregierungen (1945–1952) bzw Räte der Bezirke (1952–1990), Kreisverwaltungen bzw. Räte der Kreise; Ortsverwaltungen bzw. Räte der Gemeinden und Städte). Zum anderen begründete der ökonomistische Gesellschaftsansatz der staatssozialistischen Länder die herausragende Bedeutung der sogenannten wirtschaftsleitenden Organe. Sie sind daher in der Hierarchie der staatlichen Bürokratie enthalten. Das tagtägliche Management von Wirtschaft und Verwaltung bot Anlaß, die Unterlagen der wirtschaftsleitenden Organe der DDR in staatlichen Archiven zu sammeln. Somit finden sich in den DDR-Abteilungen des Bundesarchives neben Akten zentraler Einrichtungen der Wirtschaftslenkung (Deutsche Wirtschaftskommission, Staatliche Plankommission, Volkswirtschaftsrat, Forschungsrat und andere) auch Unterlagen der „Vereinigungen Volkseigener Betriebe"[3] oder der sogenannten „Industriezweigleitungen".[4] Die Landesarchive der neuen

---

2 Die vier Parteien, die nach offizieller Lesart „befreundete Parteien" der SED waren, wurden 1945 (Christlich-Demokratische Union und Liberal-Demokratische Partei) bzw. 1948 (Demokratische Bauernpartei und National-Demokratische Partei) gegründet. CDU und LDP waren in den vierziger Jahren tatsächliche Opponenten von KPD bzw. SED. Sie wurden jedoch, wie die SED-gesteuerten Parteigründungen von DBD und NDPD, spätestens seit 1948 willfährige Instrumente der Staatspartei.
Auf nähere Ausführungen zu den Archiven der Blockparteien CDU, LDP(D), NDPD und DBD sowie zu den Massenorganisationen wird an dieser Stelle verzichtet. Diese Bestände sind inzwischen in der „Stiftung Archiv der Parteien und Massenorganisationen der DDR im Bundesarchiv" (SAPMO-BA) in Berlin zusammengeführt und zugänglich. Es sei freilich auf die Existenz wichtiger Aktenbestände für die Blockparteien in den Archiven von (West-)CDU und FDP verwiesen.
3 Abgekürzt als VVB, wurden mit ihnen mehrere vermeintlich selbständige Betriebe unter eine einheitliche Leitung gestellt.
4 Wie der Name schon sagt, oblag es des Industriezweigleitungen, alle Unternehmen einer Branche zu leiten.

Bundesländer wiederum verfügen über größere Bestände an Unterlagen, die von Betrieben und Kombinaten stammen, die im Einzugsgebiet des jeweiligen Archivs ihren Sitz hatten.

Die Parteihierachie. Sie orientierte sich am zentralistischen Parteiaufbau der SED. Demnach erfüllten lokale (Betriebsparteiorganisationen und Wohn- bzw. Ortsparteiorganisationen) und regionale Parteistrukturen (Kreis- und diesen übergeordnet: Bezirksleitungen der SED) in der Regel nur Berichtsfunktionen. Auf der anderen Seite fällten die Spitzengremien der SED (Politbüro und Zentralkomitee mit seinen verschiedenen Abteilungen) alle strategische Entscheidungen in der Politik der DDR allein.

Die Struktur der Parteihierachie blieb zwischen 1945 und 1989 nahezu unverändert. Die seltenen Abweichungen davon waren ausschließlich bestimmten Umständen geschuldet. So existierte eine besondere „Gebietsleitung Wismut der SED", in deren Verantwortungsbereich alle Betriebe und Einrichtungen des Uranbergbaus durch die SDAG Wismut[5] fielen. Andere SED-Strukturen bestanden nur zeitweilig, wie zum Beispiel während der Reformphase der sechziger Jahre kurzzeitig die „Büros für Industrie und Bauwesen" oder später die „Beauftragten des Zentralkomitees" in wichtigen Kombinaten, die seit den siebziger Jahren gebildet wurden.

Die Hierachie der Observation. Sie bestand aus den verschiedenen Dienststellen des Ministeriums für Staatssicherheit (MfS) auf Kreis-, Bezirks- und zentraler Ebene. Diese Dienststellen lenkten die hauptamtlichen und inoffiziellen Mitarbeiter des MfS sowie einige offizielle Vertreter des MfS in anderen Elementen der staatlichen Bürokratie (z. B. die sogenannten Verbindungsoffiziere in der NVA). Der besondere Charakter des MfS läßt die klare Berichtsfunktion des Ministeriums erkennen. Gleichzeitig dienten die „Helfer" des MfS zur Bekämpfung von als „feindlich" deklarierten Gruppen und Personen.

Die Rolle des DDR-Staatssicherheitsdienstes als politische Polizei zur Unterdrückung innerer und äußerer Opposition wurde durch die Polizeifunktion „Bekämpfung der Wirtschaftskriminalität" und die nach außen gerichtete Spionage- und Spionageabwehrfunktion ergänzt. All diese Funktionen ergaben sich aus der Tätigkeit der MfS-Vorläufer, „Kommissariat 5" (K5) der Volkspolizei und des „Amtes zum Schutze des Volkseigentums" der Deutschen Wirtschaftskommission.[6] Andere MfS-liierte Einrichtungen dienten in späteren Jahren der Beschaffung von westlicher Embargoware („Sektor Wissenschaft und Technik" der Hauptverwaltung Aufklärung) oder/und der Devisenbeschaffung („Bereich Kommerzielle Koordinierung").

Neben MfS-Unterlagen sind für Analysen des Observationsapparates auch die Akten der Volkspolizei sowie der Referate Inneres der Kreisverwaltungen von Interesse. Akten der Volkspolizei können besonders über die Tätigkeit der Abschnittsbevollmächtigten (ABV) Auskunft geben. Unterlagen der Referate Inneres wären wichtig, wenn die Strafentlassenenbetreuung sowie die Handlungsweise gegenüber Antragstellern auf Ausreise (Übersiedlung in die Bundesrepublik) untersucht werden sollen.

---

5 SDAG Wismut = Sowjetisch-Deutsche Aktiengesellschaft Wismut. Ursprünglich vollständig im Besitz der Sowjetunion wurde in Betrieben und Minen der damaligen SAG (Sowjetische Aktiengesellschaft) Wismut der nach dem Ende des Zweiten Weltkrieges entstehende Uranbergbau in der SBZ/DDR zusammengefaßt. Die besondere Konstruktion der SDAG bedingte auch die Schaffung einer speziellen „Gebietsleitung Wismut der SED".

6 Das „Kommissariat 5" wurde 1947 als politische Polizei gebildet. Das „Amt zum Schutze des Volkseigentums" entstand im Mai 1948, daß Personal aus den Sequesterkommissionen blieb weitgehend dasselbe. Vgl. Dieter Marc Schneider, Innere Verwaltung/Deutsche Verwaltung des Innern (DVdI), in Martin Broszat und Hermann Weber (Hg.), SBZ-Handbuch, München 1990, S. 215.

Tabelle 1: Archivquellen zur DDR-Geschichte in Bundes- und Landesarchiven

Berichtslinie	in überregionalen Archiven	in regionalen Archiven
Hierachie der staatlichen Verwaltung	*Bundesarchiv, einschließl. Zwischenarchiven*: Staatsrat, Ministerrat, Fachministerien (außer MfS), Deutsche Wirtschaftskommission mit Ämtern und Abteilungen, Staatliche Plankommission, Volkswirtschaftsrat; *Archivdepots der ehemaligen Treuhandanstalt*: Wirtschaftsakten aufgelöster VEB bzw. von nach dem 1. Juli 1990 liquidierten Firmen[7]	*Landesarchive:* Landesregierungen mit ihren Ministerien; Räte der Bezirke; Bezirks- und Kreisplankommissionen; Unterlagen von Betrieben, VVB und Kombinaten, die im Einzugsgebiet des jeweiligen Archives ihren Sitz hatten; z. T. Unterlagen der Staatsbank. *Unternehmensarchive:* Unterlagen von VEB, die in privatwirtschaftliche Unternehmen umgewandelt wurden und weiterhin existieren.
Parteihierachie	*Stiftung Archiv der Parteien und Massenorganisationen der DDR im Bundesarchiv (SAPMO-BA):* Politbüro, Zentralkomitee mit seinen Abteilungen, zentrale Einrichtungen der SED[8], SED-Kreisleitungen in Ministerien; Nachlässe führender Staatsfunktionäre, sofern sie Mitglied der SED waren. *Gauck-Behörde:* SED-Kreisleitung MfS	*Landesarchive:* Bezirksleitungen der SED, z. T. Kreisleitungen der SED
Hierachie des Observationsapparates	*Gauck-Behörde:* zentrale Unterlagen der Hauptabteilungen und Hauptverwaltungen des MfS, „Zentrale Auswertungs- und Informationsgruppe" (ZAIG) *Bundesarchiv:* Ministerium des Innern	*Außenstellen der Gauck-Behörde:* Unterlagen von Kreis- und Bezirksdienststellen *Landesarchive:* Bezirksdirektionen bzw. (in Ost-Berlin) Präsidium der Volkspolizei, Unterlagen der Kreise

---

7 Bei den Archivdepots der ehemaligen Treuhandanstalt handelt es sich nicht um offizielle Archive. Hier lagernde Materialien sind nicht für die Benutzung erschlossen, sondern nur – bis zur Klärung über ihren Verbleib – eingelagert. Vgl.: Evelyn Kroker und Renate Schwärzel: Archive der Wirtschaft. Zur aktuellen Situation des Wirtschaftsarchivwesens in der Bundesrepublik Deutschland, in: Archivmitteilungen 1/1994, S. 3.
8 Im SAPMO-BA sind auch Unterlagen der KPD von vor-1945 zu finden.

Trotz des großen Umfangs von überlieferten Quellen aus diesen drei Anweisungs- und Berichtslinien kann nicht von einer Lückenlosigkeit des Archivmaterials ausgegangen werden. In der Wende 1989/90 ist es zum Teil zu massiven Vernichtungsaktionen gekommen, die unterschiedliche Motive hatten. Hinlänglich bekannt ist die Vernichtung von Akten wichtiger Abteilungen des Ministeriums für Staatssicherheit, wie zum Beispiel die der Hauptverwaltung Aufklärung, die in der DDR für die Auslandsspionage zuständig war. Auch bei anderen Ministerien und weiteren Behörden ist es in der Wende zu Verlusten bei sachbezogenen Quellen gekommen. Besonders Aktengruppen mit den unterschiedlichen Sperrvermerken waren von Vernichtung betroffen oder wurden verbracht. So ist zum Beispiel im Ministerium für Wissenschaft und Technik (MWT) der DDR 1990 das sogenannte „VS-Archiv", also das mit „Geheimen" und „Vertraulichen Verschlußsachen" (GVS, VVS) vernichtet worden.[9] Vermutlich waren davon auch Unterlagen mit niedrigerer Geheimhaltungsstufe („Vertrauliche Dienstsache", VD, und „Nur für den Dienstgebrauch", NfD) betroffen. Ähnliches ist vom Ministerium für Chemische Industrie bekannt.[10]

Von Aktenvernichtungen waren vornehmlich Unterlagen mit jüngerem Datum betroffen, da diese noch nicht an ein staatliches Archiv überführt worden waren. Trotz möglicher Verluste ist wegen der Existenz dreier Hierachien in der DDR-Bürokratie zu vermuten, daß manche in einer der drei Hierachien durch gezielte Vernichtung entstandene Überlieferungslücke durch immer noch vorhandene Aktenbestände einer anderen Berichts- und Anweisungslinie wieder geschlossen werden kann. Mit Sicherheit kann davon ausgegangen werden, daß es zu keiner von den drei Hierachien untereinander „koordinierten Vernichtung" von Unterlagen gekommen ist, sondern in den verschiedenen Institutionen „individuell" entschieden wurde, welche Akten „gefährlich" sein könnten. Für die zukünftige Arbeit mit DDR-Archivalien kann demnach als Regel empfohlen werden, durch Zugriff auf andere Archive nach vermißten Unterlagen zu suchen.

2. Die Sprache der Akten

Neben der Menge des vorhandenen Materials ist der Aussagewert der historischen Quellen der DDR von sehr unterschiedlicher Qualität. In den über vierzig Jahren der Existenz der DDR haben sich unterschiedliche Traditionen der Abfassung von „amtlichen" Schriftstücken fortgesetzt bzw. herausgebildet. Die verwendete Begrifflichkeit konnte anfangs an Verwaltungstraditionen der Zeit vor dem Zweiten Weltkrieg anknüpfen.

---

9 Information der ehemaligen Leiterin des MWT-Archivs an den Autor. Ihre Bemühungen von 1990, den Bestand des seperaten VS-Archives in das reguläre Archiv des Ministeriums zu übernehmen und damit dessen Übergabe an das Bundesarchiv zu ermöglichen, schlugen fehl. Der Verfasser selbst hat im September 1990 bei der Arbeit im MWT-Archiv gesehen, wie Mitarbeiter des Ministeriums ihre Schreibtische im Angesicht ihrer anstehenden Entlassung „ausräumten" und zusammen mit unwichtigen Material auch Unterlagen wegwarfen, die eigentlich an das Archiv zu übergeben gewesen wären.

10 Information von Rainer Karlsch an den Autor. Von Rainer Karlsch betreute Studenten, die für Seminarreferate im Archiv des Chemieministeriums arbeiteten, erhielten „Angebote", Material mit nach Hause zu nehmen. Sie lehnten ab, wenige Tage später waren die Unterlagen verschwunden.

Später jedoch wurden andere Elemente mit eingeführt, die auf den ersten Blick als Ausdruck der zunehmenden Ideologisierung der DDR-Gesellschaft erscheinen. Der Anspruch der DDR, „Fortschritt" zu verkörpern, schlägt sich in diesem Zusammenhang auch in den überlieferten Berichten und Analysen nieder.[11]

Ideologisierte Sprache findet sich vor allem in Einleitungen zu Berichten, Planvorschlägen, Verordnungen oder Gesetzen. Bestimmte „standardisierte" Floskeln tauchten hier immer auf. Hinter teilweise sehr langen Überschriften folgte in den fünfziger und sechziger Jahren in der Regel nur ein Absatz, in späteren Jahrzehnten jedoch längere Passagen, die mit derlei Floskeln gefüllt waren. Charakteristisch für diese Floskeln war das Aneinanderreihen von Positiv-Attributen, die oft als Ehrerweisung für einzelne hohe Parteifunktionäre, das Zentralkomitee oder die SED insgesamt gebraucht wurden. Zudem waren Namen und „aktuelles Ereignis", auf das Bezug genommen wurde, austauschbar. Statt Walter Ulbricht oder Erich Honecker konnte auch der eine Veranstaltung besuchende Minister „geehrt" werden, statt einen Bericht „in Auswertung des x-ten Parteitages der SED" abzufassen, konnte er auch der „Vorbereitung der x-ten Tagung des Zentralkomitees" oder „des x-ten Kongresses des FDGB" gewidmet sein.

Tatsächlich kommt solchen Floskeln in archivalischen Dokumenten oder anderem Schriftgut keinerlei oder nur wenig inhaltliche Bedeutung zu. Sie sind nur dann interessant, wenn mit ihnen zeitweilig die aktuelle offizielle Terminologie geändert wurde, was ebenso auf eine Liberalisierung wie auf eine Verhärtung innerhalb der DDR-Gesellschaft hinweisen kann. So wurde der Begriff „sozialistischer Industriekonzern" nur in einer frühen Phase der Wirtschaftsreformen der sechziger Jahre verwendet; auf der anderen Seite zielte die kulturpolitische Auseinandersetzung im Umfeld des 11. Plenums des SED-Zentralkomitees 1965 darauf ab, die „sozialistische Tanz- und Unterhaltungsmusik" der „dekadenten westlichen Musik von Beat- und Gammlergruppen" entgegenzusetzen.[12] In den siebziger Jahren wiederum war es kein Problem, von „DDR-Rockmusik" zu sprechen, andererseits war das Wort „Konzern" für die Bezeichnung von Kombinaten tabu.

Beispiele für „standardisierte" Floskeln in offiziellen Dokumenten der DDR

Auszug aus: *Empfehlungen an die Regierung der Deutschen Demokratischen Republik* (vom 30. Juli 1954)[13]:

„Die Ausführungen des Stellvertreters des Ministerpräsidenten Walter Ulbricht in der vom Zentralamt für Forschung und Technik am 16. 6. 1954 durchgeführten Konferenz über die Perspektiven der wissenschaftlichen und technischen Arbeit nach dem IV. Parteitag der Sozialistischen Einheitspartei Deutschlands und die aktive Hilfe der Wissenschaftler und Ingenieure bei der Lösung der großen Aufgaben der Volkswirtschaft haben bei allen Wissenschaftlern und Ingenieuren der DDR einen starken Widerhall gefunden. Sie zeigten ihnen, wie ihre Arbeit von der Regierung der DDR gewürdigt und gefördert wird."

---

11 Vgl. hierzu u. a. Wolfgang Bergsdorf, Politischer Sprachgebrauch und totalitäre Herrschaft, in: German Studies Review. Special Issue. Totalitäre Herrschaft – totalitäres Erbe 1994, S. 23–36.
12 Vgl. hierzu unter anderem den Sammelband, herausgegeben von Günter Agde: Kahlschlag. Das 11. Plenum des ZK der SED 1965. Studien und Dokumente, Berlin 1991.
13 Vgl. Bundesarchiv Berlin, Außenstelle Coswig/Anhalt, DC 20, Nr. 327, o. Bl. (hier S. 1).

Auszug aus: *Information über das erreichte wissenschaftlich-technische Niveau in wichtigen Industriezweigen, bewertet an der Entwicklung der Qualität und Zuverlässigkeit ausgewählter Exporterzeugnisse, Konsumgüter und, und die sich daraus ergebenden Schlußfolgerungen*[14] (ohne Datum, von Dezember 1975)

"In Durchführung der Beschlüsse des VIII. Parteitages der SED wurde ein ständig steigender Beitrag von Wissenschaft und Technik zur Erfüllung der Hauptaufgabe erreicht. Die konsequente Orientierung der wissenschaftlich-technischen Arbeit auf die Schwerpunkte der Qualitäts- und Leistungsentwicklung, der beharrliche Kampf um die Erfüllung des Planes Wissenschaft und Technik und die enge Zusammenarbeit mit der Sowjetunion führten dazu, daß auf volkswirtschaftlich wichtigen Gebieten Ergebnisse erreicht wurden, die dem internationalen Niveau entsprechen und wesentlich zur Vertiefung der Intensivierung der Volkswirtschaft beitragen."

Auszug aus: *Anordnung über die weitere Entwicklung der Feriengestaltung der Schüler und Studenten sowie der Urlaubsgestaltung der Lehrlinge* (vom 1. September 1972)[15]

"Der Inhalt der Ferien- und Urlaubsgestaltung wird von den Beschlüssen des VIII. Parteitages der Sozialistischen Einheitspartei Deutschlands und des IX. Parlaments der Freien Deutschen Jugend bestimmt. Die Feriengestaltung der Schüler und Studenten sowie die Urlaubsgestaltung der Lehrlinge (nachfolgend Feriengestaltung genannt) ist fester Bestandteil der sozialistischen Jugendpolitik der Deutschen Demokratischen Republik, des einheitlichen Bildungs- und Erziehungsprozesses sowie der Arbeits- und Lebensbedingungen der Werktätigen."

Auszug aus: *Gesetz über den Volkswirtschaftsplan 1986* (vom 29. November 1985)[16]

"Der Volkswirtschaftsplan für das Jahr 1986 – das Jahr des XI. Parteitages der SED – ist darauf gerichtet, die stabile und dynamische Entwicklung der Volkswirtschaft fortzusetzen und auf dieser Grundlage die Deutsche Demokratische Republik, den ersten Staat der Arbeiter und Bauern auf deutschem Boden, weiter allseitig zu stärken und damit an der Seite der Sowjetunion und der anderen Staaten der sozialistischen Gemeinschaft einen gewichtigen Beitrag zum Wohle des Volkes und für den Frieden zu leisten."

Was wie hölzerne Sprache wirkt, hatte – über einen langen Zeitraum gesehen – auch Konsequenzen für den generellen Aussagewert von Schriftstücken. Er nahm innerhalb der vierzig Jahre DDR-Existenz ab.[17]

In zweifacher Hinsicht läßt sich von einem abnehmenden Aussagewert der Akten sprechen. Erstens kann beobachtet werden, daß je höher die Berichte empfangende staatliche oder SED-Ebene war, desto geringer wurde der Aussagewert des Aktenstückes. Zwar ist es in jeder

---

14 Quelle beim Verfasser. Es handelt sich um eine Kopie der unter der Signaturnummer MWT/8593 im Archiv des Ministeriums für Wissenschaft und Technik der DDR überlieferten Schriftstückes. Das Archiv des MWT wurde 1990 an das Bundesarchiv abgegeben; die Akte führt die Signatur DF 4, Nr. 8593.
15 Vgl. Gesetzblatt der DDR, Teil II, Nr. 64 vom 3. November 1972, S. 1.
16 Vgl. Gbl. DDR, Teil I, Nr. 30 vom 4. Dezember 1985, S. 1.
17 Siehe auch Klaus Schwabe, Zu einigen Problemen bei der Benutzung der Archive der ehemaligen SED-Bezirksleitungen Rostock, Schwerin und Neubrandenburg, in: Der Archivar 3/1994, S. 494.

Verwaltungshierachie üblich, in Zusammenfassungen für vorgesetzte Stellen Elemente aus Analysen untergeordneter Instanzen zu streichen, doch ist in der DDR dieses Verwaltungsinstrument anders benutzt worden. Es waren eher die kritischen Elemente in Berichten, also solche, die für den und von dem Berichtenden als „gefährlich" angesehen wurden, die gestrichen oder in ihrer inhaltlichen Aussage entschärft wurden. Hierfür kann man ein Beispiel konstruieren. Aus dem Satz „Trotz großer Anstengungen gelang es den Werktätigen des Betriebes XYZ nicht, den Plan zu erfüllen" konnte werden: „Die Werktätigen des Betriebes XYZ arbeiteten mit großen Anstrengungen an der Erfüllung der ihnen gestellten Aufgaben". Für den Außenstehenden stellt diese Aussage das genaue Gegenteil der betrieblichen Wirklichkeit dar. Der Berichtende selbst erhält sich das Gefühl, nicht gelogen zu haben.

Zweitens wurden Standardfloskeln und Propagandaformeln umso mehr zum Ersatz für reale Information, je älter die DDR wurde. Jüngere Akten weisen daher – wie oben schon ausgeführt – oft lange Einleitungen auf, die dann „plötzlich" in den sachbezogenen Inhalt des Schriftstücke übergehen, der selbst oft nicht sehr aussagekräftig ist (was im Volksmund „globalkonkreter Bericht" genannt wurde). Jedoch sollten solche Einleitungen der Schriftstücke nicht leichtfertig übergangen werden, da das Verwenden von gängigen Vokabeln zu unterschiedlichen Zeiten unterschiedliche Bedeutung hatte. So konnte der jahrzehntelang in der staatlichen Propaganda gebrauchte Satz „Von der Sowjetunion lernen, heißt siegen lernen" nach dem Beginn der politischen Reformen in der Sowjetunion als Provokation des Staates gebraucht oder innerhalb der staatlichen Verwaltung als Ausdruck der Zustimmung zu diesen Reformen durch den Schreiber gewertet werden.

Für Wirtschaftsakten kann daneben noch eine weitere Besonderheit herausgestellt werden, die detailliert im Beitrag von BURGHARD CIESLA beleuchtet wird. Wegen der Veränderung von Begriffsdefinitionen, der bewußten Abkehr von international üblichen statistischen Begriffen, aber auch durch die fast ausschließliche Verwendung von Relativzahlen (Prozentwerten) oder Angaben, ausgedrückt in Geldbeträgen, können Daten zu Produktion, Investitionen und Umsätzen oft nicht miteinander verglichen werden. Zum Teil fehlen bei Prozentangaben auch die Bezugsgrößen (Basisjahre) oder sie wurden regelmäßig so verändert, daß lange Datenreihen nicht nachträglich zusammengestellt werden können. Zudem sorgen die verschiedenen Preisbildungsmechanismen dafür, daß auch der Vergleich mit anderen Ländern erschwert oder unmöglich ist.

Wirtschaftshistoriker und Volkswirte sind daher mit einer besonderen Begrifflichkeit konfrontiert, die ihren Ursprung in der planwirtschaftlichen Ordnung der DDR hat. Sie lassen sich zum Teil nicht in westliche Wirtschaftsbegriffe übertragen. Ausgewählte Beispiele werden im folgenden Kasten erläutert.

Tabelle 2: Ausgewählte Begriffe in der planwirtschaftlichen Berichterstattung

Begriff	Erläuterung	Problem
Normative Nutzungs-dauer[18]	Zeitspanne zwischen Inbetriebnahme z. B. einer Maschine und dem Zeitpunkt, von dem ab ihre erneute Reparatur nicht mehr sinnvoll erscheint; gleichzeitig Grundlage für die Festsetzung der Abschreibungssätze	ist nicht einmalig festgelegt, sondern kann in ihrer Höhe korrigiert werden; lange Reihen sind daher nicht möglich
Kader	leitende Mitarbeiter in Betrieben, Einrichtungen und gesellschaftlichen Organisationen	kann auch besonders qualifizierte bzw. befähigte Mitarbeiter wie Hochschul- oder Fachschulkader meinen
Richtungs-koeffizient	Preislenkungsinstrument, mit dem der Handel mit Gütern und Leistungen in bestimmte Länder und Regionen beeinflußt wurde. Der Wert des Außenhandelsgeschäftes, ausgedrückt in DDR-Mark, wurde hierbei mit dem Koeffizient multipliziert, um ihn extra zu erhöhen (Koeffizient > 1) oder zu verringern (Koeffizient < 1).	Zum einen kursieren falsche Definitionen für den Richtungskoeffizienten. Er ist kein Umrechnungskurs der DDR-Mark in D-Mark. Zum anderen wurden durch Einbezug des Richtungskoeffizienten bei der betrieblichen Außenhandelsstatistik verfälschte Ergebnisse ausgewiesen.
Valutamark (VM)[19]	Verrechnungsgröße zur Umrechnung von Weltmarktpreisen, Planungskennziffer	Valutamark werden zum Teil mit D-Mark gleichgesetzt, was falsch ist, da für den DDR-Außenhandel jährlich ein (geheimer) Umrechnungskurs zwischen DM und VM festgelegt wurde
Betriebs-preis (BP)[20]	Preis, bestehend aus den Selbstkosten und dem Reingewinn der volkseigenen Betriebe	nicht vergleichbar mit Betriebspreisen privater und halbstaatlicher Industriebetriebe, da hier die Umsatz- und Gewerbesteuer zusätzliche Bestandteile waren.

Fortsetzung auf der nächsten Seite

---

18 Definitionen wichtiger Kennziffern und Begriffe für Planung und Statistik. Berlin 1965, S. 126.
19 Wörterbuch der Ökonomie Sozialismus. Berlin 1984, S. 918.
20 Definitionen, a. a. O., S. 113.

Tabelle 2: Ausgewählte Begriffe in der planwirtschaftlichen Berichterstattung – Fortsetzung

Begriff	Erläuterung	Problem
Industrieabgabepreis (IAP)[21]	ergibt sich aus Betriebspreis und dem zentralisiertem staatlichen Reingewinn (Verbrauchsabgabe)	nicht vergleichbar mit IAP privater und halbstaatlicher Industriebetriebe, da hier die Umsatz- und Gewerbesteuer zusätzliche Bestandteile waren
Meßwerte; Unveränderliche Planpreise (UPP); konstante Preise (kP_{67}); konstante Planpreise (kPP)	Preise zur Planung und Abrechnung der industriellen Bruttoproduktion. Meßwerte galten seit dem Kriegsende bis 1955, UPP 1955 bis 1967, kP_{67} seit 1968 und kPP seit 1975 im Rhythmus der Fünfjahrpläne Die Zahlenzusätze nach den Kürzeln kP (nur einmal verwendet) und kPP weisen auf das Jahr hin, dessen am 1. Januar gültige Industriepreise Grundlage für die Festlegung des Planpreises wurden.	Daten mit unterschiedlichen Preisbasen sind nicht miteinander vergleichbar. Zudem geben die Preise nicht den genauen Wert an, den Lieferanten in Rechnung stellen konnten.

Sprache, Form und Charakteristik der Quellen zur DDR-Geschichte zeigen eigene Signaturen: Historikerinnen und Historiker müssen „Übersetzungsarbeit" leisten. Und das gilt nicht erst, seit die DDR durch die „Wende" und ihre Folgen zur historischen Vergangenheit geworden ist. Allerdings ist das nichts Sensationelles. Texte zu kontextualisieren ist die alltägliche Haupt-Aufgabe von Historikerinnen und Historikern. Sie versuchen, Spuren ebenso wie ausdrückliche Überlieferungen zu entziffern. Zu rekonstruieren sind die Situationen, in denen die Zeugnisse der Vergangenheit, also auch die Texte und Zeichen der DDR entstanden sind, in denen sie produziert und vor allem auch weitergegeben oder mißachtet, in denen sie verändert und (im Wortsinn) angeeignet wurden.

---

21 Definitionen, a. a. O., S. 113.

BURGHARD CIESLA

Hinter den Zahlen. Zur Wirtschaftsstatistik und Wirtschaftsberichterstattung in der DDR

1. Die Zweideutigkeit der Wirtschaftsstatistik

Die Wirtschaftsstatistik der DDR hat auch für Kenner der Materie ihre Tücken. Nichteingeweihte müssen sich auf ein schwieriges und zugleich verwirrendes Terrain einstellen. Viele werden das nur widerwillig tun, da die Statistik generell einen schlechten Ruf genießt, der sich wohl am besten mit der bekannten Wendung „Lügen, verdammte Lügen und Statistik"[1] auf den Punkt bringen läßt. Statistik ist „naturgemäß" eine zweischneidige Angelegenheit. Die empirischen Daten führen trotz der exakten mathematischen Methoden immer nur zu Wahrscheinlichkeiten, nicht zu Gewißheiten. Es ist jedoch weniger die mathematische Seite der Statistik, die zum Problem wird, sondern vielmehr die Abbildung sozialer Realitäten in Kategorien und deren Interpretation. Gerade die Kategorienbildung unterliegt der Definitionsmacht von bestimmten, in einem gesellschaftlichen System herrschenden Diskursen und Autoritäten. Sie legen die Maßstäbe fest, an denen sich die Statistik als Methode und Aufzeichnungsmittel sozialer wie ökonomischer Sachverhalte auszurichten hat.

Die Aussagekraft der Statistik, die Repräsentativität der benutzten Datenreihen und die Plausibilität der unterstellten Konstruktionshypothesen sind durch die Erhebungstechniken einerseits und vor allem durch den Stil der Staatsführung andererseits geprägt. Generell läßt sich die Zweideutigkeit der Statistik an der Geschichte der Institution „Amtliche Statistik" eines jeden modernen Staatswesens aufzeigen, da die amtliche Statistik permanent vor dem Dilemma steht, zwischen den Verpflichtungen einer aufgrund von Gesetzen und Verordnungen tätigen Institution des Staates und dem Anspruch einer wissenschaftlichen Vertiefung der erarbeiteten Materialien zu manövrieren.[2]

Unter diesem Aspekt gesehen, unterschied sich die Datenerfassung in der DDR wenig von der statistischen Erfassung in anderen entwickelten Industrieländern. Die Statistiker der DDR haben versucht, die Realität wahrheitsgemäß abzubilden. Die Ergebnisse ihrer statistischen Arbeit wurden jedoch von den herrschenden Politikern je nach Interessenlage verheimlicht oder gar verfälscht.[3] Darüber hinaus weisen die Daten der DDR-Statistik qualitative Mängel

---

1   G. Kennedy, Einladung zur Statistik, Frankfurt a. M./New York ²1993, S. 15.
2   Geschichte und Ergebnisse der Zentalen Amtlichen Statistik in Österreich 1829–1979, in: Beiträge zur Österreichischen Staitistik, Österreichisches Statistisches Zentralamt (Hg.) (= Festschrift aus Anlaß des 150jährigen Bestehens der zentralen amtlichen Statistik in Österreich, Heft 550), Wien 1979, S. 3ff.
3   Vgl. zur Praxis der Staatlichen Zentralverwaltung für Statistik, und zu den Möglichkeiten der politischen Manipulation der Statistik die ausführliche und quellenmäßig abgesicherte Untersuchung von P. v. d. Lippe, Die gesamtwirtschaftlichen Leistungen der DDR-Wirtschaft in den offiziellen Darstellun-

auf. Doch die Datenqualität war kein ausschließliches Problem der DDR-Statistik und des planwirtschaftlichen Systems.[4]

Die zweideutige Eigenschaft der Disziplin zeigt sich besonders einprägsam am Beispiel der Wirtschaftsstatistik der DDR.[5] Auf der einen Seite erfüllte diese ein internes Informationsbedürfnis des Systems, auf der anderen diente sie der Verschleierung in der Öffentlichkeit. Zunächst zur ersteren Funktion. Das Informationsbedürfnis der SED-Führung erforderte die Aufnahme der Realität so wahrheitsgetreu wie möglich. Mit den Worten „Schreibt mal auf, wie die Wahrheit ist", forderte beispielsweise 1978 der ZK-Sekretär für Wirtschaft Günter Mittag bei der Staatlichen Plankommission (SPK) eine Analyse der Sozialpolitik Erich Honeckers an. Und als er sie hatte, konnte er ihr zusammenfassend entnehmen, „das ist der Weg in die Katastrophe"[6]. Die Analyse beruhte damals keineswegs auf Daten, die Ergebnis einer „doppelten Buchführung" waren. Schon allein die Grundfesten des Planungssystems erforderten strenge Vorschriften, engmaschige Kontrollen und eine einheitliche Abrechnung. Die Staatliche Zentralverwaltung für Statistik der DDR (SZS) wachte darüber mit Argus-Augen. Der Leiter der SZS Arno Donda (1963–1990/91) erklärte im Oktober 1991: „Wir haben stets einen hartnäckigen Kampf um die Wahrhaftigkeit unserer Zahlen geführt. Durch unsere Mitarbeiter wurden jährlich mehrere Tausend Kontrollen in den Betrieben, Kombinaten usw. durchgeführt; rechnergestützt wurde eine engmaschige Plausibilitätskontrolle vorgenommen"[7]. Die Planwirtschaft der DDR hatte also durch die Statistik eine reale und verläßliche Informationsgrundlage, die jedoch in vielen Bereichen bei der Erarbeitung der Pläne ignoriert und durch „Wunschanbaupläne" ersetzt wurde.

Den erhobenen Daten lag freilich ein systematischer Fehler zugrunde, der das statistische Basismaterial beeinflußte. So waren die von den Betrieben erstellten statistischen Berichte mit den betrieblichen Planerfüllungsberichten identisch. Diese gingen über die SZS an die SPK, die den Betrieben auf dieser Basis die entsprechenden Fonds, d. h. Finanzmittel zuteilte. Die finanzielle Situation der Betriebe wurde also durch die betriebliche Berichterstattung entscheidend beeinflußt. Deshalb bestand auf Betriebsebene ein großes Interesse an einer positiven

---

gen. Die amtliche Statistik der DDR als Instrument der Agitation und Propaganda der SED, in: Machtstrukturen und Entscheidungsmechanismen im SED-Staat und die Frage der Verantwortung, Deutscher Bundestag (Hg.), (= Enquete-Kommission „Aufarbeitung von Geschichte und Folgen der SED-Diktatur in Deutschland", Band II/3), Baden-Baden 1995, S. 1973–2193.

4 Auf die theoretische Diskussion über die Gestaltungs- und Funktionsprobleme des planwirtschaftlichen Systems kann hier nicht näher eingegangen werden. Vgl. deshalb vertiefend z. B. W. Brus, Funktionsprobleme der sozialistischen Wirtschaft, Frankfurt a. M. 1971; G. Gutmann (Hg.), Das Wirtschaftssystem der DDR. Wirtschaftliche Gestaltungsprobleme (= Schriften zum Vergleich von Wirtschaftsordnungen, Heft 30), Stuttgart/New York 1983; J. Kornai, The Socialist System. The Political Economy of Communism, Oxford 1992.

5 Im folgenden werden nur ausgewählte Aspekte der DDR-Wirtschaftsstatistik und Grundlinien der Entwicklung behandelt. Die Funktionsweise der amtlichen Statistik in der DDR, die Außenhandelsstatistik, die Sozialproduktionsrechnung und die Preisstatistik werden hier weitgehend ausgeklammert. Vgl. ergänzend vor allem Lippe, a. a. O., S. 1973ff.

6 Th. Pirker, M. R. Lepsius, R. Weinert, H.-H. Hertle, Der Plan als Befehl und Fiktion. Wirtschaftsführung in der DDR. Gespräche und Analysen, Opladen 1995, S. 79.

7 A. Donda, Zahlen lügen nicht, in: ohnMacht. DDR-Funktionäre sagen aus, B. Zimmermann und H.-D. Schütt (Hg.), Berlin 1992, S. 34–35.

Einschätzung der eigenen Tätigkeit. Und dieses Interesse erzeugte wiederum ganz spezifische Verzerrungen im statistischen Basismaterial.[8] Jedoch handelt es sich hierbei um einen homogenen systematischen Fehler, da „die Möglichkeiten, die zur Verfügung stehenden Inputs herunter- und die erreichten Resultate hochzurechnen, ... auf das Maß begrenzt (waren), von dem angenommen werden konnte, daß es nicht auffiel. Insbesondere gibt es keinen Grund für die Annahme, daß die Neigung, die statistische Berichterstattung zu 'schönen', über die Branchen ungleichmäßig verteilt war."[9] Hier gilt: Solange das Bezugssystem nicht gewechselt wurde, kann dieser Fehler vernachlässigt werden.[10]

Vor allem gegen diese Fehlerquelle führte die SZS den von Donda erwähnten „hartnäckigen Kampf" um die Wahrhaftigkeit der Zahlen, der immerhin die Einleitung von jährlich rund 200 Ordnungsstrafverfahren bewirkte.[11] Inwieweit diese Gegensteuerung erfolgreich war, ist aus heutiger Sicht nur noch schwer einzuschätzen. Insgesamt kann davon ausgegangen werden, daß die Ist-Daten – wie schon erwähnt – weitgehend richtig erfaßt und weitergemeldet wurden. Vielmehr ging die SED-Führung im Fall ungünstiger Entwicklungen dazu über, den Plan nachträglich anzupassen, d. h. der Plan (Soll) wurde der tatsächlichen Entwicklung (Ist) angeglichen. Das Statistische Bundesamt beurteilte die Validität der DDR-Daten 1991 folgendermaßen: Die „Statistik zeichnete im wesentlichen die Realität nach, der Plan folgte der Wirklichkeit"[12].

Unliebsame Fakten und Tatbestände wurden in der Regel nicht gefälscht, sondern einfach geheimgehalten. Hier zeigte sich die zweite Funktion – der nach außen verschleiernde Charakter der DDR-Statistiken. Die Auswahl der veröffentlichten Daten und die Kommentierungen in den Planerfüllungsberichten trugen immer politisch-ideologischen Charakter. Das Hauptziel der statistischen Veröffentlichungen war die Agitation und Propaganda für die sozialistische Gesellschaftsordnung. Es wurden möglichst nur solche Ergebnisse veröffentlicht, die auf eine positive wirtschaftliche und soziale Entwicklung schließen ließen. Die von der Statistik der DDR ermittelten Zahlen und vorgelegten Analysen dürfen deshalb nicht mit den veröffentlichten Zahlen gleichgesetzt werden.[13] Im Sommer 1987 kam es zum Beispiel im Politbüro des ZK der SED zu einer Diskussion über die Veröffentlichung von Daten für das Statistische Jahrbuch 1987 unter der Rubrik „Produktion ausgewählter Industrieerzeugnisse". Von den insgesamt 255 dort erfaßten Erzeugnisdaten standen 61 zur Disposition, da diese einen Produktionsrückgang bzw. eine als ungünstig angesehene Entwicklung auswiesen. Die SED-

---

8 Einführung: Probleme der Statistik, aus dem Vorwort zum Gutachten des DIW für die Materialien zum Bericht zur Lage der Nation im geteilten Deutschland, in: Übersicht über wichtige Veröffentlichungen des Deutschen Instituts für Wirtschaftsforschung (DIW) 1960–1990 zur wirtschaftlichen Entwicklung der DDR (einschließlich methodischer Bemerkungen und Hinweise), Statistisches Bundesamt, Zweigstelle Berlin (Hg.), (=Volkswirtschaftliche Gesamtübersichten Teil 1.1, Sonstige Veröffentlichungen, Band 4), Berlin 1991.
9 A. Steiner, Beständigkeit oder Wandel? Zur Entwicklung der Industriestruktur der DDR in den sechziger Jahren, in: Jahrbuch für Wirtschaftsgeschichte 2/1995, S. 104.
10 Ebenda.
11 Donda, Zahlen, S. 35.
12 Untersuchung zur Validität der statistischen Ergebnisse für das Gebiet der ehemaligen DDR. Ergebnisbericht des Statistischen Bundesamtes, Wiesbaden, April 1991; vgl. auch Statistik in bewegter Zeit, Stuttgart 1992, S. 304.
13 Statistik in bewegter Zeit, a. a. O., S. 304.

Führung befürchtete, daß daraus Rückschlüsse auf die wirtschaftliche Krisenlage möglich würden. Schließlich verzichtete das Politbüro auf eine Streichung, da eine Nichtveröffentlichung der seit Jahren in den Statistischen Jahrbüchern enthaltenen Aussagen den „Klassengegner" erst recht stutzig gemacht hätte.[14]

Besonders seit den siebziger Jahren wurde es zunehmend schwieriger, das freigegebene Datenmaterial zu einem Datengitter zu verdichten. Klare Korrelationen waren dadurch kaum noch möglich. Ein Einschnitt ergab sich mit der neuen „Anordnung zum Schutz der Dienstgeheimnisse" vom 6. Januar 1971. In dieser Anordnung wurde definiert: „Dienstgeheimnisse sind eine Geheimnisart. Sie beinhalten nichtoffenkundige Tatsachen, Gegenstände oder Nachrichten, die für die Sicherheit und Stärkung der Deutschen Demokratischen Republik und die Tätigkeit der Organe und Betriebe sowie der gesellschaftlichen Organisationen bedeutsam sind und deren unbefugte Offenbarung zu politischen und ökonomischen Nachteilen bzw. Schäden führen kann"[15]. Die Anordnung konnte weitreichend ausgelegt werden. Für die Wirtschaftsstatistik hatte sie zur Folge, daß nicht einmal mehr die amtlichen Kennzifferndefinitionen vollständig veröffentlicht wurden.[16] Was nicht in der einzigen frei zugänglichen Quelle für Wirtschaftsinformationen, dem Statistischen Jahrbuch bzw. Taschenbuch der DDR stand, galt als geheim. Ab 1977 kamen zum Beispiel nur noch volkswirtschaftliche Daten zur Veröffentlichung, die sehr hoch aggregiert waren. Eine detaillierte Analyse der wirtschaftlichen Struktur auf Mikro- und Mesoebene war dadurch nicht mehr möglich.[17] Die Geheimhaltung hatte mit zur Folge, daß an der wichtigsten Ausbildungseinrichtung für DDR-Ökonomen, der Hochschule für Ökonomie (HfÖ) in Berlin-Karlshorst, rund 80 Prozent der verteidigten Dissertationen eine Sperrsignatur erhielten. Darin war oftmals statistisches Material verwendet worden, das sich so in den Statistischen Jahrbüchern nicht wiederfand. Wer es mit dem Geheimnisschutz wörtlich nahm, durfte nicht einmal ein Exemplar seiner gesperrten Dissertation zu Hause aufbewahren.[18]

Was die DDR-Wirtschaftsstatistik jedoch zum echten methodischen Problem werden läßt, sind die häufigen Revisionen sowohl bei den Preisen wie den Definitionen und der Erfassung ökonomischer Tatbestände. Die Statistik ist dadurch wenig transparent bzw. vergleichbar, da beispielsweise das Bezugssystem bzw. die Berechnungsbasis oftmals wechselte. Noch schwieriger wird es bei einem Ost-West-Vergleich, da den DDR-Daten Preise zugrundelagen, die administrativ festgelegt wurden und damit vielfach willkürlichen Charakter trugen. DDR-Daten, die auf laufenden Preisen beruhten, unterlagen sehr stark unkoordinierten und administrativen

---

14 Stiftung Archivwesen der Parteien und Massenorganisationen der DDR beim Bundesarchiv (SAPMO), DY 30, JIV 2/2/2223, Politbüro des ZK der SED, Reinschriftenprotokoll Nr. 22 vom 2. 6. 1987, Anlage Nr. 10 zum Protokoll Nr. 22/87, „Bestätigung der Vorschläge zur Neuaufnahme und zur Veröffentlichung von Tabellen im Statistischen Jahrbuch der DDR 1987", Bl. 236.
15 Anordnung zum Schutz der Dienstgeheimnisse, 6. Dezember 1971, in: Gesetzblatt der DDR, Sonderdruck Nr. 717, 1. 1. 1972; zitiert bei W. Bleek, L. Mertens, DDR-Dissertationen. Promotionspraxis und Geheimhaltung von Doktorarbeiten im SED-Staat, Opladen 1994, S. 87.
16 H. Wilkens, Das Sozialprodukt der Deutschen Demokratischen Republik im Vergleich mit dem der Bundesrepublik Deutschland (= Deutsches Institut für Wirtschaftsforschung, Sonderheft 115), Berlin 1976, S. 11.
17 R. Schwärzel, Beginn einer Strukturkrise? Investitionspolitik und wissenschaftlich-technischer Fortschritt, in: Brüche, Krisen, Wendepunkte. Neubefragung von DDR-Geschichte, Leipzig ³1990, S. 272.
18 Bleek/Mertens, a. a. O., S. 109ff.

Änderungen. „Daher ist eine längerfristige Untersuchung auf laufender Preisbasis für die DDR-Industrie nur unter sehr eingeschränkten Bedingungen sinnvoll. Aber auch die in der Planung und Statistik verwandten konstanten Preisbasen bedürfen der kritischen Prüfung"[19], da generell die freie Preisbildung als ein zuverlässiger Knappheitsindikator und Vergleichsmaßstab in der DDR ausgeschaltet blieb. Es konnten sich dadurch keine sinnvollen Orientierungsmarken für ökonomisch rationales Verhalten herausbilden. Eine formale Umrechnung auf der Basis westlicher Definitionen oder Berechnungskonzepte bringt deshalb kaum zu tolerierende Verzerrungen mit sich. Strenge Kritiker lehnen sogar grundsätzlich eine Rückrechnung der gesamtwirtschaftlichen DDR-Daten nach dem Konzept der Bundesstatistik ab, weil die DDR-Planwirtschaft die Allokationsfunktion von Preisen wie in der Marktwirtschaft negiert hatte.[20] Es kommen hinzu die konzeptionellen Mängel des „Material Product System" (MPS), nach dem in der DDR wirtschaftliche Ergebnisse erfaßt und abgerechnet wurden. Im MPS fanden nur die Produktion materieller Güter und die damit verbundenen Dienstleistungen (z. B. Reparaturen, Transport, Handel) Berücksichtigung. Damit erfaßte die Hauptkennziffer des MPS, das „Produzierte Nationaleinkommen" – der Wertausdruck für die letzte Verwendung der zur Verfügung stehenden materiellen Güter – nicht die Tätigkeit des Staates und der Organisationen ohne Erwerbszweck, d. h. öffentliche und private Dienstleistungen. Dagegen versucht das Konzept der Bundesstatistik, das „System of National Accounts" (SNA), bei der Berechnung des „Bruttosozialproduktes" das gesamte Spektrum der wirtschaftlichen und gesellschaftlichen Tätigkeit zu erfassen. Auf die zum Teil großen Unterschiede bei der Definition der wirtschaftlichen und gesellschaftlichen Tätigkeit im MPS und SNA kann hier nur hingewiesen werden.

Die in den nächsten beiden Abschnitten vorgestellten Beispiele zur Messung und Datenqualität sowie zur Berichterstattung lassen eine unterschiedliche zeitliche Akzentuierung erkennen. Die Probleme bei der Messung und Datenqualität waren oftmals „Dauerprobleme", die schon in den fünfziger und sechziger Jahren deutlich hervortraten und meist in abgeschwächter Form bestehen blieben. Bei der Berichterstattung zeigt sich jedoch, daß besonders in der Honeckerzeit (1971–1989) in den offiziellen Wirtschaftsberichten zunehmend nicht vergleichbare, manipulierte bzw. verfälschte Daten verwendet wurden. Dagegen sind die Wirtschaftstexte vor 1971 in ihrem Informationsgehalt deutlich aufschlußreicher. Jedoch muß auch für diese Zeitperiode festgehalten werden, daß absolute Zahlen bzw. vergleichbare Prozentangaben z. B. durch Indexreihen ersetzt worden sind, die eine Gegenprüfung nicht ermöglichen.

---

19 Steiner, Beständigkeit, a. a. O., S. 105.
20 M. Wegner, Bankrott und Aufbau. Ostdeutsche Erfahrungen, Baden-Baden 1995, S. 34–35; Chr. Buchheim, Industrielle Revolutionen. Langfristige Wirtschaftsentwicklung in Großbritannien, Europa und in Übersee, München 1994, S. 11–13; Im Trabi durch die Zeit: 40 Jahre Leben in der DDR, Egon Hölder (Hg.), Stuttgart 1992, S. 19–21.

2. Probleme der Messung und der Datenqualität

Im Jahre 1960 kam es zur Veröffentlichung der Vortragstexte einer nicht alltäglichen Arbeitsberatung im Ministerrat der DDR.[21] Zum 20. und 21. Januar 1960 hatte der Ministerrat eine Reihe leitender Mitarbeiter der örtlichen „Staatsorgane" eingeladen: Bürgermeister, Vorsitzende von Kreis- und Bezirksräten. Thema der Beratung war der im September 1959 beschlossene Siebenjahrplan zur Entwicklung der Volkswirtschaft bis 1965. Danach sollte Westdeutschland auf dem Gebiet der Arbeitsproduktivität und des Lebensstandards eingeholt und überholt werden. Schon damals lag die Arbeitsproduktivität der Bundesrepublik jedoch um 25–30 Prozent höher als in der DDR. Die wirtschaftliche Lage war durch knappe materielle Ressourcen, begrenzte ökonomische Möglichkeiten, fehlende Investitionsmittel und systembedingte Probleme bei der Stimulierung eines intensiven Wirtschaftswachstums gekennzeichnet.[22] Auf der Arbeitsberatung des Ministerrates versuchten die Teilnehmer, über diese Probleme zu diskutieren. Doch die Inhalte der Tagungsreferate waren mehr eine Mischung aus halbherziger Problemdiskussion, Selbstdarstellung und hilflos anmutender Suche nach einer praktikablen Handlungsanleitung für die Durchsetzung der hochgeschraubten Zielsetzung des Siebenjahrplanes.

Interessante Rückschlüsse auf die Wirtschaftsstatistik bietet das Referat des Chefs der SPK Bruno Leuschner (1952–1961), der unter anderem die Praxis der statistischen Darstellung des Wirtschaftswachstums bemängelte.[23] Zur „Schönrechnung" der Industrieproduktion im Jahre 1959 bemerkte Leuschner, daß zwar der Plan der Industrieproduktion (Bruttoproduktion) mit 104,1 Prozent erfüllt und damit das Wachstumstempo gegenüber dem Vorjahr beachtliche 12 Prozent betragen hätte, doch seien „hinter diesen Prozentzahlen" erhebliche Mängel zu finden. Er kritisierte, „daß sich einige ganz gern etwas 'blauen Dunst' vormachen. Das zeigt sich besonders darin, daß sich zum Beispiel manche Werkleitungen mit allen möglichen Mitteln und Maßnahmen lediglich auf die Erfüllung der Bruttoproduktion orientieren oder daß leichtfertig und formal Verpflichtungen eingegangen oder aber auch bestimmte Produktionsergebnisse zurechtfrisiert werden"[24].

Die Kritik Leuschners zielte auf die Hauptfehlerquelle der DDR-Wirtschaftsstatistik: die Überbetonung von Volumenkennziffern. Beeinflußt wurde die Fehlrechnung maßgeblich durch die Übernahme des sowjetischen Wirtschaftsmodells. Daraus resultierte ein Industrialisierungskonzept der SED-Führung in den fünfziger Jahren, in dem das Wirtschaftswachstum weitgehend als Wirtschaftsexpansion verstanden wurde. Die Ausweitung des Mengenvolumens galt deshalb als positiver Gradmesser für die ökonomische Verfaßtheit der Wirtschaft. Die traditionelle Nettorechnung der amtlichen deutschen Produktionsstatistik, die nur die von jedem Be-

---

21 Durch bessere Arbeit des Staatsapparates zum vollen Erfolg des Siebenjahrplanes. Aus dem Referat und Schlußwort von Otto Grotewohl sowie den Diskussionsbeiträgen auf der Arbeitsberatung des Ministerrates mit leitenden Mitarbeitern der Organe der Staatsmacht am 20. und 21. Januar 1960 in Berlin, Berlin (Ost) 1960.
22 Wegner, a. a. O., S. 25; M. Lemke, Die Berlinkrise 1958 bis 1963. Interessen und Handlungsspielräume der SED im Ost-West-Konflikt (= Zeithistorische Studien, Band 5), Berlin 1995, S. 54–56; Chr. Buchheim, Die Wirtschaftsordnung als Barriere des gesamtwirtschaftlichen Wachstums in der DDR, in: Vierteljahrschrift für Sozial- und Wirtschaftsgeschichte, 2/1995, S. 194–210.
23 B. Leuschner, Die Pläne in allen Positionen erfüllen, in: Durch bessere Arbeit, a. a. O., S. 29–36.
24 Ebenda, S. 30.

trieb geleistete zusätzliche Wertschöpfung erfaßte, wurde ab 1948 bzw. per Gesetz im Januar 1950 durch die sowjetische Bruttorechnung ersetzt.[25]

Bei dieser Erfassungsmethode bestand die Schwierigkeit vor allem darin, daß der Wert der Rohstoffe, Halbwaren und des Zubehörs mehrmals gezählt wurde. Der Wert dieser Positionen kam in der Stufenfolge der Verarbeitung, Weitergabe und Verteilung so oft zur Verrechnung, wie diese Positionen den Produktionsprozeß durchliefen. Indem die unvollendete Produktion der einzelnen Unternehmen in die Bruttorechnung miteinbezogen werden konnte, war es zugleich für die Betriebe verhältnismäßig einfach, den Bruttoproduktionsplan zu erfüllen. Besonders zum Quartals- oder Jahresende ergab sich eine Anarbeitung größerer Mengen von Rohstoffen und Halbwaren. Möglich war auch, daß die Betriebe auf ein Erzeugnissortiment mit einem hohen Anteil an Fremdleistungen auswichen. Es wurden in diesem Zusammenhang rein formale Kooperationsbeziehungen aufgenommen, die halfen, das abzurechnende Produktionsvolumen der einzelnen Betriebe in die Höhe zu treiben.[26] Real waren die Bruttosteigerungssätze in den fünfziger Jahren durch diese Erfassung um etwa ein Drittel überhöht. Die Folge war eine Aufblähung des Wirtschaftswachstums, die sich deutlich in einer Scherenbildung zwischen Brutto- und Netto-Größen zeigte. Die gesamtwirtschaftliche Rechnung beruhte damit auf einer unsicheren „Dispositionsbasis". Weiter verschärft wurde die „Heimtücke der Bruttorechnung" (Gleitze) durch die schon erwähnte administrative Preisbildung. Auch als man in den sechziger Jahren dazu überging, die Bruttoproduktion durch die Hauptkennziffer „industrielle Warenproduktion" zu ersetzen, und in den achtziger Jahren zusätzlich die Kennziffer „Nettoproduktion" einführte, blieben die bekannten Probleme der Bruttorechnung in abgeschwächter Form erhalten.[27]

Neben diesen grundsätzlichen methodischen Schwierigkeiten wurde bei der Produktionsabrechnung die Messung der Qualität, Produktivität und Rentabilität zu einem dauerhaften und letztlich unlösbaren Problem für die DDR-Wirtschaftsstatistik. Unlösbar deshalb, weil aus heutiger Sicht erkennbar wird, daß mit dem planwirtschaftlichen System zwar das extensive, d. h. ressourcenaufwendige Wirtschaftswachstum erfolgreich stimuliert werden konnte, doch ein Umschalten auf intensives, d. h. ressourcensparendes Wachstum weitgehend versagte.[28] Schon in den fünfziger Jahren machte sich das Unvermögen des Systems bemerkbar, die intensiven Produktionsfaktoren zur Hauptressource des Wirtschaftswachstums werden zu lassen. Die Betriebe und Ministerien schenkten dieser Seite des ökonomischen Handelns wenig Beachtung, weil sich die Instanzen bei ihrer Berichterstattung auf die Produktions- und Planerfüllung (Volumenabrechnung) konzentrierten. Wirtschaftlichkeitsberechnungen spielten dabei

---

25 Bundesarchiv Abteilungen Berlin-Lichterfelde (BAB), DE-1, Nr. 11518, Anweisungen zur Berichterstattung für die Industrie, 21. Januar 1950, Bl. 156–157; G. Heske, Messung des Produktionswachstums. Kennziffern zur Planung und Abrechnung der Dynamik der Industrieproduktion, Berlin (Ost) 1984, S. 130; Wegner, a. a. O., S. 36; B. Gleitze, Die Industrie der Sowjetzone unter dem gescheiterten Siebenjahrplan, in: Wirtschaft und Gesellschaft in Mitteldeutschland, Forschungsbeirat für Fragen der Wiedervereinigung Deutschlands beim Bundesminister für gesamtdeutsche Fragen (Hg.), Band 2, Berlin 1964, S. 16; L. Baar et al., Strukturveränderungen und Wachstumsschwankungen. Investitionen und Budget in der DDR 1949 bis 1989, in: Jahrbuch für Wirtschaftsgeschichte 2/1995, S. 51.
26 Gleitze, a. a. O., S. 12ff.; Heske, a. a. O., S. 129–134.
27 W. Behrendt, Leistungsmessung in Kombinaten und Betrieben der Industrie, in: Gutmann, a. a. O., S. 163ff.
28 Buchheim, Wirtschaftsordnung, a. a. O., S. 194–210.

nur eine Nebenrolle, da der Hauptteil des Gewinns an den Staatshaushalt abgeführt und der gesamte Bedarf wieder aus dem Staatshaushalt zugeteilt wurde. Somit bestand keine unmittelbare Abhängigkeit zwischen dem erzeugten Betriebsergebnis und den zur Verfügung stehenden Ressourcen. Wirksame Anreize zur Gewinnerwirtschaftung und Kostensenkung konnten sich so nicht herausbilden.[29] Insofern darf die Tendenz zur Produktion materialaufwendiger und qualitätsminderer Erzeugnisse nicht verwundern, da sich besonders bei der Bruttorechnung die Zunahme der Materialkosten in einem höheren Gesamtpreis des Erzeugnisses niederschlagen konnte – und damit wiederum eine bequemere Planerfüllung winkte. Die Bruttoerfüllung und in abgeschwächter Form auch die spätere Abrechnung nach der industriellen Warenproduktion bewirkten immer wieder, daß in den Betrieben kein echtes Interesse bestand, eine höhere Veredlung des Einsatzmaterials oder eine Verbesserung des Produktionsablaufes herbeizuführen. Mit anderen Worten, die Form der Abrechnung bedeutete eine Barriere, die den Betrieb davon abhielt, in der laufenden Produktion Verbesserungen vorzunehmen. Denn die damit verbundene Störung im Produktions- und Arbeitsablauf wurde nicht honoriert bzw. die Planerfüllung „unnötig" erschwert.[30]

Diese Problemlage zeigte sich auch noch in der Endphase der DDR bei dem Versuch, neue Erzeugnisse statistisch zu erfassen. Im Jahre 1983 wurde beispielsweise die Plankennziffer „Erneuerungsgrad der Produktion" eingeführt. Der letzte Fünfjahrplan forderte in diesem Zusammenhang: „Durch die Produktion neuentwickelter Erzeugnisse in Höhe von 150 Mrd. M ist ein Erneuerungsgrad der Produktion von 30%, bei Konsumgütern von 30–40% zu sichern"[31]. Die Wirtschaftsführung versprach sich dadurch eine Stimulierung und eine bessere Durchsetzung des technischen Fortschritts. Die Stimulierung erfolgte mit höheren Gewinnzuschlägen für neuentwickelte Produkte der Betriebe. Durchaus vergleichbar mit den fünfziger und sechziger Jahren ging nun ein Teil der Betriebe im Hinblick auf die Planerfüllung dazu über, auch geringfügige Verbesserungen bei den Erzeugnissen als Neuerung zu deklarieren. Diese wurden „mit höheren Preisen abgerechnet und mit größeren Zuwachsraten produziert als das Standardsortiment"[32]. Die SZS stand plötzlich vor der fatalen Aufgabe, zwischen einer Qualitätsverbesserung des Erzeugnisses oder einer verdeckten Preissteigerung zu unterscheiden. Statistisch lassen sich diese „Neuerungen" aus heutiger Perspektive nur noch schwer bewerten, da sie in Industriebereichen auftauchten, deren realer Produktionswert nicht mehr anhand von Mengenangaben aus der Produktionsstatistik überprüft werden kann.[33]

Für die DDR-Bevölkerung kamen mit den sogenannten „neuen Erzeugnissen" vielfach Waren in das alltägliche Angebot, die überhöhte Preise aufwiesen. Unter den Bedingungen eines permanent lückenhaften Angebotssortimentes, besonders bei den subventionierten Waren der niedrigen und mittleren Preisgruppen, bestand zugleich der Zwang, diese Erzeugnisse zu kau-

---

29 A. Steiner, Sowjetische Berater in den zentralen wirtschaftsleitenden Instanzen der DDR in der zweiten Hälfte der fünfziger Jahre, in: Jahrbuch für historische Kommunismusforschung 1993, S. 106–107.
30 Ebenda; W. Mühlfriedel, Zur technischen Entwicklung in der Industrie der DDR in den 50er Jahren, in: A. Schildt und A. Sywottek (Hg.), Modernisierung und Wiederaufbau. Die westdeutsche Gesellschaft der 50er Jahre (= Reihe: Politik- und Gesellschaftsgeschichte, Band 33), Bonn 1993, S. 163.
31 Der Fünfjahrplan 1986–1990 – Fortsetzung der stabilen und dynamischen Entwicklung der DDR. Materialien der 3. Tagung der Volkskammer der DDR am 27. November 1986, Sekretariat der Volkskammer der DDR (Hg.), Berlin (Ost) 1987, S. 94.
32 Gutachten des DIW, a. a. O.
33 Ebenda.

fen.³⁴ Dieser Aspekt muß vor allem bei der Beurteilung der in den Statistischen Jahrbüchern der DDR veröffentlichen Indizes der Preisentwicklung berücksichtig werden. Nach diesem Index gab es in den achtziger Jahren einen Anstieg der Preise im Einzelhandel um 0,1 Prozent (1980–1989). Die persönlichen Erfahrungen der Verbraucher sahen jedoch anders aus, da gerade mit den „neuen Erzeugnissen" sehr teure Waren auftauchten. Diese wurden bei der Messung der Veränderung der Einzelhandelsverkaufspreise jedoch nicht mitberücksichtigt, da nur Preissenkungen bzw. -erhöhungen von Waren in die Erfassung eingingen, die sich schon im Angebot befanden und damit vergleichbar waren.³⁵

Besonders die Arbeitsproduktivitätsmessung stellte für die DDR-Wirtschaftsstatistik ein zentrales Problem dar. Die genannten Fehlerquellen der Volumenrechnung übertrugen sich notgedrungen auf die Berechnung der Arbeitsproduktivität. Leuschner stellte in seinem Referat vom Januar 1960 hierzu fest:

> „Wir produzieren für den Export ins kapitalistische Ausland. Es gibt keine Reklamationen, also haben wir Weltniveau. Eine solche simple Vorstellung vom Weltniveau kann uns nur schaden. Zum Weltniveau gehört nicht nur die Beschaffenheit, die technische Vollkommenheit, die Haltbarkeit, die modische Gestaltung und Qualität der Erzeugnisse, zum Weltniveau gehört vor allem auch der Aufwand an Arbeitszeit, mit dem die Erzeugnisse produziert werden. Das heißt, auch im Stand der Arbeitsproduktivität ... müssen wir Weltniveau haben"³⁶.

Zum Zeitpunkt dieser Aussage Leuschners erfolgte die Berechnung der industriellen Arbeitsproduktivität noch auf der Basis von Bruttoproduktionswerten zu unveränderten Planpreisen (UPP) je Produktionsarbeiter. Die UPP waren in der Regel mit den individuellen Betriebsabgabepreisen nach dem Stand vom 1. Januar 1955 identisch, wodurch zum Beispiel das sich wandelnde Warensortiment und der damit veränderte Gebrauchswert einzelner Erzeugnisse kaum berücksichtigt werden konnten. Besonders die Verzerrungen des Preis- und Kostengefüges erschwerten die Messung der Arbeitsproduktivität und machten es schwierig, der tatsächlichen Entwicklung auf die Spur zu kommen.³⁷ Generell steckte in der so erfaßten Kennziffer Arbeitsproduktivität das Problem, daß der arbeitsteilige Charakter der Industrie dadurch vernachlässigt wurde. So hatte sich die Zahl der Betriebe an der Fertigung eines Erzeugnisses in den fünfziger Jahren weiter erhöht. Diese Entwicklung bedeutete eine größere Zahl an Halbfabrikaten zur Fertigstellung des Enderzeugnisses. Doch jedes Halbfabrikat hatte einen eigenen Bruttoproduktionswert zu UPP je Produktionsarbeiter, und insofern ergab sich sowohl bei der Berechnung der Arbeitsproduktivität des Zulieferbetriebes als auch bei der Gesamtrechnung der Industrie eine „zusätzliche Doppelzählung" bzw. eine unrealistische Bewertung.³⁸

Ein im wahrsten Sinne des Wortes schwerwiegendes Problem stellte die bis Anfang der sechziger Jahre noch stattfindende Leistungsmessung nach Gewicht dar. Wie schon erwähnt, stimulierte die Bruttorechnung die Produktion materialaufwendiger Erzeugnisse. Bei steigen-

---

34 Statistik in bewegter Zeit, a. a. O., S. 309.
35 Ebenda.
36 Leuschner, a. a. O., S. 31.
37 Heske, a. a. O., S. 133; Gleitze, a. a. O., S. 16 und 80.
38 Ebenda, S. 80.

dem Anteil der Erzeugnisse mit relativ hohem Gewicht erhöhte sich zwangsläufig auch die Arbeitsproduktivität statistisch, während der Arbeitsaufwand sich nicht verändern mußte. Leuschner kritisierte diese Art der Produktivitätsmessung im Januar 1960, indem er bemerkte, „daß zur Lösung der ökonomischen Hauptaufgabe (höhere Arbeitsproduktivität) mehr als nur Quadratmeter, Tonnen oder Prozente gehören"[39].

Doch die Möglichkeiten des Zurechtfrisierens einer höheren Arbeitsproduktivität waren sehr vielfältig. In zwei Baustoffbetrieben in Grimmen und Zwickau wurden beispielsweise Anfang der sechziger Jahre die produzierten Ziegel bis zu 10 Prozent kürzer abgeschnitten, „um unter Mißbrauch der bestehenden Abrechnungsmethode bei gleichbleibendem Rohstoff- und Arbeitskräftebedarf eine höhere (...) Arbeitsproduktivität ausweisen zu können"[40]. Um 1960 waren außerdem mehrere Varianten der Leistungsmessung auf Betriebsebene gebräuchlich. Den Betrieben stand frei, „durch wahlweise Anwendung der einen oder anderen Messungsmethode die buchungsmäßige Höhe des Produktivitätsfortschritts zu manipulieren und damit über die tatsächliche Leistung hinweg Prämienmittel zu erhalten"[41]. Erst in den sechziger Jahren wurde die Meßmethode nach und nach vereinheitlicht.[42]

3. Berichterstattung: fortwährender Wandel der Definitionen

Etwa Mitte der achtziger Jahre kursierte in der DDR ein Witz, in dem die Erzähler nach den wirklich großen Errungenschaften des real existierenden Sozialismus fragten. Als Antwort wurden folgende Errungenschaften aufgezählt: 1. die Arbeitsintensität in Polen; 2. die Fleischversorgung in Moskau; 3. die Mikroelektronik in der Mongolei; und 4. die Statistik in der DDR.[43]

Der Zeitpunkt, zu dem dieser Witz auftauchte, war bezeichnend: Die DDR-Wirtschaft steckte in ihrer letzten und zugleich tiefsten Krise. Die Mängelliste war in den achtziger Jahren enorm angewachsen. Besonders belastete die DDR eine hohe Auslandsverschuldung, wodurch die permanente Gefahr der Zahlungsunfähigkeit gegenüber dem westlichen Ausland bestand. Ähnlich verheerend gestaltete sich die Inlandsverschuldung der volkseigenen Industrie. Die Investitionsquote sank, und die Wachstumsrate der Industrieproduktion war rückläufig. Das Anlagekapital der Wirtschaft wies einen hohen Verschleißgrad auf, der wiederum einen zunehmenden Instandhaltungs- und Reparaturbedarf hervorrief. Die Arbeitsproduktivität betrug weniger als die Hälfte des Niveaus der Bundesrepublik.[44] Die Exportstruktur glich sich im letzten Jahrzehnt der DDR außerdem zunehmend der eines sogenannten Schwellenlandes an.

---

39 Leuschner, a. a. O., S. 31.
40 Zitiert bei Gleitze, a. a. O., S. 81.
41 J. Roesler, Die Herausbildung der sozialistischen Planwirtschaft in der DDR. Aufgaben, Methoden und Ergebnisse der Wirtschaftsplanung in der zentralgeleiteten volkseigenen Industrie während der Übergangsperiode vom Kapitalismus zum Sozialismus (= Forschungen zur Wirtschaftsgeschichte, Band 11), Berlin (Ost) 1978, S. 118.
42 A. Donda, Möglichkeiten und Probleme der statistischen Widerspiegelung der Arbeitsproduktivität, in: Produktivität im entwickelten Sozialismus, Berlin (Ost) 1985, S. 74–110.
43 Zitiert in Wegner, a. a. O., S. 34.
44 1989 betrug sie nach neueren Schätzungen nur etwa 30 Prozent des bundesdeutschen Niveaus.

Und trotz dieser Krisenlage und einem beständig wachsenden Kaufkraftüberhang in der Bevölkerung setzte die SED die kostspielige Subventionierungspolitik für den Grundbedarf der Bevölkerung und den Wohnungsbau fort.[45]

Selbst Insider hatten große Schwierigkeiten, diese Tatsachen den offiziellen Wirtschaftsberichten zu entnehmen. In den Texten wurde die Fortsetzung einer „stabilen und dynamischen Entwicklung" in der DDR beschrieben. Der Begründung des letzten Fünfjahrplanes der DDR (1986–90) war zu entnehmen, daß „sich die DDR im Weltmaßstab in den vordersten Reihen behaupten kann"[46]. Die seit 1971 immer wieder herausgestellte „Einheit von Wirtschafts- und Sozialpolitik" wurde weiterhin „als Kern der ökonomischen Strategie mit dem Blick auf das Jahr 2000" angesehen. „Von dieser bewährten Politik", so in der Begründung vom November 1986, „gehen immer wieder neue Impulse und bedeutende Initiativen für die Stärkung der Wirtschaftskraft und für die Verbesserung der Arbeits- und Lebensbedingungen aus"[47]. Das produzierte Nationaleinkommen sollte sich deshalb 1987 um 4,5 Prozent und im Fünfjahresplanzeitraum 1985–1990 um 25 Prozent erhöhen. Diese geplanten Wachstumsrelationen finden sich interessanterweise auch in den anderen Volkswirtschaftsplänen nach 1971 immer wieder. Der SPK-Chef Gerhard Schürer (1965–1989) bot hierfür 1993 folgende Erklärung an:

„Honecker hat aufgrund seiner Lebenserfahrung ein ganz einfaches Modell des Sozialismus im Kopf gehabt: Die Menschen brauchen eine trockene, warme Wohnung, billiges Brot, also Grundnahrungsmittel, sie brauchen Arbeit, damit sie beschäftigt sind und Leistungen bringen können, und dann wird der Sozialismus blühen und gedeihen. Und damit man das machen kann, das war seine Idee ..., muß das Nationaleinkommen jährlich vier Prozent wachsen, muß der Lebensstandard jährlich vier Prozent wachsen. Er hat ja die Einheit von Wirtschafts- und Sozialpolitik begründet, also muß das Wachstum des Verbrauchers genauso schnell gehen wie das Wachstum der Produktion, obwohl das Prozentzahlen sind, das muß ja gar nicht übereinstimmen. Das war sein Konzept, mit dem er an jedes Dokument herangegangen ist. Wir waren schon immer darauf vorbereitet, daß jeder Plan, in dem er diese vier Prozent nicht gefunden hat, korrigiert wird"[48].

Gekoppelt wurde das Wirtschaftswachstum in den Wirtschaftstexten zu Recht mit der Maßgabe, daß der Zuwachs des Nationaleinkommens „auf der Nutzung der qualitativen Faktoren des Wirtschaftswachstums"[49] beruhen sollte. Damit war besonders die Entwicklung sogenannter „Schlüsseltechnologien" gemeint. Rückschlüsse hierauf sollte in den achtziger Jahren zum Beispiel die Kennziffer „Industrieroboter" ermöglichen. Der Fünfjahrplan 1981–1985 sah in diesem Zusammenhang die Produktion von 40000 bis 45000 Industrierobotern vor.[50] Und schon 1984 kamen laut Statistischem Jahrbuch 43299 Industrieroboter in der Volkswirtschaft

---

45 Wegner, a. a. O., S. 29–32.
46 Der Fünfjahrplan 1986–1990 a. a. O., S. 9.
47 Ebenda; für das folgende ebd., S. 15.
48 Pirker et al., a. a. O., S. 78.
49 Fünfjahrplan 1986–1990, a. a. O., S. 15.
50 Direktive des X. Parteitags der SED zum Fünfjahrplan für die Entwicklung der Volkswirtschaft der DDR in den Jahren 1981 bis 1985. X. Parteitag der SED, 11. bis 16. April 1981, Berlin (Ost) 1981, S. 41.

zum Einsatz. Drei Jahre später hatte sich die Zahl bereits verdoppelt.[51] Im Fünfjahrplan 1986–1990 wurde das Produktionssoll bei 80000 festgelegt.[52] Hier schien sich insgesamt ein enormer Technologieschub und Wandlungsprozeß zu vollziehen. In Wirklichkeit diente die Kennziffer jedoch der Verschleierung, da sich der beschlossene „massenhafte" Einsatz aufgrund der oben skizzierten wirtschaftlichen Lage sowohl in der gewünschten Qualität als auch Quantität nicht durchsetzen ließ. Nach Aussage des Leiters der SZS Donda wurde deshalb die definitorische Abgrenzung bei den zu veröffentlichenden Daten soweit gefaßt, daß „quasi jede Melkmaschine als solch ein Roboter gewertet und also auch gezählt werden konnte"[53].

Ähnlich verhielt es sich bei der Planung und Veröffentlichung der Ergebnisse des Wohnungsbaus. Auch in diesem Fall kam es zu unzulässigen Veränderungen der Definitionsinhalte. So beschloß der Ministerrat im März 1974 die Einbeziehung neugeschaffener Heimplätze in Altersheimen in die Kategorie der fertiggestellten Neubauwohnungen. Ein Heimplatz war „als eine Wohnungseinheit zu planen und abzurechnen". 1978 erweiterte der Ministerrat die Definition dahingehend, daß von nun ab auch fertiggestellte Gemeinschaftsunterkünfte in Arbeiterwohnheimen als Neubauwohnungen zählten. Und der abzurechnende Tatbestand erfuhr 1979 und 1983 noch einmal eine Erweiterung, als die Um- und Ausbauwohnungen sowie Rekonstruktionswohnungen in die Zahl der Neubauwohnungen miteinbezogen werden konnten.[54] Allein die Einbeziehung modernisierter Wohnungen in die Kennziffer der „fertiggestellten Wohnungen" bedeutete, daß bereits vorhandene Wohnungen abgerechnet wurden, „bei denen eine Erstausstattung mit Innen-WC, Bad bzw. Dusche oder moderner Heizung erfolgte. Das führte zwar zur verbesserten Ausstattung im Bestand, aber zu keiner Schaffung von Wohnungen. Entsprechend den Definitionen der Economic Commission for Europe der Vereinten Nationen (ECE) stellt eine Verbesserung der Ausstattung keine Fertigstellung von Wohnungen dar. Im ECE-Bereich war die DDR das einzige Land, das modernisierte Wohnungen in die Angaben zum Wohnungsneubau einbezog. Das betraf rund 1042000 Wohnungen"[55]. Als im Oktober 1988 schließlich die Übergabe der dreimillionsten seit 1971 fertiggestellten Wohnung gefeiert wurde, waren tatsächlich nur etwa zwei Millionen Wohnungen gebaut worden.[56]

Abschließend statt eines Resümees noch einmal der Ergebnisbericht des Statistischen Bundesamtes:

„DDR-Statistik: Schein und Wirklichkeit. Schein oder Wirklichkeit? Vom heutigen Stand unserer Erkenntnis muß die Antwort lauten: Die DDR-Statistik hat die Wirklichkeit im wesentlichen widergespiegelt, war realistisch in der Nachzeichnung von Entwicklungen. Die Arbeit der Statistiker allerdings war Zuarbeit für Politiker. Veröffentlichte DDR-Statistik war je nach Themenbereich oder nach Lage der Dinge Wirklichkeit oder Schein. Durch das Aufstellen von Plänen von Wirtschaftszielen nach der Statistik – und nicht umgekehrt – hatte die Planwirtschaft eine realistische Informationsgrundlage. Andererseits gab es Bereiche wie den Wohnungsbau, der zum Erfolg der Regierung „frisiert" wurde und wo Statistik

---

51 Statistisches Taschenbuch der DDR 1988, Berlin (Ost) 1988, S. 33.
52 Ebenda, S. 17.
53 Donda, Zahlen, S. 31.
54 Statistik in bewegter Zeit, a. a. O., S. 307–308
55 Ebenda.
56 Ebenda, S. 307.

nur dem Schein diente. Durch Nicht-Veröffentlichung, durch Weglassung wurde ebenfalls in vielen Fällen der „schöne Schein" des Sozialismus gewahrt – ungetrübt durch die statistisch beschriebene Wirklichkeit"[57].

4. Hinweise für den Gebrauch

Die folgenden Hinweise richten sich an diejenigen, die nur wenige Vorkenntnisse besitzen und lediglich einen Überblick wünschen. Wer jedoch in die DDR-Wirtschaftsstatistik ernsthaft einsteigen und „hinter die Zahlen" blicken möchte, wird es nicht vermeiden können, sich mit den Grundlagen der Statistik vertraut zu machen. Zur Erleichterung des Einstieges sind aus der Vielzahl der Veröffentlichungen einige Grundtexte ausgewählt und in den Abschnitten 5. und 6. aufgeführt worden. Dort finden sich auch Angaben über Basisdaten, die für eine statistische Analyse der ökonomischen Entwicklung in der DDR geeignet erscheinen. Generell gilt für die Wirtschaftsdaten der DDR, daß sie – für sich genommen – Aussagen über die Grundtendenzen und Zusammenhänge in der Ökonomie der DDR zulassen. Dagegen dürfte ein pauschaler Ost-West-Vergleich aufgrund der methodischen Unterschiede und systematischen Fehler mehr als „hinken". Hierzu sei angemerkt, daß sich das Statistische Bundesamt gegenwärtig mit diesem schwierigen Problem befaßt und versucht, eine weitgehende Vergleichbarkeit herzustellen.

Die Arbeit mit DDR-Daten erfordert die genaue Beachtung der definierten Tatbestände, mit denen die Daten erfaßt wurden. Vor allem müssen die unterschiedlichen Preisdefinitionen bei der Nutzung des statistischen Materials berücksichtig werden. Das „Kleingedruckte" einer Tabelle, die Hintergründe für „Brüche" in einer langen Datenreihe oder die Kriterien der vorgenommenen Auswahl sind wichtig. Kurz, es ist eine alte Grundregel der Statistik zu beachten: „Wenn Sie Prozentsätze sehen, sollten Sie überlegen, wovon sie Prozentsätze sind und sie nicht gemäß ihrer Größe aneinander messen"[58]. Es ist andererseits angebracht, immer den bedeutsamen Vorbehalt der Statistiker zu berücksichtigen, daß die Tatsache einer Korrelation zwischen zwei Variablen noch lange kein Beweis für eine Kausalbeziehung ist. Mit anderen Worten: „Was zählt, ist, daß die statistische Beziehung noch lange nicht einsichtig ist, nur weil Datenmengen die Vermutung nahelegen, es bestünde irgendeine Beziehung"[59]. Das statistische Material muß außerdem mit einer Reihe ‚mißtrauischer' Fragen konfrontiert werden: „Wo kamen die Daten her, wer sammelte sie, wie konsistent sind sie, wie repräsentativ sind sie, wie begründet sind die Kategorien, in die sie geordnet werden, was wurde ausgeklammert und warum, welche Mängel gibt es, und was hat der Berichterstatter über sie ausgesagt?"[60]

---

57 Validität, a. a. O.
58 Kennedy, a. a. O., S. 236.
59 Ebenda, S. 237.
60 Ebenda, S. 238.

5. Zwei Beispiele für Bewertungsprobleme des Wirtschaftswachstums der DDR auf der Basis der Bruttoproduktionsrechnung in den fünfziger Jahren

Fundstellen:
1. *Beispiel:* Statistisches Jahrbuch (StJb) der DDR 1955, Staatliche Zentralverwaltung für Statistik (Hg.), 1. Jahrgang, Berlin (Ost) 1956, S. 154.
2. *Beispiel:* Aus der Entschließung „Die gegenwärtige Lage und die Aufgabe der Sozialistischen Einheitspartei Deutschlands", angenommen auf dem III. Parteitag der SED, 20.–24. Juli 1950, in: Dokumente zur Geschichte der SED, Band 2, 1945 bis 1971, Berlin (Ost) 1988, S. 128.

Texte

1.:
Index der Bruttoproduktion der Industrie ohne Bauwesen (in Prozent; 1936=100)
1946 = 42,1
1947 = 53,7
1948 = 71,4
1949 = 87,2
1950 = 110,6
1951 = 135,6
1952 = 157,4
1953 = 176,5
1954 = 194,6
1955 = 209,6.

2.:
„Auf der Grundlage des volkseigenen Sektors konnte zur Wirtschaftsplanung übergegangen und der Zweijahrplan zur Entwicklung der Friedenswirtschaft in Angriff genommen werden. *Die erfolgreiche Durchführung dieses Planes sicherte einen allgemeinen Aufschwung der Wirtschaft der (DDR), so daß bereits im Jahre 1950 im Gesamtumfang der industriellen Produktion der Vorkriegsstand von 1936 erreicht wird.* [Hervorhebung – B. C.] Die Wirtschaftsplanung und der enge Anschluß an die krisenfreie Wirtschaft der Sowjetunion und der Volksdemokratien sicherten auch in der (DDR) eine krisenfreie Entwicklung der Wirtschaft und die Beseitigung der Arbeitslosigkeit. Dabei wurden die Reparationsleistungen voll erfüllt".

Textinterpretationen
Beispiel 1: Der im StJb 1955 veröffentlichte Index war kein Real- sondern ein Nominal-Index, der das industrielle Wachstum überhöht anzeigte. In der Berechnung wurde nicht nur die aufgeblähte mengenmäßige Produktionssteigerung berücksichtigt, sondern es floß eine Anhebung der Preise mit ein. Die Index-Angaben beinhalten also neben den Mängeln der Bruttoer-

fassung vor allem auch die Inkonsistenz des Preissystems, die besonders durch verschiedene Preistypen und eine unrealistische Preisbildung hervorgerufen wurde. Nach dieser Rechnung hätte die DDR mit der Bundesrepublik 1951 gleichgezogen (BRD: 134,4) und diese 1952 (BRD: 144,2) deutlich überholt. Werden nun die nominellen Ziffern der offiziellen DDR-Statistik durch geschätzte preisbereinigte Daten ersetzt, so zeigt sich bei einer pessimistischen Schätzung, daß der Real-Index der ostdeutschen Industrieproduktion 1950 möglicherweise bei nur 75 Prozent lag. Generell bedeutet die Konstruktion einer preisbereinigten Daten-Reihe auf der Basis offizieller DDR-Angaben, daß unterschiedliche Annahmen bzw. anders gewichtete Deflatoren jeweils zugrundeliegen können. Dadurch entstehen die zum Teil großen Abweichungen bei den Schätzungen.

Beispiel 2: Hintergrund für diese Ankündigung war offensichtlich der Wunsch, das Wachstum der Industrieproduktion der DDR gegenüber dem in der Bundesrepublik in ein günstiges Licht zu rücken. Es sollte gezeigt werden, daß es ebenso wie Westdeutschland auch der DDR fünf Jahre nach dem Ende des Zweiten Weltkrieges gelungen sei, die Wiederherstellung der Wirtschaft gemessen am Vorkriegsniveau abzuschließen. Darüber hinaus wurde suggeriert, daß die sowjetische Demontage- und Reparationspolitik keine ernsthaften Auswirkungen auf die Wirtschaftskraft der SBZ/DDR gehabt habe. Vielmehr wollte die SED-Führung mit Hilfe dieser Ankündigung den eingeführten planwirtschaftlichen Strukturen zugleich eine hohe Leistungsfähigkeit bescheinigen.

In Wirklichkeit dauerte die Wiederherstellung der Wirtschaft im Osten Deutschlands aufgrund der hohen Folgelasten des Zweiten Weltkrieges deutlich länger als in Westdeutschland. Dieser Prozeß konnte erst gegen Mitte der fünfziger Jahre weitgehend beendet werden. Ursachen hierfür waren sowohl die großen Belastungen durch die Demontagen und Reparationen (1945–1953) als auch die Folgen der deutschen Teilung und die Mängel des planwirtschaftlichen Systems. Dadurch kam es zur nachhaltigen Beeinträchtigung der Wirtschaftskraft, Produktivität und der Konkurrenzfähigkeit der DDR.

Für die Analyse benutzte Literatur
Rainer Karlsch, Die Auswirkungen der Reparationsentnahmen auf die Wettbewerbsfähigkeit der Wirtschaft in der SBZ/DDR, in: Jürgen Schneider (Hg.), Wirtschaftsordnung und Wirtschaftspolitik in Deutschland 1933–1990, Bamberg 1994, S. 139–172.
Albrecht Ritschel, Aufstieg und Niedergang der Wirtschaft der DDR: Ein Zahlenbild 1945–1989, in: Jahrbuch für Wirtschaftsgeschichte 2/1995, S. 11–46.
André Steiner, Wirtschaftliche Lenkungsverfahren in der Industrie der DDR Mitte der fünfziger Jahre. Resultate und Alternativen, in: Chr. Buchheim (Hg.), Wirtschaftliche Folgelasten des Krieges in der SBZ/DDR, Baden-Baden 1995, S. 271–293.
Wolfgang Stolper, The Structure of the East German Economy, Cambrigde/Mass. 1960, S. 242ff.
Wolfgang Zank, Wirtschaft und Arbeit in Ostdeutschland 1945–1949. Probleme des Wiederaufbaus in der Sowjetischen Besatzungszone Deutschlands (= Studien zur Zeitgeschichte, Band 31), München 1988, S. 192–194.

6. Literaturauswahl

Zur statistischen Einführung
Gavin Kennedy, Einladung zur Statistik, Frankfurt a. M./New York 1993.
Walter Krämer, Statistik verstehen. Eine Gebrauchsanweisung, Frankfurt a. M./New York 1992.

Statistik-Literatur der DDR
Arno Donda et al., Statistik. Lehrbuch, Berlin (Ost) 1978.
Gerd Heske, Messung des Produktionswachstums. Kennziffern zur Planung und Abrechnung der Dynamik der Industrieproduktion, Berlin (Ost) 1984.
Ökonomisches Lexikon A–Z Berlin (Ost); verschiedene Auflagen z. B.: 2., neu bearbeitete Auflage A–K 1969 und L–Z 1970).

Hintergrundinformationen zur DDR-Wirtschaftsstatistik und Planwirtschaft
Wlodzimierz Brus, Funktionsprobleme der sozialistischen Wirtschaft, Frankfurt a. M. 1971.
DDR-Handbuch, Band 2 M–Z, Köln ^{3}1985 (Stichwort: Rechnungsführung und Statistik).
Bruno Gleitze, Ostdeutsche Wirtschaft, Berlin 1956.
Im Trabi durch die Zeit – 40 Jahre Leben in der DDR, Egon Hölder (Hg.), Stuttgart 1992.
János Kornai, The Socialist System. The Political Economy of Communism, Oxford 1992.
Peter von der Lippe, Die gesamtwirtschaftlichen Leistungen der DDR-Wirtschaft in den offiziellen Darstellungen. Die amtliche Statistik der DDR als Instrument der Agitation und Propaganda der SED, in: Machtstrukturen und Entscheidungsmechanismen im SED-Staat und die Frage der Verantwortung, Deutschen Bundestag (Hg.), (= Enquete-Kommission „Aufarbeitung von Geschichte und Folgen der SED-Diktatur in Deutschland", Band II/3), Baden-Baden 1995, S. 1973–2193.
Quantitative Wirtschaftsgeschichte der DDR, in: Jahrbuch für Wirtschaftsgeschichte 2/1995, Berlin 1995 (Vgl. Beiträge von Albrecht Ritschel, S. 11–46; Lothar Baar, Uwe Müller, Frank Zschaler, S. 47–74; André Steiner, S. 101–118).
Jörg Roesler, Die Herausbildung der sozialistischen Planwirtschaft in der DDR. Aufgaben, Methoden und Ergebnisse der Wirtschaftsplanung in der zentralgeleiteten volkseigenen Industrie während der Übergangsperiode vom Kapitalismus zum Sozialismus (= Forschungen zur Wirtschaftsgeschichte, Band 11), Berlin (Ost) 1978.
Statistik in bewegter Zeit, Stuttgart 1992 (Abschnitt: DDR-Statistik – Schein und Wirklichkeit).
Wolfgang Stolper, The Structure of the East German Economy, Cambrigde/Mass. 1960.
Manfred Wegner, Bankrott und Aufbau. Ostdeutsche Erfahrungen, Baden-Baden 1995.

Hintergrundinformationen zu den Akteuren
Theo Pirker, M. Rainer Lepsius, Rainer Weinert, Hans-Hermann Hertle, Der Plan als Befehl und Fiktion. Wirtschaftsführung in der DDR. Gespräche und Analysen, Opladen 1995.
ohnMacht. DDR-Funktionäre sagen aus, Brigitte Zimmermann und Hans-Dieter Schütt (Hg.), Berlin 1992.

Basisdaten:
Statistische Jahrbücher der DDR (Jahrgänge 1955–1989).
Statistisches Jahrbuch der DDR 1990, Statistisches Amt der DDR (Hg.), Berlin (Ost) 1990.

Interne Statistische Jahrbücher der Zentralverwaltung für Statistik der DDR (diverse Einzelthemen; z. B. zum gesellschaftlichen Gesamtprodukt und Nationaleinkommen). Verfügbar in der Bibliothek des Statistischen Bundesamtes/Außenstelle Berlin.

Sonderreihe mit Beiträgen für das Gebiet der ehemaligen DDR, Statistisches Bundesamt (Hg.), Wiesbaden 1993ff. (diverse Einzelthemen.

Bei früheren Zeiträumen ist auch die Benutzung der in den Beständen der Staatlichen Plankommission befindlichen Statistiken im Bundesarchiv, Abteilungen Berlin-Lichterfelde zu empfehlen.

Ralph Jessen

Diktatorische Herrschaft als kommunikative Praxis. Überlegungen zum Zusammenhang von „Bürokratie" und Sprachnormierung in der DDR-Geschichte

1. „...– auch der Information wegen."[1]

Im Spätsommer des Jahres 1970 ging der Abteilung Wissenschaften des Zentralkomitees der SED eine Vorlage des Hochschulministeriums zu, die den zuständigen ZK-Referenten verzweifeln ließ. „Das ist nicht mehr verständlich. Das sind einfach Phrasen", notierte er auf Blatt neun des Elaborats, um am Ende, nach siebenundzwanzig ermüdenden Seiten, seinem Unmut in einem sprachkritischen Stakkato Luft zu machen: „allgemein, unübersichtlich, unverbindlich, verworren [...] – viele Wiederholungen und Überschneidungen – keine übersichtliche klare Linie – miserables Deutsch" – so lautete sein vernichtendes Urteil.[2] Jeder Historiker, der heute vor der Aufgabe steht, aus der papierenen Hinterlassenschaft der SED-Diktatur deren Geschichte zu rekonstruieren, verspürt wahrscheinlich an jedem Archivtag wenigstens einmal den Drang, in diesen Stoßseufzer einzustimmen. Je älter die DDR wurde, so hat es den Anschein, desto gehaltloser wurden ihre Akten. Die Berichte quollen auf, aber ihr Inhalt geriet immer dürftiger. Denn selbstverständlich blieben die sprachkritischen Marginalien des gequälten Referenten wie alle anderen sprachpflegerischen Bemühungen in der DDR ohne Konsequenzen.

Die Besonderheiten der Schriftsprache von SED- und Staatsverwaltung stellen Historikerinnen und Historiker aber nicht nur vor quellenkritische Probleme, sondern sie eröffnen ihnen auch einen Zugang zu strukturellen Eigenarten des Herrschaftssystems und zur kommunikativen Praxis zwischen Herrschenden und Beherrschten. Auch wenn bei den folgenden Annäherungen an dieses Problem die Ergebnisse linguistischer Forschungen genutzt werden, verfolgt dieser Beitrag keine sprachwissenschaftlichen Interessen im engeren Sinne.[3] Das

---

1   Aus einem internen Bericht des DDR-Hochschulministeriums Mitte der achtziger Jahre: „Ein stärkeres gezieltes und abgestimmtes Miteinander des Bereiches Staatssekretärs zu einigen herausragenden Schwerpunkt-[!] wäre u. E. auf einigen Strecken notwendig z. B. Leitungskonferenz, – aus der Sicht der inhaltlichen Aufgaben und Zielstellungen als auch des möglichen Mitwirkens – auch der Information wegen." In: Einschätzung der Hauptergebnisse des Studienjahres sowie Vorbereitung der Aufgaben der Hauptinspektion für Studienjahr 1984/85, in: Bundesarchiv Berlin (BArch B), DR-3, VA, 404.
2   Ministerium für Hoch- und Fachschulwesen, Direktive zur Weiterführung der Dritten Hochschulreform im Studienjahr 1970/71, Entwurf v. 12. 8. 1970, in: Stiftung Archiv der Parteien und Massenorganisationen der DDR im Bundesarchiv (SAPMO), DY 30, IV A 2/9.04/510.
3   Die linguistische Forschung zur Sprache in der DDR hat eine reichhaltige Literatur hervorgebracht. Vgl. z. B. H. D. Schlosser, Die deutsche Sprache in der DDR zwischen Stalinismus und Demokratie. Historische, politische und kommunikative Bedingungen, Köln 1990; W. Oschlies, Würgende und wirkende Wörter. Deutschsprechen in der DDR, Berlin 1989; A. Ahrends (Hg.), Allseitig gefestigt. Stichwörter zum Sprachgebrauch der DDR, München 1989²; F. Debus u. a., Sprachliche Normen und Normierungs-

Augenmerk ist auf die Strukturen des Herrschaftsapparates und die Handlungen der Personen gerichtet, die mit ihm in Beziehung standen. Sprache ist einerseits das Medium, in dem sich Herrschaftsverhältnisse ausdrücken, über das Herrschaft meist vor jedem unmittelbaren Zwang ausgeübt und vor allem legitimiert wird.[4] Andererseits ist Sprache „selbst eine sozialhistorische Tatsache".[5] Man muß nicht bei den Aporien des Poststrukturalismus enden, wenn man feststellt, daß die Welt des SED-Sozialismus, wie jede Gesellschaft, zum Gutteil auch sprachlich verfaßt war.[6] Dabei soll es hier weniger um die Schlüsselstellung des ideologischen „Diskurses" in Gestalt des kanonisierten Marxismus-Leninismus für die Begründung und Rechtfertigung des SED-Regimes wie auch für die Strukturierung seiner Umweltwahrnehmung gehen.[7] Ebenso wichtig, wenn nicht wichtiger war für die Alltagsrealität des Regimes die Sprache der Berichte, Reden und Zeitungsartikel, die Art, wie sich unter- und übergeordnete Stellen verständigten, kurz: das Vokabular und der Stil der offiziellen Sprache im täglichen Geschäftsverkehr. Welche Informationen von wem angefordert, wie diese präsentiert und interpretiert wurden, wie Anordnungen ergingen und wie Handelnde sprachlich kenntlich gemacht wurden, welches Vokabular zur Bezeichnung sozialer Sachverhalte zur Verfügung stand und wie Ideologie und „Realität" ins Verhältnis gesetzt wurden – in diesen und vielen anderen sprachlichen Handlungen wurde Herrschaft zu kommunikativer Praxis.

Die sprachliche Praxis in der DDR war zwei gegenläufigen und doch eng zusammenhängenden Einflüssen ausgesetzt: Einerseits unterlag sie dem mächtigen Formierungsdruck einer mit totalem und alleingültigem Welterklärungs- und Weltgestaltungsanspruch auftretenden Ideologie. Die westdeutsche Sprachwissenschaft hat diese „totalitäre" Sprachformung vor allem in den fünfziger und sechziger Jahren in materialreichen Untersuchungen immer wieder zum Thema gemacht. Von den damals entstandenen wortgeschichtlichen Studien und Wörtersammlungen kann die historische DDR-Forschung heute profitieren, auch wenn sie deren

folgen in der DDR, in: Germanistische Linguistik 82–85, 1985; C. Good, Zeitungssprache im geteilten Deutschland. Exemplarische Textanalysen, München 1989; M. W. Hellmann u. a., Bibliographie zum öffentlichen Sprachgebrauch in der Bundesrepublik und in der DDR, Düsseldorf 1976; M. W. Hellmann u. a., Zum öffentlichen Sprachgebrauch in der Bundesrepublik Deutschland und in der DDR. Methoden und Probleme seiner Erforschung, Düsseldorf 1973; M. Kinne/B. Strube-Edelmann, Kleines Wörterbuch des DDR-Wortschatzes, Düsseldorf 1981²; H. H. Reich, Sprache und Politik. Untersuchungen zu Wortschatz und Wortwahl des offiziellen Sprachgebrauchs in der DDR, München 1968. Nach der „Wende" erschienen u. a. folgende Sammelbände: G. Lerchner (Hg.), Sprachgebrauch im Wandel. Anmerkungen zur Kommunikationskultur in der DDR vor und nach der Wende, Frankfurt 1992; A. Burkhardt/ K. P. Fritzsche (Hg.), Sprache im Umbruch. Politischer Sprachwandel im Zeichen von „Wende" und „Vereinigung", Berlin 1992; R. Reiher/R. Läzer (Hg.), Wer spricht das wahre Deutsch? Erkundungen zur Sprache im vereinigten Deutschland, Berlin 1993.

4 Vgl. W. Dieckmann, Sprache in der Politik. Einführung in die Pragmatik und Semantik der politischen Sprache, Heidelberg 1975²; H. Grünert, Deutsche Sprachgeschichte und politische Geschichte in ihrer Verflechtung, in: W. Besch u. a. (Hg.), Sprachgeschichte. Ein Handbuch zur Geschichte der deutschen Sprache und ihrer Erforschung, Berlin 1984 , S. 29–37.

5 L. Hölscher, Wie begrenzt ist die Sozialgeschichte? Diskutiert am Beispiel des Industrialisierungsdiskurses, in: M. Hettling u. a. (Hg.), Was ist Gesellschaftsgeschichte? Positionen, Themen, Analysen. (Festschrift für H.-U. Wehler), München 1991, S. 312–322, S. 313.

6 Vgl. T. Childers, Political Sociology and the „Linguistic Turn", in: Central European History 22, 1989, S. 381–393.

7 Vgl. hierzu z. B. die Arbeit von P. Ch. Ludz, Mechanismen der Herrschaftssicherung. Eine sprachpolitische Analyse gesellschaftlichen Wandels in der DDR, München 1980.

totalitarismustheoretische Interpretation besser nicht übernehmen sollte.[8] Denn selbst wenn man den totalitären Anspruch des Regimes wie Andrzej Madela mit einem „Drehbuch" vergleichen wollte, in dem „genaueste Verhaltensanweisungen und Sprachregelungen selbst für den unbedeutendsten Akteur vorgesehen sind",[9] so sagt dies noch nichts über dessen Realisierung. Der fertige „Film", die Geschichte einer ganzen Gesellschaft in der Diktatur, zeigt überall die Spuren verbliebenen „Eigensinns" bedeutender und unbedeutender Akteure.

Damit ist der andere zu berücksichtigende Faktor angesprochen. Die totalitäre Formierung der Sprache hatte offenkundig Grenzen. Sie drang kaum in die mündliche Alltagskommunikation vor, schon gar nicht in die Gespräche im privaten Kreis. Jugendsprache, Dialekt und die Sprache der Literatur blieben weitgehend unbeeinflußt. Diese Grenzen sind von der westdeutschen Sprachwissenschaft in deutlicher Absetzung von ihren totalitarismustheoretischen Anfängen vor allem in den siebziger und achtziger Jahre hervorgehoben worden.[10] Aber nicht nur sprachliche „Nischen" begrenzten das totalitäre Projekt. Noch bedeutender waren vielleicht die unbeabsichtigten Folgen der Sprachregelung in der Diktatur, die den ursprünglichen Zwecken zuwiderliefen und diese sogar gefährden mochten. Peter Christian Ludz hat 1980 herausgestellt, wie sehr der Monopolanspruch der Ideologiesprache die Innovationschancen vor allem der Sozialwissenschaften und damit auch die Anpassungs- und Problemlösungsfähigkeit des Systems einschränkte.[11] Ein genauerer Blick auf die Verwaltungs- und Parteisprache in der Alltagspraxis läßt vermuten, daß ihre Besonderheiten und Skurrilitäten weniger das Resultat direkter Sprachlenkung als vielmehr eines ungeplanten und unreflektierten Wechselspiels zwischen „oben" und „unten" im zentralistischen Apparat waren, wodurch dessen Handlungsmöglichkeiten nicht unmaßgeblich beeinflußt und z. T. empfindlich beschnitten wurden.

Dieser Beitrag versucht sich diesem Problem mit einigen vorläufigen Überlegungen zu nähern. Einer kurzen Übersicht über Eigentümlichkeiten der offiziellen Sprache in der DDR folgt ein Interpretationsversuch, der – angeregt durch Thesen der Leipziger Linguistin Ulla Fix[12] – die Stereotypen der offiziellen Kommunikation als rituelles Handeln deutet. Daran anknüpfend wird danach gefragt, wieweit und warum die Strukturen des SED-Herrschaftsapparates einen bestimmten „kommunikativen Stil" begünstigten, der die Aktensprache prägte und der seinerseits Rückwirkungen auf die Formen von Herrschaft und Herrschaftserfahrung hatte.[13]

---

8 Vgl. z. B. H. Moser (Hg.), Das Aueler Protokoll. Deutsche Sprache im Spannungsfeld zwischen Ost und West (= Die Sprache im geteilten Deutschland, Bd. 1), Düsseldorf 1964; H. Bartholmes, „Volk" als Bestimmungswort in Zusammensetzungen im Sprachgebrauch der Sozialistischen Einheitspartei Deutschlands, in: Ebd., S. 40–57; R. Römer, Das Motiv der Bewegung in der Sprache der SED, in: Wirkendes Wort 14, 1964, S. 170–183; dies., Der Parteibegriff der SED im Spiegel ihrer Sprache, in: Das Aueler Protokoll, S. 58–79.

9 A. Madela, Posttotalitäre Mentalität als Sprache, in: Kommune. Forum für Politik-Ökonomie-Kultur 7, 1991, S. 6–10, hier: S. 7.

10 Vgl. Oschlies, Würgende Wörter, S. 99–143; Schlosser, Sprache in der DDR, S. 157–180.

11 Ludz, Mechanismen der Herrschaftssicherung, S. 157–158.

12 U. Fix, Rituelle Kommunikation im öffentlichen Sprachgebrauch der DDR und ihre Begleitumstände. Möglichkeiten und Grenzen der selbstbestimmten und mitbestimmenden Kommunikation in der DDR, in: G. Lerchner (Hg.), Sprachgebrauch im Wandel. Anmerkungen zur Kommunikationskultur in der DDR vor und nach der Wende, Frankfurt 1992, S. 3–99.

13 Meine Kenntnis der archivalischen Quellen bezieht sich auf die Überlieferung des Ministeriums für Hoch- und Fachschulwesen bzw. der Abteilung Wissenschaft im ZK der SED bis in die siebziger Jahre,

2. Die offizielle Sprache – einige Merkmale

Als die Archive von Staat und Partei endlich zugänglich waren, war der erste Blick in die Akten für manchen westlichen Leser mit Überraschung und vielleicht auch Enttäuschung verbunden. Weil bis dahin jedes interne Schriftstück von der Aura des Staatsgeheimnisses umgeben war, lag die Erwartung nahe, intern hätte man schnörkellos zur Sache geredet. Mochte das Propagandagetöse der Medien zur Manipulation der Bevölkerung und des „Gegners" dienen – intern wird man doch wohl „Klartext" gesprochen haben. Wer also geglaubt hatte, jetzt werde das SED-Regime unverhüllt sichtbar, mußte irritiert feststellen, daß die internen Berichte in einer Sprache verfaßt waren, die man schon aus dem „Neuen Deutschland" kannte. Die Besonderheiten in Wortwahl und Stil, welche die veröffentlichte Sprache so durch und durch imprägniert hatten, waren keine taktisch-manipulativen Oberflächenphänomene, sondern feste Bestandteile der offiziellen Schriftsprache, in der sich das SED-Regime auch selbst verwaltete. Diese Besonderheiten in Lexik und Stil sind mehrfach beschrieben worden.[14] Zu ihnen zählen u. a.:

Ideologische Begrifflichkeit
Angereichert durch spezifische Wendungen der jeweiligen Fachverwaltung findet sich auch in den internen Akten der Einzelressorts die bekannte politisch-ideologische Terminologie – etwa die wechselnden, aber jeweilig verbindlichen Schlüssel- und „Fahnenwörter" aus der Rhetorik der SED. Die „antifaschistisch-demokratische Ordnung", der „Aufbau des Sozialismus", die „Schaffung der Grundlagen des Sozialismus" etc. wurden auch im internen Schriftverkehr zu Zielvorgaben des Verwaltungshandelns. „Arbeiter-und-Bauern-Kader" sollten zur Rekrutierung einer „sozialistischen Intelligenz" herangezogen werden, und die SED wurde auch (und gerade) im internen Sprachgebrauch zu „der" Partei. Die Bewegungs- und Kampfmetaphorik der SED-Sprache – vom Verweis auf die „objektiven Entwicklungstendenzen der Gesellschaft" bis zum „Kampfprogramm" zur Sicherung der Planziele – ist hier ebenso präsent wie selbstverständlich die Neologismen, die die neuen politischen Institutionen beschreiben. Man könnte lange Beispielreihen zur Lexik in der staatlichen Verwaltung zusammenstellen – ihr Ergebnis wäre vermutlich, daß der politisch-ideologische Wortschatz hier ebenso selbstverständlich verwendet wurde wie in den SED-kontrollierten Medien und in der Monopolpartei selbst.[15]

Typische Stilformen
Die geschriebene Sprache offizieller Institutionen der DDR wies mit hoher Regelmäßigkeit bestimmte Stilelemente auf, durch die die Herkunft des Schriftstücks fast ebenso leicht zu bestimmen ist wie durch das benutzte Vokabular. Auffällig sind die Tendenz zur Nominalisie-

---

deren Beständen ich für meine laufende Untersuchung zur Sozialgeschichte der Hochschullehrerschaft in der DDR nutze. Es gibt keine Anhaltspunkte dafür, daß die Sprachpraxis dieser Verwaltungsteile atypisch gewesen wäre.

14 Diese Zusammenstellung ist sicher nicht vollständig. Sie stützt sich auf vorliegende Forschungen zur politischen Sprache in der DDR und die eigene Lektüreerfahrung. Vgl. Oschlies, Würgende Wörter; Schlosser, Sprache in der DDR; Reich, Sprache und Politik, und die Aufsätze von Römer und Bartholmes.

15 Ein reichhaltiges Glossar dieser ideologischen Fachterminologie mit vielen Beispielen und Quellenbelegen hat Reich, Sprache und Politik zusammengestellt.

rung („Ausführung", „Durchführung", „Verwirklichung") und die Vorherrschaft von Passivkonstruktionen. Einzelne Mitwirkende und Verantwortliche blieben oft unbenannt, und der Handlungscharakter eines Vorgangs verschwand sprachlich hinter einer scheinbaren Sachgesetzlichkeit. Komparativische Konstruktionen waren weit verbreitet. Vor allem in Kombination mit dem notorischen „noch" („noch schnellere Entwicklung", „noch bessere Verwirklichung der Beschlüsse des SED-Parteitages" etc.) mischten sich immer wieder Ist- und Sollaussagen mit suggestiv positiver Tendenz, da in solchen Formulierungen ein bereits positiver Zustand in Beziehung zu einem wünschenswerten, „noch besseren" zukünftigen Zustand gesetzt wurde. Die Verwendung verstärkender Wörter („vollständig", „exakt", „ganz", „allumfassend" etc.) bei gleichzeitigem Mangel an relativierenden oder abschwächenden Wendungen („ungefähr", „vielleicht", „etwa", „wahrscheinlich")[16] erweckte den Anschein zweifelsfreier, eindeutiger Verhältnisse, in denen sich „gesetzlich" vorherbestimmte Prozesse vollzogen. Diese scheinbare Eindeutigkeit kontrastierte mit den zahlreichen Leerformeln und Begriffshülsen („Objektive Entwicklungstendenzen", „ideologische Festigung und Erziehung", „weitere Vervollkommnung" usw.).[17] Sie ließen in ihrer phrasenhaften Unbestimmtheit jede beliebige Auffüllung nach wechselnden Parteilinien zu, konnten aber ebensogut als völlig unbestimmte Versatzstücke standardisierter Argumentation dienen. Zu den durchgängigen Stilelementen der Schriftsprache gehörten schließlich Euphemismen jeder Art, deren auffälligste Untergruppe die Formulierungen sind, die auch im internen Schriftverkehr dazu dienten, Herrschaftsverhältnisse zu verschleiern (also Wendungen wie: „anleiten", „empfehlen", „Hinweis", „Beispiel geben", „Meinungsaustausch", „einschätzen", „orientieren auf", „Aussprache führen", „Zielstellung"). Der offizielle Sprachstil verband so die Suggestion von Stabilität und totaler Kontrolle[18] mit einer eigentümlichen Entsubjektivierung, die den Handlungscharakter der Entscheidungen und Anordnungen verdeckte, sowie mit einer Tendenz zur „Bedeutungsleere" oft gerade dann, wenn die Handlungsziele beschrieben wurden.[19]

Entdifferenzierung von Sprachebenen[20]
Die Dauerpräsenz der politisch-ideologischen Parteisprache in allen Verwaltungsvorgängen deutet auf die Durchmischung unterschiedlicher Sprachebenen hin, die unter anderen Bedingungen bis zu einem gewissen Grade getrennt werden. Man kann nicht mehr von einer ausge-

---

16 M. W. Hellmann, Einige Beobachtungen zu Häufigkeit, Stil und journalistischen Einstellungen in west- und ostdeutschen Zeitungstexten, in: F. Debus u. a. (Hg.), Sprachliche Normen und Normierungsfolgen in der DDR (= Germanistische Linguistik 82–83), 1985, S. 169–199.
17 E. Topitsch, Über Leerformeln. Zur Pragmatik des Sprachgebrauchs in Philosophie und politischer Theorie, in: Derselbe, Probleme der Wissenschaftstheorie, Wien 1960, S. 236–264; Ludz, Mechanismen der Herrschaftssicherung, S. 121ff.; N. Kapferer, Von der 'Macht des Wortes' zur 'Sprache der Macht' zur Ohn-Macht der Vernunft. Über die Enteignung der Sprache im real existierenden Sozialismus durch die marxistisch-leninistische Philosophie, in: Burkhardt/Fritzsche, Sprache im Umbruch, S. 19–40, hier: S. 32.
18 Marten-Finnis spricht von „Stabilitätssemantik" und „Totalitätssemantik". S. Marten-Finnis, Pressesprache zwischen Stalinismus und Demokratie. Parteijournalismus im „Neuen Deutschland" 1946–1993, Tübingen 1994, S. 44ff.
19 Madela, Posttotalitäre Mentalität als Sprache, S. 10.
20 Vgl. M. R. Lepsius, Die Institutionenordnung als Rahmenbedingung der Sozialgeschichte der DDR, in: H. Kaelble u. a. (Hg.), Sozialgeschichte der DDR, Stuttgart 1994, S. 17–30.

prägten „Institutionensprache" der Fachverwaltungen sprechen, die sich von der politischen „Meinungssprache" absetzen ließe wie etwa die juristische Fachsprache in der traditionellen deutschen Bürokratie.[21] Beide gingen vielmehr dauernd ineinander über: Die politische Terminologie floß umstandslos in die Verwaltungssprache ein, und Elemente der Fachterminologie trugen dazu bei, daß in den Medien nicht selten eine technizistische Überpräzision in Einzelfragen gepflegt wurde.[22] Eine Vermischung unterschiedlicher Sprachebenen ist auch daran zu erkennen, daß zwischen den Sprachhandlungen des Feststellens, Behauptens und Forderns oft keine Trennung vorgenommen wurde. Die „noch besser, schneller, umfassender"-Konstruktionen sind dafür ein gutes Beispiel.[23] Selbst wenn man berücksichtigt, daß die Mischung aus informativen, imperativen und emotionalen Elementen zur politischen Sprache aller Systeme gehört,[24] ist diese sprachliche Entdifferenzierung auffällig. Dies galt auch dann noch, als sich in den sechziger Jahren in der Verwaltungssprache die Bruchstücke des Kybernetik-Jargons häuften und man in Planungspapieren z. B. der Hochschulbehörde plötzlich vom „Grobsollprojekt für das Teilsystem 8 A Internationale Hochschulbeziehungen" lesen konnte.[25] Dies war weniger ein Zeichen gewachsener sprachlicher Eigenständigkeit als vielmehr eine weitere Bestätigung dafür, daß die Administration jedem Schwenk der politischen Mode bereitwillig folgte.[26] Sprachliche Entdifferenzierung ist auch daran ablesbar, daß es kaum gelingt, die je nach ihrer Funktion und der spezifischen Beziehung zwischen Sprecher und Adressaten variierenden Stile der politischen Sprache westlicher Systeme in der Sprache von Politik und Verwaltung in der DDR wiederzufinden. So hat etwa die von Murry Edelman vorgenommene Unterteilung in appellierende, juristische, befehlende und verhandelnde Sprachstile in der politisch-administrativen Sprache der DDR keine Entsprechung.[27]

Offizielle Sprache und „Alltagssprache"
Die Entdifferenzierung der offiziellen Schriftsprache kontrastierte mit der Auseinanderentwicklung zwischen offizieller (geschriebener) und informeller (gesprochener) Sprache.[28] Linguistische Forschungen der siebziger und achtziger Jahre haben die begrenzte Reichweite politischer Sprachprägung betont und die Eigenständigkeit etwa der Jugend- und Alltagssprache hervorgehoben.[29] Die Probleme, die sich hieraus für eine historische Beschreibung und

---

21 Dieckmann, Sprache in der Politik, S. 81–86; H. Wagner, Die deutsche Verwaltungssprache der Gegenwart. Eine Untersuchung der sprachlichen Sonderform und ihrer Leistung, Düsseldorf 1970.
22 Schlosser, Sprache in der DDR, S. 113–116.
23 Fix, Rituelle Kommunikation, S. 29ff.
24 Dieckmann, Sprache in der Politik, S. 26.
25 So eine Vorlage der „Sektion Ökonomische Kybernetik und Operationsforschung" der Humboldt-Universität zu Berlin von 1969, in: BAP R-3, 3479.
26 Ch. Bergmann, Parteisprache und Parteidenken. Zum Sprachgebrauch des ZK der SED, in: Lerchner, Sprachgebrauch im Wandel, S. 101–142, hier: S. 124.
27 M. Edelman, Politik als Ritual. Die symbolische Funktion staatlicher Institutionen und politischen Handelns, Frankfurt/New York 1976, S. 167–183.
28 Von der Sprache der Literatur und der einzigen nicht fusionierten Institution ‚Kirche' sei hier einmal abgesehen. Vgl. dazu Schlosser, Sprache in der DDR, S. 120–122, 132–149.
29 Vgl. J. Beneke, Zur Entwicklung der Redeweisen Jugendlicher und ihrer Erforschung in der DDR, in: Jugend '92. Lebenslagen, Orientierungen und Entwicklungsperspektiven im vereinigten Deutschland, hg. v. Jugendwerk der Deutschen Shell, Bd. 3: Die neuen Länder: Rückblick und Perspektiven, Opladen 1992, S. 159–170 und Oschlies, Würgende Wörter, S. 125–143.

Analyse des SED-Herrschaftssystems ergeben, seien hier nur in einigen kurzen Hinweisen angedeutet: Die totalitarismustheoretische Vermutung, daß eine formierte und verbindliche Sprache den Bürgern der DDR letztlich die Chance autonomer Erkenntnis und Urteilsbildung genommen hätte, da kein alternatives Vokabular zur Verfügung stand, geht sicher in die Irre.[30] Dies war schon angesichts des Dauereinflusses westdeutscher Medien kaum zu erwarten. Wieweit man allerdings aus dem Unterschied zwischen offizieller und inoffizieller Sprache auf kulturelle „Resistenz" oder gar „Widerstand" schließen kann, bleibt eine offene Frage. Je selbstverständlicher den Menschen die Existenz in zwei sorgfältig gegeneinander abgedichteten Sprachregistern war, deren Grenze sich mit der Trennungslinie zwischen offiziell und informell deckte, desto größer ist die Wahrscheinlichkeit, daß ihre Selbstwahrnehmung (und Erinnerung) scharf mit dem kontrastiert, was Außenbeobachter bzw. Historiker aufgrund der schriftlichen Quellen rekonstruieren. So verwundert es nicht, daß mancher ehemalige DDR-Bürger heute die offizielle Sprache als völlig irrelevant für den eigenen Sprachgebrauch bezeichnet.[31] Es ist zu vermuten, daß auch in den offiziellen Strukturen von Partei und Staat das „code-switching" zwischen dem formellen Jargon und der informellen Alltagssprache zumindest im kleineren Kreis selbstverständlich war. Dies ist schon deshalb wahrscheinlich, weil die Sprache der Akten, Berichte und Reden ohne schriftliche Vorlage kaum zu sprechen war. Diese Alltagskommunikation ist für die Beschreibung der konkreten Herrschaftspraxis ebenso wichtig wie schwer zu fassen; vor allem dann, wenn man sich nicht auf die bruchstückhafte und auswählende Erinnerung der beteiligten Zeitgenossen verlassen will.

Ein Grundproblem historischen Forschens, die Überlieferung nur der schriftlichen Quellen, tritt also im Falle diktatorischer Sprachregelung besonders gravierend in Erscheinung. Zwar läßt sich relativ gut feststellen, daß anders gesprochen als geschrieben wurde; welche Konsequenzen dies indes für die Ausübung wie die Erfahrung von Herrschaft hatte, bleibt ungewiß, weil mündliche Kommunikation kaum überliefert ist.

Die Formalisierung der offiziellen Sprache
Zu den gern karikierten Eigenheiten der Medien in der DDR gehörte die barock anmutende Sitte, Repräsentanten von Partei und Staat, Staatsbesucher etc. mit allen Titeln und Funktionen vorzustellen, so daß mancher Zeitungsartikel zum Gutteil aus zeremoniellen Einleitungspassagen bestand.[32] Diese Praxis war freilich nur der besonders augenfällige Auswuchs einer allgemeinen Tendenz zur Formalisierung und Ritualisierung aller offiziellen Texte. Kaum ein Schriftstück kam ohne den legitimationsstiftenden Verweis auf den letzten SED-Parteitag, das jüngste ZK-Plenum und die entsprechenden Reden von Ulbricht oder Honecker aus. Feste Substantiv-Adjektivkombinationen („allseitige Stärkung", „zielstrebige Verwirklichung" etc.[33]) konnten nach dem Baukastenprinzip in fast jeden Text eingegliedert werden. Vor allem die periodischen Lageberichte untergeordneter Instanzen an die Zentrale, aber auch andere Schriften

---

30 In extremster Zuspitzung hat schon George Orwell diese These formuliert: G. Orwell, Neunzehnhundertvierundachtzig, Stuttgart 1964[13], S. 273–280.
31 Schlosser, Sprache in der DDR, S. 177.
32 In der zweiten Hälfte der fünfziger Jahre sollen die Titulaturen im „Neuen Deutschland" ein Drittel bis zur Hälfte des Textes entsprechender Berichte eingenommen haben; Marten-Finnis, Pressesprache, S. 76f.
33 Ein von Stefan Heym 1977 zusammengestelltes Glossar solcher eingeschliffenen Kombinationen zitiert Oschlies, Würgende Wörter, S. 93.

wie etwa Begründungen für Verordnungsentwürfe oder zusammenfassende Sachberichte zu Einzelfragen weisen i. d. R. einen nur gering modifizierten dramaturgischen Aufbau auf[34]: Ein einleitender Passus stellt den Bezug zu aktuellen Parteibeschlüssen bzw. Äußerungen der Parteiführung her, begründet damit die Relevanz des Gegenstandes, legitimiert das Anliegen und dient gleichzeitig als Devotionsfloskel. Es folgt eine Passage, die die Aufgaben der jeweiligen Institution in Bezug auf diesen Parteibeschluß umreißt. Im nächsten Schritt werden die bisherigen Erfolge geschildert, oft unter Nennung einzelner Beispielfälle. Erst danach folgt der Berichtsteil, bei dessen Lektüre die Aufmerksamkeit des Aktenlesers gewöhnlich zunimmt, nämlich die mehr oder weniger verklausulierte Auflistung von Mängeln, Rückständen und Problemen, meist garniert mit zahlreichen „noch nicht" und „noch weiter zu verbessern"-Phrasen. Abgerundet wird der Bericht durch eine Wunschliste („Maßnahmeplan" o. ä.), in der der Berichterstatter alles aufzählt, was erforderlich ist, um die vorgegebenen Ziele zu erreichen.

Der allgemeine Eindruck, der sich aus der Lektüre interner Berichte der staatlichen Verwaltung ergibt,[35] geht dahin, daß vor allem die zahlreichen und recht dicht überlieferten periodischen „Informationsberichte" der untergeordneten Instanzen einer Tendenz der Seiteninflation, der Inhaltsentleerung und der Formalisierung im eben skizzierten Sinne ausgesetzt waren. Die Texte wirken durch zahlreiche Leerformeln, Tautologien und „abgegriffene Metaphern" redundant.[36] Langatmige Wiederholungen immergleicher Argumentationsketten und die sorgfältige Beachtung der gerade gängigen Floskeln lassen es gerechtfertigt erscheinen, von einem „Repetitions-" und „Formalisierungskult" zu sprechen.[37] Nicht der individuelle Stil, die persönlich Handschrift oder eine eigenwillige Rhetorik, sondern Konformismus bis in die Feinheiten der Formulierung hinein wurde prämiert. Dem entsprechen Beobachtungen aus anderen Kommunikationszusammenhängen. Mündliche Äußerungen, auch „Diskussionsbeiträge" waren i. d. R. schriftlich ausformuliert, da nur so der geforderten Formalisierung genüge getan werden konnte. Bezeichnenderweise setzten sich schon in den fünfziger Jahren Universitätslehrkräfte des gesellschaftlichen Grundstudiums dem Verdacht ungenügender „Wissenschaftlichkeit" und Linientreue aus, wenn sie ihre Vorlesungen nicht wörtlich ausgearbeitet vom Blatt lasen.[38]

Mit der Beschreibung der Eigentümlichkeiten der offiziellen Sprache in der DDR ist noch wenig über deren Ursachen, Funktionen und Konsequenzen gesagt. Im folgenden wird versucht, zunächst aus einer mehr handlungsorientierten Sicht und dann aus einer mehr strukturgeschichtlichen Perspektive Verbindungslinien zwischen Sprachformen, Kommunikationsverhalten und Herrschaftsstrukturen zu ziehen. Mehr als vorsichtige Thesen sind angesichts des Forschungsstandes nicht zu erwarten. Nur der Vollständigkeit halber sei erwähnt, daß die

---

34 Vgl. auch: Bergmann, Parteisprache, S. 104–114.
35 Ich stütze mich hierbau auf meine Lektüreerfahrung mit den periodischen Berichten der Hochschulen und Universitäten an das Ministerium für Hoch- und Fachschulwesen; nach allem, was über andere Ressorts zu hören ist, lagen die Verhältnisse dort ähnlich. Zu den Informationsberichten aus dem Hochschulwesen vgl. für die sechziger Jahre z. B. BArch B DR-3, 5844, 5845, 5577, 3479, 3251, 3252 u. ö. Noch dichter ist die Berichtsüberlieferung für die siebziger und achtziger Jahre, z. B. BArch B DR-3, VA, B 858 c, B 909 b, B 1069 b, B 1400/ 1a, B 1426 u. ö.
36 Vgl. Ludz, Mechanismen der Herrschaftssicherung.
37 Bergmann, Parteisprache, S. 107 u. 113.
38 Vgl. die Berichte der Universität Jena im Frühjahr 1952, in: BArch B DR-3, 1282.

Interpretationsmöglichkeiten damit selbstverständlich nicht erschöpft sind. Vor allem begriffs- und ideologiegeschichtliche Fragen und Verfahren werden erforderlich sein, um die inhaltliche Dimension der politischen Sprache in der DDR kritisch zu erschließen.

3. Sprache und Ritual

Auf den rituellen Charakter der Sprachkonvention in der DDR und in anderen sozialistischen Ländern haben verschiedene Autoren hingewiesen. Herbert Marcuse beurteilte 1964 die „stalinistische und nachstalinistische Sprache" als besonders prägnante Form einer „autoritäre(n) Ritualisierung der Rede", in der er freilich kein Spezifikum der staatssozialistischen Diktaturen, sondern eine Grundtendenz der „autoritären Regime" sah, die seiner Meinung nach in allen fortgeschrittenen Industriegesellschaften auf dem Vormarsch waren.[39] Eine Autorin verglich jüngst die „sprachlichen Rituale" in der FDJ mit der Formelhaftigkeit von Briefstellern des 18. Jahrhunderts[40], und auch in mehr essayistischen Äußerungen über die Sprache in der SED-Diktatur wird ihr ritueller Charakter herausgestrichen.[41] Von diesen eher beiläufigen Bemerkungen, die eine assoziative Verbindung zwischen der Sprache im Sozialismus und etwa den Praktiken religiöser Gemeinschaften anklingen lassen, ohne diesen Gedanken systematisch zu verfolgen, hebt sich die Arbeit der Leipziger Linguistin Ulla Fix ab, die der „rituellen Kommunikation im öffentlichen Sprachgebrauch der DDR" nachgeht. Ihre Untersuchung von Reden, Grußformeln, Gelöbnistexten und Schulordnungen kommt u.a. zu dem Resultat, daß der öffentliche Sprachgebrauch in der DDR durch rituelle Kommunikation geprägt wurde und daß sich der Sprachritualismus auf Textsorten ausdehnte, die andernorts keinen rituellen Charakter hatten.[42] An ihre Ergebnisse kann eine historische Untersuchung anknüpfen, die sprachliche Praxis in der Diktatur als Handlungsfeld interpretiert.

Obwohl man kaum von einem einheitlichen Ritual-Begriff sprechen kann, lassen sich doch einige Merkmale rituellen Handelns (und Sprechens) zusammenstellen.[43] Rituale zeichnen sich gewöhnlich durch Wiederholung, Stilisierung, Formalisierung, innere Ordnung und Institutionalisierung aus. Religiöse Rituale verweisen auf eine transzendentale Dimension, säkulare Rituale auf Ideologien.[44] In Arbeiten, die sich mit der Ritualisierung von Sprache befaßt haben, wird außerdem hervorgehoben, daß es sich überwiegend um öffentliche, extern determinierte, rollenhafte Kommunikation mit geringem Informationsgehalt handelt, deren sprachliche Mittel stark standardisiert, schematisch und mit geringer Varianz eingesetzt werden.[45] In

---

39 H. Marcuse, Der eindimensionale Mensch. Studien zur Ideologie der fortgeschrittenen Industriegesellschaft, Neuwied 1967 (zuerst Boston 1964), S. 120ff.
40 C. Fricke, Überlegungen zu einem Neuansatz der gesellschaftswissenschaftlichen Linguistik, ihre Aufgaben und Quellen, in: Osnabrücker Beiträge zur Sprachtheorie, H. 43, 1990 , S. 141–160, hier S. 146.
41 Vgl. Oschlies, Würgende Wörter, S. 87.
42 Fix, Rituelle Kommunikation, S. 38.
43 Zur Vielfalt der Definitionen vgl. E. Rauch, Sprachrituale in institutionellen und institutionalisierten Text- und Gesprächssorten, Frankfurt 1992, S. 14–38.
44 S. F. Moore/B. G. Myerhoff, Secular ritual: forms and meanings, in: Dies. (Hg.), Secular ritual, Assen/Amsterdam 1977, S. 3–24, hier: S. 7–8.
45 Vgl. Rauch, Sprachrituale, S. 27f., 35f.

einer Zusammenstellung typischer Stilelemente ritueller politischer Texte nennt Ulla Fix u. a. einen gehobenen Wortschatz, Schlagwörter und politische Termini, die Verwendung von Symbolen, Metaphern und verhüllenden Wörtern.[46] Schon ein flüchtiger Vergleich dieses Kriterienkatalogs mit den oben skizzierten Merkmalen politisch-administrativer Sprache läßt erkennen, daß die These vom rituellen Charakter weiter Teile der offiziellen Sprache in der DDR sehr plausibel ist. Man wird sogar vermuten können, daß dies für einen viel weiteren als den von Ulla Fix angeführten Bereich galt.[47] Es scheint, daß ein großer Teil auch der behördeninternen Routinekommunikation, wie etwa das periodische Berichtswesen untergeordneter Instanzen an die Zentrale, in starkem und wachsendem Maße ritualisiert war. Die Form verselbständigte sich bis zu einem gewissen Grade gegenüber dem Inhalt, so daß spätestens seit den siebziger Jahren ein „Wildwuchs an Doppelzüngigkeit, Heuchelei, Machtmißbrauch und organisierter Unehrlichkeit auf eigentlich allen Ebenen des Berichts(un)wesens" herrschte.[48]

Auch wenn empirische Studien ausstehen, kann man vermuten, daß die rituelle Überformung großer Teile der internen und externen Kommunikation die Handlungsmöglichkeiten der SED empfindlich beschnitt – zumal keine freie Öffentlichkeit korrigierend wirken konnte. Ich möchte dieses Problem hier nicht weiter verfolgen, sondern mich auf die Frage nach der inneren Logik des Sprach- und Berichtsritualismus konzentrieren, die man nur dann beantworten kann, wenn man seiner Sinnhaftigkeit und Funktion für Herrschaftsträger *und* Herrschaftsunterworfene nachgeht; Herrschaft als kommunikative Praxis ist auch in der Diktatur ein Interaktionsphänomen, das sich nicht auf die schlichte Mechanik von Befehl und Gehorsam reduzieren läßt.

Aus der Perspektive der herrschenden Partei erwiesen sich Rituale vor allem unter drei Gesichtspunkten als zweckdienlich: Sie vermittelten Wertbezüge, schufen Ordnung und leisteten Integration. Fester Bestandteil ritueller Kommunikation war der Verweis auf die legitimationsstiftenden *Basiswerte der Ideologie*. Meist ohne weitere inhaltliche Füllung wurden der „Sozialismus", „die antifaschistische Demokratie", „die nationale Einheit", „der Internationalismus", „der Frieden", „das Volk", „die Arbeiterklasse" oder „die historische Gesetzmäßigkeit" herbeizitiert und in meist vagem und deklamatorischem Bezug zum konkreten Anliegen gebracht.[49] Die Grundwerte der Ideologie wurden so stets aktualisiert, präsent gehalten und scheinbar bestätigt. Auf eine subtilere Dimension dieses Wertbezugs weisen Moore und Myerhoff hin.[50] Durch die immer wiederkehrende Zitation unbezweifelbarer Leitwerte und Kernannahmen der Ideologie wurden diese verdinglicht. Das „Unsichtbare" und „Heilige" wurde in der dauernden Wiederholung scheinbar reifiziert – es verselbständigte sich auch gegenüber den Akteuren, die es erst geschaffen hatten. Sollen und Sein, Imagination und Wirklichkeit verschmolzen im Ritual. Die sprachliche Verbindung von Feststellungen und Forderungen kann man in diesem Sinne interpretieren. Ludz stellte dazu fest, „daß metaphern-, gleichnis- und begriffsbezogene Denkweisen (im Sprachmilieu des Marxismus-Leninismus, R. J.) häufig mit der Verwechselung der Sprach- und Realitätsebene einhergehen. Die Ver-

---

46 Fix, Rituelle Kommunikation, S. 67f.
47 Sie untersucht die Texte von Gelöbnissen, offiziellen Grußreden oder Dankes- und Willensbekundungen.
48 Beneke, Redeweisen Jugendlicher, S. 165.
49 Vgl. Fix, Rituelle Kommunikation, S. 61–63.
50 Moore/Myerhoff, Secular ritual, S. 11ff., 22, 24.

wechselung von Sprach- und Realitätsebene ist, wie zahlreiche Beispiele zeigen, bewußte Politik."[51]

Ordnung repräsentierten rituelle Praktiken allein schon durch ihre äußere Gestalt. Die feste Form, der immer gleiche oder nur geringfügig variierte Ablauf und die Tatsache der Wiederholung selbst symbolisierten Kontrolle, Ordnung und erfolgreiche Machtausübung. In ihrem Formenkonservatismus haftete ritueller Sprache wie jedem Ritual etwas dezidiert Antirelativistisches an; sie verbürgte Selbst- und Weltgewißheit, ohne daß diese immer wieder aufs Neue sachlich begründet werden mußten.[52] *Integration* leistete ritualisierte Sprache, indem sie die Angehörigen einer Gruppe auf einen bestimmten festgelegten Sprachmodus verpflichtete, der sie gegenüber anderen Sprechern abgrenzte. Sie kanonisierte damit ein allgemeines Merkmal von Gruppensprachen: „Die Gruppe wird definiert durch das, was man sagt und was man nicht sagt, was man nicht sagen darf, sie wird definiert durch ein bestimmtes Vokabular, durch bestimmte Argumentationsstrukturen und durch das, was das nur schwer Faßbare des Atmosphärischen ausmacht."[53] Die Verwendung festgefügter Termini und Formeln wurde zum Signal der Anpassungsbereitschaft und der Unterordnung unter die Definitionsmacht der SED; ob ernst gemeint oder aus taktischer Anpassung, ist kaum festzustellen, aber für den Integrationserfolg nicht ohne Belang. Der Integrationseffekt einer ritualisierten Gruppensprache dürfte vermutlich sinken, wenn diese zur offiziellen Monopolsprache wird, da ihr dann das „Andere", von dem sich die Gruppensprache identitätsstiftend abgrenzt, fehlt. Unter diktatorischen Bedingungen wurden rituelle Sprachformeln so schnell zum sprachlichen Geßlerhut, vor dem man sich pro forma beugte. Die Anpassungssignale konnten mehr Integration vortäuschen, als tatsächlich erreicht wurde, denn rituelle Praktiken verdecken Konflikte, ohne sie zu lösen.[54]

Vor allem der zuletzt genannte Aspekt verdeutlicht, daß das Rituelle in der Sprache vornehmlich der „Beziehungsgestaltung" zwischen „oben" und „unten" und weniger der Informationsvermittlung diente.[55] Dies gilt nicht nur aus der Perspektive der Herrschenden, die sprachliche Anpassungssignale forderten, sondern auch aus der Perspektive der Beherrschten. Ein fester Formenkanon, verbindliche Interpretationsvorgaben und die Übernahme der oben gewünschten Sprachmuster reduzierten Komplexität und minderten Unsicherheit. Die jeweils aktuellen Floskeln waren leicht zu lernen und konnten schnell in den routinemäßigen Schriftverkehr eingebaut werden. Die rituelle Kommunikation schuf verbindliche Handlungsabläu-

---

51 Ludz, Mechanismen der Herrschaftssicherung, S. 157.
52 Moore/Myerhoff, Secular ritual, S. 3, 16–17.
53 Grünert, Sprachgeschichte und politische Geschichte, S. 34. Vgl. auch Fix, Rituelle Kommunikation, S. 61–63.
54 Fix, Rituelle Kommunikation, S. 61–63. Zur instrumentellen Nutzung von Ritualen zur Integration und (Schein-)legitimation vgl. R. Rytlewski/D. Kraa, Politische Rituale in der Sowjetunion und der DDR, in: APZ B 3, 1987, S. 33–48 und R. Rytlewski u. a., Politische und soziale Rituale in der DDR, in: Berg-Schlosser/Schissler (Hg.), Politische Kultur in Deutschland (= PVS Sonderheft Nr. 18), Opladen 1987, S. 247–257. Beck hebt hervor, daß Agitation und Propaganda der SED nach einer repressiven Phase in den Anfängen zunächst auf wirtschaftliche Verbesserung und am Ende nur noch auf „gesellschaftliche Ritualisierung" setzte. M. Beck, „Rhetorische Kommunikation" oder „Agitation und Propaganda". Zur Funktion der Rhetorik in der DDR. Eine sprechwissenschaftliche Untersuchung, St. Ingbert 1991, S. 179; D. Segert, Fahnen, Umzüge, Abzeichen – Die Macht der Rituale und Symbole, in: Th. Blanke/R. Erd (Hg.), DDR – Ein Staat vergeht, Frankfurt 1990.
55 Fix, Rituelle Kommunikation, S. 61–63; Rauch, Sprachrituale, S. 60ff.

fe, Stetigkeit und Vorhersehbarkeit und sicherte so den Verfasser und Berichterstatter ab.[56] Die Folgen dieser Praxis hat Lutz Marz als „Präventivtrivialisierung" recht treffend beschrieben: Um unangenehmen Nachfragen oder Kontrollen vorzubeugen, wurden möglichst nur die Informationen nach oben gereicht, die man für unverfänglich oder deren Konsequenzen man für berechenbar hielt.[57] Da die Berichtspflichtigen mit den Sprachhülsen jonglieren konnten, genügten sie meist den Anforderungen der Berichtsempfänger, denen es auf ideologische Konformität ankam, auch wenn der Informationsgehalt der Meldungen gering war. Ritualismus wirkte so an der Basis der Berichtspyramide entlastend. Durch Formenkonservatismus und stereotyp bekundeten ideologischen Konformismus reduzierte er Unsicherheit in einer Umwelt, die den sozialen Akteuren Handlungsbedingungen auferlegte, die von einer unkontrollierten Herrschaftsinstanz willkürlich manipuliert werden konnten. Es ist unter diesen Umständen außerordentlich plausibel, daß ritualisierte Konformitätsgesten zum alltäglichen Habitus der größten Gruppe der Bevölkerung gehörten.[58] Man muß hervorheben, daß die Rituale des öffentlichen Sprechens und Schreibens in der DDR ein Resultat der Beziehungsgestaltung in der „durchherrschten Gesellschaft"[59] waren. Ihre Beschreibung und Analyse klärt nicht nur über die Herrschaftspraxis der SED auf, sondern kann auch zu den Tiefenkonflikten einer scheinbar „stillgestellten Gesellschaft" führen.[60]

Der offizielle Sprachritualismus versinnbildlichte nämlich nicht nur den totalen Herrschaftsanspruch der SED, sondern gab diese Anmaßung zugleich der Lächerlichkeit preis. Nicht nur germanistische Fachzirkeln der DDR klagten immer wieder über das ausufernde „Kaderwelsch" und mahnten „Sprachpflege" an. Auch manche Satire im Kabarett oder im „Eulenspiegel" verdankte ihren Lacherfolg einem genüßlich sezierten Phrasenungetüm. Die alltägliche Sprachpraxis konnte die herrschaftliche Inszenierung sprachlicher Rituale absichtlich oder unabsichtlich immer wieder unterlaufen: Mit schnell heruntergehaspelten Floskeln konnte man sich routinemäßiger Berichtspflichten entledigen, ohne zu viel über sich und andere preiszugeben. Auch waren ideologische Termini nicht vor mehr oder weniger versteckten, klammheimlichen Bedeutungsverschiebungen gefeit, die Distanz gerade dadurch signalisierten, daß die Sprachrituale mitgemacht wurden. Bekannt und beliebt war etwa die Umdeutung gängiger Abkürzungen (DDR = Der Doofe Rest; SKET = Sehen-Kaufen-Einlagern-Tauschen).[61] Derartige Sticheleien gediehen meist unter Freunden und Kollegen und blieben scharf von der offiziellen Bedeutungsebene getrennt. Andere spielten so geschickt mit feinen Bedeutungsnuancen, daß auch im offenen Sprachgebrauch kaum feststellbar war, ob die „eigentliche" oder eine ironisch gebrochene Bedeutung transportiert wurde. Wer mit Blick auf die trübe Realität der DDR vom gefeierten „Weltniveau" sprach, hatte manchmal das gerade Gegenteil im Sinn.

---

56 Fix, Rituelle Kommunikation, S. 40f., S. 61–63; Moore/Myerhoff, S. 17f.
57 L. Marz, Die Ohnmacht der Allmacht. Zur Autonomie der administrativen Hand, in: Kommune. Forum für Politik – Ökonomie – Kultur 3, 1990, S. 63–67, hier: S. 67.
58 Siehe D. Segert, Figuren der politischen Kultur der DDR und Schwierigkeiten ihres Umbaus, in: M. Brie/D. Klein (Hg.), Umbruch zur Moderne? Kritische Beiträge, Hamburg 1991, S. 58–82, hier: S. 70.
59 A. Lüdtke, „Helden der Arbeit" – Mühen beim Arbeiten. Zur mißmutigen Loyalität von Industriearbeitern in der DDR, in: Kaelble, Sozialgeschichte der DDR, S. 188–213, hier: S. 188; J. Kocka, Eine durchherrschte Gesellschaft, in: Ebd., S. 547–553.
60 Vgl. S. Meuschel, Überlegungen zu einer Herrschafts- und Gesellschaftsgeschichte der DDR, in: Geschichte und Gesellschaft 19, 1993, S. 5–14, hier: S. 6.
61 Statt: „Schwer- und Kraftmaschinenbau ‚Ernst Thälmann' Magdeburg".

Die Rede von „der Partei" oder „den Genossen" konnte sowohl streng affirmativ wie uneigentlich distanziert gemeint sein, und wenn man die Sowjets als „die Freunde" titulierte, so wurde dieser Euphemismus „kaum noch ohne ironischen Unterton gebraucht".[62] „Das ironische Zitat markierte überhaupt eine DDR-spezifische Ambivalenz im Umgang mit der offiziellen Terminologie: Es manifestierte gleichzeitig Anerkennung wie Ablehnung, entzog den Sprecher einem lästigen Verdacht und signalisierte dem Wissenden doch Distanz, also zumindest einen kleinen Freiraum individuellen Sprechens."[63] Sprachliche Rituale waren nur scheinbar eindeutig. In der alltäglichen Praxis lud gerade ihre zur Schau getragene Ernsthaftigkeit zu ironischer Distanzierung, zur Karikatur und zur Persiflage ein.

4. „Bürokratie" und Sprache

Sowohl westliche als auch kritische östliche Darstellungen des Staatssozialismus haben immer wieder dessen bürokratische Formen hervorgehoben.[64] Das Bild vom „bürokratischen Sozialismus" war angesichts der Allgegenwart von Staat und Partei plausibel und einprägsam. Genauer betrachtet, fällt allerdings auf, wie weit sich die Herrschaftsformen der staatssozialistischen Systeme, auch die der DDR, von dem Idealtypus „bürokratischer Herrschaft" entfernt hatten, den man im Anschluß an Max Weber formulieren kann. „Quasibürokratien" hat Ralf Bendix deshalb die Verwaltungen sowjetischen Typs genannt.[65] Jan Pakulski hat die große Distanz zum Weberschen Bürokratiemodell genauer ausgemessen.[66] Zu den Aspekte, die aus seiner Sicht den „unbürokratischen" Charakter kommunistischer Herrschaft ausmachten, gehören die sehr weitgehende Erosion formaler Rationalität durch die „strukturelle Aufweichung der Normativität des Rechts",[67] die Durchdringung von Partei- und Staatsapparat, die mangelnde De-Personalisierung von Herrschaft, so daß etwa ein guter Draht zu den allzuständigen Parteisekretären allemal wirksamer war als die Einhaltung der Regeln und des formalen Geschäftsgangs der staatlichen Verwaltung,[68] die Auswahl der Funktionäre nach dem Nomenklaturprinzip, die sich vom Ideal einer Leistungsauslese nach Fachqualifikation weit entfernt hatte, und auch die Tatsache, daß private und öffentliche Sphäre in der Figur des Staats- oder Parteifunktionärs kaum zu trennen waren: „Der Sozialismus will den ganzen Menschen."

Vor allem die Abwesenheit formaler Rationalität, die sich auf die Bindung der Bürokratie an das in legitimen Verfahren zustandegekommene Recht gründet, entfernte die Verwaltung der DDR wie anderer Ostblockstaaten weit vom Weberschen Typus. Nicht ein formales Regel-

---

62 Schlosser, Sprache in der DDR, S. 162. Vgl. auch Oschlies, Würgende Wörter, S. 121.
63 Schlosser, Sprache in der DDR, S. 163.
64 Vgl. R. Ahlberg, Die sozialistische Bürokratie, Stuttgart 1976; A. Hegedüs, Sozialismus und Bürokratie, Reinbek b. Hamburg 1981; G. Meyer, Bürokratischer Sozialismus, Stuttgart-Bad Cannstatt 1977.
65 R. Bendix, Bureaucracy, in: The International Encyclopedia of the Social Sciences, New York 1968, Bd. 2, S. 206–219, hier: S. 212.
66 J. Pakulski, Bureaucracy and the Soviet System, in: Studies in Comparative Communism 1, 1986, S. 3–24.
67 Karl A. Mollnau, Die Babelsberger Konferenz von 1958, in: Im Namen des Volkes? Über die Justiz im Staat der SED, Leipzig 1994, S. 231–235, hier: 233.
68 Sehr instruktiv hierzu: Landolf Scherzer, Der Erste. Eine Reportage aus der DDR, Köln 1989.

werk, sondern das ideologisch definierte politische Ziel bestimmte das Handeln.[69] Nun deckt sich auch die Realität westlicher Verwaltungen nicht mit dem Weberschen Idealtypus, und auch diese entwickeln charakteristische Kommunikationsformen, die in Einzelpunkten an die hier skizzierten erinnern. „In den Gesellschaften sowjetischen Typs waren die nicht-bürokratischen Verhältnisse jedoch keine Ausnahme oder Anomalie, sondern die Regel."[70] Ob man dieses Phänomen noch als extreme Variante eines „Realtypus" bürokratischer Herrschaft fassen oder besser andere Begriffe verwenden sollte, kann hier nicht weiter erörtert werden.[71] Statt dessen soll im folgenden unter fünf Aspekten der Vermutung nachgegangen werden, daß die beobachteten Eigenheiten sprachlicher Praxis etwas mit diesen strukturellen Besonderheiten des Herrschaftssystems zu tun haben, wobei die einzelnen Überlegungen z.T. recht hypothetischen Charakter haben.

Entrechtlichung und Ideologisierung

Wenn man feststellt, daß die staatlichen Verwaltungen in der DDR – und selbstverständlich der Apparat der SED – nicht an die formale Rationalität des Rechts, sondern an ideologische Ziele gebunden waren, heißt dies nicht, daß sie ohne Gesetze, Erlasse und Verordnungen handelten, sondern daß diese letztlich ohne überprüfbare und einklagbare Bindewirkung für den Staat und die herrschende Partei blieben. Im Konfliktfall konnte sich die Führung der SED jederzeit über jede rechtliche Regel hinwegsetzen. Das Verwaltungsrecht war in den fünfziger Jahren unter dem Vorwurf des „Formalismus" und „Normenkults" marginalisiert worden.[72] Ideologische Ziele rangierten vor „formalem" Recht. Weder die verwaltungsinternen Strukturen und Prozeduren noch das nach außen wirkende Verwaltungshandeln unterlagen einer dem bürokratischen Modell vergleichbaren Regelbindung. Die Rechtssprache verlor ihre Leitfunktion für die Verwaltungssprache und wurde tendenziell durch die Sprache der politischen Ideologie verdrängt.[73] Statt auf Gesetze und Gerichtsentscheidungen verwies der behördeninterne Schriftverkehr auf ZK-Beschlüsse und die Äußerungen von Parteiführern. „Eingaben" der Bürger entschieden die meist rechtsunkundigen Bearbeiter z. T. bewußt ohne die Anwendung geltenden Rechts, da „die Bearbeiter sich lieber auf allgemeine ideologische Positionen zurückzogen und pragmatische politische Entscheidungen trafen" – in vielen Fällen durchaus zugunsten des Beschwerdeführers.[74] Die „Scheu und Unsicherheit bei der Handhabung rechtlicher Instrumentarien", die hierbei zutage trat, mag an der unzureichenden Ausbildung der Funktionäre gelegen haben; sie deutet aber ebenso auf die geringe Bindekraft des Rechts und die Durchschlagskraft von Ideologie oder Opportunität hin. Da das Recht auch dem entscheidenden Funktionär keine Sicherheit gab, war es für ihn allemal klüger, sein Handeln mit politischen Argumenten und ideologischen Floskeln zu rechtfertigen. Man könnte vermuten, daß die rechtliche Regelarmut durch die formalisierte ideologische Sprache kompensiert wurde,

---

69 Pakulski, Bureaucracy, S. 18ff.
70 Ebd., S. 11. Übersetzung von mir, R. J.
71 Pakulski selbst schlägt den Begriff „Partokratie" vor.
72 R. Erd, Die Verwaltung der Gerechtigkeit. Über Recht und Justiz in der DDR, in: Blanke/Erd, DDR – Ein Staat vergeht, S. 36–47, hier: S. 39.
73 Wagner, Verwaltungssprache, S. 102ff.
74 R. Nissel, Recht im Bewußtsein der Bürger, in: Im Namen des Volkes? Über die Justiz im Staat der SED. Wissenschaftlicher Begleitband zur Ausstellung des Bundesministeriums der Justiz, Leipzig 1994, S. 73–82, hier: S. 77.

die in einzelnen Spezialverwaltungen wie der Staatssicherheit sogar zu internen Wörterbüchern der einschlägigen termini technici führte.[75] Dies trifft aber wohl nur sehr begrenzt zu, denn als funktionales Äquivalent zum formalisierten Recht konnten die akribisch gestanzten Sprachformeln schon deshalb nicht wirken, weil sie nicht einer ausdifferenzierten, auch gegenüber politischer Herrschaft relativ autonomen Sphäre entstammten, sondern der ausschließlichen Definitionswillkür der politischen Elite und ihres scholastischen Braintrusts unterlagen. Damit ist nicht ausgeschlossen, daß die Formulierung und Kanonisierung behördeninterner Fachsprachen, etwa des Staatssicherheitsdienstes, eine besondere Art von „Professionalismus" begünstigten, der ein Experten- und Elitebewußtsein bei den „Eingeweihten" förderte und gleichzeitig durch seine technokratische Scheinwissenschaftlichkeit Gewaltausübung kaschierte und für die daran Beteiligten leichter handhabbar machte.

Doppelte Unterstellung unter Partei und Staat
Die Parallelisierung der staatlichen Behörden durch Gremien der SED, die in allen wichtigen Fragen Weisungen erteilten, bildete eine weitere Rahmenbedingung der Kommunikation in der Verwaltung. Da das Verhältnis zwischen der „führenden Partei" und der staatlichen Administration keiner rechtlichen Regelung unterlag, wuchs die Bedeutung informeller Machtstrukturen und Beziehungen. Die Personalauswahl folgte nicht in erster Linie „durch Prüfung ermittelter, durch Diplom beglaubigter Fachqualifikation",[76] sondern hatte sich den politischen Loyalitätsforderung der SED unterzuordnen, die über die Besetzung aller relevanten „Kader"-Stellen nach dem Nomenklaturprinzip entschied.[77] Dieses leistungsfeindliche Prinzip war nicht nur geeignet, Patronage- und Klientelbeziehungen zu fördern,[78] sondern verlieh eine sehr hohe Prämie auf demonstrative Anpassungsleistungen, zu denen an erster Stelle eine „streng beachtete Sprachloyalität" gehörte.[79]

Eine weitere Konsequenz der Durchdringung von Partei und Staat war die Verdoppelung oder sogar, wenn man die Berichtszüge der „Massenorganisationen" oder des Staatssicherheitsdienstes hinzunimmt, Vervielfachung der Berichtsinstanzen. Für die Verwaltungsbediensteten wuchs die Handlungsunsicherheit und verstärkte sich eine in langer Erfahrung mit dem unberechenbaren Wechsel politischer „Linien" gewachsene „Absicherungsmentalität": Wo man mit der unkalkulierbaren Kontrolle durch Parteiinstanzen rechnen mußte, war es allemal klüger, sich auf Belanglosigkeiten zurückzuziehen.

Zentralisierung
„Demokratischer Zentralismus" und „Einzelleitung" waren die Organisationsprinzipien der DDR-Verwaltung, die mit einer vertikalen Versäulung der Fachabteilungen und mit einer strengen Kompetenzabgrenzung auf horizontaler Ebene einhergingen. Alle wichtigen Entschei-

---

75 Das Wörterbuch der Staatssicherheit. Definitionen des MfS zur „politisch-operativen Arbeit", Berlin 1993².
76 M. Weber, Wirtschaft und Gesellschaft. Grundriß der verstehenden Soziologie, Tübingen 1976⁵, S. 127.
77 H. Zimmermann, Überlegungen zur Geschichte der Kader und der Kaderpolitik in der SBZ/DDR, in: Kaelble, Sozialgeschichte der DDR, S. 322–356.
78 I. Srubar, War der reale Sozialismus modern? Versuch einer strukturellen Bestimmung, in: Kölner Zeitschrift für Soziologie und Sozialpsychologie 43, 1991, S. 415–432.
79 Ludz, Mechanismen der Herrschaftssicherung, S. 158. Vgl. auch Lepsius, Die Institutionenordnung u. Zimmermann, Geschichte der Kader.

dungen wurden von der Parteispitze gefällt, und wer je die Tagesordnungen des Politbüro gesehen hat, weiß, daß das höchste Machtzentrum auch noch die kleinsten Nichtigkeiten an sich zu ziehen vermochte. Der Kommunikationsprozeß in der Verwaltung wurde durch diesen Zentralismus mehrfach berührt. So entwickelte der zentrale Führungsapparat einen extremen Informationsbedarf, ohne daß die angeforderten Informationsmassen wegen der Überzentralisierung der Entscheidungsprozesse tatsächlich verarbeitet werden konnten. Das exzessive Berichtswesen produzierte mehr, als genutzt wurde, und manchem Bericht, den man in den Akten findet, sieht man an, daß er nie gelesen wurde. Am Beispiel des EDV-gestützten wirtschaftsstatistischen Informationssystems wird die Überforderung der Parteiführung durch die angeforderten Informationsmassen schlagend deutlich. Nur etwa ein Tausendstel der durch das statistische Informationssystem bereitgestellten und von der zentralen Partei- und Staatsführung selbst für relevant erachteten Informationen konnte tatsächlich genutzt werden.[80] Diktatorischer Zentralismus und Einzelleitung produzierten in den unteren Rängen der Verwaltungspyramide zudem eine Haltung, die Fred Klinger als „hierarchisches Bewußtsein und Regelvollzug" bezeichnet hat. Damit ist gemeint, daß im System zentraler Lenkung Regeln ungeachtet ihrer Effekte befolgt wurden.[81] Sobald keine Anordnungen ergingen, wurde auch nicht gehandelt. Für den Informationsverkehr konnte dies u.a. bedeuten, daß man nur dann berichtete, wenn gefragt wurde, und nur das berichtete, was die Zentrale ausdrücklich abforderte. Die Organisationsstruktur begünstigte so eine für die Handelnden in den unteren Rängen hochrationale Sozialkultur der „organisierten Verantwortungslosigkeit".[82] Gepaart mit dem Wissen um die Nutzlosigkeit vieler Berichtspflichten mag dies zu lässiger und phrasenhafter Berichterstattung ebenso verleitet haben wie die handfesten Absicherungsinteressen der Basis gegenüber der Zentrale: „So zeigte etwa im Verhältnis Industriebetrieb-Kombinatsleitung[83] oder Industriebetrieb-gesellschaftliche Organisationen [...] die Alltagserfahrung der Betriebsleitung recht schnell, welcher Typ von Meldungen, Berichten, Problemdarstellungen et cetera mit an Sicherheit grenzender Wahrscheinlichkeit welche Art von Rapporten, Kontrollen, Zusatzberichten oder gar Inspektionen nach sich ziehen würde. Folglich entwickelten sich spezifische Optimierungsverfahren und Berichtskulturen, die auf Schadensverhütung, mindestens jedoch -begrenzung ausgerichtet waren."[84] Um solch „defensivem Verhalten der ausführenden Organe gegenüber den jeweiligen Leitungsinstanzen"[85] oder möglichen Echoeffekten, bei

---

80 M. Güttler, Die Grenzen der Kontrolle. Das statistische Informationssystem und das Versagen zentralistischer Planwirtschaft in der DDR, in: R. Bessel/R. Jessen (Hg.), Die Grenzen der Diktatur. Staat und Gesellschaft in der DDR, Göttingen 1996, S. 253–273. Vgl. auch Ludz, Mechanismen der Herrschaftssicherung, S. 43ff. sowie F. Klinger, Organisation und Innovation – die Grenzen der Fabrikautomatisierung, in: G.-J. Glaeßner (Hg.), Die DDR in der Ära Honecker. Politik -- Kultur – Gesellschaft, Opladen 1988 , S. 371–401.
81 F. Klinger, Statik und Dynamik in der DDR. Zum Leistungsverhalten von Industriearbeiterschaft und wissenschaftlich-technischer Intelligenz, in: Aus Politik und Zeitgeschichte (APZ) B 46/47, 1985, S. 19–35.
82 R. Bahro, Die Alternative. Zur Kritik des real existierenden Sozialismus, Frankfurt 1977, S. 188, der Andras Hegedüs zitiert.
83 Im Original heißt es hier irrtümlich „Kombinationsleitung".
84 Marz, Ohnmacht der Allmacht, S. 67.
85 F. Klinger, Die Krise des Fortschritts in der DDR. Innovationsprobleme und Mikroelektronik, in: APZ B 3, 1987, S. 3–19, hier: S. 12.

denen man unten nur das wiederholte, was von oben als „input" eingegeben wurde, entgegenzuwirken, operierte die Zentrale von Fall zu Fall mit Informationsbrigaden, die vor Ort nach dem Rechten sahen. Deren Berichte unterscheiden sich von den routinemäßigen Meldungen der unteren Instanzen durch ein höheres Maß an Präzision und Information;[86] ein indirektes Indiz für den alltäglichen Abschirmungserfolg unterer Instanzen in einem überzentralisierten System ohne Rechtssicherheit.

Inszenierte Öffentlichkeit
An die Stelle einer dem Anspruch nach freien Öffentlichkeit „als Raum für Kommunikations- und Willensbildungsprozesse, insbesondere zur Kontrolle und ständigen demokratischen Legitimierung politischer Entscheidungen"[87], trat in der DDR eine durch gesteuerte Informationen, Kontrolle, Zensur und arrangierte Diskurse „inszenierte Öffentlichkeit".[88] Die staatliche Verwaltung und die SED standen weder unter der kritischen Kontrolle der Öffentlichkeit, noch informierte sie der öffentliche Diskurs über Meinungen und Stimmungen. Ein wahrer Geheimhaltungskult schirmte die staatlich-parteiliche Sphäre nach außen ab.[89] Der interne Informationsapparat gewann vor diesem Hintergrund erst seine Bedeutung. Das ausfernde Berichtswesen in den verschiedenen Hierarchien von Partei, Staat und „Massenorganisationen" kann zum Gutteil als Versuch zur Kompensation der fatalen Folgen einer künstlichen Welt des schönen Scheins angesehen werden. Selbst das kafkaeske Auswuchern des Ministeriums für Staatssicherheit hatte zweifellos damit zu tun, daß die Stasi auch als Surrogat einer freien Öffentlichkeit fungieren mußte.[90] Von der geheimen Meinungsforschung über die seit den sechziger Jahren expandierende „Jugendforschung" bis hin zu den „Eingabenanalysen" reichten weitere Versuche, der Gefahr zu entgehen, in einer inszenierten Umwelt der eigenen Inszenierung zum Opfer zu fallen. Gleichwohl sind auch dies nur Scheinlösungen gewesen, weil sich Verzerrungen, Informationsverluste und Autosuggestionen der arrangierten Medienwelt im internen Berichtswesen zu verdoppeln drohten. Da auch im internen Bericht eher Konformismus als Offenheit honoriert wurde, da nur das kanonisierte Begriffsinstrumentarium zur Beschreibung der Welt zur Verfügung stand und da die von keiner Öffentlichkeit kontrollierten Berichtsinstanzen ein großes Eigeninteresse an einer zumindest selektiven Informationsweitergabe hatten, steckte die SED in einem informationellen Dilemma, das durch die einzige systemimmanenten Gegenstrategie, die Schaffung immer neuer interner Berichtsstränge nicht zu lösen war.

---

86 H. Rottleuthner, Steuerung der Justiz, in: Im Namen des Volkes. Über die Justiz im Staat der SED., Leipzig 1994 , S. 221–229, hier: S. 226.
87 W. Löcher /V. Blaum, Art: Öffentlichkeit, in: W. R. Langenbucher u. a. (Hg.), Kulturpolitisches Wörterbuch Bundesrepublik Deutschland / DDR im Vergleich, Stuttgart 1983, S. 452–546, hier: 546.
88 Löcher/Blaum, Öffentlichkeit, S. 545.
89 Ludz, Mechanismen der Herrschaftssicherung, S. 33–38. Vgl. z. B. W. Bleek/L. Mertens, Bibliographie der geheimen DDR-Dissertationen, München 1994 und dieselben, Verborgene Quellen in der Humboldt-Universität. Geheimgehaltene DDR-Dissertationen, in: Deutschland-Archiv 25, 1992, S. 1181–1190.
90 C. Vollnhals, Das Ministerium für Staatssicherheit. Ein Instrument totalitärer Herrschaftsausübung, in: Kaelble, Sozialgeschichte der DDR, S. 498–518, hier: 508, 512,

Informelle Netze
Der geringe Grad rechtlicher Formalisierung, die schwache Verbindlichkeit dieser Regeln, die patronageähnlichen Strukturen bei der Personalrekrutierung und die diffuse Allzuständigkeit der SED-Instanzen führten dazu, daß die Verwaltungen in einem Maße von informellen Beziehungs- und Kommunikationsnetze durchsetzt wurden, das vermutlich erheblich über das in rechtsförmig verfaßten Bürokratien Gewohnte hinausging. Die Kleinräumigkeit der DDR, die sehr frühzeitige Auswahl der „Kader" und die langfristige Festlegung von Laufbahnen, gemeinsame Ausbildungs- und politische Schulungserfahrungen, die relativ hohe soziale und kulturelle Homogenität der Funktionsträger – in der Frühzeit bevorzugt aus der Arbeiterklasse, später aus der etablierten „Dienstklasse" rekrutiert –, eher geringe räumliche Mobilität, die Geläufigkeit vertraulicher „Duz-Beziehungen"[91] und anderes mehr knüpften in den Verwaltungen eine „seltene Dichte von Bekanntschaften und Freundschaftsbeziehungen".[92] Die SED registrierte die sich einnistende „Kumpelideologie"[93] nicht ohne Sorge, vermochte aber letztlich nichts gegen sie auszurichten. Es ist zu vermuten, wenn auch im einzelnen noch sehr genau zu überprüfen, daß dieses spezifische informelle Unterfutter offizieller Strukturen gravierende Konsequenzen für den behördlichen Kommunikationsprozeß hatte. Die Annahme hat einiges für sich, daß die Sprache des Marxismus-Leninismus als „unvermeidliches Kommunikationsmittel" der Schriftsprache selbstverständlich genutzt wurde, daß aber die „gehaltvolle" Kommunikation zum Gutteil in den informellen Verkehr auf alltagssprachlicher Ebene überging. „Code switching" und „double talk" haben auch zur kommunikativen Kompetenz der Kader gehört. Die Folge dieser Praxis war u. a., daß „der offizielle Kontakt zwischen den Kadern sich immer mehr formalisierte und inhaltsleerer wurde. Der verbindliche Austausch von Meinungen und Erfahrungen wanderte in den Bereich kollegialer und freundschaftlicher Kreise."[94] Da wachsende Informalisierung der Kommunikation zugleich geringere Verschriftlichung relevanter Austausch- und Entscheidungsprozesse bedeutete, ist zu erwarten, daß die schriftlichen Vorgänge diese noch unzureichender wiedergeben, als dies im Telefonzeitalter ohnehin der Fall ist.

Ein Teil der durch Ritualisierung auftretenden Informationsverluste wird so sicherlich ausgeglichen worden sein. In welchem Ausmaß informelle Kommunikation die Defizite der formellen kompensieren konnte, wie diese Kontaktzirkel aussahen und funktionierten, wieweit sie die unterschiedlichen Hierarchien von Staat, Partei, Massenorganisationen etc. verbanden, ob sie die offiziell wenig entwickelten horizontalen Verbindungen von Abteilung zu Abteilung schaffen konnten und wieweit sie auch in vertikaler Richtung funktionierten, darüber läßt sich gegenwärtig noch nichts sagen. Für die Annahme, daß sie die Defizite der offiziellen Sprachrituale nur ungenügend auffangen und kompensieren konnten, spricht freilich die Leistungsschwäche und Unbeweglichkeit des Apparates. Sollte allerdings die Vermutung halbwegs plausibel sein, daß die Ritualisierung von einer gleichzeitigen Entformalisierung der Kommunikation begleitet war, dürfte hier ein wichtiger, wenn auch methodisch und quellenmäßig schwer zu fassender Aspekt von Herrschaft als kommunikativer Praxis liegen.

91 Rottleuthner, Steuerung der Justiz, S. 223f.
92 Zimmermann, Geschichte der Kader, S. 334. Aber auch „Abneigungen und Feindschaften" gediehen in diesem Klima, wie Zimmermann vermerkt. Zur lokalen Verdichtung sozialer Beziehungen durch mangelnde Mobilität vgl. auch R. Jessen, Professoren im Sozialismus. Aspekte des Strukturwandels der Hochschullehrerschaft in der Ulbricht-Ära, in: Kaelble, Sozialgeschichte der DDR, S. 217–253, hier: S. 232–236.
93 Information über die Juristische Fakultät der Universität Halle v. 24. 2. 66, in: BArch B DR-3, 1857.
94 Zimmermann, Geschichte der Kader, S. 337.

5. Vier zusammenfassende Thesen

Erstens: Die SED setzte einen hegemonialen Sprachstil durch, der die Kommunikation in der Öffentlichkeit und auch intern prägte. Dieser hegemoniale Sprachstil demonstrierte den Anspruch der SED auf ein „totales" Definitions- und Deutungsmonopol in allen Sphären der Gesellschaft. Je erfolgreicher die SED ihre Herrschaft etablierte und auch den Monopolanspruch ihrer Sprache durchsetzte, desto mehr wurde die Verwendung dieser Sprache zu einem der am meisten generalisierten Unterordnungs- und Loyalitätssignale.

Zweitens: In der offiziellen Sprache zeigten sich fortschreitende Tendenzen der Ritualisierung. Diese lassen vermuten, daß latente Funktionen der Kommunikation wie die Bekräftigung von Werten, die Demonstration von Loyalität und die Gestaltung von Herrschaftsbeziehungen gegenüber den manifesten Inhalten der Rede an Gewicht gewannen. Der Sprachritualismus verweist aber trotz seiner scheinbar rein herrschaftsaffirmativen Funktion auf die typische Mehrdeutigkeit und Ambivalenz von „Herrschaft als sozialer Praxis".[95] Er verdankte sich erfolgreich monopolisierter Definitionsmacht über Sprache, er aktualisierte ideologische Wertbezüge und stärkte immer wieder aufs Neue die Fiktion, daß offizielles Weltbild und Welt identisch sind. Ritualismus konnte aber gleichzeitig den Adressaten von Herrschaft größere Handlungssicherheit schaffen, den Austausch mit Herrschaftsinstanzen berechenbarer gestalten und einen schwer bestimmbaren Raum von „Autonomie" abschirmen.

Drittens: Sprachritualismus ist zugleich ein Indiz für die chronische Legitimationskrise der SED-Diktatur. Er verweist auf einen klaffenden Widerspruch zwischen abnehmender Wertbindung und einer äußerlich gewordenen Bindung an Formen und Mittel. Daß aber diese Loyalität gegenüber den Mitteln der Sprache eine schleichende Erstarrung und nicht ein Bruch mit Zielen *und* Mitteln die offene Rebellion förderte (von der kurzen Endkrise sei abgesehen),[96] erinnert nicht nur an die jederzeit gegenwärtige Gewaltdrohung hinter aller symbolischen Repräsentanz von Herrschaft, sondern auch an die lange historische Kontinuität und systemunspezifische Funktionalität „deutscher" Verhaltenstugenden.

Viertens: Die besondere Struktur der Verwaltung in der SED-Diktatur begünstigte auf vielfache Weise den kommunikativen Stil des Ritualismus. Auch hier läßt sich erkennen, daß sich in der kommunikativen Praxis die Handlungen und Interessen von Herrschaftsinstanzen und Herrschaftsadressaten verquickten und eine Art paradoxe, auf Stagnation zulaufende Eigendynamik entfalteten, in der die „Fügsamkeit" in Herrschaftszumutungen und die Unterordnung unter Sprachnormen ungewollt und schleichend den Bestand des Herrschaftssystems selbst unterhöhlten.

---

95 A. Lüdtke, Einleitung: Herrschaft als soziale Praxis, in: Derselbe (Hg.), Herrschaft als soziale Praxis. Historische und sozial-anthropologische Studien, Göttingen 1991, S. 9–63.
96 In diesem Sinne könnte man Mertons Anomietheorie zur Erklärung der Sprachritualisierung heranziehen. Vgl. R. K. Merton, Sozialstruktur und Anomie, in: F. Sack/R. König (Hg.), Kriminalsoziologie, Frankfurt 1968, S. 283–313; S. Lamnek, Theorien abweichenden Verhaltens, München ³1988, S. 114–124.

Fallstudien

INSA ESCHEBACH

Zur Umcodierung der eigenen Vergangenheit. Antifaschismuskonstruktionen in Rehabilitationsgesuchen ehemaliger Mitglieder der NSDAP, Berlin 1945/46

I.

„Nicht mehr als gewesener Nationalsozialist geführt zu werden", war in der unmittelbaren Nachkriegszeit – sicherlich nicht nur in Berlin – erklärtes Anliegen vieler ehemaliger Parteigenossen der NSDAP (Pg). Um dieses Ziel zu erreichen, richteten eine Reihe von ihnen sogenannte „Reinigungsanträge" oder „Rehabilitationsgesuche" an den Stellvertretenden Bürgermeister.[1] Eine für die Sektorenstadt Berlin verbindliche Rechtsgrundlage gab es für derartige Anträge nicht. Dennoch hofften die Betroffenen darauf, durch die Schilderung ihrer persönlichen Lage und durch Beilegen von politischen Unbedenklichkeitsbescheinigungen Ausnahmeregelungen und Erleichterungen für sich zu erwirken.

Unmittelbar nach Kriegsende, im Mai 1945, hatte die zu diesem Zeitpunkt noch allein in Berlin regierende sowjetische Militärführung mit den sogenannten „Säuberungsaktionen" begonnen. Bereits im Juli 1945 galten die Behörden des Magistrats der Stadt Berlin und der Verwaltungsbezirke mit der Entlassung von zunächst knapp 16 000 ehemaligen NSDAP-Mitgliedern als „gereinigt".[2] Die ehemaligen Pgs wurden fortan als „Einsatzarbeiter" für einen Stundenlohn von 72 Pfennigen zu Aufräum- und Bauarbeiten herangezogen. „Der Magistrat muß sich davor hüten, gegenüber den Nazis zu nachsichtig und weich zu sein; er muß dem Volk zeigen, daß er tatsächlich ernstlich gewillt ist aufzuräumen", bemerkte der parteilose Oberbürgermeister Dr. Arthur Werner in der Magistratssitzung vom 23. Juli 1945.

Die Entlassung ehemaliger Parteimitglieder aus ihren angestammten Berufen, die Zuteilung der unergiebigen Lebensmittelkarte V und vor allem die verordneten Bau- und Aufräumarbeiten sind von den Pgs häufig als unbillige Härte und ungerechte Zwangsmaßnahme empfunden worden. Für die Frage, wer von den „Säuberungen" betroffen war und wer nicht, war damals einzig das Kriterium der Parteimitgliedschaft entscheidend; das änderte sich erst ab Februar 1946, als die Entnazifizierungsverfahren für ganz Berlin einheitlich geregelt wurden. Von den Spruchkammern sind dann ehemalige Parteimitglieder häufig ohne weiteres als „Mitläufer" eingestuft und damit gleichsam rehabilitiert worden. In der unmittelbaren Nachkriegszeit hingegen gab es Kategorien wie die des Mitläufers noch nicht. Die Parteimitgliedschaft galt als der Makel schlechthin. Das erklärt, warum die „Reinigungsanträge" oft seitenlange Rechtfertigungen für den Eintritt in die NSDAP enthalten.

---

1 Vgl. Landesarchiv Berlin, Außenstelle Breite Straße (LAB [StA]), Rep. 101/127; 101/128. Sofern nicht anders angegeben, wird im folgenden aus diesem Bestand zitiert.
2 Protokoll der Magistratssitzung, Berlin 9. Juli 1945.

II.

Die Antragsteller, zum überwiegenden Teil Männer, stammen aus ganz unterschiedlichen Schichten und Berufen: Apotheker, Chemiker oder ein früherer Oberpostdirektor sind ebenso vertreten wie ehemalige Geschäftsinhaber, Verwaltungsangestellte, Arbeiter und Wehrmachtsangehörige. Bei ihren Gesuchen an den Oberbürgermeister handelt es sich in erster Linie um strategische Konstrukte, die dem Zweck der Rehabilitierung der eigenen Person, der Wiedereinstellung in den alten Beruf, der Erlangung materieller Zuwendungen bzw. der Freistellung von der Arbeitsverpflichtung dienten. Gattungsgeschichtlich wären diese Anträge der Tradition der Gnadengesuche zuzurechnen, welche, wie Natalie Zemon Davis schreibt, „als Zeugnis des Lebens und der Wertvorstellungen des Menschen analysiert werden (können), der mit einer Geschichte versucht, seinen Kopf zu retten".[3] Den Verfassern der „Reinigungsanträge" ging es in gewisser Weise gleichfalls darum, ihren Kopf zu retten. Insofern wird man anhand dieser biographischen Texte nicht die Frage beantworten können, was sich im Leben der Antragsteller zur Zeit des Nationalsozialismus wirklich zugetragen hat.[4] Die Frage, die in diesem Zusammenhang von Interesse ist, lautet vielmehr: Welche Formen biographischer Thematisierung dokumentieren die Anträge? Welche rhetorische Tropen und narrative Muster standen ehemaligen NSDAP-Mitgliedern unmittelbar nach Kriegsende zur Verfügung, mit Hilfe welcher Argumentationsmuster hofften sie, Anerkennung von einer Regierung zu finden, die ihrem Selbstverständnis nach dem eben noch wirklich gewesenen „Dritten Reich" diametral entgegenstand?

Auffällig an den „Reinigungsanträgen" ist in erster Linie die inflationäre Inanspruchnahme des Wortes „antifaschistisch" zur Charakterisierung des eigenen Verhaltens im Nationalsozialismus.[5] Unbeholfen, als ob es sich um die Nutzung eines bis dahin noch nicht bekannten

---

3 Natalie Zemon Davis, Der Kopf in der Schlinge. Gnadengesuche und ihre Erzähler, Berlin 1988, S. 37.

4 Die hier vorgestellten Behördengesuche schließen auf Grund ihres spezifischen Quellencharakters den Versuch einer Rekonstruktion der Lebensläufe der Antragsteller aus; insofern können sie nur textanalytisch und kontextbezogen hinsichtlich des Zeitraumes und des Ortes ihrer Entstehung diskutiert werden.

5 Daß den „Reinigungsanträgen" in diesem Punkt symptomatische Bedeutung zukommt hinsichtlich der rasant vollzogenen Anpassungsleistung einer überwiegenden Zahl von Deutschen in der unmittelbaren Nachkriegszeit, darauf verweist u. a. das von Jochen Laufer veröffentlichte „Stenogramm der Mitteilungen der Genossen Ackermann, Ulbricht und Sobottka über die Lage in Deutschland", Mitschrift einer Besprechung in Moskau, die sehr wahrscheinlich am 7. Juni 1945 stattgefunden hat. Das Stenogramm hält u. a. die folgende Äußerung Anton Ackermanns fest: „Alle behaupten, sie seien Gegner des Hitler-Regimes gewesen. Das geht so weit, daß der Eindruck entsteht, als wären 90 Prozent der Bevölkerung die ganze Zeit über Gegner des Hitler-Regimes geblieben. Und nicht nur das. Sehr viele bezeichnen sich als Kommunisten", Jochen Laufer, „Genossen, wie ist das Gesamtbild?" Ackermann, Ulbricht und Sobottka in Moskau im Juni 1945, in: Deutschland Archiv 29 (1966), S. 355–371, S. 359. Eine entsprechende Beobachtung findet sich in einer Rededisposition Ackermanns für eine Versammlung am 21. Mai 1945: „Es wirkt mitunter lächerlich: Alle sind Antifaschisten. Man könnte meinen, es gibt hier in Deutschland mehr Bolschewisten als in der SU." (ebd., vgl. S. 359, Anm. 29.)
Diese Einschätzung teilt Ackermann mit Emmy Göring, von der die folgende Mitteilung vom März 1946 überliefert ist: „Es ist so beschämend für uns zu sehen, wie viele Deutsche heute sagen, sie hätten Hitler nicht wirklich unterstützt, sie seien gezwungen worden, in die Partei einzutreten. Es gibt so viel Heuchelei, es ist ekelhaft!", zit. nach G. M. Gilbert, Nürnberger Tagebuch. Gespräche der Angeklagten mit dem Gerichtspsychologen, Frankfurt am Main 1987, S. 209.

Fremdwortes handele, versuchten die Antragsteller, die ihnen erinnerlichen oder vorstellbaren Formen des Ausweichens und Sich-Entziehens oder auch kleine Hilfs- und Unterstützungsakte gegenüber damals Verfolgten als antifaschistisch zu präsentieren. Offensichtlich ist der Antifaschismusbegriff – nach dem 8. Mai 1945 die Chiffre für political correctness – von ehemaligen Nationalsozialisten zum Zweck der Umcodierung der eigenen Vergangenheit in Anspruch genommen worden. Im folgenden soll untersucht werden, inwieweit der von den ehemaligen Pgs konstruierte antifaschistische Code jenem Antifaschismusbegriff entsprach bzw. ihm zuwiderlief, der in den folgenden Jahren zur identifikationsstiftenden Größe und Gründungsvokabel der DDR avancieren sollte.

III.

Wenige Tage nach der deutschen Kapitulation veröffentlichte die sowjetische Zeitung für die deutsche Bevölkerung, die „Tägliche Rundschau", am 15. Mai 1945 einen Artikel, demnach das deutsche Volk jetzt beweisen müsse, „daß Hitler nicht Deutschland, daß die nazistische Bande nicht das deutsche Volk ist". Bereits am 4. Mai hatte es in einer Moskauer Rundfunkrede Wilhelm Piecks geheißen, das deutsche Volk, „so tief geschändet", müsse jetzt „den Beweis erbringen", daß es zu einer „Neugeburt", „daß es zu dieser Wandlung fähig ist".

Mit diesem Diktum war ein stark geschlechtsspezifisch konnotiertes und dichotomisch strukturiertes Erklärungsschema (nazistische Bande – geschändetes Volk / Beweis der Wandlungsfähigkeit) vorgegeben, welches von der Bevölkerung im unsicheren Zustand zersprengter kultureller Ordnung offenbar bereitwillig aufgenommen worden ist. Es galt jetzt, die eigene Vergangenheit auf jene konkreten Einzeltaten hin abzusuchen, die dem Bild des Nazi entgegenstanden. Nun sind Erinnerungsprozesse stets durch die Interdependenz von Realerfahrungen, Wahrnehmungsgewohnheiten und durch das Gebot der „Jetztzeit" (W. Benjamin), das heißt, durch aktuelle Orientierungswünsche und Handlungserfordernisse präformiert. Ein widersprüchliches Geschehen kann im Nachhinein mit Hilfe einer spezifischen Deutung auf eine schlichte Moral vereinseitigt werden. Insofern konnte es selbst ehemaligen NSDAP-Mitgliedern nicht schwerfallen, aus der „Gemengelage" ihrer Erfahrungen jene Ambivalenzen, Distanzierungsversuche und kritischen Impulse herauszukristallisieren, die sich in den jetzt geforderten, politisch opportunen Deutungszusammenhang stellen ließen. Alf Lüdtke hat eben diese „Gemengelage" zurecht als ein Merkmal der nationalsozialistischen Herrschaftspraxis bezeichnet, die keineswegs ausschließlich auf einer „gradlinigen Hinnahme-Haltung" der damals Beteiligten beruhte, sondern eben als ein „Mischverhältnis von Abhängigkeit und Selbsthandeln", von Mittäterschaft und Sich-Distanzieren funktioniert hat.[6] Sofern also ein ehemaliges NSDAP-Mitglied wenige Wochen nach Kriegsende von sich behauptet: „Ich habe stets im antifaschistischen Sinne gewirkt", wird ihm das allgemein menschliche Vermögen, widersprüchliche Wahrnehmungen, Erfahrungen und Interessen voneinander zu trennen und den nicht erwünschten Anteil auszuklammern, bei dieser Behauptung zu Hilfe gekommen sein.[7]

---

6 Vgl. Alf Lüdtke, Die Praxis von Herrschaft. Zur Analyse von Hinnehmen und Mitmachen im deutschen Faschismus, in: Berliner Debatte (1993), S. 23–34.
7 Dieser Befund differiert von dem Jürgen Danyels, der von einer „Entleerung der Erinnerungsarbeit" jener ostdeutschen Bevölkerungsmehrheit spricht, die „keinerlei Erfahrungsbezug zur offiziell propa-

Wie sehr das kommunistische Diktum, nicht das deutsche Volk, sondern die „Hitler" haben den NS zu verantworten, der gesellschaftlichen Bewußtseinslage im sowjetisch besetzten Nachkriegsdeutschland entgegenkam, belegt nicht zuletzt die in den „Reinigungsanträgen" dokumentierte Bereitschaft, sich selbst zu einem Opfer des NS-Regimes zu stilisieren. Das neu entworfene biographische Konstrukt setzt sich zusammen aus einer Geschichte, die erzählt, wie man durch den Dämon Hitler bzw. durch seine Stellvertreter in eine Zwangslage gebracht worden sei; so ist in dem Gesuch des Inhabers eines Fotogeschäftes von einer „ewigen Drangsalierung" die Rede, von der Drohung, das Geschäft schließen zu müssen und in ein Konzentrationslager überstellt zu werden. Zum anderen aber geht es um die eigene, heil und intakt gebliebene Privatwelt, von der im folgenden noch die Rede sein wird. Beispielsweise betont der eben zitierte Geschäftsinhaber, den Parteiaustritt zumindest versucht, den Hitlergruß nicht ausgesprochen zu haben (siehe Text S. 89).

Dieses kontrapunktisch aufgebaute Erzählmuster ist den meisten Gesuchen eigen und setzt sich häufig noch in Stil und Wortwahl der Antragsteller fort: Ist man einerseits darum bemüht, den Regularien bürokratischer Schriftkonvention zu genügen, emotionalisiert sich andererseits die Rede in dem Augenblick, in dem es um Adolf Hitler bzw. um NS-Repräsentanten geht. Diese werde als „Rattenfänger", als „geisteskranke braune Verbrecher" bezeichnet, da ist von der „verlogenen und verbrecherischen Regierung, die uns alle in ein so großes Elend gestürzt hat" die Rede und von einer „Fratze, die hinter dem lauten Gebrüll stand". Die Frage ist, inwieweit diese Wut auf die NS-Führungsspitze einem Anpassungsversuch an die neuen politischen Normalitätsstandards geschuldet ist, oder ob sich in ihr nicht auch die real erfahrene Enttäuschung artikuliert, die der Sturz der nationalsozialistischen Idole tatsächlich für weite Kreise der Bevölkerung bedeutet hat.

IV.

Wie bereits angedeutet, wirkt die Nutzung des Antifaschismusbegriffs in den meisten Anträgen seltsam sperrig und ungewohnt. Der oben zitierte Geschäftsmann, der, wie er schreibt, „stets dem ‚Antifaschismuss' huldigte", versieht das fremde Wort mit Anführungszeichen und zwei s am Ende. Ein anderer formuliert folgenden, geradezu paradox anmutenden Satz:

> „Daß all diese meine überzeugten persönlichen Verhaltungen bei der NSDAP antifaschistische Auswirkungen auslösten [...], will ich nicht unerwähnt lassen, aber trotzdem haben mich die Nazis in meiner Gesinnung und Haltung nicht kleinkriegen können."

Ähnlich widersprüchlich ist folgende Formulierung:

gierten Widerstandstradition hatte". Auch für diese Bevölkerungsgruppe würde ich hinsichtlich der relativen Bruchlosigkeit des Transformationsvorganges weniger eine „Entleerung" annehmen als vielmehr jene „Gemengelage", die retrospektiv einer Neuordnung unterzogen wird. Vgl. Jürgen Danyel, Die Opfer- und Verfolgtenperspektive als Gründungskonsens? Zum Umgang mit der Widerstandstradition und der Schuldfrage in der DDR, in: Ders. (Hg.), Die geteilte Vergangenheit. Zum Umgang mit Nationalsozialismus und Widerstand in beiden deutschen Staaten, Berlin 1995, S. 31–46, S. 45f.

„Ich habe mich natürlich immer ganz passiv verhalten und im Gegenteil meine antifaschistische Gesinnung in Wort und Tat zum Ausdruck gebracht."

Als Belege der „antifaschistischen Gesinnung" werden an erster Stelle Zahlungsunterlassungen von Parteimitgliedsbeiträgen angeführt. Gleich an zweiter Stelle aber rangiert die Unterstützung, die man Juden zuteil werden ließ: Da ist der jüdische Arzt, den man trotz Verbot weiterhin konsultierte, da ist die jüdische Kundschaft, die man im eigenen Geschäft damals „stets bevorzugt behandelt" habe, der jüdische Freund, dem man „kostenlos" Lebensmittel zukommen ließ.

Was aus den so unterstützten Juden geworden ist, erfahren wir nicht. Die Schilderungen der Beziehungen zwischen den Antragstellern und Juden brechen stets abrupt zum Zeitpunkt ihres Verschwindens ab. Das Wort „Deportation" oder „Tod" fällt nicht. In einem Fall endet die Schilderung mit: „Genannter mußte wegen seiner jüdischen Abstammung ausscheiden", in einem anderen heißt es: „(...) und ich bin mit allen im Guten auseinandergegangen". Kommentare oder Trauerbekundungen über den Verlust der jüdischen Kollegen und Freunde folgen in keinem der Anträge.

Während die meisten Anträge private Beziehungen zu Juden während des Nationalsozialismus thematisieren, ist in einigen der Gesuche explizit auch von beruflichen Gründen die Rede, die die Antragsteller mit Juden zusammenführten: Sei es, daß man als Elektrotechniker in einem Rüstungsbetrieb jüdische Zwangsarbeiter beaufsichtigte, sei es die „halbjüdische" Sekretärin, die bis Kriegsende in der eigenen Firma arbeiten durfte usw. Ein Antrag stammt von einem ehemaligen Leiter der „Arbeitseinsatzstelle für Juden", der im folgenden wiedergegeben wird (gekürzt, aber mit Berücksichtigung von Zeilenumbruch und Orthographie der Vorlage):[8]

„Bln.-Schöneberg, den 17. August 1945.

Herrn Oberbürgermeister der Stadt Berlin z. Hd. Herrn Karl Maron, Erster Stellvertr. Oberbürgermeister *Berlin*

Sehr geehrter Herr Oberbürgermeister!

Anlässlich meines heutigen Besuches beim hiesigen Bezirksbürgermeister Wendland, den ich in meiner Sache um Rat bat, wurde mir der Bescheid, dass nur Sie für die Entscheidung von Fällen, wie der Meinige berufen sind.
Ich gestatte mir in der Anlage Abschriften entspr. Korrespondenz zu unterbreiten. Nach genauer Durchsicht derselben werden Sie, sehr geehrter Herr Oberbürgermeister, wie ich annehme, wohl der Ueberzeugung sein, dass ich nicht zu dem Gros der kleinen Pg.'s gehöre, sondern ein Aussenseiter mit antifaschistischer Gesinnung bin. Mein Denken, Trachten, und Betätigung war stets nur auf dieser Grundlage aufgebaut, denn als *Leiter* der *Arbeitseinsatzstelle für Juden*
habe ich den Juden jede nur mögliche *Hilfe*, und diese *sofort, gewährt*. (Freistellung, verkürzte Arbeitszeit, Fluchtbegünstigung, in 2 Fällen Befreiung aus den Händen der Gestapo).

---

8   LAB (StA), Rep. 101/127.

Durch diese Anordnungen *fügte ich* der *Kriegsmaschine* wiederum *Schaden* zu. – Als Dienststellenleiter stand mir ein Gehalt nach Vergütungsgr. Vb zu, welches ich nicht erhielt. Es war mir auch vollkommen gleichgültig, wie hoch mein Verdienst war, da mir die Betreuung der Juden mehr am Herzen lag. – *Wäre meine vorgesetzte Dienststelle hinter meine antifaschistische Tätigkeit gekommen, so würde ich heute bestimmt zu den Opfern des Faschismus gehören,* deren Namen, anlässlich einer Feierstunde für Verblichene, entblössten Hauptes verlesen werden.
Es will mir nicht in den Sinn, dass ich heute für all mein *antifaschistisches Wirken gestraft werden soll.*
[…] Sehr geehrter Herr Oberbürgermeister, ich möchte Sie nun bitten mir Ihre tatkräftige Unterstützung zu gewähren, damit ich endlich von dem zweifelhaften *Titel* eines *Pg.'s befreit werde*, oder falls ein Aufrollen und endgültige Entscheidung meines Falles, infolge der ergangenen Verfügung z. Zt. nicht möglich ist, in meiner Sache dahin zu bestimmen, *dass ich bis zur entgültigen Entscheidung nicht als Pg. anzusehen bin.*
Beweise über mein antifaschistisches Wirken bitte ich aus *Anlage 3 und 4* zu ersehen. Ich danke im Voraus und verbleibe mit Hochachtung [Unterschrift – I. E.]."

Was an diesem Gesuch auf den ersten Blick überrascht, ist der Umstand, daß jemand, der schon von seiner Funktion her explizit mit der Verfolgung und Ausbeutung der jüdischen Bevölkerung beschäftigt war, eine „antifaschistische Gesinnung" für sich reklamiert. Dem Antragsteller wird bekannt gewesen sein, daß er als Leiter der Arbeitseinsatzstelle für Juden den Auftrag hatte, diese „in demütigender Form und mit demütigender Arbeit zu beschäftigen", wie es in einem entsprechenden Beschluß vom 14. Oktober 1938 heißt.[9] Die Arbeitseinsatzstelle für Juden hatte dafür zu sorgen, daß jüdische Akademiker, Kaufleute und Angestellte, denen die Ausübung ihres Berufes verboten worden war, bis zu ihrer Deportation Zwangsarbeiten ausführten. Stark unterernährt wurden sie seit Kriegsbeginn zunehmend in der Rüstungsproduktion eingesetzt. Daß der Antragsteller „in 2 Fällen" Juden aus den Händen der Gestapo befreit hat, heißt nicht viel, denn das ihm vorgesetzte Arbeitsamt vertrat immerhin auch die Interessen der Rüstungsindustrie, und dieser kam der zunehmende Abzug der jüdischen Arbeitskräfte zum Zweck ihrer Deportation keineswegs entgegen, galten doch die Juden in der Regel als zuverlässige Arbeiter. Insofern entsprach die vom Antragsteller angeführte – und vermutlich auch nur vorläufige – Rettung zweier Juden vor der Gestapo nur seinen Aufgaben als Leiter der Arbeitseinsatzstelle.

Diese Umwertung der eigenen Handlungsweise ist symptomatisch für die Derealisierungsbemühungen ehemaliger Nationalsozialisten, die ihr widerspruchsloses Funktionieren unter dem NS-Regime retrospektiv in eine menschlich überzeugende Tätigkeit umzudeuten versuchen. Der zitierte Antragsteller geht so weit zu behaupten, bei seiner Arbeit habe es sich um eine „Betreuung der Juden" gehandelt. Sein Gesuch trägt den handschriftlichen Vermerk des Bürgermeisteramtes: „Übl. Nazigehilfe. Ablage."

Lutz Niethammer hat für Bayern festgestellt, daß etwa 10 Prozent der von Spruchkammerverfahren Betroffenen angaben, Juden im „Dritten Reich" geholfen zu haben.[10] Obwohl die

---

9 Zit. nach Wolf Gruner, Arbeitseinsatz und Zwangsarbeit jüdischer Deutscher 1938/39, in: Götz Aly (Hg.), Arbeitsmarkt und Sondererlaß, Berlin 1990, S. 138.
10 Lutz Niethammer, Entnazifizierung in Bayern. Säuberung und Rehabilitierung unter amerikanischer Besatzung, Frankfurt am Main 1972, S. 612.

von mir untersuchten „Reinigungsanträge" nicht repräsentativ für die später einsetzende Entnazifizierung in Berlin sein können, überrascht doch, daß sich etwa 30 Prozent der Antragsteller auf ihre Unterstützung von Juden berufen. Das mag mit der Tatsache zusammenhängen, daß wegen der osteuropäischen Migrationsbewegungen der jüdische Bevölkerungsanteil Berlins entschieden höher war als in Bayern. Auf jeden Fall hat das Wissen um die Judenverfolgung bei den Antragstellern eine größere Rolle gespielt als die widerrechtliche Ausbeutung von Kriegsgefangenen und den nach Deutschland verschleppten Zwangsarbeitern, die in Berlin zu Tausenden festgehalten worden sind. Von einer Unterstützung dieser Menschen ist in nur einem Fall die Rede.

Die nichtgezahlten Parteibeiträge, der verweigerte Hitlergruß, das Streitgespräch mit einem Gestapobeamten im Luftschutzkeller über den Ausgang des Krieges, das Hören von „Schwarzsendern", nicht zuletzt die Unterstützung von Juden – das in etwa ist das Spektrum der als antifaschistisch vorgeführten Taten. Auffällig hieran ist folgendes: Die genannten Akte sind vorrangig der privaten Sphäre zugehörig; es handelt sich also nicht um Formen des Widerstandes oder der Kritik, die sich politisch artikuliert haben. Daß sich unter den Antragstellern nur ein einziger Pg auf die Mitarbeit in einer sozialdemokratischen Widerstandsgruppe bezieht, leuchtet ein angesichts der verschwindend geringen Anzahl derjenigen, die ihr Unbehagen oder ihre Kritik am NS-Regime politisch begründeten. Hinzu kommt, daß keiner der Antragsteller aus politischen Gründen Verfolgte, beispielsweise Mitglieder der verbotenen KPD oder SPD, unterstützt hat.

Meine Vermutung ist, daß sich die antifaschistische Umcodierung der eigenen Vergangenheit nur zu einem geringen Teil an dem von den sowjetischen Siegern vorgegebenen Antifaschismusbegriff orientiert hat. Die neue antifaschistische Selbstfestlegung verdankte sich in der unmittelbaren Nachkriegszeit einer Übersetzung dessen, was die Betroffenen in den vergangenen 12 Jahren des „Dritten Reiches" möglicherweise selbst latent als ungenügend und kritikwürdig erfahren haben: Die Reglementierung des Privatlebens, die Beschneidung der freien Meinungsäußerung, die Repressionen und schließlich die Verfolgung einzelner jüdischer Bekannter und Freunde. Es ist bekannt, daß die Wertschätzung einzelner Juden der antisemitischen Disposition keineswegs entgegensteht;[11] das antisemitische Paradigma funktioniert geradezu als psychische Abwehr einer durch den Begriff Jude markierten Vorstellungswelt, aus der gleichwohl einzelne persönliche Bekannte jüdischer Herkunft ausgenommen sind. Ebenso stehen kleine Verweigerungsakte und Widerstandsäußerungen im persönlichen Bereich keinesfalls der Möglichkeit entgegen, daß man als Nationalsozialist den Führerkult, die „Volksgemeinschaft", die rassistischen Ordnungsvorstellungen, die expansive „Lebensraum"-Politik des NS-Regimes unterstützt und mitgetragen hat.

Ein zweiter Punkt kommt hinzu, der biographische Neuformulierungen im Rahmen von institutionell eingeforderten Lebensläufen betrifft: Die Umcodierung der eigenen Vergangenheit bleibt natürlich orientiert an den Maßstäben, die die Antragsteller der adressierten Behörde unterstellen: Die antifaschistische Konstruktion funktioniert als eine Antwort auf den vorweg genommenen Schuldvorwurf der Behörde. Insofern führen die Antragsteller ein gleichsam unerledigtes Konfliktpotential vor, sie machen auf jene Verhaltensweisen und Punkte

---

11 Paradigmatisch hierfür ist die Formulierung von Chermont-Tonneres während der Emanzipationsdebatte der Pariser Nationalversammlung im Dezember 1789: „Den Juden als Nation ist alles zu verweigern, den Juden als Menschen ist alles zu gewähren." Zit. nach Detlev Claussen, Vom Judenhaß zum Antisemitismus. Materialien einer verleugneten Geschichte, Darmstadt 1987, S. 10.

aufmerksam, die ihrer Ansicht nach eine Schuldfähigkeit markieren könnten, um sie angesichts der Überinstanz „Behörde" im selben Atemzug mit dem Urteil „nicht schuldig" zu versehen. Die antifaschistische Umcodierung dient der Entlastung eines Schuldempfindens, sie ist die vollzogene Ausgrenzung und Tabuisierung der eigenen inneren Anteilnahme, und sie ist nicht zuletzt der Versuch eines Brückenschlags, der Kontinuität stiften soll zwischen früheren Erfahrungen und der neuen kommenden Zeit.

Es entbehrt nicht einer gewissen Ironie, daß die antifaschistischen Konstruktionen ehemaliger NSDAP-Mitglieder den kommunistischen Antifaschismusbegriff in zwei wesentlichen Punkten verfehlen: Erstens fußt die 1935 von der Kommunistischen Internationale verabschiedete Definition, der Faschismus sei „die offene terroristische Diktatur der am reaktionärsten, am meisten chauvinistischen, am meisten imperialistischen Elemente des Finanzkapitals", auf der marxistischen Geschichtstheorie, der die ehemaligen NSDAP-Mitglieder offenkundig gar nicht folgten, sofern sie ihnen überhaupt bekannt war. Die Betonung eines letztlich privat gelebten Antifaschismus verfehlt ihr Ziel angesichts einer Faschismusanalyse, der zufolge (durchaus im Sinne einer Verschwörungstheorie) das allmächtige Finanzkapital allein für den Faschismus verantwortlich zeichnet; sofern mit ‚Faschisten' nur eine kleine Gruppe von Ausbeutern gemeint ist, die gegen den eigentlichen Willen der Mehrheit der Bevölkerung regiert hat, kann das private Verhalten der sogenannten ‚kleinen Leute' gar nicht Gegenstand des Interesses sein, da es sich bei ihnen ohnehin nur um mehr oder minder Getäuschte und Betrogene handelt.

Zum zweiten sind die von den Antragstellern herbeizitierten Alibijuden ebenso irrelevant wie die Präsentation eines intakt gebliebenen Privatlebens, wenn man bedenkt, daß den herkunftsmäßig stigmatisierten Verfolgten – wie Juden und auch den Sinti und Roma – in der Rangliste der NS-Opfer ein vergleichsweise untergeordneter Platz zugewiesen worden ist. Daß der Hauptausschuß „Opfer des Faschismus" Juden überhaupt erst Ende September 1945 den OdF-Status zugestanden hat,[12] ist symptomatisch für die kommunistische Faschismustheorie, nach der nicht der Rassismus an sich, sondern Antikommunismus und Antibolschewismus Hauptbestandteile der NS-Ideologie waren. Die Antifaschismuskonstruktionen der ehemaligen Pgs schießen an den beiden Zentraltheoremen jener Antifaschismuskonzeption vorbei, die in der späteren DDR zu einer Staatsdoktrin und einer Heilslehre zugleich avancieren sollte.

In zweierlei Hinsicht aber gehen die Antifaschismuskonstruktionen der ehemaligen Parteimitglieder nicht in die Irre: Man hatte schnell verstanden, daß es erstens opportun war, sich als ein Opfer der NS-Herrschaft zu präsentieren, und zweitens, daß die erklärte Bereitschaft zur Mitarbeit am Aufbau des Neuen Deutschland als unfehlbarer Garant „antifaschistischer Gesinnung" galt. Beteuerungen wie, man wolle „als vollwertiger Volksgenosse (sic!) in den Arbeitsprozess wieder eingereiht" werden, sind tragendes Strukturmerkmal der „Reinigungsanträge". Walter Ulbricht bestätigte diese Rehabilitationsmöglichkeit am 28. Februar 1948 in einer Äußerung über den ehemaligen Pg auf folgende Weise: „Seine wahre Gesinnung zeigt er in der Initiative, in den Anstrengungen bei der Erfüllung der Produktionsaufgaben. In der neuen Periode des Aufbaus kann nicht die frühere Organisationszugehörigkeit der Maßstab

---

12 Vgl. Olaf Groehler, Der Holocaust in der Geschichtsschreibung der DDR, in: Bernhard Moltmann u. a. (Hg.), Erinnerung. Zur Gegenwart des Holocaust in Deutschland-West und Deutschland-Ost (= Arnoldshainer Texte Bd. 79), Frankfurt am Main 1993, S. 47–65.

für die Beurteilung des einzelnen sein, sondern die ehrliche aufopferungsvolle Arbeit".[13] Unverhohlener noch als Ulbricht äußerte sich der spätere Minister für Staatssicherheit, Wilhelm Zaisser, über den „ehemaligen Pg" auf einer Tagung am 4. März 1949:

„ Wir können in Bezug auf seine demokratische Zuverlässigkeit heute nicht mehr argumentieren: Weil der Mann vor 1945 nominelles Parteimitglied der NSDAP war, darum ist er heute noch politisch unzuverlässig. [...] Wir haben immerhin das Jahr 1949. Es sind 4 Jahre vergangen seit dieser Zeit, und Menschen, die in diesen vier Jahren von Anfang an unter den schwersten Bedingungen ehrlich und loyal und erfolgreich mitgearbeitet haben, sind unter Umständen heute auch für unsere Verwaltung wertvoller als dieser und jener, der immer und ewig lau zur Seite gestanden hat und eben aus diesem Grunde auch nicht Pg geworden ist, um auch das noch anzuschneiden, man eines nicht vergessen soll: Es gibt eine ganze Reihe Nicht-Pg., die das heute positiv angestrichen haben wollen, die seinerzeit nicht in die nationalsozialistische Partei eingetreten sind, weil das ihrer Meinung nach eine sozialistische Arbeiterpartei war, die ihnen also sozusagen zu weit links stand. [...] Wir verlangen nicht den negativen Nachweis des Nichtbelastetseins, des Neutralseins, sondern den positiven Nachweis des Mitmachens."[14]

V.

Es gilt ein weiteres Moment in die Betrachtung mit einzubeziehen, und das ist die einende Funktion, die der Antifaschismusbegriff zumindest in den ersten Nachkriegsmonaten besaß. Mit dem „Befehl Nr. 2" gestattete die Sowjetische Militäradministration die Bildung von „antifaschistischen Parteien", die, so heißt es präzisierend, „sich die endgültige Ausrottung der Überreste des Faschismus" zum Ziel setzten. Die daraufhin im Sommer 1945 neu gegründeten Parteien KPD, SPD, CDU und LDP verpflichteten sich dementsprechend auf den Antifaschismus ebenso wie die kurz darauf in der SBZ gegründeten Massenorganisationen. „Die antifaschistische Einheit – das Unterpfand der Neugeburt des deutschen Volkes" – so hatte bereits die Losung gelautet, unter der die Amtseinführung des Berliner Magistrats am 15. Mai 1945 durch Generaloberst Bersarin erfolgt war.[15] Es ist die Frage, inwieweit die „antifaschistische Einheit" auf die Idee der Bildung einer „antifaschistischen Volksfront" zurückgeht, die 1935 vom 7. Weltkongreß der Komintern ebenso beschlossen worden war wie die Korrektur der Sozialfaschismusthese.

Als einendem Zentralbegriff, als Unterpfand eines Neugeburtsunternehmens und damit gewissermaßen als Heilsversprechen schlechthin sind dem Antifaschismus schon in der ersten Stunde gleichsam sakrale Ehren zuteil geworden; seine Wirkungskraft konnte der neue Be-

---

13 Stellungnahme Walter Ulbrichts im ‚Neuen Deutschland' vom 28. 2. 1948. Vgl. auch Wilhelm Pieck, Der Sinn der Entnazifizierung (1947), in: Ders., Im Kampf um den Frieden. Reden und Schriften 1918–1959, Berlin (Ost) 1985, S. 341–346.
14 Stiftung der Parteien und Massenorganisationen der DDR, Berlin, ZPA, NL 277/4, Bl. 147. Den Hinweis auf dieses Tagungsprotokoll verdanke ich Falco Werkentin.
15 Vgl. Hermann Weber, Geschichte der DDR, München 1985, S. 58.

griff um so mehr entfalten, als seine konkreten Bedeutungsgehalte vielen Deutschen in keiner Weise vertraut waren. Über seine dezidierte Vorsilbe des „Anti-" hinaus evozierte der Begriff zu diesem Zeitpunkt derart unterschiedliche Vorstellungen, daß er, wie die „Reinigungsanträge" belegen, sogar Erfahrungsfragmente von ehemaligen NSDAP-Mitgliedern zu bündeln vermochte. Das änderte sich, als sich analog zur Herrschaftssicherung der SED im letzten Drittel der Vierziger Jahre die antifaschistische Programmatik dogmatisierte. Gerann der Antifaschismus im Hinblick auf die NS-Vergangenheit zu einem Objekt identitätsstiftender Traditionspflege,[16] wurde er in Hinsicht auf Gegenwart und Zukunft als Orientierungsgröße gegen Antikommunismus und „Kriegshetze" Westdeutschlands und der USA instrumentalisiert.

Seine Karriere aber als Heilsversprechen und spätere Staatsdoktrin verdankt der Begriff vermutlich seiner dichotomischen Struktur, seiner Leitunterscheidung in Verführer und Betrogene, die den Deutschen nach dem Ende des „Dritten Reiches" über alle Maßen entgegenkam. Die Neukonstruktion der eigenen Geschichte, die auf der dichotomischen Unterscheidung zwischen den Untaten der „dämonischen Erscheinung" Hitler und der intakt gebliebenen eigenen Privatwelt fußte, setzte sich alsbald fort in der nationalen Trennung von Kapitalismus und Kommunismus: Der wirkliche Feind saß stets auf der anderen Seite.

Zusammenfassend läßt sich folgendes sagen: Der Antifaschismusbegriff funktionierte in der unmittelbaren Nachkriegszeit als Orientierungsgröße und Deutungsmuster für Vergangenheit und Gegenwart. Gewissermaßen diente er als ein Scharnier zwischen gestern und heute, als eine neue Identitätsfolie, ein Passepartout, mit dessen Hilfe man die Komplexitäten und Widersprüchlichkeiten des eigenen Lebens ‚im kurzen Prozeß' zu einer moralisch guten Eindeutigkeit zurechtstutzen konnte.[17] Gleichwohl verfehlten – das führen die „Reinigungsanträge" vor Augen – die neuen antifaschistischen Identitätskonstrukte der ehemaligen NSDAP-Mitglieder nicht nur den politischen Bedeutungsgehalt des kommunistischen Antifaschismusbegriffs. Die „Reinigungsanträge" zeugen darüber hinaus auch immer wieder von jener Realitätsausblendung, die während des Nationalsozialismus kollektiv eingeübt worden war. „Wir haben mehr getan als mancher, der das Glück hatte, wegen einer unbedachten Äußerung in ein KZ-Lager zu wandern", heißt es da beispielsweise unter völligem Absehen von dem, was Erfahrungen in Konzentrationslagern für die Überlebenden bedeuteten. Oder: „Der Jude hat genauso gelitten wie wir".

Die Gleichzeitigkeit von langjährig eingeübten Leugnungsstrategien und antifaschistischen Neuordnungswünschen, von nationalsozialistischen Wertvorstellungen und moralisch begründeten Distanzierungsversuchen, die die „Reinigungsanträge" dokumentieren, zeugt von jener „Gemengelage", die in Zeiten gesellschaftlicher Umbrüche vielleicht nur deutlicher zu Tage tritt als sonst. Schon wenige Zeit später, als sich der Antifaschismus aus dem Konglomerat

---

16 Vgl. Annette Leo, Antifaschismus und Kalter Krieg. Eine Geschichte der Einengung, Verdrängung und Erstarrung, in: Ministerium für Wissenschaft, Forschung und Kultur des Landes Brandenburg u.a. (Hg.), Brandenburgische Gedenkstätten für die Verfolgten des NS-Regimes. Perspektiven, Kontroversen und internationale Vergleiche, Berlin 1992, S. 74–80.

17 Dieser Befund gilt in erster Linie für die Gruppe der ehemaligen Nationalsozialisten; bislang noch nicht untersucht ist meines Wissens die Frage, inwieweit beispielsweise ehemalige Häftlingsgruppen, die als Asoziale, als Berufsverbrecher, als Homosexuelle in den Lagern inhaftiert waren, den Antifaschismus als Interpretationsfolie für ihre biographischen Rekonstruktionen nach 1945 in Anspruch genommen haben.

mehr oder weniger diffuser Vorstellungswelten in der SBZ zu einer kollektiv verbindlichen Wahrnehmungsstrategie entwickelt hatte, hätte wahrscheinlich kaum einer der ehemaligen Pgs Entlastungsanträge mit vergleichbaren Argumentationslinien an eine unter sowjetischer Ägide stehende Behörde verfaßt. Folgender Appell eines Ex-KPD und späteren NSDAP – Mitgliedes wäre dann vermutlich undenkbar gewesen: „Laßt nicht länger die Aufteilung der Bevölkerung in 2 Lager, faschistisch und antifaschistisch, zu. Die wirklichen Faschisten werden sich mit der Zeit von selbst herauskristallisieren."

Text

Berlin, den 6. Juni 1945

An die Ober-Bürgermeisterei Berlin Mitte.

Zur Erklärung!
Im Kalenderjahr 1933 wurde meine damalige Ehefrau, welche 1935 verstorben ist, während meiner Krankheit aufgefordert, mich in die Partei (NSDAP) einschreiben zu lassen. Meine Frau weigerte sich mit dem Bemerken, dass dies nicht in Frage käme.
Nach verstreichen einer kurzen Zeitspanne, trat man wieder an uns heran, mit dem Hinweis, dass, falls eine Einschreibung nicht stattfindet, *mein Geschäft parteilicherseits geschlossen wird.* – Tatsächlich sind in dieser Zeit Geschäfte, von sich weigernden Geschäftsinhabern, geschlossen worden.
Um meine Existenz zu retten, musste der Beitritt zur Partei beschlossen werden. –
Ich war bereits im Alter vorgerückt (62 Jahr), trotzdem wollte man mich aber nun mit parteilichen Arbeiten überhäufen, und zu anderen parteilichen Diensten heranziehen.
Nicht nur dies, man wollte mich zu Versammlungsbesuchen zwingen, und wollte mich ausserdem zu ‚agitatorischen Werbeakten' veranlassen.
Durch meine voraufgegangene schwere Krankheit, befand ich mich in einer sehr schwierigen Rekonvaleszenz und musste ich besorgt sein, jeden Rückschlag zu verhüten, – was aber leider durch die *ewige Drangsalierung und dadurch entstandene Aufregung kaum möglich war.*
Im Jahr 1936 wurde mir der Film zu bunt, und ersuchte ich, meinem ehrenhaften Austritt aus der Partei stattzugeben.
Ich war also ausgetreten, und zahlte auch keinen Beitrag mehr.
Nach cr. 1 – 1 1/4 Jahr meldete sich wieder so ein Bonze, wollte meinen Austritt aus der Partei für nichtig erklären, und verlangte eine Weiterzahlung der Beiträge.
Nach meiner begründeten Weigerung, trat man wieder mit einem Zwang an mich heran, indem man mir mit der *Internierung in einem KZ. drohte.* –
Um mich zunächst meiner Frau und meiner Existenz zu erhalten, blieb mir leider nichts weiter übrig, als zu zahlen, denn mich der Sache entwehren, konnte ich nicht, da mir dazu keine Gelegenheit geboten war. –
Ich erkläre hiermit ehrenwörtlich, dass ich weder ein Abzeichen in meinem Besitz, noch getragen habe.
In meinem Geschäft, welches bestimmt frequentiert ist, ist von meinen Lippen, noch von denselben meiner verehrten Kundschaft, *welche bestimmt 100% nach unten war*, kein Be-

grüssungsruf ‚Heil H.' gefallen, denn es hat ein jeder gewütet den Namen dieser Bestie überhaub[!]t auszusprechen.

Jedenfalls unterlag ich mit der ganzen Angelegenheit der ‚NSDAP', einem Zwang, wie ich einem solchen in meinem ganzen Leben nicht unterlegen habe. Ich stehe politisch rein da, und kann man gegen mich in keiner Weise und von keiner Seite einen Makel aufweisen. – An Eidesstatt erkläre ich, dass ich nie ein Nazi. sein konnte, sondern stets dem ‚Antifaschismuss' huldigte, und mich gegen alle ‚Nazies' aufbäumte.

Zeugen, welche gern bereit sind *an Eidesstatt* ein Leumundszeugnis für mich abzulegen!

[Es folgen 15 Namen und Adressen sowie die Unterschrift – I. E.]

Fundstelle und Erläuterung: LAB (StA), Rep. 101/127. – Dieses Behördengesuch stammt vom Inhaber eines Berliner Fotogeschäftes. Das Original umfaßt zwei maschinenschriftlich ausgeführte Seiten; damit handelt es sich um einen im Vergleich eher kurzgefaßten Rehabilitationsantrag. Entsprechende Gesuche entbehrten jeder Rechtsgrundlage, da die Entnazifizierungsverfahren für die Sektorenstadt Berlin erst im Februar 1946 einheitlich geregelt wurden. Orthographie, Interpunktion und Hervorhebungen der Vorlage sind beibehalten.

KATHERINE PENCE

Schaufenster des sozialistischen Konsums: Texte der ostdeutschen „consumer culture"

> Ich versprach auch Vatern, keinen Tag zu schwänzen.
> Nur die Arbeit, sagt er, bringt uns was ins Haus,
> Denn je reicher im HO die Fenster glänzen,
> Um so reicher sieht's bei uns zu Hause aus.
> Kiekt euch meine Wangen an – so frische, rote!
> Jetzt kapier' ich, was ich damals nicht verstand.
> Merkste nun? Vom kleinen, süßen Kuchenbrote
> Zogen Glück und Wohlstand übers ganze Land.[1]

Zeigten die strahlenden, glitzernden, ‚glänzenden' Schaufenster der volkseigenen Handelsorganisations(HO)-Läden neben den ausgestellten Waren auch den Weg zu Glück und Wohlstand in der Deutschen Demokratischen Republik? Der Text dieses Liedes, das in den HO-Hausmitteilungen gedruckt wurde, stellte jedenfalls das Bild des Schaufensters in den Mittelpunkt der Darstellung des Wiederaufbaus in der Nachkriegs-DDR. Das Lied sprach dabei verschiedene Gesichtspunkte an: die Verbindung zwischen Arbeit und Ertrag („Nur die Arbeit ... bringt uns was ins Haus"), den Fortschritt zu einem reicheren, höheren Lebensstandard durch den Sozialismus sowie die didaktische Vermittlung des DDR-spezifischen Weges zu „Glück und Wohlstand" („Jetzt kapier' ich"). Der Schlüssel zum Verständnis dieser Botschaften lag in der Deutung der „glänzenden Fenster" als Zeichen für erfolgreichen Wiederaufbau. Die Schaufenster repräsentierten somit den Geschichtsmythos der DDR, dessen Bestandteil sie zugleich waren.

Seit der Jahrhundertwende veränderte die neu entstandene ‚consumer culture', in der alle Formen der visuellen Werbung und damit auch die Schaufenster eine wichtige Rolle spielten, das Erscheinungsbild – den ‚Text' – moderner Städte.[2] Menschen, die sich im städtischen Raum bewegten, sahen sich zunehmend mit Reklametexten konfrontiert, deren Lektüre zu einem wesentlichen Bestandteil des täglichen Lebens wurde. Die Werbung als Inszenierungen für Konsumenten verwandelte Städte in eine „Phantasmagorie" (W. Benjamin) der Warenauslage,[3] in der sich politische Inhalte, vielfältige Diskurse und Wunschträume repräsentierten

---

1 Bundesarchiv (BArch) Berlin, Bestand Ministerium für Handel und Versorgung DL-1/3205, Lied der Berliner HO. Von der Oma bis Klein-Erna – Marsch-Foxtrott für die Berliner HO, in: HO-Mitteilungen vom 7. 10. 1950, S. 9.
2 S. Guckel-Seitz, Stadtreklame als Text. Die(se) Geschichte mit der Semiotik, in: WerkstattGeschichte, Heft 7 (1994), S. 18–30.
3 S. Buck-Morss, The Dialectics of Seeing. Walter Benjamin and the Arcades Project, Cambridge/Mass. 1989, S. 82

wie konkretisierten. Hans-Walter Schmidt hat daher in einem Aufsatz betont, daß die Schaufenster in der DDR „der Kreuzungspunkt [sind], an dem wirtschafts-, sozial- und mentalitätsgeschichtliche Entwicklungen zugleich wirksam werden und sich Ausdruck verschaffen"[4]. Als die DDR an der Umgestaltung der Kultur arbeitete, waren Schaufenster die Schlüsselstellen zur Veranschaulichung und Definition der beabsichtigten Veränderung.

Drei Typen von Geschäften hatten Schaufenster in der DDR: die Filialen der 1945 erneut gegründeten Konsumgenossenschaft, die Geschäfte in Privatbesitz sowie die neu ins Leben gerufenen, staatlich verwalteten HO-Geschäfte, die am direktesten die sozialistische Planwirtschaft repräsentierten. Da die meisten dieser Geschäfte nicht mehr bestehen, läßt sich das ursprüngliche Erscheinungsbild der Auslagen nur durch Photographien und Kommentare von Zeitgenossen erschließen. Der ‚Text' der ‚consumer culture' in der DDR muß ebenso wie die Formen, in denen er in den städtischen Raum eingeschrieben war, aus verschiedenen Quellen erschlossen werden – aus Werbehandbüchern, aus Beobachtungen von Beamten und aus den Berichten in den Medien.

Meine Lektüre der Schaufenster stützt sich auf diese Quellen. Ich will daraus die Mythen erschließen, die in diesen Fenstern geschaffen wurden. Zugleich will ich feststellen, ob diese Mythen mit dem beabsichtigten Aufbau der sozialistischen Kultur übereinstimmten. Ich werde dazu die Bedeutung der Schaufenster in den ersten Jahren der DDR – noch vor dem Bau der Mauer im Jahr 1961 – analysieren, als die DDR versuchte, die Verwüstungen des Krieges durch einen systematischen Wiederaufbau zu beseitigen, Gesellschaft und Wirtschaft zu modernisieren und sich als die einzig legitime Staatsverfassung und Wirtschaftsordnung im geteilten Deutschland des Kalten Krieges zu etablieren. Ich werde zeigen, wie im Bild der Schaufenster zweierlei sichtbar wurde: der geplante Aufbau der DDR als sozialistischer Utopie[5], aber auch Ansätze für Widerstände gegen den Sozialismus.

1. „Schaufensterpolitik"[6]: Darstellung des Sozialismus im Kalten Krieg

In den Auslagen der Geschäfte spiegelte sich die zunehmende Trennung zwischen der sowjetischen und den westlichen Besatzungszonen in politischer, wirtschaftlicher und kultureller Beziehung. Besonders in den markanten Übergangszeiten, wie etwa der doppelten Währungsreform im Juni 1948, spielten die Schaufenster eine entscheidende Rolle. Bei diesem Ereignis konkretisierte sich der West-Ost-Gegensatz im Schaufenster als dem sichtbaren Ausdruck der Ideologie der jeweiligen Regimes und seiner Fähigkeiten, für die hungernde Bevölkerung zu sorgen. Während der 1950er Jahre wurden dann die ‚consumer culture' im allgemeinen und die Schaufenster im besonderen der Ort, an dem die beiden deutschen Gesellschaften miteinander konkurrierten.

---

4 H.-W. Schmidt, Schaufenster des Ostens: Anmerkungen zur Konsumkultur der DDR, in: Deutschland Archiv, Heft 4 (1994), S. 365.
5 G. Eley, What's left of Utopia? oder: Vom „Neuen Jerusalem" zur „Zeit der Wünsche", in: WerkstattGeschichte, Heft 11 (1995), S. 5–18.
6 H.-K. J., Schaufensterpolitik im Westen … und in der Ostzone?, in: Neues Deutschland (ND) Nr. 235 vom 8. 10. 1948, S. 3.

Schaufenster des sozialistischen Konsums 93

Abb. 1: Berlinerinnen drängten sich vor den Schaufenstern nach der Aufhebung der Berliner Blockade am 12. 5. 1949. In Westberlin erschienen nach der Blockade, in Westdeutschland bereits nach der Währungsreform vom Juni 1948 wieder Waren in den Schaufenstern. Diese Bilder von hungrigen Frauen, die durch die Schaufenster auf den neuen Überfluß starren, waren wichtige Ikonen im Mythos vom Ursprung des „Wirtschaftswunders".

Die Schaufenster waren auffällige und einprägsame ‚Ikonen'[7] des Wiederaufbaus. Das zeigt die Erinnerung der Bevölkerung an die westdeutsche Währungsreform vom 21. Juni 1948, die als bedeutender Moment des Neuanfangs einen Ehrenplatz im Schöpfungsmythos des bundesrepublikanischen Wirtschaftswunders erhielt, wobei das ‚wunderbare' Auftauchen von Waren in den Schaufenstern am Tag der Reform eine wesentliche Rolle spielte[8] (Abb. 1). Der dramatische Übergang von den fast leeren Geschäften der Kriegszeit und dem Mangel der ersten Nachkriegsjahre zum plötzlichen Überfluß erzeugte das Bild von der Rückkehr zum Wohlstand und vom Ende der harten Zeiten. Eine typische Erzählung über diese Zeit lautete: „Unterwegs kamen wir an einem kleinen Geschäft vorbei, in dem wir vorher auf Marken einge-

---

7 M. Wildt, Am Beginn der ‚Konsumgesellschaft'. Mangelerfahrung, Lebenshaltung, Wohlstandshoffnung in Westdeutschland in den fünfziger Jahren, Hamburg 1994, S. 33. Vgl. dazu auch: R. Gries u. a., Gestylte Geschichte. Vom alltäglichen Umgang mit Geschichtsbildern, Münster 1989, S. 68–73.

8 Lutz Niethammer stellte in seinem Projekt über das Ruhrgebiet fest, daß seine Interviewpartner die Währungsreform als das wichtigste Ereignis der Nachkriegsjahre erinnerten: L. Niethammer, „Hinterher merkt man, daß es richtig war, daß es schiefgegangen ist". Nachkriegserfahrungen im Ruhrgebiet. Lebensgeschichte und Sozialkultur im Ruhrgebiet 1930 bis 1960, Band 2, Berlin 1983, S. 81–82.

kauft hatten…und hier erst begann für uns das Wunder der Währungsreform … Der Laden sah völlig verändert aus, er barst geradezu von Waren."[9]

Diese Berichte, in denen ehrfurchtsvolles Staunen anklingt, können nicht darüber hinwegtäuschen, daß eine große Zahl der Deutschen das Schauspiel des Überflusses durchschauten. Sie erkannten, daß viele der nun reichlich vorhandenen Waren deshalb plötzlich verfügbar waren, weil sie die Geschäftsleute in Erwartung der Währungsreform gehortet hatten. Beides, das Wissen um das Horten und das Unvermögen, die hohen Preise für die Waren zu bezahlen, erzeugte Verdruß in der Bevölkerung und provozierte Demonstrationen, Streiks und Boykotte. Trotzdem verherrlicht das kollektive Gedächtnis der Deutschen weiterhin das Bild, wenn auch nicht die Wirklichkeit des neuen Aufschwungs. Die Währungsreform hat in diesem kollektiven Gedächtnis noch eine zweite Bedeutung: Sie erscheint als entscheidender Moment der Teilung Deutschlands in zwei getrennte Staaten. Die Schaufenster des Westens verstärkten diese Trennung und stellten gleichzeitig eine neue Herausforderung an den Osten dar.

Obwohl in der sowjetischen Besatzungszone eine eigene Währungsreform zwei Tage nach derjenigen im Westen durchgeführt wurde, gab es dort nicht dieselben Bilder von plötzlichem Überfluß in den Schaufenstern. An diesem entscheidenden Moment zur Erlangung von Legitimität im deutschen Volk versuchte die sowjetische Besatzungszone, die Bilder vom „goldenen Westen" durch gezielte Berichterstattung zu diskreditieren.[10] Kritiken in den Medien enthüllten den illusorischen Charakter und dekadenten Gehalt des nur scheinbaren Überflusses. Ein Artikel im Neuen Deutschland versuchte die Ungleichheit zwischen den vollen Schaufenstern im Westen und den weniger vollen im Osten dadurch zu erklären, daß er zwar das Bestehen einer Differenz zugab, aber dafür dem Osten eine goldene Zukunft versprach, in der man den Westen an Wohlstand noch übertreffen würde:

„Man wird jetzt verstehen, warum in der Ostzone die Schaufenster nicht so voll sind wie im Westen. Durch den Bau neuer Maschinen und Fabrikanlagen, durch den Ausbau der Bergwerke und des Verkehrswesens werden die Läden heute noch nicht gefüllt [in der Ostzone], ein neues Stellwerk kann man nicht ins Schaufenster stellen. Der Erfolg für die Versorgung der Bevölkerung wird sich erst in der Zukunft bemerkbar machen … Die übervollen Läden in der Bizone werden bald der Vergangenheit angehören, denn die gestapelten Waren aus der Zeit vor der Währungsreform sind fast abgesetzt und die Neuproduktion an wichtigen Verbrauchsgütern kommt nicht mehr in ganzem Umfang auf den Markt."[11]

Andere Kritiken konzentrierten sich auf das Unvermögen des durchschnittlichen Westdeutschen, die hohen Preise für die Waren in den Geschäften zu bezahlen. Dieses Argument war implizit in einem anderen Artikel enthalten, der überschrieben war „Vor und hinter dem Schaufenster". Der Autor benutzte das Bild vom Schaufenster, um den Wohlstand des Westens als reine Fassade zu entlarven. Nachdem er ein Ostberliner Kaufhaus beschrieben hatte, in dem eine große Zahl von Textilien „in einer verführerisch gestalteten Auslage locken", ließ er die Verkäuferin einem überraschten Käufer erklären, daß – anders als im Westen – die Preise hier

---

9 H.-W. Richter, Traumland aus Kohl und Spinat, in: Mein erstes Geld. Währungsreform 1948. Augenzeugenberichte, Freiburg 1985, S. 69, zitiert in: R. Gries, Die Rationen-Gesellschaft. Versorgungskampf und Vergleichsmentalität: Leipzig, München und Köln nach dem Kriege, Münster 1991, S. 331.
10 M.P., Ein Bummel durch den ‚Goldenen Westen', in: ND Nr. 239, vom 13. 10. 1948, S. 4.
11 H.-K. J., Schaufensterpolitik, a. a. O.

so erschwinglich waren, „daß sich auch der Rentner einen neuen Anzug, die Arbeiterin ein warmes Winterkleid leisten kann". Ihr Ausruf: „Das ist doch gerade der Unterschied"[12], drückte den Anspruch des Ostens aus, daß nur hinter ostdeutschen Schaufenstern der Wohlstand und hohe Lebensstandard, den die Schaufenster-Fassade suggerierte, auch Wirklichkeit war. Während diese Argumente darauf abzielten, die Bilder vom Wohlstand im Westen in Zweifel zu ziehen, verrieten die beständigen Erwähnungen westdeutscher Schaufenster, daß das Zurschaustellen von Wohlstand im Westen ein Problem für die sowjetische Besatzungszone darstellte. Der Anspruch auf einen eigenen Weg mußte sich im Schatten des strahlenderen Nachbarn legitimieren.

Mit der Gründung der Handelsorganisation HO durch die Deutsche Wirtschafts-Kommission (DWK) im November 1948, in deren Läden Waren ohne Rationierung zu festgesetzten Preisen verkauft werden sollten, wollte auch der sozialistische Staat attraktive Konsummöglichkeiten schaffen. Die HO-Geschäfte waren – neben privaten und genossenschaftlichen Betrieben – der dritte Typ des Einzelhandels in der DDR und zwar derjenige, der am deutlichsten unter staatlichem Einfluß stand.[13] Die Eröffnung der ersten HO-Geschäfte war begleitet von einer Medienkampagne, um die Wirkung dieses Schauspiels zu verstärken. Ungeduldige Käufer strömten am Eröffnungstag in die HO-Läden, um jene Waren zu erwerben, die vorher nur auf dem Schwarzmarkt erhältlich waren. Die Inszenierung der plötzlichen Verfügbarkeit von nicht rationierten Waren glich dem Zurschaustellen des westdeutschen Überflusses nach der Währungsreform (Abb. 2). Jedoch waren, wie auch in westdeutschen Geschäften, die Waren in den HO-Läden für die meisten Ostdeutschen zu teuer.[14] Viele klagten, daß die HO wegen der hohen Preise nur ein staatlich legitimierter Schwarzmarkt sei und kauften weiterhin in Geschäften in Privatbesitz und selbst auf dem Schwarzmarkt ein.[15]

Die HO-Geschäfte erzeugten daher Unmut und widersprüchliche Eindrücke in der Bevölkerung. Das trug mit dazu bei, daß die Schaufenster der HO-Läden keinen ähnlich nachhaltig-positiven Eindruck im kollektiven Gedächtnis der DDR-Bürger hinterlassen haben, wie westdeutsche Auslagen nach der Währungsreform. Die HO bemühte sich daher während der nächsten Jahrzehnte um eine Verbesserung der Warenpräsentation in den Schaufenstern, um überzeugender als sozialistische Alternative zur westlichen ‚consumer culture' auftreten zu können.

Der andauernde Vergleich mit dem Westen war häufig Anstoß für die Verbesserung der Warenpräsentation in Ostdeutschland, wie ein Artikel in der Neuen Werbung vom Juni 1956 zeigt:

12 Vor und hinter dem Schaufenster. Streiflichter von der Textilaktion in Ost-Berlin, in: ND Nr. 234, vom 7. 10. 1948, S. 6.
13 T. Scholze, Zur Ernährungssituation der Berliner nach dem Zweiten Weltkrieg. Ein Beitrag zur Erforschung des Großstadtalltags (1945–1952), in: Jahrbuch für Geschichte 35 (1987), S. 539–564.
14 Stiftung Archiv der Partei und der Massenorganisationen der DDR im Bundesarchiv (SAPMO) DY 30, IV 2/602/76, Bestand SED, Zentralkomitee (SED ZK), Abt. Wirtschaftspolitik, „Informationen über die Reaktion der Bevölkerung zur Eröffnung der ‚Freien Läden'" (1. 12. 48).
15 BArch Berlin, Bestand Ministerum für Handel und Versorgung DL-1/3188, „Für Mühlenprodukte, Teigwaren, Hülsenfrüchte, Brot und Semmelwaren und Fette lagen unsere Dezember-Umsätze schon mehr als 10% unter den November Umsätzen … . Der Verbrauch der Bevölkerung an diesen Waren ist nicht gesunken. Sie deckt nur ihren Bedarf nicht mehr in der HO, sondern aus Quellen des Schwarzen Marktes, der von Westberlin aus gesteuert wird", in: HO Zentrale Leitung Berlin, Einige notwendige Maßnahmen zur Sicherung der Planerfüllung der HO, vom 15. 2. 1950.

Abb. 2: Das erste volkseigene HO-Geschäft. Konsumenten versammelten sich vor dem Geschäft, um die Waren in diesen neuen sozialistischen Geschäften zu sehen (Nov. 1948).

„Beim Aufbau des Sozialismus in unserer Deutschen Demokratischen Republik kommt einer guten Schaufensterwerbung neben der ökonomischen auch eine große politische und kulturelle Bedeutung zu. Zur Verwirklichung des Grundgesetzes des Sozialismus haben die Werbetreibenden von Industrie und Handel (Produktionsministerien, HO und Konsum) und die Werbeschaffenden bei der Schaufenstergestaltung eine Reihe von Fragen zu beachten, die wesentlich dazu beitragen werden, die gesamte Bevölkerung für die Politik unserer Arbeiter-und-Bauern-Macht zu gewinnen. In unserem politischen Kampf um die Wiederherstellung der Einheit Deutschlands erleben wir täglich, wie die Unterschätzung der Werbearbeit im Handel bei unseren Menschen, die vom optischen Bild des Handels in Westdeutschland ausgehen, zu unseren wirschaftlichen Erfolgen negative Meinungen und Stimmungen bildet. Aus diesen und anderen Gründen ist eine wesentlich zu verbessernde Handelswerbung eine wichtige politische Frage."[16]

---

16 Redaktion, Unsere Forderung: Entscheidende Wendung auch in der Werbung! in: Neue Werbung (NW) Heft 3 Nr. 6 (Juni 1956), S. 3.

Dieses Zitat hebt einige Aspekte der politischen Bedeutung von Schaufenstern in Ost- und Westdeutschland hervor. Es spricht zudem die entscheidende Rolle an, die der Blick auf den Westen für die ostdeutschen Werbefachleute hatte. Sie fühlten die Konkurrenz der erfolgreicheren Werbestrategien in Westdeutschland. Der Blick der Ostdeutschen nach Westen, auf die Schaufenster des Kapitalismus, verstärkte auch die Sensibilität für die Bedeutung der eigenen Schaufenster. Diese sollten das Bild der sozialistischen Gesellschaft für den Westen sein. In einem Handbuch der ostdeutschen Werbewirtschaft, Werner Schillings Werbefibel, hieß es daher: „Die Bevölkerung unseres Arbeiter-und-Bauern-Staates, aber noch stärker die Besucher unserer Heimat aus dem Westen oder aus dem Ausland sehen in dem Warenangebot mit Recht ein Spiegelbild der Leistungsfähigkeit unserer Produktion und unseres Handels."[17]

Die Schaufenster sollten den ostdeutschen Erfolg nicht nur den Bürgern der sowjetischen Besatzungszone vorführen; sie sollten diesen Erfolg auch den Westdeutschen, mit denen man in Konkurrenz stand, anschaulich machen. Der wechselseitige Blick auf Schaufenster beschäftigte die Deutschen auf beiden Seiten des Eisernen Vorhangs während der 1950er Jahre und verlieh Schaufenstern eine besondere politische Bedeutung. Dieser spezifische Kontext des Kalten Krieges wurde von all jenen bewußt erlebt, die sich um die Verbesserung der Schaufenstergestaltung bemühten.

2. „Auf dem Wege zu besseren Schaufenstern"[18]: Die Produktion der Texte

Die politische Rolle von Schaufenstern im Deutschland des Kalten Krieges verlieh der Verbesserung von Präsentationstechniken eine besondere Bedeutung. Professionelle Werbestrategen kooperierten mit Vertretern der staatlichen Wirtschaftsbürokratie, um Dekorateure auszubilden und das Erscheinungsbild der Geschäfte und damit der DDR-Konsumlandschaft insgesamt zu verbessern. Die Experten gaben Handbücher heraus und veranstalteten Wettbewerbe, um mehr Aufmerksamkeit auf die Präsentationstechniken zu lenken. In diesen didaktischen (Kon-)Texten wurde ein Idealtypus der Warenpräsentation in den Schaufenstern der DDR formuliert und an einzelne Geschäfte weitergegeben; zudem wurden tatsächliche Präsentationen bewertet. Die Gestaltung der Schaufenster erfolgte also vor dem Hintergrund einer stetig wachsenden Zahl einschlägiger Anleitungen. Eine Analyse der Auslagen muß daher von einer Lektüre dieser Texte ausgehen, die allerdings selbst Hinweise darauf geben, daß Dekorateure in vielfältiger Weise auf die Ratschläge reagierten und eben nicht nur dem Idealtypus zu folgen suchten.

Weil der DDR-Staat sich selbst eng mit der politischen Botschaft der DDR-Schaufenster verbunden sah, engagierten sich staatliche Funktionäre für deren Verbesserung. Beamte der wirtschaftlichen Abteilungen der Regierung, wie des Ministeriums für Handel und Versorgung und der Wirtschaftsabteilungen der Partei und anderer Einrichtungen, überwachten die Werbeanstrengungen und kritisierten sie in offiziellen Berichten. Weil die HO und die Kon-

---

17 W. Schilling, Werbefibel, Leipzig 1960, S. 162.
18 Das war der Titel einer Serie von Aufsätzen in ‚Neue Werbung' 1955 und 1956. Siehe zum Beispiel NW Heft 2 Nr. 7 (Juli 1955), S. 30; NW Heft 3 Nr. 10 (Okt. 1956), S. 28–33; NW Heft 3 Nr. 12 (Dez. 56), S. 28–30.

sumgenossenschaften am engsten mit dem Staat verbunden waren, befaßten sich die Funktionäre vor allem mit der Präsentation von Waren in diesen Geschäften; sie wurde verglichen mit derjenigen in Privatgeschäften. Ein Bericht der staatlichen Handelsinspektion sorgte sich etwa im März 1957, daß der „sozialistische Handel [die HO] oft weit hinter der Schaufenstergestaltung des privaten Einzelhandels zurückbleibt", und listete eine Reihe von Mängeln bei der Schaufenstergestaltung in den HO-Geschäften auf.

In einem Schaufenster in der Schönhauser Allee in Berlin „zeigten die auf Puppen gezogenen Anzüge zahlreiche Falten, die Kragen der Oberhemden waren verdrückt, die Krawatten schief und unter einem über einen Anzug gezogenen Mantel guckten die Ärmel und die Revers des Anzuges heraus". In einem anderen Geschäft „zeigten die Schaukästen verstaubte Parolen bzw. waren ganz leer". Zusammenfassend unterstrich der Berichterstatter die Tragweite dieser Mißstände, weil Werbung ja nicht nur Kunden für ein Geschäft, sondern für das sozialistische System als Ganzes gewinnen sollte. „Dieser Rückstand muß im Interesse der besseren Versorgung der Bevölkerung [und] der Einschränkung des Abflusses unseres Geldes nach Westberlin…schnellstens eingeholt werden."[19] Vor dem Bau der Mauer im Jahr 1961 konnten sich die Mängel der Auslagengestaltung direkt auf die Wirtschaft der DDR auswirken, da die DDR-Bürger zu dieser Zeit noch im Westen einkaufen konnten.

Auch in den Verwaltungseinrichtungen von Konsumgenossenschaften und HO nahm man die Mängel in der Schaufenstergestaltung wahr. So bemerkte der Präsident des Verbandes Deutscher Konsumgenossenschaften Gerhard Lucht im Jahr 1955, daß eine fortgesetzte „Schwäche" die „mangelhafte Schaufenstergestaltung" sei.[20]

Um den traurigen Zustand der ostdeutschen Schaufenster zu verändern, veröffentlichten Werbeexperten sowie die Werbeabteilungen von HO und Konsumgenossenschaften Anleitungen zum Design. Sie stellten auch Plakate und ähnliche Dekorationshilfen her. Außerdem boten die Konsumgenossenschaften eine Reihe von Zeitschriften an, in denen Tips für eine bessere Warenpräsentation in den Auslagen zu finden waren. Hierher gehören „Die Konsumverteilungsstelle", die erstmals 1949 herauskam und nach dem dritten Heft ihren Namen in „Die Konsumverkaufsstelle" änderte; außerdem „Wir werben und gestalten," sowie „Werben und Verkaufen", die Mitte und Ende der 1950er Jahre erschienen. Das „HO-Mitteilungsblatt", das seit 1950 veröffentlicht wurde, gab ebenfalls Hinweise und Anleitungen für Werbemaßnahmen in den ersten Jahren der HO. Überdies gab der *Verlag Die Wirtschaft* seit 1954 die Handelszeitschrift „Neue Werbung" heraus, die regelmäßig Artikel über Schaufenstergestaltung brachte.

Außer diesen Zeitschriften erschien eine große Zahl von Handbüchern, in denen die Techniken und Prinzipien einer ‚modernen', ‚sozialistischen' Auslagengestaltung vorgestellt wurden. Dazu zählte die Dekorationsfibel, die der Vorstand der Werbeabteilung des Verbands Deutscher Konsumgenossenschaften, Werner Schilling, verfaßt hatte.[21]

---

19 Landesarchiv Berlin (LAB), Rep. 113 Nr. 383, Bestand Magistrat, Abt. Handel und Versorgung, Nönnig, Staatliche Handelsinspektion Bericht Berlin, vom 23. 3. 57.
20 Wir werben und gestalten, 1955.
21 W. Schilling, Dekorationsfibel, Band II. Ein Lehrgang in dekorativer Warenbehandlung, Leipzig 1956. Andere Handbücher für den Einzelhandel, die Abschnitte über Werbung und Schaufenster enthielten, waren: W. Prendel, Die Verkaufsstelle. Ein Handbuch für Bau und Einrichtung, Berlin 1955; Ministerium für Handel und Versorgung (Hg.), Selbstbedienungsläden. Lebensmittel, Berlin 1958; Kapitalistische und sozialistische Werbung. Eine Auseinandersetzung, Berlin 1959; Zentrale Arbeitsgruppe im

Eine weitere Maßnahme zur Verbesserung der Schaufenstergestaltung betraf das Herstellen und Verteilen von Dekorierungshilfen an einzelne Niederlassungen. Die Konsumgenossenschaften boten Plakate und große Photographien an, die von ihren Filialen verwendet werden konnten. Die bereits erwähnten Zeitschriften enthielten Tips, wie diese Hilfsmittel kreativ einzusetzen waren.[22] Die didaktischen Anstrengungen wurden ergänzt um Kurse in Schaufenstergestaltung für Geschäftsinhaber und Angestellte. Ausbildungsstätten wie die HO-Betriebsberufsschule unterrichteten Angestellte ebenfalls in Techniken der Auslagendekoration.[23]

Zusätzlich zu den zahlreichen Bemühungen, bessere Präsentationstechniken zu lehren, versuchten staatliche Stellen, die Anwendung dieser Techniken durch eine Reihe von Schaufensterwettbewerben zu fördern. Diese Wettbewerbe – Ausdruck des direkten staatlichen Interesses an der Präsentation von Konsumgütern in der DDR – fanden parallel zu ähnlichen Initiativen in anderen Branchen der Wirtschaft statt, in denen sozialistischer Wettbewerb die Steigerung von Produktivität und Qualität fördern sollte. Die Wettbewerbe hatten manchmal einen internationalen Charakter, wie im Wettbewerb zwischen Berlin und Prag im Jahr 1957, sie fanden aber auch zwischen einzelnen Handelszweigen und zwischen Städten statt. So gab es einen Wettbewerb zwischen den Stadtverwaltungen von Berlin und Leipzig in den Jahren 1958 und 1959 aus Anlaß des fünften Parteitages der SED bzw. des zehnten Jahrestages der Gründung der DDR. Die Stadtverwaltung von Groß-Berlin definierte die Ziele des Wettbewerbs von 1959, der unter dem Motto „Für des Volkes Wohlstand, Frieden, Glück – decken wir den Tisch der Republik" stand, wie folgt:

„In diesem Schaufensterwettbewerb soll der sozialistische Inhalt und Aufbau unseres Staates in Verbindung mit einer ausgezeichneten Warendarstellung gezeigt werden. Insbesondere ist auf die neue Qualität der Arbeit im Handel, die Bildung sozialistischer Brigaden und die Vorhaben in der Rekonstruktion des Handels einzugehen, wobei die Entwicklung aus eigener Kraft besonders herausgestellt werden soll. Weiterhin soll die Zusammenarbeit des sozialistischen Staates auf dem Gebiet des Handels als ein Ausdruck der freundschaftlichen Verbundenheit und Stärke des sozialistischen Lagers aufgezeigt werden. Nicht zuletzt sollen Schaufenster die einzelnen Fortschritte im Handel, die Verbesserung der Handelstechnik, die steigende Verkaufskultur und die Erweiterung der Sortimente zum Ausdruck bringen."[24]

Die Schaufenster wurden bewertet nach der erfolgreichen Kombination von politischer Aussage mit entsprechender Warenpräsentation sowie den verwendeten Designtechniken.

Institut für Werbemethodik (Hg.), Die Grundzüge der Entwicklung der sozialistischen Werbung in der Deutschen Demokratischen Republik, Berlin 1960; A. Albrecht u. a., Die Werbung auf dem Konsumgüterbinnenmarkt, Berlin 1964; H. Model u. a., Handbuch der Werbung, Berlin 1969.

22 Wir werben und gestalten, März 1955.
23 Lehrlinge lernen gestalten, NW Heft 4 Nr. 5 (Mai 1957), S. 24–25.; Durch Schulung zur Steigerung der Arbeitsproduktivität: Ein Gespräch mit Werbeleiter Kiese, HO Wernigerode, NW Heft 7 Nr. 3 (März 1960), S. 26–30; DEWAG-Werbung, Dein Beruf – Dein Leben, Berlin 1965.
24 LAB, Rep. 113 Nr. 515, Bestand Magistrat, Abt. Handel und Versorgung, Protokoll über die Vereinbarung für den Schaufensterwettbewerb Berlin – Leipzig zu Ehren des 10. Jahrestages der DDR, Berlin, 3. Juli 1959.

Die abschließende Bewertung des Wettbewerbs enthielt neben optimistischen Beobachtungen über die Verbesserungen des Designs auch Hinweise auf fortdauernde Probleme, wie dem Mangel an „Zusammenhang zwischen gesellschaftlicher Aussage und Ware", dem unzureichenden Gebrauch von Beleuchtungseffekten und der „unglücklichen Lösung" von Designaufgaben in Schaufenstern, da Photographien zum Einsatz kamen, „die in mindestens jedem zweiten Fenster auftauchten".[25] Kommentatoren beklagten auch den Mangel an attraktiv gestalteten Auslagen in bestimmten Vierteln, wie Pankow und Köpenick in Berlin.[26] Zwar versuchten Werbeexperten die Gestaltung der Schaufenster in ästhetischer und technologischer Hinsicht zu modernisieren, und Funktionäre strebten danach, ihr politisches Programm in der Gestaltung durchzusetzen. Doch hatte die Reichweite ihrer Definitionsmacht deutliche Grenzen: Die einzelnen Designer reagierten individuell auf die Vorgaben und Anregungen, wenn sie Auslagen gestalteten.

3. „Blick durch die Scheibe"[27]: Das Entziffern der Schaufenster

Als Historikerin, die den ‚Text' dieser Schaufenster entziffern will, kann ich weder die Vielfalt des Designs noch dessen Aneignung durch die Konsumenten vollständig ermitteln. Jede Rekonstruktion der Konsumkultur muß daher unvollständig bleiben, weil sie auf der Analyse von sekundärem Quellenmaterial, wie den Handbüchern von Werbeexperten, aufbaut. Selbst die wenigen, in den Archiven erhaltenen Photographien von Schaufenstern stellen keine repräsentative Auswahl dar. Jeder Versuch, die ‚Texte' der Schaufenster zu deuten, bleibt vorläufig.

Trotz dieser Grenzen lassen sich einzelne Entwicklungstrends ermitteln, wenn man die Kommentare über und die Bilder von einzelnen Schaufenstern heranzieht.[28] Diese Trends waren bestimmt von internationalen Entwicklungen im Bereich der Ästhetik von Design, vom Wiederaufbau der DDR im Zeichen des Kalten Krieges sowie von den Vorstellungen von Modernität im Atomzeitalter. Bei der Interpretation der Schaufenster als einem ‚Text' werde ich mich vor allem auf die Bezüge der Darstellungstechniken zum staatlichen Aufbau des Sozialismus konzentrieren.

Wegen ihrer – von Werbefachleuten wie Politikern allgemein anerkannten – politischen Funktion wurden Schaufenster mit einer eindeutigen politischen Botschaft häufig als vorbildlich in den einschlägigen Publikationen hingestellt. Die auffällige Verbindung von Warenpräsentation und Agitation wurde als wichtiges Merkmal verstanden, das die neue sozialistische Werbung von ihren kapitalistischen Vorgängern unterschied: „Diese politische Aussage, die

---

25 LAB, Rep. 113 Nr. 515.
26 Ebenda.
27 Das war der Titel einer weiteren Artikelserie in ‚Neue Werbung', die Schaufenster in der ganzen DDR zeigte, vgl. etwa NW Heft 7 Nr. 8, (Aug. 1960), S. 21–23.
28 Das Archiv des Verbandes Deutscher Konsumgenossenschaften in Berlin hat eine besonders große Auswahl von Photographien von Schaufenstern. Ich danke der Archivarin, Frau Fischer, die mir freundlicherweise diese Photosammlung zur Verfügung stellte, aus der auch einige der hier verwendeten Abbildungen entnommen sind.

Abb. 3: Die politische Schaufenstergestaltung präsentierte Bilder von Politikern, wie hier den Präsident der DDR, Wilhelm Pieck, und wollte damit ideologische Botschaften verbreiten. Sie wurde dadurch allerdings auch zum Objekt von Kritik und Verstimmung. Das Motto lautete hier „Wilhelm Pieck, der Garant für unverbrüchliche Freundschaft mit der Sowjetunion!" (o. J. – frühe 1950er Jahre).

dem Warenangebot innewohnt, muß jedoch dekorativ betont, hervorgehoben und unterstrichen werden, denn gerade hierdurch unterscheidet sich unsere Warendekoration von den nicht weniger gefüllten Schaufenstern in den kapitalistischen Ländern."[29] Dieser Auftrag, politische Propaganda in das Schaufensterdesign zu inkorporieren, schuf jedoch Probleme für die Designer.

In manchen Fällen ersetzte Propagandamaterial völlig die Präsentation von Waren. Wegen der Warenknappheit in den ersten Nachkriegsjahren galt diese Zeit bei den Kritikern als diejenige der „leeren Schaufenster"[30]. Laut zeitgenössischen Berichten fand man in den Auslagen keine Waren, sondern Propagandamaterial wie Fahnen und Bilder von bedeutenden Politikern (Abb. 3). Eine rückblickende Kritik der „Neuen Werbung" an der Schaufenstergestaltung thematisierte diese ersten Ansätze, Warenpräsentation mit Propaganda zu verbinden:

---

29 W. Schilling, Dekorationsfibel, a. a. O., S. 10.
30 Wir werben und gestalten, Oktober 1955.

„Hinter geflickten und verkleinerten Schaufensterscheiben ‚prangten' Pappedekorationen. Es waren mehr antiquarische dekorative Requisiten zu sehen...als Waren selbst. Was Wunder, daß die Bevölkerung das spärliche Warenangebot mehr beachtete als die von den Gebrauchswerbern mit so viel Idealismus aufgebauten ‚kunstvollen' Dekorationen!"[31]

Die spärlichen Dekorationen in den Anfangsjahren der DDR wurden zum Negativbeispiel für politische Propaganda in den Schaufenstern. Wenn Propaganda in aufdringlicher Weise ohne Bezug zu den ausgestellten Waren präsentiert wurde, gefährdete sie die Akzeptanz der Ideologie und provozierte Kritik. Der Autor Stefan Heym verspottete diese Werbestrategien in seinem Roman über den 17. Juni 1953 – der allerdings nicht in der DDR erscheinen durfte. In einer Szene läßt er eine Person in ein Schaufenster blicken, die dort anstelle von Nahrungsmitteln die Bilder von Politikern vorfand: „Aber große Bilder im Schaufenster, sollen wir uns den Marx aufs Brot schmieren oder Walter Ulbricht?"[32] Ohne das Warenangebot, mit dem das auf den Werbesprüchen in Aussicht gestellte bessere Leben auch bestätigt worden wäre, wurde das Programm der Regierung als Ideologie entlarvt und Mißtrauen in das Projekt der sozialistischen Gesellschaft gesät.

Allerdings benutzten die nachträglichen Darstellungen in der Fachliteratur die leeren Schaufenster nicht als Ausgangspunkt für eine Kritik am Versorgungsanspruch des sozialistischen Systems, sondern als Zeichen für den schwierigen Beginn einer erfolgreichen DDR-Geschichte. Diese Geschichte war bestimmt von dem eindeutigen Fortschritt von einer durch Hunger und Entbehrungen geprägten Nachkriegszeit hin zur Erlösung der Gesellschaft durch den Aufbau der sozialistischen Wirtschaft. Innerhalb der Geschichte der DDR-Werbung illustrieren die Beispiele frühen Schaufensterdesigns ebenfalls diesen Fortschritt.

Als sich die Wirtschaft der DDR in den späten 50er Jahren allmählich erholte und mehr Konsumgüter verfügbar waren, sollten die Schaufenster auch diese Fortschritte und Errungenschaften darstellen. Die Regierung wollte die Entwicklung hin zur utopischen sozialistischen Zukunft durch eine Reihe von – durch Ordnungszahlen ausgedrückten – politischen Gedenktagen und Ereignissen veranschaulichen, wie die Jahrestage der Oktoberrevolution, der Gründung der DDR und die Parteitage der SED. Die Gestalter von Schaufenstern sollten diese Ereignisse durch die Darstellung der zunehmenden Warenpalette feierlich erinnern. So sah man in einer Auslage das Bild von Hennecke, einer Propagandapersönlichkeit aus der Aktivistenbewegung, die zur Produktivitätssteigerung anregen sollte, zusammen mit Symbolen des Fünf-Jahresplans und einem nach oben weisenden Pfeil. Man benutzte also die Waren als sichtbares Bindeglied zwischen geleisteter Arbeit und den Versprechungen der sozialistischen Wirtschaft nach einem ständig wachsenden Ausmaß an materiellen Genüssen (Abb. 4).

Während solche Schaufenstergestaltungen den unaufhaltsamen Fortschritt auf der Bahn der sozialistischen Modernisierung dokumentierten, drückten andere Inszenierungen die fortdauernden Vergleiche der DDR mit westlichen Standards aus. Dieser Vergleich und Wettbewerb mit dem Westen zeigte sich am deutlichsten in den Ermahnungen des V. Parteitages der SED (1958) an die Werbeexperten und Einzelhändler, daß man im Handel nach dem Erreichen des „Weltniveaus" streben und Westdeutschland im „Pro-Kopf-Verbrauch" überholen müsse.

---

31 A. Becker, Vom Tauentzien zum Alex IV. Ein Schaufensterbummel im heutigen Berlin, in: NW Heft 4 Nr. 9 (Sept. 1949), S. 27.
32 S. Heym, 5 Tage im Juni, Frankfurt/Main 1977, S. 66, zitiert in: Gries, Gestylte Geschichte, a. a. O., S. 72.

Schaufenster des sozialistischen Konsums 103

Abb. 4: Die Waren wurden zusammen mit Bildern präsentiert, die Fortschritt suggerierten, wie in dem Schaufenster für „Marmelade u. Kunsthonig jetzt zum alten Preis markenfrei", in dem ein Photo des bekannten Aktivisten Adolf Hennecke im Vordergrund zu sehen ist, dazu Symbole für den 5-Jahres-Plan, ein ansteigender Pfeil, der die steigende Produktivität veranschaulichte, und schließlich die Parole „Durch die Leistungen unserer Aktivisten – weitere Verbesserungen in der Versorgung" (o. J. – frühe 1950er Jahre).

Die Schaufenster spiegelten diesen Wettbewerb in kultureller und materieller Hinsicht. An einem Design, das ostdeutsche Stoffe präsentierte, kritisierte der Schaufenstergestalter die Amerikanisierung der westdeutschen Kultur. Er zeigte einen rauchenden, langhaarigen, Jeans und Tennisschuhe tragenden Dandy, der am Kurfürstendamm herumlungerte. Daneben setzte er die Frage: „Entspricht diese Ami-Mode auch Ihrem Geschmack?" (Abb. 5). Damit wollte er offensichtlich ausdrücken, daß in der DDR richtige Männlichkeit – dargestellt durch einen Mann im Anzug auf einem kleinen Bild – frei war von der Perversion durch die kulturelle Dekadenz amerikanischer ‚Imperialisten'. Die Darstellung von Anzugsstoffen wurde also zum Ort, an dem das sozialistische Ideal von Männlichkeit und Kultur bekräftigt wurde.

Jedoch gab es in vielen Fällen keine so eindeutige Beziehung zwischen Waren und politischer Aussage.[33] Manche Schaufenster benutzten politische Bilder in willkürlicher Form, wie etwa ein Geschäft, das seine Schuhe zusammen mit einem Bild der Stalinallee präsentierte, begleitet von dem Motto: „Die Stalinallee zeigt, daß wir auf diesem Gebiet die Aufgaben

---

33 Vgl. Schaufenster zum 1. Mai, in: NW Heft 3 Nr. 4 (April 1956), S. 29–30; H. G. B. Siber, Wie sieht es in unseren Schaufenstern aus?, in: NW Heft 1 Nr. 1 (Mai 1954), S. 8.

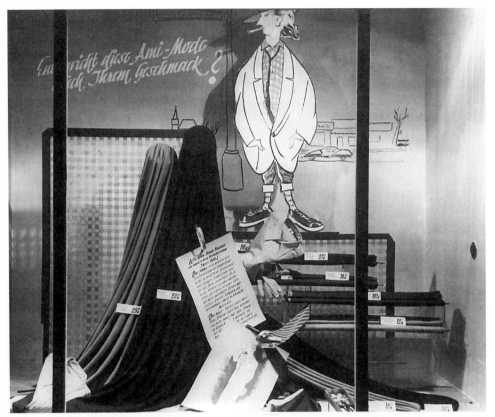

Abb. 5: Einige Schaufenster mit politischer Botschaft verglichen die DDR-Kultur mit der des dekadenten Westens. Diese Darstellung kritisierte die amerikanisierten Männer am Kurfürstendamm durch die Frage: „Entspricht diese Ami-Mode auch Ihrem Geschmack?" Ein kleineres Bild am Boden präsentierte das ideale Bild eines traditionell gekleideten Mannes im Anzug (o. J. – Mitte bis späte 1950er Jahre).

übererfüllt haben." Diese Präsentation wurde von den ostdeutschen Kritikern auch als sinnlos und „schnell ... zusammengezimmert" beurteilt.[34]

In manchen Fällen entstanden Probleme durch die auszustellenden Waren, die sich nicht immer für politische Propaganda verwenden ließen. So wurde gerade die Verbindung zwischen Damenunterwäsche und politischen wie kulturellen Persönlichkeiten als sehr problematisch gesehen. Ein Geschäft nahm an den Feiern zum Goethe-Jahr 1949 dadurch teil, indem es seine Schaufenster mit den folgenden Zeilen aus einem Gedicht Goethes dekorierte: „Süß ist jede Verschwendung, oh, laß mich der Schönsten genießen!" Dazu stellte man „hauchseidene Damen-Unterwäsche" aus. Der HO-Manager hielt das für unziemlich und geschmacklos.[35] In einem anderen Fall führte ein Schaufensterdesign zu folgender Beschwerde an die örtliche Zeitung:

---

34 Schröder, Das Argument im Schaufenster, in: Wir werben und gestalten, (März 1955), S. 2.
35 Goethe und die HO, in: HO-Mitteilungen Nr. 3 vom 5. 9. 1949, S. 6.

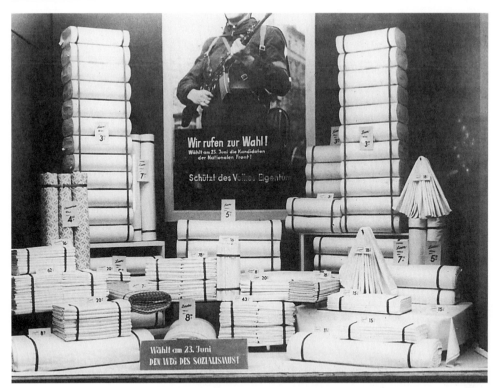

Abb. 6: Ein Blickfangplakat zeigt einen Volksarmisten mit einer Maschinenpistole und darüber das Motto „Schützt des Volkes Eigentum". In diesem Fall schützte der Soldat die Stapel von Textilien, die das Bild einrahmen. Solche Stapelfenster, in denen Überfluß sichtbar dargestellt wurde, sollten politische Propaganda unterstützen, indem sie materielle Beweise für die Vorteile des „Wegs des Sozialismus" boten. (o. J. – späte 1950er–frühe 1960er Jahre).

„Anläßlich des Monats der Deutsch-Sowjetischen Freundschaft hat der Dekorateur in der Verkaufsstelle ‚Wäsche für die Dame' am Strausberger Platz eine seltsame Dekoration aufgebaut. ‚Sinnigerweise' hat er ein Emblem mit den Köpfen von Marx, Engels, Lenin und Stalin zwischen Damen-Perlonwäsche gelegt. Ich bin der Meinung, daß man bei Dekorationen anläßlich bestimmter politischer Ereignisse doch etwas überlegen handeln sollte."[36]

Eine der wesentlichsten Aufgaben für die Fachliteratur der Werbewirtschaft war daher die Bereitstellung von guten Beispielen, wie Warenpräsentation und Agitation auf eine erfolgreiche Art verbunden werden konnten.

Die zunehmende Verfügbarkeit von Waren machte das sogenannte „Stapelfenster" zur bevorzugten Präsentationstechnik von Waren in politisch relevanter Weise. Man plazierte Stapel aufgetürmter Waren neben politische Wahlsprüche, um „reges Kaufinteresse"[37] hervorzurufen

---

36 S. Stenzel, Etwas mehr nachdenken, o. O., zitiert in: Schröder, Das Argument, a. a. O., S. 1.
37 H. Wirth, Stapelfenster ja – aber gut, in: NW Heft 4 Nr. 1 (Jan. 1957), S. 30.

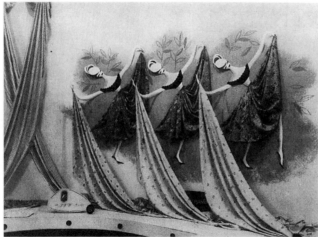

Abb. 7: Schwingende, organische Formen drückten Bewegung und Vitalität aus, wie ein Aufsatz mit dem Titel „Bewegung, Rhythmus, Großzügigkeit" als Kommentar zu diesen beiden Schaufenstergestaltungen erklärte (NW, März 1957).

und gleichzeitig den sichtbaren Beweis dafür zu geben, daß man der Verwirklichung der utopischen Ziele näher kam.[38] Derartige Warentürme konnten zur Unterstützung einer Vielzahl von politischen Zwecken eingesetzt werden. Ein Designer verwendete aufgestapelte Textilien, um die Bevölkerung zur Stimmabgabe für die Nationale Front und zur Unterstützung der Volksarmee zu motivieren. Stapel von Textilien umrahmten als Blickfang ein Plakat der Volksarmee, auf dem ein Volksarmist mit Maschinengewehr über dem Motto „Schützt des Volkes Eigentum" abgebildet war. Der Wohlstand, symbolisiert durch die Textilien, sollte offensichtlich zur Unterstützung für die Armee motivieren, indem man zeigte, daß die DDR wertvolle Güter produzierte, die schützenswert waren (Abb. 6).

---

38 Vgl. Susan Buck-Morss' Diskussion von Walter Benjamins Interpretation der Verbindung von monumentaler Warenpräsentation – besonders auf Weltausstellungen – und utopischen politischen Projekten: S. Buck-Morss, a. a. O., S. 87.

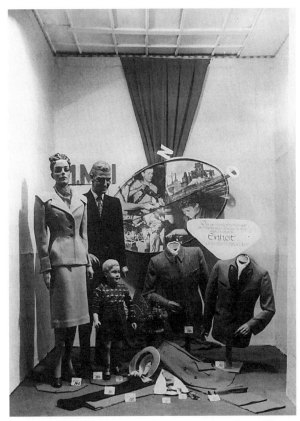

Abb. 8: Traditionelle Schaufensterpuppen ermöglichten die Darstellung der idealen Kernfamilie, wie auf diesem Bild. Allerdings waren diese Puppen steifer als die beweglichen Drahtpuppen (o. J. – späte 1940er–frühe 1950er Jahre).

Während die Warentürme die Früchte moderner Massenproduktion vorzeigten, sahen manche Designer diese Stöße in ihrer rechteckigen Form als zu leblos und forderten mehr ‚Bewegung' in den Schaufenstern. Ein solcher Ruf nach mehr ‚Bewegung' im Design muß im Kontext der industriellen, technologischen und kulturellen Veränderungen in der DDR gesehen werden.[39] Bewegung und Geschwindigkeit wurden ausgedrückt durch eine stromlinienförmige, organische, schwingende Ästhetik, die die eckigen Motive des Bauhausdesigns der 1920er Jahre ersetzte. Eine solche „Begeisterung für die weiche Bewegungslinie"[40] war nicht auf die DDR beschränkt, sondern drückte die internationale Entwicklung von Geschmack und Design im ‚Atomzeitalter' der 1950er Jahre aus.[41] In der DDR waren die einfachen, organischen Designs Teil eines übergreifenden Versuches, eine spezifisch sozialistische Ästhetik zu entwickeln, die sich gegen Formalismus und Kitsch wandte.[42] Als Zeichen für eine moderne

---

39 J. Balák, Einige Fragen der Handelswerbung in der Tschechoslowakischen Republik, in: P. Günther, Zu Fragen der Werbung im sozialistischen Handel, Berlin 1958, S. 16.
40 M. Kriegeskorte, Werbung in Deutschland 1945–1965. Die Nachkriegszeit im Spiegel ihrer Anzeigen, Köln 1992, S. 40.
41 Eine Auseinandersetzung mit den Implikationen des stromlinienförmigen Designs findet sich bei D. Hebdige, Hiding in the Light. On Images and Things, London 1988, S. 45–76.
42 Zum DDR-Design vgl. H. Hirdina, Gestalten für die Serie. Design in der DDR 1949–1985, Dresden 1988.

Abb. 9: Drahtpuppen waren billiger Ersatz für realitätsechte Puppen, aber sie konnten zum Ausdruck von Modernität und Geschwindigkeit verwendet werden, indem man sie in einem Winkel abbog, der sie gleichsam raketenförmig ‚abheben' ließ (Jan. 1956).

Utopie im Nachkriegsdeutschland kam diesen Motiven eine besondere symbolische Beweiskraft zu. In derselben Weise, wie in der Bundesrepublik „der dynamische Schwung des Wiederaufbaus im Zeichen des Wirtschaftswunders sein leicht lesbares Zeichen im Schwung der eigenen Möbel [hatte]",[43] sollte die dynamische Anordnung von Waren auch in der DDR den Fortschritt zu wirtschaftlicher Erholung und Modernisierung anzeigen.

Die Präsentation von Stoffen eignete sich besonders für ein solches Design. In einem repräsentativen Beispiel suggerierte ein Designer durch das Drapieren der Stoffe eine rhythmisch fließende Bewegung[44] (Abb. 7). Auch die Präsentation der menschlichen Gestalt folgte denselben ästhetischen Trends. Im Gegensatz zu den steifen Schaufensterpuppen, die in früheren Jahrzehnten und in konservativen Designs der Zeit das Bild bestimmten (Abb. 8), ließen sich die neuen, formbaren Drahtpuppen der 1950er Jahre in schnittige Neigungen bringen, in denen menschliche Formen Raketen oder Flugzeuge nachzuäffen schienen und übermenschliche Schnelligkeit ausdrückten (Abb. 9). In diesen Designs deckten sich die Idealbilder von Ästhetik, Modernität und Technologie mit dem Versuch, einen neuen Idealtypus des mensch-

---

43 C. Borngräber, Hitparade des guten Geschmacks – Wohnen, Kunst und Schönheitspflege in den 50er Jahren, in: E. Siepmann (Hg.), Bikini. Die fünfziger Jahre, Reinbeck/Hamburg 1988, S. 289.

44 Bewegung, Rhythmus, Großzügigkeit. Die Elemente moderner Gestaltung, in: NW Heft 4 Nr. 3 (März 1957), S. 23–25.

Abb. 10: Die Inszenierung „Ein Tag zu Hause", in der Schauspieler den Gebrauch von Haushaltsgeräten vorführten, indem sie tägliche Routinen vorspielten, verband die Attraktion eines beweglichen Blickfangs mit der Präsentation von idealen häuslichen Rollen und von Konsumenten (Apr. 1957).

lichen Körpers zu konstruieren. Gleichzeitig enthüllte der geringe Wert der Drahtpuppen die Konstruiertheit der Fortschrittsdarstellung und eröffnete alternative Lesemöglichkeiten. Drahtpuppen waren deshalb so beliebt, weil in der DDR lebensnahe Schaufensterpuppen wegen Produktionsproblemen entweder exorbitant teuer oder nicht verfügbar waren.[45] Daher verkörperten die ‚fliegenden' Körper in den Schaufenstern eine widersprüchliche Botschaft: Sie sprachen gleichzeitig von einem neuen Fortschrittsideal und vom Scheitern der DDR, diese Vision auch einzulösen.

Die ideologische und kulturelle Vision wurde in modellhaften Inszenierungen des Alltags am deutlichsten konkretisiert. Die Wünsche der Werbefachleute, das Design der Schaufenster lebendig zu gestalten, erreichte einen Höhepunkt in den lebenden Bildern, in denen Schauspieler die Waren im Schaufenster präsentierten. In einer solchen Darstellung – unter dem Titel „Ein Tag zu Hause" – führten Schauspieler den Gebrauch neuer Haushaltsgeräte vor, indem sie den Tag einer Durchschnittsfamilie in der als Wohnzimmer dekorierten Auslage nachvollzogen. In einer der Szenen verabschiedete die Hausfrau ihren zur Arbeit gehenden Ehemann und begann ihre täglichen Pflichten, zu denen auch das Staubsaugen des Teppichs gehörte[46] (Abb. 10). Diese Inszenierungen waren nicht nur eine geschickte Strategie, um Zuschauer anzulocken, sondern verknüpften modernes Leben (ausgedrückt durch elektrische Haushaltsgeräte), idealisierte Geschlechterrollen (für Hausfrauen)[47] und den Weg zu „Glück und Wohlstand" in einer DDR-spezifischen Version der ‚consumer culture'.

45 I. Merkel, ...und Du, Frau an der Werkbank. Die DDR in den 50er Jahren, Berlin 1990, S. 138–139.
46 Pantomime im Schaufenster, in: NW Heft 4 Nr. 4 (Apr. 1957), S. 22–23.
47 Eine umfassendere Auseinandersetzung mit den Geschlechterrollen in der Werbung der DDR vgl. I. Merkel und S. Tippach-Schneider, Wie bist du, Weib? Über die widerspenstige Werbung im Sozialis-

Während die Bilder der Auslagen den Betrachter mit vielfältigen Diskursen konfrontierten, die zu lesen, zu konsumieren und zu befragen waren, plazierten Inszenierungen wie „Ein Tag zu Hause" den Konsumenten selbst in das Schaufenster und machten ihn damit zu einem Objekt von Konsumtion – und von Beobachtung. Diese Inszenierung enthüllt daher die doppelte Rolle des Konsumenten als Subjekt und Objekt in einem Regime der Sichtbarkeiten. Als Teilnehmer in der visuellen Kultur des Konsums wurde der Käufer zum Bestandteil eines Überwachungssystems, das für die gesamte ‚consumer culture' der Nachkriegszeit wie auch für deren spezifische Ausformung in der DDR bezeichnend war.

4. „Das Auge des Geschäfts"[48]: Fenster der Überwachung

In einem programmatischen Aufsatz über das Design der Außenansicht von HO-Geschäften argumentierten die HO-Mitteilungen im September 1949: „Der Anstrich des Fensterholzes muß in einer etwas kräftigen Farbe gestaltet werden, damit diese hervortritt, da ja das Fenster das Auge des Hauses bzw. des Geschäfts ist."[49] Ein weiterer Aufsatz mit dem Titel „Die 10 Gebote für das äußere Bild der HO" präsentierte das Bild einer idealtypischen Geschäftsansicht, in dem die Anordnung der Fenster an den beiden Seiten der Eingangstür an ein riesiges Augenpaar erinnert[50] (Abb. 11). Diese Metapher vom Schaufenster als dem Auge des Geschäfts kehrte die Rolle der Auslage als Ort der Warenpräsentation um in ein Instrument zur Beobachtung von Konsumenten, die vor oder im Schaufenster standen.

Diese zweifache Bedeutung des Schaufensters – Objekt des Konsumentenblicks und Metapher für einen aktiven Blick auf den Konsumenten – muß in den umfassenderen Kontext der zunehmenden Überwachungstätigkeit in der DDR gestellt werden, die zur Anpassung der Bürger und Konsumenten an den sozialistischen Idealtypus beitragen wollte. Das zeigte sich bereits an der Erforschung des Marktverhaltens der DDR-Bevölkerung, die international gebräuchliche Methoden der Marktanalyse und der Rationalisierung des Handels mit den für die DDR bezeichnenden Zwangsmitteln von Beobachtung und Kontrolle in Zusammenhang brachte. Mit anderen Worten: Das politische, ideologische und kulturelle Programm des Aufbaus der sozialistischen Gesellschaft erforderte nicht nur die Vermittlung dieser Kultur an die Bevölkerung durch ‚Texte' wie denen der Schaufenster, sondern gleichzeitig die Überwachung der Bevölkerung bei ihrer Aneignung dieser ‚Texte'.

Die Schaffung von zentral gesteuerten, staatlich verwalteten Einkaufsmöglichkeiten, die am deutlichsten durch die Einrichtung der HO zum Ausdruck kam, sollte mit zur besseren Kontrolle der Gesellschaft beitragen. Mit der Einrichtung von HO-Geschäften, in denen Waren – wie am Schwarzmarkt – ohne Rationierungskarten verkauft wurden, wollte man auch die Kunden vom illegalen Markt abziehen, um sie überwachen und kontrollieren zu können.

---

mus, in: Deutsches Hygiene-Museum, Dresden (Hg.), Schmerz laß nach. Drogerie-Werbung der DDR, Dresden 1992, S. 21–34.
48   BArch Berlin, Bestand Ministerium für Handel und Versorgung DL-1/3205, Lange, Die äußere Gestaltung der HO-Läden und -Gaststätten, in: HO-Mitteilungen, Nr. 3 vom 5. 9. 1949, S. 3.
49   Ebenda.
50   BArch Berlin, Bestand Ministerium für Handel und Versorgung DL-1/3205, Ga., Die 10 Gebote für das äußere Bild der HO, in: HO-Mitteilungen, Nr. 3 vom 5. 9. 1949, S. 3–4.

Abb. 11: Ein Modell für die Außenfassade eines HO-Geschäfts hatte das Aussehen eines Gesichtes, in dem die Fenster als riesige Augen erschienen (5. 9. 1949).

Während der Handel am Schwarzmarkt im ‚Schatten' erfolgte, zeigt das bereits erwähnte Bild der Berliner HO-Geschäfte am Eröffnungstag (Abb. 2), wie die neuen Geschäfte Konsumenten vor das Auslagenfenster und die Linse der Kamera holten. Beim ersten Treffen des Berliner HO-Verwaltungsrats betonte die Vorsitzende, Grete Kuckhoff, diese Rolle der HO in ihrer Stellungnahme: „Es gelte, die freie Kaufkraft, die sich sonst am Schwarzen Markt betätigt, in den Freien Läden [d. h. die HO] aufzufangen, d. h. dorthin zu lenken, wo sie kontrolliert werden könne."[51]

Während die staatlich verwalteten Einzelhandelsketten mit dazu beitrugen, Konsumenten direkter mit dem Staat zu verbinden, bekräftigte der Staat seinen Anspruch, die Bevölkerung zu überwachen, indem auch Konsumenten gezielt kontrolliert wurden. So ließ der Staatssicherheitsdienst die Schlangen in Kaufhäusern bespitzeln und berichtete alle aufgeschnappten Beschwerden, in denen abweichende Meinungen oder Unzufriedenheit zum Ausdruck kam, an das Wirtschaftsministerium.[52] Man kann diesen Berichten entnehmen, daß Käufer tatsäch-

---

51 LAB Rep. 106 Nr. 139/1, Bestand Stadtverordnetenversammlung und Magistrat, Abt. Wirtschaft, Protokoll über die 1. Sitzung des Verwaltungsrates der Handelsorganisation-HO vom 1. 1. 1949.
52 SAPMO, DY 30, IV 2/610/39, Bestand SED ZK, Abt. Handel, Versorgung und Außenhandel.

lich über die schlechte Versorgungslage in der DDR klagten. Ihre Klagen gelangten durch Bespitzelung und Berichterstattung – wenn auch in gefilterter Form – an das SED-Zentralkomittee und die Ministerien.[53]

Der Staat förderte unter anderem jene Strategien zur Überwachung der konsumierenden Bevölkerung, die mit den neuen Hilfsmitteln von Psychologie und Sozialwissenschaften operierten. So folgten in den späten 1950er Jahren die Handelsexperten der DDR den internationalen Entwicklungen in der Marktforschung und richteten ein Zentrum für empirische Marktforschung ein, das Konsumverhalten beobachten und quantifizieren sollte.[54] Empirische Techniken wurden dazu verwendet, um Konsumenten in ihrem Verhalten zu studieren, wenn diese etwa vor Schaufenstern standen. Eine 1956 entstandene Studie aus der Tschechoslowakei, die in einer ostdeutschen Broschüre über sozialistische Werbung zitiert wurde, gab die exakte Anzahl von Sekunden wieder, die Einzelpersonen und Paare – differenziert nach dem Geschlecht – vor Schaufenstern zubrachten:

„Männliche Einzelpersonen besichtigen die Auslage durchschnittlich 10.7 Sekunden, weibliche Einzelpersonen 13,6 Sekunden. Männer in Paaren besichtigen die Auslage 10,3 Sekunden, Frauen in Paaren 23,3 Sekunden. Gemischte Paare betrachten die Auslage durchschnittlich 15,5 Sekunden lang."[55]

Diese Studie zeigt deutlich, wie die Käufer der genauen Prüfung moderner Wissenschaft unterworfen wurden, selbst wenn die Verwertung dieser Information unklar blieb.

Wissenschaftliche Methoden der Rationalisierung wurden auch bei dem Neudesign der Verkaufsflächen eingesetzt. Am deutlichsten schlugen sich diese Neuerungen bei den Selbstbedienungsläden nieder, die in der DDR seit der zweiten Hälfte der 1950er Jahre eingerichtet wurden.[56] Für die neue Form des Einkaufs veränderten die Designer die Anordnung der Waren im Geschäft. Diese standen nicht mehr auf Regalen hinter einer Theke, wo sie vom Verkaufspersonal gewogen und verpackt wurden. Nun hatten die Kunden die Möglichkeit, direkt auf die abgepackten Waren in den Regalen zuzugreifen. In den Geschäften, in denen Käufer die Waren durchsehen und auswählen konnten, wurde das Sehen und Prüfen zum wesentlichen Bestandteil der Kauferfahrung. Gleichzeitig erforderte die neue Anordnung der Waren auch neue Technologien für die Verpackung und Präsentation von Gütern sowie für die Beobachtung von Kunden.

Die rüdeste Form der Kunden-Observierung sollte Ladendiebstähle verhindern. Weil die Käufer in Selbstbedienungsläden direkten Zugriff auf die Waren hatten, wurde Diebstahl einfacher. Dadurch erhielt die Beobachtung der Kunden einen stark polizeilich-disziplinierenden

---

53 Auch die Eingaben der Bürger an die Regierung zeigen, daß die Partei und die Ministerien über die Beschwerden aus der Bevölkerung informiert waren. Vgl. dazu Ina Merkels Beitrag in diesem Band.
54 Zu den Marktforschungsstudien des Leipziger Instituts für Marktforschung vgl. die Akten des Bundesarchivs Berlin, Außenstelle, Coswig, Bestand DL102.
55 J. Balák, Einige Fragen, a. a. O., S. 11.
56 Selbstbedienungsläden wurden in den USA in den 1920er Jahren entwickelt. In Deutschland wurde ihre Einführung erstmals in den 1930er Jahren versucht, konnte sich allerdings erst nach dem Zweiten Weltkrieg durchsetzen. Der Selbstbedienungsladen war in der Bundesrepublik in den frühen 1950er Jahren bereits ziemlich verbreitet, als im Jahre 1956 in der DDR in Halle der erste eröffnet wurde. Vgl. dazu auch: M. Wildt, ‚Konsumgesellschaft'.

Charakter. Spiegel wurden verwendet, um die Käufer selbst von verborgenen Plätzen aus beobachten zu können, wobei man ähnliche Techniken der Beobachtung und Disziplinierung nutzte, wie sie Foucault für die Gefängnisse beschrieben hat.[57] Ein einschlägiges Handbuch meinte: „Auch für die Kontrolle bzw. Beobachtung des Kunden haben sich Spiegel sehr gut bewährt ... Eine neue und beliebte Form der Raumbeobachtung ist der sogenannte ‚Spion‘, ein besonders belegter Spiegel. Damit ist die Beobachtung des Verkaufsraumes von einem Nebenraum her möglich."[58]

In dieser neuen, von der Herrschaft des Blicks dominierten Einkaufslandschaft wurde die Observierung auch insofern zum beherrschenden Faktor, als das Schaufenster nicht mehr ausschließlich Waren, sondern nun das gesamte Geschäft für den Zuseher einsehbar machte. Die Richtlinien für die Schaufenstergestaltung bei Selbstbedienungsläden forderten die Beseitigung der Trennwand zum Geschäft, damit „das ganze Kaufhaus als Schaufenster wirkt"[59]. Dieses „moderne" Schaufensterdesign machte das Einkaufen zum dauernden Akt der Beobachtung und den Einkäufer zum Objekt des Beobachtens, da neben den ansprechend verpackten Waren auch die Käufer deutlich sichtbar im Schaufenster erschienen. Ein Führer über das Einkaufen in der DDR aus dem Jahre 1961 dokumentierte die Spannung zwischen der Attraktivität einer solchen Auslagengestaltung und der Einsicht in die Überwachungsmöglichkeiten, die dadurch eröffnet wurden:

„Ein wirklich verlockendes, buntes Bild, wenn der gesamte Laden zum Schaufenster wird! Aber die Kehrseite der Medaille, so grübelte Frau Gerbert zunächst, bestand darin, daß man schließlich – und nicht zuletzt von den Nachbarinnen – beim Einkaufen auch von der Straße her beobachtet werden kann."[60]

Die Schaffung der neuen Einkaufsumgebung definierte den idealen Konsumenten als Frau und damit nach ihrem Geschlecht. Ebenso wie die Inszenierung des „Tag zu Hause" im Schaufenster, die die Konsumentin in der Rolle der Hausfrau vorführte, gingen die wissenschaftlichen Pläne für eine rationalisierte Anordnung der Selbstbedienungsläden von der Annahme aus, daß Frauen die hauptsächlichen Einkäufer von Haushaltsgütern seien; die Geschäfte wurden daher auf den weiblichen Körper zugeschnitten. Anleitungen für die Einrichtung von Selbstbedienungsläden basierten auf der Physiologie und Anatomie von Frauen. Die technologischen Innovationen dieser Läden, wie Regale, Gänge und Kühlbehälter, wurden für den idealtypischen Frauenkörper entworfen, wie man Plänen und Skizzen entnehmen kann (Abb. 12). Ähnliche Skizzen lagen den Planungen für die Gestaltung von Auslagen zugrunde, in denen man ebenfalls von der weiblichen Konsumentin und ihrem Blick in das Geschäft ausging (Abb. 13). Diese wissenschaftlich abgesicherten Designs schufen also den Rahmen, in dem Frauen die Waren sehen und auswählen – und in dem sie selbst bei ihrem Einkauf beobachtet werden konnten (Abb. 14).

---

57 M. Foucault, Überwachen und Strafen, Frankfurt a. M. 1977, S. 251ff.
58 W. Prendel/Ministerium für Handel und Versorgung, Selbstbedienungsläden Lebensmittel, Berlin 1958, S. 62–63.
59 LAB Rep. 113 Nr. 386, Bestand Magistrat, Abt. Handel und Versorgung, Analyse der ersten Selbstbedienungsverkaufsstellen in Berlin für die Zeit vom Dezember 1956 bis Februar 1957, von 2. 4. 1957.
60 G. Manz u. a., Was darf es sein? Was du vom Handel wissen solltest, Berlin 1961, S. 97.

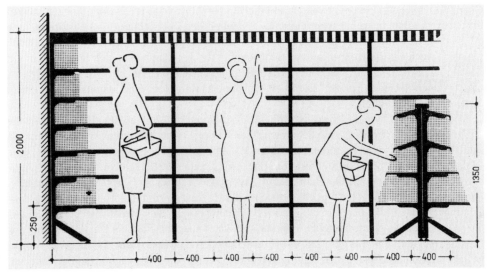

Abb. 12: Die neuen Selbstbedienungsläden wurden konstruiert für den idealen weiblichen Körper (1961).

Abb. 13: Schaufenster wurden ebenfalls auf die durchschittliche Konsumentin und ihren Körper zugeschnitten (1960).

Das Bild der Frau als primäre Einkäuferin für ihre Familie wurde zur stärkeren Integration von Frauen in die Gesellschaft der DDR benutzt. So verwendete die staatlich geförderte Massenorganisation für Frauen, Demokratischer Frauenbund Deutschlands (DFD), Konsumentenanliegen, um Frauen anzusprechen. Ein Handbuch für Werbeveranstaltungen für den DFD aus dem Jahre 1956 war überschrieben: „Schöne Schaufenster, gute Waren, zufriedene Frauen."[61] Diese Broschüre unterstrich erneut die symbolische Bedeutung des Schaufensters, indem sie die Erfolge und zukünftigen Aufgaben des Handels in der DDR sowie die Möglichkeiten der Frauen, an dessen Verbesserung mitzuarbeiten, diskutierte: „Schon im Schaufenster wollen wir unsere wirtschaftlichen Erfolge sehen, wissen wir doch, in wie starkem Maße ein gut dekoriertes Schaufenster die Blicke der Vorübergehenden anzieht."[62]

---

61 Demokratischer Frauenbund Deutschlands (DFD), Schöne Schaufenster, gute Waren, zufriedene Frauen, DDR 1956. Vgl. SAPMO, Bestand DFD-Bundesvorstand Nr. 325, Sekretariatssitzung Protokoll Nr. 94, vom 26. 11. 1956.
62 Ebenda., S. 4.

Abb. 14: Bei den Selbstbedienungsläden sollte das gesamte Geschäft in den Schaufenstern aufgehen. Der Konsument war gleichermaßen Zuseher wie Beobachteter (1960).

Die Anziehungskraft des Schaufensters meinte in diesem Zusammenhang nicht nur die Anziehung von Käuferinnen für ausgestellte Waren, sondern die Motivation von Frauen für eine aktive Mitarbeit innerhalb der sozialistischen Gesellschaft – eine Position, die besonders vom DFD vertreten wurde: „Der Handel interessiert alle Frauen, weil sie die meisten Einkäufe tätigen. Aus diesem Grunde können auch viele nichtorganisierte Frauen für die Mitarbeit in den HO-Beiräten und Konsum-Verkaufsstellenausschüssen sowie in den Aktivs der Ständigen Kommissionen gewonnen werden."[63] Der Blick in das Schaufenster sollte für die Frauen zum Königsweg für die aktive Mitarbeit in staatlich unterstützten Organisationen wie dem DFD werden, um das sozialistische Projekt der Verbesserung von Marktverhältnissen und Gesellschaft zu unterstützen. Der DFD gab den Frauen nicht nur mehr Möglichkeiten, aktiv an der Veränderung der ‚consumer culture' mitzuwirken, sondern band sie auch enger in das zentralisierte System des sozialistischen Staates ein.

Das Schaufenster hatte eine Doppelrolle: Es präsentierte der Bevölkerung ein idealisiertes Bild von sozialistischer Kultur und brachte die konsumierende Öffentlichkeit vor den Blick der Experten, des Staates und der anderen Konsumenten. Es war Teil der Anstrengungen in der DDR, ‚Wissen als Macht' (Foucault) auszubauen; es ermöglichte der Partei und den Ministerien festzustellen, inwieweit die Bevölkerung bereits das Idealbild der sozialistischen Kultur im Alltag erfüllte. Allerdings ist nicht immer nachvollziehbar, welchen Nutzen die Regierung aus solchen Beobachtungen zog. Die Bemühungen der Regierung, Informationen über jeden Bereich des gesellschaftlichen Lebens zu sammeln, eröffnete aber zumindestens die Möglichkeit für einen Prozeß des dialektischen Austausches mit der Bevölkerung: Die Defini-

63 Ebenda., S. 6.

tion des Sozialismus ließ sich entsprechend seiner Aneignung durch die Menschen verändern. Die Konstruktion des utopischen Ideals durch die Autoritäten von Partei und Staat war somit nur einer der Schauplätze der Auseinandersetzung über dieses Ideal. Auch in der Aneignung der ‚Texte', in denen das utopische Ideal zum Ausdruck kam, fanden alle Beteiligten zu ihrer je eigenen Lesart der sozialistischen Kultur.

5. „Phantasiefenster": (Be-)Deutungen und Sehnsüchte

Die Schaufenster ließen die Bürger der DDR an einer visuellen Kultur teilhaben, in der sie sowohl aktive Rezipienten als auch Objekte von Beobachtung waren. Die Macht des Staates, programmatisch die Gestaltung der Schaufenster zu beeinflussen, machte diese zum bevorzugten Medium für die Ausgestaltung und Darstellung des vorherrschenden Bildes von sozialistischem Fortschritt und Modernisierung. Die Präsentation der Waren konnte dazu verwendet werden, diese Ideale in konkreter Form zu präsentieren. Da die ‚Texte' der Auslagen widersprüchliche Bedeutungen transportierten, gab es auch alternative Interpretationen. David Morely schlägt folgende Deutung für eine derartige Ambivalenz vor:

„Leser entwerfen unterschiedliche Bedeutungen von Texten, je nach den Diskursen (Kenntnissen, Vorurteilen, Widerständen), die auf den Text angewandt werden: der entscheidende Faktor bei der Auseinandersetzung der Zuhörer/des Subjekts mit dem Text ist die Vielfalt von Diskursen, über die ein Zuhörer verfügt."[64]

In der DDR trafen die Versuche, eine sozialistische Ideologie durchzusetzen, auf die noch immer latent vorhandenen Texte und Diskurse des Nationalsozialismus, aber auch auf diejenigen der Weimarer Republik und – vor allem – des kapitalistischen Westens. Der ausschließlich profitorientierte Werbefachmann des Kapitalismus hätte etwa die Waren als Fetisch und Phantasieobjekte präsentiert, während die Warenkultur in der Zeit des NS-Regimes die völkische Ideologie repräsentieren sollte. Die Lektüre der Schaufenster in der DDR konnte sich auf diese und andere Diskurse beziehen, um dem jeweiligen Design eine alternative, dem sozialistischen Ideal widersprechende Bedeutung zu verleihen.

Demgegenüber bemühten sich die sozialistischen Werbefachleute, in Verbindung mit dem DFD, die Möglichkeit der Fetischisierung von Waren dadurch zu verhindern, daß sie gezielt die Schaufenster in der DDR zu ent-erotisieren versuchten. Kritisiert wurde der Einsatz von Sexualität in der Werbung des westlichen Kapitalismus, die „offensichtlich im Betrachter erotische Instinkte zu wecken" versuchte durch die Abbildung der „unbekleideten Frauengestalt".[65]

Trotzdem ließen sich die Schaufenstergestaltungen in der DDR mit sexuellen Konnotationen versehen. So hingen die Designer häufig Frauenkleider auf einfache Rahmen und schnürten sie um die Mitte eng zu. Diese Technik übertrieb in absurder Form die weibliche Wespentaille, indem sie eine schmale Taille sowie große Brüste und Hüften suggerierte [66] (Abb. 15).

---

64 D. Morley, Theories of Consumption in Media Studies, in: D. Miller (Hg.), Acknowledging Consumption. A Review of New Studies, London 1995, S. 302.
65 Wir diskutieren Schaufenster mal so – mal so, in: Frau von heute, Nr. 2 von 11. 1. 1952, S. 19.
66 Merkel, a. a. O.

Schaufenster des sozialistischen Konsums 117

Abb. 15: Wäsche und Frauenkleider wurden dargestellt mit einer Wespentaille, so daß sexuelle Reize betont und Möglichkeiten für eine erotische Deutung dieser Darstellung eröffnet wurden (Dez. 1959).

Diese übertrieben feminine Form entsprach jenem internationalen Nachkriegsstandard von Schönheit, der mit Christian Diors Design des „New Look" eng zusammenhing – eine Konzeption, die Frauen als zerbrechliche Sexobjekte und gleichzeitig als häusliche Kindesmütter repräsentierte.[67] Die visuellen Bezüge zu dieser Form von Weiblichkeit ermöglichte dem Betrachter, die dargestellten Waren mit erotischen Vorstellungen weiblicher Schönheit aufzuladen und so das sozialistische Ideal der Arbeiterin und Hausfrau zu unterlaufen.

Desweiteren beabsichtigten die häufigen Kritiken am Westen, wie etwa diejenige an sexistischen Werbungen, bei den Bürgern der DDR das Begehren für westliche Waren auszuschalten. Allerdings könnten die wiederholten Bezugnahmen auf die westlichen Standards auch gegenteilige Folgen gehabt und die Verlockungen des Westens noch stärker spürbar gemacht haben. Weil sich Werbung und ‚consumer culture' der DDR explizit in Opposition zum Westen definierten, könnte dieser Diskurs die Begehrlichkeiten nach dem Westen geweckt oder gefördert haben. ‚Consumer culture' hätte dann teilgehabt an der Formulierung jenes Feldes, in dem sich Opposition gegen die DDR entwickelte – eine Opposition, die schließlich zum Untergang des Regimes führte.

Die Schaufenster der DDR verkörperten die Anstrengungen des Staates, den Alltag durch sozialistische Ideologie und Kultur zu dominieren; gleichzeitig hatten sie Teil an den Bemü-

---

67 Zur Rezeption des New Look vgl. A. Partington, Popular Fashion and Working-Class Affluence, in: J. Ash/E. Wilson (Hg.) Chic Thrills. A Fashion Reader, Berkeley 1993, S. 145–161.

hungen, den idealen sozialistischen Konsumenten und Bürger gleichermaßen zu überwachen und zu bilden. Im Zusammenhang des Fortschritts- und Modernitätsmythos der DDR sollten die Schaufenster die Embleme von Fortschritt und Modernität präsentieren, zugleich hatten sie einen höheren Lebensstandard als im Westen zu dokumentieren. Die Schaufenster in der DDR als Kampfmittel gegen die Bilder der ‚consumer culture' im „goldenen Westen" verstrickten die DDR jedoch in einen fortgesetzten Kampf um die Bilder. Dabei konnten die Betrachter die visuellen Botschaften sehr einfach in ihr Gegenteil verkehren: Das Maß für Attraktivität orientierte sich nämlich immer an den Zeichen der ‚consumer culture' des Westens. Die Anstrengung der DDR, dem eigene Bilder und eine eigene Konsumwelt entgegenzusetzen, bezogen sich also stets auf dieses Gegen-Bild. Jede Absetzbewegung bestärkte das Gegen-Bild, verwies auf den Reiz des Westens – konnte als Spiegelbild von dessen Übermacht gelesen werden.

Übersetzung aus dem Amerikanischen: Peter Becker

UTA G. POIGER
Amerikanischer Jazz und (ost)deutsche Respektabilität

1954 beklagte einer der Hauptexponenten der Jazzmusik in der DDR, was ihm am Verhalten von Jazzmusikern und Jazzfans mißfiel: Bestimmte Rhythmen und Töne, behauptete Reginald Rudorf, führten zu Exzessen und „tänzerischen Entartungen", und zwar nicht nur in den USA und Westdeutschland, sondern auch, freilich in geringerem Umfange, in der DDR. „Am schlimmsten," zeterte Rudorf, „werden die ekstatischen Sprünge der bedauernswerten Bürstenköpfe und ihrer Amizonen [!], wenn das Orchester im Ton anschwillt, wenn ein Saxophon ordinär zu quäken beginnt und schrille Trompetensoli erklingen." Im selben Aufsatz, in dem Rudorf bestimmte Aspekte des Jazz so scharf kritisierte, betonte er zugleich, daß die Volksmusik der afrikanischen Amerikaner die Entwicklung einer neuen deutschen Tanzmusik positiv beeinflussen könne.[1]

Dieser Aufsatz untersucht Rudorfs Versuche, Jazz in der DDR zu einer akzeptierten Kulturform zu machen. Rudorf und seine Freunde waren von 1953 bis 1957 zeitweise in der Lage, begrenzte Freiräume für den Jazz zu schaffen, und das in einem Regime, das Jazz als einen Ausdruck kosmopolitischer Dekadenz verachtete und unterdrückte. Besonderes Augenmerk liegt dabei auf den Überlappungen und Widersprüchen von Rudorfs öffentlichen Stellungnahmen zum Jazz und denen der DDR-Funktionäre. Um die Besonderheiten von Rudorfs Bemühungen hervorzuheben, sind zudem Vergleiche nützlich mit der Arbeit, die Joachim Ernst Berendt in der Bundesrepublik leistete, um Jazz dort akzeptabel zu machen.

In Deutschland waren Auseinandersetzungen über amerikanischen Jazz immer auch Auseinandersetzungen darüber, was es bedeutet „deutsch" zu sein. Seit den zwanziger Jahren, und bis weit in die fünfziger Jahre, hatte Jazz in Deutschland viele ausgesprochene Feinde. Wie auch in den USA und anderswo behaupteten deutsche Gegner, Jazz widerspräche jeglichem Anspruch von Kultur.[2] Seit der Weimarer Zeit assoziierten solche Jazzgegner die Musik mit verweichlichten und verweiblichten Männern, mit lasziven Frauen, mit rassischer Degeneration und mit unerwünschter Kommerzialisierung. Jazzfeinde beschrieben Jazz als eine Musik, die von „Niggern" gemacht und von Juden vermarktet werde und die ein Ausdruck primitiver Sexualität sei.[3] Solche Angriffe kulminierten in der Verfolgung von Jazzfans während des

---

1 Reginald Rudorf, Die Tanzmusik muß neue Wege gehen, in: Musik und Gesellschaft 4, Teil 1, Februar 1954, S. 51–56, Teil 2, März 1954, S. 92–95. Für ihre hilfreichen Kommentare zu früheren Fassungen möchte ich Lucy Barber, Peter Becker, Volker Berghahn, Mari Jo Buhle, Ruth Feldstein, Jane Gerhard, Alf Lüdtke, Melani McAlister, und Donna Penn danken.
2 Zu amerikanischen Gegnern des Jazz siehe Lawrence Levine, Jazz and American Culture, in: Journal of American Folklore 102, 1989, S. 6–22; Neil Leonard, Jazz and the White Americans. The Acceptance of a New Art Form, Chicago 1962.
3 Michael H. Kater, The Jazz Experience in Weimar Germany, in: German History 6, 1988, S. 145–158, hier S.154.

Nationalsozialismus.[4] Jedoch kam scharfe Kritik am Jazz als einer hochgradig manipulierten Musik auch von der Linken, zum Beispiel von Theodor W. Adorno, einem der wichtigsten Denker der Frankfurter Schule.[5]

Nach 1945, als Jazz in Deutschland eine Renaissance erlebte, verfolgten ostdeutsche Verantwortliche bald Jazzfreunde, während westdeutsche Kritiker sie öffentlich niedermachten. Beide Seiten waren insbesondere beunruhigt über tanzende Jazzfans und Jamsessions in ost- und westdeutschen „Hot-Clubs". Dennoch erreichte Jazzmusik bis Anfang der sechziger Jahre ein gewisses Maß an offizieller Akzeptanz. Sowohl in der DDR als auch in der Bundesrepublik gab es seit 1955 staatliche Unterstützung für Jazzkonzerte.[6]

In beiden deutschen Staaten war die zunehmende Respektabilität des Jazz mit einer Verengung der Definition von Jazz verbunden. Gleichzeitig fand eine Umdeutung einzelner Jazzstile vom Dixieland bis zum Bebop statt. Schließlich setzte die größere Akzeptanz von Jazz voraus, daß das Verhalten von Jazzfans und insbesondere ihr Tanzen kontrolliert und eingeschränkt wurde. Von den zwanziger bis in die fünfziger Jahre nannten viele Europäer jegliche amerikanische Unterhaltungsmusik Jazz. Erst in der zweiten Hälfte der fünfziger Jahre wurde eine engere Bedeutung üblich, die Jazz von „leichteren" Schlagern abgrenzte. Rudorf und Berendt spielten jeder auf seine Art eine wichtige Rolle bei diesen Veränderungen.[7]

Bestrebungen, Jazz in der DDR und der Bundesrepublik respektierlich zu machen, mußten die Anklagen in Betracht ziehen, die Jazzgegner lange Zeit gegen die angeblich verderblichen Folgen des Jazz gerichtet hatten: gegen die Zerstörung der Geschlechternormen, gegen rassische Degeneration und gegen eine Kommerzialisierung durch Jazz. Ostdeutsche Debatten über Jazz zeigen, wie Vorstellungen von Geschlechter- und Rassenunterschieden die Sprache, Politik und Gesellschaft in der DDR beinflußten – trotz offizieller Behauptungen, daß die DDR die Gleichheit der Geschlechter wie die der Rassen voll unterstütze.[8]

---

4 Zum Jazz in der Weimarer Republik und im Dritten Reich siehe Michael H. Kater, Different Drummers. Jazz in the Culture of Nazi Germany, New York 1992.
5 Hektor Rottweiler[Adorno], Über Jazz, in: Zeitschrift für Sozialforschung 5, 1936, S. 235–259; Theodor W. Adorno, Zeitlose Mode. Zum Jazz, in: Merkur 7, 1953, S.537–548.
6 Zum Jazz in Deutschland in den fünfziger Jahren siehe Horst Lange, Jazz in Deutschland. Die deutsche Jazzchronik 1900–1960, Berlin 1966; Uta G. Poiger, Taming the Wild West. American Popular Culture and the Cold War Battles Over German Identities, 1949–1961, Diss. Brown University, Providence, R. I. 1995.
7 Es geht mir hier nicht darum festzustellen, ob diese verschiedenen Ansichten über Jazz musikwissenschaftlich richtig sind, sondern ich untersuche die politische und kulturelle Bedeutung dieser Ansichten. Vgl. Koin Gabbard, The Jazz Canon and Its Consequences, in: Annual Review of Jazz Studies 6, 1993, S. 65–98.
8 Vgl. Ina Merkel, ... und Du, Frau an der Werkbank: Die DDR in den 50er Jahren, Berlin 1990; Barbara Einhorn, Cinderella Goes to Market. Citizenship, Gender and Women's Movements in East Central Europe, New York 1993.

1. „Echter" Jazz und Politik

Rudorf war 1929 geboren und kam aus einer Mittelstandsfamilie.[9] Anfang der fünfziger Jahre war er Mitglied der SED und unterrichtete Gesellschaftswissenschaften an der Leipziger Universität. Im August 1952 veröffentlichte er einen Aufsatz in der offiziellen Musikzeitschrift „Musik und Gesellschaft". In diesem Aufsatz betonte Rudorf die Unterschiede zwischen einerseits „echtem" Jazz wie Blues und Dixieland und andererseits jenen Musikformen, inclusive Swing, Sweet und Bebop, die die amerikanische Musikindustrie angeblich als Teil der amerikanischen imperialistischen Strategie produzierte. Damit unternahm Rudorf einen Balanceakt im Rahmen der offiziellen DDR-Rhetorik. Seit Ende der vierziger Jahren hatten nämlich DDR-Politiker die sowjetische Propaganda nachgeahmt und Jazz vehement abgelehnt oder sogar als dekadente, kommerzielle Musik verboten. Rudorf folgte der offiziellen DDR-Sprachregelung, indem er behauptete, daß die Amerikaner mit verfälschtem Jazz sowohl ihre eigene Bevölkerung als auch die Westdeutschen und West-Berliner auf einen neuen Krieg vorbereiteten. 1954 folgten zwei weitere Aufsätze in derselben Zeitschrift, in denen Rudorf den Begriff Jazz größtenteils vermied, aber seine Unterstützung für die echte „Negerfolklore" kundtat und seine Ablehnung „kommerzieller" Jazzstile und des „modern jazz" deutlich machte.[10]

Rudorf plazierte seine Argumente für Jazzmusik innerhalb der offiziellen Kulturdoktrin der SED. Im März 1951 hatte das Zentralkomitee der SED dem Formalismus den Kampf angesagt und gleichzeitig zur Suche nach einer authentischen deutschen Nationalkultur aufgerufen. DDR-Verantwortliche definierten als formalistisch alle Kulturprodukte, bei denen die Form angeblich wichtiger als der Inhalt war. Solche Kunst habe ihren humanistischen und demokratischen Charakter verloren und sei typisch für den Imperialismus spätkapitalistischer Systeme, besonders für die USA. Verantwortliche Kulturfunktionäre richteten Anschuldigungen wie „dekadent", „kosmopolitisch", „naturalistisch", „modernistisch" und „formalistisch" zum Beispiel gegen Kafkas Romane, gegen abstrakte Malerei und auch gegen unerwünschte Musik wie Jazz.[11] Rudorf benutzte die gleiche Sprache, wenn er zwischen gutem, authentischem Jazz einerseits und kommerzieller Tanzmusik und modernem Jazz andererseits unterschied. 1952 verurteilte er beispielsweise Swingmusik als dekadent; zwei Jahre später richtete er die gleiche Anschuldigung gegen den Bebop. Außerdem mißbilligte er die rhythmischen

---

9 Vgl. die Autobiographie von Reginald Rudorf, Nie wieder links. Eine deutsche Reportage, Frankfurt/M. 1990.
10 Reginald Rudolf (sic), Für eine frohe, ausdrucksvolle Tanzmusik, in: Musik und Gesellschaft 2, 1952, S. 247–252; Rudorf, Die Tanzmusik. Zur Unterdrückung des Jazz in der DDR und der Sowjetunion siehe Horst Lange, Jazz in Deutschland, S. 164; Michael Rauhut, Beat in der Grauzone. DDR-Rock, 1964–1972 – Politik und Alltag, Berlin 1993; Reginald Rudorf, Jazz in der Zone, Köln 1964; S. Frederick Starr, Red and Hot. The Fate of Jazz in the Soviet Union 1917–1980, New York 1983; Timothy Ryback, Rock Around the Bloc. A History of Rock Music in Eastern Europe and the Soviet Union, New York 1990.
11 Günter Erbe, Die verfemte Moderne: Die Auseinandersetzung mit dem „Modernismus" in Kulturpolitik, Literaturwissenschaft und Literatur der DDR, Opladen 1993; Wolfgang Emmerich, Kleine Literaturgeschichte der DDR, Darmstadt 1981, S. 77–82; Heinrich Mohr, Entwicklungslinien der Literatur im geteilten Deutschland, in: Literatur im geteilten Deutschland, hg. v. Paul Gerhard Klussmann und Heinrich Mohr, Bonn 1980; David Pike, The Politics of Culture in Soviet-Occupied Germany, Stanford 1992.

„Exzesse" der Schlagzeugspieler und die „atonalen" Melodien des Swing. Zugleich erklärte Rudorf, daß afrikanisch-amerikanische Musik, und dazu zählten einige Arten des Jazz, die Entwicklung einer neuen, „sauberen" deutschen Tanzmusik fördern könne.[12]

Dieses Vokabular von Dekadenz war natürlich keine neue Erfindung deutscher oder sowjetischer Funktionäre. Denker aus allen politischen Richtungen hatten solche Attacken seit dem neunzehnten Jahrhundert gegen Massen- und Konsumkultur gerichtet. Dekadenz war ein Zeichen für negative Abweichungen von respektabler Männlichkeit und Weiblichkeit, und Kritiker hatten den Begriff oft benutzt, um Verhalten zu verurteilen, das sie als eine Überschreitung rassischer Normen empfanden. Diese Sprache erlangte besondere Bedeutung, als die Nazis in den dreißiger und vierziger Jahren dieses Jahrhunderts versuchten, alles das auszulöschen, was sie als Abweichungen von ihrem germanischen Ideal ansahen: sie benutzten „Dekadenz" als eine Bezeichnung für Überschreitungen von Geschlechterrollen und für rassische „Entartung". In den Angriffen auf Massenkultur in der Nachkriegszeit tauchte dieses Vokabular wieder auf. DDR-Verantwortliche, unter anderem auch Rudorf, gebrauchten es nun, um die Nazivergangenheit zurückzuweisen und um ihre Gegner im Kalten Krieg anzugreifen.[13]

In seinen Attacken auf musische und tänzerische Formen wie Swing und Boogie stellte Rudorf Verbindungen her zwischen einem Mangel an männlicher und weiblicher Respektabilität und der Bedrohung dessen, was er als deutsche Kultur ansah. Zum Beispiel wandte er sich gegen amerikanische Swingbigbands. Diese Bigbands, die sich zum größten Teil aus weißen Musikern zusammensetzten, hatten schwarze Tanzmusik auch unter Weißen populär gemacht. Solch kommerzieller Jazz bedrohte Rudorf zufolge „den anständigen Geschmack". Rudorf sprach von „wahre(n) Orgien", die der „Boogie-Woogie-Kult" in Westdeutschland und in West-Berlin hervorrufe. Ihr Zweck sei es, „die Jugend moralisch zu verrohen, die Einheit der deutschen Kultur zu spalten und schließlich auch Einfluß auf das Musikschaffen der DDR zu finden"[14]. Außerdem nannte Rudorf solche Musik in einem Atemzug mit Pornographie und „Damenringkämpfen", die DDR-Verantwortliche gerne öffentlich schmähten. Somit warnte er vor den Gefahren des kommerziellen Jazz mit einer Logik, die Deutschsein und respektable Geschlechterrollen eng miteinander verknüpfte.

Rudorf sah diese kommerziellen Formen des Jazz insbesondere als einen Angriff auf weibliche Respektabilität. Die Fotografien in Rudorfs Aufsatz von 1952 sollten die Unterschiede zwischen amerikanischen und deutschen Tänzen herausstreichen. Ein Bild mit dem Titel „Massenjazz in Hollywood" zeigte eine Menschenmenge; amerikanische Frauen mit offenem schulterlangem Haar und engen Kleidern und amerikanische Männer in Anzügen tanzten dicht aneinander gedrängt zu einer Bigband. Das zweite Foto zeigte ein Porträt eines blonden deut-

---

12 Rudolf (sic), Für eine frohe, ausdrucksvolle Tanzmusik; Rudorf, Die Tanzmusik. Vgl. auch Hermann Meyer, Musik im Zeitgeschehen, Berlin 1952.
13 Ein Beispiel für die Benutzung von „Dekadenz" in einem rassistischen Zusammenhang ist zitiert in Kater, The Jazz Experience in Weimar Germany, S. 153. Zu der Beziehung zwischen Geschlechterrollen und Debatten um Massenkultur siehe Andreas Huyssen, Mass Culture as Woman: Modernism's Other, in: Ders., After the Great Divide. Modernism, Mass Culture, Postmodernism, Bloomington 1986, S. 44–62. Zu Angriffen der Nazis auf Massenkultur siehe Alan E. Steinweis, Art, Ideology and Economics in Nazi Germany. The Reich Chambers of Music, Theater and the Visual Arts, Chapel Hill 1993. Für Weimar vgl. auch Patrice Petro, Joyless Streets. Women and Melodramatic Representation, Princeton 1989; John Willet, The New Sobriety. Art and Politics in the Weimar Period, New York 1978.
14 Rudolf (sic), Für eine frohe, ausdrucksvolle Tanzmusik.

Abb.1: „So sollen DDR-Jazzfreunde sich nicht benehmen." (Vermutlich Bild eines westdeutschen Fans in: Ein Blick hinter die Fassade. Über die Lage der Jugend in Westberlin, o. J., etwa 1955.)

Abb.2: „Ernsthafte Jazzfans". BZ am Abend, 7. April 1956.

schen Mädchens mit Zöpfen und Dirndl und ihres männlichen Partners in weißem Hemd und Trachtenweste, die zu Bachs Bauernkantate tanzten. In seinem Aufsatz von 1954 spielte Rudorf mit den Worten „Amis", „Amazonen" und „amerikanische Zone" und sprach von „Amizonen" und ihren „tänzerischen Entartungen". Diese tanzenden Frauen stellte Rudorf als vermännlicht dar. Ihre männlichen Partner nannte Rudorf einfach verächtlich „Bürstenköpfe" und zeichnete sie so als nur an Mode interessiert und verweiblicht.[15]

DDR-Verantwortliche konnten solchen Verurteilungen amerikanischer Musik nur zustimmen. Wie aber gelang es Rudorf dann zu argumentieren, daß einige Formen des Jazz keine Bedrohung für „anständige" Geschlechterrollen und für eine „anständige" deutsche Kultur darstellten? Rudorf benutzte das Konzept eines „echten" Jazz, den er eindeutig außerhalb der amerikanisierten Massenkultur ansiedelte. Er behauptete sogar, daß authentischer Jazz ein Gegenmittel gegen die gefährlichen Auswirkungen der kommerziellen amerikanischen Musik sein könne. Außerdem versuchte Rudorf, deutlich zu machen, daß authentischer Jazz in dieselbe Kategorie gehöre wie Volksmusik aus sozialistischen Ländern. Die DDR könne nicht nur von der lebendigen Musik aus der Sowjetunion und aus den anderen Volksrepubliken, sondern auch von der „Volksmusik der amerikanischen Neger" lernen. Als ein positives Beispiel, wie DDR-Musiker von sowjetischer Musik angeregt werden konnten, nannte Rudorf 1952 Kurt Henkels und sein Orchester aus Leipzig. Tatsächlich spielte Henkels' Orchester Swing und andere Jazzrhythmen. Rudorf versuchte, Henkels' Musik zu verteidigen, ohne

15 Rudolf (sic), Für eine frohe, ausdrucksvolle Tanzmusik; Rudorf, Die Tanzmusik.

Henkels in direktem Zusammenhang mit Jazz zu erwähnen. 1954 ging er weiter: Henkels solle „eine Dixielandband aufbauen, die deutsche Melodik pflegt und im Marschstil musiziert ..."[16]

Rudorfs Argumente für den Jazz, wie auch Berendts' in Westdeutschland, basierten auf dem Unterschied, den beide zwischen authentischer und unauthentischer Musik machten. Beide trennten authentischen Jazz von jeglichen Assoziationen mit Dekadenz und ungezähmter Sexualität. Trotz der Ähnlichkeiten in ihrer Logik kamen Rudorf und Berendt jedoch zu unterschiedlichen Schlüssen. Berendt sah Jazz nicht als Tanzmusik, sondern schätzte vor allem intellektuelle und schwer tanzbare Stile wie Bebop und Cool Jazz. Er betonte, daß schwarze Jazzmusiker wie Charlie Parker und Dizzy Gillespie, die den Bebop um 1945 in den Jazzclubs von Harlem erfunden hatten, wichtige Intellektuelle seien. Die kleineren Bebop-Combos stellten den improvisierenden Solisten heraus und spielten einen Jazz, der sich durch ungewöhnliche asymmetrische Melodien und dichte Polyrhythmen auszeichnete und den viele Kritiker als nervös empfanden. Schwarze und weiße Cool Jazz-Musiker entwickelten ihren spezifischen Stil einige Jahre später; sie integrierten sinfonische Effekte klassischer Musik und Jazz. In seinem „Jazzbuch" von 1953 sah Berendt Bebop und Cool Jazz als Kunstmusik. Als idealen Jazzfan porträtierte er einen katholischen Priester, der Cool Jazz in der Abgeschiedenheit seines Klosters hörte und für den Jazz vergleichbar war mit Augustinus' Werken. Dieser ideale Jazzfan personifizierte Keuschheit, Intellekt und beherrschte Männlichkeit. Viele westdeutsche Jazzclubs, zum Beispiel der New Jazz Circle Berlin, folgten Berendts Ideen. Sie lehnten das Tanzen ab und betrachteten Jazz als eine Kunstmusik, die die theoretische und philosophische Bildung ihrer Zuhörer erforderte.[17]

Im Gegensatz zu Berendt und vielen westdeutschen Jazzclubs, die Bebop und andere moderne Jazzformen am höchsten schätzten, lehnte Rudorf solche modernen Formen als einen Ausdruck insbesondere von afrikanisch-amerikanischer Dekadenz ab. 1954 erklärte er, daß die Unterdrückung der schwarzen Amerikaner zu einer Krise in ihrer Kultur geführt habe. Viele der „Negermusikanten" hätten sich der Schlagerindustrie verschrieben, andere hätten, „von dem Kampf ihres Volkes losgelöst", Zuflucht bei technischen Experimenten gesucht. Sie dächten, sie würden gegen „Kommerzialismus und „künstlerische Unterdrückung" protestieren. Objektiv bereicherten sie jedoch nur die Dekadenz um eine weitere Ausdrucksform.

Außerdem kritisierte Rudorf schwarze und weiße Bebopmusiker, die ihre Musik in Studios und nicht in Tanzhallen machten. Besonders verabscheute er Charlie Parkers Musik, denn Parker zeigte angeblich „nihilistische" Tendenzen in seinem „morbiden" Spiel. Außerdem, erklärte Rudorf, setzte sich der „Kult technischer Experimente" fort im Cool Jazz. Cool Jazz zeichne sich durch Atonalität und andere Elemente aus, die „im Wesen der Melodie und daher der Musik feindlich" seien. Im modern Jazz gäbe es, schloß Rudorf, „eine ‚Einheit' von dekadentem Inhalt und dekadenter Form". Rudorf versicherte, daß solch moderner Jazz nicht in der DDR gespielt werde; er betonte aber, daß solche Musik sehr wohl in der Bundesrepublik existiere.[18]

---

16 Ebenda. Zu Kurt Henkels siehe auch Rudorf, Jazz in der Zone, S. 37–39; Lange, Jazz in Deutschland.
17 Joachim Ernst Berendt, Das Jazzbuch. Entwicklung und Bedeutung der Jazzmusik, Frankfurt/M., 1953, S. 202–206. Zu den westdeutschen Jazzklubs siehe Poiger, Taming the Wild West.
18 Rudorf, Die Tanzmusik. Heimlich korrespondierte Rudorf jedoch mit seinem Hallenser Bekannten Siegfried Schmidt über modernen Jazz. Vgl. Rudorf, Jazz in der Zone, S. 43–44.

„Rasse" spielte eine komplizierte Rolle in Rudorfs Bemühungen.[19] Rudorf zog seine Trennlinien zwischen gutem und schlechtem Jazz nicht entlang der Linien zwischen Weißen und Schwarzen. Schwarze Musiker sah er zugleich als die größten Verräter und die größte Hoffnung des Jazz. So richtete er seine schärfste Kritik gegen schwarze Bebopmusiker und spendete größtes Lob den schwarzen Musikern, die Spirituals und Blues spielten. Dennoch brachten seine Angriffe auf die „Entartungen" in Jazztänzen und Jazzmusik Rudorf in die Nähe derjenigen, die rassistischen Hierarchien zwischen (weißen, arischen) Deutschen einerseits und Juden, Schwarzen, und anderen Gruppen (wie Sinti und Roma) andererseits Vorschub leisteten. Begriffe wie „Entartung" stellten eine Verbindung zu solch rassistischen Ideen her. Indem Rudorf diesen Ausdruck im Zusammenhang mit Tänzen und Musik benutzte, die er als Teil afrikanisch-amerikanischer Kultur ansah, konstruierte auch er Hierarchien zwischen (bösen) schwarzen Amerikanern und (guten) weißen Deutschen. Schließlich benutzte Rudorf Begriffe mit antisemitischen Untertönen in seiner Argumentation für den echten Jazz: Wie andere DDR-Funktionäre und Intellektuelle auch griff Rudorf eine „kosmopolitische" Kulturindustrie an, die „kosmopolitische" Schlager produzierte. „Kosmopolitisch" war in diesen Jahren ein Euphemismus für „jüdisch" in der Sowjetunion, und DDR-Attacken auf „Kosmopolitismus" ähnelten früheren antisemitischen Angriffen von der Rechten und der Linken, die Juden als supra-nationale Kapitalisten mit zersetzendem Einfluß auf die Kultur verleumdet hatten.[20]

2. DDR-Jazzklubs

Rudorf benutzte die offizielle DDR-Sprache. Dadurch gelang es ihm, gewisse Freiräume für Jazz in der DDR zu schaffen. Gleichzeitig führte dies zu Verwirrung in seinen eigenen Bemühungen wie in offiziellen Reaktionen. Mit seiner Logik, die „echten" Jazz von kommerziellem und modernem, „formalistischem" Jazz unterschied, war Rudorf in der Lage, die Auswahl offiziell akzeptierter Melodien zu erweitern. 1952 feierte Rudorf Dixieland als eine Volksmusik für Schwarze und Weiße im amerikanischen Süden. Er betonte, daß nur diese Jazzstile in der DDR gepielt werden sollten, und lehnte alle späteren Formen von Jazzmusik ab.

Zwei Jahre später forderte er, Swingrhythmen ebenfalls in Konzerten und im Radio der DDR zu spielen. Die Musik von Benny Goodman, Tommy Dorsey, Duke Ellington und George

---

19 Ich benutze den Begriff „Rasse" hier bewußt, um anzuzeigen, daß „Rasse" auch nach 1945 eine Rolle im deutschen Selbstverständnis spielte, obwohl der Begriff durch den Nationalsozialismus diskreditiert war und aus dem deutschen Sprachgebrauch weitgehend verschwand. Der Rassismus, der in Äußerungen über Jazz deutlich wurde, bezog sich nicht auf biologische, sondern auf kulturelle Hierarchien.

20 Zum Begriff „kosmopolitisch" und seiner Beziehung zum Antisemitismus siehe Pike, The Politics of Culture, S. 467–472, S. 560–574. Zum Begriff „Entartung" siehe J. Edward Chamberlin und Sander Gilman, Hrsg., Degeneration. The Dark Side of Progress, New York 1985. Zu kommunistischen Ängsten vor einer angeblichen „jüdisch-kosmopolitischen Verschwörung" siehe George L. Mosse, Toward the Final Solution. A History of European Racism, New York 1978, S. 187. Zum Antisemitismus in der DDR siehe Jeffrey Herf, East German Communists and the Jewish Question. The Case of Paul Merker, in: Journal of Contemporary History 29, 1994, S. 627–661.

Gershwin sei wertvoll. DDR-Funktionäre folgten seinen Argumenten. Als sie nach dem Aufstand vom 17. Juni 1953 um die Unterstützung der Bevölkerung warben, erlaubten Verantwortliche Rudorf und seinem Freund Hans Lukasz, eine Sendereihe über die traditionelleren Formen des Jazz, Dixieland und Chicago-Jazz, zu produzieren. Mit dem Titel „Vom Lebenslauf einer Musik" lief die Reihe auf allen DDR-Rundfunksendern von September 1954 bis März 1955. Nach den sowjetischen und ostdeutschen Angriffen auf den Formalismus war es nicht allzu erstaunlich, daß Verantwortliche den Dixieland erträglicher fanden als die Atonalität des Bebop. Horst Lange, ein westdeutscher Jazzexperte mit einer Vorliebe für traditionellen Jazz, berichtete, daß innerhalb weniger Monate mehr „echter" Jazz über die DDR-Radiowellen kam als in mehreren Jahren über die westdeutschen.[21]

Im gleichen Zeitraum, vom Sommer 1954 bis zum Frühjahr 1955, hielt Rudorf Vorträge über Jazz zuerst einmal im Monat in Leipzig und dann in der ganzen DDR. Gleichzeitig organisierten Rudorf und Lukasz Jazzkonzerte in Leipzig. Außerdem konnten die beiden im Frühjahr 1955 die West Berliner Spree City Stompers, die traditionellen Jazz spielten, einladen, um an einem Film über Jazz mitzuwirken.[22]

Anfang 1955 erreichten Rudorf und Lukasz von der Leipziger FDJ die offizielle Anerkennung ihrer lokalen, informellen Jazzverbindung. Rudorf begründete die Notwendigkeit dieser Gruppe in einem Brief an die Leipziger FDJ: Ein Hauptziel war die

„Bloßstellung der Verfälschung des Jazz durch die moderne amerikanische Tanzmusik. Durch Vorträge und Materialsammlungen soll das Wesen der amerikanischen Tanzmusik, die auch bei uns verbreitet wird, enlarvt werden, soll die kosmopolitische Absicht dieser Musik angeprangert werden. Das antinationale, musikalisch verarmte und verarmende Ziel dieser Musik muß aufgezeigt werden. Dagegen sollen ernsthafte Bemühungen in der Tanzmusik, vor allem aber alle Bemühungen um eine neue und eigene Tanzmusik in Deutschland gewürdigt sein."[23]

Tanzen war jedoch weder für Rudorf noch für seine Gruppe eine Priorität. Sie kamen zusammen, um Konzerte und Rudorfs Vorträge zu hören. Indem Rudorf anregte, daß kommerzieller Jazz ebenfalls untersucht werden müsse, versuchte er wahrscheinlich, sich Zugang zu den Jazzformen zu sichern, die er selber öffentlich verurteilte.[24] Unter einem repressiven Regime konnte das Studium des angeblichen Übels von Kulturformen, die in Verruf geraten waren, der einzige Weg sein, diese zu konsumieren (zumal in Gruppen). Bei ihren Treffen hörten und besprachen die Leipziger Klubmitglieder Studio-und Konzertaufnahmen von Jazzmusik.[25]

---

21 Rudorf und Lukasz an den Zentralrat der FDJ, Kulturabteilung, 12. April 1955, Stiftung der Parteien und Massenorganisationen der DDR im Bundesarchiv (SAPMO), DY 24, A392 (Mein Dank gilt Raelynn Hillhouse, die mich zuerst auf diese Akte aufmerksam gemacht hat); Abschrift des Briefes von Thomas an die Abteilung Kultur, Zentralrat der FDJ, 10. Mai 1955, SAPMO, DY 24, A392; Lange, Jazz in Deutschland; Rudorf, Jazz in der Zone, S. 49–51.
22 Ebenda.
23 Rudorf an Knoblauch, 1. Sekretär der FDJ-Bezirksleitung, 11. Januar 1955, SAPMO, DY 24, A392.
24 Die Arbeitsprinzipien der Interessengemeinschaft, Leipzig, 25. April 1955, SAPMO, DY 24, A392.
25 Rudorf an Knoblauch, 1. Sekretär der FDJ-Bezirksleitung, 11. Januar 1955; Sekretariat, Abschrift, Leipzig, 26. Januar 1956; Die Arbeitsprinzipien der Interessengemeinschaft, Leipzig, 25. April 1955, SAPMO, DY 24, A392.

Obwohl Rudorf und Lukasz ihren Jazzklub als festverwurzelt in der politischen Mission von SED und FDJ anpriesen, unterschied sich die Gruppe wenig von westdeutschen Jazzklubs. Fast die Hälfte der Mitglieder waren Studenten, und wie viele westdeutsche Jazzklubs zog die Gruppe vor allem Männer an: Von 62 Mitgliedern waren 1955 nur fünf Frauen. (Neunzig Prozent der Zuhörer bei Vorträgen, die der West Berliner New Jazz Circle veranstaltete, waren ebenfalls Männer.[26]) Enge Verbindungen zur Leipziger Universität mögen ein Grund für diese Zusammensetzung der Mitgliedschaft gewesen sein, da Leipzig – wie alle DDR-Universitäten – mehr männliche als weibliche Studenten hatte. Aber es ist wahrscheinlich, daß die Aktivitäten des Klubs Frauen indirekt ausschlossen, da Frauen in der DDR, wie auch in der BRD, nicht ermutigt wurden, sich rein intellektuell zu beschäftigen.[27]

Obwohl die DDR-Plattenfirma AMIGA ab 1953 Jazzschallplatten herausbrachte, waren ostdeutsche Jazzfans stark von informellen Kontakten zu westdeutschen und westeuropäischen Jazzfreunden abhängig, um Informationen und Tonaufnahmen zu erhalten. Ost- und westdeutsche Jazzfans schmuggelten Schallplatten, Tonbänder und Jazzliteratur in die DDR. Nach seinen Erfolgen mit dem Radioprogramm wurde Rudorf immer kühner und versuchte, solche Kontakte zu formalisieren. In einem Brief vom Dezember 1954 an den Kulturminister der DDR, Johannes Becher, forderte Rudorf offizielle Unterstützung nicht nur für Jazzklubs in der DDR, sondern auch für wissenschaftliche Studien über Jazz und für enge Verbindungen zu westdeutschen und westeuropäischen Jazzfans. Rudorf stellte seine Arbeit innerhalb der DDR und seine Kontakte zu westdeutschen Jazzfans als einen wichtigen Teil im ost- und westdeutschen Kampf gegen „Amerikanisierung" dar.[28]

DDR-Verantwortliche hatten jedoch verständlicherweise einige Zweifel, daß amerikanischer Jazz ein Mittel gegen die Amerikanisierung der DDR und der BRD wäre. Sie begannen statt dessen, Rudorfs Argumente gegen ihn zu verwenden. Im April 1955 riefen Funktionäre des Kulturministeriums zu einer offiziellen Unterredung über Jazz. Während der dreistündigen Besprechung, die in den Räumen des Verbandes deutscher Komponisten und Musikwissenschaftler (VdK) in Berlin stattfand und an der auch Experten des Vdk teilnahmen, behauptete Rudorf gar, die Musik amerikanischer „Neger" – eben Jazz – sei von Europa und insbesondere vom deutschen Ländler und Chorälen beeinflußt worden. Um den Befürchtungen der Verantwortlichen zu begegnen, begründete Rudorf seine Bemühungen um den Jazz wiederum als Teil der Suche nach einer nationalen deutschen Tanzmusik. Die Funktionäre ließen sich jedoch nicht mehr überzeugen. Einer der wichtigsten Musikexperten der DDR, Georg Knepler, erklärte, daß es eine echte Volksmusik der Neger zwar gäbe; es sei jedoch nicht Sache der Deutschen, sondern der Amerikaner, sich damit zu beschäftigen. Knepler folgte der stalinisti-

---

26 Jazzfreunde ohne Klamauk, in: Tagesspiegel, 16. Juni 1957. Vgl. auch Jürgen Zinnecker, Jugendkultur 1940–1985, Opladen 1987, S. 160–162; Kaspar Maase, Bravo Amerika. Erkundungen zur Jugendkultur in der Bundesrepublik in den fünfziger Jahren, Hamburg 1992, S. 179.

27 Sekretariat, Abschrift, Leipzig, 26. Januar 1956, SAPMO, DY 24, A392 enthält eine Adressenliste von 65 Mitgliedern. Nach der offiziellen Statistik der DDR waren 1955/56 dreißig Prozent aller Studenten Frauen. Siehe Jahrbuch der Deutschen Demokratischen Republik, Berlin 1956, S. 216.

28 Rudorf, Jazz in der Zone, S. 53–57; Rudorf und Lukasz an Becher, 29. Dezember 1954, Bundesarchiv Abteilungen Berlin (BArch B) DR 1, Nr. 243 (Die Akte enthält Rudorfs Anschreiben an Becher, nicht aber den vollen Text der Vorlage). Siehe auch Jazzdiskussion, 7. April 1955, Berlin, SAPMO, DY 24, A392; Rudorf und Lukasz an den Zentralrat der FDJ, Kulturabteilung, April 12, 1955, SAPMO, DY 24; Georg Knepler, Jazz und die Volksmusik, in: Musik und Gesellschaft 5, 1955, S. 181–183.

schen Doktrin, daß jedes Land seinen eigenen Weg zum Sozialismus finden müsse und wollte nicht, daß Ostdeutsche sich bei ihrer Suche nach einer revolutionären deutschen Nationalkultur auf afrikanisch-amerikanische Musik stützten.

Die Verantwortlichen wiesen in der Diskussion auch Rudorfs These zurück, daß Freunde des „echten" Jazz oft Antifaschisten waren, obwohl Rudorf sie an die Jazzfans, die die Nationalsozialisten in Konzentrationslager gesteckt hatten, erinnerte. Die Offiziellen waren weder überzeugt von Rudorfs Beteuerungen, daß westdeutsche Jazzfreunde Gegner des amerikanischen Faschismus und Rassenhasses waren, noch ließen sie sich beindrucken von Rudorfs Behauptung, enge Verbindungen zwischen ost- und westdeutschen Jazzfans seien deshalb wünschenswert, weil westdeutsche Jazzfreunde für innerdeutsche Zusammenarbeit und gegen die Pariser Verträge seien. (Die Pariser Verträge von 1954 hatten den Weg für die NATO-Mitgliedschaft und die Wiederbewaffnung der Bundesrepublik geebnet und wurden von der DDR scharf kritisiert.) Statt dessen verurteilten die Verantwortlichen Rudorf und Jazzfreunde in Deutschland und im Ausland als Anhänger des „Internationalismus". Einer des Anwesenden, Ludwig Richard Müller, begegnete Rudorfs Erklärung, Jazz sei die Musik des städtischen Proletariats, mit der Behauptung, Jazz sei in Bordellen und Gangsterkreisen entstanden. Er zog damit eine eindeutige Verbindung zwischen Jazz und unrespektabler Weiblichkeit wie Männlichkeit.[29]

Vielleicht weil er die Besprechung falsch gewertet hatte, schrieb Rudorf zusammen mit Lukasz einige Tage später einen Brief an den Zentralrat der FDJ und bat um offizielle Anerkennung und Unterstützung seiner Kontakte in der BRD. Er wollte gar offizielle DDR-Delegationen zu westdeutschen Jazzfestivals schicken. Rudorf benutzte dieselben Argumente, die er auch in der Unterredung im Kulturministerium vorgetragen hatte: „Wir halten diese Verbindung für sehr wichtig, einmal weil der Freund des echten, ursprünglichen Jazz ein Gegner aller Rassenhetze ist […] und schließlich, weil der Freund des echten Jazz um die Gefahren der amerikanischen Kulturbarbarei weiß und gewillt ist, diesen Gefahren entgegenzutreten." Verbindungen zu westdeutschen Jazzfreunden waren somit notwendig im Kampf „gegen die Amerikanisierung unseres Kulturlebens", gegen Wiederbewaffnung und gegen Rassenhaß.[30]

Dieser Brief veranlaßte den FDJ-Zentralrat, eine Untersuchung des Leipziger Jazzklubs anzuordnen. In einem Bericht an den Zentralrat verteidigte der Leipziger FDJ-Vorsitzende Helmut Thomas, daß er den Klub überhaupt zugelassen hatte. Thomas sagte, er hätte gehofft, mit dem Klub und Vorträgen über den Jazz und das Leben der Schwarzen in den USA „den Haß gegen den Imperialismus und Faschisten Amerikas zu erwecken". Er selber sei mit den wissenschaftlichen Fragen des Jazz nicht vertraut, habe aber angenommen, Jazz sei ein akzeptables Thema, da Aufsätze und Radiosendungen über Jazz in der DDR erschienen seien.[31]

Unter dem DDR-Sozialismus mußte die Leipziger Jazzgruppe beweisen, daß sie sowohl die sozialistische deutsche Kultur als auch die sozialistische deutsche Politik unterstützte. Thomas berichtete jedoch, der politische Wert der Gruppe sei recht schwach, und kritisierte, daß Rudorf in einem seiner Leipziger Vorträge im Januar 1955 alle Feinde des Jazz „Faschisten"genannt habe. Die Gruppe habe sich zwar gegen die Pariser Verträge gewandt und

---

29 Jazzdiskussion, 7. April 1955, Berlin, SAPMO, DY 24, A392. Zum Schicksal von Jazzfans im ‚Dritten Reich' siehe Kater, Different Drummers.
30 Rudorf und Lukasz an den Zentralrat der FDJ, Kulturabteilung, 12. April 1955, SAPMO, DY 24, A392.
31 Abschrift von Thomas an Abteilung Kultur, Zentralrat der FDJ, 10. Mai 1955, SAPMO, DY 24, A392.

habe westdeutsche Freunde aufgerufen, das gleiche zu tun, aber kein Mitglied, beschwerte sich Thomas, habe sich freiwillig zur Kasernierten Volkspolizei (KVP) gemeldet. Der Jazzklub kam unter Beschuß, weil seine Mitglieder sich zu sehr mit technischen, das heißt musikwissenschaftlichen, und nicht genug mit politischen Fragen beschäftigten. Rudorf vermied Thomas zufolge politische Auseinandersetzungen, um „bürgerliche Jünglinge" als Mitglieder zu halten. Wie solch offizielle Kritik andeutete, führte die Konzentration auf die Jazzmusik dazu, daß die Leipziger Jazzfans ihre männlichen Pflichten als Bürger und Soldaten vernachlässigten. Unter Druck von höheren FDJ-Funktionären, die sich mit dem FDJ-Vorsitzenden Erich Honecker und mit Mitarbeitern des Kulturministeriums beraten hatten, erklärte Thomas sich im Mai 1955 bereit, den Jazzklub aufzulösen. Als Alternative schlugen die Verantwortlichen vor, die Mitglieder sollten eine Gruppe gründen, die die Volksmusik der Sowjetunion und der anderen Volksrepubliken untersuchen sollte.[32]

Obwohl die mangelnde Begeisterung für die neue DDR-Armee eindeutig eine große Rolle bei der Auflösung der Gruppe spielte, konzentrierte sich die öffentliche Kritik auf das Gerücht, der Jazzklub habe den amerikanischen Präsidenten Eisenhower zum Ehrenmitglied ernannt. Ein FDJ-Funktionär erhob diese Anschuldigung auf einer FDJ-Tagung in Leipzig, und später wiederholte Erich Honecker sie auf dem Fünften Parlament der FDJ. In der Tat hatte die Gruppe beabsichtigt, einige Ehrenmitglieder zu ernennen, unter anderem den Vorsitzenden der westdeutschen Jazzföderation, zwei westdeutsche Jazzkritiker, die Mitglieder der KPD waren, sowie einige britische Musiker, aber keine Amerikaner.[33]

Zur selben Zeit, im Frühjahr 1955, veröffentlichte die Zeitschrift „Musik und Gesellschaft" einige Aufsätze, die Rudorfs Thesen über den Jazz unterminierten. Funktionäre, die an der Besprechung beim VdK teilgenommen hatten, schrieben zwei dieser Attacken. Die Autoren, Georg Knepler und Ludwig Richard Müller, wiesen Rudorfs Meinung, daß die Feinde des Jazz selber Faschisten seien, zurück. Beiden zufolge war Jazz in seiner derzeitigen Form die Tanzmusik des amerikanischen Imperialismus.[34]

Weil DDR-Verantwortliche sich selbst als Kämpfer für die Rechte der Schwarzen in den USA sahen und überhaupt das revolutionäre Potential der authentischen Musik der Unterdrückten betonten, mußten sie logischerweise dem Jazz seinen Status als authentische Musik der afrikanischen Amerikaner versagen. Müller erklärte, es sei unwichtig, ob Jazz Elemente der „Negervolksmusik" enthalte; wichtig sei nur, zu welchem Zweck Jazz benutzt werde. Knepler betonte, DDR-Komponisten und Musiker bewunderten sehr die Kreativität der schwarzen Amerikaner und ihren Kampf gegen die barbarische Rassenpolitik in den USA. Um zu zeigen, daß er kein Rassist sei, beurteilte Knepler das Werk des afrikanischen Amerikaners Paul Robeson positiv – Robeson, der in diesen Jahren wegen seiner Nähe zu radikalen Bewegungen darum kämpfte, seine US-Staatsangehörigkeit nicht zu verlieren.[35] Gleichzeitig such-

---

32 Ebenda. Vgl. auch Knoblauch, FDJ Bezirksleitung Leipzig, an FDJ-Zentralrat, 3. August 1955, SAPMO, DY 24, A392; Lamberz (FDJ-Zentralrat, Kultur) an Namokel, 17. Januar 1956, SAPMO, DY 24, A392; Rudorf, Lukasz, Thomas an Namokel, FDJ Zentralrat, 27. Dezember 1955, SAPMO, DY 24, A392.
33 Lamberz, FDJ-Zentralrat, an Knoblauch, FDJ-Bezirksleitung Leipzig, 16. Juni 1955, SAPMO, DY 24, A392; Rudorf, Lukasz, Thomas an Namokel, FDJ Zentralrat, 27. Dezember 1955; Wie das Gesetz es befahl, in: Junge Welt, Nr. 114, 1955.
34 Ludwig Richard Müller, Dekadenz und lebensfroher Neubeginn, in: Musik und Gesellschaft 5, 1955, S. 114–117; Knepler, Jazz und die Volksmusik.
35 Martin Duberman, Paul Robeson, New York 1988.

te Knepler Rudorfs Behauptung zu widerlegen, Jazz sei die Musik der Negerproletariats in den Südstaaten. Blues und Spirituals (die Robeson sang) waren nach Knepler echte Volksmusik, Jazz jedoch nicht.

Müller und Knepler begründeten ihre Ablehnung des Jazz mit Hinweisen auf seine angeblich sexualisierende Wirkung. Knepler sprach von den Malen, die Bordelle und Gangsterspelunken im Jazz hinterlassen hatten, während Müller besonders beunruhigt war über die öffentliche Zurschaustellung „sexuelle(r) Triebhaftigkeit" unter tanzenden Jazzfans. Um seine Behauptungen zu begründen, zitierte Müller Gorki, Sartre und die deutsche Kommunistin der zwanziger Jahre, Clara Zetkin: „Zu meiner Zeit hat man das im Bett gemacht." Und er ging sogar soweit zu erklären, der „‚Affenkultur' des dekadenten Jazz" müsse mit einer neuen, gesunden Tanzkultur begegnet werden. (Mit dem Begriff „Affenkultur" zitierte er ausdrücklich Walter Ulbricht.)

Beide Autoren griffen außerdem Rudorfs Thesen an, daß authentischer Jazz von kommerziellen Abweichungen unterschieden werden könne. Müller denunzierte eine angebliche Verschwörung von „Jazzaristokraten", die „echten" Jazz förderten, den es Müller zufolge nicht gab. Weiter verurteilte Müller diese „Aristokraten" dafür, daß sie Schlager für minderwertig hielten, obwohl Schlager dem deutschen Kulturkreis näher seien. Knepler lehnte ausdrücklich Rudorfs Unterscheidung zwischen echtem „hot" Jazz und falschem „Sweet" ab.[36]

In ihren Angriffen auf Jazz in allen seinen Formen benutzten Knepler und Müller ein Vokabular, das Rudorfs Kritik am kommerziellen Jazz sehr ähnlich war. „Elemente der Dekadenz", beschwerte sich Knepler, wären in den sogenannten echten Jazz eingedrungen. Im Jazz werde die „Ausgelassenheit der Negertänze" zur „Hysterie", „intensive Ausdruckskraft" entarte zu „leerer Clownerie". Müller beklagte die Versuche von Komponisten und Musikern, den Geschmack von „Swing-Heinis" (ein Begriff, den die Nazis in ihren Angriffen auf Jazzfans benutzt hatten) durch „Geschlechtsseufzer" und unakzeptable dekadente Tänze zu befriedigen.

Kritiker wie auch Befürworter von Jazz in der DDR benutzten die gleichen Konzepte. Beide prangerten Dekadenz und Entartung an; beide reklamierten Verachtung für die kapitalistische Musikindustrie. Diese Überschneidungen trugen eindeutig zu der Verwirrung bei, die in den Jahren nach 1955 charakteristisch für die offizielle DDR-Haltung zum Jazz war: Während viele Offizielle Jazz ganz ausrotten wollten, versuchten andere, Jazz zu benutzen, um unter Jugendlichen für den Sozialismus zu werben. Im Frühjahr und Sommer 1955 verwarfen die FDJ und das Kulturministerium Rudorfs Rechtfertigung für Jazz. Weniger als ein Jahr später, im Februar 1956 nahm der Zentralrat der FDJ jedoch eine Verteidigung des Jazz in eines seiner Manifeste auf. Der Zentralrat strich „echten" Jazz ausdrücklich von der Liste zersetzender Produkte, die pornographische Filme und Comic-Hefte einschloß:

„Jazz ist keine Erfindung der Kriegsbrandstifter, sondern eine alte Volksmusik unterdrückter Neger. [...] aus Filmkunst macht der amerikanische Imperialismus ein Produkt des Massenbetruges, ebenso exportiert er verfälschten Jazz. All dies dient nur dazu, jedes kultivierte nationale Empfinden zu töten und solche Eigenschaften zu züchten, die in das Programm der Imperialisten passen. Viele Anhänger des Jazz, die es auch in der DDR gibt, erkennen

---

36 Der Franzose Hughes Pannassie hatte diese Unterscheidung zuerst gemacht. Siehe John Gennari, Jazz Criticism: Its Development and Ideologies, in: Black American Literature Forum 25, 1991, S. 449–523. Rudorf übernahm sie von dem amerikanischen Kritiker Sidney Finkelstein.

das noch nicht und viele Kritiker lehnen den Jazz ab, weil sich unsere Feinde des Jazz bedienen. Wir glauben, daß es falsch ist, diesen Fragen auszuweichen und die Anhänger des Jazz bei uns den feindlichen Einflüssen zu überlassen. Vielmehr sind wir dafür, über unsere Presse, Fachzeitschriften, Diskussionen in Gemeinschaften und Gruppen den Interessenten des Jazz zu helfen, die Wahrheit zu erfahren, sie gegen die feindlichen Einflüsse zu schützen, sie wachsam zu machen auf diesem Gebiet und ihnen zu ermöglichen, den richtigen Jazz kennenzulernen."[37]

Die Autoren griffen Rudorfs Unterscheidung zwischen „echtem" und „kommerziellem", „verfälschtem" Jazz auf und wollten den „richtigen" Jazz in der DDR durch die FDJ weiter verbreiten.

In dieser Atmosphäre der Verwirrung gründeten Jazzfreunde 1955 weitere Klubs und auch Zeitschriften in mehreren Städten der DDR. Diese Gruppen waren FDJ-Hochschulgruppen, dem Kulturbund oder dem FDGB angeschlossen.[38] In Halle organisierte sich zum Beispiel eine Gruppe von Jazzanhängern innerhalb der FDJ-Gruppe der Universität. Unter der Führung von Siegfried Schmidt begann der Hallenser Jazzklub im Dezember 1955 mit der Veröffentlichung eines Nachrichtenblattes. Obwohl das „Jazz-Journal" zunächst nur auf einer Schreibmaschine getippt wurde, war es Magazinen, wie dem amerikanischen „Downbeat" und dem westdeutschen „Jazz-Podium", nachempfunden. Es veröffentlichte eine Mischung aus Geschichte des Jazz und Nachrichten von Jazzfreunden in der DDR und im Ausland. In ihrer ersten Nummer folgten die Autoren Rudorf und unterschieden klar zwischen authentischem und kommerziellem Jazz.[39]

Die zweite und dritte Ausgabe des „Jazz-Journal", die im Januar und Februar 1956 erschienen, enthielten zunächst vorsichtige und dann stärkere positive Stellungnahmen zum modernen Jazz und speziell zum Bebop und Cool Jazz. Die Hallenser Gruppe hatte eine Jazzband, das Hans-Buchmann-Quintett, zu einem Amateurjazzfestival nach Westdeutschland geschickt. Das Quintett hatte dort den dritten Platz erreicht und war daher zu einer Fernsehsendung mit Joachim Ernst Berendt nach Westdeutschland eingeladen worden. In der Februarausgabe berichtete das Jazz-Journal, daß Einflüsse auf das Quintett den Bebop einschlössen. Zuletzt habe sich das Quintett jedoch mehr in Richtung Cool Jazz bewegt und entwickle nun seinen eigenen Stil. Die Zeitschrift benutzte Worte, die Berendt hätte schreiben können: „Das Buchmann-Quintett spielt kompromißlos Jazz." Seinen Mitgliedern ginge es um „nichts anderes als um ein musikalisches Ideal, eine echte künstlerische Aussage". Es ist nicht allzu erstaunlich, daß das Jazz-Journal schnell von der FDJ verboten wurde, sobald der Jazzklub Bebop und künstlerische Autonomie unterstützte.[40]

---

37 An Euch alle, die Ihr jung seid! Material der 12. Tagung des Zentralrats der Freien Deutschen Jugend vom 3. und 4. Februar 1956, Berlin, o. J., S. 26.
38 Vgl. Rudorf und Lukasz an Zimpel, 4. Januar 1956; Jazz-Journal 2, Januar 1956, SAPMO, DY 24, A392. Diese Dokumente berichten von Jazzklubs in Jena, Halle, Rostock, Dresden und Berlin. Rudorf, Jazz in der Zone, 68, nennt außerdem Klubs in Magdeburg, Chemnitz, und Frankfurt/Oder.
39 Jazz-Journal 1, Dezember 1955, SAPMO, DY 24, A392.
40 Jazz-Journal 2, Januar 1956, und Jazz-Journal 3, Februar 1956; Symann, Hot-Club Düsseldorf an Schmidt, Halle, 18. Januar 1956; Friedrich, FDJ Halle, an FDJ-Zentralrat, 26. Januar 1956, SAPMO, DY 24, A392. Zum Verbot des „Jazz-Journal", das im Februar oder März 1956 ausgesprochen wurde, siehe Rudorf und Lukasz an Namokel, 12. März 1956, SAPMO, DY 24, A392.

Trotz der zwangsweisen Auflösung seiner Leipziger Gruppe im Mai 1955 machte Rudorf sich nach wie vor für den Jazz stark. Er hielt weiterhin Vorträge in Leipzig und anderswo, und Anfang 1956 versuchten er und Lukasz wiederum, die offizielle Anerkennung ihres Jazzklubs zu erreichen. Diesmal stellten sie sich als eine Gruppe von Kritikern, Forschern und interessierten Hörern dar, die es als ihre Aufgabe ansahen, echten Jazz zu fördern und die soziale Problematik und die musikalische Struktur des Jazz zu erforschen. Dieser Anspruch brachte Rudorf noch mehr in die Nähe von westdeutschen Jazzklubs, die Jazz „wissenschaftlich" untersuchten. Der Versuch, auf dieser Basis erneut offizielle Unterstützung zu erlangen, schlug natürlich fehl.[41]

Zur selben Zeit wurden jedoch traditionellere Jazzstile wie Dixieland und Swing immer akzeptabler und erreichbarer in der DDR, und zwar besonders nach dem XX. Parteitag der KPDSU, als auch die SED zu einem Kampf gegen Dogmatismus aufrief. Die DEFA führte endlich einen Film zur Geschichte des Jazz auf, der seit 1955 angekündigt war und an dem Rudorf und Lukasz mitgearbeitet hatten. Der Film spiegelte Versuche wieder, zwischen akzeptablem und nicht akzeptablem Jazz zu unterscheiden. Er enthielt Musik im Dixieland-Stil, aber Zensoren hatten alle Hinweise auf modernen Jazz und alle Szenen, die mit den West-Berliner Spree City Stompers gedreht worden waren, geschnitten. Im selben Jahr veröffentlichte ein DDR-Verlag das Buch „Neger, Jazz und tiefer Süden," das Spirituals, Blues und Jazzmusiker wie Louis Armstrong und Duke Ellington für wertvoll erklärte.[42] Im April 1956 organisierte die FDJ ein öffentliches Treffen in Berlin zwischen Mitgliedern und Funktionären zum Thema Jazz. Nachdem sie die Forderungen der Mitglieder angehört hatten, versprachen die Verantwortlichen, darunter der Ost Berliner FDJ-Funktionär Hans Modrow und der Komponist Hanns Eisler, mehr Jazz anzubieten. Während Verantwortliche Rudorfs und Lukasz' Radiosendereihe 1955 abgebrochen hatten, erlaubten sie nun Swing- und Dixielandbands aus der DDR, im Radio und im Fernsehen zu spielen. Ein Aufsatz einer sowjetischen Musikologin, die Jazz positiv einschätzte, erschien in „Musik und Gesellschaft" und wurde in anderen DDR-Publikationen nachgebetet.[43]

Dennoch mißtrauten SED-Funktionäre weiterhin den Aktivitäten der Jazzfans. Rudorf organisierte Jazzkonzerte in mehreren evangelischen Kirchen in der DDR. Außerdem stellten Rudorf und Lukazs immer radikalere Forderungen. Während des Ungarnaufstandes im Oktober 1956 beschlossen sie, Freiheit für die moderne Kunst zu fordern. Seinen Memoiren zufolge erklärte Rudorf in einem Vortrag in Dresden, daß Jazz, Picasso, Sartre, Stravinsky und Beckett in der DDR nur dann zugelassen und akzeptiert würden, wenn die politischen Fundamente des Regimes verändert würden. Offensichtlich stimmte Rudorf nun mit Berendts Meinung überein, daß Jazz Kunstmusik sei, und forderte mehr Freiheit für Jazz auf dieser Grundlage. Während eines Vortrags in München behauptete Rudorf, ostdeutsche Jugendliche gäben mit ihrer Begeisterung für den Jazz ihrem Widerstand gegen den Marxismus-Leninismus Ausdruck.[44]

Die Verantwortlichen im DDR-Kulturministerium, die Rudorf von der Stasi bzw. dem MfS hatten beschatten lassen, beschlossen, gegen die Anführer der Jazzbewegung vorzugehen.

---

41 Rudorf und Lukasz an Zimpel, FDJ Bezirksleitung Leipzig, 4.Januar 1956, SAPMO, DY 24, A392.
42 Ernst Bartsch, Neger, Jazz und tiefer Süden, Leipzig 1956.
43 See V. Konen, Legende und Wahrheit über den Jazz, in: Musik und Gesellschaft 5, 1955, S. 391–396, Abdruck aus Sovietskaya musyka, 1955; Rudorf, Jazz in der Zone, S. 71–79.
44 Rudorf, Jazz in der Zone, S. 90–100.

Während eines Vortrages wurden Rudorf und Lukasz auf Befehl von Funktionären zusammengeschlagen.[45] Mit Hilfe des West Berliner Spree City Stompers Hans-Wolf Schneider gingen beide nach Westdeutschland, aber Rudorf beschloß bald, wieder nach Leipzig zurückzukehren. In der DDR setzten die Verantwortlichen jedoch die Jazzklubs immer stärker unter Druck, und nach einer weiteren Reise nach Westdeutschland wurde Rudorf im März 1957 verhaftet. Er wurde vor Gericht gestellt, weil er die FDJ und die SED vor Zuhörern in Leipzig und München verleumdet habe. Während der Verhandlung beschuldigte ihn der Staatsanwalt, politische Vergehen begangen zu haben. Rudorf wurde zu zwei Jahren Gefängnis verurteilt.[46]

3. Zusammenfassung

Nach einer Phase der Verwirrung und relativer Laxheit akzeptierten DDR-Verantwortliche nur enge Konzepte von „reiner Negermusik". Während sie Spirituals und Blues erlaubten, waren sie mißtrauisch gegenüber allen anderen Versuchen, den Jazz zu fördern. Solche Repressionen trugen dazu bei, daß manche Jazzmusiker und Jazzfreunde, unter anderem Siegfried Schmidt aus Halle, die DDR verließen und in die BRD zogen. Nachdem Rudorf zwei Jahre im Gefängnis gesessen hatte, ging er ebenfalls 1959 nach Westdeutschland. Dort wurde er in seiner Hoffnung enttäuscht, daß die Westdeutschen ihn als jemanden, der Widerstand gegen den totalitären Sozialismus geleistet hatte, anerkennen würden.[47]

Nach 1956 versuchten DDR-Verantwortliche, wie auch ihre Genossen in der Sowjetunion, nie wieder, den Jazz vollständig zu verbieten. Dennoch drangen sie darauf, daß Bands nicht zuviel westliche Musik spielten; sie erlaubten nur Konzerte mit traditionellen Jazzstilen, die ihrer Logik zufolge weder Bedrohungen für akzeptable Geschlechterrollen noch für eine deutsche Nationalkultur waren. Gleichzeitig sorgten DDR-Verantwortliche dafür, daß Jazzfans keine formellen Gruppen gründen konnten. Im November 1961 ordneten Parteifunktionäre an, jegliche Jazzgruppen, die sich in der Phase größerer Toleranz unmittelbar nach dem Mauerbau im August gebildet hatten, sofort aufzulösen.[48] Amerikanische und westdeutsche Bemühungen, Jazz zu einem Botschafter der liberalen Demokratien und zu einer Waffe im Kalten Krieg zu machen, bestärkten seit 1956 DDR-Funktionäre in ihrem Mißtrauen gegenüber dem Jazz.[49] In diesem Kontext wurde Jazz sowohl für ostdeutsche Jazzfans als auch für ostdeutsche Verantwortliche zu einem Vehikel für politischen Widerstand.

DDR-Versuche, den Jazz einzudämmen, waren ein Teil des schwierigen Unterfangens, eine geeignete Musik für den Sozialismus zu finden – und gleichzeitig nach dem Dritten Reich und

---

45 Die Tätigkeit des Ministeriums für Kultur, insbesondere der HA Musik auf dem Gebiete des Jazz, o. J., ca. September 1957, BArch B, DR 1, Nr. 243.
46 Vgl. Rudorf, Jazz in der Zone, S. 116–125; Erst Meinungsstreit, dann Boykotthetze, in: Sächsisches Tageblatt, 1. September 1957.
47 Ebenda.
48 Vgl. Abt. Agit.-Prop. „Einige Bemerkungen zur Frage des Jazz," 29. November 1969, SAPMO, DY 24, AB547; „Unser Standpunkt zum Jazz," 7. Dezember 1961, SAPMO, DY 24, AB547. Siehe auch Landesarchiv Berlin, Außenstelle Breite Straße (LAB (STA)) Rep. 121, Nr. 235; SAPMO, DY 24, A1804.
49 Vgl. Levine, a. a. O.; Poiger, a. a. O.; Charles A. Thomson und Walter H. C. Leaves, Cultural Relations in U.S. Foreign Policy, Bloomington 1963.

im Rahmen des Kalten Krieges die Bedeutung von „Deutschsein" neu zu definieren. Debatten über Jazz waren einer der Schauplätze, an denen DDR-Verantwortliche akzeptable Geschlechterrollen, das hieß asexuelle Weiblichkeit und beherrschte Männlichkeit, zu einem wichtigen Faktor im ostdeutschen Wiederaufbau machten. Obgleich sie sich gegen Rassismus und Faschismus stark machten, griffen DDR-Funktionäre auf rassistisches Vokabular und rassistische Hierarchien zurück, um eine Musik zu zähmen, die ihrem Verständnis einer angemessenen deutschen Nationalkultur widersprach.

4. Textbeispiel

Fundstelle und Erläuterung: SAPMO, DY 24, A392. – Dieses Protokoll einer Diskussion zwischen Reginald Rudorf und Verantwortlichen des Kulturministeriums und des VdK vom April 1955 wurde wahrscheinlich vom Abteilungsleiter der Hauptabteilung Musik im Kulturministerium Uszokoreit (uk) verfaßt. In dieser Debatte versuchte Rudorf, die Verantwortlichen von der Bedeutung des „echten" Jazz für eine neue deutsche Tanzmusik und vom Antifaschismus der Jazzfans zu überzeugen. Anlaß war eine Vorlage, die Rudorf an das Kulturministerium gerichtet hatte, offenbar um die Verbreitung des Jazz und die Anerkennung von Jazzklubs in der DDR zu sichern und Kontakte mit westdeutschen Jazzfans zu rechtfertigen.

Text

Jazzdiskussion
zu der Vorlage des Kollegen Rudorf an Ministerium für Kultur am 7. April 1955 in Berlin

Beginn: 11. Uhr
Anwesend: die Kollegen Prof. Knepler
　　　　　　　　　　　　Siegmund-Schultze
　　　　　　　　　　　　Dr. Rebling
　　　　　　　　　　　　Prof. Notowicz
　　　　　　　　　　　　Spies
　　　　　　　　　　　　Schwaen
　　　　　　　　　　　　Forest
　　　　　　　　　　　　Masanetz
zeitweilig:　　　　　　　Möller
　　　　　　　　　　　　Müller
　　　　　　　　　　　　Rudorf
　　　　　　　　　　　　Ulbrich, Defa
　　　　　　　　　　　　Bartsch, Defa
　　　　　　　　　　　　Lukacz
　　　　　　　　　　　　Berenbrock
　　　　　　　　　　　　Bormann
　　　　　　　　　　　　Folkmann, Min. f. Kultur
　　　　　　　　　　　　Fischer,

Hartfeldt, DSV
Sasse, VDK Halle
Dr. Glücksmann, AWA
Morche,
Seeger, Neues Deutschland
Lahl, ZK der SED
Watzinger, Dt.Konz.u.Gastspieldir.
Uszokoreit

Prof. Knepler, der als erster das Wort ergreift, hält die Thesen von Koll. Rudorf für falsch, mehr noch, für gefährlich. Die Einteilung in echten und kommerziellen Jazz ist willkürlich. Jazz, der eine fortschrittliche Entwicklung für unsere Tanzmusik haben kann, gibt es nicht. Natürlich gibt es eine Volksmusik der Neger. Aber damit haben wir uns nicht in erster Linie zu beschäftigen, sondern erst einmal das amerikanische Volk. Es ist sicher eine Aufgabe, auch Negermusik zu pflegen, ebenso wie man englische, französische und indische Volksmusik pflegen sollte, wobei bei uns unsere deutsche Volksmusik im Vordergrund steht.
Kollege Forst schließt sich der Meinung von Kollegen Prof. Knepler an. Er ist der Meinung, daß in Deutschland nicht nach russischer oder Negermusik getanzt werden sollte, sondern nach deutscher Tanzmusik. Sie muß gefunden und erarbeitet werden. Ausweg kann nicht sein, daß wir auf fremde Folkore zurückgreifen. Zu den Vorschlägen von Koll. Rudorf, Hot- oder Boogie-woogie-Clubs zu bilden: Wir haben in Deutschland weder Clubs für russische Tänze, englische Tänze. Wir haben aber ein Zentralhaus für Volkskunst. Dort können sicher auch Abende mit ausländischen Volkstänzen und -liedern veranstaltet werden, darunter natürlich auch über die Volkskunst der Neger.
Die These, die Anhänger des echten Jazz waren oft Antifaschisten, ist falsch. Sie waren meist Anhänger der kosmopolitischen Tanzmusik.
Kollege Rudorf stellt richtig, daß von ihm nicht gesagt worden ist, daß der Jazz die Lösung unserer heutigen Tanzmusikfrage bringt. Von ihm ist angestrebt
    1.) eine Untersuchung, was der Jazz überhaupt ist
    2.) was bedeutet der Jazz heute für unsere Tanzmusik?
Er führte weiter aus, daß während der Nazizeit sich die Mitglieder der Hotclubs über den Rassenhass hinweggesetzt haben. Führende Jazzfreunde sind in die Konzentrationslager gekommen. Der Antifaschismus der Jazzfreunde ist auch heute noch vorhanden. Beispielsweise hat der Hotclub Düsseldorf gegen die Remilitarisierung der Pariser Verträge Stellung genommen.
Als willkürliche Handlung bezeichnete er die Anerkennung der ländlichen Volksmusik der Neger, während die sog. City blues[!], die Musik des städtischen Proletariats der Neger, keine Anerkennung findet. Er weist darauf hin, daß das größte Jazzfest in New Orleans der 1. Mai war, der Kampftag der Arbeitenden. Die City blues sind die Fortsetzung der ländlichen Folklore. Koll. Müller: Die City blues sind in Bordellen und in Gangsterkreisen entstanden und gesungen worden.
Koll. Rudorf stellt noch einmal fest, daß seiner Ansicht nach auf die Elemente des Jazz bei der Entwicklung einer neuen deutschen Tanzmusik nicht verzichtet werden könne.
Die gesamte Volksmusik der Neger ist stark von Europa und besonders von Deutschland (Ländler, Choräle usw.) beeinflußt worden.

Koll. Uskoreit[!] stellt fest, daß diese Diskussion nicht den kulturpolitischen Absichten unseres Staates entspricht. Es ist eine Diskussion, die uns aufgezwungen wurde. Die Sendereihe des SRK über den Jazz hat ihn sehr unangenehm berührt. Z. B. ist es sehr schwer, unseren demokratischen Rundfunk dafür zu gewinnen, Sendungen mit zeitgenössischer Musik zu bringen. Aber für den Jazz stehen gleich 12 Sendungen zur Verfügung. Die Anziehungskraft des Jazz auf die Jugend ist nicht gleich zu setzen mit der Qualität (Hinweis auf Comics). Er weist auf die Zeitschrift „Podium" und auf eine Äußerung eines tschechoslowakischen Staatsbürgers hin: „Der Jazz ist doch immerhin das musikalische Esperanto, was uns alle verbindet". Internationalismus! Bei uns stehen nicht musikalische Esperanti im Vordergrund, sondern z. B. die Situation in Westdeutschland. Wäre es nicht schöner und besser, wenn unsere Jugendlichen ihren Lebensmut und -freude aus unseren Volkstänzen nehmen?

Koll. Rudorf macht folgende Vorschläge:
    1.) im Rundfunk ab und zu Sendungen zu bringen, die sich mit der Volksmusik der amerikanischen Neger beschäftigen.
    2.) 1 oder 2 Schallplattenreihen herauszubringen, evtl. nur mit der ländlichen Volksmusik der Neger.

Prof. Notowicz nimmt Stellung zu der Behauptung des Koll. Rudorf, der Jazz wäre die einzige Volksmusik, die vom Proletariat geschaffen wurde. Wir haben in allen Ländern sehr charakteristische Schöpfungen des Proletariats; weist besonders auf Sowjetunion hin. Dort spielt der Jazz überhaupt keine Rolle.

Kollege Prof. Notowicz bringt die Meinung der Kollegen zum Ausdruck, als er feststellt,
    1.) daß ein wichtiges Problem die Schaffung einer deutschen Tanzmusik sein muß.
    2.) Die Klärung der Frage, was ist echter Jazz und was kommerzialisierte Tanzmusik, sollte in Form eines Fachgesprächs in den Kommissionen Volksmusik und Musikwissenschaft herbeigeführt werden. Kollege Rudorf erklärte sich bereit, ein Band von guten Beispielen zusammenzustellen.

Da die Übertragungsanlage nicht in Ordnung war, mußte darauf verzichtet werden, die vom Kollegen Rudorf mitgebrachten Beispiele echten Jazz zu hören.

<u>Ende der Diskussion</u>: 14.00 Uhr.

uk

Thomas Lindenberger

Der ABV im Text. Zur internen und öffentlichen Rede über die Deutsche Volkspolizei der 1950er Jahre

Die schriftlichen Hinterlassenschaften von Polizeibehörden hatten für die historische Forschung schon immer einen besonderen Reiz. Polizeiliches Handeln ist ohne regelmäßige Sammlung und Auswertung von Informationen über die zu „Polizierenden" nicht möglich, ungeachtet der Verfassung oder Gesellschaftsordnung. Diese Informationen beziehen sich entsprechend der umfassenden Polizeiaufgabe, Gefahren von der öffentliche Ordnung und Sicherheit abzuwenden, sowohl auf eine Vielfalt von sozialen „Tatsachen" als auch auf den Umgang mit diesen bzw. die dazu aufgebotenen personellen und politischen Ressourcen.

Dieser Blick aus dem Innern der Polizei auf das Außen der sozialen Wirklichkeit, aber auch auf sich selbst ist von vielfältigen Faktoren beeinflußt: Er wird nicht nur durch den allgemeinen Polizeiauftrag und den daraus resultierenden Gesetzen und Dienstvorschriften gelenkt. Auch Ad-hoc-Anweisungen und -Vorgaben der den Polizeiapparat steuernden politischen Instanzen, Forderungen der Öffentlichkeit sowie als legitim erachtete Interessen sicherheitsbedürftiger Bürger richten die Aufmerksamkeit in je spezifischer Weise aus. Nicht zuletzt ist immer das Selbsterhaltungsinteresse des Polizeiapparats zu unterstellen: Er konkurriert mit anderen Behörden um Prestige und Ressourcen und muß immer wieder seine eigene Unentbehrlichkeit unter Beweis stellen. Auch die in Polizei-Akten geschilderte „Wirklichkeit" ist somit grundsätzlich nur eine von mehreren. Ihre Texte sind daher auf ihre spezifische Weise das Ergebnis von Verschweigen und Dramatisieren, nüchterner Bestandsaufnahme und paranoiden Fixierungen, Berichtsroutine und Improvisation im Einzelfall – Schreibweisen und Haltungen, deren Neben- und Miteinander bei jedem polizeilichen Quellentext in Rechnung gestellt werden müssen.

Die Innen-Außen-Grenze der Polizei ist in Nationalstaaten westlicher Tradition in der Regel leicht auszumachen, sowohl in der Abgrenzung gegenüber anderen Staatsapparaten als auch gegenüber der Gesellschaft. Daran ändern auch die in der heutigen Bundesrepublik geläufigen Grauzonen etwa zwischen privater Sicherheitsindustrie und Polizei oder zwischen nichtpolizeilichem Verfassungsschutz und polizeilichem Staatsschutz im Grunde wenig.[1] Im Staatssozialismus hingegen waren die Verhältnisse unübersichtlicher. Nach Zuständigkeiten und Handlungsmodi betrachtet, ließe sich das Attribut „polizeilich" dort auch anderen Apparaten anheften: Die Zensurpraxis des Ministeriums für Kultur, der Aufgabenbereich der von der SED geleiteten Arbeiter-und-Bauern-Inspektionen und nicht zuletzt die Tätigkeit der Par-

---

[1] Siehe dazu Albrecht Funk, Die Fragmentierung öffentlicher Sicherheit. Das Verhältnis von staatlicher und privater Sozialkontrolle in der politikwissenschaftlichen Diskussion, in: Fritz Sack u. a. (Hg.), Privatisierung staatlicher Kontrolle: Befunde, Konzepte, Tendenzen (Interdisziplinäre Studien zu Recht und Staat, Bd. 3), Baden-Baden 1995, S. 38–55, sowie weitere Beiträge darin auch aus internationaler Sicht.

teikontrollkommissionen, um nur einige Beispiele zu nennen, weisen zahlreiche Ähnlichkeiten mit polizeilichen Überwachungs- und Disziplinierungsmethoden auf. Der hier im Mittelpunkt stehenden *Deutschen Volkspolizei* (VP) stand ferner mit dem Ministerium für Staatssicherheit (MfS) ein weiterer formeller Polizeiapparat zur Seite. Verlor „die" Polizei ihre zentrale, monopolähnliche Stellung als Überwachungs- und Disziplinierungsinstanz im Staatsaufbau weitgehend, so verflüchtigte sich dennoch „polizeilicher" Handlungsmodus von Herrschaft noch lange nicht, eher im Gegenteil: Er wurde ubiquitär.

Das schränkt die Aussagekraft der hier exemplarisch präsentierten Texte der Volkspolizei ein, erweitert sie jedoch zugleich: Einerseits muß beim derzeitigen Forschungsstand mangels Vergleichsmöglichkeiten noch dahingestellt bleiben, inwiefern sie für die Volkspolizei spezifisch sind; andererseits ist zu vermuten, daß diese aus der Herrschaftspraxis im Staatssozialismus hervorgegangenen Textgattungen auch von anderen Apparaten hinterlassen worden sind.

Der Hintergrund dieses Beitrags sind Recherchen zur Sozialgeschichte der Deutschen Volkspolizei in den 50er und 60er Jahren anhand der Tätigkeit der „normalen" Schutzpolizei auf dem Lande. Von diesem „dienstältesten" Staatsapparat der DDR ist heute selten die Rede, im Gegensatz zur früheren westdeutsch-antikommunistischen DDR-Kritik, in der die „Vopos" sich größerer Aufmerksamkeit erfreuten.[2] Das Aufgabenfeld der Deutschen Volkspolizei brachte es mit sich, daß die von ihr gesammelten und verarbeiteten Informationen eine enorme Spannbreite sozialer „Tatsachen" umfaßte. Der Polizeizweck war nicht nur im klassischen Sinne als Gefahrenabwehr und Sicherung politischer Herrschaft, d. h. negativ, definiert, sondern umfaßte darüberhinaus die Herstellung bestimmter erwünschter und in politischen Programmen und Normen beschriebener Zustände.[3] Auf den ländlichen Raum bezogen bedeutete dies zum Beispiel: Die Einhaltung von Gesetz und Ordnung sollte nicht lediglich Schaden von der Allgemeinheit und dem Bestand der Staatsordnung abwenden, sondern zugleich durch gezielte Konzentration auf bestimmte Delikte (Nichtablieferung des Pflichtsolls), begangen durch bestimmte Tätergruppen (Einzelbauern), ein bestimmtes „freiwilliges" Verhalten bewirken (Ein-

---

2 Siehe die Ausgaben des SBZ-Archiv in den fünfziger Jahren sowie die Dokumentation des Bundesministerium für gesamtdeutsche Fragen (Hg.), Unrecht als System, 4 Teile, Bonn 1952–1962. – Wissenschaftliche Veröffentlichungen zur Geschichte der DVP liegen bislang kaum vor; die hagiographische Selbstdarstellung Ministerium des Innern (Hg.), Geschichte der Deutschen Volkspolizei, 2. überarb. Aufl. Berlin 1987, erweist sich bei genauerem Studium als äußerst unergiebig, nicht zuletzt weil die wenigen zitierten Archivmaterialien – vermutlich aus Gründen der „Wachsamkeit" – nicht belegt werden. – Ferner erfreuten sich die aus seit 1948 von der Deutschen Verwaltung des Innern bzw. dem Ministerium des Innern aufgebauten paramilitärischen VP-Bereitschaften als Vorläufer der Kasernierten Volkspolizei (1952–1955) bzw. der Nationale Volksarmee im Zusammenhang mit der konkurrierenden Wiederbewaffnung in den Hochzeiten des Kalten Kriegs durchweg größerer Aufmerksamkeit. Diese der Militär- und nur am Rande der Polizeigeschichte zuzuordnende Entwicklung bleibt hier unberücksichtigt; s. dazu Bruno Thoß (Hg.), Volksarmee schaffen – ohne Geschrei. Studien zu den Anfängen einer ‚verdeckten' Aufrüstung in der SBZ/DDR 1947–1952. Hg. im Auftrag des Militärgeschichtlichen Forschungsamtes, München 1994.

3 Zum Polizeibegriff aus zeitgenössischer DDR-Sicht s. O. Elle, Zur Entwicklung der allgemeinen polizeilichen Aufgaben und Befugnisse, Berlin 1958, sowie Gerhard Hobran, Zur Entwicklung des sozialistischen Polizeibegriffs, Jena 1966; aus westdeutscher Sicht H. Lüers, Das Polizeirecht in der DDR. Aufgaben, Befugnisse und Organisation der Deutschen Volkspolizei, Köln 1974.

tritt in die LPG), das auf der parteipolitisch vorgegebenen Entwicklungslinie lag.[4] Zusammen mit anderen Herrschaftsinstanzen sollte Polizei also bestimmte soziale Verhältnisse und Beziehungen – z. B. „genossenschaftliche" – organisieren bzw. konstruieren, zugleich andere – z. B. einzelbäuerliche – zurückdrängen und eliminieren helfen.

Das unausgesetzte Bemühen um detaillierte Kenntnisse über die politischen, wirtschaftlichen und sozialen Verhältnisse „vor Ort" war daher zentraler Bestandteil staatssozialistischer Polizeipraxis. Das an der Vorstellung eines allgegenwärtigen „Klassengegners" ausgerichtete Informationsbedürfnis führte zu einer Art „mikrosoziologischer" Durchdringung kleinräumiger sozialer Einheiten. Damit ermöglichen die Quellenbestände der Deutschen Volkspolizei nicht nur Einblicke in das Funktionieren des Polizeiapparates selbst, sondern in einem weitaus höherem Ausmaß als die Überlieferungen anderer Polizeiapparate des 20. Jahrhunderts zugleich auch Einblicke in lokale Verhältnisse vor allem auf dem Land. Angaben über den Stand der Planerfüllung in den verschiedenen Bereichen der Landwirtschaft, über Veränderungen im Viehbestand, aber auch über das religiöse und soziale Leben in den Dörfern waren ebenso selbstverständlicher Bestandteil von Berichten an die vorgesetzte Dienststelle wie die Analysen zur allgemeinen und „politischen" Kriminalität, zur Verkehrssicherheit und zum Brandgeschehen.

Quellenlage

Die Archivalien der Deutschen Volkspolizei können heute in den Abteilungen des Bundesarchivs in Berlin-Lichterfelde sowie in den Landesarchiven der östlichen Bundesländer und Berlins ohne wesentliche Einschränkungen benutzt werden ebenso wie der zentrale Weisungsbestand der Volkspolizei, der noch in der Berliner Außenstelle des Bundesministerium des Innern im früheren Gebäude des alten DDR-Innenministeriums aufbewahrt wird. Auf der zentralen Ebene im Bundesarchiv gliedern sich diese Archivalien in die Bestände der Deutschen Verwaltung des Innern (DO-1, Bestand 7, 1946–1950/52), der Hauptverwaltung der Deutschen Volkspolizei (HVDVP) als einer von mehreren Unterabteilungen des Ministerium des Innern für die Zeit von 1950/52 bis 1962 (DO-1, Bestand 11) und für die Zeit ab 1962, in der nach Auflösung der Hauptverwaltung die Dienstzweige der VP direkt dem Minister unterstellt waren, im allgemeinen Bestand des Ministeriums des Innern. Für die fünfziger Jahre bestehen für den Arbeitsbereich des Ministers des Inneren selbst bedauerlicherweise erhebliche Überlieferungslücken.

Die internen schriftlichen Kommunikationsbeziehungen gliederten sich horizontal nach den verschiedenen Dienstzweigen („Schutz-", „Kriminal-", „Verkehrspolizei", „Paß- und Meldewesen", „Personal" bzw. „Kader", „Intendantur", „Ausbildung und Schulung" etc.), vertikal entsprechend dem zentralistischen Staatsaufbau der DDR. (MdI/HVDVP, Bezirksbehörden der VP, VP-Kreisämter, VP-Reviere). Die horizontale Gliederung enthält neben einigen vertrauten „konventionellen" Spezialisierungen Dienstzweige, die dem Primat der Politik und dem enorm breiten Aufgabenspektrum der Polizei unter DDR-Bedingungen geschuldet sind: „Politische Verwaltung", aber auch „Betriebsschutz", „Volkseigentum" als Spezialabteilung der Kriminalpolizei, „Strafvollzug", später auch „Transportpolizei".

Die Unterlagen der für die politische Steuerung der Volkspolizei zuständigen ZK-Abteilung Sicherheitsfragen in der Stiftung Archiv der Parteien und Massenorganisationen der DDR

---

4   Siehe dazu Falco Werkentin, Politische Strafjustiz in der Ära Ulbricht (Forschungen zur DDR-Geschichte. Hg. v. Armin Mitter u. Stefan Wolle; Bd. 1), Berlin 1995, S. 73–110.

im Bundesarchiv (SAPMO), DY 30, IV/2/12, enthalten für die vierziger und frühen fünfziger Jahre verhältnismäßig wenig Material, während die späten fünfziger und sechziger Jahre besser dokumentiert sind. Die Protokolle und Sitzungsunterlagen der seit 1954 bestehenden „Sicherheitskommission beim ZK der SED" bzw. des aus dieser 1960 hervorgehenden „Nationalen Verteidigungsrates" werden im Bundesarchiv-Militärarchiv in Freiburg i. B. aufbewahrt. In beiden Gremien wurden ebenso wie in den anderen Spitzeninstanzen Politbüro (SAPMO) und Ministerrat (Bundesarchiv) die VP betreffende Grundsatzfragen beraten und entschieden. Des weiteren finden sich natürlich auch in den Unterlagen des Ministeriums für Staatssicherheit Materialien über die Volkspolizei, die allerdings gerade für die ersten beiden Jahrzehnte der DDR bislang nur in begrenztem Umfang von der zuständigen „Gauck"-Behörde zur Verfügung gestellt werden konnten.

Im folgenden werde ich Texte, die sich auf die Deutsche Volkspolizei beziehen, vorstellen. Dabei konzentriere ich mich auf die Textsorten, die als Ganzes betrachtet die Kommunikation innerhalb der „Deutsche Volkspolizei" in ihrer uns heute zugänglichen Form repräsentieren. Insbesondere werde ich Redeweisen einfacher Volkspolizisten über ihren „Job" nutzen, um aus Volkspolizei-Texten Dilemmata staatssozialistischer Herrschaftspraxis herauszuarbeiten.[5] Abschließend werde ich kurz auf die Existenz/Nichtexistenz einer polizeiunabhängigen veröffentlichten Rede über Polizei in der DDR in Literatur und Film eingehen. Als exemplarischen Bezugspunkt benutze ich durchweg den in allen Textsorten behandelten *Abschnittsbevollmächtigen* der VP (ABV), dessen Einführung Ende 1952, so ein hoher VP-Offizier einige Jahre später, „die bedeutsamste Strukturveränderung der Deutschen Volkspolizei" seit ihrer Gründung im Jahre 1945 darstellte.[6]

1. Polizei-Texte

Organisationsgeschichtlich geht die Deutsche Volkspolizei (VP) auf die ersten, im Sommer 1945 als Exekutivorgane der Sowjetischen Militäradministration gegründeten lokalen Polizeieinheiten zurück. Diese wurden nach und nach der Kontrolle der sich entwickelnden deutschen Verwaltungsbehörden der SBZ unterstellt: zunächst als Ortspolizeibehörden den Provinz- bzw. Landesregierungen, dann als Landespolizeibehörden der Deutschen Verwaltung des Innern, der Vorläuferin des Ministerium des Innern (MdI). Im Mai 1949 wurden sie offiziell in „Deutsche Volkspolizei" umbenannt, nachdem diese Bezeichnung sich bereits in den Jahren davor im politischen Sprachgebrauch eingebürgert hatte.[7] Die deutschen, am Wieder-

---

5 Siehe dazu ausführlicher meinen Beitrag Zwischen Klassengegner und Partei. Diskurse über die Volkspolizei auf dem Lande 1952–1958 (dt. Arbeitstitel), in: Annales. (im Druck)
6 Herbert Weidlich, Der Abschnittsbevollmächtigte bekämpft die kleine Kriminalität, in: Die Volkspolizei, 9. (1956), H. 13, S. 13. Zur Frühphase der der VP bis 1952 siehe Richard Bessel, Police of a „New Type"? Police and Society in Eastern Germany after 1945, in: German History 10 (1992), Nr. 3, S. 290–301 (anhand der Überlieferung der Deutschen Verwaltung des Inneren/DVdI und der Landespolizeien Sachsen-Anhalt und Mecklenburg), sowie neuerdings ders., Grenzen des Polizeistaates. Polizei und Gesellschaft in der SBZ und frühen DDR, 1945–1952, in: ders., Ralph Jessen (Hg.), Die Grenzen der Diktatur. Staat und Gesellschaft in der DDR, Göttingen 1996, S. 224–252.
7 S. Lüers, a. a. O., S. 12–14.

aufbau in der SBZ beteiligten Kommunisten achteten von Anfang an darauf, daß auf allen Ebenen die für Personalangelegenheiten und „Inneres" verantwortlichen Positionen mit kommunistischen bzw. zuverlässigen SED-Kadern besetzt wurden. Die den späteren Staatsaufbau der DDR vorbereitenden Länderinnenministerkonferenzen der Jahre 1947 und 1948 waren daher de facto bereits SED-Veranstaltungen, die die direkte Unterstellung der Polizei unter die SED einleiteten, natürlich im Rahmen und nach Maßgabe der verbindlichen Vorgaben der SMAD.[8] Als zunächst einziges bewaffnetes Organ der Staatsexekutive gehörte die Leitung der VP zum Aufgabenbereich „Sicherheitsfragen", der unmittelbar dem Generalsekretär des ZK der SED unterstand.[9] Von Ulbrichts, später Honeckers Büro bzw. dem der Sicherheitsabteilung des ZK aus erfolgten die entscheidenden Beschlußfassungen und damit die Steuerung der VP in Grundsatzdingen und in Kaderfragen.

Politbürobeschlüsse

Die Arbeitsweise von Politbüro und Sekretariat des ZK brachte es mit sich, daß Beschlußvorlagen in der 1950 im MdI gebildeten *Hauptverwaltung der DVP* (HVDVP) geschrieben, aber als Beschlüsse des Politbüros bzw. des Sekretariats des ZK der SED verabschiedet wurden. An der Spitze und in Grundsatzfragen ergibt sich daraus eine weitgehende Identität der Abt. Sicherheitsfragen und der Spitze des MdI als *Autoren* von Beschlüssen und Normativakten.[10] Eine eindeutige Innen-Außen-Grenze zwischen MdI-Leitung (Minister Willi Stoph, Chef der VP Karl Maron, Leiter der Politischen Verwaltung Herbert Grünstein) und Politbüro-Zuständigen (Walter Ulbricht und sein „Verbindungsoffizier" zur VP, Gustav Röbelen) ist – für die frühen 50er Jahre jedenfalls – nicht auszumachen. Ein charakteristisches Beispiel dafür ist die gelegentlich in Politbüroprotokollen erwähnte „M-Abteilung" („M" in Fortführung von KPD-Sprachgebrauch für „Militärpolitik"), die im Parteiarchiv nirgendwo als Registraturbildner auftritt. 1952 wurde sie mit der Politischen Verwaltung des MdI, also einer Abteilung im Staatsapparat, ineinsgesetzt.[11] Daneben existierte ab Juni 1954 beim ZK der SED eine „Sicherheitskommission", die als Vorläuferin des 1960 gebildeten Nationalen Verteidigungsrates anzusehen ist und deren Beratungsgegenstände im Wesentlichen verteidigungspolitischer Natur waren, sich also vor allem den Aufbau der genuin militärischen Verbände „Kasernierte Volkspolizei", aus der dann später die „Nationale Volksarmee" hervorging, kümmerte. Dennoch befaßte auch dieses Gremium sich mit Grundsatzfragen des für die innere Sicherheit zuständigen MdI und damit der VP.[12]

8   S. Jochen Laufer, Die Ursprünge des Überwachungsstaates in Ostdeutschland. Zur Bildung der Deutschen Verwaltung des Innern in der Sowjetischen Besatzungszone (1946), in: Bernd Florath u. a. (Hg.), Die Ohnmacht der Allmächtigen. Geheimdienste und politische Polizei in der modernen Gesellschaft, Berlin 1992, S.146–168.
9   S. Protokoll der Sitzung des Sekretariats des ZK der SED v. 3. 8. 1953, Stiftung Archiv der Parteien und Massenorganisationen der DDR im Bundesarchiv (SAPMO), DY 30, J IV 2/3-393, Bl. 2.
10 S. auch die noch in der Außenstelle des Bundesministerium des Innern in Berlin-Mitte gelagerten Akten des Weisungsbestandes des MdI (i.f. BMI), aus denen diese enge Verzahnung zwischen Sekretariat des ZK und HVDVP bei der Abfassung von grundlegenden Weisungen im Detail hervorgeht.
11 S. Protokoll der Sitzung des Politbüros (PB) v. 23. 9. 1952, SAPMO, DY 30, IV 2/2/234, Bl. 15.
12 Insgesamt kann davon ausgegangen werden, daß innerhalb des MdI bis 1955 Fragen der militärischen Aufrüstung, also des verdeckten Aufbaus militärischer Verbände in der „Hauptverwaltung für Ausbildung" bzw. der „Kasernierten Volkspolizei" einen deutlich größeren politischen Stellenwert besaßen als die Arbeit der „normalen" Volkspolizei, so daß das MdI in diesen Jahren, bevor ein eigenes Ministe-

Beschlüsse des Politbüros, die die VP betrafen, gingen unmittelbar aus deren politischen Instrumentalisierung für die Herrschaftszwecke und -interessen der SED hervor. Sie formulierten die Richtlinien für alle weiteren Führungshandlungen durch die Polizeispitze. Sie waren ihrerseits teilweise das Ergebnis von korrigierenden und oktroyierenden Eingriffen der Sowjetischen Militäradministration bzw. der Sowjetischen Kontrollkommission (SKK).[13] Im Stil sind sie – gemessen an den weitreichenden Konsequenzen und im Vergleich mit anderen Texten – knapp, präzise und zuweilen lakonisch. Der Beschluß, das System der ABV einzuführen, bildete zum Beispiel nur einen von 21 Punkten eines Politbüro-Beschlusses vom 29. Juli 1952 „zur Verbesserung der Arbeit der Deutschen Volkspolizei", der am 16. September 1952 aufgrund von Beanstandungen durch die SKK erneut verabschiedet wurde. In beiden Versionen heißt es unter Punkt 8 resp. 10:

„Zunächst in den großen Städten und besonders wichtigen ländlichen Gebieten (Grenzkreise, Orte mit PG, MAS) ist das System der ABV (Einzelposten) einzuführen.
In den Städten sollen vorläufig auf je 10 000 Einwohner ein Einzelposten entfallen. Als Einzelposten dürfen nur besonders zuverlässige und bewußte Volkspolizisten mit großer Erfahrung auf den verschiedensten Gebieten der polizeilichen Tätigkeit eingesetzt werden, die gewohnt sind, selbständig zu arbeiten und guten Kontakt mit der Bevölkerung zu halten."[14]

Natürlich sind diese Texte entsprechend der zentralistischen Struktur von Partei- und Staatsapparaten für die Untersuchung auch der Volkspolizei unentbehrlich. Allerdings dürfen sie nicht isoliert betrachtet werden: Zum einen, weil die Experten der Volkspolizei selbst am konzeptionellen Vorlauf von wichtigen Beschlüssen beteiligt waren und sich ihre Entstehung daher häufig nur mit den Akten des MdI bzw. der HVDVP, nicht aber der SED nachvollziehen läßt, zum anderen, weil die Volkspolizei-Führung durchaus in der Lage war, durch Zurückhaltung oder zielgerichtete Weitergabe von Informationen institutionelle Eigeninteressen zu verfolgen. Eine Untersuchung zur Volkspolizei, die sich in erster Linie auf das zentrale Parteiarchiv stützte, würde daher an vielen Stellen ins Leere laufen.

Neben diesen Grundsatztexten wirkte die Sicherheitsabteilung des ZK außerdem im alltäglichen Geschäft auf den Apparat durch Gegenzeichnung von Leitungsbeschlüssen ein durch auf Einzelfälle und „Vorkommnisse" bezogenene Interventionen und Instruktionsberichte. Unterhalb der zentralen Ebene hingegen waren Partei- wie Polizeiführung darauf bedacht, den Einfluß der Parteileitungen auf Bezirks- und Kreisebene auf die VP auf Konsultationsbezie-

---

rium für Nationale Verteidigung gebildet wurde, eher ein heimliches Verteidigungsministerium mit angegliederter Polizeiabteilung war. Ich danke Torsten Diedrich, Militärgeschichtliches Forschungsamt, Potsdam, für diesen Hinweis.

13 S. z. B. in SAPMO aus dem Nachlaß Grotewohl die Vorgänge in NL 90, Nr. 316: Zusammenarbeit mit der SKK für die Jahre 1952–54, sowie im Bestand der Abteilung für Sicherheitsfragen, DY 30, IV 2/12, Nr. 119.

14 PB v. 16. 9. 1952, SAPMO, DY 30, IV 2/2/232, Bl. 161. – PG: (landwirtschaftliche) Produktionsgenossenschaften (übliche Abkürzung LPG); MAS: Maschinen-Ausleih-Stationen, später Maschinen-Traktoren-Stationen (MTS); landwirtschaftliche Dienstleistungsbetriebe, die in den Augen der SED-Landwirtschaftspolitik zugleich als politische Vorposten der „sozialistische Umgestaltung der Landwirtschaft" fungierten.

hungen zu begrenzen. Die Funktion der Abteilungen Sicherheitsfragen der Bezirks- und Kreisleitungen bestand daher weniger in der konkreten Anleitung der entsprechenden Bezirksbehörden und Kreisämter der VP als in der Informationsvermittlung zwischen diesen und den der Bezirks- bzw. Kreisleitung jeweils unterstellten Gliederungen anderer politischer und staatlicher Apparate. Die politische Linie der Parteiführung innerhalb der VP durchzusetzen war in erster Linie Sache der VP-eigenen „Politischen Verwaltung" bzw. der VP-internen Partei- und FDJ-Organisationen.

Befehle, Instruktionen und andere Weisungen
Beschlüsse des Politbüros bzw. der Abteilung Sicherheitsfragen mußten von der Polizeiführung in *Weisungen* an die nachgeordneten Dienststellen umgesetzt werden. Diese Sammelbezeichnung faßte *„Befehle", „Dienstvorschriften", „Dienstanweisungen", „Instruktionen"* und sich darauf beziehende *„Durchführungsanordnungen"* zusammen. Die wichtigeren und innovativen gingen von einem Partei- oder Ministerratsbeschluß, einem Gesetz oder anderen allgemeinverbindlichen politischen Zielsetzungen aus und waren vor Inkrafttreten vom zuständigen Sekretär oder Abteilungleiter des ZK gegengezeichnet worden. Häufig begannen sie mit einer politisch argumentierenden Präambel. So begann der im Dezember 1952 erlassene Befehl des Chefs der VP zum Aufbau des Systems der ABV folgendermaßen:

„In Durchführung des Gesetzes über die weitere Demokratisierung des Aufbaus und der Arbeitsweise der staatlichen Organe in den Ländern der Deutschen Demokratischen Republik vom 23. Juli 1952 und angesichts der verstärkten Bemühungen unserer Gegner, den Aufbau des Sozialismus in der Deutschen Demokratischen Republik mit allen Mitteln zu stören, ist eine bessere Verteilung der Kräfte der Volkspolizei und Veränderung der Arbeitsmethoden zum Zwecke der engeren Verbindung mit der Bevölkerung notwendig.
Zur Erreichung dieses Zieles befehle ich: [...][15]"

Das für die kommenden Jahre zentrale Stichwort dieser Präambel lautete „engere Verbindung mit der Bevölkerung", die vor allem durch kontinuierliche Informationsbeschaffung und -auswertung des ABV über seinen Abschnitt gewährleistet werden sollte. Die Rückbindung an die maßgebenden Parteibeschlüsse wird mit dem Stichwort „Aufbau des Sozialismus", der in diesem Jahr auf der II. Parteikonferenz beschlossen worden war, hergestellt. Als wichtigste Aufgaben des ABV wurden im selben Dokument festgelegt:

„...die Sicherung der öffentlichen Ordnung im Abschnitt, der Schutz des sozialistischen und genossenschaftlichen Eigentums, der demokratischen Einrichtungen und ihrer Funktionäre, der Schutz der Bürger der DDR und ihres Eigentums sowie der strengen Kontrolle über die Einhaltung der Meldeordnung."

Mit dem als ersten konkreten Aufgabenbereich benannten „Schutz des sozialistischen und genossenschaftlichen Eigentums" ist die politische Zielvorgabe evident. Auch die Präambel ordnet das ABV-System direkt in den Kontext der Umsetzung der von der II. Parteikonferenz im Juli 1952 gefaßten Beschlüsse ein: Der Staatsapparat und seine Organe, zu deren Zentrali-

---

15 Befehl Nr. 152/52 MdI v. 10. 12. 1952, BMI.

sierung vor allem auch das erwähnte Gesetz durch die Abschaffung der Länder und die Bildung der Bezirks-Kreis-Struktur beitragen sollte, galten nun als „Hauptinstrument" des Aufbaus der Grundlagen des Sozialismus. Das zusammen mit den bedeutsameren Weisungen teilweise noch überlieferte „Zwischenmaterial", also Vorfassungen, die zwischen dem Sekretariat des Chefs der Volkspolizei und den beteiligten ZK-Abteilungen zur Gegenzeichnung und eventuellen Änderungen hin- und herwanderten, zeigen eine sorgfältige und durchaus auf den präzisen Wortlaut bedachte Redaktion sowohl dieser Präambel wie auch des Haupttextes. Um ihre Bedeutung zu entziffern, müssen sie daher, so abstrakt und formelhaft sie häufig auf den ersten Blick wirken, ähnlich juristischen Texten wortgenau und unter Berücksichtigung ihres semantischen Umfelds ausgedeutet werden.

Nach der einleitenden Präambel und der Übergangsfloskel „... befehle ich:" folgen vergleichsweise präzise formulierte, in durchnumerierte Kapitel und Absätze gegliederte Vorschriften, die gerade bei längeren Dokumenten ohne weiteres als die Frucht der langwierigen Konzeptionsarbeiten einzelner Fachabteilungen wiederzuerkennen sind. Je nach politischer Bedeutung und praktischer Reichweite mußten Weisungen vom Minister des Innern oder lediglich vom Leiter der Hauptverwaltung bzw. dem Leiter einer Hauptabteilung unterzeichnet werden; dasselbe galt auch für die von den Bezirksbehörden erlassenen Weisungen (die häufig nichts weiter als die direkte Umsetzung einer Weisung der Hauptverwaltung darstellten).

Erst *nachdem* durch die Bezirks- und Kreisbehörden unter direkter Anleitung von „Instrukteuren" aus der Berliner Hauptverwaltung die Abschnitte festgelegt, die entsprechenden Kader ausgewählt und in ihre neuen Aufgaben eingewiesen worden waren, wurde durch den Chef der VP eine „vorläufige" Instruktion für die Abschnittsbevollmächtigten der Deutschen Volkspolizei" erlassen. Diese Bezeichnung trägt dieses Dokument durchaus zurecht: Von einer systematisch durchgearbeiteten, logisch und gesetzestechnisch in sich stimmigen *Dienstvorschrift*, wie sie erstmals 1965 für die ABV erlassen wurde, kann nicht die Rede sein. Stil und Aufbau der Instruktion sind in erster Linie von ihrer politisch-pädagogischen Funktion geprägt, weniger vom Erfordernis, die Aufgaben der ABV im Innenverhältnis der VP auf Dauer festzulegen. Ihre genauere Betrachtung vermittelt daher eine Ahnung von der Maßlosigkeit der den ABV zugedachten Aufgaben und Kompetenzen – es kommt bei ihnen auf „alles" an:

„Der Abschnittsbevollmächtigte hat innerhalb des ihm übertragenen Abschnittes alle Aufgaben der Volkspolizei [...] zu erfüllen." Wie er als Polizist vor Ort dieser ressortübergreifenden Zuständigkeit in einem Staat gerecht werden sollte, der dank einer durch Strafgesetze geschützten Wirtschaftsplanung und eines extensiven politischen Strafrechts[16] mittlerweile „öffentliche Ordnung" in einem sehr breiten Sinn verstand und exekutierte, das wurde in einer ausführlichen Auflistung von „Pflichten" und „Rechten" des ABV dargelegt. Als erstes wurden politisch-intellektuelle „Pflichten" benannt: Der ABV hatte nicht nur seine Aufgaben zu kennen, er mußte über das „politische Leben" unterrichtet sein, sollte die „laufenden Ereignisse richtig [...] verstehen" und „aktiv am Kampf für den Aufbau des Sozialismus" teilnehmen. Entsprechend dieser allgemein-politischen Funktionsbestimmung wird danach lediglich der Schutz von „Recht", „persönlicher Sicherheit" und „Eigentum" der „Werktätigen" – und nicht aller Staatsbürger – gegen „feindliche und kriminelle Elemente" angeführt, eine Engführung, die mit der besonderen Hervorhebung des „entschlossenen Kampf[es]" gegen den Diebstahl, die Beschädigung und den Verderb von Volks- und genossenschaftlichem Eigentum" und der

---

16 Siehe Falco Werkentin, a. a. O., S. 68–73.

Gewährleistung der „Sicherheit volkseigener Betriebe, der Behörden, Genossenschaften und MTS" fortgesetzt wird.

Die in den restlichen 22 Punkten angeführten Aufgaben zeichnen das Tätigkeitsprofil einer durch permanente Prävention und unbeschränkte Informationsbeschaffung geprägten Arbeitsweise: Um „allen kriminellen Erscheinungen" vorzubeugen, muß der ABV „alle" tatsächlichen Verbrecher, Vorbestraften und Verbrechen Verdächtigter „kennen" und „alle Orte", an denen diese verkehren, „ständig beobachten und systematisch überprüfen"; er muß in regelmäßigen Abständen alle Wohnhäuser und Gemeinschaftsunterkünfte aufsuchen, das „Rowdytum" in der Öffentlichkeit bekämpfen und bei Verbrechen nach erfolgter Meldung an den Vorgesetzten sofort die ersten Maßnahmen der Tatort- und Beweissicherung sowie der ersten Hilfe einleiten.

Spezifischer auf den aktiven „Kampf für den Aufbau des Sozialismus" gemünzt ist die Pflicht, „alle Handlungen von Großbauern und anderer feindlicher Elemente, die dem Ziel dienen, die Schaffung landwirtschaftlicher Produktionsgenossenschaften und andere demokratischen Umänderungen zu stören, energisch zu unterbinden", flankiert von der Vorschrift, „gemeinsam mit den Leitern der Landwirtschaftlichen Produktionsgenossenschaften und der Öffentlichkeit" auf die Sicherheit und Bewachung von Lebensmitteln, Saatgut, Inventar „zu achten". Allgemein sollte er „alle Funktionäre der örtlichen Partei- und Staatsorgane [...] kennen und eine ständige Verbindung mit den Direktoren der MTS und den Vorsitzenden der Landwirtschaftlichen Produktionsgenossenschaften [...] unterhalten". Das allgemeine Gebot, „den ihm anvertrauten Abschnitt gut zu kennen", wurde konkretisiert in der Anweisung, eine „Strukturzeichnung" des Abschnitts zu besitzen, „in der alle Ortschaften, Verkehrs- und Nachrichtenmittel, volkseigenen und privaten Betriebe, Organisationen und Behörden usw. verzeichnet sind"; ferner hatte der ABV zu „wissen, wann, an welchen Plätzen und aus welchem Anlaß Versammlungen der Bevölkerung, Volksfeste, Sportdarbietungen, Kirchen- und andere Veranstaltungen stattfinden". Der Katalog des allumfassenden „Wissens", „Kennens" und „Unterrichtet-Seins" wurde schließlich ergänzt durch die Pflicht, „zur erfolgreichen Erfüllung seiner Aufgaben ständig seine fachlichen Kenntnisse zu erweitern, die Allgemeinbildung und das politische Wissen zu verbessern, sein Waffe gut zu beherrschen".

Die übrigen „Pflichten" betreffen die Einbindung des ABV in den VP-Apparat: Ebenso wie zur „Bevölkerung" und den Funktionären von Partei und Staat hatte er zu allen anderen Dienstzweigen der VP eine „ständige Verbindung [...] zu unterhalten", sie also über die Lage in seinem Abschnitt zu unterrichten, er war für die Rekrutierung und den Einsatz von Freiwilligen Helfer der VP zuständig, hatte nach einem von seinem Vorgesetzten zu genehmigenden „Arbeitsplan" zu arbeiten und entsprechende Berichte zu schreiben. Insbesondere die Kontrolle durch den Leiter des VP-Kreisamts (und nicht durch den Abteilungsleiter der Schutzpolizei) wurde hervorgehoben.

Der Abschnitt „Rechte" wurde eingeleitet mit der Generalklausel „Der Abschnittsbevollmächtigte besitzt alle Rechte eines Offiziers der Deutschen Volkspolizei", womit sich formal gesehen die meisten der folgenden fünfzehn Punkte eigentlich erübrigten, da es darin um solche Selbstverständlichkeiten wie Führung von Ermittlungen, Forderung von Amtshilfe, Personenkontrolle, Kompetenzen gemäß der Strafprozeßordnung und Anwendung der Schußwaffe ging.[17] Wie beim Pflichtenkatalog, so muß auch bei dieser Liste die ihr zugedachte

---

17 „Vorläufige Instruktion für die Abschnittsbevollmächtigten der Deutschen Volkspolizei" v. 17. 3. 1953, Anlage zu Befehl 152/52, BMI.

polit-pädagogische Funktion höher veranschlagt werden als die formaljuristische, was aber lediglich dem verhältnismäßig geringfügigen Gewicht formaler Definitionen der Polizeifunktionen in der internen Kommunikation der VP zu diesem Zeitpunkt entspricht: Die meisten „Pflichten" und „Rechte" standen auf Grund des noch gültigen – „bürgerlichen" – „Preußischen Polizeiverwaltungsgesetzes" von 1931 in Verbindung mit den von den sowjetischen Besatzungsabehörden und der SED vorgenommenen Ergänzungen zum Strafrecht und zur Strafprozeßordnung ohnehin allen Trägern polizeilicher Gewalt zu.

Auf einer unmittelbar nach Herausgabe der „vorläufigen Instruktion" am 20. März 1953 stattfindenden „Cheftagung" erteilte der Chef der VP, Generalinspektor Maron, den Chefs der Bezirksbehörden und den Leitern der Dienstzweige in der HVDVP den Auftrag, aufgrund der in den Bezirken gesammelten praktischen Erfahrungen Abänderungsvorschläge für eine später zu erlassende endgültige Instruktion einzureichen. Die überarbeitete Fassung, die am 26. August 1953 vom Chef der Volkspolizei dem Minister des Innern vorgelegt wurde, war zwar in den meisten Einzelpunkten präziser formuliert, aber in ihrer inhaltlichen Struktur unverändert geblieben. Dennoch waren die „inzwischen eingetretenen politischen Veränderungen berücksichtigt" worden, wie Maron in einem Schreiben an den Innenminister formulierte. Entfallen seien die Verpflichtung zum Kampf gegen die Großbauern und andere den sozialistischen Aufbau störende „feindliche Elemente" sowie die gezielte Unterstützung der LPGen, da sie „nicht mehr der neuen Situation entsprechen".[18] Statt dessen war nur noch allgemein von „feindlichen Elementen" die Rede; hervorgehoben wurde die Notwendigkeit, bei den staatlichen MTS „auf einen guten Zustand und pflegliche Behandlung der Maschinen und des Inventars" zu achten, und das Gebot des Schutzes des Vermögens galt nun für das Volkseigentum allgemein und nicht mehr nur für das der LPG im besonderen.[19]

Weisungen von zentraler Bedeutung dienten in den 50er Jahren in erster Linie der politisch-inhaltlichen Ausrichtung, weniger der formal-rechtlichen Fundierung und Absicherung der Handlungen von Volkspolizisten. Charakteristisch für diese Funktion von Weisungen war die häufige Verwendung von *Beispielen* aus der polizeilichen Praxis. Die in Berichten und Anweisungen enthaltenen zahlreichen Einzelfallschilderungen aus dem Polizeialltag sowie weitere zu diesem Zwecke angefertigte Berichte nach oben wurden gebündelt, ausgewertet und als Schulungs- und Instruktionsmaterial wieder nach unten gegeben. Systematisch wurden von allen Dienststellen außerhalb der periodischen Berichtspraxis „positive" und „negative" „Beispiele" angefordert, die auf mittlerer und zentraler Ebene gesammelt, wiederum als Schulungs- und Instruktionsmaterial in den internen Kommunikationsprozeß eingespeist wurden. Dieses Verfahren entsprach dem Mangel an systematischen Schulungsmethoden bzw. an umfassend kompetenten Ausbildern: Was ein ABV beispielsweise können und wissen sollte, davon hatten seine Vorgesetzten und Ausbilder in der Regel genauso verschwommene Vorstellungen wie alle anderen Kollegen. Nur das anschauliche Material „von oben" konnte hier Abhilfe schaffen; erst in den sechziger Jahren bekamen die ABV ihre eigene zweijährige Spezialausbildung in einer eigenen ABV-Schule. Zugleich kann dieses mit zahlreichen Einzelfallschilderungen gespickte Material als Beschreibung symptomatischer Schwachstellen der Polizeipraxis durch die Polizeiführung gelesen werden.

---

18 Maron an Stoph, 26. 8. 1953, ebd.
19 Instruktion 2/53, Anlage zu Befehl 152/52, BMI.

Trial and error – die Klartexte der Planer

Die Sekretariate der Chefs von Hauptverwaltung und Bezirksbehörden haben ebenso wie die Abteilungen der verschiedenen Dienstzweige dieser beiden obersten Hierarchieebenen Materialien hinterlassen, die bei der planenden und konzipierenden Vorbereitung von Veränderungen der Polizeipraxis entstanden waren. Sie wurden in der Regel von Sachbearbeitern verfaßt und dann vom Abteilungsleiter „abgesegnet" bzw. korrigiert und an den Chef weitergereicht oder aber, mit kritischen Randbemerkungen versehen, zur Überarbeitung an den Verfasser zurückverwiesen. Oftmals handelt es sich um ausgesprochen „formlose" *Vermerke* und *Entwürfe zu Weisungen.*

Außer den Ergebnissen von Inspektions- und Instrukteursberichten (s. u.), die als Vorschläge für zu ergreifende Maßnahmen formuliert waren, verwendeten die Sachbearbeiter auch immer eigens für diesen Zweck erstellte *Umfrageergebnisse* und *Lageanalysen.* Umfragen richteten sich in der Regel an die nächstniedrigere Instanz, bisweilen auch an gleichrangige benachbarte Fachabteilungen. Eine Abteilung in der Hauptverwaltung etwa fragte bei den entsprechenden Fachabteilungen der Bezirksbehörden deren Erfahrungen und Verbesserungsvorschläge zu einem bestimmten Problem ab und setzte einen Termin zur Berichterstattung. Die eingehenden Berichte wurden anschließend ausgewertet, um einen Handlungsbedarf zu begründen. Dieses Verfahren wurde auch zur fortlaufenden Kontrolle der gleichmäßigen Umsetzung von Weisungen angewandt, um Schwachstellen ausfindig zu machen und zu korrigieren. Gerade der von der Hauptabteilung Schutzpolizei in der Berliner Hauptverwaltung gesteuerte Aufbau des ABV-Systems erweist sich aufgrund dieser Materialien als ein Prozeß des „trial and error", der sich über mehrere Jahre hinweg erstreckte. Er war verbunden mit situationsbedingten Improvisationen vor Ort, politischen Kurswechseln geschuldeten kurzfristigen Umorientierungen und dem auf allen Hierarchieebenen anzutreffenden Prinzip des „learning by doing".

Die Planer der Hauptabteilung Schutzpolizei in der Hauptverwaltung hatten beim System der ABV vor allem mit zwei Schwierigkeiten zu kämpfen: eklatanten Mängeln in der materiellen Ausrüstung und den Arbeits- und Lebensbedingungen der ABV sowie ineffizienten Anleitungs- und Unterstellungsverhältnissen. Fehlende Fahrradersatzteile, Taschenlampen, Regenmäntel, Telefonleitungen und unerträgliche Wohnverhältnisse konnten durch mehr oder weniger erfolgreiche Beschaffungsaktionen bis hin zu einem eigenen Wohnungs- und Hausbauprogramm des MdI angegangen werden. Hinreichende technische Bedingungen ersetzten aber keineswegs die für eine erfolgreiche ABV-Arbeit für unerläßlich gehaltene regelmäßige und effektive „Anleitung und Kontrolle" der Volkspolizisten durch kompetente Offiziere vor Ort. Entsprechend seiner breitangelegten fachlichen Zuständigkeiten sollte – so das Konzept – der ABV regelmäßig mit Offizieren aller in einem VP-Kreisamt vorhandenen Dienstzweige kommunizieren. Aus allen Abteilungen sollten ihm sowohl Informationen als auch Unterstützung zuteil werden, wovon man sich eine die konkrete Arbeit qualifizierende Wirkung versprach.[20] Die erhaltenen Informationen mußte der ABV in einer „Strukturmappe"

---

20 Siehe Hauptverwaltung der Deutschen Volkspolizei, Hauptabteilung Schutzpolizei (HA/S), 17. 3. 1954, Richtlinie Nr. 472 zur Verbeserung der Arbeit der ABV, Bundesarchiv Berlin (BArch B), DO-1, Best. 11, Nr. 356, Bl. 127–149; HA/S, 6. 2. 1956, „Bericht über die in den Bezirken Dresden und Magdeburg durchgeführten Überprüfungen der Arbeit der ABV, insbesondere der Zusammenarbeit der ABV mit den Dienstzweigen", BArch B, DO-1, Best. 11, Nr. 417, Bl. 14–30.

nach einem minutiös festgelegten Schema festhalten, und der Kreisamts-Leiter war persönlich dafür verantwortlich, daß diese immer auch auf dem neuesten Stand war. Neben dieser Strukturmappe sollten weitere schriftliche Unterlagen die Arbeit des ABV steuern: vorausschauend der in Wochen- und Monatsabständen zu erstellende Arbeitsplan, rückblickend das Arbeitsbuch, beide waren regelmäßig vom Kreisamtsleiter zu kontrollieren.[21] Große ländliche Kreise hatten über 50 Abschnitte. Anders als die Abschnitte in den Städten waren sie nur direkt über das Kreisamt, ohne die Zwischenstufe eines Polizeireviers, anzuleiten. Es verwundert deshalb nicht weiter, daß beide Seiten – nicht nur der zu kontrollierende ABV, sondern auch die für ihre Kontrolle zuständigen Offiziere – mit dem geforderten Aufwand an regelmäßiger Verbindung überfordert waren.

Um dieses Defizit zu überwinden, schlug im Mai 1955 ein Sachbearbeiter der Hauptabteilung Schutzpolizei in der HVDVP vor, eine Zwischenstufe zwischen Land-ABV und VP-Kreisamt, den für mehrere ABV zuständigen „Landgebietsinstrukteur" (LGI), einzuführen. Die von ihm in einem vertraulichen Entwurf entwickelten „Prinzipien" dieses neuen Typs von VP-Offizier enthalten einige interessante Hinweise auf die VP-intern möglichen Argumentationsmuster, wenn es darum ging, das einmal eingeführte ABV-System für seine Anwendung auf dem Land zu optimieren. Ausgangspunkt waren Zweifel, ob die VP entsprechend einem kurz zuvor vom ZK der SED verabschiedeten Entschluß in der Lage sein werde, dazu beizutragen, daß die MTS „als politisch, wirtschaftlich-technische und kulturelle Hauptbasis auf dem Lande" wirken können. Die 1953/54 vorgenommene Vermehrung der Abschnitte habe zu einer „starken Dezentralisierung" geführt, wobei „der Möglichkeit der Durchführung von Kontrollen nicht genügend Beachtung geschenkt" worden war. Die innerhalb eines ländlichen Kreises mit mehr als 25 Abschnitten zu bildenden zwei oder drei „Instrukteurbereiche" sollten eine Zwischenstufe der Anleitung und Kontrolle der ABV ermöglichen. Dabei sollte der Sitz eines Instrukteurs möglichst am Ort einer MTS liegen und der Instrukteurbereich mit einem oder mehreren MTS-Bereichen übereinstimmen. Dem LGI selbst war kein eigener Abschnitt zuzuweisen; bei ihm sollte es sich entweder um einen besonders qualifizierten ABV oder um einen Offizier mit besonderen Erfahrungen auf diesem Gebiet handeln. Zur Untermauerung der Realisierbarkeit seines Vorschlags verweist der Autor nicht nur floskelhaft auf die Praxis in der sowjetischen Miliz, sondern auch auf bereits in Deutschland gemachte Erfahrungen – älteren wie jüngeren:

„Dieser Vorschlag über die Einrichtung von Landgebietsinstrukteuren stellt im Prinzip nichts Neues dar. Bereits vor 1945 war die Gendarmerie der Kreise untergliedert in Abteilungen unter Leitung je eines Leutnants oder Oberleutnants als Abteilungsführer. Diese Einrichtung wurde auch im Lande Sachsen noch nach 1945 noch für kurze Zeit beibehalten und dann aufgelöst. Sie hatte sich durchaus bewährt. [...] Wie wir jedoch jetzt bei unseren Instrukteureinsätzen und auch durch Hinweise der S[chutzpolizei – T. L.]-Leiter der Bezirke erfahren, bilden sich bereits wieder illegal und spontan solche ähnlichen Untergliederungen zum Teil unter der Bezeichnung ‚Arbeitsbrigaden', zum Teil in der Form, daß durch die VPKÄ [Volkspolizeikreisämter – T. L.] sogenannte Ober-ABV bestimmt wurden. Beides läuft also wieder auf ähnliche Untergliederungen, wie sie bereits mehrfach da waren,

---

21 Siehe die Vorgänge ebd., Bl. 1f., 34f., 45–48, 57 (Strukturmappen), Bl. 41–44, 66–87, 112f. (Arbeitsbücher und Arbeitspläne).

hinaus. Dieser Umstand bestärkt uns in der Ansicht, daß der jetzige Vorschlag zur Einsetzung von Landgebietsinstrukteuren nicht abwegig ist und durchaus den bisherigen Erfahrungen in der Polizeiarbeit entspricht."

Die sachlichen Zuständigkeiten des LGI sollten denen des ABV entsprechen, d. h. er war „für die volkspolizeiliche Arbeit zur Aufrechterhaltung der Sicherheit und Ordnung in seinem Instrukteurbereich verantwortlich", hatte diese Aufgabe aber in erster Linie indirekt zu bewerkstelligen, indem er die „Arbeit der ABV und Schutzpolizisten auf die Beseitigung der Schwerpunkte" in ihren Abschnitten zu orientieren hatte. Er sollte als permanenter Kontrolleur und Ausbilder von ABV zu ABV wandern und mit diesen gemeinsam den Dienst verrichten, ihre regelmäßige Schulung und Ausbildung organisieren sowie als ihr Disziplinarvorgesetzter fungieren.

Der betont nüchterne, ja technisch gehaltene Stil dieses Vorschlags schien den kenntnisnehmenden Vorgesetzten wenig behagt zu haben, versahen sie den Entwurf doch mit handschriftlichen Randbemerkungen wie „Nicht ein Hinweis auf die Rolle der Parteiorganisation als Motor der Verbesserung der Arbeit" und „Stütze der Landgebietsinstr./auch die Partei". Die Ungezwungenheit und Souveränität, mit der ein Sachbearbeiter sich hier gleichermaßen der Erfahrungen der preußischen Gendarmerie wie einiger erfinderischer Genossen vor Ort (ABV-"Arbeitsbrigaden" und „Ober-ABV") bediente, zeigt, daß in Einzelfällen VP-intern durchaus polizeifachliche Gesichtspunkte und Effizienzkriterien entwickelt und ausformuliert werden konnten. Die umfassende „Politisierung" der polizeilichen Aufgaben und Arbeitsweisen, wie sie die an die vor Ort tätigen Polizisten gerichteten „Instruktionen" und Schulungsmaterialien, aber auch die in der Zeitschrift „Die Volkspolizei" enthaltenen Reportagen und Erfahrungsberichte prägten, trat hier weitgehend in den Hintergrund.

Neben der Vorarbeit für konzeptionelle und planerische Tätigkeiten dienten Umfragen bei den unterstellten Behörden, vor allem wenn sie als aktuelle Lageanalyse einer Fachabteilung vom Chef der Hauptverwaltung bzw. Bezirksbehörde angefordert wurden, aber auch deren kurzfristigem Bedarf an Überblickswissen. Das war besonders gefragt, wenn man auf Forderungen und Anfragen von außen, sprich seitens der SED-Leitung, zu reagieren hatte. Da Meldungen zur Sicherheitslage im Lande nicht nur über die Instanzen der Volkspolizei, sondern zugleich das MfS und die SED in das Politbüro gelangten, mußte der Innenminister und Chef der VP gelegentlich dessen aufgeregte Anfragen durch die eigenen Experten – zum Beispiel der Kriminalpolizei – überprüfen lassen. Daß er gegebenenfalls deren entdramatisierende Rechercheergebnisse gegenüber dem Generalsekretär verschwieg und diesen in seiner Annahme akuter Sicherheitsprobleme beließ, um der Forderung nach drastischer Personalerhöhung der Volkspolizei Nachdruck zu verleihen, ist eine bei allen Polizeichefs anzutreffende Vorgehensweise zur Sicherung von Ressourcen für die eigenen Apparat.[22]

---

22 Siehe den Briefwechsel zwischen Walter Ulbricht und dem Chef der VP, Karl Maron, im Dezember/Januar 1953/54 zur Sicherheitslage auf dem Lande, BArch B, DO-1, Best. 11, Nr. 24, Bl. 74–116. Armin Mitter übernimmt in seiner Darstellung dieses Vorgangs, die sich auf die Gegenüberlieferung in den SED-Akten stützt (SAPMO, DY 30, J IV 2/202, Nr. 63: Büro Walter Ulbricht, Berichte und Informationen über Agententätigkeit und Sabotagehandlungen insbesondere unter der Landbevölkerung, 1953–56), die „dramatischere" Version des Generalsekretärs, ohne die vorsichtig relativierende Auskunft von Maron und die beigefügte Analyse der Kriminalpolizei ernstzunehmen; siehe Armin Mitter, „Am 17. 6. 1953 haben die Arbeiter gestreikt, jetzt aber streiken wir Bauern." Die Bauern und der

Agitation und Unterhaltung: Die veröffentlichte Rede der Volkspolizei
Nicht nur interne Instruktionen und die direkte Anleitung und Kontrolle sollten die politische Instrumentalisierung und Orientierung der Volkspolizisten absichern. Parallel dazu wurde immer auch mit den Mitteln der öffentlichen, im konventionellen Sinne politischen Mobilisierung gearbeitet: Die Funktion und Stellung der Volkspolizei sollte zugleich als unmittelbarer Bestandteil der politischen Verhältnisse in der DDR, so wie er durch die Herrschaft der SED definiert wurde, sichtbar sein. Insbesondere nach dem innenpolitischen und nicht zuletzt auch polizeilichen Debakel im Juni 1953 dienten dazu vor allem die „Zentralen Arbeitskonferenzen" der Volkspolizei, die unter dem Vorsitz des Chefs der VP ein bis zweimal jährlich stattfanden und an der Delegierte aller Hierarchiestufen, also auch einfache Wachtmeister und Unteroffiziere aus den Kreisen und Bezirken, teilnahmen.

Das überlieferte Material dieser und ähnlicher Konferenzen in den Bezirken gibt sowohl ausgearbeitete Redemanuskripte bzw. sogenannte „Dispositionen" als auch protokollierte Wortbeiträge wieder. Diese Texte dokumentieren zum einen die ritualisierte Praxis der *persönlich-politischen* Kommunikation im Polizeiapparat. Volkspolizisten aller Dienststellungen und hohe „Gäste" des Partei- und Staatsapparates unterzogen sich gemeinsam einer „Diskussionsveranstaltung": Es handelte sich nicht um eine Dienstbesprechung von Vorgesetzten und Untergebenen, die der Ausgabe bzw. Entgegennahme von Weisungen und Meldungen diente, es sollte vielmehr politisch orientiert, kritisiert und beschlossen werden. Die bei diesen Anlässen gehaltenen Leitreferate sollten politische und fachliche Neuorientierungen sowie Weisungen aller Art direkt von Person zu Person übermitteln. Dementsprechend glichen sie im Gestus und Sprachstil eher den im „Neuen Deutschland" abgedruckten Parteitagsreden als nüchternen internen Lageanalysen und Inspektionsberichten. Die Aussagekraft der Beiträge der Hauptredner wird durch eine standardisierte Folge von Lob, Kritik und Selbstkritik stark eingeschränkt, während sich den protokollierten Wortbeiträgen anderer Teilnehmer gelegentlich recht konkrete Schilderungen von Mißständen im Polizeiapparat und Schwierigkeiten im Umgang mit der Klientel entnehmen lassen.

Vor allem in den Monaten nach dem 17. Juni 1953 war eine derartige grundlegende politische Ausrichtung der Polizeitätigkeit auf dem Lande notwendig. Am 23. Januar 1954 hatte das Zentralkomitee einen Beschluß „Über die Entfaltung der politischen Massenarbeit im Dorf und die nächsten Aufgaben in der Landwirtschaft" verabschiedet:[23] Da die Partei- und Staatsführung in Folge der Junikrise zunächst gezwungenermaßen ihren 1952 eingeschlagenen scharfen Kurs gegen die Einzel-, insbesondere die Großbauern zurückgenommen hatte,[24] galt es nun, ein halbes Jahr später, die eindeutige Linie für die auf dem Lande zu verfolgende Politik wieder zu bekräftigen. Nach wie vor stand die Kollektivierung an erster Stelle. Allerdings sollte nicht ausschließlich mit repressiven, sondern vielmehr mit Mitteln der Überzeugung, die die angestrebte „Freiwilligkeit" des Beitritts gewährleisteten, gearbeitet werden; „die Partei muß ihr Gesicht dem Dorf zuwenden".

Sozialismus, in: Ilko-Sascha Kowalczuk u. a. (Hg.), Der Tag X – 17. Juni 1953. Die „innere Staatsgründung" der DDR als Ergebnis der Krise 1952/54, Berlin 1995, S. 75–128, hier S. 126f.

23 Zentralkomitee der Sozialistischen Einheitspartei Deutschlands (Hg.), Dokumente der Sozialistischen Einheitspartei Deutschlands. Beschlüsse und Erklärungen des Zentralkomitees sowie seines Politbüros und seines Sekretariats, Bd. V, Berlin 1956, S. 34–58.

24 Siehe Werkentin, a. a. O., S. 87–92, sowie die im Herbst 1953 überarbeiteten Instruktion für die ABV, s. o.

Unter diesem Motto stand folgerichtig auch eine am 17. März 1954 abgehaltene „Zentrale Arbeitskonferenz" der VP, deren wichtigste Beiträge das gesamte nächste Heft der Zeitschrift „Die Volkspolizei" füllten.[25] Es ging darin ausschließlich um die Aufgaben der Volkspolizei, insbesondere der ABV, bei der Kollektivierung der Landwirtschaft. Erich Mückenberger, der für Landwirtschaft zuständige ZK-Sekretär, und Karl Maron, der Chef der Deutschen Volkspolizei, hielten die Leitreferate. Letzterer hob ganz im Sinne des ZK-Beschlusses vor allem die politischen Ursachen für Schwachstellen der Volkspolizei auf dem Lande und die daraus zu ziehenden politischen Konsequenzen hervor.[26] Die Bedeutung von Marons Referat lag in der Grundsätzlichkeit und Ausführlichkeit, mit der erstmals auf einer öffentlichen Tagung das ABV-System als Kernstück der von der SED angestrebten Politik der inneren Sicherheit definiert und beschrieben wurde. Zugleich steht es im Kontext des qualitativen und quantitativen Ausbaus der VP-Kräfte in der Folge des sicherheitspolitischen Debakels vom Juni 1953. Dieser war von den „Beratern" der Sowjetischen Kontrollkommission in Gesprächen und Schriftwechseln mit dem Politbüro energisch angemahnt,[27] aber auch von Maron gegenüber dem Politbüro immer wieder gefordert worden.

Politische Legitimierung und damit verbunden exemplarische Orientierung wurde außer durch derartige Mobilisierungskampagnen in regelmäßiger Form mit Hilfe der zweiwöchentlich erscheinenden Zeitschrift „Die Volkspolizei" angestrebt. Sie war vor allem auf die unteren Dienstgrade und die „Freiwilligen Helfer der Volkspolizei" als Leser abgestellt.[28] Ihre inhaltliche und formale Struktur entsprach grundsätzlich zwei Erfordernissen: Zum einen stellte sie die Verbindung auch dieser Leserschaft mit den durch die SED vorgegebenen allgemeinpolitischen Aktualitäten und Prioritäten her. In dieser Hinsicht unterschied sie sich mit ihren Berichten und Kommentaren zu Parteitagen, Stalins Geburtstag, Fünfjahresplänen, Außenministerkonferenzen etc. kaum von der restlichen DDR-Presse. Zum anderen brachte die „Volkspolizei" politische und fachliche Orientierungen und Informationen, die entsprechend dem begrenzten Bildungsniveau der Adressaten ausgesprochen „volkspädagogisch" und anschaulich gehalten waren, wenn man einmal von den politischen Grundsatzreferaten der Polizeiführung absieht. Daneben bildete das soziale und kulturelle Innenleben der Volkspolizei, von den Erfolgen der Sportvereinigung „Dynamo" bis hin zu den Auslandstourneen des VP-eigenen Volkskunstensembles, einen regelmäßigen Schwerpunkt; auch Unterhaltung und – wenn auch in engen Grenzen – Satire durften nicht fehlen (Abb. 1).

In erster Linie an die gebildeteren Offiziere richtete sich hingegen die monatlich erscheinende „Schriftenreihe der Deutschen Volkspolizei" mit ihren fachkundlichen Beiträgen, die das ganze Spektrum polizeilicher Tätigkeit abdeckten. Sie enthielt neben den einschlägigen, weitgehend „unpolitischen" kriminologischen und kriminaltechnischen Analysen und Berich-

---

25 Vgl. Die Volkspolizei, 7, 1954, Nr. 3–5, 7.
26 Karl Maron, Die Aufgaben der Volkspolizei auf dem Lande und die Aufgaben der Abschnittsbevollmächtigten, in: Die Volkspolizei, 7, 1954, Nr. 7, S. 1–21.
27 Siehe das Material im Nachlaß Otto Grotewohls, SAPMO, NL 90/316, Bl. 326–356; ferner Abteilung für Sicherheitsfragen, 9. 1. 1954, Aktennotiz betr. Besprechung beim Genossen Walter Ulbricht am 8. 1. 1954, SAPMO, DY 30, IV 2/12/119, Bl. 1–9;
28 Die „Freiwilligen Helfer der Volkspolizei" waren im September 1952 gebildete Gruppen von Nichtpolizisten, die ehrenamtlich die Arbeit der Volkspolizei unterstützten. Sie anzuwerben, auszubilden und einzusetzen war ein weiteres der vielen Aufgabenfelder der ABV.

Von Toni Kohlsdorf

Wenn im Dorf etwas passiert,
Wenn ein Dieb das Schwein kassiert,
Wenn's im Spritzenhause brennt
Und der Kunz zum Dorfkrug rennt,
Wenn der Ochse nicht mehr zieht,
Wenn der Gummibaum verblüht,
Kommt der Storch zu Schulzens Frau –
Schreit man nach dem A B V !

Wenn die Straße mal blockiert,
Wenn die Räder nicht geschmiert,
Wenn ein Auto klebt am Baum
Und die Berta stirbt im Traum,
Wenn ein Motor ist defekt,
Wenn Benzin den Weg befleckt,
Weiß man etwas nicht genau –
Holt man schnell den A B V !

Wenn die LPG gewinnt,
Wenn der Landfilm nicht beginnt,
Wenn am Silo Richtfest ist
Und der Hans 'ne andre küßt,
Wenn der Sportclub mal verliert,
Wenn der Goldsohn nicht pariert –
Sagt der Schulz zu seiner Frau:
„Jetzt fehlt unser A B V !"

Wenn der Konterkunz beschwört,
Daß dem Osten nichts gehört,
Wenn der Junker spekuliert
Und im Geist schon einmarschiert,
Wenn er endlich hochbeglückt
In das Dorf Schmarotzer schickt –
Bringt sie alle in den Bau:
Unsres Dorfes A B V !

Wenn das Kreisamt hinterm Mond,
Wenn Kritik ist ungewohnt,
Wenn die Unfallziffer steigt
Und der gute Stern sich neigt,
Wenn Berichte sind ein Sport,
Wenn der Chef ruft zum Rapport –
Kommt die Antwort – haargenau:
Schuld hat nur der A B V !

Abb. 1: 3. Umschlagseite aus: Die Volkspolizei, Jg. 12, H. 11, Juni 1959.

ten vor allem auch Abhandlungen zu juristischen Aspekten der Volkspolizei aus der Feder nicht nur der Sachbearbeiter in den Abteilungen der Hauptverwaltung, sondern auch von Staatsrechtlern an Universitäten. Die Tätigkeit und Funktion der ABV gehörte hier unter den verschiedensten Aspekten zu den regelmäßigen Gegenständen von Abhandlungen und Diskussionen, in der Regel allerdings erst, nachdem durch entsprechende Weisungen des Chefs der VP bestimmte strukturelle Neuerungen überhaupt erst zum möglichen Gegenstand derartiger Erörterungen gemacht worden waren. Diskussionen außerhalb dieses Horizonts, also etwa über alternative Entwicklungen der zukünftigen Polizei, fanden – sieht man von einer kurzen Debatte über ein Polizeigesetz der DDR 1957/58 ab – auch hier nicht statt.

So wurden in dieser Zeitschrift erst drei Jahre nach ihrer Einführung die Aufgaben der Landgebietsinspektoren in einem Grundsatzartikel aus der Feder eines Sachbearbeiters der Hauptabteilung Schutzpolizei ausführlicher behandelt, wobei der Verfasser erste Erfahrungen mit diesem neuen Unterstellungsverhältnis bereits einarbeitete.[29] Ausgehend von den bei Inspektionen und in der Ausbildung immer wieder festgestellten *subjektiven* Defiziten der ABV wurde der Schwerpunkt auf die „politisch-ideologische Erziehung" der ABV durch die LGI gelegt. Gerade die Land-ABV seien „meist [...] auf sich allein gestellt und stehen eventuellen feindlichen Angriffsversuchen unmittelbar gegenüber. Nicht zuletzt brauchen sie gerade deshalb eine qualifizierte Hilfe."[30] Die als Hauptinhalt der LGI-Tätigkeit charakterisierte „individuelle Anleitung der ABV bei der praktischen Dienstdurchführung" wurde nach dem in SED-Kreisen vertrauten Vorbild industrieller Arbeitsbeziehungen beschrieben: „Diese Art der Qualifizierung der ABV beruht auf dem gleichen Prinzip wie die Heranbildung von Facharbeitern in der Produktion. So wie hier der Meister dem Arbeiter an der Werkbank zeigt, wie ein bestimmtes Werkstück bearbeitet werden muß, so zeigt der Instrukteur dem ABV praktisch, wie er seine Arbeit zu verrichten hat."[31]

Die persönliche Beziehung ABV-LGI sollte aber nicht nur den konkreten „Produkten" der Polizeiarbeit, sondern auch der allgemeinen Einstellung des ABV zugute kommen, denn „[e]inige ABV haben in moralischer Hinsicht noch bestimmte Schwächen". Hierauf müsse sich die Erziehungsarbeit besonders konzentrieren, das persönliche Vorbild des Instrukteurs sei ausschlaggebend für seinen Erfolg. Offensichtlich hatte man bereits einschlägige Erfahrungen gemacht: „Ein Instrukteur, der bei seiner Kontroll- und Anleitungstätigkeit gemeinsam mit dem ABV eine Gaststätte aufsucht und sich dem Alkohol hingibt, kann keinen fruchtbringenden erzieherischen Einfluß auf seinen Untergebenen ausüben." Gefordert wurde gerade vom LGI eine „konsequente Haltung", „zielstrebige Erziehungsarbeit" und „systematische Kontrolle" – immer wieder zeigten „Vorkommnisse, deren Ursachen moralische Verfehlungen sind", daß in dieser Hinsicht noch nicht alles zum Besten stand. „Recht häufig ist das Verhalten gegenüber den ABV ‚kumpelhaft' und bei Verfehlungen in der Dienstdurchführung und im persönlichen Verhalten versöhnlerisch. Nur selten unterbreiten die Instrukteure auf der Grundlage der Disziplinarordnung Vorschläge zur Bestrafung von Abschnittsbevollmächtigten."[32] Bei der nun folgenden Beschreibung konkreter polizeilicher Problembereiche und Tätigkeiten trat hingegen diese dezidiert politische Argumentationsweise gegenüber einer tech-

---

29 Alfons Petzold, Die Landgebietsinstrukteure im System der Abschnittsbevollmächtigten der Deutschen Volkspolizei, in: Schriftenreihe der Deutschen Volkspolizei, Nr. 22, Mai 1958, S. 17–27.
30 Ebd., S. 18.
31 Ebd., S. 20.
32 Ebd., S. 21.

nisch-organisatorischen Darstellungsweise über die verschiedenen Arbeitsgebiete des ABV auf dem Lande zurück – ein Dualismus von politischem und polizeilichem Sicherheitsbegriff, wie er für viele von der Volkspolizei hinterlassenen Quellen charakteristisch ist.

Berichtsroutinen, Polizeipraxis und der scharfe Blick der Instrukteure
Die bislang vorgestellten Quellen überliefern in erster Linie die „Sollbestimmungen" über Strukturen und Handlungsweisen der Volkspolizei: In den politischen Beschlüssen, Weisungen, Instruktionen und Schulungsmaterialien, Grundsatzreferaten und theoretischen Aufsätzen geht es um die Volkspolizei, so wie sie nach den Vorstellungen der politischen Führung auszusehen hätte. Nur indirekt, über den allerdings häufigen Bezug auf negative und positive „Beispiele", enthalten sie Hinweise auf die Polizeipraxis. Bei anderen Textsorten steht hingegen – zumindest vom Anlaß und formalen Zweck her – die tatsächliche Polizeipraxis im Mittelpunkt. Dazu gehören zunächst die aus allen derartigen hierarchisch-bürokratisch verfaßten Apparaten vertrauten regelmäßigen schriftlichen Meldungen und Berichte von „unten" nach „oben". Aus den vertikalen Kommunikationssträngen, also von den Leitungsstellen und Fachabteilungen der Kreise zu denen des Bezirkes und von dort zu denen der Hauptverwaltung in Berlin, sind folgende *regelmäßig* produzierten Textsorten überliefert:

Meldungen aus der operativen Praxis: Auf allen Ebenen wurden tägliche, wöchentliche und monatliche Rapporte der „Operativstäbe" erstellt. Allein die auf der zentralen Ebene erhaltenen bilden für die Jahre 1950–62 einen Bestand von über 200 Akten à mehrere hundert Blatt, anhand dessen sich Tag für Tag resp. Monat für Monat polizeiliche „Vorkommnisse" aller Art verfolgen lassen.[33] Abgesehen von diesen detaillierten Informationen erlauben sie allein durch ihre Gliederung Rückschlüsse auf die routinemäßig praktizierte Definition von öffentlicher Sicherheit und deren Gefährdungen. 1952 etwa waren die regelmäßigen Meldungen nach folgenden Tatbeständen gegliedert: „Antidemokratische Agitation und Provokation", „Vorkomnisse an der Staatsgrenze, D-Linie [Demarkationslinie – T. L.] und den Grenzen der Westsektoren Berlin", „Feststellungen, die den Verdacht einer Spionage oder Agententätigkeit rechtfertigen oder vermuten lassen", „Sabotage und Diversion", „Aus ungeklärten Ursachen oder sonstigen Ursachen hervorgerufene Schäden (Brände, Explosionen u. a.)", „Delikte begangen von oder zum Schaden der Volkspolizei (Desertionen, strafbare Handlungen durch VP-Angehörige, Entweichenlassen von Gefangenen, Verkehrsunfälle mit VP-Fahrzeugen, straf-

---

33 „Operativstäben" oblag die fortlaufende Sammlung von Informationen zur polizeilichen Lage und deren Analyse sowie die Ausarbeitung von Vorschlägen für Schlußfolgerungen und polizeiliche Maßnahmen. Sie wurden aufgrund der Dienstanweisung Nr. 27/51 vom 16. August 1951 als Hilfsorgane der Chefs und Leiter der Dienststellen auf allen Ebenen eingerichtet, s. auch die Dienstanweisung Nr. 119/52 v. 1. August 1952, BMI und Ministerium des Innern (Hg), Geschichte der Deutsche Volkspolizei, a. a. O., S. 186. Sie sind nicht mit den vorübergehend während des „sozialistischen Frühlings" 1960 in allen Kreisen gebildeten und direkt von der SED angeleiteten „Stäben" zu verwechseln, die die Agitations- und Pressionsmaßnahmen zur Kollektivierung der Landwirtschaft koordinierten, s. z. B. Protokolle des Kampfstabs zur sozialistischen Umgestaltung der Landwirtschaft im Kreis Potsdam, Brandenburgisches Landeshauptarchiv (BLHA), Rep. 531, IV/411, Nr. 1031, 1040, SED-Kreisleitung Potsdam, Abt. Landwirtschaft. Auch wurden aus diesem Anlaß bei der VP keine besonderen Operativstäbe gebildet, wie dies Werkentin, a. a. O., S. 99, anhand von Berichten von Volkspolizei-Operativstäben an die ZK-Abteilung für Staats- und Rechtsfragen annimmt.

bare Handlungen gegen VP-Angehörige)", „Republikfluchten", „Verstöße gegen wirtschaftsregelnde Gesetze" und Informationen über „Negative Stimmungen".

Periodische Tätigkeitsberichte: In allen Dienstzweigen hatten die Dienststellen der Revier-, Kreis , Bezirks und zentralen Ebene monatliche, quartalsmäßige, halbjährliche und jährliche Tätigkeitsberichte an die nächsthöhere Instanz zu schreiben. Derartige regelmäßige Berichte wurden darüberhinaus von den Leitern und Chefs der jeweiligen Hierarchieebene (Kreisamt, Bezirksbehörde, Hauptverwaltung) verfaßt. Diese *periodische* Berichterstattung ist besonders stark durch jene auch aus anderen Apparaten vertraute euphemistische Rhetorik geprägt, die nach vollmundigen Eröffnungen über bereits Erreichtes zu den verbleibenden Mängeln übergeht, um schließlich mit einer „Maßnahmeplan" genannten Liste guter Vorsätze zu schließen, die wiederum die gerade gültigen Prioritäten der SED-Politik reflektiert. Ihre fortlaufende Auswertung wird durch sich häufig ändernde Berichtsschemata erschwert, auch sind sie nicht über einen größeren Zeitraum hinweg systematisch nach einheitlichen Standards zusammengefaßt und analysiert worden – eine Arbeit, die den Historikern überlassen bleibt. Wieweit die darin enthaltenen Angaben über Strafverfahren oder den Personalbestand der VP sich beispielsweise mit Angaben der veröffentlichten DDR-Statistik decken, muß an dieser Stelle offen bleiben. Zu vermuten ist, daß diese Quellen eine von unten nach oben aggregierende Rekonstruktion derartiger statistischer Informationen ermöglichen, die realistischer ist als die nach politischen Erfordernissen manipulierten „offiziellen" Daten.[34]

Für die Rekonstruktion der Polizeipraxis wesentlich ergiebiger sind hingegen *nichtperiodische* „Tatsachen"-Erhebungen zu besonderen Problemen. Dazu zählen insbesondere die *Berichte von Inspektionen und Einsätzen von Instrukteurbrigaden:* Neben der „klassischen" Berichtspraxis von unten nach oben, in der der nächsthöheren Dienststelle jeweils ein Aggregat der Informationen von der nächstunteren Ebene geliefert wird, und neben der ebenso „klassischen" Befehlsstruktur von oben nach unten, die von der Spitze her nur Weisungen an die mittlere Ebene zur Weitergabe von Weisungen an die untere Ebene zuläßt, traten in der VP (wie in allen anderen Partei- und Staatsapparaten der DDR) Verfahren, die dazu dienten, in der internen Kommunikation Zwischenebenen zu überspringen und die höhere Ebenen mit der ganz unten „kurzzuschließen". Zum Beispiel beschäftigte das Sekretariat der HV, also der Chef der VP, eine vierköpfige Gruppe von Inspekteuren, die jahrein-jahraus zum Teil nach vorher abgesprochenen Plänen, z. T. nach aktuellen Erfordernissen, vor Ort den Zustand volkspolizeilicher Arbeit recherchierte und darüber direkt an den Chef berichtete. Dieselbe Praxis existierte auf der Bezirks- und Kreisebene, ferner gab es bei besonderen Anlässen sogenannte „Komplexbrigaden". Diese Bezeichnung verdankten sie ihrer „komplexen" Zusammensetzung aus je einem Vertreter der Abteilung Sicherheitsfragen beim ZK der SED, des MfS, der HVDVP, der Generalstaatsanwaltschaft oder anderer Institutionen.[35]

Berichte derartiger „fact-finding missions" beginnen zumeist mit einer Kurzcharakterisierung des jeweiligen Untersuchungsgebietes unter wirtschaftlichen und sozialstrukturellen Aspekten, wobei das quantitative und qualitative Verhältnis zwischen „sozialistischem" und „privatem/kapitalistischem Sektor" hervorgehoben wird, gefolgt von einer Einschätzung der

---

34 Zur Verwendung statistischer Daten der DDR als historische Quelle s. auch den Beitrag von Burghard Ciesla in diesem Band.
35 Eine detaillierte Analyse der Berichtsserie einer Komplexbrigade siehe in Lindenberger, Zwischen Klassengegner und Partei, a. a. O.

politischen Kräfteverhältnisse sowie der Präsenz und Tätigkeit potentieller „Gegner": Kirchen- und Sektenangehörige, ehemalige Nazis, Rückkehrer aus Westdeutschland, Strafentlassene und andere „deklassierte Elemente", (klein)bürgerliche Vereine, Personen mit verwandtschaftlichen oder beruflichen Westkontakten. Die polizeiliche Lageeinschätzung weist ebenfalls alle politisch bedeutsamen Delikte und Brennpunkte („Hetze", „Republikflucht", „Sabotage" etc.) besonders aus.

Ein Bericht über die Tätigkeit der jeweils inspizierten VP-Einheit enthält knappe Personencharakteristiken (soziale Herkunft, Parteizugehörigkeit, Qualifikation), benennt Mängel und Stärken der Dienstdurchführung, insbesondere auch in politischer Hinsicht („gute Kenntnisse", „mangelndes Klassenbewußtsein", „versöhnlerisch"), sowie der „Anleitung und Kontrolle" der inspizierten VP-Einheit durch die nächsthöhere Dienststelle. Den Schluß der in ihrem Gesamtergebnis überwiegend kritischen Berichte bilden regelmäßig die Ursachen der festgestellten Mängel. Sie werden zunächst beim Volkspolizisten vor Ort, vor allem aber bei dessen Vorgesetzten gesucht und gefunden, deren Fehler man wiederum in der Regel auf mangelhafte Arbeit der örtlichen Parteiorganisationen der VP zurückführt.

Viele dieser Berichte informieren äußerst detailliert über politische, soziale und ökonomische Zustände in einzelnen Dörfern, einschließlich dem für derartige kleinräumige Gemeinschaften charakteristischen „Gerede" über Lebenswandel, Gewohnheiten und Privatbeziehungen einzelner Dorfbewohner und Dorfbewohnerinnen. In erster Linie aber repräsentieren sie das operative „Wissen" der Polizeiführung wie auch teilweise der Parteiführung (der natürlich noch die Berichtsstränge der übrigen Herrschaftsapparate zur Verfügung standen). Sie erlauben die Rekonstruktion der Umsetzung politischer Vorgaben in polizeispezifische Wahrnehmungstrukturen, die ihrerseits polizeiliches Handeln und damit zugleich auch polizeiliches Eingreifen in soziale Beziehungen steuerten.

„Hier spricht der ABV ..." – Texte aus den Niederungen der Polizeipraxis
Auch die untersten Funktionsträger kamen im Schriftverkehr der VP bis nach ganz oben „zu Wort". Ihre Stellungnahmen und Erfahrungsberichte waren bei Vorgesetzten und Sachbearbeitern gerade der oberen Etagen gern gesehen. Daher finden sich in deren Hinterlassenschaften immer wieder Abschriften oder Originale von Schilderungen einzelner Polizisten aus einem Polizeirevier oder einem Abschnitt, die als Rückmeldung aus der Praxis für weitere Planungen oder als Anschauungsmaterial in der Schulung verwendet werden konnten. Natürlich sind auch diese Berichte mit Vorsicht zu genießen, wollten die Autoren doch auch demonstrieren, daß sie angesichts der vielen Probleme und Schwierigkeiten begriffen hatten, worum es in der Volkspolizei ging. Nicht jeder ABV erfaßte auf Anhieb den *politischen* Sinn seiner Aufgabe so vollständig und mustergültig, wie jener aus dem Berliner Vorort Marzahn, der nur vier Wochen nach seiner Einsetzung im Dezember 1952 folgendermaßen berichtete:

> „Ich nahm zunächst die Verbindung mit den Genossen der dort vorhandenen 3 Wohngruppen, sowie den Haus- und Straßenvertrauensleuten auf.
> Darüberhinaus mit dem Leiter der Genossenschaft *Werner*, der Vorsitzender der Nationalen Front ist, sowie mit dem II. Vorsitzenden, den [!] *Krüger*. [...] Da besonders in Marzahn die Frage der Gründung der Produktionsgenossenschaft steht, wurde durch mich eine sehr enge Verbindung zu den werktätigen Bauern hergestellt.
> [Diese bestand in eingehenden Diskussionen mit den Bauern. Der ABV erläuterte ihnen die drei PG-Typen und stellte ihnen das ND, „welches jetzt von Hand zu Hand geht", zur Ver-

fügung. Elf Bauern seien positiv eingestellt und warteten auf den Anstoß von außen zur Bildung einer LPG.] Ich habe wiederholt den Kreis der SED angesprochen und wurde mir am heutigen Tage zugesagt, daß der Kreis in Kürze den Personenkreis beauftragen wird, der die Gründung ideologisch und organisatorisch vorbereiten soll. [...]
Vor meinem Einsatz als Abschnittsbevollmächtigter in Marzahn war zu verzeichnen, daß sich dort, besonders in der Umgegend der Kirche viele Jugendliche, die besonders durch das Tragen schwarzer Hüte, die aus Westberlin stammten, kenntlich waren, aufhielten und randalierten, sowie die Bevölkerung Marzahns belästigten. Ich habe selbst diesen mir gemeldeten Treffpunkt dieser Jugendlichen aufgesucht, mit ihnen sehr eingehend diskutiert und sie aufgefordert, sich in Zukunft anders zu verhalten, da ihr bisheriges Treiben von mir nicht geduldet wird. Es war zu verzeichnen daß Jugendliche mit diesen Hüten nicht mehr auftauchen und daß sogar seitens der Bevölkerung mir gesagt wurde, sie sind sehr zufrieden, daß dieser Übelstand abgestellt wurde und daß sie jetzt wieder auch in den Abendstunden beruhigt durch den Ortsteil Marzahn gehen. [...] Es hat sich in der Zwischenzeit herumgesprochen, daß der Ortsteil Marzahn ständig von einem VP.-Angehörigen betreut wird, darüber hinaus bin ich selbst auch täglich im Ortsteil Marzahn unterwegs mit meinem Diensthund, der mir seit dem 31. 12. 52. zur Verfügung steht, und somit ein Begriff für die Marzahner Bevölkerung geworden. Ein Beweis hierfür sind die laufenden Meldungen und Hinweise, die mir seitens der Bevölkerung beim Begehen des Ortsteils gemacht werden [...]
Im Vordergrund steht jezt die Frage der Gründung der Produktionsgenossenschaft, der ich meine besondere Beachtung schenke.
Rückschauend kann ich sagen, daß es in der Hauptsache darauf ankommt, die richtigen Verbindungen aufzunehmen, die Menschen richtig in klarer und einfacher verständlicher Weise anzusprechen, dann ist sehr bald ein sehr enger Kontakt hergestellt und das Vetrauen wird gestärkt dadurch, daß man sich nicht nur alles anhört und registriert, sondern auch handelt."[Eine weitere Verbesserung der Arbeit sei möglich, wenn er im Ortsteil selbst eine Wohnung mit Telefon beziehen könnte], da dann die Bevölkerung weiß, daß ihr Abschnittsbevollmächtigter zu jeder Tages- und Nachtzeit zu erreichen ist, das gibt ihnen einen sehr großes Gefühl der Sicherheit.
gez. VP-Hwm. P."[36]

Derartige Erfolgsmeldungen aus dem Munde eines ABV sagen mindestens ebensoviel über die Erwartungen der Adressaten wie über die tatsächliche Polizeiarbeit vor Ort aus. Der erfolgreiche, Staat und Partei repräsentierende ABV als politischer Organisator, als Stifter der neuen Klassenbeziehungen, als Erzieher und Kontrolleur aller Verhaltensauffälligen, als Vertrauensperson der Bevölkerung – das war es, was den Erfindern des ABV-Systems vorschwebte. Im behördeninternen Schriftverkehr stellte diese Meldung einer hundertprozentigen „Plansollerfüllung" eher die Ausnahme dar – dafür finden sich in den Spalten der Zeitschrift *Die Volkspolizei* etliche solcher Idealpolizisten, deren „Methoden" allen Genossen zur Nachahmung ans Herz gelegt und auch fotogen in Szene gesetzt wurden. (Abb. 2 und 3). Der ABV-Alltag hingegen wurde – wie schon kurz angedeutet – von mangelnder Qualifikation und Motivation,

---

[36] VPI Lichtenberg. ABV Marzahn, 14. 1. 53, Bericht (Abschrift), BArch B, DO-1, Best. 11, Nr. 415, Bl. 51–53. Die Abkürzungen der Namen der berichtenden Polizisten in den folgenden Zitaten stammen von mir. Grammatikalische und orthographische Fehler sind unberichtigt.

hoher Fluktuation, schlechter Ausrüstung, unzureichenden Anleitungs- und Kontrollmöglichkeiten und dem „Mißbrauch" der ABV als „Mädchen für alles", sei es durch die vorgesetzten Dienststellen, sei es durch örtlichen Bürgermeister oder Parteisekretär, geprägt.

Um dieser permanenten Instabilität und Dysfunktion des ABV-Systems entgegenzuwirken, setzte die Polizeiführung auf Kommunikationsformen, die über die routinemäßige Berichtspraxis und dienstlichen Anweisungen vor Ort hinausgingen. Die ABV sollten ihre Tätigkeit nicht nur in den vorgeschriebenen „Diensttagebüchern" und „Strukturmappen" dokumentieren und darüber in den wöchentlichen Dienstbesprechungen berichten, sie sollten gemeinsam mit ihren Kollegen und Vorgesetzten auf gesonderten Veranstaltungen über ihre Arbeit diskutieren, im Ritual der Kritik und Selbstkritik die Vermittlung zwischen ihrem politischen Auftrag und den jeweiligen örtlichen Verhältnissen in eigenen Worten „zum Ausdruck bringen".

Als Beispiel für diese Kommunikationsform zitiere ich im folgenden aus einer Sammlung von Protokollen derartiger ABV-Konferenzen, die im Februar und März 1958 kreisweise im Bezirk Potsdam (wie überall in der DDR) durchgeführt wurden, um die ABV auf ihre besondere Aufgabe bei der „sozialistischen Umgestaltung der Landwirtschaft", sprich deren restlosen Vergenossenschaftlichung, vorzubereiten. Ähnlich den oben beschriebenen „Zentralen Arbeitskonferenzen" dienten sie der politischen Mobilisierung. Sie fanden aber nicht auf der Bühne der zentral inszenierten Öffentlichkeit im Kreise „zuverlässiger" Vertreter aller Dienstzweige und Dienstgrade statt, sondern bezogen alle, auch die weniger verläßlichen bis unzuverlässigen „Genossen Wachtmeister" einer Region mit ein. Sie waren nicht öffentlich und in ihrem Verlauf weniger vorprogrammiert. Zunächst hielt der Leiter des VP-Kreisamtes das Einleitungsreferat zum Thema „Sozialistische Umgestaltung der Landwirtschaft", das neben einem von oben vorgegebenen allgemeinen auch einen den Mängeln und Problemen im Kreisgebiet gewidmeten Teil enthielt. Dann waren die ABV aufgefordert, selbst zu berichten. Meist beschränkten sich ihre kurzen und ungelenk formulierten Beiträge auf Berichte wie diese:

„Gen. B. machte noch politische Ausführungen zur Frage der Arbeit auf dem Lande bezüglich der Gründung von LPG. Die Einwohner der Gemeinde Paplitz sind reaktionär, dieses ist bekannt und zeigte sich erneut wieder bei der Gründung der LPG. Dieselbe wurde am 7. 1. 58 gegründet und am 8. und 9. 1. 1958 waren Fastnachten in der Gemeinde, wo von dem Kapellmeister extra ein Tanz für die LPG-Mitglieder bekannt gegeben wurde. Der Erfolg war der, dass die anderen Bauern mit den Füssen trampelten, also eine offene Provokation durchführten. Weiterhin wird in der Form gearbeitet, dass die Schwiegereltern des Bauern Andres der LPG Mitglied ist, diesem anboten, ihm 2 Schweine zu geben, wenn er wieder aus der LPG austritt. Weiterhin wurden anderen Mitgliedern der LPG 1 Fass Bier und 100,– DM angeboten, wenn sie austreten. Die Ermittlungen hierüber sind noch nicht abgeschlossen.

Vor allem müssen alle ABV auf dem Lande von der Sache selbst überzeugt sein, wenn sie andere überzeugen wollen, dass die Gründung von LPG wichtig ist."[37]

---

37 Volkspolizei-Kreisamt (VPKA) Zossen, Diskussion zur ABV-Tagung am 27. 2. 1958, BLHA, Rep. 404/15, Nr. 25, Bl. 225.

Der ABV im Text 159

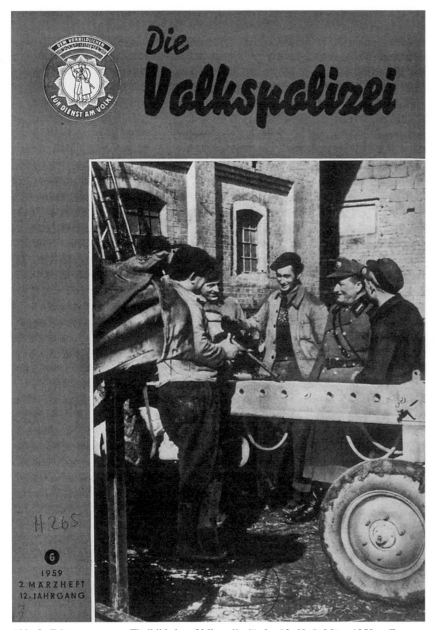

Abb. 2: Erläuterung zum Titelbild der „Volkspolizei", Jg. 12, H. 6, März 1959: *„Zu unserem Titelbild:* Genosse Unterleutnant der VP METZNER pflegt einen engen Kontakt mit den freiwilligen Helfern seines Abschnitts und ist bemüht, für die gegenwärtig 16 VP-Helfer umfassende Gruppe weitere fortschrittliche Bürger zu gewinnen. Unser Bild zeigt Genossen M. im Gespräch mit Traktoristen einer MTS-Außenstelle." (2. Umschlagseite).

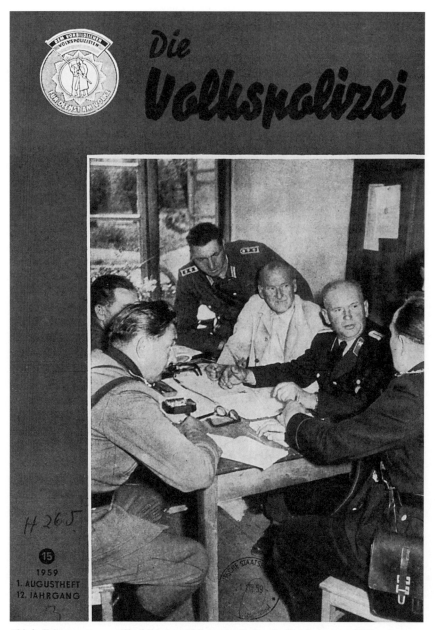

Abb 3: Erläuterung zum Titelbild der „Volkspolizei", Jg. 12, H. 15, August 1959: *„Zu unserem Titelbild:* Der Abschnittsbevollmächtigte, der Landgebietsinstrukteur, der Leiter der Freiwilligen Feuerwehr, der Instrukteur der Abteilung Feuerwehr und der Parteisekretär der LPG beraten beim Bürgermeister von Thulendorf über den Brandschutz auf den Druschplätzen. Bedingt durch die lange Schönwetterperiode sind einige Löschteiche ausgetrocknet. Die Druschplätze müssen deshalb so angelegt werden, daß die Löschwasserversorgung gewährleistet ist. Die ausgetrockneten Teiche sollen bei dieser Gelegenheit gleich entschlammt werden." (2. Umschlagseite).

In diesem Beitrag wird die von oben vorgegebene Interpretationslinie, wonach die sozialistische Umgestaltung in erster Linie durch gezielte und systematische „Wühlarbeit" des „Klassengegners" gehemmt wird, weitgehend beibehalten. Nur der letzte Satz verweist auf die Tatsache, daß auch an der Sache selbst – dem Konzept der genossenschaftlichen „Großraumbewirtschaftung" – Zweifel möglich waren, sogar unter den ABV. Die Mehrzahl ihrer Berichte lieferte denn auch jede Menge Anhaltspunkte dafür, worin derartige Zweifel unter der Landbevölkerung begründet sein mochten:

„Gen. H. ABV in Schmergow
berichtete über die Mißstände in der LPG Schmergow.
Jetzt wurde ein neuer Vorsitzender gewählt bzw. eine neue Leitung. In dieser Leitung sind meist alles Säufer. Der Vorsitzende war früher Inspektor auf einem Gut und säuft am meisten. Es soll jetzt ein neuer Vorsitzender kommen, dieser soll aber erst einige Zeit auf der LPG arbeiten und zeigen was er kann. Es ist heute schon vorauszusehen, dass die Clique um den jetzigen Vorsitzenden den neuen wieder verdrängen wird."[38]
„Hptwm. D.:
Ich möchte noch Ergänzungen geben woran es liegt, daß oftmals der Eintritt in die LPG verweigert wird. Im Laufe der Unterhaltung mit Angehörigen der Waldgemeinschaft Brunn wurde mir mitgeteilt, weil man den Kopf der LPG gespickt hat mit Leuten, die schon mehrere Wirtschaften heruntergewirtschaftet haben, lehnen sie es ab, der LPG beizutreten. Die LPG besteht fast ausschließlich aus solchen heruntergewirtschafteten Betrieben. Ebenso ist es in Trieplatz. Da hat einer vor dem anderen Angst, keiner will den Anfang machen."[39]

Auf die Frage des 1. Sekretärs der SED-Kreisleitung, „ob schon einer der Gen. ABV einen werktätigen Bauern für die LPG gewonnen habe", entgegnet „Gen. U.-Ltn. der VP H." auf der ABV-Konferenz des VPKA Kyritz:

„Man soll sich einmal überlegen, die Bauern sagen, so wie der LPG-Hof aussieht, so ist die LPG zu bewerten und zu beurteilen. Und der Hof der LPG befindet sich in einem sehr schlechten Zustand. Wenn man den Hof von Sch. sieht, der Mist liegt jahrelang auf dem Hofe, ebenso die Asche, die auf dem Hof weit verstreut herumliegt. Es wird nichts getan um diesen Zustand abzuändern."[40]

Die Schwächen der bereits existierenden Betriebe der sozialistischen Landwirtschaft als eines der Haupthindernisse für deren erfolgreiche Propagierung durchzieht die Protokolle aller ABV-Konferenzen. Neben den LPGs werden die staatlichen Maschinen-Traktoren-Stationen wegen Schlampereien, schlechter Arbeitsbedingungen und vor allem der mangelnden Sicherung ihrer Geräte kritisiert.

---

38 VPKA Potsdam, Protokoll über die Diskussion bei der Tagung der ABV-Land am 7. 3. 1958, ebd., Bl. 194.
39 VPKA Kyritz, Protokoll ABV-Konferenz v. 27.–28. 2. 1958, ebd; Bl. 146.
40 Ebd., Bl. 143v.

„Mstr. K.
Ging auf die Zustände im MTS-Stützpunkt Brielow ein.
Ich habe in der vorigen Nacht eine Kontrolle durchgeführt. Was musste ich aber feststellen? Die Tür stand vor der Werkstatt auf. Man konnte hier reingehen und man hatte dem Gegner breit das Tor geöffnet, dass er sich hier einschleusen konnte. Ich habe darauf hingewiesen und gesagt, dass, wenn die betreffenden Personen, die ihre Arbeit dort verrichten und abends nach Hause gehen, doch wenigsten die Türen verschließen. [...] Die Brigade befasst sich laufend damit die Tore in Ordnung zu bringen, aber sie bekommt kein Material. Ein Tor, welches abgeschlossen werden kann, ist unbedingt erforderlich. Man macht sich stets Gedanken, ob am nächsten Tage noch alles in Ordnung ist. Ich möchte die Amtsleitg. bitten, dass sie sich mit dem MTS-Stützpunktleiter mal zusammensetzt, damit diese Mißstände beseitigt werden."[41]

Das letzte Beispiel veranschaulicht zugleich die Mehrdeutigkeit dieser Wortprotokolle: Sie dokumentieren nicht nur die Erfahrungen von Land-ABV mit der sie umgebenden und ihrem politischen Auftrag gegenüber häufig gleichgültig, wenn nicht ablehnend eingestellten ländlichen Gesellschaft. Sie dokumentieren auch die große Mühe des politisch „korrekten" Darstellens und Interpretierens dieser Erfahrungen. Die Rede vom „Gegner, der sich einschleusen konnte" und dem „breit das Tor geöffnet" wurde, war ein – sprachlich mißlungener[42] – Versuch, die in der Routine von Politschulungen und Instruktionen vermittelten Wahrnehmungsmuster irgendwie mit der kruden Realität zu verknüpfen – einer Realität, die weniger von der unausgesetzten Tätigkeit gegnerischer „Agentenzentralen" und reaktionären Einflüssen von Pfarrern und Großbauern bestimmt wurde, als von den banalen menschlichen Schwächen und materiellen Unzulänglichkeiten derjenigen, die die „sozialistische Umgestaltung der Landwirtschaft" tragen sollten.[43]

Derartige Diskussionsprotokolle, die auch die Redebeiträge der Vorgesetzen und „Gäste" von Partei, MfS und Staatsorganen dokumentieren, zeigen aber auch, daß trotz der durch den Primat der Parteipolitik oktroyierten Einheitlichkeit von Partei, Staat und Massenorganisationen „kontradiktorische" Kommunikationsformen durchaus Bestandteil staatssozialistischer Herrschaftspraxis waren. Sie erlaubten die Artikulation je eigensinniger Perspektiven, von Rede und Widerrede, die wiederum Schlichtungsangebote und „Kompromisse" von oben notwendig machten.

---

41 VPKA Brandenburg, Protokoll ABV-Konferenz am 27. u. 28. 2. 1958, ebd. Bl. 104.
42 Natürlich ist die Möglichkeit, daß diese wie viele andere der in solchen Protokollen anzutreffenden sprachlichen Mißbildungen das Werk des/der Protokollanten/in sind, nicht auszuschließen. Dagegen spricht allerdings die durchweg sprachlich korrektere Wiedergabe der Wortbeiträge der „höhergestellten" Offiziere und Gäste.
43 Eine ausführliche Analyse dieser Protokolle siehe in Lindenberger, Zwischen Klassengegner und Partei, a. a. O.

2. Volkspolizei-Fiktionen: ein Beispiel

Nach der Betrachtung von Beschlüssen der Partei- und Staatsspitze bis hin zu Redebeiträgen von Wachtmeistern soll abschließend ein kurzer Blick auf die Volkspolizei als Gegenstand fiktionaler Texte und Bilder geworfen werden. Ihre Analyse kann die kritische Lektüre der VP-Internüberlieferung unterstützen. Überhaupt sollten die Genres der Polizei-und Kriminalfilme bzw. -romane bei der Analyse der gesellschaftlichen Wahrnehmungen und Bewertungen der Polizei vom Historiker als Quelle nicht verschmäht werden.

1959 führte der „Bitterfelder Weg" den frischgebackenen Nationalpreisträger Franz Fühmann für einige Monate in die Welt der DVP, noch bevor dieser zur offiziellen Doktrin staatssozialistischen Kulturschaffens erklärt worden war.[44] Ursprünglich wollte er gar als „Hilfswachmeister" in Uniform eingestellt werden, was ihm aber von der HVDVP nicht gewährt wurde.[45] Das Ergebnis dieser „teilnehmenden Beobachtung" ist ein Sammelband mit Kurzgeschichten, in dem ein fiktiver Polizeileutnant K. durchaus im Sinne der „reinen Lehre" des ABV-Systems „typische" Konfliktsituationen, die ein Land-ABV zu bewältigen hat, erzählt.[46] Wie aus Fühmanns Nachlaß ersichtlich, sind ihm diese Geschichten bei seinen Recherchen zugetragen worden.[47] Was sich bereits bei den Wortprotokollen der ABV-Konferenzen andeutete, bestätigt sich als Trend auch in Fühmanns Stilisierung der ABV-Tätigkeit: Gerade auf dem Land sind es weniger die vom Westen gelenkten „Gegner" im politischen Sinne, als die „menschlichen" Faktoren: Aberglaube, Unbildung, Schlamperei und Mißtrauen gegenüber der Staatsmacht, die dem ABV das Leben schwer machen und dem „Aufbau des Sozialismus" im Wege stehen – Unbilden, denen nur durch das umfassende Engagement des ABV, seine konstruktive und vertrauensbildende Allgegenwärtigkeit entgegengearbeitet werden kann.[48]

Text

Fundstelle:
Franz Fühmann, Spuk. Aus den Erzählungen des Polizeileutnants K., Berlin 1961, S. 75–77.

„Können wir denn das nicht um Gottes willen telefonisch erledigen?" fragte ich.
„Natürlich könnten wir das alles telefonisch erledigen, wenn Telefonieren unsere Arbeit wäre", sagte der Leutnant, „aber das ist nicht unsere Arbeit. Gespräche, Verhandlungen, Protokolle – das ist doch nur die Form der Arbeit. Sehen Sie", sagte er, „ich könnte ja ebensogut sagen, ein Schriftsteller sei ein Mensch, der acht Stunden am Tag Buchstaben

---

44 Franz Fühmann an den Vorsitzenden der NDPD, Lothar Bolz, 25. 1. 1966, in: Franz Fühmann, Briefe 1950–1984. Eine Auswahl. Hg. von Hans-Jürgen Schmitt, Rostock 1994, S. 52f.
45 BArch B, DO-1, Best.11 HVDVP -S-, Nr. 421, Bl. 83–85.
46 Franz Fühmann, Spuk. Aus den Erzählungen des Polizeileutnants K., Berlin 1961. S. auch seine bereits 1959 veröffentlichte Reportage „Sein Revier ist der Arkona-Platz. Ein literarisches Porträt", in: Der Sonntag v. 5. 4. 1959, S. 14f.
47 Stiftung Archiv der Akademie der Künste, Berlin, Franz-Fühmann-Archiv, Mappe 40.
48 Diese Sichtweise ist noch konsequenter in einem von Fühmann für die DEFA angefertigten Drehbuchentwurf für einen Spielfilm mit dem Titel „Der Abschnittsbevollmächtigte" ausgearbeitet, der aber nicht realisiert wurde. Ebd, Mappen 38–41/1.

aufs Papier setzt, und könnte die Frage aufwerfen, ob das nicht eine Maschine machen könnte. Natürlich könnte das eine Maschine machen, und natürlich könnten wir telefonieren, wenn wir zum Beispiel nur eine Reihe von Namen, die zum Ernteschutz eingeteilt sind, erfahren wollten. Aber wir wollen ja viel mehr, als die Namen erfahren. Wir wollen sehen, ob die Liste sinnvoll angelegt ist, ob man zum Beispiel nicht drei Schlafmützen zusammengetan hat oder drei gebrechliche Leute. Und beim Aufstellen der Brandstreifen gibt es für den Bürgermeister oft Ärger; es ist ja eine große zusätzliche Belastung für die Bauern, und jeder fühlt sich benachteiligt und meint den anderen bevorzugt, und darum muß man dem Bürgermeister, vor allem dem Adolf hier, den Rücken stärken, und das kann man nicht durchs Telefon. Durchs Telefon kann man überhaupt wenig erreichen, und der ABV muß doch mit den Bürgern seines Abschnittes in ständigem Kontakt sein, er muß mit ihnen reden, sie nach ihren Sorgen fragen, er muß wissen, wer gesund ist und wer krank und wer Hilfe braucht, er muß wissen, wer säuft und wer Schulden macht oder sonstwie anfällig ist und mit wem man ein aufmunterndes und mit wem man ein kräftiges Wort sprechen muß; kurzum, der ABV muß mit den Menschen, die ihm anvertraut sind, leben und unter ihnen wirken und nicht bloß mit ihnen telefonieren!".

„Und das ist sein Alltag?", fragte ich.

„Ja, das ist sein Alltag", sagte K., „wir werden also mit dem Leiter des Erholungsheimes nicht telefonieren, sondern werden hübsch hinfahren und werden mit ihm und den Gästen sprechen und werden auch nachsehen, wie die Versorgung mit Getränken und Frischgemüse klappt und ob die Kühlschränke und Ventilatoren in Ordnung sind, und dann werden wir wieder vier Kilometer fahren und werden Ställe besichtigen und kontrollieren, ob die hygienischen Bestimmungen eingehalten werden, und dann werden wir nach Hause zurückfahren und werden Protokolle und Berichte schreiben, und dann werden wir uns ein paar Stunden hinlegen, weil wir Nachtdienst haben, aber wir werden uns kaum hingelegt haben, da wird schon wieder ein Anruf kommen und uns fortholen, und dann werden wir unsere Nachtstreife fahren, und am nächsten Tag werden wir auf die MTS fahren, um einen Streitfall dort ins reine zu bringen, und so sieht unser Alltag aus, unser alltäglicher Alltag, und es kann passieren, daß man abends todmüde heimkommt, und die Frau stellt einem den Teller Suppe hin, und man hat eben den ersten Löffel geschluckt, da läutet das Telefon, und der Wirt der Konsumgaststätte vom Nachbardorf, der alte Muschkalen aus Trauminden von den Masuren ruft an: ‚Kammense schnall, Wachtmajster, die schlajen hier ajnander taut!', und dann wird man fluchen und die Suppe wegschieben und sich aufs Rad schwingen und hinstrampeln, eine halbe Stunde weit, und dann werden da drei Gestalten stehen, mit blutigen Köpfen und freundlichem Grinsen, und die werden dich anlachen: ‚Wachtmeister, es ist schon nicht mehr nötig, wir haben uns schon wieder ausgesöhnt. Komm in die Kneipe, Wachtmeister, und trink ein Bier mit uns …'

Und dann fährst du wieder nach Hause, und unterdes ist das Essen natürlich kalt geworden, und die Frau schläft schon, oder sie schimpft, oder, schlimmer, sie trotzt, oder, am schlimmsten, sie weint, daß das so kein Leben mehr ist und daß sie gar nicht weiß, ob sie überhaupt noch einen Mann hat, und dann fängt erst mal die Diskussion mit der eigenen Frau an, und das ist unser Alltag, und das müßte mal ein Schriftsteller beschreiben!"

„Das ist schwer; das ist sogar das Schwerste, das es gibt, einen einfachen, simplen alltäglichen Alltag zu beschreiben!" sagte ich.

Die Erzählungen des Leutnant K. können keineswegs als polizeikritischer Gegen-Text zu offiziellen und internen Texten der Polizei gelesen werden, wohl aber als eine durch und durch loyale Kritik an den politischen und sozialen Zuständen auf dem Lande, die sich der Sichtweise eines idealen Volkspolizisten, so wie ihn die Dienstvorschriften und Schulungsmaterialien vorsehen, bedient. In diesem Sinn läßt Fühmann in Worten und Sätzen, die einem leibhaftigen ABV wohl kaum zu Gebote standen, Leutnant K. das Schicksalslied eines verkannten Helden des Aufbaus des Sozialismus anstimmen. Kein Wunder, daß die *Volkspolizei* eine begeisterte Besprechung von „Spuk" brachte.[49] Deren Redakteure ergänzten die erzählerische Verarbeitung von Allmacht wie Ohnmacht des ABV um einen die Fühmannsche Kritik ihrer subtilen Spitze beraubenden Gassenhauer (s. Abb. 1, S. ?).

1965 diente Fühmanns Büchlein als Vorlage für den Fernsehfilm „Köpfchen, Kamerad!", ein über über weite Strecken humoristisch gehaltener Rückblick auf die heroischen Aufbauzeiten der späten vierziger und fünfziger Jahre.[50] Auch hier stoßen wir auf eigen-sinnige Verwendungen des Sujets „Alltag eines Volkspolizisten". Gegenüber dem Original nimmt die Figur des Eddi, K.'s altem Schulfreund, einen breiteren Raum ein. Eddi steigt dank seiner Gewitztheit und Intelligenz binnen weniger Jahre vom unzivilisierten und zerlumpten Landarbeiter zum feschen und umsichtigen ABV auf. Damit versinnbildlicht er zunächst einmal den kollektiven Aufstieg von der subalternen Unterschicht zur staatstragenden, „führenden" Klasse, jenes Prinzip des „Aus dem Volk, für das Volk", das allein schon die wahrhaft demokratische Qualität der neuen Staatsmacht garantieren sollte.[51] In mehreren „heiklen" Situationen gelingt es ihm, Ordnungskonflikte mit einfachen DDR-Bürgern einer gütlichen Lösung zuzuführen. Unschwer sind in den zahlreichen ironischen Anspielungen auf politischen Dogmatismus und Vorschriftenfetischismus die letzten Ausläufer der kulturpolitischen Tauwetterperiode nach dem Mauerbau zu erkennen. Leutnant Eddi repräsentiert in diesem Rückblick auf die schweren Anfangszeiten der „neuen" Gesellschaft mit seinen auf Hinterlist und kleinen Tricks, jedoch nicht auf Gewalt gestützten Polizeimethoden das Wunschbild und die Sehnsucht nach authentisch-plebejischen Wurzeln des Arbeiter-und-Bauern-Staats. Der proletarische Klasseninstinkt, nicht aber Parteiprogramme und Dienstvorschriften, begründen seine kommunikative Kompetenz im Verkehr mit dem „Publikum" – eine deutliche Entgegensetzung zum Typus des selbstzufriedenen Politfunktionärs, der diesen Umgang mit den einfachen Menschen schon längst verlernt hatte.

Zusammenfassung
Über die Aussagequalitäten des im Rahmen dieses Beitrags herangezogenen Textmaterials aus dem Bereich der VP läßt sich abschließend folgender Befund formulieren: Eine Analyse, die sich ausschließlich auf Leitungsdokumente, also Politbüro-Beschlüsse, Weisungen des MdI

---

49 Oberstleutnant Hans Drohla, Vielen Dank, Franz Fühmann. Bemerkungen über ein neues Buch aus dem Lebens eines Volkspolizisten, in: Die Volkspolizei, Jg. 15, 1962, H. 9, S. 39f.
50 Köpfchen, Kamerad! Fernsehfilm des Deutschen Fernsehfunks, Regie Otto Holub, Buch Kurt Bortfeldt, Spielfilmstudio der DEFA 1965, 64 Minuten, Deutsches Rundfunkarchiv, Standort Berlin, Fernseharchiv.
51 Siehe dazu Thomas Lindenberger, Aus dem Volk, für das Volk? Bemerkungen zur Entstehung der bewaffneten Organe der SBZ/DDR aus sozialhistorischer Sicht, in: Detlef Bald u. a. (Hg.), Nationale Volksarmee – Armee für den Frieden. Beiträge zu Selbstverständnis und Geschichte des deutschen Militärs 1945 – 1990, Baden-Baden 1995, S. 165–180.

bzw. Chefs der VP, auf routinemäßige Beratungen und periodische Berichte auf der obersten Ebene der VP stützte, würde sich in den zirkulären und doppelbödigen Legitimationsformeln für die Tätigkeit der Volkspolizei verlieren. Anders sieht es hingegen aus, wenn die alltäglichen und durch „besondere Vorkommnisse" veranlaßten Bemühungen der Steuerung und Konditionierung des Apparats betrachtet werden: Hier finden sich detailversessene Inspektions- und Instrukteurberichte, nüchterne Lageanalysen, mit konkreten Beispielen argumentierendes Schulungsmaterial und systematisch abgerufene und ausgewertete Beratungsprotokolle unterer VP-Einheiten. Die „verborgenen" Bedeutungen von „Leitdokumenten", die sich in politisch-ideologischen Floskeln zu erschöpfen scheinen, lassen sich mithilfe dieser konkreten Einzelheiten durchaus entschlüsseln: Aus dem omnipräsenten „Klassengegner" werden die eifersüchtig über ihren mühsam erworbenen Besitz wachenden Kleinbauern, aus „Saboteuren", von „Agentenzentralen" geschickt, Gelegenheitsdiebe, denen nicht etwa „mangelnde revolutionäre Wachsamkeit", sondern schnöde Schlamperei und der notorische Materialmangel die Tore öffnete, um sich „einzuschleusen" ...

Die Verknüpfung der Perspektiven „von oben" und „von unten" ermöglicht eine doppelte Rekonstruktion jener sozialen Wirklichkeit, die vor allem in den 50er Jahren immer wieder dem Zugriff von Partei- und Staatsführung entglitt: Zum einen liefert sie zahlreiche Anhaltspunkte für die in der zu polizierenden Gesellschaft vorhandenen Widerstände und Hindernisse, mit denen der Staat als „Hauptinstrument" des Aufbaus der Grundlagen des Sozialismus zu kämpfen hatte. Zum anderen beschreiben gerade die Texte, die sich auf die unteren Etagen der Polizeihierachie beziehen, ausführlich und differenziert die enormen praktischen Schwierigkeiten und subjektiven Anstrengungen, mit den spärlichen personellen und sachlichen Ressourcen der SBZ bzw. frühen DDR „Staat" zu machen.

Nicht nur die erratischen Kursänderungen des Politbüros, sondern auch unzureichendes Erfahrungswissen und die fehlende Überlieferung professioneller Standards erzwangen die permanente Improvisation und Neu-Ausrichtung auf politische Ad-hoc-Aufgaben. Dahinter blieben die formale und institutionelle Ausgestaltung des Polizeiapparats zurück. Auch auf diesem Gebiet bedurfte es der durch den Mauerbau ermöglichten gewaltsamen Abschließung und „De-Mobilisierung" der Gesellschaft, um relativ stabile Rahmenbedingungen der Herrschaftsausübung zu entwickeln.[52]

Ungeachtet der äußerst restriktiven Bedingungen für die öffentliche Rede über die Volkspolizei lassen sich derartige Befunde, die sich auf die interne Kommunikation des Apparats stützen, durch fiktionale Texte Außenstehender nicht nur bestätigen, sondern auch erweitern: Gerade aufgrund des Zwangs zur indirekten, in plakativem Heroismus oder humoristische Volkstümelei gekleideten unterschwelligen Kritik waren literarische Texte ebenso wie Spielfilme in der Lage, die Doppelbödigkeit von antifaschistisch-demokratischer Utopie und staatssozialistischen Diktatur zu erfassen und in der Ambivalenz unangreifbarer Figuren und Handlungen zu verdichten. Auch solche „Texte" sind daher bei der Rekonstruktion von staatlicher Herrschaftspraxis und gesellschaftlichem Eigen-Sinn zu berücksichtigen.[53]

---

52 Folgerichtig bekam die Deutsche Volkspolizei erst 1968 „ihr" spezielles Polizeiaufgabengesetz; bis dahin galt formell noch immer das von Partei- und Ministerratsbeschlüssen durchlöcherte Preußische Polizeiverwaltungsgesetz von 1931, siehe Lüers, a. a. O.
53 Vgl. Thomas Lindenberger, Projektskizze: Herrschaft und Eigen-Sinn in der Diktatur. Studien zur Gesellschaftsgeschichte in Berlin-Brandenburg, 1945–1990, in: Potsdamer Bulletin für Zeithistorische Studien, Nr. 5, Dezember 1995, S. 37–52.

THOMAS KRAMER

Die DDR der fünfziger Jahre im Comic MOSAIK: Einschienenbahn, Agenten, Chemieprogramm

MOSAIK[1] war die einzige, durchgängig als Comic konzipierte Zeitschrift der DDR. 1955 ursprünglich für Kinder geschaffen, erreichte sie schon bald eine alle Altersgruppen umfassende Popularität. Bis Ende 1956 erschien MOSAIK quartalsweise. Ab Januar 1957 zog es auf 24 farbigen Seiten allmonatlich eine wachsende Leserschar in seinen Bann. Rasch entwickelte es sich zur generationsübergreifenden Lektüre der DDR. MOSAIK vermochte Rezipienteninteressen jeglichen Lesealters zu befriedigen. Die Startauflage betrug im Dezember 1955 120.000 Stück. Die durchnittliche monatliche Auflagenhöhe im Untersuchungszeitraum Ende 1958 bis Mitte 1960 betrug 250.000. 1989 erreichte man eine Million. Die Nachfrage konnte allerdings auch damit nicht annähernd befriedigt werden. So wurde – ähnlich Kolportageromanen des 19. Jahrhunderts – das aktuelle Heft von der ganzen Familie gelesen. Alte Nummern gab man an jüngere Geschwister und Freunde weiter. Immer wieder wird bei Gesprächen, insbesondere unter heute Dreißig- bis Vierzigjährigen, die Prägung ihres Geschichtsbildes durch diese Lektüre hervorgehoben. Zwischen 1955 und 1990 streiften die Helden des DDR-Comics, bis 1975 die Digedags, seit 1975 die Abrafaxe, in 403 Heften auf 8984 Seiten durch römische Antike und Wilden Westen, Mittelalter und Biedermeier. Weder Sahara noch Highlands, weder Kublai-Khan noch Katharina die Große waren vor ihnen sicher.

Der Erscheinungszeitraum des MOSAIK läßt sich in zwei große Abschnitte unterteilen. Die durchgängig numerierten Hefte 1–223 entstanden von 1955 bis 1975. Zunächst nur von Hegen mit Unterstützung zweier Farbgraphiker geschaffen, entstand MOSAIK ab 1957 im Team, dem sogenannten „MOSAIK-Kollektiv". Die Gesamtheit dieser Hefte wird nach ihren Haupthelden Dig, Dag, Digedag als „Digedag-Reihe" bezeichnet.[2] Ab Januar 1976 erschien MOSAIK

---

1 MOSAIK wird in folgendem stets als ‚MOSAIK VON HANNES HEGEN' (danach Kurzform MOSAIK) bibliographisch erfaßt. Diese Schreibweise entspricht dem autorisierten Titellogo der Zeitschrift. Sie dient aber auch zur Unterscheidung zu den ab 1976, nach Ausscheiden Hegens aus dem MOSAIK-Kollektiv, erschienenen Heftnummern, die bis heute unter dem Namen MOSAIK erscheinen. Verlags- und Vertriebsrechte für MOSAIK VON HANNES Hegen (1955–1975) liegen bei Buchverlag JUNGE WELT GmbH Berlin, für MOSAIK der Hefte ab 1976 bei Steinchen für Steinchen Verlag GmbH Berlin. Unter dem Oberbegriff ‚MOSAIK VON HANNES Hegen' trägt jedes Einzelheft einen Titel, z. B. Heft 29 ‚Auf dem Neos verschollen'. Die Numerierung erfolgte durchgehend 1–223.

2 Bestimmte Hefte mit fortlaufender Handlung wurden bereits Zeit ihrer Entstehung von den Autoren unter dem Oberbegriff „Serie" zusammengefaßt. Dieser wurde allerdings erst nach Einbringung eines durchgängigen Handlungsmotivs ab Heft 13 gebräuchlich. Heftgruppen werden nach Handlungsorten z. B. Rom c. 300 n. C., fiktiver Planet Neos, Nord- und Mittelamerika 1860–1863, Türkei 1837, inhaltlichen Schwerpunkten wie Erdgeschichte bzw. Technikgeschichte c. 100 n. C. bis 1892 sowie der Figur des Ritters Runkel von Rübenstein 1284–1286 benannt. Chronologisch erschienen die, noch keinem durchgehenden Konzept verpflichteten, Hefte 1–12 von Dezember 1955 bis November 1957. Die Rom-

mit den Haupthelden Abrax, Brabax, Califax (Sammelbezeichnung Abrafaxe). Hegen war 1975 aus dem Schöpferteam ausgeschieden. Die künstlerische Leitung bis 1990 übernahm Lothar Dräger, dessen langjährige Arbeit als Texter seit 1957 den Stil dieses Comics entscheidend geprägt hatte bzw. prägte.

Bei der Aufnahme und Interpretation von *Text* aus einem Comic muß die spezifische Struktur dieser Erzählform Berücksichtigung finden. Die Besonderheit des Comics als sequentielle Kunst resultiert aus der Integration von Zeichensystemen aus Sprache und Bild. Dessen kleinste bedeutungstragende Einheit bezeichnet man als Panel. Ein solches Panel umrahmt die Zeichnung wie auch die Sprechblase.[3] Bilder im Comic sind also keine zusätzlichen *Illustrationen* des Inhalts der Sprechblasen.[4] Als zu analysierender *Text* ist auch im folgenden diese Einheit von Wort und Bild zu verstehen.[4a] Dabei erschließt sich aus dem jeweiligen Zusammenhang, wenn von ‚Text' lediglich als wörtlicher Inhalt der Sprechblasen die Rede ist.

1. Die Neos-Serie: Idealbild der DDR-Welt?

Der MOSAIK-Stil der einzelnen Serien bis 1990 war durch den Rückgriff auf Bild- und Textzitate aus nahezu allen kulturellen Bereichen gekennzeichnet. Von Ende 1958 bis Mitte 1960 entstand mit der Neos-Serie eine in der Geschichte der graphischen Literatur einmalige Interpretation der Wirtschaftspolitik eines Staates der späten fünfziger und frühen sechziger Jahre in Comicform. Im Mittelpunkt stand die Schaffung eines Idealbildes der DDR-Welt nach Verwirklichung des ehrgeizigen Wirtschaftsprogramms des Siebenjahrplans 1959 bis 1965. Es handelte sich dabei ganz augenscheinlich noch um sozialistische Verhältnisse mit Geld-Ware-Beziehungen. Die Währung im utopischen DDR-Entwurf des MOSAIK war Valuta.[5] Damit zahlte man bereits in dem 1956 erschienenen Roman „Messeabenteuer 1999".[6] In beiden Fällen mag, ange-

    Serie schloß sich bis November 1958 mit den Heften 13–24 an. Nach deren Abbruch spielt die Neos-Serie der Hefte 25–44 bis Juli 1960. Die Erfinder-Serie umfaßt die Hefte 45 bis 89 bis zum April 1964. Darin eingebunden war die Beschreibung von Abenteuern auf verschiedenen Planeten mit den der erdgeschichtlichen Entwicklung adäquaten Evolutionsstufen. Zwischen Mai 1964 und Juni 1969 wird mit den Heften 90 bis 151 die Runkel-Serie präsentiert. Der 60 Hefte umfassenden Amerika-Serie bis Juni 1974 folgt die die Digedag-Reihe abschließende Orient-Serie der Hefte 212 bis 223 von Juli 1974 bis Juni 1975. Antiquarische Exemplare, Nachdrucke und Reprints finden reißenden Absatz. Es existieren vier Fanclubs mit eigenen periodisch erscheinenden Publikationsorganen.

3 Vgl. K. Riedemann, Comics, Kontext, Kommunikation, Frankfurt/M. 1988; S. McCloud, Comics richtig lesen, Hamburg 1994; W. Eisner, Mit Bildern erzählen. COMICS & SEQUENTIAL ART, Wimmelbach 1995.

4 Vgl. W. Eisner, Mit Bildern erzählen. COMICS & SEQUENTIAL ART, Wimmelbach 1995, S. 155.

4a Ursprünglich sollte dieser Zusammenhang durch einige Abbildungen demonstriert werden. Da der Buchverlag Junge Welt mit einer Verweigerung der dafür notwendigen Abdruckgenehmigungen wenig Verständnis für wissenschaftliche Forschungen zeigte, mußte darauf verzichtet werden.

5 Vgl. MOSAIK-Kollektiv (Leiter: H. Hegen), MOSAIK Geheimsache Digedanuim, 4, 1959, H. 34, S. 3. sowie MOSAIK-Kollektiv (Leiter H. Hegen), MOSAIK. Tatort Papageienstrasse 12, 6, 1960, H. 40, S. 21.

6 Vgl. W. Bender, Messeabenteuer 1999, Berlin 1956, S. 132. Das Buch war in der DDR sehr populär. 1961 erschien es als Bildgeschichte: A. Dargay (Zeichnungen), Texte nach einer Idee des Buches von W. Bender), „Messe-Abenteuer 1999", in: FRÖSI (Fröhlich sein und singen), 9, 1961, H. 2 , Schutzum-

sichts der unpopulären ‚Mark deutscher Notenbank' der DDR, der Wunsch nach zukünftiger Verfügbarkeit über ausländische Währung bei der Wahl dieses Namens eine Rolle gespielt haben.

Anhand bild- und texthermeneutischer Beispiele werden die folgenden Bemerkungen nicht zuletzt die inhaltliche Einbindung des MOSAIK in das Profil des Verlages NEUES LEBEN aufzeigen. Mit spezifischen narrativen Mitteln des Comic ergänzte und unterstützte es die in diesem Verlag erschienenen Sachbücher der Reihe „Der Mensch und seine Welt" und die auf populärwissenschaftliche Agitation spezialisierten Zeitschriften RAKETE und JUGEND UND TECHNIK des Verlages JUNGE WELT, der MOSAIK seit 1960 veröffentlichte.

Ab April 1959 nahmen die Digedags am 1958 eingeführten polytechnischen Unterricht teil und vermittelten diesbezügliche Kenntnisse.[7] Auf einer Reise „durch ein Land, in dem der Mensch die Natur nach seinem Willen verändert hat"[8], bekamen sie bis zum März 1960 Gelegenheit, an der Verwirklichung volkswirtschaftlicher Zielstellungen aktiv mitzuwirken. Rappbodetalsperre oder Eisenhüttenkombinat, Braunkohlentagebau oder Textilbetrieb – kein Wirtschaftsschwerpunkt ohne ihr tätiges Eingreifen. Natürlich gelangten die Comic-Helden nicht völlig unvermittelt aus dem antiken Rom nach Stalinstadt. Ein wichtiger auslösender Faktor war die mit dem Start von Sputnik I am 4. 10. 1957 verbundene Propagandawelle. Erfolge sowjetischer Weltraumfahrt wurden in den Medien der DDR als überzeugender Beweis der Überlegenheit des sozialistische Wirtschaftssystems gefeiert. Dazu mußte auch der Comic seinen ideologischen Beitrag leisten. Chefredakteur Horst Dornhof verfügte die Einstellung der ideologisch ohnehin indifferenten Rom-Serie und ließ die Digedags im Dezember 1958 von einem außerirdischen Raumschiff auf den erdähnlichen Planeten Neos entführen. Bereits im Weltraum wurden die dortigen politischen Verhältnisse erklärt: Das Raumschiff, auf dem sich Dig, Dag und ein antiker Gelehrter befinden, ist das technologische Spitzenprodukt der ‚Republikanischen Union'. Im Februarheft 1959 unterhielten sich die Digedags: „Eigentlich ist es komisch, daß es auf dem Neos nur zwei Staaten gibt, die Republikanische Union und das Großneonische Reich, wenn man bedenkt, in wie viele Länder die Erde zerrissen ist."[9] Dig hatte sich beim stellvertretenden Raumschiffkommandanten informiert: „Früher war es auf dem Neos auch so, hat mir Bhur Yham erzählt. Aber nach und nach haben sich die kleineren Länder freiwillig zu einer Union zusammengeschlossen, während das Großneonische Reich sein Gebiet durch Krieg erobert hat und noch immer mehr vergrößern will."[10]

---

schlag. 1975 wurde es in einer Koproduktion der Filmstudios DEFA und BARRADOV unter dem Titel „Abenteuer mit Blasius" verfilmt.

7 Didaktische Aufgabenstellungen der Kinder- und Jugendpresse und -literatur nahmen besonders nach dem V. Parteitag der SED vom 10.–16. Juli 1958, der die Einführung des polytechnischen Unterrichts forcierte, konkretere Züge an. Die Einbeziehung Jugendlicher in direkte Produktionsprozesse sollte nicht mehr auf Lehrlinge beschränkt bleiben. Bereits im Rahmen des sogenannten ‚neuen Kurses' in Folge der 15. Tagung des ZK der SED vom 24.–26. Juli 1953 suchte man mit der Förderung von „Klubs junger Techniker" nach Wegen, Schüler für wirtschaftliche Zielstellungen zu begeistern. Mit Schuljahresbeginn 1958 gab es den „Unterrichtstag in der sozialistischen Produktion" (UTP) für die Klassen 7–12 und das Fach „Einführung in die sozialistische Produktion"(ESP) für die Klassen 9–12. Auf seiner 4. Tagung vom 15.–17.Januar 1959 beschloß das ZK der SED Thesen über die sozialistische Entwicklung des Schulwesens in der DDR, deren zentraler Punkt die Einführung des zehnklassigen Unterrichts an allgemeinbildenden polytechnischen Oberschulen darstellte.

8 MOSAIK-Kollektiv (Leiter: H. Hegen), MOSAIK. Auf dem Neos verschollen, 5, 1959, H. 29, S. 24.

9 Dieselben, MOSAIK. Die neue Sonne, 5, 1959, H. 27, S. 4.

10 Ebenda.

Der akribisch genaue Darstellungsstil jeglicher technischer Details, dem sich MOSAIK bei der graphischen Umsetzung dieser Zukunftswelt verpflichtet fühlte, stellte die Künstler vor Probleme. Wo fand man Autos oder Restaurants, die so aussahen, wie man sie sich für die Zukunft des Arbeiter- und Bauernstaates wünschte? Ausgerechnet in einer „Westzeitschrift" wurde man fündig. Das Magazin HOBBY stellte monatlich neueste Errungenschaften von Wissenschaft und Technik vor. Viele dieser Projekte mußten, im Vergleich mit dem zeitgenössischen DDR-Entwicklungsstand, recht utopisch anmuten. 1959 war aber auch Böhm/Dörges Buch „Unsere Welt von morgen" im DDR-Verlag NEUES LEBEN erschienen.[11] Dieser Band entstand parallel zu den Heften der Neos-Serie. Heinz Handschick, bis 1958 als Graphiker im MOSAIK-Team tätig, war einer der Mitillustratoren des Bandes.

Die Science-Fiction-Erlebnisse der Digedags folgten inhaltlich dem Konzept dieses Bandes, dessen „weltanschauliches Grundanliegen" Walter Ulbricht selbst in seinem Vorwort wie folgt formuliert hatte: „Das vorliegende populärwissenschaftliche Buch ‚Unsere Welt von morgen' führt Euch vor Augen, welche großen und erfreulichen Veränderungen sich bereits in kurzer Zeit in der Sowjetunion und in den sozialistischen Ländern vollziehen werden. Solche Fortschritte gab es in Jahrhunderten nicht, wie sie sich heute für die nächsten Jahrzehnte abzeichnen. Das ist nur möglich, wenn die Gesetze in Natur und Gesellschaft erkannt und bei der Leitung von Staat, Wirtschaft, Wissenschaft und Kultur bewußt genutzt werden. Die Menschen werden zum Beherrscher der modernen Technik. Unter den Bedingungen der sozialistischen Gesellschaftsordnung wird die moderne Technik in großem Maße und ausschließlich im Interesse der arbeitenden Menschen zur Befriedigung ihrer Bedürfnisse angewandt. Armut, Unrecht und Unwissenheit werden im letzten Winkel der Erde ebenso beseitigt werden wie Hungersnöte und Seuchen. Selbst Naturkatastrophen werden weitestgehend gebannt. Durch den Kampf der Volksmassen wird es möglich sein, Kriege aus dem Leben der Gesellschaft zu verbannen. Die großen Veränderungen, die tief in unsere Lebensweise eingreifen, werden in diesem Buch anschaulich geschildert. Mancher Leser wird meinen, es handele sich um einen bloßen Traum von der Zukunft. Doch dieses Bild der Welt von morgen ist realistisch und für die Jugend ein erstrebenswertes Ziel."[12]

Trotz aller persönlicher Skepsis bezüglich derartiger Zukunftsprognosen bemühten sich die Mosaikkünstler, wichtige Punkte des aufwendig ausgestatteten Buches in eine aktionsbetonte Comic-Handlung einzubeziehen. Dabei stütze man sich u. a. auf Elemente aus Eberhard del'Antonios 1957 in der DDR erschienenem utopischen Roman „Gigantum".[13]

An die Science-Fiction-Literatur, zu welcher man die NEOS-Serie des MOSAIK rechnen muß, stellte man in der DDR in der zweiten Hälfte der fünfziger Jahre erhöhte ideologische Anforderungen. Schierlich argumentierte dazu 1957, daß in der Darstellung künftiger Welten „alle Einzelheiten zueinander passen [müssen], es darf keine Diskrepanz geben zwischen den wichtigen Bereichen des gesellschaftlichen Seins: dem Entwicklungsstand der Gesellschaftsordnung, dem Stand der Technik und dem moralisch-charakterlichen Wesen der Menschen."[14]

---

11 K. Böhm, R. Dörge, Unsere Welt von morgen (in folgenden Kurztitel Welt), Berlin 1959.
12 Ebenda, 8–9.
13 E. Antonio, Gigantum, Berlin 1957. Auf diesen Roman verweist auch T. Wilde: „Der strahlenden Zukunft entgegen – das MOSAIK als Teil der DDR-Science-Fiction", in: alex. MOSAIK-Fanzine des Sportgymnasiums Jena, 2, 1995, H. 7, S. 25/26.
14 W. Schierlich, „Zur Problematik des Zukunftsromans", in: Der Bibliothekar, 11, 1957, H. 9, S. 925–927, hier S. 926.

Der Autor „kann den Schwerpunkt auf dieses oder jenes legen, wobei u. a. folgende Möglichkeiten gegeben sind:
1.: ein politisch-gesellschaftliches Zukunftsbild, das z. B. die Vorzüge oder Nachteile dieser oder jener Gesellschaftsordnung überzeugend nachweisen, die Entwicklung und Wechselwirkung politischer Machtverhältnisse darlegen und dadurch von politisch-bewußtseinsbildendem Wert sein könnte;
2.: ein vorwiegend technisches Zukunftsbild, das eine qualitativ neue Technik, das Verhalten der Menschen zu ihr und untereinander darstellen könnte, somit die Phantasie beflügeln würde und von wissenschaftlichem und moralisch-erzieherischem Wert wäre;
3.: ein Zukunftsbild, in dem die Darstellung der zukünftigen Menschen, ihrer Mentalität, ihrer Gedanken, ihrer Moral, ihrer Probleme und Konflikte das Wesentliche ist. Das ist zweifellos das schwierigste Unternehmen, aber von einem solchen Buch könnte eine starke moralisch-erzieherische Wirkung ausgehen.
Schließlich noch eine Form, der hier nicht das Wort geredet, die aber erwähnt werden soll: der reine Spannungsroman, der sich zur Steigerung der Wirkung utopischer Elemente bedient. Er verlangt vom Autor Beherrschung der Form und bestimmter Stilmittel, damit die Phantasie des Lesers und seine Kombinationsfähigkeit angesprochen werden und das Buch dadurch einen gewissen Wert gewinnt."[15]
MOSAIK konzentrierte sich unter Einbeziehung der zusätzlich erwähnten Form vor allen auf die zweite aufgeführte Möglichkeit der Zukunftsdarstellung. Dabei nahm es mit seiner Vielzahl erklärender Schemata in der Motivwahl einen Platz zwischen utopischer und populärwissenschaftlicher Literatur der Zeit ein

2. Endstation Sehnsucht: Mit der Einschienenbahn in die Zukunft

Anhand einer Lektüre von Texten über die Einschienenbahn, die Polizei und das Chemieprogramm, die dem MOSAIK sowie wissenschaftlichen und literarischen Bearbeitungen entnommen wurden, will ich im folgenden die unterschiedliche Möglichkeiten der Interpretation dieser Themen in der zweiten Hälfte der fünfziger Jahre verdeutlichen. Einschienenbahnen gehörten zur Grundausstattung der zeitgenössischen DDR-Science-Fiction. Wie sehr sich mit diesem Verkehrsmittel Vorstellungen technischen Fortschritts verknüpften, machte beispielsweise das Titelbild der Mainummer 1956 von „Unser Robinson. Kleines Blatt für junge Bücherfreunde" deutlich: Unter einem solchen von Franz Kerka gemalten rasanten Schienenwunder fand sich kurz und prägnant: „Schnellbahn – Giganten der Zukunft."[16] Böhm/Dörge bildete ebenfalls eine westdeutsche Einschienenbahn ab, wobei durch den Gesamtkontext der Eindruck erweckt wurde, sie überquere Straßen einer sozialistischen Stadt.[17] In Werner Benders utopischen Roman für Kinder, „Messeabenteuer 1999", benutzte der jugendliche Held für die Reise von München zur Leipziger Messe kurz vor der Jahrtausendwende natürlich einen Zug dieser Bauart: „Eine stromlinienförmige Wagenschlange, rot, silbern und aus blit-

---

15 Ebenda.
16 Unser Robinson. Kleines Blatt für junge Bücherfreunde, 1, 1956, H. 10, Titelseite.
17 Vgl. K. Böhm/R. Dörge, Welt, Berlin 1959, S. 336.

zendem Glas, huschte in rasender Fahrt vorbei an den nebelverhangenen Hügeln des Fichtelgebirges nach Norden. ... Er fuhr, sicher balancierend nur noch auf einer Schiene."[18] Die Illustrationen schuf der, Hegen persönlich bekannte, Berliner Karikaturist Erich Schmitt. Und genau das von ihm auf dem Buchtitel farbig dargestellte Modell beförderte Dig und Dag im März 1960 zur Messe in ‚Neos-Leipzig'. Bhur Yham, Begleiter der Digedags, weist diese auf Gebirgsketten hin: „Kinder, seht doch nur einmal diese herrliche Aussicht."[19]

Der Nimbus eines, quasi sozialistisch-futuristischen, Orient-Expresses wurde bei Bender und im MOSAIK durch Mitreisende verschiedener Nationen und durch geheimnisvolle Begebenheiten erzeugt. So hieß es in dem Kinderbuch: „In hellen Scharen kamen sie über München, das südliche Tor Deutschlands; viele von weit her, aus den warmen Ländern. Nicht nur Wiener, Neapolitaner, Griechen und Spanier saßen in den Abteilen neben den Nachkommen der bayrischen Ureinwohner. Über die beiden riesigen, schwimmenden Brücken, die den schwarzen Erdteil bei Gibraltar und Sizilien übers Mittelmeer hinweg mit Europa verbanden, kamen Marokkaner, Neger von der Goldküste, Kapländer, Abessinier und Bürger der jungen Föderativen Zentralafrikanischen Republik; über den Orientalischen Viadukt von Konstantinopel aber Türken, Araber, Perser, Inder."[20] Auch an mysteriösen ‚strangers on a train', Hitchcocks Verfilmung war seit 1951auf dem Markt, fehlte es nicht im DDR-Revier. Im Comic erweckte der fremdländisch Kofferaufkleber eines „Ausländer[s], der auch zur Messe will"[21] das Interesse der Digedags. Der Inhaber des Gepäckstückes „hat kein reines Gewissen. er hatte Angst, daß wir ihn wiedererkennen"[22] meinte Dig. Recht hatte er: Es handelte sich um den Superagenten Mac Gips. Eine ähnlich unangeme Begegnung hatte auch der aufgeweckte Münchner Knabe aus Benders Roman: „Dem Franz war der Kerl ja gleich unheimlich vorgekommen, dieser Schaufenstermann, dieser Patentfeixer."[23]

Starken Einfluß auf Motive und Charaktere der Neos-Serie hatte, wie erwähnt, der 1957 erschienene Science-Fiction-Roman Eberhardt Del' Antonios „Gigantum". Zu Beginn des Buches wurde noch an der Fertigstellung der länderübergreifenden Strecke gearbeitet: „Vor einem Jahr erst hatte der Verkehrsrat beschlossen, das Eisenbahnnetz durch Einschienenschnellverbindungen zu ergänzen und schon heute zogen sich von Hauptstadt zu Hauptstadt der Teilnehmerstaaten die grauen, hochbeinigen Tausendfüßler aus Beton. von Moskau bis Paris ...."[24] Der Streckenbau wurde zum Initationsritual für eine neue, die Natur besiegende und dem Menschen nutzbar machende, Gemeinschaft stilisiert. Zunächst beschrieb man den Einsatz gigantischer Technik: „Meter um Meter schoben sich die Maschinen in die Landschaft hinein. Als Wegbreiter ebneten Planiermaschinen den Boden, dann fraßen sich Mammutbohrmaschinen in das Erdreich, setzten Kräne Pfeiler nach den Weisungen des Vermessungstrupps, rammten Elektrorammen sie fest und hoben neue Kräne neue Längsstrebe empor. Betonspritzkanonen vergossen die Strebe zu einem Band, auf das abschließend ein weit ausladender Schienenleger das Gleis der Einschienenbahn setzte. Rastlos schob sich die neue Strecke vorwärts."[25]

---

18 W. Bender, Messeabenteuer 1999, S. 6–7.
19 MOSAIK-Kollektiv (Leiter: H. Hegen), MOSAIK. Tatort Papageienstraße 12, 6, 1960, H. 40, S. 6.
20 W. Bender, Messeabenteuer 1999, S. 8.
21 MOSAIK-Kollektiv (Leiter: H.Hegen), MOSAIK. Tatort Papageinstraße 12, 6, 1960, H. 40, S. 4.
22 Ebenda, S. 8.
23 W. Bender, Messeabenteuer 1999, Berlin 1956, S. 9.
24 E. Antonio, Gigantum, Berlin 1957, S. 15.
25 Ebenda, S. 11.

Vergleichbares fand sich im MOSAIK – die Einschienenbahn war auf dem Neos schon fertig – beim Bau der neuen Startbahn eines Flughafens, dessen Vorbild Berlin-Schönefeld war. Eine Maschine goß „eine gleichmäßige Betonschicht von dreißig Zentimeter Stärke... Bei langsamen Vorrücken läßt diese Maschine ein zehn Meter langes und dreißig Meter breites Stück der Startbahn in der Stunde hinter sich zurück."[26]

Diese Technik wurde bei Del'Antonio und im MOSAIK von Jugendlichen im Kollektiv unterstützt und bewältigt: „Zwischen den Maschinen schafften Scharen junger Menschen; Burschen und Mädchen in den grauen Kombinationen der Bahnpioniere, jener internationalen Jugendorganisation, deren Freiwillige aus allen Berufen kamen. Sie hatten sich den schnellen Aufbau der Einschienennetzes zum Ziel gesetzt, um ihre Länder durch schnellere Verkehrsverbindungen inniger zu verknüpfen. Fröhlichkeit wehte von dort unten herauf zu den müßigen Männern, haucht sie an und drang erfrischend in ihr Blut. Wie in einem Ameisenhaufen krabbelte es durcheinander, und wie in einem Ameisenhaufen war – wenn man es genau betrachtete – das System in der Bewegung. ... , ganz Europa ist vom Wettkampffieber gepackt, ist gespannt, welcher Streckenabschnitt den Kampf gewinnt...."[27] Das erinnerte an den Wettlauf zwischen Central- und Union Pacific mit Szenen schienenverlegender Arbeitskolonnen aus Cecil B. DeMilles Western UNION PACIFIC von 1939. Der Mythos Eisenbahn stand in beiden Fällen für das verbindende Überwinden von Grenzen, dem Erschließen neuer Räume, dem Zusammenschweißen einer ‚neuen' Nation. In den USA waren das Atlantik- und Pazifikküste und die Eroberung des Westens nach dem Bürgerkrieg. Bei Del'Antonio waren es noch vorhandene Grenzen eines kommunistischen Europas, die von Jugendlichen, deren Väter im 2. Weltkrieg Feinde waren, nunmehr brüderlich überwunden wurden. Der Patriotismus des US-Films 1939 und der ‚Internationalismus' im Roman 1957 hatten ihre Ursachen in einer angespannter politischer Situation. Stolz auf Erfolge des New Deal ging in den Vereinigten Staaten mit dem Bewußtsein wachsender Kriegsgefahr einher.[28] Die SED ließ sich zwar auf ihrer III. Parteikonferenz 1956 feiern, beschwor jedoch beständig die Bedrohung durch den militanten Klassenfeind.

Del'Antonio und Künstler des MOSAIK reagierten auf Anforderungen dieser offiziellen Propaganda unterschiedlich. 1956 hatten sogenannte Studentenbrigaden in ihren Semesterferien begonnen, die Volkswirtschaft der DDR, zunächst die ob des harten Winters in Schwierigkeiten geratene Braunkohlenindustrie, mit ihren Einsätzen zu entlasten. Die Begeisterung für solch tatkräftiges Eingreifen war bei den zukünftigen Intellektuellen recht gedämpft. Der Bau der Einschienenbahn in „Gigantum" und eines Flugplatzes in MOSAIK bot den Autoren Gelegenheit, das Verhältnis von bürgerlich-intellektueller Individualität und sozialistischer Gemeinschaftsarbeit zu diskutieren

Im Buch verkörperte ein Dr. Colmar den nicht anpassungswilligen Intellektuellen. Nur im Schlaf lösten sich einige seiner negativen Züge: „Dahin der peinlich gerade Mittelscheitel, von einem Lächeln verschönt das sonst verkrampfte Gesicht, gelöst auch die linkische Haltung, weggeblasen die ewige Verlegenheit."[29] Einige Seiten später das Erwachen: „Der Schla-

---

26 MOSAIK-Kollektiv (Leiter:H. Hegen), MOSAIK. Ein rätselhafter Fund, 6, H. 39, 1960, S. 10.
27 E. Antonio, Gigantum, S. 12.
28 Zu Patriotismus in UNION PACIFIC vgl. J. Hembus , Das Western-Lexikon. 1567 Filme von 1894 bis heute. (Erweiterte Auflage von B. Hembus), München, 1995, S. 676.
29 E. Antonio, Gigantum, S. 7.

fende schreckte zusammen und fuhr pfeilgerade in die Höhe. ‚Herr Professor? ... Entschuldigen Sie ... Ich war eingeschlafen!'. Seine linkische Haltung drückte wieder hilflose Verlegenheit aus, ... Dr. Colmar setzte sich, peinlich auf die Bügelfalten bedacht."[30] Solch Bügelfaltenzwangsneurotikern gebrach es im DDR-Roman natürlich an positiver Einstellung zum kollektiven Schaffen: „Dr. Colmar betrachtete die Bahnpioniere mit gemischten Gefühlen, ohne sich allerdings dem Eindruck entziehen zu können, der von dem gewaltigen Projekt ausging. Er war gepackt, aber zu sehr Eigenbrötler, um nicht bei dem Gedanken an das Gemeinschaftsleben der Bahnpioniere ein gewisses Unbehagen zu empfinden. Mochten sie ihren Spaß daran finden, in gleicher Kleidung zu gehen, in gemeinsamen Heimen zu leben – für ihn war das nichts."[31] Er versteigt sich schließlich „zu der Behauptung, diese uniformierte Zusammenpferchung würdige den Menschen herab, zwänge seine Persönlichkeit in eine Schablone und unterbinde seine freie Entfaltung."[32] Sein Professor wies ihn zurecht. Unter sozialistischen „... Voraussetzungen erhöht die gleiche Kleidung das Bewußtsein der Gemeinsamkeit, gibt dieses Bewußtsein Kraft! Natürlich gibt es eine Unterordnung, aber unter das Gemeinschaftsinteresse, das ihrem eigenen entspricht! ... Ich weiß, wo Sie der Schuh drückt! Sie haben Furcht vor der Anpassung, vor dem Abschleifen der eigenen Unebenheiten, die sie mit Eigenarten der Persönlichkeit verwechseln! ... Mein Lieber, ein derartiges Gemeinschaftserlebnis würde Ihnen nur zum Vorteil gereichen. Sie gewönnen nämlich Selbstbewußtsein und Selbstsicherheit, und das könnten Sie, scheint mir, dringend brauchen! Selbstvertrauen, mein Lieber, ist der beste Kraftquell!"[33]

Auch MOSAIK des Februarheftes 1960 hatte seinen Dr. Colmar. Er hieß Balduin und war der leibliche Sohn eines Professor Schlick. Balduins Stigmatisierung erfolgte mit den Möglichkeiten des Comics in Verbindung von Bild und Wort. Er war im wahrsten Sinne des Wortes ein hornbebrillter Egg-Head. Seine Stirnhöhe hätte Karloffs Frankenstein-Monster neidvoll erblassen lassen. Mit stolz geschwellter Brust verkündeten die Digedags: „Wir fahren morgen zusammen mit Balduin Schlick und seinen Freunden zum Arbeitseinsatz auf den Flugplatz."[34] Balduin: „Wozu ich bemerken möchte, daß ich nur mitfahre, um nach der Nase zu suchen."[35] Es handelt sich um die abgebrochene und seither verschollene Nase einer antiken Skulptur. Balduin will nämlich „Altertumsforscher werden".[36]

Das gab Gelegenheit, einige Seitenhiebe gegen eine im Sputnikzeitalter eigentlich überflüssige Wissenschaft loszuwerden. Die Digedags erkannten schnell, daß Balduin von Arbeit im Kollektiv nichts hielt: „‚Hast du das gehört? Balduin Schlick redet den ganzen Abend nur noch von der albernen Nase!'. ‚Mir scheint, er sucht nur nach einem Vorwand, um sich morgen vor der körperlichen Arbeit drücken zu können'."[37] Als man sich zum Einsatz traf, zeigte sich Balduins Äquivalent zu Dr. Colmars Bügelfalte. Alle Studenten erschienen tatendurstig mit offenem Kragenknopf und hochgerollten Hemdsärmeln. Ein sauertöpfig dreinblickender Bal-

---

30 Ebenda, S. 10.
31 Ebenda, S. 12.
32 Ebenda, S. 12–13.
33 Ebenda, S. 14.
34 MOSAIK-Kollektiv (Leiter: H. Hegen), MOSAIK. Ein rätselhafter Fund, 6, 1960, H. 39, S. 9.
35 Ebenda.
36 Ebenda, S. 2.
37 Ebenda, S. 4.

Die DDR der fünfziger Jahre im Comic MOSAIK 175

duin dagegen trug einen Schlips zur Arbeitslatzhose. Er scheute sich, trotz glühender Hitze, die Ärmel ‚hochzukrempeln'. Vom damit verbundenen ‚Zupacken' konnte natürlich auch keine Rede sein.[38] Sein Gang erschien linkisch. Verlautbarte er offiziell ärchäologischen Forscherdrang, so gestand er sich heimlich ein: „Hihi, ich glaube ja selbst nicht daran, daß ich die Nase finde. Aber ich habe keine Lust, so schwere Arbeit zu verrichten, wie die anderen."[39]

An die Stelle der Diskussion in „Gigantum" trat im Comic die Tat: Die Digedags versteckten eine Reihe selbstfabrizierter Nasen und glaubten mit diesem Scherz das Problem bewältigt. Aber Neurotiker Balduin gab nicht auf. Er informierte das „Institut für Frühgeschichte", deren Ausgrabungskolonne die weitere Arbeit an der neuen Startbahn blockierte. Der Leiter, Assistent Schürf, war von schmächtiger Natur, dafür aber mit einem überdimensionalen Kopf ausgestattet. Er trug Anzug, Melone und Krawatte, sowie, als Zeichen seines Standes, eine riesige Lupe. Obwohl der Vater Balduins zugab, die Originalnase einst selbst versehentlich zerstört zu haben, verharrten die Wissenschaftler weiter auf einem Hügel auf dem Baugelände. Doch Arbeiter wußten sich zu helfen. Bagger unterhöhlten die Anhöhe, bis sie zusammenbrach. Im Unterschied zu Dr. Colmar aus „Gigantum", der nur zu hören brauchte, mußte Balduin fühlen: Im letzen Panel des Comics stürzte er mit schreckverzerrten Zügen von dem Sandhaufen. Der lapidare Abschlußsatz eines lächelnden Arbeiters lautete: „Die Bauarbeiten können weitergehen!".[40]

Auf dem Neos war der Bau der Einschienenbahn bereits vollendet. So sah man die Digedags auf der Rückseite von Heft 29 vom April 1959 schon im Superzug sitzen. In einer Schemazeichnung werden Vorteile und Funktionsweise erläutert: "Schneller und billiger als alle bisherigen Eisenbahnen ist der Betrieb der Einschienenbahn. Schnellzüge erreichen eine Reisegeschwindigkeit von 350 km h. Schneller und billiger als alle bisherigen Bahnanlagen ist diese Einschienenbahn zu errichten. Die Schiene, die aus gegossenen Betonteilen besteht, läßt sich mit wenig Aufwand in jedem Gelände verlegen."[41]

Die direkten Vorlagen für den weiteren erklärenden Text und die zugehörigen technischen Zeichnungen fanden die MOSAIK-Schöpfer in HOBBY.[42] Im Maiheft 1957 berichtete Manfred Mettke in seinem Aufsatz „Einschienenbahn wird Wirklichkeit" über den Stand der Einführung dieses Verkehrsmittels, welches bereits seit 1951 in Westdeutschland erprobt würde.[43] Bis auf kleine Veränderungen wurde die auf dem Titel von HOBBY abgebildete Einschienenbahn für die Darstellung eines solchen Schienenfahrzeuges im unteren Bildteil von MOSAIK benutzt. Selbst die Hintergrundgestaltung des HOBBY-Titels, die Fassade einer modernen Straße, ließ Comic-Graphiker Horst Boche in das Titelbild des MOSAIK-Heftes einfließen.[44]

---

38 Selbst den Künstlern muß die ‚Kleiderordnung' Balduins suspekt erschienen sein. In dem Panel auf Seite 11 oben links dieses Heftes trägt er plötzlich den Kragen offen. Bei der Endkorrektur wurde der Fehler offensichtlich bemerkt. Allerdings wurde lediglich noch der Schlips von der Farbabteilung realisiert. Die Linien des geschlossenen Kragens sind nur über das offene Hemd gezeichnet.
39 MOSAIK-Kollektiv (Leiter H. Hegen), MOSAIK. Ein rätselhafter Fund, 6, 1960, H. 39, S. 11.
40 Ebenda, S. 23
41 MOSAIK-Kollektiv (Leiter H. Hegen), MOSAIK. Auf dem Neos verschollen, 5, 1959, H. 29, 1959, S. 24.
42 M. Mettke, „Einschienenbahn wird Wirklichkeit" , in: Hobby, 5, 1957, H. 5, S. 13–18, hier S. 16.
43 Ebenda, S. 13–18.
44 Vgl. ebenda, Titel. und MOSAIK-Kollektiv (Leiter H.Hegen), MOSAIK. Auf dem Neos verschollen, 5, 1959, H. 29, S. 1.

Mit einem beschriebenen MOSAIK-Rücktitel verwiesen die Künstler auf das nächste Heft. Auf dem Bahnhof der Hauptstadt der Republikanischen Union wurden die Digedags im Mai 1959 als Ehrengäste von der Erde zu einer Rundreise durch die Neos-Heimat der Werktätigen verabschiedet. Auch in „Gigantum" traten bedeutende Persönlichkeiten die erste Reise auf der fertiggestellten europaübergreifenden Einschienenbahnstrecke an.

„Ein internationales Autorennen hätte nicht so viele Berliner auf die Beine gebracht , wie am Montagmorgen zum zentralen Bahnhof der Einschienenbahn unterwegs waren. Schnellbahnen, Autobusse, Personenkraftwagen und Lufttaxis vermochten die Menschenflucht kaum zu bewältigen. Immer neue Ströme spien sie auf den überfüllten riesigen Vorplatz.

Freundschaftsfahrt, das war das Zauberwort, das die Berliner anzog, denn hinter diesem Wort verbarg sich die erste zusammenhängende Europarundfahrt eines Schienenfahrzeuges, verbarg sich ein neuer Geschwindigkeitsrekord und für die Nachdenklichen, die den Dingen auf den Grund gingen, der Beginn einer neuen Verkehrsepoche.

Auch die Fahnen Chinas und Indiens flatterten im Spalier der bunten Tücher längs des Bahnhofs, denn nach China und Indien bestimmte Post sollte in Moskau vom Asien-Expreß übernommen werden. ... Ein Blasorchester der Nationalen Volksarmee zog auf, der Rundfunkübertragungswagen erschien. Fernsehfunk und Film motierten ihre Kameras.

‚Und nun', ertönte die Stimme des Rundfunksprechers, ‚Nun erscheint das Konstruktionskollektiv , in seiner Mitte Dr. Schwingtenberg, die Erfinderin des neuen Treibstoffs, und Staatssekretär Hänlein vom Ministerium für Forschung ...'. Seine Stimme ging im Jubel der Massen unter, die den Angekündigten einen begeisterten Empfang bereiteten.

In einer kurzen Ansprache würdigte der Staatssekretär noch einmal die Verdienste aller, die dazu beigetragen hatten, daß die Fahrt stattfinden konnte, und verabschiedeten das Kollektiv.

Endlich war es soweit. Lydia betrat als erste den Zug, ihr folgte Gisela, dann das Kollektiv ... und ... der Parteisekretär."[45]

Im Gegensatz dazu ging es bei der Verabschiedung der Digedags zu ihrer Rundreise durch die Republikanische Union im Interkontinental-Expeß viel weniger bombastisch und ausgesprochen zivil zu. Zwar berichteten Funk, Fernsehen und Presse ebenfalls begeistert, doch Fahnen, NVA-Orchester und Parteisekretäre suchte man im MOSAIK vergebens. An deren Stelle trat ein freundlicher Bürgermeister mit Schnauzbärtchen. Der einzige Uniformierter auf dem Bahnsteig war ein Beamter, der die Abfahrt des Zuges bekannt gab.[46] Die hohe Geschwindigkeit des MOSAIK-Zuges wird durch comictypische Bewegungslinien, sogenannten Speedlines, verdeutlicht. Interessant erschien, das sich auch der Illustrator Adelhelm Dietzel auf dem Schutz-

---

45 E. Antonio, Gigantum, S. 250–251.
46 Vgl. MOSAIK-Kollektiv (Leiter H. Hegen), MOSAIK. Der Staudamm am schwarzen Fluß, 5, 1959, H. 30, S. 2–5.

umschlag für „Gigantum" dieses Gestaltungselementes der, in der DDR umstrittenen, graphischen Literatur bediente.

3. Nick Knatterton und MfS-General: Exekutive in MOSAIK und „Gigantum"

Am deutlichsten zeigten sich Unterschiede bezüglich politischer Propaganda von MOSAIK und Del'Antonios Roman im Vergleich der Darstellung der Polizeikräfte der Republikanischen Union und der sogenannten „Verbündeten Staaten" in „Gigantum". Als Repräsentanten des großneonischen Reiches lernte man nach der Landung auf der MOSAIK-Erde Neos ausschließlich finstere Typen kennen. Das war Ausdruck der allgemein in der DDR geschürten Agentenpsychose. Der Oberspion der Mächte des Bösen saß direkt in der Hauptstadt der Republikanischen Union, und tarnte sich als „Bildhauer, der diese ulkigen Gebilde knetet, die ihm niemand abkaufen will".[47] Den Anforderungen des ‚Bitterfelder Weges', so genannt nach den kulturpolitischen Beschlüssen der ‚1. Bitterfelder Konferenz', die im Erscheinungsmonat des Heftes 1959 stattfand, entsprachen die abstrakten Skulpturen im Atelier natürlich nicht. Die Namen der Kunstwerke wie ‚Denkender', ‚Verzückte Seele' oder ‚Einsamer' entlarvten bürgerlich-dekadentes existenzialistisch-individualistisches Gedankengut.[48] Die Digedags wurden sogar an diese Skulpturen gefesselt, die sinnigerweise so aussahen, „als wären sie eigens dazu geschaffen, um jemand daran anzubinden".[49] Der Comic machte im April 1959 deutlich, was sich hinter solcher Kunst jenseits der Anforderungen des sozialistischen Realismus verbarg. „Ein Funkgerät versteckt in einer Gipsfigur! Dieser MacGips war doch ein schlauer Halunke. Jeder glaubte, er wäre verrückt, in Wirklichkeit aber war er ein gerissener Agent des großneonischen Reiches."[50] Ebendiesen MacGips stattete man mit den üblichen Merkmalen des potentiellen West-‚Dreigroschenjungen' aus: Schmalzlocke, Kreppsohlen, am Saum umgeschlagene Röhrenjeans und knallbunte Krawatte. Er und seine Unterhelden huldigten, im Unterschied zu den abstinenten Digedags, zügellosem Alkohol- und Nikotinkonsum – was im MOSAIK Genuß von einem Bier und einer Zigarette bedeutete. Gemäß ihrer Profession versuchten diese Gangster im Solde großneonischen Kapitals, den friedlichen Aufbau der Wirtschaft der Republikanischen Union zu stören. Die Vereitelung ihrer Pläne und die Jagd nach deren Koordinator MacGips zog sich als übergreifender Spannungsbogen durch die Neos-Serie.

Die Geheimnisse des Supertreibstoffs ‚Gigantum', Vorraussetzung für die hohe Geschwindigkeit der trankontinentalen Einschienenbahn, riefen bei Del'Antonio den imperialistischen Geheimdienst – offensichtlich aus den USA – auf den Plan. Dessen Angehörige besaßen ‚brutale', ‚schwammige, aber intelligente' Gesichter und hatten sich unweit des Atomforschungszentrums der friedliebenden Staaten nahe München eingenistet, von wo aus sie ihrem schändlichen Handwerk, vor Mord und Brand nicht zurückschreckend, nachgingen.[51] Ihnen stand bei

---

47 Dieselben, MOSAIK. Auf dem Neos verschollen, 5, 1959, H. 29, S. 21.
48 Ebenda.
49 Ebenda.
50 Ebenda, S. 22.
51 Vgl. z. B. E. Antonio, Gigantum, S. 275.

Del'Antonio die – hier so genannte – Staatssicherheit gegenüber. Deren symphatietragende Rolle als Beschützer des Volkes und des von ihm geschaffenen Eigentums wurde, personifiziert in einem General, unmißverständlich verdeutlicht: „Der Chef des Staatssicherheitsdienstes trommelte mit den Fingernägeln einen Marsch auf die Schreibtischplatte. ... Ihn erfüllte Haß. Der Haß des Gärtners, dem man die Früchte seiner Arbeit stiehlt, der Haß des Arbeiters, dem man die Maschine zerstört, der Haß des Arztes, dem man die Medikamente vergiftet."[52]

Dabei war der Stasi-General, gerade in diesem Fall drängen sich bedrückende Parallelen auf, ein zutiefst kultivierter, musischer Mensch: „Der Chef des Staatsicherheitsdienstes lehnte sich mit geschlossenen Augen in die Polster des tiefen Sessels zurück und lauschte. Er liebte diese festtägliche Atmosphäre des Konzertsaals, und er liebte die Musik, namentlich, wenn sie von den Berliner Philharmonikern dargeboten wurde. Er horchte nicht mit kritischem Ohr, er ließ sich von den Tönen tragen, sich treiben in ihrer Flut. Das waren seine schönsten Stunden. Losgelöst vom Alltag, der ihn mit zweifelhaften Elementen in Berührung brachte, deren Handlungsweise ihm im Innersten unverständlich blieb. Ein Violinsolo nahm ihn gefangen. Er schloß entrückt die Augen."[53] Doch der Dienst als Schildträger der Partei erlaubte keine Ruhe: „Erschrocken fuhr er zusammen, als eine Hand seine Schulter berührte. ‚Sie werden im Foyer erwartet, es sei eilig ... Ein Polizeioffizier', flüsterte der ergraute Logenschließer mit unbewegtem Gesicht. Der Chef erhob sich sofort und bat seine Frau, sich nicht stören zu lassen. ‚Dienstlich, Vera, entschuldige! Möglich, daß ich zur Dienststelle fahre. Warte nicht auf mich, wenn es spät wird.' Frau Vera nickte bedauernd. Sie kannte das. Es wäre ja auch ein Wunder, wenn ein solcher Abend ungestört verliefe."[54] Im Umgang mit dem Bürger zeigte man sich verständnisvoll: „Dem Chef des Staatssicherheitsdienstes gegenüber, am runden Tisch des Besuchszimmers, saß ein gedrungener, breitschultriger Mann im mittleren Alter. Obwohl er keineswegs schüchtern war, verriet seine steife Haltung noch eine gewisse Unsicherheit. Der General kannte das. Mit dem Staatssicherheitsdienst hatte eben keiner gern etwas zu tun; zumindest bei der ersten Berührung bestand ein Unbehagen, wenn man noch nicht wußte, weshalb man vorgeladen wurde."[55] Aber als ordentlicher Mensch hatte man nichts von den Genossen des MfS zu befürchten, ja am Ende des hier erwähnten Gesprächs bescherte man dem ‚Besuch', einem Amateurfunker, sogar ein neues Gerät.

Wie wurden im Vergleich dazu die ‚Sicherheitskräfte' der Republikanischen Union im MOSAIK der Jahre 1959/60 präsentiert? Im Märzheft 1959 entführten großneonische Agenten die Digedags. Bei der Fahndung erwieß sich die Polizei der Republikanischen Union im Aprilheft als völlig inkompetent. Zunächst ignorierte ein Polizist die beiden Opfer bei einem Autostop. Als ein Reporter wenig später seinem Chefredakteur berichtete, daß ihm die Vermißten auf den Zeitungsfotos bekannt vorkämen, meinte dieser: „Haha, die gesamte Polizei der Republikanischen Union sucht erfolglos nach den Digedags, und ausgerechnet du willst sie gesehen haben."[56] Schließlich befreite der agile Pressemann die Erdbewohner im Alleingang und verständigte dann die Polizei. Die Mittel des Comics unterstützten hier wirkungsvoll deren Darstellung. Natürlich besaß man auf dem Neos schon Videotelefon. So erschien auf

---

52 Ebenda, S. 303.
53 Ebenda, S. 333–334.
54 Ebenda, S. 334.
55 Ebenda, S. 339.
56 MOSAIK-Kollektiv (Leiter: H. Hegen), MOSAIK. Auf dem Neos verschollen, 5, 1959 H. 29, S. 18.

dem Bildschirm der Kopf eines dicken Polizisten mit Menjoubärtchen, dessen geistige Überforderung die gequälte Miene, über die der Schweiß perlte, verdeutlichte.[57]

Im folgenden Heft wurde MOSAIK noch deutlicher: Ein Arbeiter entdeckte den Plan eines Sprengstoffanschlags auf einen neuerrichteten Staudamm. Aufgeregt lief er zu Polizei. Der diensthabende Beamte reagierte auf den – zugegebenermaßen etwas verworrenen Bericht – zunächst nur verbal ungehalten: „Bei ihnen piept,s wohl? … Sie haben wohl schon tüchtig gefeiert? Hauchen Sie mich mal an!"[58] Als der junge Mann dieses energisch bestritt und seine Anzeige wiederholte, krallte sich der Polizist in seine Schulter und schrie: „Wenn Sie jetzt nicht gleich verschwinden, passiert wirklich noch ein Unglück!"[59] Doch Elektriker Pepi, so der Name des Wachsamen, ließ sich nicht abwimmeln. Erregt packte er den Beamten an der Uniformbrust und schüttelte ihn. Der reagierte prompt: „Na warten Sie! Dieser Angriff auf die Staatsgewalt wird Ihnen teuer zu stehen kommen!"[60] Mit ‚Polizeigriff' – Pepis Gesicht war schmerzverzerrt – führte er ihn ab. Beim Einschließen in die vergitterte Zelle bemerkte der Staatsdiener hämisch grinsend: „Erst schlafen Sie mal ihren Rausch aus, dann reden wir weiter."[61] Nach vollbrachter Tat sah man den Polizisten aus einer Thermoskanne Kaffee einschenken: „Nach dieser Amtshandlung muß ich mich erst einmal stärken."[62] Pepis Toben alarmierte schließlich einen Offizier, auf dessen Geheiß der Arbeiter freigelassen wurde. Der Polizist wurde von seinem ‚Inspektor' zurechtgewiesen: „Ohne Haftbefehl dürfen Sie niemanden einsperren, merken Sie sich das!"[63] Zur Rechtfertigung – gegenüber seinem Chef, nicht gegenüber Pepi – führte der Gemaßregelte an: „Entschuldigen Sie Herr Inspektor, es war ein Justizirrtum."[64] Das Eingeständnis eines solchen Versagens der Staatsmacht in einem Publikationsorgan der Pionierpresse war 1959 ein Politikum. Als Reaktion auf permante Kritik und verstärkten Druck auf die Künstler des MOSAIK war die symphatischere Darstellung der Polizei als kompetenter ‚Freund und Helfer' etwa ein Jahr später, im April 1960, zu verstehen: „Eins müßt ihr Euch aber merken, ihr Digedags: Der Polizei könnt ihr immer alles sagen. Wenn ihr gleich zu und gekommen wärt, hätten wir Mac Gips vielleicht schon gefaßt."[65]

In Heft 37 vom Dezember 1959 tauchte im MOSAIK ein „Geheimpolizist"[66] auf. Der erwies sich jedoch schon rein visuell nicht als schneidiger Stasi-Offizier. Stattdessen zeichnete man eine Karikatur von Hans Albers als Flynn in „Der Mann, der Sherlock Holmes war". In dem UFA-Film waren unter dem Sprungdeckel einer Taschenuhr vier ‚Blaue Mauritius' verborgen.[67] Der ‚Geheime' im MOSAIK mußte eine Uhr, in deren Sprungdeckel eine wichtige Formel für das modernste Passagierflugzeug der Republikanischen Union eingeritzt war, vor dem

---

57 Vgl. ebenda, S. 23.
58 MOSAIK-Kollektiv (Leiter: H. Hegen), MOSAIK.Der Staudamm am schwarzen Fluß, 5, 1959, H. 30, S. 17.
59 Ebenda.
60 Ebenda, S. 18.
61 Ebenda.
62 Ebenda.
63 Ebenda, S. 19.
64 Ebenda.
65 MOSAIK-Kollektiv (Leiter: H. Hegen), MOSAIK. Das Geheimlabor im Stollen 5, 6, 1960, H. 41, S. 23.
66 Dieselben, MOSAIK. Maschine CB-5 auf dem Prüfstand, 5, 1959, H. 37, S. 16.
67 Vgl. dazu auch das ‚Buch zum Film', damals eine Neuheit, von R. A. Stemmle, Der Meisterdedektiv, Berlin 1937.

Zugriff eines vermeintlichen Agenten schützen.[68] Karierte Schiebermütze und Shagpfeife gemahnten außerdem an Manfred Schmidts zwischen 1950 und 1962 allwöchentlich in QUICK agierenden Meisterdedektiv Nick Knatterton. Mit bissiger Ironie nahm Schmidt Schattenseiten des Wirtschaftswunders aufs Korn.[69] Hegen las QUICK auch wegen des ihn begeisternden Stils der Karikaturen von Hans Kossatz, der schließlich auch MOSAIK beeinflußte. ‚Detektiv Neunspäher' in der Julinummer 1960 war eine weitere Knatterton-Reminiszenz im DDR-Comic.[70] ‚Tschekisten' dagegen fanden sich auch bei dräuendster großneonischer Agentenflut nicht im MOSAIK.

4. Comic-Helden in Leuna und Espenhain: Chemie- und Energieprogramm im MOSAIK

Die „Direktive für den zweiten Fünfjahrplan zur Entwicklung der Volkswirtschaft in der DDR 1956 bis 1960" sah „den vorrangigen Ausbau der Grundstoffindustrie, der Metallurgie, der Energieerzeugung, der Brennstoff – und der Bauindustrie sowie bestimmter Zweige der chemischen Industrie vor".[71] Im Januar 1957 hatte die 30. Tagung des Zentralkomitees der SED chemische Industrie, Energieererzeugung und Braunkohlenbergbau als primäre Aufgaben formuliert, und am 21. März 1957 wurde ein Kohle- und Energieprogramm verabschiedet.

„Wohl noch nie war die Aufmerksamkeit der Öffentlichkeit so auf die Chemie gerichtet wie heute. Wie sehr unser technisches Zeitalter auch ein Zeitalter der Chemie ist, haben die Aufgabenstellung des V. Parteitags für die Chemieproduktion und vor allem die kurze Zeit später vom Zentralkomitee der sozialistischen Einheitspartei Deutschlands und von der staatlichen Plankommission veranstaltete große Chemiekonferenz für jeden deutlich gemacht. Das auf dieser Konferenz verkündete Chemieprogramm eröffnet den Zweigen unserer chemischen Industrie eine so grandiose Entwicklung, wie sie im kapitalistischen Deutschland weder möglich noch denkbar gewesen wäre. Es weist der Chemieproduktion den zentralen Platz in der raschen allseitigen Entwicklung unserer Volkswirtschaft zu."[72]

Die Anstrengungen zur Bewältigung der Aufgaben der in diesen euphorischen Zeilen erwähnten Chemiekonferenz vom 3. und 4. November 1958 wurden bis Mitte der sechziger Jahre von Kampagnen in Presse, Buch, Rundfunk und Fernsehen begleitet. Der Glaube an die allmächtigen Segnungen der Chemie war schier unbegrenzt. So trugen diesbezügliche Buchpublikationen an religiöse Erbauungsschriften erinnernde Titel wie „Schöpfung ohne Grenzen".[73] In der schönen neuen ‚Welt von morgen' Böhm/Dörges nahm das Chemieprogramm

---

68 Vgl. MOSAIK-Kollektiv (Leiter: H. Hegen), MOSAIK. Maschine CB-5 auf Prüfstand, 5, 1959, H. 37, S. 16, 22, 23.
69 Zu Nick Knatterton vgl. die sich leider ausschließlich der Comicgeschichte Westdeutschlands widmende Studie von B. Dolle-Weinkauff , Comics. Geschichte einer populären Literaturform in Deutschland seit 1945, Weinheim 1990, S. 47–50.
70 Vgl. MOSAIK-Kollektiv (Leiter: H. Hegen), MOSAIK.Geheimakte KF 3 verschwunden, 6, 1960, H. 44.
71 Autorenkollektiv (Leiter R. Badstübner), Geschichte der Deutschen Demokratischen Republik, Berlin 1987, S. 179.
72 W. Curth, H. Knoblich, H. Wolffgramm, Menschen. Maschinen. Energien, Berlin 1959 , S. 154.
73 H. Hanke, Schöpfung ohne Grenzen, Berlin, 1959.

einen wichtigen Platz ein. In ihrem Buch erklärten sie: Auf dem Weg zum Kommunismus „sind viele technische, industriell-ökonomische Aufgaben zu lösen; eine der haupsächlichsten stellte das Chemieprogramm dar, und seine wichtigste Seite, ja sein Kern ist das Programm für die Kunststoffindustrie."[74]

Die Künstler des MOSAIK sahen sich zunehmend mit den Problemen konfrontiert, die sich zwangsläufig aus der Verbindung einer abenteuerlichen Comic-Handlung mit der Propagierung und Erläuterung derartiger wirtschaftlicher Zielstellungen für einen spannenden Handlungsverlauf ergeben mußten. Ab November 1959 führte man deshalb für die Präsentation von Eimerkettenbaggern und Triebwerken eine Figur namens LEXI ein. Dramaturgisch war ihre Funktion einleuchtend: Bis zu ihren Einsätzen waren die MOSAIK-Schöpfer gezwungen, die Hauptperson aus der Handlung zu reißen und ihr eine Lehrfunktion zuzuweisen. Das störte den Fluß der Erzählung und erzeugte mitten in der spannendsten Verbrecherjagd oder Tiefseetauchfahrt Langeweile.[75] Im MOSAIK wurde Lexi wie folgt präsentiert: „Zunächst möchte ich Euch sagen, wer ich bin. Ich heiße eigentlich Lexikon, aber alle nennen mich Lexi. Ich weiß ungeheuer viel, und ich möchte gerne allen etwas von meinem Wissen abgeben. Es sind manchmal ganz schwierige Dinge, die ich Euch erklären will. Damit es jeder versteht, will ich über alles ganz leicht und lustig mit euch plaudern"[76]. Deutlich erkennbar ging es dem personifizierten Lexikon in seiner ‚Plauderei' zur Kunststoffproduktion um den Nachweis der, von Böhm/Dörge übernommenen, These „Kunststoffe sind keine Ersatzstoffe, sondern vollwertige neue Werkstoffe".[77] In einem doppelseitigen Schema in Heft 40 wurde die komprimierende Funktion des Comics als Ergänzung zu dem populärwissenschaftlichen Fachbuch besonders deutlich.[78] MOSAIK erläuterte grundlegende Züge der Herstellung verschiedener Kunststoffarten und deren jeweilige Verwendung mit acht Bildern und dazugehörigem Text. Damit faßte das Kapitel „Wunderwelt der Kunststoffe", im Buch immerhin über fünfzig Seiten, anschaulich zusammen. Man achtete darauf, dem Leser vertraute Alltagsgegenstände vorzuführen: Thermoplaste wurden „zu Gegenständen gepreßt, denen ihr täglich auf Schritt und Tritt begegnet. Das beginnt schon beim Frühstück mit dem Eierlöffel aus Kunststoff und hört mit der

---

74 K.Böhm, R. Dörge, Welt , S. 198.
75 Lexi ist keine originäre MOSAIK-Schöpfung. Im Februar 1959, also in der Entstehungszeit des Heftes, tauchte in RAKETE eine Figur namens Praktikus auf, die mit Henkelohren, spärlichem Haarwuchs, Experimentierhandschuhen und überdimensionalisierten Schuhen Vorbild für den Lexi der Zeitschrift MOSAIK war. Unter der Überschrift „Hier spricht der Praktikus" führt sich dieser folgendermaßen ein: „Wenn ihr mich auf einer Seite der ‚Rakete' seht, dann gibt es immer etwas zu basteln oder zu probieren" (H. Nieswarz, Hier spricht der Praktikus, in: RAKETE, 2, 1959, H. 2, S. 22.) Nach Erinnerungen des damaligen Texters und späteren künstlerischen Leiters Lothar Dräger in einem Gespräch mit dem Autor vom 27. 03. 1996 stand für Lexi auch Daniel Düsentriebs „Helferlein" Pate, das 1957 und 1958 in mehreren Carl-Barks-Geschichten in MICKY MAUS auftauchte. Es handelt sich offensichtlich um die im Entstehungszeitraum der Neos-Serie in der deutschen MICKY MAUS erschienenen Geschichten „Ein Geschenk für Oma Duck" (MM 18/57), „Fragen an die Zukunft" (MM 21/1957), „Das elastische Haus" (MM 14/58), „Daniel Düsentrieb" (MM 26/1959). Vgl. dazu : J. A. Grote, Carl Barks. Werkverzeichnis der Comics , Stuttgart 1995.
76 MOSAIK-Kollektiv (Leiter: H. Hegen), MOSAIK. Harte Schule, 5, 1959, H. 36, S. 8.
77 Vgl. K. Böhm, R. Dörge, Welt, Berlin 1959, S. 151. und MOSAIK-Kollektiv (Leiter: H. Hegen), MOSAIK. Tatort Papageienstraße 12, 6, 1960, H. 40, S. 10.
78 Vgl. MOSAIK-Kollektiv (Leiter: H. Hegen), MOSAIK.Tatort Papageienstraße 12, 6, 1960, H. 40, S. 10–11.

Zahnbürste auf, mit der ihr euch vor dem Zubettgehen die Zähne putzt."[79] Abschließend erklärte Lexi, in einer Plastikbadewanne thronend: „Ich habe euch nur eine Art der Kunststofherstellung gezeigt. Für viele Plaste, besonders aber für Kunstfasern, verwendet man andere Grundstoffe als Kohle, Kalk und Wasser. Sie haben dann andere Eigenschaften."[80] Ausgehend von diesem Schema, erläuterte Mosaik in den Heften 40 bis 44, also von März bis Juli 1959, die ‚Plaste'-Produktion und die Förderung der dazu notwendigen Rohstoffe Braunkohle und Erdöl. Ein Ingenieur namens Hempel übernahm dabei die fachliche Beratung der Künstler.[81]

Zunächst reisten Dig und Dag, wie bereits erwähnt, im März 1960 zur traditionellen Frühjahrsmesse. Unterwegs trafen sie neben dem üblen großneonischen Spion – lüstern auf DDR-Plasterezepte – auch einen freundlichen Herrn, der ihnen das Prinzip der Polymerisation veranschaulichte. Interessant ist, wie vereinfachter populärwissenschaftlicher Text aus dem Böhm/Dörge-Band im Comic bearbeitet wurde: Im Buch trugen ganz allgemein ‚Kinder', die im Spiel die entsprechenden ‚Molekülketten' bilden, jeweils rote oder blaue Bändchen am Arm. Sofort stellte sich die Assoziation zur Geschlechtskennzeichnung von Babys jener Jahr anhand der Schuhfarbe her. Im Mosaik tanzte je ein Junge mit einem Mädchen.[82] Nicht umsonst fand man im Böhm/Dörge-Band die von Walter Ulbricht auf dem V. Parteitag 1958 verkündeten „10 Gebote sozialistischer Moral".[83]

Als die Digedags endlich im Neos-Leipzig ankamen, prangte über dem Stand für Kunststoffe das bekannte Logo für „Plaste und Elaste" neben der unvermeidlichen Retorte, die im Vorspann der Fernsehsendung „Du und die Chemie" stets die Umrisse der DDR annahm.[84]

Zur Erwärmung der Leser des Märzheftes 1960 wurden auf der Rückseite „Sommerfreuden durch Kunststoffe"[85] auf einem Zeltplatz am Seeufer versprochen, zu welchen man mit einem ebenfalls in Bild gesetzten „Trabant" gelangte. Hegen selbst hatte die Vorzeichnung geschaffen, die dann von der Farbabteilung koloriert wurde. Noch einmal, im letzten auf dem Neos spielenden, Mosaik-Abenteuer ging es um Chemieindustrie: In „Geheimakte KF 3 verschwunden" waren Dig und Dag als Privatdedektive, einem im Sozialismus natürlich unmöglichen Beruf, hinter dem vermeintlichen Dieb der Unterlagen für eine neuentwickelte Kunstfaser (KF!) her. Am 6. Juni 1957 hatte „der Ministerrat der DDR ... auf Vorschlag der SED die Bildung des Beirats für naturwissenschaftlich-technische Forschung und Entwicklung (Forschungsrat der DDR) als Organ des Ministerrates"[86] beschlossen. Auf der Eröffnungsseite des Juliheftes 1960 hieß es: „Ich übergebe ihnen jetzt alle Unterlagen für die Herstellung der neuen Kunststoffaser, die wir in unserem Werk entwickelt haben. Sie, Herr Flitzenberger, bringen diese Dokumente zum Ministerium, damit sie dem Wirtschaftsrat auf seiner heutigen Tagung

---

79 Ebenda, S. 10–11.
80 Ebenda, S. 12.
81 Vgl. K. Böhm, R. Dörge, Welt, Berlin 1959, S. 173 mit Mosaik-Kollektiv (Leiter: Hannes Hegen), Mosaik. Tatort Papageienstraße 12, 6, 1960, H. 40, S. 5.
82 Karl Böhm, Rolf Dörge, Welt, Berlin 1959, S. 475.
83 Erinnerung Lothar Drägers im Gespräch mit dem Autor am 27. 03. 1996.
84 Vgl. U. Johnson, Der 5. Kanal, Frankfurt/M. 1987, S. 55.
85 Mosaik-Kollektiv (Leiter: H.Hegen), Mosaik. Tatort Papageienstrasse 12, 6, 1960, H. 40, S. 24.
86 Akademie für Staats- und Rechtswissenschaft der DDR (Hg.), Unser Staat. DDR-Zeittafel 1949–1983, Berlin 1984, S. 47.

vorliegen."⁸⁷ Sogar Mechanismen sozialistischer Wirtschaftsführung wurden somit im Comic erwähnt. Im MOSAIK wurde die Geschichte der Spinnfaser auf Grundlage des im gleichen Jahr erschienenen populärwissenschaftlichen Buches „Das unbeständige Feigenblatt" von Helmut Hanke erläutert.⁸⁸ Zur Erklärung der Herstellung von Kunstfasern wurden mehrere Vorlagen herangezogen: Neben dem für MOSAIK fast unvermeidlichen HOBBY-Artikel ein Aufsatz von Curth zu „Wolle die nicht auf Bäumen wächst" und die Ausführungen bei Böhm/Dörge.⁸⁹

Hatte man im Heft 40 erfahren, woraus Kunststoff fabriziert wird, widmete sich Heft 41 der Förderung des dafür notwendigen Rohstoffs Braunkohle. In den Abbaugebieten verschwanden durch die expandierenden Tagebaue ganze Dörfer von der DDR-Landkarte. Im MOSAIK wurde ein Haus am Rande des Tagebaus nicht zerstört, sondern einfach auf Rollen gestellt und weggezogen – eine Mühe, die man sich in der Realität nicht machte. Einmalig in der Comicgeschichte die exakte Darstellung von Schaufelrad- und Eimerkettenbagger auf einer Doppelseite. Und im „Kulturpalast" vertiefte ein älterer Professor während eines URANIA-Vortrages – die „Gesellschaft zur Verbreitung wissenschaftlicher Kenntnisse" bestand in der DDR seit 1954 – eben Gesehenes im wissenschaftlichen Vortrag: „Im Braunkohlentagebau arbeiten die größten Maschinen der Welt. Der Schaufelradbagger wird hauptsächlich zum Abtragen des Erdreiches, dem Abraum, verwendet, weil sich mit ihm am besten eine Trennung von Abraum und Kohle erreichen läßt. Das riesige, von stählernen Zähnen bewehrte Rad hat einen Durchmesser von sechzehn Metern. Alles ist riesenhaft an diesem Giganten der Technik ... Die größte Förderbrücke der Welt steht in der DDR, in Espenhain. Sie ist 550 m lang."⁹⁰ Bei Bild und Text gab ein Artikel in RAKETE sowie der Abschnitt zu „Schätzen aus dem Schoß der Erde" in „Menschen.Maschinen.Energien" wichtige Unterstützung.⁹¹ Auf der Grundlage eines in grau und schwarz gehaltenem Fließbildes zu Anwendungsmöglichkeiten von Rohbraunkohle schuf MOSAIK-Mitarbeiter Gerhard Rappus auf der Rückseite des Aprilheftes 1960 einen vielverzweigten Baum, an dessen Astenden Fabrikate aus jeweiligen Zwischenprodukten – Naphtalin, Phenole, Benzol etc. – prangten.⁹²

In dem Abschnitt „Erdöl eröffnet neue Perspektiven" erläuterten die Autoren von „Menschen. Maschinen. Energien" die Bedeutung eines Rohstoffes, dessen Förderung und Weiterverarbeitung die Digedags, in Fortsetzung von Lexis Erklärungen, in der Mai- und Juninummer 1960 interessierte: „Die bedeutende Steigerung unserer Kunststoffproduktion kann natürlich nur verwirklicht werden, wenn genügende Mengen Rohstoffe zur Verfügung stehen ... Deshalb wird zu dem Karbid ein zweiter Rohstoff treten, der bisher in unserer chemischen Produktion eine untergeordnete Rolle spielte: das Erdöl. ... Die Sowjetunion, die über die größten Erdölvorräte der Welt verfügt und auch in der Förderung dieses wertvollen Boden-

---

87 MOSAIK-Kollektiv (Leiter: H. Hegen), MOSAIK. Geheimakte KF 3 verschwunden, 6, 1960, H. 44, S. 2.
88 H. Hanke, Das unbeständige Feigenblatt, Berlin 1960.
89 O. Wolfbauer, „Wer kennt die Fasern, nennt die Namen", in: Hobby, 7, 1959, H. 2, S. 84–90; W. Curth, „Wolle, die nicht auf Bäumen wächst", in: RAKETE, 2, 1959, H. 5, o.S.; K. Böhm, R. Dörge, Welt, Berlin 1959, S. 165–173.
90 MOSAIK-Kollektiv (Leiter: H. Hegen), MOSAIK. Das Geheimlabor im Stollen 5, 5, 1960, H. 41, S. 20.
91 W.Curth, „Kohle" , in: RAKETE, 1, 1958, H. 11, S. 1–5.; W. Curth, H. Knoblich, H. Wolffgramm, Menschen.Maschinen.Energien, Berlin 1959, S. 115–153.
92 Vgl. W. Curth, H. Knoblich, H. Wolffgramm, Menschen, Maschinen, Energien, Berlin 1959, o. S. mit MOSAIK-Kollektiv (Leiter: H. Hegen), MOSAIK. Das Geheimlabor im Stollen 5, 5, 1960, S. 24.

schatzes im Begriff ist, die Weltspitze zu übernehmen, wird uns die notwendigen Mengen zur Verfügung stellen. Sie gibt damit ein weiteres großes Beispiel für die brüderliche Zusammenarbeit der sozialistischen Länder."[93]

Das MOSAIK-Erdöl floß allerdings nicht aus sowjetischen Pipelines, sondern entsprang den Urwaldsümpfen Zentralafrikas. Das hatte politische Gründe: Die Darstellung von als sowjetische Bestarbeiter identifizierbaren Figuren mit Telleraugen und Knollennase hätte zu Problemen mit der Zensur geführt. 1960 war außerdem wegen der Entstehung von 17 Nationalstaaten zum „Afrikanischen Jahr" erklärt wurden. So konnte man unter Umgehung möglicher ideologischer Probleme gleichzeitig aktive Solidarität mit dem sogenannten ‚3. revolutionären Hauptstrom unserer Epoche, den jungen Nationalstaaten und den um ihre Unabhängigkeit kämpfenden Völkern Asiens, Afrikas und Lateinamerikas' demonstrieren! Exotische Urwälder lagen den Künstlern ohnehin mehr als sibirische Tundren. Nach aufregenden Dschungelabenteuern entstand am Ende von Heft 42 die Vision einer Erdölstadt im Urwald, und in Heft 43 war sie bereits verwirklicht. Vorlagen für solche grüne Metropolen boten ausgerechnet Industriezentren wie Shinkolobwe im, in der DDR als Paradebeispiel kolonialer Unterdrückung angeprangerten, Belgisch-Kongo aus dem Westmagazin HOBBY![94] Auf einer im MOSAIK von Erdölsuchern benutzten Karte hieß ein afrikanisches Dorf, in offensichtlicher Anlehnung an „Katanga", sogar „Katenga".[95]

Die MOSAIK-Dialoge zwischen den Digedags und einem Häuptling sprachen für sich: „Du brauchst nicht länger um deinen Tempelschatz zu trauern, Häuptling. Im Gegensatz zu dem Schatz, der hier wirklich in der Erde verborgen ist, war er völlig wertlos. Reichtum und Wohlstand werden bald auf andere Weise bei deinem Stamm einkehren. Ihr werdet in *freundlichen Häusern* auf einer weiten Lichtung wohnen und *saubere Kleidung* tragen. Straßen und Eisenbahnlinien werden durch den Urwald führen und euch die weite Welt erschließen. Und das alles verdankt ihr dem Erdöl, von dem du geglaubt hast, es wäre nutzlos."[96]

Auf den beiden letzten Seiten der Mainummer 1960 wurden noch Erdölbohrturm und -suche mittels Sonden erklärt. Trotz relativ geringer Ausbeute wurde auch in der DDR Erdöl gefördert. Man übernahm wesentliche Aussagen eines Artikels in RAKETE mit dem Titel „Schatzgräber" für das Schema, welches man im MOSAIK „Detektive auf Schatzsuche" überschrieb.[97]

In „Menschen.Maschinen.Energien" wurde verkündet: „Im Zusammenhang mit dem zunehmenden Erdölimport wird auch in unserer Republik ein modernes Erdölverarbeitungswerk errichtet werden. Mit einer Kapazität von 5 Millionen t im Jahr wird es die gesamte aus der Sowjetunion gelieferte Erdölmenge verarbeiten können."[98] Zu einer entsprechenden ganzseitigen Darstellung wurde im MOSAIK geschrieben, „daß diese Erd-

---

93 W. Curth, H. Knobloch, H. Wolffgramm, Menschen, Maschinen, Energien, Berlin 1959, S. 204.
94 Vgl. D. Zibis, „Shinko – Uranstadt in Kongo", in: Hobby, 6, 1959, H. 3, S. 77–82.; D. Zibis, „Industriezentrum Kongo", in: Hobby, 5, 1958, H. 9, S. 13–19.
95 MOSAIK-Kollektiv (Leiter: H. Hegen), MOSAIK. Erdölpiraten, 6, 1960, H. 42, S. 21.
96 Ebenda, S. 22.
97 Vgl. A. Rasmuss, Schatzgräber, in: RAKETE, 2, 1959, H. 1, S. 18–19. mit MOSAIK-Kollektiv (Leiter: H. Hegen), MOSAIK. Erdölpiraten, 6, 1960, H. 43, S. 24.
98 W. Curth, H. Knobloch, H. Wolfgramm, Menschen, Maschinen, Energien, Berlin 1969, S. 205.

ölraffinerie etwa der Anlage entspricht, die gegenwärtig in Schwedt an der Oder errichtet wird."[99]

Im August 1960 verließen die Digedags den Neos. Fortan bewegten sie sich ausschließlich in der Historie.

5. Die Neos-Serie: Kritik und Rezeption

MOSAIK, ursprünglich als Pendant zum Comic-‚Schmutz und Schund' bürgerlicher Provenienz konzipiert, geriet sehr schnell ins Schußfeld offizieller Kritik. Übereifrige Funktionäre und bildungsbürgerlich ambitionierte Pädagogen rügten vor allem unklare weltanschauliche Positionen. In einer Vorlage an das Sekretariat der Pionierorganisation kritisiert Chefredakteur Hans Ehrhardt, der nach Verlagswechsel des MOSAIK zu JUNGE WELT 1960 Ernst Dornhof abgelöst hatte, den von ihm zu beaufsichtigenden Comic:

„Die Aufgabe der ästhetischen Erziehung, die jede Bilderzeitschrift unserer Organisation hat, wird von Herrn Hegenbarth völlig negiert. Hauptgestaltung [!] wie Prof. Schlick und Schluck, der Agent Mac Gips, der Student der Altertumskunde (Heft 39) u. a. wurden bis zur inhumanen Aussage karikiert. Die Gestaltung der ersten drei im Verlag Junge Welt erschienenen Hefte entspricht nicht der bestätigten Thematik. Ein besonders drastisches Beispiel ist das Heft 39 (Februar). Der Themenplan sah vor: Flugplatzbau. Mit einer Gruppe von Studenten arbeiten Dig und Dag im Arbeitseinsatz beim Bau eines modernen Flugplatzes. Grafisch wird die Anlage nach Zeichnungsunterlagen der Deutschen Lufthansa für den Flugplatz Berlin-Schönefeld gestaltet.

Herr Hegenbarth machte daraus eine einzige primitive Geschichte mit einem halbblöden Studenten, obwohl sich die Gestaltung unseres zukünftigen Flughafens Schönefeld regelrecht anbot und eine ausgezeichnete Gelegenheit war, die Kinder anhand dieses großartigen Objekts unseres Siebenjahrplans für die sozialistische Perspektive zu begeistern und ein Stück Erziehungsarbeit für den Sozialismus zu leisten. Die vorliegenden Hefte sind nicht dazu geeignet, den Einfluß der Comics einzudämmen, sondern eher noch eine Anleitung zum Handeln. Verschiedentlich fragte ich Kinder, wie ihnen ‚MOSAIK' gefällt. Sie waren fast ausnahmslos hellauf begeistert, weil ‚die Hefte spannend sind', wie sie sagen. Die Figuren finden sie lustig, weil sie ‚anders sind und weil die Bilder schön bunt sind'!

Was die Parteilichkeit anbetrifft, so weicht sie fast völlig dem Objektivismus. Zeichnungen, die moderne Technik widerspiegeln sollen, sind westlichen Vorbildern entlehnt. Die Serie handelt schon seit 15 Monaten auf dem Neos, einem unbekannten, anonymen Planeten mit Bewohnern ohne Gesellschaftsordnung. So kommt es, daß die Fabeln und die Handlungen viele Fragen offenlassen, z. B. gegen wen arbeitet der Agent Mac Gips? In den geplanten späteren Heften ist zwar die ‚Parteilichkeit für die Armen und Unterdrückten', wie es in der Lizenzurkunde heißt, in den Fabeln enthalten, aber die Parteilichkeit für den Sozialismus, für die Sieghaftigkeit unserer Sache als Ausdruck des gerechten Kampfes der Werktätigen ist völlig ignoriert. ... MOSAIK muß aber als Zeitschrift der Pionierorganisation unsere Kinder für das Morgen, für ihre eigene sozialistische Zukunft begeistern.

---

99 MOSAIK-Kollektiv (Leiter: H. Hegen), MOSAIK. Elefant gesucht, 6, 1960, H. 43, S. 20.

Polytechnische Bildung wird zu einem gewissen Teil vermittelt. In Leserbriefen äußern sich die Kinder zustimmend zu den technischen Seiten innerhalb des Heftes. Diese Aufgabe der Vermittlung technischer Kenntnisse wird aber nicht mit dem gesamten Heft organisch gelöst, sondern die Technik-Seiten wirken unorganisch angeklebt."[100]

Diese Kritik machte jedoch nicht nur Unzufriedenheit mit fehlender ideologischer Prägnanz deutlich. Ganz offensichtlich sah Erhard Mosaik vor allem auch stilistisch im Widerspruch zu den in den fünfziger Jahren entwickelten Vorstellungen einer „sozialistischen Kulturgesellschaft."[101] Der damalige Redakteur der DDR-Satirezeitschrift „Eulenspiegel", Rudi Strahl, brachte diesbezügliche pädagogische Bedenken zum Ausdruck:

> „Durch ein Lieblingswort des Verfassers [*Strahl meint fälschlicherweise Hegen, T. Kramer*] provoziert – es lautet ‚verdammt' und wuchert in den Seiten des ‚Mosaik' so unbekümmert wie Schimmel auf altem Brot – sieht sich die Leseeule [*d.i. Kolumne des „Eulenspiegel" für Rezensionen, T. Kramer*] veranlaßt, auch auf die sprachlich-stilistische Beschaffenheit der Heftchen einzugehen. Und dabei wird ihr ein bißchen flau um den Magen. Denn reiht man nur die markantesten Wendungen eines einzigen Heftes aneinander, muß man wohl oder übel zu der Meinung gelangen, daß die Theorie von Vielfalt und Reichtum der deutschen Sprache eitel Lug und Trug ist. Hier eine Zitatenfolge, die sich beliebig fortsetzen oder ergänzen ließe: ‚Verdammt' – ‚Da haben wir den Salat' – ‚Verflixt und dreimal zugenäht' – ‚Ach, du gerechter Strohsack' – ‚Sie jammern wie ein altes Weib' – ‚Verdammte Kiste' – ‚Weg mit der Waffe, du Schuft' – ‚Verdammt' – ‚Ich habe die Nase voll' – ‚... oder es knallt' – ‚Die Sache wird geritzt' – ‚Verdammter Sand' – ‚... die ganze Sache ist verkorkst' – ‚Hier sollen sie baumeln ...!' – ‚Wenn ihr nicht sofort verduftet, gehts euch drekkig!' Der liebe Vati habe also Verständnis, wenn sein zartes Söhnlein ihm heute oder morgen zuruft: ‚Verdammt, du Schuft, ich puste dich um!'. Denn der Ganovenjargon ist leichter zu erlernen als das kleine Einmaleins oder ein Gedicht von Heinrich Heine, zumal bei so vortrefflich detaillierter Illustration. Im Gegensatz zu allen Sprachtheorien spielt das Ausrufezeichen im ‚Mosaik' eine dominierende Rolle. Der kategorische Imperativ feiert Triumphe; kein Wunder eigentlich, wo nur geflucht und kommandiert, geschrien oder randaliert wird. Zartere Töne sucht man vergeblich. Und da schon mal von Tönen die Rede ist: Die Laut und Geräuschmalerei ist nicht etwa mit dem seligen Karl May dahingegangen. Es dröhnt einem in den Ohren bei all dem ‚Wommp!' – ‚Wupffzz!' – ‚Ta tüüüt – ta tüüü'; man fährt zusammen, zischt es vor einem ‚Flzzz!' – ‚Pffzzzt' – ‚Höhöhöhö!' – ‚Hahahaha!' – ‚Hihihihi!' – ‚Uiiii!' – oder ähnlich. Aber allmählich härtet man sich ab. Es wäre noch mancherlei zum ‚Mosaik' zu sagen, etwa, daß Hegen uralte Witzchen, die auf der Erde keine Existenzberechtigung mehr haben, ganz einfach in das Weltall transportiert, daß die Fabeln der Geschichtchen an Dürftigkeit nichts zu wünschen übriglassen, daß sich vieles wiederholt –vor allem das Motiv Flucht-Verfolgung – doch das alles ist ja auch an den

---

100 Stiftung Archiv der Parteien und Massenorganisationen der DDR im Bundesarchiv (SAPMO), DY 24, PO, 1.402, o. D. [1960].
101 D. Mühlberg, Überlegungen zu einer Kulturgeschichte der DDR, in: H. Kaelble, J. Kocka, H. Zwahr (Hg.), Sozialgeschichte der DDR, Stuttgart 1994, S. 62–94, S. 69.

Comic-stripes westlicher Gazetten zu beanstanden. Und von diesen sollte heute nicht die Rede sein."[102]

Strahl machte aus seiner undifferenzierten Comicfeindlichkeit kein Hehl. Für den ehemaligen NVA-Offizier waren Comics wohl schlichtweg Schund.[103] Aufschlußreich und typisch für die Zeit war der von ihm konstruierte Gegensatz: Auf der einen Seite „gute" Literatur, d.i. Heinrich Heine, auf der anderen Seite Karl May und eben Comics, wie MOSAIK. Nicht umsonst wiesen Winnetou- und Digedag-Rezeption in der DDR deutliche Parallelen auf. Vor Manipulation schreckte man dabei nicht zurück: Die zitierten MOSAIK-Textstellen erwiesen sich als geschickt aus dem Zusammenhang gerissen, und nach Lautmalereien suchte man – von Sam Hawkens Kichern abgesehen – im Werk Mays vergeblich.[104]

Die Beliebtheit der Neos-Serie bei Rezipienten verschiedener sozialer Schichtung und Altersstruktur erschließt sich heute, aufgrund des ungeklärten Verbleibs der Leserpost, indirekt aus Archivalien wie der o.g. Kritik, der auch bei diesen Heften stets vergriffenen Auflage, v.a. aber mündlichen Zeugnissen damaliger Mitarbeiter und Leser. Häufig wird geäußert, daß der politische Gehalt der Neos-Serie damals kaum auffiel. Das ist verständlich, wenn man diesbezügliche Inhalte mit der Ideologielastigkeit anderer Kinder- und Jugendzeitschriften der DDR sowie dem gesamten kulturellen Umfeld vergleicht.

Sowohl Teamchef Hannes Hegen als auch Texter Lothar Dräger, Jahrgang 1925 bzw. 1927, sahen sich in bürgerlichen Idealen und Vorstellungen, die sie und ihre Mitarbeiter bekämpfen sollten, verwurzelt. Mit sehr viel Geschick und Courage widersetzten sie sich Forderungen nach offener sozialistischer Propaganda im MOSAIK. Im DDR-Comic spiegelten sich kulturelle Erlebnisbereiche ihrer, durchaus nicht proletarisch geprägten, Jugend.[105] In der darin begründeten Verwendung von Elementen klassischer ‚Knabenbücher', wie Verne, May oder Salgari,

---

102 R. Strahl, „Die Leseeule" in: Eulenspiegel, 5, 1959, H. 44, S. 6.
103 „Strahl, Sohn eines Schlossers, ...; nach dem Besuch der Oberschule Offiziersschüler der Nationalen Volksarmee, acht Jahre Militärdienst (zuletzt Oberleutnant und Stabschef eines Bataillons)": G. Albrecht, K. Böttcher, H. Greiner-Mai, P. G. Krohn (Hg.), Lexikon deutschsprachiger Schriftsteller. Band 2, Leipzig 1975, S.351; vgl. auch B.-R. Barth u. a. (Hg.), Wer war Wer in der DDR. Ein biographisches Handbuch, stark erweiterte und aktualisierte Ausgabe, Frankfurt/M., 1995, S. 719–720.
104 Strahl zitiert beispielsweise: „Hier sollen sie baumeln", was das Aufhängen von Menschen assoziert. Im MOSAIK heißt es „Hier sollen sie baumeln, bis die Mannschaft zurückkehrt" (MOSAIK-Kollektiv (Leiter: H. Hegen), MOSAIK. Notlandung auf dem Mars, 5, 1959, S. 22.) Astronauten werden aufgrund ihrer Metallhelme von einem Magnetkran, wenn auch gegen ihren Willen, angezogen, an welchem sie dann über der Erde hängen. Übrigens bediente man sich der Methode willkürlicher Textaneinanderreihung bei Unterschlagung des Bildes auch zur Verurteilung westlicher Comics; vgl. z. B. F. Rodrian, Blauvogel oder Eisenherz, in: Unser Robinson, 1, 1956, H. 7, o. S.
105 MOSAIK erscheint besonders stark von der Vita seiner Schöpfer geprägt. Hegen und Dräger entstammen gutsituierten Elternhäusern. Hegens Vater war Besitzer einer Glasraffinerie, Drägers Vater baute als Reichsbahningenieur Brücken. Aus der Reminiszenz der Künstler an Kinoerlebnisse ihrer Jugend erklärt sich z. B.das Kuriosum, daß sich die Schilderung von Bau und Entwicklung des modernsten DDR-Passagierflugzeuges im MOSAIK in Handlungsstränge des Filmes „Quax der Bruchpilot" eingebettet findet. Bis heute trauert Dräger seiner großen Bibliothek an Abenteuerliteratur nach, die von Wehrmachtssoldaten auf dem Rückzug 1945 geplündert wurde. Im MOSAIK ließ er sie quasi „wiedererstehen". Die Reihe der Beispiele ließe sich für MOSAIK bis 1990 fortsetzen.

war allerdings auch ein wesentlicher Grund für die eindeutige Dominanz männlicher Leser des Mosaik zu suchen. Zudem vermittelte Mosaik ein konservativ geprägtes Frauenbild, was in seiner Rollenzuweisung auf von Dräger geschätzte Autoren des 19. Jahrhunderts – neben genannten beispielsweise Dahn, Scheffel und Hauff – zurückging. Des weiteren sprach die Darstellung moderner Technik 1958 bis 1960, ebenso wie die Geschichte der Dampfmaschine in der folgenden Serie, eher einen männlichen Leserkreis an.

Mosaik wurde auch in der Neos-Serie den Ansprüchen und Erwartungshaltungen eines außerordentlich breiten Rezipientenkreises gerecht. Kinder erfreuten sich an Farbenpracht und Abenteuer. Mit der Verwendung von Zitaten aus UFA-Klassikern vermochte man aber auch ein älteres Publikum anzusprechen. Ironische Anspielungen auf Mißstände, von der Zensur, unwissentlich oder gar wissentlich übersehen, wurden von den Lesern mit Behagen registriert. Durch permanenten Rückgriff auf vertraute kulturelle Ebenen in Literatur, Film, Malerei, Theater und Oper, also ‚Gewohntes‘, wurde vor allem bei DDR-Intellektuellen die Ablehnung gegenüber dem Comic-Gattungsprodukt Mosaik überwunden.[106] Da zudem das Comic-Umfeld westlicher Staaten fehlte, nahmen diese allerdings häufig Mosaik gar nicht als Comic wahr. Das Resultat war: Verehrung für das ‚Kulturgut‘ Mosaik konnte mit ebenso tiefer Abscheu vor ‚diesen Comics‘ einhergehen.

Ihrer Beliebtheit bei den Lesern taten die Abenteuer der Digedags in Gießereien, Chemiekombinaten und auf Abraumhalden keinerlei Abbruch. Mosaik blieb Enfant terrible innerhalb der DDR-Presselandschaft. Argwöhnisch beäugt von Zensur und Kritik, entwickelte es sich zu einem Stück Alltagskultur.

---

106 Vgl. O.Bätschmann, Einführung in die kunstgeschichtliche Hermeneutik, Darmstadt 1992, bes. S. 16–18.

ALF LÜDTKE

„... den Menschen vergessen"? – oder: Das Maß der Sicherheit. Arbeiterverhalten der 1950er Jahre im Blick von MfS, SED, FDGB und staatlichen Leitungen

1. Berichterstattung

Staatssicherheit: Von der „Informationsgruppe" zur „ZAIG"

Im Juni 1953 hatte sich für die Führung der DDR nur zu drastisch gezeigt, daß „die Staatssicherheit" nicht in der Lage war, offene Proteste aus der Bevölkerung und zumal von den Massen der „Werktätigen" vorauszusagen oder ihnen gar vorzubeugen. In Reaktion darauf wurde nicht nur das Ministerium zum Staatssekretariat (SfS) im Rahmen des Innenministeriums umgesetzt. Im Zuge der Reorganisierung des Apparates des SfS erließ der neue Chef, Ernst Wollweber, einen Befehl, der auf der Ebene des Staatssekretariats sowie in den Bezirksverwaltungen die Einrichtung jeweils einer „Informationsgruppe" anordnete.[1] Während in Berlin eine Stärke von vier Mitarbeitern vorgesehen war, sollten in den Bezirksverwaltungen zwei oder drei Personen arbeiten. Aufgabe war, alle Informationen, „die der Beurteilung der Lage dienen sowie ihrer weiteren Entwicklung und voraussichtlichen Veränderung", zusammenzustellen. Dazu sollten nicht nur die täglichen Informationsberichte der Bezirksverwaltungen des MfS gehören (die täglich bis 6.00 morgens in Berlin vorzuliegen hatten). Parallel waren heranzuziehen: „Lageberichte der Hauptverwaltung (HV) der Deutschen Volkspolizei, der HV der Deutschen Grenzpolizei, der Transportpolizei, de[r] Lagebericht des Präsidenten der Volkspolizei Berlin, de[r] Abhörbericht des RIAS und d[ie] wichtigsten, die politische Absicht erkennendlassenden [!] Berichte der Weltpresse". Der „Extrakt aller ... zugeleiteten Informationen" sollte auf „maximal 5–6 Schreibmaschinenseiten" zusammengefaßt und dem Leiter des MfS vorgelegt werden, d. h. Staatssekretär Erich Mielke. Ausdrücklich wurde hinzugesetzt, daß dieser „Informationsdienst" nur dann eine „Sinn" habe, „wenn er schnell arbeitet und am anderen Morgen über den vorhergehenden Tag die Ergebnisse vorliegen". Hervorgehoben wurde, daß die Informationen „in der Regel überprüft sein" müßten. Und das hieße auch, daß „Gerüchte zu melden sind, aber als solche zu kennzeichnen".

Die Basis für diese Informationen sollten die Verbindungen „mit unseren Mitarbeitern" in den Betrieben sein. Für jeden Bezirk war eine Reihe von Betrieben vorgesehen, die als charakteristisch oder typisch bzw. für die Sicherheitslage wie die ökonomische Entwicklung zentral galten. Die Aufstellungen waren bezirksspezifisch – und fehlen bei den Befehlen selbst. Insbesondere sollten „Stimmungsberichte" gegeben werden „mit 2–3 *charakteristischen* Beispie-

---

1 Der Bundesbeauftragte für die Unterlagen des Staatssicherheitsdienstes der ehemaligen DDR (BStU), Zentralarchiv (ZA), Dokumentenstelle (DSt) 100 072, Befehl-Nr. 279/53, 7. August 1953; Geheime Verschlußsache (GVS). – Für den Hinweis auf diese Befehle danke ich Dr. Roger Engelmann, Berlin.

len, gleichgültig ob positiv oder negativ." Dann waren „Fragen, die von unzufriedenen Belegschaftsangehörigen gestellt werden" zu melden. Des weiteren sollten sowohl die Absichten „feindlicher und provokatorischer Elemente", wie Argumentationen „der die Politik des ZK und der Regierung unterstützenden Kräfte" berichtet werden. Deutlich ist also, daß damit genau jene Blindstelle aufgehellt werden sollten, die sich spätestens seit der Kampagne um die „freiwillige Normenerhöhung" vom März und April 1953 über jene Äußerungen, Verhaltensweisen und Reaktionen gelegt hatte, in denen sich die Grenzen der Mitmach- oder Hinnahmebereitschaft für viele der Werktätigen unter den verschärften Anforderungen an ihre Arbeitskraft (für die Obrigkeit offenbar:) schlagartig verfestigt hatten.

Knapp eineinhalb Jahre später erließ der Chef des SfS per Dienstanweisung eine Reihe von Veränderungen und Präzisierungen.[2] Bereits der Eingangssatz der Anweisung stellte fest, es sei „erforderlich, den Informationsdienst auf ein höheres Niveau zu heben". Aber nicht nur die Erweiterung des Beobachtungsfeldes über die (Industrie-)Betriebe hinaus galt als notwendig. Denn dem folgte die Ermahnung, „nur gründlich überprüftes Material zu verarbeiten". – Anstelle täglicher Berichte sollte die „Informationsgruppe des Staatssekretariats" nunmehr jeweils „am Mittwoch und Sonnabend jeder Woche" einen „Informationsbericht" an den Staatssekretär bzw. die Spitze des Hauses herausgeben. Daneben waren „Sonderinformationen" vorgesehen: beim „Eintreten einer besonderen Lage am gleichen Tag", aber auch, sofern „notwendig", für einen „längeren Zeitraum täglich". Weitere Sonderberichte sollten „Stimmen aus Westdeutschland bzw. Westberlin" zusammenstellen, aber auch über die „Stimmung der übrigen [DDR-] Bevölkerung" informieren. Im Unterschied zu dem Befehl von 1953 standen nicht mehr allein die Betriebe der industriellen Produktion im Zentrum. Neben „Industrie und Verkehr" war ebenso regelmäßig über „Handel und Versorgung" sowie über „die Lage in der Landwirtschaft" zu berichten. Aber auch „Einschätzung[en] der [Gesamt-]Situation" waren vorgesehen.

Reduziert wurde die Berichterstattung innerhalb des SfS, nicht aber der Turnus, in dem die „Informationsgruppen der Bezirksverwaltungen" nach oben zu melden hatten. Hier sollte es bei täglicher Berichterstattung bleiben. Dabei wurde auch diesen „Informationsgruppen" eingeschärft, daß ihre „Meldungen", von „Mängeln in der Versorgung" bis zu „Terrorfällen, Diversionen u.s.w.", bereits vor der Weitergabe „weitmöglichst überprüft und konkretisiert werden" sollten; insbesondere müsse „der Sachverhalt einwandfrei festgestellt" werden. Dementsprechend seien „Gerüchte und unüberprüfte Meldungen als solche" zu kennzeichnen.

Neu war neben der Reduzierung der Häufigkeit der Berichterstattung auf der zentralen Ebene, daß in den Bezirken und Kreisen alle anfallenden Informationen „in weit stärkerem Maße als bisher zur operativen Bearbeitung in Richtung Sabotage und Schädlingstätigkeit" ausgewertet werden sollten. Deshalb sollten die täglichen Berichte der Bezirksverwaltungen parallel dem jeweiligen „1. Sekretär der Partei", d. h. dem Leiter der SED-Bezirksleitung sowie dem Chef der Bezirksdirektion der Volkspolizei zugestellt werden. Beide seien freilich nachdrücklich auf die Geheimhaltungspflicht zu verweisen und hatten die Berichte überdies nach Lektüre zurückzusenden.

Unverkennbar war, daß nicht mehr allein die industriellen „Produktionsarbeiter" im Zentrum der Beobachtung stehen sollten. Die Gesamt-„Lage" rückte in den Vordergrund. Daneben wurde verstärkt versucht, eine raschere und direktere Nutzung auf regionaler und lokaler Ebene zu ermöglichen oder anzuregen. Ganz offenbar war bisher auf dem Weg über die Spitze des

---

2 BStU, ZA, DSt 100937, Dienstanweisung 2/55 (GVS), 12. 01. 1955.

eigenen Apparates der zunächst erhoffte Gewinn – rascheres und flexibleres Einschreiten im Fall einer konkreten bzw. befürchteten Gefährdung der Sicherheit – faktisch blockiert worden.

Im Dezember 1960 wurden Befehl bzw. Dienstweisung aufgehoben. Der neue, weit ausführlichere Befehl „Betr. Verbesserung der Informationsarbeit des Ministeriums für Staatssicherheit" sah freilich im einzelnen nur wenige grundsätzliche Neuerungen vor.[3] Auf der Ministeriumsebene war nun für jede der Abteilungen bzw. „Linien" eine Informationsgruppe vorgesehen; sie sollte sowohl dem Leiter der jeweiligen Abteilung wie der (nunmehr so bezeichneten) „Zentralen Informationsgruppe" zuarbeiten.[4] Auf allen Ebenen wurden Vorschriften hinzugefügt oder ergänzt, in denen „unter Wahrung der Konspiration", wie jeweils hinzugefügt wurde, „Informationen an Funktionäre der Partei und Regierung zu geben" waren, zumindest soweit dies für die „gemeinsame Festlegung von Maßnahmen oder aus anderen Gründen unbedingt erforderlich ist". Entsprechend sollten auf der Bezirksebene die ersten Sekretäre des Bezirks sowie „erforderlichenfalls der Vorsitzende des Rates des Bezirks und der des (Volks-)Wirtschaftsrates" informiert werden; auf der Kreisebene war hier nur der 1. Sekretär der Kreisleitung der SED genannt. Im Unterschied zu 1955 fehlte jeder Hinweis auf Kooperation mit bzw. Information an die Volkspolizei.

Einerseits sollten Vielfalt wie Genauigkeit des Informationsflusses durch die Stärkung der Zuständigkeit der „Linien" gesichert werden (dazu gehörte auch, daß die jeweiligen Fragenkataloge von diesen Abteilungen zu fixieren, also auch zu variieren waren). Zugleich läßt sich dieser Befehl als Versuch lesen, jeder weitergehenden Vernetzung „im Territorium bzw. vor Ort im Ansatz vorzubeugen. Das MfS sollte ‚Herr der Informationen' und damit zentrale Schaltstelle zwischen den Apparaten sein oder bleiben."

SED und FDGB: Informationsberichte

„Informationsberichte" gehörten innerhalb der Parteiorganisation der SED zu den Aufgaben, die von den Leitungen – auch der Grundorganisationen – regelmäßig, d. h. zumindest in den 1950er Jahren nicht selten mehr als einmal im Monat erledigt werden mußten. Diese Texte waren grundsätzlich nach demselben Muster aufgebaut, wie die, welche das MfS anforderte: Berichte über positive wie negative Entwicklungen und „Stimmungen"; Argumentationen der Befürworter wie der „Feinde" (häufig mit Namensnennung einzelner Personen); dazu dann Gesamteinschätzungen bzw. vorgesehene oder vorzuschlagende Maßnahmen.

Dasselbe Modell findet sich bei den Gewerkschaften. Die „Informationsberichte", die von den Kreis- und Bezirksverwaltungen aufgrund der Meldungen der Betriebsgewerkschaftsleitungen zusammengestellt wurden, fanden ihren Niederschlag in regelmäßigen, in den 1950er Jahren häufig zweimal pro Woche erstellten „Informationsberichten" für den Bundesvorstand.

3 BStU, ZA, DSt 100299, Befehl Nr. 584/60 (VVS), 7. 12. 1960.
4 Zum zahlenmäßigen Umfang und insbesondere Wachstum in den 50er Jahren s. Karl-Wilhelm Fricke, „Schild und Schwert der Partei". Das Ministerium für Staatssicherheit - Herrschaftsinstrument der SED, in: Aus Politik und Zeitgeschichte B 21/1992, S. 3–10, S. 4; danach zählte des MfS kurz nach seiner Gründung ca. 1000 hauptamtliche Mitarbeiter, im Herbst 1957 ca. 17.500 sowie Helmut Müller-Enbergs, Inoffizielle Mitarbeiter des Ministeriums für Staatssicherheit: Richtlinien und Durchführungsbestimmungen, Berlin 1996, S. 35 zur Zahl der „neuen" und „unregistrierten IM in den Landesverwaltungen, Bezirksverwaltungen und Verwaltungen des MfS", für die Jahre 1952–1958, wobei deren Zahl zwischen 15126 (1952) über 29978 (1954) auf 16458 (1958) anwuchs bzw. auch wieder zurückging.

Im Bundesvorstand gab es 1954 eine Diskussion über das Verhältnis von Aufwand und Ertrag bei dieser Berichterstattung.[5] Dabei argumentierten Funktionäre, die im Bundesvorstand für die Berichterstattung direkt zuständig waren, daß die regelmäßige Routineberichterstattung dazu verführe, einem starren Berichtsschematismus zu huldigen. Fragenkataloge würden stur abgearbeitet; die Routine lasse aber zu wenig Zeit, um neuen oder interessanten Einzelentwicklungen nachzugehen. Eine Reduzierung von Terminen und Umfang der Berichte (und eine Verminderung der Zahl der Betriebe, die dazu herangezogen würden), sei gerade dann zu empfehlen, wenn die Qualität, die Zuverlässigkeit und Genauigkeit der Berichte gesteigert werden sollten. – Unmittelbare Folgen hatte diese Diskussion nicht.[6]

2. „Die Stimmung der Arbeiter in den Betrieben"

In einer Akte des Ministeriums für Staatsicherheit, deren Signatur auf das Jahr 1958 verweist, finden sich in Band sieben ausführliche Berichte über „Die Stimmung der Arbeiter in den Betrieben".[7] Der Aktentitel kündigt freilich zunächst etwas anderes an: „Information über die Situation in der Bereitschaftspolizei, kasernierten Volkspolizei, Volkspolizei" und zwar aus dem Jahr 1955. – Es handelt sich um zehn maschinenschriftliche Seiten. Auf den ersten viereinhalb werden allgemeine Aspekte behandelt werden; die zweite Hälfte gilt einzelnen Branchen bzw. Betrieben, zunächst der Wismut, dann dem Fahrzeugbau, der Fischwirtschaft, der Schwerindustrie und dem Steinkohlenbergbau. Zum Schluß findet sich eine Seite über die „Arbeit der Ministerien".

Genauso wie bei anderen regelmäßigen oder Sonderberichten verweisen auch hier die allgemeine Feststellungen auf einen einzelnen Fall, äußerstenfalls auf zwei oder drei Einzelfälle bzw. Betriebe. Danach werde die „Unzufriedenheit", die der oder die Verfasser konstatieren, „vielfach von den Lohnfragen bestimmt". Und im Unterschied zu den im weiteren behandelten Branchen wird gleich in den ersten Sätzen hervorgehoben, daß insbesondere „unter einem Teil der Eisenbahner und Bauarbeiter", aber auch generell „bei den Beschäftigten der unteren Lohngruppen" Klagen über zu niedrige Entlohnung zu hören seien: Die Löhne würden „nicht die Lebenshaltungskosten in der DDR ansprechen".

Es folgt das Beispiel: der Verweis auf eine vorbereitende Versammlung zu einer ökonomischen Konferenz der Bau-Union-Magdeburg. Dort sei geäußert worden, der Lohn in der DDR liege deutlich unter dem Stundenlohn eines Maurers oder Zimmerers in Westdeutschland. Die Folge sei, daß „viele Bauarbeiter in den Schwermaschinenbau gehen, da sie dort mehr verdienen würden". Als anderes Beispiel wird das VEB Kunstfaserwerk „Wilhelm Pieck" in Gera genannt. Dort würde immer wieder mit dem Vorjahr verglichen: Man habe im Vorjahr (also 1957) 80,– bis 100,– DM mehr verdient.

---

5 Stiftung Archiv der Parteien und Massenorganisationen der DDR im Bundesarchiv (SAPMO), DY 34, FDGB-Buvo, A 2670.
6 Zu den Veränderungen seit den 1960er Jahren Mary Fulbrook, Zu einer Gesellschaftsgeschichte der DDR, in: Richard Bessel und Ralph Jessen (Hg.): Die Grenzen der Diktatur. Staat und Gesellschaft in der DDR, Göttingen 1996, S. 274–297, S. 276–280.
7 BStU, ZA, A[llgemeine] S[ammelregistratur], 43/58.

Dieser allgemeinen Einstimmung sind weitere Aspekte hinzugefügt, zunächst der Verweis auf die „gegenwärtige Versorgungslage". Im Unterschied zum Eingangsstatement heißt es nun (auf derselben Seite, im unteren Teil), „die Diskussionen werden ... durch diese augenblicklich schwierige Lage bestimmt". Und vor allem: diese Diskussionen „*sind ausschließlich negativ* [Hervorhebung A. L.]".

„Negative Diskussionen" kennzeichne jene Verhaltenweisen und Personen, die zu beobachten, zu unterdrücken und zu „bekämpfen" seien. Allerdings wird in diesem Fall Vorsicht angeraten, denn „selbst der DDR positiv gegenüberstehende Personen erklären, daß es so nicht mehr weitergehen kann und bald eine Änderung herbeigeführt werden muß". Auch hier bleibt es nicht bei dem allgemeinen Statement. Ein Moment der *fallweisen Anschaulichkeit* ist offenbar zwingend, um die Argumentation für die, denen der Bericht vorgelegt wird, plausibel zu machen. In diesem Fall heißt das Zitat, das der oder die Berichterstatter hier nicht näher qualifizierten Informanten in den Mund legen: „Zehn Jahre nach Kriegsende dürfte es nicht mehr vorkommen, daß sich die Menschen in der DDR sogar nach Kartoffeln anstellen müssen". – Im Text des Berichtes sind übrigens die Anführungszeichen für dieses (tatsächliche oder fiktive) Zitat nachträglich mit der Hand eingefügt.

Nach drei weiteren solcher Zitate wendet sich der Berichterstatter der Situation in den Betrieben zu. Anders: das Gesamtpanaroma wird aufgelöst, jetzt wird die Hierarchie gesellschaftlicher wie politischer Bedeutsamkeit „durchbuchstabiert". Auf die „allgemeinen Stimmungen" folgen die in den Betrieben. Damit ist zweierlei ins Auge gefaßt: zunächst die ökonomische Basis des erstrebten Wirtschaftswachstums; der Eckpfeiler aller legitimatorischen Anstrengungen der Autoritäten im „Arbeiter- und Bauernstaat". Die „schlechte Stimmung unserer Werktätigen" beruhe „entscheidend" darauf, daß sie fortwährend mit „betrieblichen Schwierigkeiten" zu kämpfen hätten. Hatte sich der Bericht zunächst den Lohn-Differenzen gegenüber Westdeutschland, aber auch gegenüber Angestellten in der DDR selbst, sowie den „Belieferungsschwierigkeiten", nicht zuletzt bei Grundnahrungsmitteln gewidmet, wird nun jedoch ein zweites Moment eingeführt.

3. Produktionsorganisation und „Tendenzen des Managertums"

Nicht mehr die *Konsumenten*, sondern die *Produzenten* rücken ins Zentrum. Genauer: die Defizite der Produktionsorganisation. Auch hier findet sich das bereits genannte Muster: Einzelne Beispiele stehen für „das Ganze". Beim Braunkohlenkraftwerk (BKW) Senftenberg-Cottbus wird die „schlechte Rohkohlenbelieferung" konstatiert, zudem zeige diese Kohle Qualitätsmängel (einen besonders hohen Feuchtigkeitsgrad). Die daraus resultierende Serie von Betriebsstörungen und Arbeitserschwerungen sei „Mehrarbeit für die Kumpels". Diese aber wiederum habe eine „schlechte Stimmung in all den Abteilungen zur Folge". Dazu trage aber auch der Entzug der Branntweinzuteilung bei Nichterfüllung des Plansolls ebenso wie der Abbau der Erschwerniszulage und finanzielle Einbußen bei Nichterfüllung des Planes bei.

Die zweite Hälfte des Berichtes konzentriert sich ganz auf einzelne Kombinate und Betriebe (hier: die Wismut, d. h. der Uranerzabbau) und Branchen. Die Aufmerksamkeit richtet sich ausschließlich auf fehlendes Material bzw. ungenügende Zulieferung und die Produktionsorganisation; die letztere sei vielfach mangelhaft. Das Walzwerk Hettstedt komme z. B. seinen Lieferbedingungen nicht nach (für die Mercedes-Werke in Zella-Mehlis).

Im Bereich des Fahrzeugbaues, aber auch bei der Fischwirtschaft seien Hauptverwaltungen (z. B. des Ernst-Thälmann-Werkes in Suhl) oder die zentrale Handelsorgansation (DIA) verantwortlich. Sie hätten kurzfristig Aufträge storniert, die Produktion sei aber z. T. schon begonnen worden. Oder ein Beispiel aus der Schwerindustrie: der Maschinenbaubetrieb Karl-Marx-Werk Magdeburg. Veränderungen des Produktionsprogrammes hätten gravierende Verschiebungen bei der Maschinenauslastung gegenüber dem Vorjahr zur Folge: Wären 1954 die Großdrehbänke der Engpaß gewesen, seien jetzt die kleineren Drehbänke überlastet. Oder beim Aufzugs- und Kranbauer S. M. Kirow in Leipzig: Es fehlten 300 t Walzmaterial verschiedener Abmessungen. Hier wie dort läge der Grund bei den Hauptverwaltungen der zuständigen Vereinigungen Volkseigener Betriebe (VVB). Sie hätten die Kontingente von Stahl, Chromnickeldraht und Schrauben zu niedrig kalkuliert.

Die Schlußpassage über die Arbeit der Ministerien unterstreicht dann noch einmal zusammenfassend, was bereits in den Branchenteilen erkennbar geworden ist. Die Hauptverwaltungen bzw. deren überaus kurzfristigen Änderungen von Preis- wie Mengenanforderungen seien die Ursache für unregelmäßige Produktion und für Produktionsausfälle – und damit für die eingangs konstatierte „schlechte Stimmung unter den Werktätigen".

Der Bericht läßt nicht erkennen, welche Quellen im einzelnen verwendet worden sind. Weder die Zwischenstationen noch redaktionelle Zwischenstufen sind aus diesem Bericht zu erschließen. Dasselbe gilt für die in dieser Akte gesammelten weiteren Berichte. Die Argumentationsweise ist aber identisch: Überall zeigten sich zu kurzfristige Vorgaben der Verwaltungen, zu späte Planbestätigungen, also ungenügende Arbeit der „Leitungsorgane".

Zusammenfassende Berichte, die im Rahmen der MfS erstellt wurden, basierten auf sogenannten Einzelinformationen (die in der ZAIG bzw. Zentralen Auswertungs- und Informationsgruppe fortlaufend gesammelt und bearbeitet wurden). Dazu gehören eine Einzelinformation über die „umfangreichen Mißstimmungen unter den Mitarbeitern der deutschen Post" (vom 29. 6. 1960 – bei der Post werden im selben Zusammenhang „verstärkt negative Diskussionen über Lohnfragen" beobachtet) ebenso wie ein Bericht über die „ökonomisch und politisch ideologische Situation im Reichsbahnausbesserungswerk Brandenburg-West" oder einzelne Berichte über Arbeitsniederlegungen.[8] Eher unspezifisch breite Informationen finden sich im Januar 1957 zur geplanten Einführung der 45-Stunden-Woche.[9] Sehr detailliert wird über die einzelnen Fragen diskutiert. Das reicht vom befürchteten Lohnabbau bis zu Streikforderungen, zumindest unspezifischen, aber nachdrücklichen Warnungen wie aus dem BKW „Friedenswacht" Cottbus: „Wir leben in einer Demokratie und lassen uns nicht vergewaltigen".[10]

Während diese Berichte eher Profile von „Stimmungen" bzw. das Ausmaß „negativer Diskussionen" zu geben versuchen, finden sich gelegentlich auch Berichte, in denen konkrete policy-Anregungen deutlich erkennbar werden: So wurde am 18. Juli 1960 ein achtseitiges Memorandum zu „einigen Problemen der Leitungstätigkeit in Betrieben und VVB" angefertigt (nach den Vermerken ging eines von insgesamt nur drei Exemplaren an den „Genossen Ulbricht").[11] Konkrete Werkleitungen bzw. Werkleiter werden kritisiert – fraglos mit dem un-

---

8   BStU, ZA, ZAIG 364
9   BStU, ZA, ZAIG 2.
10 BStU, ZA, ZAIG 2, S. 38.
11 BStU, ZA, ZAIG 309.

ausgeprochenen, aber eindeutigen Ziel, ihren „Abschuß" vorzubereiten bzw. dringlich zu machen. Als besonders entscheidend gelten dabei „Erscheinungen der Unterschätzung der Initiative der Werktätigen und von Tendenzen des Managertums". Das zeige sich z. B. darin, daß auf Kritiken von Belegschaftsangehörigen nicht oder nicht richtig reagiert werde, daß Beratungen nur formal abgehalten würden, daß keine „sozialistische Leitungstätigkeit" vorliege. Gravierender scheint Autor oder Autoren des Berichtes jedoch die (angeblich) „fehlende Planung der eigenen Leitungstätigkeit". Zwar werden Rechtfertigungen, daß nämlich „persönliche Arbeitspläne" nicht durchführbar seien, nicht völlig abgewiesen. Der Autor verweist aber auf nicht näher spezifizierte Beispiele, denen zufolge „verschiedene Werkleitungen und Funktionäre ihre schlechte Arbeit damit und mit den objektiven Schwierigkeiten entschuldigen wollen".

Anhand der einzelnen Fälle sind auch einzelne Personen unschwer zu erkennen, selbst wenn keine Namen genannt werden. So schließt der Bericht mit einem ausführlichen Hinweis auf das Kamera- und Kino-Kombinat. Die ca. 6000 Beschäftigten seiner 25 Einzelbetriebe, deren Produktion zu zwei Dritteln exportiert werde, hätten in den ersten beiden Quartalen 1960 ihren Plan nicht erfüllt, und es bestehe jeder Grund zu der Annahme, daß das auch so weitergehe. Der Werkleiter habe diese wichtigen Fragen „oberflächlich behandelt", habe Produktionsverlagerungen vorgenommen, Mängel beklagt, aber keine Vorschläge zur Veränderung der Zustände gemacht. Natürlich war der Name des Betreffenden für jeden, der wollte unschwer zu erfahren. Die hier vorgeschlagene Maßnahme ließ sich leicht ausbuchstabieren – der Werkleiter sollte ersetzt werden. Ob die damit verbundenen Fragen der Produktionsorganisation, des Systems der wirtschaftlichen Planung insgesamt womöglich weiterreichender Revisionen bedürften: Das war hier nicht die Frage.

4. Hauptaugenmerk „Sicherheit"

Aufmerksamkeit auf „schlechte Stimmung" gilt in der MfS-Berichterstattung weniger den Ursachen als den potentiellen Folgen, und zwar für die *Sicherheit*. Zwei weitere Berichte, die in der oben zitierten Akte AS 43/58 aufbewahrt sind, lassen das besonders deutlich werden. Ein sechsseitiger Text untersucht die „Stimmung unter der technischen Intelligenz in den Betrieben"; eine Datierung fehlt – aus der Fundstelle ist auf das Jahr 1958 zu schließen. Die Ingenieure erfüllten zwar ihre fachlichen Aufgaben, hielten sich jedoch „in politischen Fragen und gesellschaftlicher Arbeit zurück". Der Bericht schließt mit einer Kritik an der Mißachtung von Leistung und der Betonung formaler Qualifikationen bzw. „von Titeln". Diese Kritik ist als Zitat „eines Vertreters der Intelligenz" eingeführt. Demgegenüber – und das wieder als wörtliches Zitat – sehe „man in Westdeutschland nicht auf den Titel, sondern auf die Leistung". – Der zweite Text ist ein Bericht über „Republikflucht" (er umfaßt sieben Seiten). In einer Mischung aus Summierung und Einzelbeispielen gibt er eine Hierarchie von Motiven und Gründen. An erster Stelle rangieren danach „persönliche Belange" und „verwandtschaftliche Beziehungen". An dritter Stelle folge jedoch „Unzufriedenheit in der Arbeit" – erst danach das, was als „Abwerbung durch Konzerne" gilt, also auf direkte Westeinwirkung zurückgeführt wird. Und: Die Unzufriedenheit der Arbeit werde durchaus unterschieden von der „Hoffnung auf bessere Lebensbedingungen [die man sich für den Fall einer eventuellen Übersiedelung] im Westen [erhoffe]".

Das Profil der Motive derer, die in den Westen gehen, deckt sich mit dem, das der stellvertretende Vorsitzende der Staatlichen Plankommission (SPK), Duscheck, am 25. Sept. 1956 „persönlich – vertraulich" in einem längeren Memorandum an den Vorsitzenden der SPK, Bruno Leuschner zeichnete.[12] Man dürfe nicht verkennen, daß „in vielen Fällen Arbeiter ... nur deswegen weggehen, weil sie ‚geordnet arbeiten möchten'".

Sicherheit bezog sich in den frühen 1950er Jahren, zumal 1950 und 1951, insbesondere auf die innere Sicherheit in der DDR. In dieser Hochzeit des Kalten Krieges, zugleich des Koreakrieges, war von „Kriegsprovokationen" durch westliche „Agentenzentralen" nicht nur auf Parteitagen der SED die Rede, sondern auch in alltäglichen Presse- und Rundfunk-Berichten und -Kommentaren, in den Karikaturen der Zeitungen.[13] Besondere Bedeutung fand dabei die Sicherung der Industrie. Der erste Fünfjahr-Plan, der im Sommer 1950 auf dem III. SED-Parteitag beschlossen worden war, fiel oder stand damit, ob die industriellen Betriebe leistungsfähig wurden oder blieben.[14]

Nach dem Versagen des MfS und seines hauptamtlichen wie des informellen „Informatoren-Apparates" im Juni 1953 richtete der neue Minister bzw. ab Juli 1953 Staatssekretär, Ernst Wollweber, das Hauptaugenmerk auf jene, die angeblich als „Agenten" und „Diversanten" Unruhe stifteten und insbesondere industrielle „Havarien" auslösten, aber auch ideologische „Diversion" betrieben.[15] Es war offenbar Walter Ulbricht selbst, der Erste Sekretär der SED, der die Diskussionen kleiner intellektuellen Zirkel als gefährlicher ansah und als „politisch-ideologische Diversion" deutete, darin jedenfalls weit bedrohlichere Anzeichen einer womöglich gefährdeten „inneren Sicherheit" sah. Dementsprechend wurde bereits vor dem Sturz des Ministers Wollweber im Oktober 1957 diese Seite der Arbeit der „Staatssicherheit" forciert, die Agentenjagd hingegen heruntergestuft. Ein Reflex dieser Tendenz zeigt sich in der Präambel einer neugefaßten Richtlinie für die Arbeit mit den „inoffiziellen Mitarbeitern" des MfS, die unter dem 1. Oktober 1958 ausgefertigt wurde. Danach sei die „Gewährleistung der Sicherheit in der deutschen demokratischen Republik" Zweck und Aufgabe der „Sicherheitsorgane" der DDR, also nicht zuletzt des MfS.[16]

---

12 Bundesarchiv, Abt. Berlin-Lichterfelde (BArch B), DE-1, Nr. 11835.
13 Helmut Müller-Enbergs, Inoffizielle Mitarbeiter (wie Anm. 4), S. 27f.; vgl. das Material der Ausstellung „Deutschland im Kalten Krieg, 1945 bis 1963", im Deutschen Historischen Museum, Berlin 1992, dazu der gleichnamige Katalog, hg. von Dieter Vorsteher. Je nach Zuständigkeit des „Organs" tauchen die „Feinde (oder „Gegner") zentral oder eher am Rande auf. Eine der Bezeichnungen, welche die vermutete (oder vorgegebene) Gefährlichkeit sinnfällig machen sollte, war bis Mitte der 1950er die der „Schädlingsarbeit". Kampagnen gegen die „Ami-Käfer" regten z. B. 1950 Motive von Plakataktionen in der DDR wie in Westdeutschland an.
14 Freilich waren nicht allein die Konfrontation des Kalten Krieges und Sorgen vor einem eventuellen ‚heißen' Krieg auch in Europa bedeutsam für die Wahrnehmungen in der SED und anderen DDR-Apparaten. Im August 1951 hatte ein lokaler (Uran-)Bergarbeiter-Protest im südthüringischen Saalfeld mögliche Gefahren für die „innere Sicherheit" gerade auch in bzw. ass einem Kernbereich industrieller Produktion überaus handgreiflich werden lassen, vgl. Andrew Port, When Workers Rumbled: The Wismut Upheaval of August 1951 in East Germany, in: Social History 22 (1997), S. 145–173.
15 Müller-Enbergs, Inoffizielle Mitarbeiter (wie Anm. 4), S. 37ff.
16 Richtlinie 1/58 für die Arbeit mit inoffiziellen Mitarbeitern im Gebiet der Deutschen Demokratischen Republik, in: Müller-Enbergs (Hg.), Inoffizielle Mitarbeiter (wie Anm. 4), S. 195–239, S. 195.

5. Arbeitsabläufe: Mühsal ohne Ende?

Die Steigerung der Arbeitsproduktivität war ein Zentralthema der Wirtschaftsplanung und Wirtschaftslenkung in SED wie FDGB, in den Wirtschafts- und Fachministerien ebenso wie in dem Ministerium für Arbeit und Berufsbildung und nicht zuletzt der Staatlichen Plankommission. Funktionäre der Partei wie der Gewerkschaft, der Staatsorgane konzentrierten ihre Aufmerksamkeit immer wieder auf die Arbeitsorganisation, aber auch auf das Verhalten der Arbeiter selbst.[17] In den Leitungsgremien der höheren Ebene wurde das stereotyp wiederholt. Einzelne Kampagnen, zu einzelnen Jahrestagen oder „Kampfzielen" – wie der Verbesserung des Wettbewerbs, zu Formen des Wettbewerbs bzw. einzelnen Neuerer-Methoden (z. B. Franik oder Kowaljow) – lösten sich seit 1947 in monotoner Regelmäßigkeit ab. Als Adressaten werden einmal „die werktätigen Massen", vor allem aber die „Leiter" genannt, d. h. die Leiter staatlicher Einrichtungen (wie der VEB), die der Partei und die der „Massenorg.", unter anderem des FDGB.

Beobachtungen „vom Rande" sind besonders aufschlußreich. In einer Aktennotiz über die Diskussionsbeiträge der zweiten Zentralvorstandssitzung der IG Metall 1960 notierte ein Gast, der stellvertretende Vorsitzende der SPK, Helmut Wunderlich, eine Diskrepanz, die wohl auch für andere Fälle galt. Der BGL-Vorsitzende des Waggonbau Dessau habe die „großen Erfolge des Waggonbaus" mitgeteilt und sich über die für 1960 zu lösenden Schwerpunktaufgaben ergangen.[18] Allerdings sei der BGL-Vorsitzende mit keinem Wort auf die „großen Qualitätsmängel und Mängel in der Materialwirtschaft des Betriebes" eingegangen. Wunderlich fügte an, daß er dies heftig kritisiert habe; es sei aber unverkennbar, daß diese Schwerpunkte im Betrieb noch nicht gesehen würden. Es sei deshalb unerläßlich, diese Frage von „oben" bzw. über die von der Branche her zuständige Vereinigung Volkseigener Betriebe (VVB) im Betrieb „breit diskutieren zu lassen".

Wenige Wochen später verfaßte Wunderlich eine „kurze Zusammenfassung der Entwicklung der Initiative der Werktätigen" des vergangenen Jahres im Bereich Maschinenbau. Dabei seien die mengenmäßigen Pläne gut erfüllt oder auch übererfüllt worden. Allerdings wären bei den Aufgaben der sortiments- und termingerechten Produktion, insbesondere der Staatsplanpositionen, der Forschung und Entwicklung und Übernahme neuer Verfahren in die Produktion, der Verbesserung der Qualität und Senkung der Ausschußkosten, die „der Einhaltung der vorgesehenen Relationen zwischen Arbeitsproduktivität und Durchschnittslohn und der konsequenten Durchsetzung des Sparsamkeitsregimes" nur sehr „unbefriedigend gelöst" worden.[19] Bemerkenswert sei jedoch, daß eine deutliche Zunahme der Teilnahme von Produktionsarbeitern an Wettbewerben und entsprechenden Verpflichtungen zu erkennen sei. Der prozentuale Anteil von Produktionsarbeitern, die in sozialistischen Brigaden arbeiteten, sei von August bis Dezember 1959 von 9,9 auf 24,5 % gestiegen. Ein genauer Blick erweise aber, daß die genaue Aufschlüsselung des Planes nur bruchstückhaft gelinge. Wunderlich unterstrich, daß allein Ziffern von Teilnehmern an bestimmten Wettbewerben oder von Verpflichtungen, auch

---

17 Vgl. meinen Beitrag: „Helden der Arbeit" – Mühen beim Arbeiten. Zur mißmutigen Loyalität von Industriearbeitern in der DDR, in: Hartmut Kaelble, Jürgen Kocka, Hartmut Zwahr (Hg.), Sozialgeschichte der DDR, Stuttgart 1994, S. 188–213.
18 BArch B, DE-1, Nr. 13751, fol. 35ff. 8. Januar 1960.
19 Ebd., fol. 50ff. 9. 3. 1960.

immer wieder ein ganz falsches Bild erzeugten. So würden Verpflichtungen nach einer bestimmten Methode zu arbeiten (z. B. der von Christoph Wehner) auch bedeuten, daß hier die Planaufschlüsselung vorliegen müsse. Im Einzelfall aber scheint die Praxis durchaus anders auszusehen. Oder bei der Seifert-Methode: sie richte sich zunächst auf die Ermittlung der Verlustzeiten. Müsse sie aber nicht auch einbeziehen die Verbesserung der Normenarbeit, also die Konsequenzen, die sich daraus ergeben müßten, daß optimierte Arbeitsabläufe auch erhöhte Normen zur Folge haben müßten.

Die unterste Ebene der Berichterstatung war jeweils die der betrieblichen Organisation. In den Betriebsparteileitungen (BPO) ebenso wie in den Betriebsgewerkschaftsleitungen (BGL) saßen gewählte Leitungsmitglieder zusammen mit dem gewählten oder auch hauptamtlichen, dann aus dem Apparat eingesetzten (in jedem Fall von oben bestätigten) Sekretär und berieten, schrieben Protokolle und Berichte. Die in den 1950er Jahren vielfach wöchentlichen Sitzungen dieser BPOs und BGLs begannen stets mit vielfach ausführlichen Sellungnahmen zur „großen Politik". Üblicherweise finen sie sich in den Protokollen formuliert als Stellungnahme zu Äußerungen und Beschlüssen des SED-Zentralkommittees. (In den BGL-Sitzungen entsprechend als Stellungnahmen zu den Beschlüssen des Bundesvorstandes des FDGB oder auch der Zentralvorstände der Einzelgewerkschaften).

Dieses Muster findet sich auch in den entsprechenden Unterlagen der Betriebsgrundorganisation des VEB Bergmann-Borsig in Berlin-Wilhelmsruh (Großkraftwerksbau, Turbinen- und Generatorenbau). Diese Stellungnahmen variieren, haben aber häufig die internationale Lage als Kernpunkt, wenn sie sich nicht sogar ausschließlich z. B. auf die Frage der „Pariser Verträge" oder des Nato-Beitritts der „Bonner Imperialisten" beschränken. Beschlüsse zur Wirtschafts- und Sozialpolitik in der DDR rangieren aber keineswegs nur am Rande. Der weitaus größte Teil der Beratungszeit galt aber stets der Situation im Betrieb. Ein Beispiel mag die Behandlung der Frage nach der „richtigen Organisierung des Arbeitsablaufes" sein, wie sie am 31. März 1953 auf der Tagesordnung der Betriebsparteileitung bei Bergmann-Borsig stand.[20]

Dabei ist allerdings zu beachten, daß das „Neue Deutschland" am 23. Dez. 1952 die „Planschulden" dieses für die Energiewirtschaft zentralen Kraftwerksbau-Betriebes scharf kritisiert hatte[21]: Die Intensität, die für den 31. März zu beobachten ist, war außergewöhnlich. Das

---

20   Für das folgende stütze ich mich auf Passagen aus meinem Aufsatz „Helden der Arbeit" – Mühen beim Arbeiten (wie Anm. 17), S. 188–213. – Landesarchiv Berlin (LAB), SED-BPA, IV/7/109, Nr. 17. In den Unterlagen von Bergmann-Borsig (LAB [Außenstelle Breitestraße] [StA], Rep. 432) fällt auf, daß auch in den Wochen unmittelbar nach dem 16./17. Juni 1953 direkte Berichte oder Auseinandersetzungen fehlen. Im Juli gibt es das Protokoll einer Auseinandersetzung mit dem abgesetzten Sekretär der Betriebsparteileitung. Aber genaueres über sein Verhalten oder das Verhalten anderer findet sich dort nicht. Informationsberichte der Bezirksparteileitung Berlin, vor allem auch des FDGB versammeln hingegen Informationen über Teilnahmen von Teilen der Arbeiterschaft an Straßendemonstrationen am 17. Juni. Aber auch hier wird nicht weiter ins Detail gegangen.
    Vorläufig scheint es, daß derartige Einzelberichte, genaue Recherchen nach Abläufen bei Demonstrationen im Material der „Sicherheitsorgane" also wohl bei der DVP (das wurde hier nicht recherchiert) sowie dem MfS zu finden sind. Für den konkreten Fall ist das bisher eine offene Frage – parallel läßt sich für den Berichtstyp heranziehen eine Information, die die ZAIG am 15. Dezember 1960 erstellte.

21   LAB, SED-BPA, IV/7/109-16, S. 2f.; In der direkt darauf bezogenen Diskussion in der Parteileitungssitzung vom 31. Dez. '52 wurden Mißstände besonders im Materialeinkauf und in der Materialplanung

Spektrum der Themen spiegelt jedoch die Normalität des Betriebsalltages – in der Wahrnehmung „der Partei" vor Ort.

Den Anfang machte die Normenfrage (es waren die Wochen der Kampagne für freiwillige Normenerhöhungen – bevor am 9. bzw. 11. Juni die Politbüro-Beschlüsse zum „Neuen Kurs" zeitweise, d. h. bis zum Frühjahr 1954, Zurückhaltung brachten). Grundsätzlich wurde festgehalten: „Der Arbeitsablauf wird behindert durch falsche Normenvorgaben. Sie liegen zu niedrig". Als erster Schritt sei unbedingt erforderlich, „die Gemeinkostenzettel schärfsten [zu] kontrollier[en]", Betrug dürfe nicht geduldet werden. Mehrere Meister seien bereits bestraft worden. Zu gewährleisten sei aber auch die volle Ausnutzung des Acht-Stunden-Tages: Es würde zehn Minuten eher Schluß gemacht, mit der Begründung „Waschzeit". Diese zehn Minuten Waschzeit seien jetzt untersagt worden. Auch der Krankenstand sei sehr hoch. Deshalb würden jetzt Kranke besucht und Bummelanten entlassen. Aber auch in der Produktion selbst fänden sich Mängel: „Unberechtigte Zuschläge" würden als technisch gerechtfertigt bestätigt, und „die Arbeitspapiere entsprechen nicht immer dem technologischen Prozeß". Überhaupt müsse endlich das „Leistungsprinzip durchgesetzt" werden.

Mangelhaft seien vor allem die Voraussetzungen für „Qualitätsarbeit". Es fehle eine gute Beleuchtung in der Nachtschicht und am Tage immer noch das Glasdach. Dadurch würden z. B. in der Kesselschmiede die Leistungen der Kollegen „besonders beim Vorzeichnen und genauen Arbeiten ... behindert". Andauernde Beeinträchtigungen gebe es auch im Motorenbau; wenn dort „die schwere Schrubbmaschine läuft, müssen die Präzisionsmaschinen angehalten werden." Der Vorschlag lag auf der Hand: „Eine Umsetzung wird Ersparnisse bringen". Eingestreut war ein Hinweis auf den unerläßlichen Kampf gegen „Agententätigkeit und Sabotage". Im Mittelpunkt stand aber die „Organisierung des Produktionsprozesses". Zum Beispiel sei im Kesselbau häufig unbekannt, ob „zu einem Kessel noch ein bestimmtes Teil [fehlt] oder nicht. Das kommt daher, daß die Objekte manchmal über zwei Jahre zurückliegen". Die Mängel zeigten sich aber auch darin, daß in den Werkstätten das Material oftmals hin- und hertransportiert werde. Und wenn Vorpodukte schließlich einträfen, sei immer wieder Nacharbeit erforderlich, z. B. bei „schief gebrannten" Profileisen. Oder: „Bei Gußteilen und Blechen kommt es vor, daß sie schon als Ausschuß geliefert werden". Und erneut: Der Produktionsablauf sei weitgehend dem Selbstlauf überlassen. Immerhin habe man jetzt beschlossen, „Durchlaufpläne für alle Arbeiten zu erstellen". Dazu wurde ein weiteres abschreckendes Beispiel genannt: „In einem Raum werden die Maschinenteile von einem Maler sorgfältig signiert, dann gehen die Teile 10 Meter weiter in einen anderen Raum, werden dort gestrichen, das Signum verdeckt, und ein anderer Maler signiert noch einmal genauest."[22] Also: immer wieder Doppelarbeit und doppelte Bezahlung bzw. vermehrte Kosten für den Betrieb.

Die „Beratung" kehrte – gleichsam spiralförmig – zu zwei Kernpunkten zurück: zum „Kampf um technisch-begründete Arbeitsnormen und Normenerhöhung" und zum „Kampf gegen Schlendrian und Bummelei". Bei der „Normenarbeit", d. h. der Entwicklung bzw. Fixierung von Normen, erweise es sich als überaus hinderlich, daß es an Arbeiten fehle, die für die

---

genannt. Die Bearbeitung der Arbeitsaufträge verlaufe „sehr bürokratisch", vor allem seien Bürokratismus, „Schlamperei und Schlendrian in unserem Betrieb" überall zu beobachten. So hätte ein Verbesserungsvorschlag, der „Millionen an Einsparung an Material in der Kesselfertigung bringen wird", nicht bearbeitet werden können: Wochenlang sei es nicht möglich gewesen, ein Vakuumblitzgerät zum Fotografieren zu besorgen.

22 LAB, SED-BPA, IV-7/109, Nr. 17, S. 4.

Normierung taugten, entsprechende Ansätze also liegenblieben. Beim Kampf gegen den „Schlendrian" ging es vor allem um die Analyse von Fehlzeiten. Defizite zeigten sich, so die SED-Genossen, aber auch beim „sozialistischen Wettbewerb". Im Kesselbau wie im Werk ingesamt existiere noch kein sozialistischer Wertbewerb". Denn es fehle das charakteristische Merkmal: „die gegenseitige kameradschaftliche Hilfe".

Wenige Wochen später beteiligte sich die Mehrheit der Belegschaft an den Demonstrationen des 17. Juni. Auf die Straße gingen vor allem Arbeiter der Lohngruppen I–IV, also überwiegend Un- und Angelernte (Gruppen I–III), aber auch der Kesselbau.[23] Die Betriebsparteileitung suchte in den folgenden Wochen intensiv nach Schuldigen. Die Festnahme eines Direktors, der als „Agent ... entlarvt" worden sei[24], reichte freilich nicht aus. Nicht nur Konspiration des Klassenfeindes, sondern auch eigene Fehler seien zu beachten. Der Parteisekretär (der seinerseits Anfang August verhaftet wurde) verwies darauf, wie notwendig es gerade in dieser Situation sei, dem „einfachen Menschen genügend Beachtung zu schenken". Immerhin waren im Betrieb Mitte Juli noch Äußerungen zu hören wie: „Wir werden bald wieder zum Strausberger Platz gehen müssen!"

Das Problem waren nicht mangelnde Informationen. Es fehlten allerdings Perspektiven wie praktische Möglichkeiten, um aus dem Wissen um die gravierenden Mängel, zumal bei der Arbeitsorganisation und -vorbereitung, jene Konsequenzen zu ziehen, die den Bedürfnissen der „einfachen Menschen" Rechnung getragen hätten. Auch die Betriebsparteiorganisation war nicht in der Lage, dem Bedürfnis nachzukommen, das in den Klagen wie Vorschlägen der Arbeiter nur variiert wurde: ‚richtig' arbeiten zu können.

Fünf Jahre später, 1958, verfaßte (oder verwandte) die Betriebsgewerkschaftsleitung (BGL) von Bergmann-Borsig Argumentationen für die Werktätigen zu Arbeitsorganisation, Arbeitsproduktivität und Löhnen:[25] Es waren dieselben Fragen wie 1949 oder 1953. Die Probleme schienen unverändert. Von 1950 bis 1957 sei der Jahresdurchschnittsverdienst der Produktionsarbeiter um 62 Prozent gestiegen, von DM 3812,– (1950) auf DM 6191,– (1957). Allerdings habe man dabei den Lohnfonds des Betriebes um 13 Prozent überzogen, wenn man die Steigerungen in Verhältnis zur Produktionsleistung setze. Aber auch im Vergleich zu anderen Bereichen der Wirtschaft sei es bei Bergmann-Borsig besonders gut gegangen: der Lohn der Schwermaschinenbauer sei von 1954 bis 1957 erheblich schneller gestiegen (um ca. 60 Prozent) als der der Braunkohlen- und Steinkohlenkumpel.

Aber nicht nur der Vergleich der Betriebe und Branchen bzw. „nach außen" ließ erhebliche Ungleichgewichte erkennen. Im Arbeitsalltag waren weit konfliktträchtiger die Diskrepanzen *innerhalb* des Betriebes. Wenn beim Werkzeugbau die Normerfüllungen und der Durchschnittslohn bei Leistungslöhnern von 1954 bis 1957 jeweils um 15 Prozent zugenommen hätte, wäre im Generatorenbau bei der Normerfüllung wie beim Lohn eine Steigerung um je 59 Prozent zu verzeichnen. Auch beim Turbinenbau hätte es einen größeren Sprung gegeben, nämlich um 33 Prozent. Bei gleicher Schwere und Kompliziertheit der Arbeit sei das, wie der Berichterstatter vermerkte, „ungerecht und egoistisch". Konkreter: ein Dreher in der Lohngruppe V verdiene ca. 28 Prozent mehr als ein Werkzeugmacher, ebenfalls in der Lohngruppe V, und ein

---

23 SAPMO, DY 30, IV/7/109, Nr. 18. – Generell zum 17. Juni vgl. Arnulf Baring, Der 17. Juni 1953, 2. Aufl., Stuttgart 1983; Manfred Hagen, DDR – Juni '53. Die erste Volkserhebung im Stalinismus, Stuttgart 1992; Arnim Mitter, Stefan Wolle, Untergang auf Raten, München 1993, Kap. I.
24 LAB, SED-BPA, IV-7/109, Nr. 1.
25 LAB (StA), Rep. 432-05, Nr. 159.

Dreher in der Lohngruppe VI sogar 42 Prozent mehr als ein Werkzeugmacher, der ebenfalls nach Lohngruppe VI bezahlt werde.[26]

Derart erhebliche Differenzen zeigten sich ebenfalls gegenüber den Meistern: So hätten Meister im Turbinenbau DM 570,– Monatsgehalt und DM 60,– Leistungszulage sowie eine monatliche Prämie von DM 35,– bekommen; sie erhielten insgesamt 665 DM. Ein Dreher der Lohngruppe VIII verfüge 1957 dagegen monatlich im Durchschnitt über DM 1100,–, während ein Dreher der Lohngruppe VII durchschnittlich auf DM 925,– im Monat komme. Die Konsequenz sei, daß mehrere Meister aus dem Turbinenbau ihre Funktionen abgegeben hätten und wieder als Produktionsarbeiter arbeiteten.[27]

Auch die Appelle zur Abhilfe unterschieden sich nicht von denen, die fünf oder acht Jahre zuvor eingesetzt worden waren:[28] „Senkung der Verlust- und Ausfallzeiten – Steigerung der Arbeitsproduktivität – mehr Erzeugnisse – größere Kaufmöglichkeit – Erhöhung des Lebensstandards". Diesem Ziel stünde freilich die Realität im Betrieb entgegen: Die im Plan vorgesehenen Ausfallzeiten für Krankheit und „gesellschaftliche Arbeit" (z. B. Tätigkeit in den „gesellschaftlichen Massenorganisationen"), für fachliche und andere Qualifizierungen, die Warte- und Fehlzeiten (ohne Urlaub!) – die entsprechenden Ansätze seien um etwa 15 Prozent überschritten worden. Anstelle der 683200 Stunden hätte man 795200 Stunden „erreicht". Die vorgesehenen Gegenmittel waren den meisten fraglos mehr als vertraut: bessere Organisation der Materialbereitstellung; Intensivierung der Krankenbesuche; diejenigen, die öfters unentschuldigt fehlten, sollten zur Verantwortung gezogen werden.

Der *Arbeitsprozeß selbst* wurde ebenfalls zum Thema. Umfangreiche Verluste würden tagtäglich verursacht. Die Schwankungen des Energieverbrauchs zeigten, daß erst eine Stunde nach Arbeitsbeginn (hier war das ursprünglich geschriebene „zwei" [Stunden] in „eine" verbessert!) die Produktion auf vollen Touren laufe. Das Einhalten der Pausen würde „nicht so

---

26 Auch das Maß der Normenerfüllung variierte innerhalb der Betriebe außerordentlich. So wurde unter dem 15. Febr. 1960 für den VEB Kirow für die Abteilung Aufzugbau der Stand der Normenerfüllung „nach Grund- und Hilfsarbeiten" im Dezember 1959 erfaßt. Bei den Grundarbeiten lag die Normenerfüllung bei mehreren Abteilungen bei 129 % oder 149 %; dem standen andere mit 227, 209 %, 210 % oder 239 % gegenüber. Noch größer war die Schwankungsbreite bei den Hilfsarbeiten; sie reichte von 100 % zu 226 % bzw. 227 %. Dabei lagen die Durchschnitte bei den Grundarbeiten bei 188,3 % und bei den Hilfsarbeiten bei 174,6 %, Staatsarchiv Leipzig (StAL), VEB S. M. Kirow.

27 Als Abhilfe war eine Verminderung der Zeitzuschläge vorgesehen bzw. bei zu erwartenden Normenerhöhungen sollten die bisherigen Zeitzuschläge entsprechend gemindert werden. Arbeiter, die bisher besonders gut vorangekommen seien, mußten also bei kommenden Tarifregelungen damit rechnen, zunächst keine Erhöhung ihrer Effektivverdienste zu erhalten.

28 Vgl. dazu auch eine Konferenz, die der Wirtschaftsrat des Bezirks Rostock im März 1961 veranstaltete. Der Vertreter des „Komitee für Arbeit und Löhne", Kaschel, stellte fest, daß es „noch zu viele Ausweichmöglichkeiten" gebe: Nur 15 % der geleisteten Abeiten würden durch Zeitnormative abgedeckt. Diese Hinweise auf die Notwendigkeit, hier „voranzukommen", veranlaßten den Vorsitzenden des Wirtschaftsrates, Dr. Buchführer, zu dem Zwischenruf „Soweit sind wir 1990!". Berichtet wurde auch erneut von der Erfahrung mit Versuchen zur Ermittlung der technisch erforderlichen Arbeitszeiten: Man hätte „trotz seiner guten Normerfüllung [noch] seine Reserven an Zeit. Diese ließe [man] sich auch nicht nehmen, da [man] nicht wüßte, wie die Arbeit morgen aussähe", Vorpommersches Landesarchiv Greifswald, Rep. 200/3.3, Nr. 54; vgl. auch ein Memorandum des Staatssekretariats für Löhne zur „bisherigen Entwicklung von Arbeitsproduktivität und Lohn in der DDR" vom 10. April 1962, BArch B/DQ 3, Nr. 711.

genau genommen" und „ebenfalls die Maschinen schon vor Beendigung der Arbeitszeit abgeschaltet". Hier setzte der Autor entgegen: „Auf sozialistische Art arbeiten, heißt jedoch, alles zu tun, um die Arbeitszeit voll auszunutzen". Schließlich seien auch „bewährte neuere Methoden" noch nicht Allgemeingut geworden (wie bestimmte Schweißverfahren oder Zerspanungstechniken).[29]

Nicht nur fortdauernde Selbstregulierung – oder: „Schlendrian" und Ausschußproduktion, aber auch hohe personelle Fluktuation, zugleich kostenträchtige Verluste für Betriebe wie Gesamtwirtschaft waren die Folge unzureichender Arbeitsorganisation. Wenn die Folgen als „Arbeitsniederlegungen" gelten mußten, wurden mit sie mit besonders geschärfter Aufmerksamkeit beobachtet[30]. Aber auch jene andere Form massenhafter ‚Fluktuation' gehörte wesentlich dazu: das „Weggehen" in den Westen, weil man „geordnet arbeiten möchte".[31]

6. Arbeitsniederlegungen

In einer Einzelinformation der ZAIG des MfS vom 15. Dez. 1960 wird dieses Thema nicht nur als Frage der „allgemeinen Stimmung" oder der „Unzufriedenheit unter den Werktätigen" behandelt.[32] Hier geht es vielmehr um einen konkreten Fall, bei dem aus „feindlichen Diskussionen" ‚mehr' geworden war: „negatives", womöglich „feindliches Handeln" in einem Betrieb. Genauer: an Diskussionen über Löhne und „Arbeitsniveau" hatte sich ein vierstündiger Streik in der Töpferei des VEB Steinzeugwerk Krauschwitz entzündet, eine „Arbeitsniederlegung, an der ca. 40 von insgesamt 64 Arbeitern dieser Abteilung beteiligt waren". An der Parteiversammlung hatte ein (SED-) „Genosse", der bis 1959 Parteisekretär des Werkes war, seither aber im Betriebsschutz arbeitete (d. h. wohl: dorthin abgeschoben war), auf eine, wie

---

29 Dem entspricht ein Text aus einem anderen Großbetrieb, S. M. Kirow, eine von der dortigen BGL entworfenen betriebliche Richtlinie zur „Durchführung der Seifert-Methode", StAL, VEB Schwermaschinenbau S. M. Kirow, Leipzig, No. 511, 3. Mai 1958; die „Seifert-Methode" zur „Aufdeckung der versteckten Reserven" war wenige Wochen zuvor propagiert worden; Namensgeber war ein Eisenbahner in einem Reichsbahnausbesserungswerk. Auf sieben Maschinen-Seiten wurde detailliert niedergelegt, wie per Wettbewerb „alle verfügbaren Arbeitszeitverluste nach ihren Ursachen von der täglichen produktiven Arbeitszeit" getrennt und Vorschläge zur Besserung erarbeitet werden könnten. Dabei war die wichtigste Punkt gewiß der, daß Normenänderungen „nur in Übereinstimmung mit den betreffenden Kollegen erfolgen" sollten. Es seien solche arbeitsorganisatorischen wie technischen Voraussetzungen sicherzustellen, daß ein Erreichen „des bisherigen Durchschnittsverdienstes möglich" sei.
30 Vgl. SAPMO, DY 30, IV-2/1, Nr. 240, der FDGB-Vorsitzende Herbert Warnke auf der 9. ZK-Tagung über „Arbeitsniederlegungen", fol. 169ff.; oder eine Notiz über (25) „Arbeitsniederlegungen" im ersten Quartal 1964 in den Unterlagen von Walter Ulbricht, SAPMO, NY 4182// Nr.970, S. 200f.; davon waren sieben im Metallbereich und neun in der Baubranche registriert worden.
31 BArch B/DE-1, Nr. 11835, der stellvertretende Vorsitzende der Staatlichen Plankommission, Dusckeck, am 25. Sept. 1956, vgl. oben, Anm. 12.
32 BStU, ZA, ZAIG 280, S. 1–3; diese Information ging neben Ulbricht an den für Wirtschaft zuständigen ZK-Sekretär, Mitglied des Politbüros Alfred Neumann, an den ZK-Sekretär für Sicherheit, Mitglied des Politbüros Erich Honecker und an den FDGB-Vorsitzenden, Mitglied des Politbüros Herbert Warnke).

es hieß, „etwas abstrakte Art" das „schlechte Arbeitsniveau in der Abteilung Töpferei kritisiert". Den Arbeitern (einschließlich der SED-Genossen) gehe es nur darum, „mindestens vier Mark pro Stunde im Leistungslohn zu verdienen". Die, wie es hieß, „hohe Ausschußquote" und der „viele Bruch" würden jedoch nicht berücksichtigt, und es gebe keine Anstrengung, daran etwas zu ändern.

Diese Kritik hatte der FDJ-Sekretär, ein Kandidat der Partei, anderen gegenüber referiert – oder auch wiederholt. Nach der Frühstückspause hätten sich daraus in der Töpferei Diskussionen ergeben: Man solle diesen Kritiker sofort holen und zu einer Stellungnahme zwingen. Sieben namentlich genannte Arbeiter seien dabei „in Erscheinung getreten". Nach der Pause hätten einige weitergearbeitet, ca. 40 Personen jedoch weiterdiskutiert und: „Von diesen Arbeitern wurde im Laufe des Vormittages vier Kasten Bier geholt und getrunken". Der Parteisekretär und der Betriebsleiter seien nach einer halben Stunde informiert worden, „verhielten sich jedoch dabei inkonsequent und konnten daher zunächst nichts erreichen".

Der Berichterstatter verwies darauf, daß der Kritiker bereits an anderer Stelle durch eine „etwas abstrakte Darstellungsweise" Kritik ausgelöst habe. In diesem Fall hätten die meisten es so verstanden, als habe er den Arbeitern der Töpferei „schlechte Arbeitsmoral und Uninteressiertheit an der Produktion" vorgeworfen. Daß es zur Arbeitshinterlegung gekommen war, wird dann auf „falsche Einschätzung durch die Funktionäre des Werkes zurückgeführt". Sie hätten darin keine Arbeitshinterlegung gesehen und auch die Trinkereien nicht als etwas Besonderes erkannt – das habe es doch häufiger gegeben. Der Berichterstatter sah hierin eine „Unterschätzung"; sie sei auch verantwortlich dafür, daß die Leitung des Werkes ebenso wie die Kreisleitung der SED und das MfS erst gegen 18 Uhr informiert worden seien.

Der zweieinhalbseitige Bericht gipfelte in der Feststellung, daß bei denen, die sich besonders durch Kritik an der ihrer Meinung ungerechtfertigten Kritik an ihrem Verhalten hervorgetan hätten, keine „feindlichen Absichten" zu erkennen seien. Der Berichterstatter unterschied also zwischen diesem ‚besonders negativen' Verhalten einerseits und den dahinterliegenden Absichten andererseits. Auch hier wurde erneut unterstrichen, daß Betriebsleiter, Parteisekretär und Vorsitzender der Betriebsgewerkschaftsleitung (BGL) keine „konsequente Haltung" eingenommen hätten. Das zeigte sich für den Berichterstatter vor allem daran, daß die Genannten nichts daran gefunden hätten, daß die Arbeiter den ehemaligen Parteisekretär zur Rechtfertigung aufforderten. Allerdings war der Fall damit noch nicht ausgestanden: Die SED-Kreisleitung hatte eine „Untersuchungsbrigade" in Marsch gesetzt. Ausdrücklich vermerkt war, daß sie bereits eine Partei- sowie eine Belegschaftsversammlung durchgeführt habe. Und: „Die Untersuchungen über besonders negativ in Erscheinung getretene Personen werden weitergeführt".

7. „... den Menschen vergessen"?

Rädelsführer und Alkohol, insbesondere deren Verbindung sind auch die Hauptaufmerksamkeitspunkte in einem zusammenfassenden Bericht der ZAIG über „Arbeitsniederlegungen in der DDR im Jahre 1960".[33] Die Aufmerksamkeit war gewiß auch dadurch geschärft,

---

33 BStU, ZA, ZAIG 372, S. 1–19; vgl. SAPMO, DY 30, IV-2/1, Nr. 240, der FDGB-Vorsitzende Herbert Warnke auf der 9. ZK-Tagung vom 20.–23. Juli 1960 über „Arbeitsniederlegungen", fol. 169ff. S. auch

daß sich die Zahl „derartiger Vorkommnisse" gegenüber dem Vorjahr 1959 beinahe vervierfacht hatte (und auch die Zahl der Beteiligten). Dieser Bericht präsentiert zunächst Zahlen – und spiegelt damit auch jene Statistikmanie, die in den Arbeiterbewegungen Tradition hatte und sich zwanglos mit bürokratischen Obsessionen verbinden konnte. Im Durchschnitt hätten sich diejenigen, die an einer „Arbeitsniederlegung" beteiligt gewesen seien, pro Kopf je drei Stunden daran beteiligt; an der Spitze stehen nach Branchen Maschinenbau und Bauindustrie (mit 59 bzw. 51 Vorkommnisse bei 202 in der Industrie insgesamt). Freilich zeigt der nächste Blick, daß sich die Arbeitsniederlegungen auf vergleichsweise wenige Betriebe konzentrierten, einen Dresdner Betrieb und die chemischen Werke Buna mit (zusammen) 26 Streiks bildeten den eindeutigen Schwerpunkt.

In der Darlegung werden mangelnde Arbeitsorganisation, Lohn- und Normenfragen und Materialzuführung als „äußerer Anlaß" betrachtet. Zu den „Ursachen" beginnt der Berichterstatter mit einem Verweis auf Provokationen, insbesondere von Rückkehrern (aus der BRD), nennt aber auch den Einfluß der Westmedien. Es folgen – ohne Übergang – Arbeitsorganisation, Entlohnung und Prämierung. Darauf als Feststellung: „Unter den Arbeitern entstehen Unstimmigkeiten zu solchen Fragen oftmals durch grobe Verletzungen der Prinzipien der Lohnpolitik ..., durch Bürokratismus, Administrieren und Herzlosigkeit der Wirtschaftsleitungen". Mangelnder Kontakt der Massenorganisationen zu den Arbeitern, daraus resultierende „Unkenntnisse um die Belange der Werktätigkeiten" seien dafür entscheidend. Man müsse auch beachten, daß in einer Reihe von Fällen die „Wirtschaftsleitungen" von den Arbeitern „wiederholt" auf bestehende Ungerechtigkeiten, auf Schlamperei und Mißwirtschaft hingewiesen worden seien. Änderungen hätte es aber nicht gegeben: Offenbar war ein auch für den Berichterstatter verständlicher „Unwillen der Arbeiter" die Folge.

Auffällig ist die Übereinstimmung in Terminologie und Duktus der Berichte aus demselben Funktions- und Herrschaftszusammenhangs (und auch einer vergleichbaren Stufe in der jeweiligen Hierarchie), hier bei staatlichen „Organen". Dabei spielte offenbar kaum eine Rolle, ob es sich um einen Text nur „innerhalb des Hauses" handelte – oder ob er „nach außen" ging. Denn auch solche Texte zirkulierten grundsätzlich weiterhin in der Arkansphäre, zumal dann, wenn sie an das ZK der SED gerichtet waren. – Ein Bericht des Ministeriums für Arbeit, der am 24. März 1954 an das ZK des SED ging, galt dem Stand der Erfüllung der „Verordnung über die weitere Verbesserung der Arbeits- und Lebensbedingungen der Arbeiter und der Rechte der Gewerkschaften" (vom 10. Dezember 1953). Vielfach läge die Umsetzung der – als Reaktion auf die Proteste vom 17. Juni 1953 – beschlossenen sozialpolitischen Maßnahmen sehr im argen. Zu Fragen des Arbeitsschutzes lägen die Schwierigkeiten z. T. darin, daß für die (Wirtschafts-) Fachministerien, aber auch für die Betriebe selbst nur das unmittelbare Produktionsergebnis dominiere: „Ein großer Teil der verantwortlichen Wirtschaftsfunktionäre" nutze „die betrieblichen Möglichkeiten für die Verbesserung des Arbeitsschutzes nicht aus".[34]

Fast deckungsgleich war die Argumentation einer internen Mitteilung des Leiters der Abteilung Kultur der SPK vom 9. Februar 1959.[35] Die Übertragung der Arbeitsschutzzuständigkeit auf den FDGB habe zwar Einflußnahmen der Wirtschaftsfunktionäre vermindert. Viele

---

eine Notiz über – 25 – „Arbeitsniederlegungen" im ersten Quartal 1964 in den Unterlagen von Walter Ulbricht, SAPMO, NY 4182/ Nr. 970, S. 200f.; davon waren sieben im Metallbereich und neun in der Baubranche registriert worden.

34 BArch B, DQ-2, Nr. 808, S. 4a.

dieser Funktionäre, die ja Vertreter des Staatsapparates seien, hätten ihre Verantwortung nicht erkannt; sie fühlten sich „nur für die Erfüllung der Produktionsaufgaben verantwortlich". Das Ergebnis sei, daß sie „dabei den Menschen vergessen".

8. Motivationen: Titel, Urkunden, Wimpel, Prämien

Eine Kritik, die sich explizit auf die Charakteristika des Lenkungs- bzw. hier: des Prämiensystems richtet, zugleich aber auch Verhaltensweisen von Produktionsarbeitern in den Blick nimmt, findet sich in zahlreichen internen Memoranden. Nur ein Beispiel: Die Abteilung Schiffbau (in der Hauptabteilung Schwermaschinenbau) der SPK stellte am 27. Juni 1956 einen Vorschlag zur Diskussion, wie das Prämiensystem geändert werden könnte.[36] Die bisherige Berechnung nach Produktionserfolg im Hinblick auf den jeweiligen Plan führe dazu, daß keine Steigerung der Produktionserfolge oder der Arbeitsproduktivität angezielt werde. Regelmäßige Prämien, wie es üblich geworden sei, wirkten vielmehr als „illegale Erhöhung des Durchschnittslohnes". Der ursprüngliche Sinn des Prämiensystems verwandele sich in sein Gegenteil, „nämlich in den Kampf um einen möglichst niedrigen Plan, der dann erfüllt und übererfüllt werden kann, d. h. der die Prämienzahlung beinhaltet".

Die Abhängigkeit der Produktivität von der Produktions- und Arbeitsorganisation, aber auch von „materiellen Anreizen" war der Drehpunkt der Texte aus SED, Ministerien und zumal SPK – und das MfS bekräftigte solche Kalküle, bezog sie aber zugleich auf „Sicherheit".[37] Vornehmlich aus dem FDGB, aber auch von SED-Grundorganisationen der Betriebe wurde die Wertschätzung von Arbeit und Arbeitern ins Spiel gebracht.[38] Der Bundesvorstand des FDGB machte nachdrücklich auf Bedürfnisse der „Werktätigen" nach Respektsbezeugungen bzw. symbolischer Anerkennung in der Betriebs- wie der allgemeinen Öffentlichkeit aufmerksam, im Rahmen einer ausführlichen Empfehlung seines Präsidiums „Zur Organisation und Führung des sozialistischen Wettbewerbs", vom 29. November 1956.[39] Der Text verweist auf jene „schöpferischen Begabungen und erfinderischen Fähigkeiten unserer Werktätigen", die

---

35 BArch B, DE-1, Nr. 9030, fol. 25ff.
36 BArch B, DE-1, Nr. 8680.
37 Daß die „Zentrale Kommission für staatliche Kontrolle/Organisations- und Instruktionsabteilung" diese in den Vordergrund rückte (unter dem 27. Juli 1955, auf über 70 Masch.-S. in einem „Bericht über Methoden und Erscheinungsformen des Klassenkampfes in der Deutschen Demokratischen Republik"), kann gewiß nicht überraschen, SAPMO, DY 30, IV/2/13, Nr. 359. „Feindbekämpfung" war allgemeine Aufgabe. Dabei gab es neben den „Organen" der Staatssicherheit auch eine Zuständigkeit, zugleich eine eigene Sparte der Volkspolizei, den „Betriebsschutz" (für die Zeit bis in die frühen 1960er umfassen dessen Akten in der Hauptverwaltung der Deutschen Volkspolizei übrigens mehr Nummern als die des Paß- und Meldewesens, 83 zu 69; vgl. auch Chefbesprechungen, z. B. BArch B, DO-1/11, No. 96, 12. Februar 1960). Die Klagen der Zuständigen auf allen Ebenen lassen kaum nach: mangelnde Beachtung durch Werksleitungen wie Arbeiter, Arbeiterinnen, Sicherheitskommissionen stünden meistens bloß auf dem Papier: Die proklamierte „Sicherheit" hatte offenbar für die wenigsten etwas mit Chancen für Anerkennung oder von Manövrierräumen für „eigene" Ziele zu tun.
38 Vgl. auch Alf Lüdtke, „Helden der Arbeit" – Mühen beim Arbeiten (wie Anm. 17), S. 188–213.
39 BArch B, DE-1, Nr. 8680, fol. 29ff., fol. 32ff.

nicht nur in Texten der offiziellen Arenen auftauchten, also z. B. in allen Partei- und Feiertagsreden; vielmehr reflektierten sie zugleich Selbstdeutungen der Arbeiter ‚vor Ort'.

Die FDGB-Spitze argumentiert, hier finde sich eine ungenutzte Ressource für die ökonomischen Entwicklung. Deshalb solle man nicht bei pauschalisierenden Auszeichnungen stehenbleiben. Vielmehr sei es sinnvoller, präzise Brigadeauszeichnungen zu schaffen, etwa einen Ehrentitel für die „Brigade der höchsten Hektarerträge", für die „Brigade der höchsten Schnellschmelzen" – oder für die „Rekordbrigade der besten Schnellreparatur". Als Zeichen der Ehrung „könnten Urkunden, Wimpel und Prämien verliehen werden" – daß es außerdem für im Wettbewerb besonders erfolgreiche Abteilungen zumindest einmal im Vierteljahr eine Wanderfahne geben sollte, war dann schon selbstverständlich.

9. Schlußbemerkungen: das MfS als Korrektiv?

1. Die Aktenüberlieferung des MfS reflektiert in weit höherem Maß die 1970er und vor allem die 1980er Jahre als die ersten beiden Jahrzehnte der DDR.[40] Engelmann verweist zurecht darauf, daß nicht allein die Quantitäten deutliche Veränderungen signalisierten (denn die Aktenvernichtung 1989/90 hält sich insgesamt offenbar in engen Grenzen). Bei der Berichterstattung der (zentralen) wie der lokalen und bezirklichen „Informationsgruppen" lasse sich für die Zeit ab den 70er Jahren eine zunehmende apparatinterne „Quellenkritik" beobachten.[41] Weithin gilt diese quantitative wie qualitative Veränderung als Resultat eines „über die Jahrzehnte im Apparat erfolgten Professionalisierungsprozesses".[42] Von den Befunden nicht gedeckt scheint mir die These einer derart grundsätzlichen Differenz zwischen einem in der Tendenz auf Brutalität und kurzen Zugriff fixierten Apparat der 50er Jahre und einem sich ab den 1960er Jahren allmählich ausformenden ‚anderen' Staatssicherheitsdienst, einem MfS gleichsam neuen Typs, das eine „umfassende verdeckte Steuerungs- und Manipulationsfunktion" ausgeübt habe.[43]

---

40 Vgl. insgesamt den Überblick bei Roger Engelmann, Zu Struktur, Charakter und Bedeutung der Unterlagen des Ministeriums für Staatssicherheit (= Der Bundesbeauftragte für die Unterlagen des Staatssicherheitsdienstes der ehemaligen Deutschen Demokratischen Republik, Abteilung Bildung und Forschung 3/1994), Berlin 1994.

41 Vgl. dazu auch das interne „Wörterbuch der politisch-operativen Arbeit", ediert von Siegfried Suckut (Hg.), Wörterbuch der Staatssicherheit. Definitionen zu „politisch-operativen Arbeit", Berlin 1996, insbesondere auch die Hinweise Suckuts zur Entstehungsgeschichte der ersten Auflage dieses „Wörterbuchs" von 1970 sowie der zweiten von 1985, ebd., S. 9ff. und S. 13ff.

42 Engelmann, Struktur, Charakter und Bedeutung der Unterlagen, S. 11; vgl. auch Clemens Vollnhals, Das Ministerium für Staatssicherheit. Ein Instrument totalitärer Herrschaftsausübung, in: Hartmut Kaelble, Jürgen Kocka, Hartmut Zwahr (Hg.), Sozialgeschichte der DDR, Stuttgart 1994, S. 498–518, S. 593 zum „ausgesprochen dürftigen Bildungsstand des frühen hauptamtlichen Apparates", gemessen an Schulabschlüssen der Delegierten einer SED-Kreisdelegiertenkonferenz der SED-Kreisleitung im MfS vom März 1956; dazu auch das harsche Urteil des sowjetischen Chefberaters des seinerzeitigen Staatssekretariats für Staatssicherheit vom Januar 1954 gegenüber Walter Ulbricht, ebd., S. 504.

43 Vgl. Klaus-Dietmar Henke, zitiert bei Engelmann, Struktur, Charakter und Bedeutung (wie Anm. 40), S. 56.

Engelmann selbst zitiert einen Diskussionsbeitrag aus einer Sitzung der Kreisleitung der SED im MfS von 1954. Danach war das Problem der Berichte, „die zwar objektiv stimmen, aber immerhin etwas frisiert sind", durchaus erkannt. Vor allem aber zeigt die Berichterstattung, die in der ZAIG zusammenlief und koordiniert wurde, daß bei allem „offenen Terror" hier wie in anderen „Staatsorganen" der DDR immer auch andere Formen der Beobachtung, Kenntnisnahme bzw. Berichterstattung und vor allem der Einflußnahme und Steuerung wirksam waren und blieben. Und es deckt sich mit der Anstrengung der SED-Führung seit 1958, die Chruschtschowsche Linie auf die deutschen Verhältnisse zu übertragen, d. h. den Westen zu „überholen ohne einzuholen" – wenn die „Sicherheit" von Industrie wie Volkswirtschaft insgesamt erneut ins Zentrum rückte. Drehpunkt waren auch hier die „Werktätigen"; sie waren zu „sichern", ermöglichten aber auch „Sicherheit". Diese „Werktätigen" galten in der Doktrin der SED als der entscheidende „Faktor". Von dessen Produktivität und nicht zuletzt Willigkeit hing es ab, sollte dieser ökonomische und zugleich politische ‚große Sprung' gelingen.[44]

2. Die These, die Berichterstattung des MfS habe „ein Gegengewicht zur allgemeinen schönfärberischen Tendenz der nicht-konspirativen Berichtssysteme der DDR" gebildet,[45] verkennt diese anderen „Berichtssysteme" in doppelter Hinsicht.[46] Zum einen waren sie ebenso wie das MfS Teil eines gesellschaftlich-politischen Gesamtzusammenhanges, auf den sie sich in Mitteilungen wie ausführlicheren Berichten ausdrücklich bezogen, dessen Terminologien genutzt wurden und genutzt werden mußten. Auch für VEBs galt, daß Öffentlichkeit eingeschränkt und verschattet blieb – in den Praxen der Abschirmung nach innen wie außen keineswegs grundsätzlich unterschieden von der „Staatssicherheit". Andererseits hatten SED, FDGB und staatliche Apparate ein genuines Interesse an der Steigerung der Arbeitsproduktivität, an der Sicherung und Verbesserung der Qualität industrieller Produkte (oder: an der Steigerung der Transportleistung bei der Reichsbahn oder im „Kraftfahrzeugwesen", an der Senkung von Unfallzahlen etc.). Mehr noch: dieses Interesse war nicht nur Ausdruck eines anonymen oder gar erzwungenen Funktionszusammenhanges. Die Menschen verfolgten oder entwickelten vielmehr in ihrer Arbeit eigene Motivationen.[47] Dazu gehörte wesentlich das Ziel, die jeweilige

---

44 Zum MfS und seiner Aktivitäten für die „Sicherung der Volkswirtschaft" in den 1980er Jahren auch die Fallstudie von Hans-Hermann Hertle, Franz-Otto Gilles, StASI in der Produktion – die „Sicherung der Volkswirtschaft" am Beispiel der Struktur und Arbeitsweise der Objektdienststellen des MfS in den Chemiekombinaten, in: Klaus-Dietmar Henke, Roger Engelmann (Hg.), Aktenlage. Die Bedeutung der Unterlagen des Staatssicherheitsdienstes für die Zeitgeschichtsforschung, Berlin 1995, S. 118–137.
45 Engelmann, Struktur, Charakter und Bedeutung der Unterlagen (wie Anm. 40), S.17.
46 Problematisch ist auch die Unterscheidung zwischen „Handlungsüberresten" und „Berichten". Die letzteren gäben „vermittelt über Handlungen und Sachverhalte Auskunft", während die ersteren „aus einem bestimmten Handlungszusammenhang unmittelbar hervorgegangen" seien (in diesem Fall insbesondere aus Texten mit Weisungscharakter), vgl. Engelmann. Dabei werden freilich rhetorische Formen und narrativer Duktus solcher „Handlungsüberreste" ebenso übersehen, wie andererseits die für das Handeln konstitutive Bedeutung von „Berichten": Sie führen ihren Leser Wirklichkeit vor Augen, vgl. dazu sehr instruktiv die Hinweise, die Engelmann, Struktur, Charakter und Bedeutung (wie Anm. 40), S. 7 selbst gibt, insbesondere in der Aufschlüsselung von spezifischen „Personenkategorien" (die als gefährlich galten) sowie „Sachverhaltsarten", d. h. von suspektem Auftreten, das im Zweifelsfall als „feindlich-negatives Verhalten" galt.
47 Bei aller Einbindung zeigen das auch die gesonderten Profile der Berichterstattung innerhalb unterschiedlicher Apparate, vgl. auch Siegfried Suckut, Die Bedeutung der Akten des Staatssicherheitsdien-

Arbeit „gut" zu machen, im ‚eigenen' Bereich dadurch und dafür Anerkennung zu finden, bei Kollegen, aber auch bei Abnehmern oder Klienten. Wenn sich „Schlendrian" einstellte, suchten immer wieder einzelne (Partei- oder Gewerkschafts-)Sekretäre, aber auch ‚einfache' Arbeiter oder Gewerkschafts- oder Parteigruppen bzw. -„kollektive", dagegen anzugehen.

Diese Formen von Selbstaktivierung sind z. B. in den Diskussionsprotokollen der BPO von Bergmann-Borsig in den 50er Jahren immer wieder greifbar. Die Detailliertheit der Berichte, in denen nicht allein Tagungsordnungspunkte und Resolutionen, sondern Einzeldiskussionen und Einzelpositionen (mit wie ohne Namensnennung) ausführlich referiert werden, halten in ihrer Textur die Spuren eines hartnäckigen Engagements für „gutes Arbeiten" fest. Dieses Bedürfnis operierte zwar im Kontext von vielerlei Anreizen, Zumutungen und Zwängen. Die Hochschätzung von „Wertarbeit" oder auch von „deutscher Qualitätsarbeit" war, zumal bei Facharbeitern, hingegen keineswegs das Produkt „äußerer" Bedingungen oder gar von brachialer Fremdsteuerung durch einen deutschen Stalinismus. Hier zeigte sich hingegen die alltagswirkliche Hartnäckigkeit einer (Selbst-)Rechtfertigung von industrieller Arbeit, die für nicht wenige der Produktionsarbeiter bereits eine der dritten oder doch zweiten Generation war.

Wirklichkeitskonstruktion durch Berichterstattung war freilich in der SED, zunehmend auch in den Gewerkschaften auf Zusammenschau gerichtet. Das galt jedenfalls für alle Berichte, die auf Kreisebene und „höher" verfaßt oder redigiert wurden. Diese Akzentuierung erschwerte es offenbar, die jeweiligen tatsächlichen Handlungsmotivationen und Aufmerksamkeitsschwellen der Akteure „vor Ort" zu erkennen, zumindest zu bezeichnen. Das galt umso mehr für die (zentral-)staatliche Planungsbürokratie. „Von oben" konnte allerdings der „Kommissar" bzw. seine sozialistische Variante, die „Instruktionsbrigade", durchaus detailliert auf Einzelfälle eingehen. Aber auch hier galt: Dieser kommissarisch-genaue Blick sollte nur umso tauglichere Ansatzpunkte für raschere Homogenisierung, für das Durchsetzen der „Linie" finden. Und wenn sich diese Optik mit der eingefahrenen parteilichen Lesart „des Proletariats" verschränkte – das Proletariat: interessenidentisch, deshalb tendenziell homogen und klassenbewußt – dann konnten „Störungen" nur von außen kommen.

In einer solchen Konstellation waren „feindliche Elemente" und „Provokateure" als „Agenten des Imperialismus" notwendig; sie hatten zugleich gleichsam leichtes Spiel. Allein sie konnten

---

stes für die Erforschung der DDR-Geschichte, in: Aktenlage, S. 195–206; bes. 198f. für die Hauptabteilung XVIII, „Sicherung der Volkswirtschaft"; Hermann Schreyer, Der Quellenwert der im Bundesarchiv aufbewahrten staatlichen DDR-Akten im Vergleich zu den MfS-Akten und anderen archivalischen Überlieferungen der ehemaligen DDR, in: Aktenlage, (wie Anm. 44), S. 209–210. – Zur Alltagswirklichkeit von Industriearbeitern bis in die 1960er Jahre vgl. mit einer Kombination von Aktenmaterial zumal aus den Staatsapparaten, dem FDGB sowie der SED Peter Hübner (Hg.), Niederlausitzer Industriearbeiter 1935 bis 1970. Studien zur Sozialgeschichte, Berlin 1995; Peter Hübner, Konsens, Konflikte und Kompromiß. Soziale Arbeiterinteressen und soziale Politik in der SBZ/DDR 1945–1970, Berlin 1995. So intensiv in der Niederlausitz-Studie Alltagswirklichkeit in Aspekten der materiellen Kultur (etwa Wohnen und Wohnumfeld), der Erwerbsformen (Einkommen), von sozialer Differenzierung und Herkünften untersucht, so unscharf bleibt das Bild von Arbeit bzw. Arbeitsprozessen selbst. Etwas ausführlicher wird diese Dimension von Alltagspraxis behandelt in Hübners monographischer Studie, z. B. die ersten Leistungs- und Normenkampagnen im Hinblick auf ihre Wirksamkeit im betrieblichen Alltag untersucht werden (Konsens, S. 46ff.) oder Fragen nach Ausfall- und Überstunden, aber auch nach Arbeitsschutz bzw. Arbeitsunfällen (ebd., S. 104ff.; S. 114ff.).

für „Planschulden" oder Pannen bzw. „Havarien" veranwortlich sein. Spätestens oberhalb der lokal-betrieblichen Ebene zielte der Duktus der Berichterstattungen immer wieder darauf, die Welt nach diesem Entweder-Oder-Schema zu gliedern. In dieser angestrebten Übersichtlichkeit gingen aber jene Hinweise unter, in denen produktiver „Eigen-Sinn" erkennbar werden konnte – vielleicht nicht gerichtet auf den DDR-Sozialismus der Machtelite, aber womöglich auf eine gesellschaftliche Dynamik eigener Art.

10. Texte

Hinweis: Namen sind abgesehen von Personen der Zeitgeschichte durch Buchstabenkombinationen pseudonymisiert oder abgekürzt

1.
„*Schwerpunkte 1953.*

[handschr. rechts oben: Kraftverkehr]
[fol 66]
Kritik und Selbstkritik 1952/1953.
Gesetze beachten und kontrollieren.
Festgestellte Mängel und Fehler beseitigen.
Verbesserung der Statistik in bezug auf Aussagekraft (Berichte und Rundschreiben eindämmen).
Orientierungsplan bis 1955 entwickeln.
Aktionsprogramm für 1953 aufstellen mit pers. Verantwortlichen.
Steigerung der Arbeitsproduktivität je Prod.-Arb. um 16 %.
Materialeinsparungen um 4 %.
Qualitätsverbesserung aller Arbeiten.
(1) Ausnutzung der Kapazitätsreserven (Ver- und Entladezeit verkürzen). – Mehrschichtsystem.
Rationalisatorenbewegung – Verbesserungsvorschläge.
(2) Neuerermethoden planmäßig durchführen – Aktivistenarbeit organisieren.
Erfahrungsaustausch auf allen Gebieten – Zusammenarbeit mit wissenschaftlichen Instituten.
(3) Verbreiterung der Arbeits- und Materialnormen und Verbrauchsnormen (Staatsreserve).
Verwaltungskosten um 4 % kürzen – Neuer Typus des Verwaltungsarbeiters.
Kader aus nächsten Mitarbeitern.
Betreuung und Entwicklung der Jugend
[fol 67]
Senkung der Investitionskosten.
Sicherung der gesamten Materialversorgung durch Kooperationsplan – Wer liefert was und wann? – Importplan.
Generelle Durchführung von Vertragsabschlüssen.
Anleitung und Kontrolle der Abt. Verkehr durch GdK persönlich in Bez. und Kreisen und den Betrieben – Patenschaften.
Rhythmische Produktion und Kontrolle namentlich in den Betrieben.
Verbesserung der Betriebsstatistik.

Zeitige Vorbereitung für Transportschwerpunkte und Vorhaben im Straßenwesen (pers. Verantwortung).
Betriebspläne bis 25. 1. 53 bestätigen (Aufgliederung bis Arbeitsplatz).
Bei Betriebsplanberatungen Vertreter der GD teilnehmen.
Für Investitionen bis 31. 1. 53 genau detaillierte Verträge, insbesondere mit Bauindustrie abschließen (pers. Kontrolle).
Erfüllung der Betriebskollektivverträge.
Verbesserung der Sozialeinrichtungen.
Ferienaktion – Arbeit unter den Kindern."

Fundstelle: BA-Berlin, DC-16, Nr. 957 [Bestand der Koordinierungs- und Kontrollstelle für Industrie und Verkehr].
Erläuterung: undatiert; keine Namenszeichen oder Unterschrift(en); die Ziffern 1–3 (fol 66) sind handschriftlich ergänzt.

2.
„Bln.-Wilhelmsruh, den 12. 8. 1954
TT – Gie/Kös. – App. 220 –

Aktennotiz

Betr.: – Schwierigkeiten im Produktionsablauf Turbinenbau
1. Viele Schwierigkeiten entstehen dem Betrieb durch die verspätete Konstruktionsanlieferung seitens KEM, was die Ursache für verspätete Materialbestellung und Beschaffung sowie verspätete Technologie, Vorrichtungsbestellung und Fertigung.
2. Die Materialversorgung des Betriebes ist trotz vieler Kommissionen, die zwecks Prüfung unseren Betrieb besuchten, bis zum heutigen Tage noch nicht reorganisiert worden. Sie besitzt bis heute noch keine qualifizierte Leitung. Dadurch entstehen dem Betrieb viele Schwierigkeiten, wie Termine und Scheckdurchlauf sowie viel zu später Materialrealisierung.
3. Noch nicht genügende Kader.
Der Nachwuchs konnte infolge er Schnelle des Wachstums des Werkes nicht geschaffen werden. Es fehlt die Verbundenheit der Kollegen zum Teil noch mit dem Betrieb, dadurch große Fluktuationserscheinungen. Stammkader können erst mit den auslernenden Lehrlingen geschaffen werden.
4. Ungenügende Ausrüstung unseres Betriebes mit Werkzeugen, Hilfseinrichtungen usw.
Man hat zwar große Maschinen aufgestellt und neue Hallen gebaut, jedoch ohne die notwendigen Werkzeuge, Meßeinrichtungen usw. zu investieren.
Weiterhin erschwerend ist die restlos unbefriedigende Investplanung, z. B. war vorgesehen ein 6,3 m Karussell. Das Fundament für die zweite Maschine war bereits fertig. Wird ministeriumseitig umgepolt. Es wurde dem Werk ein 8 m Karussel angeliefert. Dafür ist nun wieder ein neues Fundament notwendig. Die Montage der Maschine wird begonnen, plötzlich keine Mittel mehr. Die Montage der Maschine liegt seit ca. 6 Wochen still, und keiner ist da, der die jetzt noch benötigten Investmittel zur Verfügung stellt. Kein Kollege im Betrieb kann derartige Maßnahmen verstehen, und es gibt Anlaß zu negativen Diskussionen in den Produktionsberatungen.

5. Obwohl von unserer Werkleitung mehrmals gefordert wurde, Investmittel zur Verfügung zu stellen, um das Transportwesen mit den notwendigen Transportausrüstungen zu versehen, wurden diese rückhaltlos gestrichen und damit dem Betrieb die Möglichkeit genommen, allgemeine Produktionsfragen verbessern zu helfen.
6. Große Fluktuation, speziell bei den Transportarbeitern, Kranführern und Anbindern, wird zum größten Teil hervorgerufen, daß unsere Kollegen gegenüber den anderen Berufen – wie z. B. Straßenbahnschaffner, Bauarbeiter – bis zu 0,30 bis 0,40 DM weniger Geld verdienen.
Es muß von zentraler Stelle versucht werden, das Lohnproblem im Berliner Maßstab schnell zu regulieren, anderenfalls zu überlegen, inwieweit die Transportarbeiter, Kranführer und Anbinder als Produktionsarbeiter eingebaut werden.
[S. 2]
7. Innerbetrieblich sind noch starke Schwierigkeiten zu überwinden durch die Interessenlosigkeit der Kollegen. Viele Kollegen tun nur so viel, wie sie unbedingt müssen. Es fehlt oftmals die Initiative außergewöhnliche Leistungen zu vollbringen, dadurch sind auch gute Maßnahmen, welche in unserem Betrieb angelaufen sind, sehr schwierig durchzusetzen. Zum Beispiel wird seit zwei Monaten ein Operativplan von der Werkleitung ausgearbeitet, jedoch scheitern viele Punkte an der Erfüllung des Planes durch die Nicht-Mitarbeitung der Brigadiere, Meister und Kollegen am Arbeitsplatz. Ein wesentlicher Fakt ist ebenfalls noch für den Betrieb, daß alle Maschinen erstmalig gefertigt werden und dadurch unendlich viele Anlaufschwierigkeiten überwunden werden müssen. So wurden z. B. für Steuerungsversuche für Elbe II an Stelle von 5 Tagen eine effektive Zeit von 17 Tagen benötigt. Diese Punkte zu überwinden muß Aufgabe aller Kollegen im Betrieb sein, die notwendige Erfahrung sammeln bei dem Bau von Turbinen und diese Erfahrungen auf den Nachwuchs zu übertragen, damit der notwendige Stamm von Arbeitern und Ingenieuren geschaffen wird."

Fundstelle: LAB (StA), Rep. 432, Nr. 422
Erläuterung: Büro des Werksdirektors; Schriftstück vom Technischen Bereich Turbine vorgelegt.

3.
„[Eingangs-Stempel-5.Dez.1955]
SED Betriebsparteiorganisation
VEB Bergmann – Borsig   Bln.-Wilhelmsruh, den 1.12.55
                           [Registrier.-Stempel, ZK der SED]

Stimmungsbericht

Am Montag, dem 28.Nov. 1955 wurden frühmorgens die hauptamtlichen Sekretäre und Mitarbeiter des Sekretariats sowie der Parteileitung vom Genossen C. angeleitet. Die Argumentation für diese Woche umfasste folgende Punkte:
1. Geheimschreiben Dulles an Adenauer in Zusammenhang mit der Koalitionskrise und den sozialen Kämpfen in Westdeutschland.
2. Versorgungsfragen. Hat sich der Lebensstandard in der DDR verbessert?
3. Verkauf von Schieberwaren im Betrieb (Schokolade, Zigaretten).

4. Weihnachtszuwendungen.

Durch die Sekretäre der einzelnen Grundorganisationen wurden insgesamt 104 Agitatoren in der Frühstückspause durch die obengenannten Genossen angeleitet.

Durch die Agitationsarbeit unserer Agitatoren erhalten wir folgende Information:

Im Kesselbau wird über die Republikflucht einiger Kollegen aus unserem Betrieb diskutiert. Hier sprach ein Koll. in der Brigade Heese über die Republikflucht des Koll. NNNN. Er sagte, der Fahr hat ein schönes Geld bei uns verdient. Außerdem war seine Frau ebenfalls berufstätig. Da muss doch etwas nicht in Ordnung sein. Sie hatten ein gutes Auskommen in unserer DDR.

Es gibt aber uach eine Reihe falscher Auffassungen wie z. B. im Gerüstbau. Dort sage ein Kollege, vorläufig gibt es keine Wiedervereinigung Deutschlands, da ist es besser, ich gehe nach dem Westen.

In Halle 13 äußerte ein anderer Kollege, wenn der Zustand sich in dieser Halle, betr. Arbeit, nicht verändert, haut er nach dem Western ab. Eine ganze Brigade dieser Abteilung kaufte heute Margarine in unserer Werk-HO weil es angblich in Bergfelde keine zu kaufen gibt.

Im Allgemeinen sind die Werktätigen der Abteilung 165, Kesselbau, ernsthaft bemüht, die Planaufgaben bis zum Jahresende zu erfüllen. Sie sind aber stark verärgert über die Produktionsstockung in ihrer Abteilung. Sie erklären: wir wollen arbeiten. Man muss uns aber auch die Voraussetzungen dafür schaffen.

In dem Bereich Allgemeine Betriebe brachte ein Kollege zum Ausdruck, die Genfer Konferenz hat nichts gebracht was wir erwartet haben. Wir können die Lage nur verändern, wenn Adenauer zum Rücktritt gezungen wird. In der Abteilung Energie hat der Gen. Sekretär Beer eine starke Diskussion gehabt mit einem Kollegen, der folgendes äußerte:

Geht mir weg mit eurer Einheit Deutschlands. Die DDR und die SU hätte alles abgelehnt.

Ein großer Teil der Kollegen in dieser Abteilung erkennen abr auch jetzt die politischen aufgaben die vor uns stehen und lehnen die Einbeziheung ganz Deutschalnd in den NATO-Pakt ab. Sie sind bereit, die Errungenschaften der DDR zu verteidigen. Das kommt zum Ausdruck, dass in den Allgemeinen Betrieben die meisten Kandidaten für unsere Partei geworben wurden und einige sich für den Ehrendienst der VP gemeldet haben. Ein Kollege kann nicht verstehen, dass der Verwaltungsapparat bei Bergmann-Borsig so aufgebläht ist. Diesen Zustand müsste man verändern. Eine starke Diskussion entwickelte sich bei dem Verkauf von Schieberwaren. Sie kritisieren: der Preis für Schokolade (4,50 DM) und Zigaretten (6–24 Pfg) ist zu hoch. man sollte das in der Währung 1 zu 1 [S. 2] abgeben. Die Waren sind durch längere Lagerzeit nicht mehr vollwertig. Oder man sollte es gar nicht erst in den Betrieb einschleusen, sondern gleich in die Waisenhäuser geben.

Im Generatorenbau waren zur Auswertung der Agitationsarbeit 11 Genossen anwesend. 4 Genossen haben in dieser Woche nicht disktiert und gaben als Begründung an, dass sie derart in Arbeit stecken und deshalb zum Diskutieren keine Zeit finden.

Hauptsächlich wurde dort die Frage der Versorgungslage diskutiert.

Die Kollegen sind mit der von uns gegebenen Argumentation im wesentlichen einverstanden. Sie gehen aber wenig auf die Lage der Werktätigen in Westdeutschland ein. Der Brief Dulles an Adenauer ist den Kollegen unbekannt. Sie sind der Meinung, dass sich die FDP und CDU öfter zanken und auch wieder vertragen.

Es wird in diesem Bereich auch noch darüber diskutert, dass die Löhne der Facharbeiter im Verhältnis zu den angelernten Arbeitern zu gering ist.

In der Technischen Leitung wurde ebenfalls die Qualität und der Preis der Schieberwaren bemängelt.
Der 14tägige Verkauf von verbilligten Waren kam zu unvorbereitet, so dass die Kollegen nicht finanziell darauf eingerichtet waren. Außerdem waren bestimmte Waren zu schnell ausverkauft.
Die Frage, warum nach 10 Jahren noch verschieden Lebensmittelkarten in der DDR und Berlin sind, konnte von den Gen. Schöpp, Biehhan und Koll. Wege nicht geklärt werden, da sie selbst nicht von der Notwendigkeit überzeugt sind.
Ein weiterer Diskussionspunkt in der Techn. Leitung war, dass es 1951 und 1952 besser war. Da gab es Lohn- und Gehaltserhöhungen bzw. HO-Preissenkungen, was in der letzten Zeit sehr vermisst wird.
Durch Agitatoren wurde aufgezeigt, dass Preissenkungen nur möglich sind, wenn die Arbeitsproduktivität weiterhin gesteigert wird.
Ein Teil der Kollegen brachte zum Ausdruck, dass sie in Zukunft nichts sagen werden, wenn sie mit ihren Hinweisen und Kritiken namentlich genannt werden.
Im Turbinenbau diskutieren die Kollegen Hobler, sie wollen arbeiten und dazu beitragen, unseren Plan zu erfüllen. Aber z. Zt. ist bei ihnen die Arbeit knapp.
Starke Diskussionen gibt es über die Weihnachtsgratifikation. So z. B. das Weihnachtsgeld müsste in Höhe von mindestens einem Wochenlohn sein. Warum haben die Schlosser solch hohen Verdienst und wir Transportarbeiter so wenig.
Wir arbeiten doch alle und Borsig in Tegel gibt täglich Inserate auf, da könnten wir gleich anfangen.
Im Werkzeugbau wird im allgemeinen über die Politik Adenauers wenig diskutiert. Kollegen sagen, dafür haben wir kein Interesse. Dort diskutieren die Kollegen, die Lebenshaltungskosten sind noch zu hoch, die Kartoffelpreise sind aus dem Grunde zu niedrig bei uns, weil das Roden durch feiwillige Ernteeinsätze kein Geld gekostet hat. Der versprochene Wohlstand der Arbeiterschaft ist nicht eingetreten. Die Ankündigung das Kartensystem abzuschaffen, ist nicht eingehalten worden. Man soll künftig nicht so viel versprechen. Im Bezirk Pankow ist eine sehr schlechte Warenstreuung die Bezirke Mitte und Weißensee werden weit besser versorgt. Große Empörung herrscht über das Anstehen beim Einkauf außerhalb unseres Betriebes. Die negativen Diskussionen beginnen bei dem schlechten Berufsverkehr, der Autobuslinie A 45 und A 55. Dort sind die meisten Kollegen schon verärget, weil sie nicht mitkommen. Die Schokolade (Schieberware) ist zu teuer, *[S. 3]* sie kostet in Westberlin nur 4.– Dm [!] und ist dafür noch frischer.
Es gibt Kollegen die der Auffassung sind, daß diese Ware an Altersheime und Kindergärten kostenlos verteilt werden sollten. Im Werkzeugbau wird die Ausgabe der Weihnachtsgratifikation begrüßt. Unzufriedenheit herrscht darüber, daß eine Grenze gesetzt ist, das Weihnachtsgeld ist Tradition. In der Grundorganisation Werkleitung in Abteilung Arbeitsnormung wird darüber diskutiert, daß die Textilien und Lebensmittel in der DDR nicht ausreichend vorhanden sind. In der Abteilung Arbeitskräftelenkung sind ebenfalls die Kollegen der Auffassung, die beschlagnahmte Ware ist zu teuer. Das Warenangebot in der DDR sei zu gering. Besonders fehle es an Wollfertigwaren. Auch Zwiebeln gibt es zu wenig. Auch in den anderen Abteilungen sagen Kollegen: Unsere ‚Ostmark' hätte eine höhere Kaufkraft als die Westmark und nun nehmen wir 4.50 Dm [!] für die Tafel Schokolade, die beschlagnahmt wurde.

Kurze Einschätzung:

Unsere Agitatoren berichten, daß die Kollegen in der letzten Zeit auf unser Argument zugänglicher sind. Außer diesen hier aufgezeigten unklaren und negativen Äußerungen ist der größte unserer Kollegen aufgeschlossen und kritisiert den noch mangelnden Arbeitsablauf in der Produktion, und sagt offen seine Meinung. Ein Mangel unserer Agitationsarbeit besteht darin, daß unsere Agitatoren nicht ständig mit ihren Kollegen über die politischen und ökonomischen Fragen diskutieren. Starke Unklarheiten, die durch unsere Agitationsarbeit beseitigt werden muß, bestehen in dem nichterkennen der Rolle unserer Arbeiter- und Bauernmacht und besonders den Charakter unseres Volkseigenen Betriebes. Dabei kommt immer zum Ausdruck bei den Diskussionen bei dem Nichterkennen der Kraft der Arbeiterklasse. Ein Teil der hiergenannten Unklarheiten wurden durch den Einsatz der qualifizierten Agitatoren geklärt. Diskussionen über freie Wahlen sind jetzt in unserem Betrieb nur noch wenige vorhanden. Den Kollegen ist es klargemacht worden, unter welchen Bedingungen freie Wahlen durchgeführt werden.
[Unterschrift C.]"

Fundstelle: LAB, SED-BPA, IV-7/109, Nr. 30.

4.
„Freier Deutscher Gewerkschaftsbund
– Bundesvorstand –
Organisationsmassenarbeit
Statistik/Information

V e r t r a u l i c h !   Ausf.-Nr. 13
 30 Ausfertigungen
 18.8.56

I n f o r m a t i o n Nr. 36

Thema: Einige Stimmen zum 28. Plenum des Zentralkomitees
Grundlage: Berichte der FDGB-Bezirksvorstände
 Karl-Marx-Stadt – Cottbus – Frankfurt/O.,
 es Zentralvorstandes IG Örtliche Wirtschaft,
 der BGL des Leuna-Werkes ‚Walter Ulbricht'
 und Berichte der Mitarbeiter der Abt. Org.-Massenarbeit.
Das zur Verfügung stehende Material gestattet keine umfassende Einschätzung.
Allgemeine Anerkennung findet nach den vorliegenden Stimmen, daß im Bericht des Polit-Büros über die verschiedenen Schwierigkeiten und Probleme eine sehr offene Sprache geführt wird. Überwiegend ist jedoch noch eine gewisse Skepsis der Kollegen, bei der zum Ausdruck kommt: ‚Wir wollen erst einmal sehen, wie sich alles entwickelt, denn man hat uns bisher schon allerhand versprochen, aber wenig gehalten'.
Auch tauchen solche Meinungen auf, man solle erst Verbesserungen bekanntgeben, wenn sie unmittelbar darauf eingeführt werden können.

Dadurch, daß die Materialien z. T. noch ungenügend durchgelesen wurden, ergeben sich viele Unklarheiten in der Diskussion der Kollegen. Am wenigsten wird in den Diskussionen davon ausgegangen, daß alle Maßnahmen am schnellsten verwirklicht werden können, wenn jeder Einzelne hierzu die größten Anstrengungen in seiner Arbeit unternimmt.
Hauptdiskussionspunkte sind: Die Aufhebung der Rationierung,
die Durchführung einer
sozialistischen Rentenreform,
und die Einführung der verkürzten Arbeitszeit.

[S. 2]
1. *Aufhebung der Rationierung*
Am stärksten wird die Abschaffung der Lebensmittelkarten diskutiert. In den Berliner Metallhütten- und Halzeugwerken und im Stahl- und Walzwerk Hennigsdorf stehen die Kollegen dem Vorschlag der Abschaffung der Lebensmittelkarten sehr skeptisch gegenüber. Viel sagen: ‚Das wurde 1951 schon gesagt'. Auch haben viele Kollegen die Befürchtung, daß die Lebensmittel dann nicht ausreichen und sie Schlange stehen müssen, um etwas zu bekommen. Dabei führen sie die Versorgung mit Kartoffeln in Hennigsdorf an. ‚Als es die Kartoffeln auf Karten gab, ging es einigermaßen glatt. Seitdem die Kartoffeln frei sind, stehen laufend Schlangen bis 50 Menschen vor den Geschäften'. (Inzwischen behoben)
[das folgende bis **S. 3** unten hier gestrichen] …
Im Informationsbericht der IG Örtl. Wirtschaft sind weiter folgende Diskussionen zusammengefaßt:
‚Von den Kollegen in den Betrieben und Kreisen wird kritisiert das Fehlen von:
Bettwäsche, weißen emaillierten Eimern und Schüsseln, Fahrradanbau-Motoren in *Guben*, Margarine in *Rathenow* und *Quedlinburg*. Hier äußerte sich der Koll. Rieman vom Ofen- und Herdbau: 'Wir führen hochwertige [S. 4] optische und feinmechanische Instrumente aus, führen dafür aber Sauerkraut in Gläsern aus Ungarn ein'.
Das Fehlen von Kartoffeln, Zucker und Butter in *Gotha*, während diese in Erfurt ausreichend vorhanden sind.
Diskutiert wird in *Quedlinburg* die Erhöhung der Preise für Arbeitshemden, die dort bis zu 10,– DM mehr kosten.
Im Kreis *Zeulenroda* fehlen Mehlsorte I und II sowie Obst und Butter. Hier schicken Urlauber Butter nach Hause.
Im Kreis *Eberswalde* sind folgende Fragen ungeklärt:
VEB Sägewerk in Oderberg:
Warum so hohe Gehälter für Intelligenzler und Lehrer, die außerdem noch Kohlen- und Käsekarten haben?
Ist es notwendig, daß am Schiffshebewerk in Niederfinow 30 Polizisten zur Wache eingesetzt sind, früher hat es ein Nachtwächter getan?
Wenn sich ein Werktätiger ein Schwein schlachtet, wird es ihm auf Karten angerechnet. Nach 11 Jahren haben wir kein Verständnis mehr dafür.
Wenn wir 1/2 Morgen Land mit Kartoffeln anpflanzen, erhalten wir keine Kartoffelkarten mehr.
Warum beschlagnahmt die Freundschaft (Sowjetische Armee) auf dem Schlachthof in Eberswalde die besten Schweine und Rinder? Warum gibt es seit Wochen kein Rindfleisch zu kaufen?
Wann werden die Renten erhöht?

Die Kollegen der VEB Tischlerei Eberswalde diskutierten u. a. folgende Fragen:
Die letzte Preissenkung war keine Preissenkung, sondern ein Schlußverkauf. Sie führten u. a. als Beispiel einen Pullover an, der einige Tage nach der Preissenkung teurer war als vor dem.– Man solle lieber eine Preissenkung der Lebensmittel, z. B. in Butter durchführen.
Fotoapparate und Fahrradanbaumotore seien nicht so wichtig.
Wo bleiben die Fahrradketten? Seit Monaten sind keine zu bekommen. Wann werden die Löhne in unserem Industriezweig erhöht? Die Kollegen wandern laufend in die Schwerindustrie. Werden die Ortsklassen bald verschwinden?
Wann wird endlich die Fischversorgung besser? Heringe sind zum großen Teil nur vom Hörensagen bekannt. Weiterhin wird Kalk, Zement, Nägel, Maschendraht und anders verlangt.
[es folgen in der Vorlage: S. 5–7] …"

Fundstelle: SAPMO, DY 34, FDGB-Buvo, Nr. A 2672.

5.
„Ministerium für Staatssicherheit
Abteilung Information

Information
Nr. 102/57

Betr.: Arbeitsniederlegungen in Volkseigenen Betrieben
(Mai – Juli 1957)

In den Monaten Mai bis Juli 1957 wurden insgesamt 22 Arbeitsniederlegungen – ausschließlich von sehr kurzer Dauer – in den Volkseigenen Betrieben bekannt. Daran beteiligten sich *insgesamt* ca. 500–600 Werktätige.
Die Arbeitsunterbrechungen dauerten durchschnittlich jeweils ca. 2 Stunden und erfassten in keinem Fall ganze Betriebe, sondern stets nur Betriebsabteilungen und häufig auch nur einzelne Brigaden (z. B. waren an der Hälfte der Arbeitsniederlegungen weniger als jeweils 20 Personen beteiligt, in 4 Fällen waren es ca. 20–30 Personen, in 4 weiteren Fällen 30–40 und jeweils einmal 50 und 70 Personen).
Die festgestellten Ursachen sind nach den vorliegenden Berichten (Potsdam, Dresden, Halle, Leipzig, Karl-Marx-Stadt, Magdeburg, Erfurt und Cottbus) fast ausschließlich ungenügende Erläuterungen notwendiger betrieblicher Massnahmen und verabsäumte Aussprachen mit den Werktätigen – häufig auch einfache Missverständnisse auf Seiten der Betriebsleitung oder der Werktätigen. Meistens handelt es sich um Lohn- und Normfragen.
[S. 2]
In der Mehrzahl der Fälle wurden die Probleme dann erst – und recht schnell – in Versammlungen geklärt, die in der Ausfallzeit während der Arbeitsniederlegungen stattfanden. Bei der Einschätzung der Berichte – obwohl sie gewisse Lücken aufweisen – herrscht daher der Eindruck vor, dass die Betriebs- und Gewerkschaftsleitungen durch Aufklärung und Aussprache mit den Werktätigen die Mehrzahl der Arbeitsunterbrechungen hätten vermeiden können.

Es ist in einigen Fällen sogar unrichtig, von ‚Arbeitsniederlegungen' oder gar ‚Streiks' zu sprechen, weil die Unterbrechung der Arbeit oft nur zur Aussprache über dringende oder unklare betriebliche Fragen benutzt und manchmal dann auch die Ausfallzeit nachgearbeitet wurde.

In den vorliegenden Berichten wird Feindtätigkeit als Ursache für Arbeitsniederlegungen nicht nachgewiesen. Es sind jedoch Anzeichen vorhanden, dass gegnerische Kräfte versuchen, entstehende Unzufriedenheit unter den Arbeitern zu schüren. Die Bezirksverwaltungen melden dazu, dass operative Massnahmen eingeleitet wurden.

Im einzelnen wurden folgende Arbeitsunterbrechungen bekannt. [Es folgen in der Vorlage weitere fünf eineinhalbseitige Masch-Seiten mit Einzelfällen] ..."

Fundstelle: BStU, ZA, ZAIG 7, S. 13–19.

6.
„Technische Direktion [Bergmann-Borsig]
Berlin, den 2.12.1961/Dr.

In Durchführung des Produktionsaufgebotes und Auswertung des Briefes an den Werkleiter, sowie der dazu gegebenen Antwort kommen aus den Hauptabteilungen und Gewerkschaftsgruppen der Technischen Direktion folgende Anregungen bzw. Forderungen der Kollegen:

I.) *Verbesserung der Leitungstätigkeit*
I.1) *Arbeitsstil*
Der Aufwand an zentralen Arbeitsbesprechungen der Werkleitung und übergeordneten Organen, an denen Vertreter unserer Hauptabteilungen teilnehmen müssen, hat eine derartige Höhe erreicht, daß nicht mehr gewährleistet ist, daß die leitenden Mitarbeiter ihren Aufgaben gerecht werden und sich durch operative Einsätze in den Bereichen selbst ein Bild über den Stand der Arbeiten machen können.
Es wird daher gefordert, sämtliche Besprechungen im Werk radikal zu verkürzen (maximale Dauer 2 Stunden);
die Anzahl der zentralen Besprechungen herabzusetzen;
zentrale Besprechungen nur noch an den Vormittagen anzusetzen, verbunden mit der Anweisung, daß die leitenden Mitarbeiter sich ab Mittag ihren Aufgaben in den Bereichen Brigaden und Abteilungen widmen können.
I.2) *Rechenschaftslegung und Kontrolle*
Das Leitungskollektiv der Technischen Direktion steht auf dem Standpunkt, daß eine konzentrierte, straffe, organisierte Rechenschaftslegung und Kontrolle unerläßlich ist. An der Verbesserung dieser Frage wird im Bereich der Technischen Direktion gearbeitet.
Es ergeben sich darüber hinaus Forderungen an die Werkleitung und die vorgeordneten staatlichen Dienststellen, die im folgenden aufgeführt werden:
Unterbindung von unkontrollierten und unkoordinierten Besuchen von Mitarbeitern des Volkswirtschaftsrates, der VVB, FVAS, sowie anderer Institutionen bzw. Betriebe und Festlegungen von Organisationsprinzipien, die gewährleisten, daß zukünftig eine geregelte Zusammenarbeit *[S. 2]* mit diesen Stellen erfolgt. (Das gleiche gilt für telefonische Auskünfte usw.)

Berichtswesen
Trotz der von der Werkleitung angewiesene Einschränkung der Berichterstattung, die am Jahresanfang von der Werkleitung veranlaßt wurde, erfolgte eine Erweiterung z. B. laufende Anforderungen, wie monatliche Unfallmeldung der sozialistischen Brigade, Produktionsaufgebots-Berichterstattung, zusätzliche Berichte über sozialistische Gemeinschaftsarbeit usw.

I.3) *Arbeitsdisziplin*
An die Verbesserung der Arbeitsdisziplin ist im Bereich der Technischen Direktion in den letzten Monaten schwerpunktmäßig gearbeitet worden. Es gibt z.Zt. keinen besonderen Anlaß diese Frage weiterhin in einer der Hauptabteilungen als besonderen Schwerpunkt zu betrachten.
Wir verweisen jedoch mit allem Nachdruck darauf, daß sich bei unseren Kontrollen herausgestellt hat, daß die Verkehrsbedingungen eine geregelte Arbeitsaufnahme zu den festgesetzten Zeiten nicht gestatten. Als Hauptpunkt kritisieren wir, daß die BVG nicht in der Lage ist einen geregelten Verkehr zwischen Weißensee bzw. Pankow und dem Werk aufrechtzuerhalten. Fast täglich ist festgestellt worden, daß von den Omnibuslinien 42, 45, 55 und 58 Ausfälle zu verzeichnen sind bzw. nicht fahrplanmäßig verkehrt wird. Auch der Verkehr über Hohen-Neuendorf hinaus ist unkoordiniert. Es hat wiederholt Fälle gegeben, in denen der Anschluß nicht gewährleistet war und Wartezeiten bis zu 90 Minuten entstanden sind.

II. *Komplexe Versorgung*
Die seit Jahren laufenden Stellenplankürzungen im Bereich der Technischen Direktion, mit Schwerpunkt auf die Senkung der Hilfskräfte führte dazu, daß in diesem Bereich keine Einholer mehr vorhanden sind.
In der jetzigen Situation sind die Konstrukteure, Technologen und die sonstigen Mitarbeiter gezwungen *[S. 3]* selbst einzuholen. Da die Versorgung außerdem mit langen Wartezeiten verbunden ist, tritt ein Ausfall an Arbeitsstunden ein. Es ist zu überprüfen, ob entweder die Versorgung am Arbeitsplatz organisiert wird oder Einholer wieder eingestellt werden.

III. *Zusammenarbeit über den Bereich der Technischen Direktion hinaus*
Auf Besprechungen der Werkleitung und auch im Kennziffernspiegel des Werkes ist laufend festzustellen, daß fremde Struktureinheiten Entscheidungen vortragen, die nicht mit den zuständigen Struktureinheiten unserer Direktion koordiniert wurden.
Es wird daher erwartet, daß von der Werkleitung mit allem Nachdruck das Prinzip durchgesetzt wird, daß allen beteiligten Struktureinheiten abgestimmte Vorgänge der Leitungen zur Kenntnis gebracht werden.
Von sämtlichen Hauptabteilungen wird an T [Technik, A.L.] und L [Leitung, A.L.] die Forderung erhoben, daß bei einer Kritik jeweils auch die konkrete Ursache mit angegeben wird (TV lehnt es z. B. ab, die allgemeine Kritik, daß die Arbeitsdisziplin nicht gewahrt wird, zur Kenntnis zu nehmen).

IV. *Arbeitsökonomische Belange*
Von sämtlichen Hauptabteilungen müssen im Laufe des Jahres 1961 in wechselnder Reihenfolge Aussprachen über Arbeitsökonomische [!] Probleme in der Arbeitsdirektion geführt werden. z. B. Arbeitskräfteplanung, Einstellung, Stellenpläne und Abstimmungen (Es gab in A keine tagfertige Übersicht), Prämien usw. Es stehen in unserem Bereich jedoch die Fragen des Gesundungsprogramms und der Maßnahmepläne im Vordergrund, sowie der *[S. 4]* der sonstigen wissenschaftlich-technischen, konstruktiven, technologischen und tech-

nischen Belange. Darum muß erwartet werden, daß 1962 eine spürbare Verbesserung der Arbeitsweise unserer Arbeitsdirektion eintritt, in der die Grundsätze wieder zum Tragen kommen, daß die Arbeitsdirektion eine Funktion für die anderen Fachdirektionen des Werkes zu erfüllen hat und nicht wie es z.Zt. Praxis ist, daß die Funktionen der Arbeitsdirektion von den Fachdirektionen erfüllt wird.

V. *Gesundheits- und Arbeitsschutz*

Bei Vorträgen über die konstruktiven Belange des Arbeitsschutzes in der Hauptkonstruktion wurde festgestellt, daß LS nicht in der Lage war eine wissenschaftlich-begründete und exemplare Anleitung zu geben.

Die Werkleitung wird gebeten, Maßnahmen festzulegen, die gewährleisten, daß unsere Konstrukteure und Technologen auf diesem Gebiet die notwendige Anleitung erhalten (z. B. Verpflichtung von Dozenten, der TU oder des Institutes für Arbeitsschutz in Dresden).

In allen Hauptabteilungen ist festgestellt worden, daß die Behandlung in der Poliklinik mit wesentlichen Wartezeiten verbunden ist.

Es wird daher der Werkleitung vorgeschlagen, anzuweisen. daß eine neue Anmeldeform für die Poliklinik geschaffen wird, die gewährleistet, daß die Wartezeiten verkürzt werden [endet ohne Satzzeichen, A. L.]"

Fundstelle: LAB (StA), Rep. 432, Nr. 348.
Erläuterung: unpaginiert.

7.
„Rechenschaftsbericht
des Zentralen Frauenausschusses [Bergmann-Borsig] zum 10-jährigen Bestehen der FA

Liebe Kolleginnen, liebe Kollegen!
Wir feiern das 10-jährige Bestehen der Frauenausschüsse [8. Januar 1962] in einer bedeutsamen Zeit – wenige Wochen nach dem welthistorischen XXII. Parteitag der Kommunistischen Partei der Sowjetunion [1961, A. L.].
Auf ihm wurde das Programm für die Entwicklung der Sowjetunion in den nächsten 20 Jahren beschlossen. In diesem Programm ist nach Ablauf von zwei Jahrzenten u. a. vorgesehen:
unentgeltliche Unterbringung der Kinder in Erziehungseinrichtungen oder Internatsschulen;
unentgeltliche Benutzung der Wohnungen sowie unentgeltliche Inanspruchnahme der kommunalen Dienste;
unentgeltliche Benitzung der kommunalen Verkehrsmittel;
unentgeltliche Inanspruchnahme einiger Arten von sonstigen Dienstleistungen;
immer größere Gewährung von Beihilfen, z. B. Beihilfen für alleinstehende und kinderreiche Mütter;
allmählicher Übergang zum unentgeltlichen Gaststättenessen, d. h. Mittagessen in den Betrieben usw.
Das ist eine Perspektive, die auch uns Frauen in der Deutschen Demokratischen Republik beflügelt, noch größere Anstrengungen im Kampf [die folgenden *S. 2–5* werden hier übersprungen: ...]

[Es qualifizierten] *[S. 6]* sich 4 Kolleginnen für leitende Funktionen, davon sind die Kolleginnen AAAA und BBBB ausgeschieden, während die Kolleginnen CCCC und DDDD im Betrieb verblieben sind. Aber man findet keine von diesen Frauen im Betrieb in leitenden oder mittleren Funktionen.

Lassen wir die Tatsachen sprechen. Es gibt in unserem Betrieb nur männliche Direktoren; selbst deren Assistenten sind Männer. Unter den Meistern und Abteilungsleitern ist nicht eine Frau zu finden. Bestehen in unserem Betrieb keine Möglichkeiten, Frauen für leitende Funktionen auszubilden und sie dafür einzusetzen?

Wir meinen doch. Warum sollte es nicht möglich sein, im Massenbedarf oder im Generatorenbau eine Frau als Meister zu qualifizieren?

Wäre es nicht möglich, in der Gütekontrolle oder in der Schaufelfräserei weibliche Meister heranzubilden? Wir denken, daß das sehr wohl möglich wäre.

Gibt es bisher keine qualifizierten Frauen in Bergmann-Borsig, die die Fähigkeiten hätte, in mittleren oder leitenden Funktionen eingesetzt zu werden? Die Praxis beweist etwas anderes. Im Bereich der Arbeitsdirektion gibt es allein 2 Frauen mit Hochschulqualifikation als Diplomwirtschaftler. Eine Kollegin erwarb das Fachschulexamen als Arbeitsökonom und eine Kollegin befindet sich noch im Fachschulstudium. Sämtliche Gruppenleiter sind aber Männer – der Abteislungsleiter und sein Stellvertreter, wie kann es ander sein – ein Mann! Wobei nur am Rande vermerkt sei, daß *keiner* von ihnen ein Studium durchgeführt hat. In einer letztlich geführten *[S. 7]* Aussprache wurde keiner dieser Frauen die politische oder fachliche Befähigung für höhere Funktionen abgesprochen – nur eines fehle ihnen, worüber die derzeitig eingesetzten männlichen Kollegen selbstverständlich verfügen – nämlich, die Fähigkeit zu leiten.

Wir fragen die Verantwortlichen in der Arbeitsdirektion, was tut man, um diesen Zustand zu ändern?

Nehmen wir ein weiteres Beispiel. In der Abteilung Wirtschaftskontrolle gab es bis 1961 2 Frauen mit Hochschulexamen als Diplomwirtschaftler. Eine davon hatte den Wunsch, eine andere Aufgabe zu übernehmen, da sie für ihre bis dahin ausgeübte Tätigkeit keine Perspektive sah. Es wurde in Erwägung gezogen, sie als Assistentin für den Chefkonstrukteur Generatoren vorzusehen. Das schlug fehl. Dann sollte sie als Mitarbeiterin für die Abteilung Neue Technik eingesetzt werden. Das schlug fehl. Argument: ‚Es mangele der Kollegin am entsprechenden technischen Verständnis'. Meinen Sie nicht, Genosse Hauptbuchhalter, daß es sich gelohnt hätte, dieser noch jungen Kollegin das technische Verständnis beizubringen? Die junge Kollegin verließ inzwischen unseren Betrieb.

Die zweite Kollegin mit Hochschulexamen wird in Kürze ebenfalls bei Bergmann-Borsig ausscheiden. Man hatte nicht vermocht, ihr eine Weiterentwicklung in ihrer Tätigkeit zu ermöglichen. Gehen wir weiter. Bereich Massenbedarf.

Die Arbeit wird überwiegend von Frauen ausgeübt. Viele *junge* Frauen sind hier tätig. Bereichsleiter ist ein Mann – Meister ein Mann.

Wir fragen Sie, Kollege V., sollte es nicht der Mühe wert sein, eine junge Kollegin für das *[S. 8]* Meisterstudium zu gewinnen? Gerade in Ihrem Bereich haben die Frauen doch Hervorragendes geleistet. Wenn Ihr Bereich bereits am 15. November 1961 Plansilvester feiern konnte, so ist das doch der vorbildlichen Mitarbeit von Frauen zu danken. Sollte keine dieser prachtvollen Frauen und Mädchen befähigt sein, für leitende Funktionen ausgebildet zu werden?

Im Bereich der Technologie gibt es ein Schreibzimmer. Leiter dieser Struktureinheit ist der Genosse GGGG. Er leistet eine gute Arbeit unter seinen Frauen, das wollen wir hier in aller Öffentlichkeit bestätigen. Aber Genosse GGGG, wir würden uns noch viel mehr über Dich freuen, wenn Du für den Fall Deines Ausscheidens eine Deiner Kolleginnen als Leiter des Schreibzimmers qualifizierst.
Ebenso würden wir vorschlagen, eine Frau aus der Struktureinheit TKV für die Übernahme der Funktion des Genossen Rücker bei seinem Ausscheiden aus dem Betrieb zu qualifizieren. Die Funktion des Leiters der Inneren Verwaltung übte einmal eine Frau aus, die Kollg. UUUU. Ohne eine Rücksprache mit dem Frauenausschuß zu führen, wurde diese Funktion von einem Kollegen besetzt.
Allein diese wenigen Beispiele zeigen deutlich, daß die Wirtschafts-, Partei- und Gewerkschaftsfunktionäre der Rolle der Frau in der sozialistischen Gesellschaft unterschätzen. Wie will der Betrieb Bergmann-Borsig z. B. weitere Frauen zur Erlernung eines technischen Berufes gewinnen, wenn die bisher übliche Praxis eindeutig beweist, daß man bereits vorhandene qualifizierte Frauen versauern läßt.
Desweiteren stellen wir fest, daß unsere leitenden Mitarbeiter eine Kaderpolitik betreiben, die im Widerspruch zum Wesen unseres Staates steht. So ist es gang und gäbe bei uns, wenn eine 'gut bezahlte Planstelle' zu besetzen ist, daß ein Mann eingestellt wird. Es ist auch gar nicht von Bedeutung, daß er aus einer artfremden Tätigkeit hervorgegangen ist. Er erhält ab sofort das dementsprechende Gehalt. Anstatt einer langjährigen berufserfahrenen Mitarbeiterin das Vertrauen zur Ausübung dieser Tätigkeit und Unterstützung zu geben, hat diese Kollegen dann die Ehre, ihre Kenntnisse und Erfahrungen dem Unwissenden beizubringen. Was bei männlichen Kollegen mit Hochschulabschluß selbstverständlich ist, wird bei einer Frau zum Problem. Nach dem Gesetz hat ein Hochschulabsolvent im Bereich des Schwermaschinenbaues Anspruch auf eine Entlohnung nach der Gehaltsgruppe J II. Nicht so bei der Genossin Margull. Sie wurde mit der Gehaltsstufe J I eingestellt. Erst durch die Beschwerde des Frauenausschusses beim Werkleiter wurde das korrigiert. Der Genosse MMMM gab die Anweisung, daß ein Gehalt von J II zu zahlen ist. Aber wie wurde dieser Beschluß vom ehemaligen Arbeitsdirektor übermittelt. Wir zitieren wörtlich: ‚Genossin N., Du erhälts rückwirkend ab Einstellungsdatum J II, aber gegen meinen Willen, denn nach dem Gesetz steht Dir das nicht zu. Du bekommst es nur, weil der Werkleiter das angewiesen hat.' *[S. 10]*
Noch einige Bemerkungen zur Aktivistenbewegung. In den vergangenen 10 Jahren haben 24 Kolleginnen eine Staatsauszeichnung – Aktivist, bzw. Medaille für Ausgezeichnete Leistungen erhalten. Darunter sind 3 Kolleginnen, Kollg. T., Kollg. S. und Kollg. J., die diesen Titel zweimal erhalten haben. Und voller Stolz können wir berichten, daß die Kollegin F. R. bereits 6-fache Aktivistin ist. Sie ist es auch, die als einzige Vertreterin unseres Betriebes im obersten Organ unseres Staates, in der Volkskammer, als Abgeordnete die Interessen der Werktätigen vertritt.
Demgegenüber steht die Aktivistenauszeichnung von 456 Kollegen. Das ist fürwahr eine beschämende Bilanz für die Männer. Wir können doch keinesfalls behaupten, daß unsere Frauen und Mädchen keine, oder geringere aktivistische Leistungen vollbracht haben. Nein, so ist das doch gar nicht. Aber warum sieht man nicht die Leistungen unserer Arbeiterinnen an der Stanze im Generatorenbau oder in der Fräserei, die im Schichtsystem fleißig, pflichtbewußt arbeiten, Wartezeiten vermieden, Qualitätsarbeit leisten, nicht bummeln, im Produktionsaufgebot ihren Mann stehen und Haushalt und Kinder versorgen? Doch nur weil

sich einige Kollegen nicht freimachen wollen von der althergebrachten Auffassung, in der Frau nur den ‚Kochtopfaspiranten und Latschwärmer' zu sehen. Und noch nicht das Neue, die große Wandlung der Frau unseres sozialistischen Staates begriffen haben."

*Fundstelle***:** LAB (StA), Rep. 432, Nr. 448.

Erläuterung: [14 eineinhalbseitige Masch.-Seiten; davor liegt eine siebeneinhalbseitige Vorfassung; beide undatiert und ohne Namensnennung oder Namenszeichen, ca. Dezember 1961. – Die Berichterstatterin verweist darauf, daß „gegenwärtig 1042 Frauen und Mädchen (einschließlich Lehrlinge) in unserem Betrieb tätig" seien; der „Anteil" – offenbar an den Gesamtbeschäftigten – betrage „somit 22,5 %" (ebd., S. 4). Abgesehen von Tätigkeiten in den Verwaltungen, den Betriebsküchen etc. war das offenbar besonders in den Bereichen „Werkzeugbau", „Gütekontrolle" und „K-Bereich", d. h. der ab Herbst 1953 generell vorgeschriebenen anteiligen Konsumgüter- oder „Massenbedarfsgüterproduktion" auch in den Betrieben anderer Branchen. Bei Bergmann-Borsig war das der Elektrorasierer „bebo-sher".

Dorothee Wierling

Der Staat, die Jugend und der Westen.
Texte zu Konflikten der 1960er Jahre

Die Voraussetzungen für eine aus der Sicht der SED erfolgreiche Kultur- und Jugendpolitik hatten sich in der DDR nach dem Mauerbau deutlich verbessert. Nun war die DDR-Bevölkerung rein äußerlich ganz unter dem Einfluß des Regimes und gezwungen, mit ihm zu leben. Damit war erstmals seit 1945 die Möglichkeit gegeben, Politik auf einer berechenbaren demographischen Grundlage zu planen und in die Tat umzusetzen. Die Schließung der äußeren Grenzen erlaubte eine vorsichtige Öffnung nach innen, nachdem die erste Welle erhöhter Repression und „Wachsamkeit" – aus Furcht vor Protestaktionen der Bevölkerung gegen den Mauerbau – verebbt war. Ein neuer Optimismus der Funktionäre kam auf – und Hauptadressat war die Jugend. Zwar gehörte der Topos der Jugend als Garant der Zukunft auch schon zum Instrumentarium der frühen Aufbauphase, aber hier hatte das Bild der im Nationalsozialismus um ihre Jugend Betrogenen und im Krieg Traumatisierten im Vordergrund gestanden. Denn diejenigen, die 1950 jung gewesen waren, hatten sich meist unter dem Schock der Niederlage in den privaten Aufbau zurückgezogen, die „skeptische Generation"[1] der DDR. Eine Minderheit aber war durch eine Art Bekehrungserlebnis gegangen und hatte sich in FDJ und SED repolitisiert[2]. Sie bildeten die eigentliche Erziehergeneration der Jugend der 60er Jahre.

Diese Jugend hatte keine alternative politische Erfahrung in einem anderen System, sieht man von gelegentlichen Westbesuchen vor 1961 ab. Auf sie richteten sich deshalb die Hoffnungen und der mechanische Erziehungsoptimismus der Partei, die auf die totale Erziehbarkeit des Menschen, weitgehende Kontrolle aller Einflüsse vorausgesetzt, bauten. Systematisch war deshalb seit den 50er Jahren das Netz öffentlicher Erziehungseinrichtungen ausgebaut worden. Systematisch waren bürgerliche und christliche Einflüsse ausgeschlossen oder doch behindert worden.

Zu Beginn der sechziger Jahre schienen deshalb die Bedingungen hinreichend, der Jugend mehr „Vertrauen und Verantwortung" zukommen zu lassen, wie es im Jugendkommuniqué des Politbüros vom September 1963 hieß.[3] Das war mehr als Rhetorik. In Betrieben, Schulen

---

1 Helmut Schelsky schreibt 1957 im Vorwort zu „Die skeptische Generation" (zitiert nach der Sonderausgabe von Düsseldorf, 1963): „Ich glaube aus verschiedenen Gründen, daß es auch eine Art ‚skeptischer Generation' jenseits der Zonengrenze gibt und daß gleiche Grunderlebnisse und Haltungen einer gesamtdeutschen Nachkriegsgeneration nur in zwei verschiedene soziale und politische Systeme eingegangen sind. Darin, daß unter den allzu augenfälligen Verschiedenheiten des öffentlichen Lebens auch in der Nachkriegsjugend der beiden Teile Deutschlands noch weitgehend gleiche Lebensimpulse und -erfahrungen wirksam sind, scheint mir eine der wichtigsten Möglichkeiten menschlichen und sozialen Verständnisses bei einer Wiedervereinigung zu liegen", ebenda, S. 9
2 Dazu Dorothee Wierling, Von der HJ zur FDJ? in: BIOS 1/1993, S. 107–118.
3 Kommuniqué des Politbüros des ZK der SED zu Problemen der Jugend in der DDR, Schriftenreihe des Staatsrats der DDR 5/1963. Bezeichnenderweise nahmen gesellschaftliche Probleme, d. h. die Entwick-

und in der FDJ wurden Jugendliche ermuntert, Kritik an ihren Lern- und Arbeitsbedingungen, auch an ihren Erziehern und Vorgesetzten zu üben. Ihre Initiative sollte die Modernisierung des Sozialismus vorantreiben. In den Selbstdarstellungen der DDR und in den Appellen an die Jugendlichen wurden Jugend und Staat immer wieder ineinsgesetzt. Beide repräsentierten Erneuerung, Reinheit, Mut, Kraft, Kompromißlosigkeit. Jugend und DDR repräsentierten einander, standen für die Zukunftsperspektive, die der Sozialismus der ganzen Menschheit zu bieten hatte. Ihren Höhepunkt fand diese wechselseitige Repräsentation in den Inszenierungen des Republikgeburtstages, vor allem des Zwanzigsten im Oktober 1969, die unter dem Motto: „Ich bin so alt wie die Republik" Leitfiguren der Jugend und des Sozialismus vorstellten. Oft standen in der Propaganda ökonomische und pragmatische Zielsetzungen im Vordergrund, wie auch die meisten „Jugendinitiativen" in der Produktion, im Neuererwesen, der Messe der Meister von Morgen „entfaltet", d. h. inszeniert wurden. Zentral war die Leitfigur des jugendlichen, politisch aktiven Produktionsarbeiters oder Ingenieurs beiderlei Geschlechts, d. h. ein männliches und proletarisches, aber auch ein Aufsteigerideal[4].

Gerade jene Gruppe aber, auf die sich die Hoffnungen und Beschwörungen von Staat und Partei richteten, erwies sich immer mehr als die eigentliche Problemgruppe dieser Gesellschaft. Hatten in den 50er Jahren noch Studenten und Oberschüler als diejenigen gegolten, die die Kontinuität der bürgerlich-kapitalistischen Gesellschaft in die DDR hinein repräsentierten[5], so waren diese Gruppen seit Mitte der 60er Jahre schon weitgehend oder ganz in der DDR aufgewachsen und unterschieden sich nicht nur durch ihre soziale Herkunft, sondern auch durch das Erziehungsprogramm, das sie durchlaufen hatten, und eine Kette von Anpassungsleistungen von jenen, die in den Fünfzigern die soziale Trägerschaft des politischen Nonkonformismus dargestellt hatten.

Der Blick der Autoritäten richtete sich nun auf die 14–18jährigen, d. h. die eigentlichen Kinder der DDR. In der Phase nämlich, in der diese Altersgruppe von der Kinderorganisation in die FDJ überwechselte, zeigte sich, wieviel geringer der Einfluß der Jugendorganisation war. Vor allem bei der Betriebsjugend spielte die FDJ eine marginale Rolle, sowohl was den Organisationsgrad, als auch die Aktivitäten der bestehenden Gruppen anging. Dieser zunächst unsystematische Eindruck wurde durch sozialwissenschaftliche Umfragen bestätigt, die seit der Mitte der 60er Jahre zeigten, daß, gemessen an den Standards der Partei, männliche Jungarbeiter, vor allem in den großen Städten, die „rückständigsten" ideologischen Haltungen aufwiesen. Die Kultfigur des Sozialismus stellte sich als ihr eigentlicher Risikofaktor heraus.[6]

---

    lung des Sozialismus, und der Beitrag der Jugend zu ihrer Lösung den größten Raum des Textes ein, enthielt aber auch einige deutliche Signale, die eine Liberalisierung der Jugendpolitik ankündigten.
4 In der Leipziger Volkszeitung (LVZ) wurden zu Beginn des Oktober 1969 folgende „Gleichaltrige" vorgestellt: eine Studentin der Ingenieursschule in Magdeburg, aus der „Zittauer Gegend" stammend, eine Facharbeiterin aus Grimma, ein weiblicher Dreher und Tochter von Genossenschaftsbauern, ein weiblicher Werkzeugmechaniker; s. LVZ vom 1., 7. und 8. Oktober. Die männliche Form der Berufsbezeichnungen wurde von den Artikeln übernommen. Die Sammlung der Jubiläumsartikel aus der LVZ verdanke ich Anett Heye, Leipzig.
5 Vgl. zu den Grenzen dieser Politik Christoph Kleßmann, Zur Beharrungskraft traditioneller Milieus in der DDR, in: Manfed Hettling, Claudia Huerkamp, Paul Nolte, Hans-Walter Schmuhl (Hg.), Was ist Gesellschaftsgeschichte? Positionen, Themen, Analysen, München 1991, S. 146–154.
6 So die Vergleichzahlen der Reihenuntersuchungen seit 1962, im Überblick in der Studie U 69 des Zentralinstituts für Jugendforschung in Leipzig, Stiftung Archiv der Parteien und Massenorganisationen der DDR im Bundesarchiv (SAPMO), B6273, U 69, Teil I, S. 39.

Der Staat, die Jugend und der Westen

Dieser negative Befund bedrohte zwar nicht unmittelbar das ökonomische Projekt der Modernisierung – Klagen über mangelnde Arbeitsmoral gab es kaum[7], und das Interesse an Naturwissenschaften und Technik war sehr groß – sondern im Kern das pädagogische, d. h. politische Projekt der DDR. Das drohende Scheitern sozialistischer Pädagogik bedeutete nicht nur, daß der Sozialismus mit mehr Aufwand und weniger Initiative von unten aufgebaut werden mußte, also mit Repression bzw. Konzessionen, sondern es stellte auch den Leitgedanken von der Erziehbarkeit des Menschen und damit der Machbarkeit des Sozialismus überhaupt in Frage. Als Lösung konnte nur gelten, daß die so gedachten Voraussetzungen, nämlich totale Kontrolle über die verschiedenen Erziehungseinflüsse, noch nicht in ausreichendem Maße gegeben waren. Nachdem die Eltern weitgehend diszipliniert, der Kontrolle des familiären Erziehungsraums aber Grenzen gesetzt waren, und die Lehrerschaft Mitte der 60er weitgehend ausgetauscht und „erneuert" worden war, richtete sich die Aufmerksamkeit wieder voll auf jenen Störfaktor, den man mit dem Mauerbau am drastischsten bekämpft hatte: den Westen. Das Feld, auf dem dessen Einfluß am gefährlichsten schien, war die neue Freizeitkultur, vor allem die populären Beatgruppen, die nicht nur einen bestimmten Musikstil repräsentierten, sondern auch einen provozierenden äußeren Habitus und eine kollektive, öffentliche Selbstdarstellung von Jugendlichen, die als außerordentlich bedrohlich wahrgenommen wurde[8]. Zwar hatte die DDR auch schon den Jazz und den Rock'n Roll überstanden. Doch die Versuche der Repression und Integration schlugen fehl. Auf die Details dieser Politik bin ich an anderer Stelle eingegangen. Die folgenden Analysen beziehen sich zunächst auf einige Texte, die im Herbst 1965 den Umschwung der zwischenzeitlich relativ liberalen Jugend- und Kulturpolitik zurück zu kompromißloser Repression ausdrücken. Anlaß für die Entstehung dieser Texte war ein Ereignis, das in ungewöhnlicher Deutlichkeit den drohenden Kontrollverlust über die Jugend anzeigte. Die Autoren gehörten zu einer zutiefst enttäuschten Erzieherkaste.

1. Das Ereignis und seine Vorgeschichte

Am 31. Oktober 1965 fand in Leipzig eine illegale Demonstration jugendlicher Beatfans statt, an der ca 2.500 Personen teilnahmen, die Mehrzahl zwar „Sicherheitskräfte", vermutlich aber mindestens 800 „echte" Demonstranten, meist männliche Jugendliche im Alter von 15 bis 20 Jahren.[9] Anlaß dieses ungewöhnlichen Ereignisses[10] war der Lizenzentzug für über 50 lo-

---

7 Dem scheint der Vorwurf der Arbeitsbummelei, der gegen nichtkonforme Jugendliche erhoben wurde, zu widersprechen. Zu diesem Vorwurf siehe weiter unten. Die Erhebungen des Leipziger Zentralinstituts für Jugendforschung bestätigen dieses Phänomen aber nicht.
8 Dorothee Wierling, „Negative Erscheinungen". Zu einigen Sprach- und Argumentationsmustern in der Auseinandersetzung mit der Jugendsubkultur der DDR der 60er Jahre, in: WerkstattGeschichte, H. 5, 1993, S. 29–37. Zum größeren Zusammenhang Michael Rauhut: Beat in der Grauzone. DDR-Rock 1964–1972, Politik und Alltag, Berlin 1993.
9 Laut Angabe in einer Parteiinformation vom 1. 11. 1965, Staatsarchiv Leipzig, Akten der SED-Bezirksleitung, IV A 2/16/464, unpaginiert.
10 Zum Ereignis der Beatdemonstration s. auch Dorothee Wierling, Beat heißt schlagen. Die Leipziger Beatdemonstration im Oktober 1965 und die Jugendpolitik der SED, in: Adolf-Grimme-Institut (Hg.), Unsere Medien, unsere Republik 2: „1965: Warten auf den Frühling", Heft 4, 1993.

kale Beatbands, die einer Überprüfung durch die von der Bezirksleitung der SED eingesetzten Kommission nicht standgehalten hatten. Dieses Verbot war jedoch nur die letzte und radikalste Maßnahme gegen die jugendliche Beatkultur. Seit dem Sommer hatte sich ein Wechsel des relativ liberalen Tolerierungskurses angekündigt; den letzten Ausschlag, so scheint es, gab das Konzert der Rolling Stones in der Westberliner Waldbühne, in dessen Verlauf mehrere Verletzte und ein demoliertes Stadion zu beklagen waren. Zugleich zeigte ein republikweiter, von der FDJ ausgeschriebener „Gitarrengruppenwettbewerb", mit dem die zahlreichen Amateurbands erfaßt und eingebunden werden sollten, daß Habitus, Musikstil und Sprache der Bands eine ungebrochene Westorientierung aufwiesen und von einem kulturellen Einfluß auf diese Bewegung keine Rede sein konnte. In dieser Situation beschloß das Sekretariat des ZK der SED, das Lizenzwesen für Amateurbands neu zu regeln, was im Endeffekt darauf hinauslief, jedes öffentliche Spielen ohne Lizenz zu illegalisieren, die Lizenz aber von strikten Bedingungen abhängig zu machen, die sich auf den Musikstil, das äußere Erscheinungsbild der Musiker, ihren Lebenswandel und vor allem auf den Verzicht der englischen Sprache bei der Namensgebung bezogen. Der Bezirk Leipzig war – im Republikmaßstab – besonders gründlich vorgegangen und erteilte von über 50 Bands nur jeder 10. Gruppe die Spiellizenz. Der rigorosen Prozedur fielen die besten, bekanntesten und beliebtesten lokalen Gruppen zum Opfer, darunter auch solche, die noch Monate zuvor im „Neuen Deutschland" hoch gelobt worden waren. Der Vorgang war von einer Pressekampagne gegen die Bands begleitet, und die Leipziger Fangemeinde wurde dadurch so gründlich provoziert, daß am vorletzten Wochenende des Oktober, kurz nach den gefällten Entscheidungen, die Idee entstand, sich am kommenden Sonntag in der Leipziger Innenstadt aus Protest zu versammeln. Die Verbreitung dieser Idee gelang durch Mundpropaganda, vereinzelte Flugzettel und besonders systematisch durch das in Schulen und Betrieben immer wiederholte Verbot, sich an der geplanten Demonstration zu beteiligen.[11] Die Taktik der Polizei war weniger auf Zerstreuung als auf Einkesselung der Demonstranten gerichtet. 267 Jugendliche wurden verhaftet, über 100 anschließend zu mehrwöchiger Zwangsarbeit im nahegelegenen Braunkohlerevier verurteilt.

Das Ereignis mitten in der belebten Leipziger Innenstadt am Tage eines internationalen Fußballspiels (DDR – Österreich) war ein Schock für alle Beteiligten. Im Folgenden möchte ich einige Texte untersuchen, die über dieses Ereignis entstanden sind. Zunächst handelt es sich um solche aus der Perspektive der SED, eine Perspektive, die sich auch in den gleichgeschalteten Medien, der offiziellen „Öffentlichkeit" niederschlug. Eine andere Sichtweise haben die betroffenen Jugendlichen, seien sie nun Zeugen, Beteiligte, Verhaftete oder nur Teil des Milieus gewesen, mit seiner eigenen, informellen, aber begrenzten Öffentlichkeit. Als dritte Textebene möchte ich den Blick aus einer westdeutschen Perspektive einführen, betraut mit der Aufgabe der „Abwicklung" ostdeutscher Vergangenheit – zwecks Überführung in die gesamtdeutsche Zukunft. So unterschiedlich diese Perspektiven sind, so scheinen sie doch aufeinander bezogen. Über ihre Verbindung werde ich abschließende Überlegungen anstellen.

---

11 Inwieweit es sich bei der Demonstration um eine von der Staatssicherheit bewußt gesteuerte Veranstaltung handelt, darüber ist zwar spekuliert worden (dazu die literarische Verarbeitung von Erich Loest, Es geht seinen Gang oder Mühen in unserer Ebene, Stuttgart 1978), aber noch kein Nachweis erbracht worden. Allerdings sind die Sachakten der Staatssicherheit zu diesem Komplex meines Wissens noch nicht ausgewertet.

2. Die Perspektive von Staat und Partei: Beat ist amerikanische Unkultur

Am 18. 10. 1965 beschloß die SED Bezirksleitung Leipzig, auf der Grundlage einer zentralen Anweisung, die kommenden Maßnahmen gegen die Beat-Anhänger im eigenen Bezirk.[12] In der Einleitung des insgesamt 7 1/2seitigen Dokuments wurden zunächst die Jugend und ihre positive Haltung gewürdigt; sie seien ordentlich, ehrlich, hätten eine sozialistische Einstellung zur Arbeit und zum Lernen. Nur eine kleine Zahl Jugendlicher setze sich davon in negativer Weise ab mit „Tendenzen amerikanischer Unkultur". Wie zu näherer Erläuterung werden „Texasideologie" und „Rangertum"[13] hinzugefügt.

Die Eigenschaften „westlich" und „amerikanisch" bezeichnen eine Lebensweise, die durch Begriffe wie: „Zügellosigkeit, Anarchie, Ekstase, Exzesse, ideologische Aufweichung, Beatle-Ideologie, Gammlertum, Arbeitsbummelei, niedrigste Instinkte, rowdyhaftes Auftreten und Körperverrenkungen"[14] charakterisiert wird. Die Musiker sind „barfuß und halbnackt", ihre Musik „undefinierbar", anständige Bürger werden „belästigt, angepöbelt, angegriffen". Der gefährliche Teil der DDR-eigenen Jugend, „Gammler und ähnliche Elemente", scheint geprägt von Hemmungslosigkeit und sexueller wie gewalttätiger Grenzüberschreitung – es droht die völlige Aufweichung und Auflösung nicht nur der jugendlichen Seelen und Körper, sondern auch der Gemeinschaft, die sie anzustecken drohen. Doch diese Jugend ist nicht nur Gefahr, sie ist auch Opfer. Der jugendliche Rowdy auf den Straßen Leipzigs repräsentiert das Wesen des Imperialismus, das quasi durch ihn spricht und aktiv wird. Verben wie : „aufputschen, aufhetzen, verrohen, gefährden, zielgerichtet organisieren, entstellen, eindringen" verweisen auf jenen eigentlichen „Gegner", den „Drahtzieher", der im Westen steckt. Die imperialistische Strategie dient der „Verseuchung" des sozialistischen Projekts und damit der Menschheit überhaupt. Das Papier endet mit einem Aktionsprogramm: Die Krankheit kann geheilt werden. Das wichtigste Heilmittel aber ist die Arbeit. Denn erste Symptome sind Arbeitsverachtung: „Verletzung der Arbeitsdisziplin und unbegründeter Arbeitsplatzwechsel, Arbeitsbummelei und Arbeitsbummelantentum". Durch die „Bereitstellung eines geeigneten Arbeitsplatzes" und damit die „Wiedereingliederung in den Arbeitsprozeß" sollen diese Symptome bekämpft werden.[15]

Zwei Tage später veröffentlichte die Leipziger Volkszeitung, das SED-Organ des Bezirks, einen ganzseitigen Artikel zum Thema.[16] Als verantwortliche Autorin zeichnete die „Ständige Kommission Jugendfragen des Bezirkstages Leipzig". In diesem Text ging es vor allem um den Entwurf negativer Vorstellungen, nicht nur mit Hilfe von Photos, sondern durch einen

---

12 Quelle für alle im Folgenden zitierten Texte: Staatsarchiv Leipzig, Akten der SED – Bezirk Leipzig, IV A 2/16/464, unpaginiert.
13 Die Konnotationen sind nicht ganz klar, aber sind wahrscheinlich ähnlich derjenigen, die sich heute in den USA an die „militias" knüpfen. Sie lagen vermutlich damals im Bereich individueller bzw. pseudolegitimer Gewalt, wie sie im Genre des amerikanischen Western ja auch in der DDR zugänglich waren, zumindest über das Westfernsehen und frühe Übernahmen entsprechender Serien aus den USA.
14 Es handelt sich hier um eine Zusammenstellung entsprechender Zuschreibungen aus dem Gesamtdokument.
15 S. 6 des Dokuments.
16 „Dem Mißbrauch der Jugend keinen Raum!", LVZ 20. 10. 1965, S. 6.

Text, der darauf abzielte, Ekel gegenüber den Beatanhängern zu erwecken. Einem Menschenbild der Schönheit und des Stolzes stellte man die „unmenschlichen, ungesunden und abnormen" Bilder der vom „American Way of Life" geprägten Jugendlichen in West und Ost gegenüber. Ihr Äußeres sei gekennzeichnet durch „lange, zottelige Haare", ihr Inneres durch Idole der westlichen Schundliteratur, also „Mörder, Schläger, Notzuchtverbrecher", im „Schießen, Schlagen und Töten" sähen sie erstrebenswerte Tätigkeiten. Dieses negative Wertsystem diene der Schaffung einer „urteilslosen, denkfaulen, manipulierbaren Masse", die „Lust an Sadismus und Verbrechen, Verrohung und Barbarei" habe und so zu einer „Armee höriger Ranger" herangezüchtet werde, um „als Söldner gegen friedliche Menschen in Vietnam und Santo Domingo vorzugehen...". Dazu aber dienten auch in der DDR die Beatmusik und ihre Protagonisten, die man nun einmal näher „betrachten" wolle. „Sie tragen lange, unordentliche, teilweise sogar vor Schmutz starrende Haare, ... gebärden sich bei ihren ‚Darbietungen' wie Affen, stoßen unartikulierte Laute aus, hocken auf dem Boden oder wälzen sich auf ihm herum, verrenken die Gliedmaßen auf unsittliche Art". Entsprechend reagiere ihr Publikum, „Jugendliche geraten in Ekstase, bewegen sich träge und stumpfsinnig in frivolen Rhythmen oder geraten in einen frenetischen Taumel". Niedriger Schulabschluß, „Arbeitsbummelei", Alkoholismus, Geldgier und verschiedene kriminelle Praktiken[17] seien allgemeine Charakteristika dieser Gruppen.

Stärker noch als im parteiinternen Text wird das Bedrohliche, das „Fremde", das Abstoßende und Abzustoßende zur Anschauung gebracht. Die Kriminalisierung und Sexualisierung der Jugendlichen stehen im Vordergrund, der Westen und der Imperialismus verschwinden als Agenten fast hinter diesen Bildern des Gewaltrausches und der entmenschlichten Figur des Gitarrenspielers und seiner Fans. Der rassistische Unterton ist unüberhörbar.[18] Der Text droht nicht nur, er appelliert auch an die Einstimmung der erwachsenen Leser in den Abscheu, ihren Widerstand gegen die Bilder, die zugleich mit merkwürdiger Faszination ausgemalt wurden. Der Text spielt also mit der Kontinuität zum Nationalsozialismus. Dazu später mehr.

Einen Tag nach der Demonstration lag eine parteiinterne erste Information über das Ereignis vor,[19] beginnend mit der Feststellung breiter Zustimmung zum Kurswechsel „vor allem deshalb, weil die ältere Generation – aber auch die Mehrheit der Jugend selbst – mit Besorgnis die Entwicklung eines Teils der Jugend, der Beatgruppen und ihres Einflusses verfolgen". Das Bündnis zwischen Partei und Elterngeneration, zwischen sozialistischem und konservativem Ordnungsdrang schien zunächst tatsächlich zu funktionieren. „Einzelne Elemente" hätten versucht, „die Jugendlichen aufzuputschen und zu Gewalttätigkeit aufzustacheln". Knapp werden dann die Anzeichen für den kommenden Protest[20] erwähnt und im Anschluß verschiedene Deeskalationsmaßnahmen aufgezählt.[21] Nun erst wird die Demonstration in nur 5 Zeilen, die

---

17 Die meisten Delikte ergaben sich aus der Notwendigkeit, Tonträger und technische Ausrüstung der Bands aus der westlichen Bundesrepublik illegal einzuführen.
18 Die Parallelen zum Diskurs über den Jazz können hier nur angedeutet werden. Dazu Uta Poiger in diesem Band. Unter Rassismus verstehe ich hier die Übersetzung sozialer und kultureller Andersartigkeit in biologische Kategorien.
19 S. Anmerkung 12.
20 So heißt es auf S. 2: „Am 20. 10. 1965 verbrannten 5 Schüler der erw. Karl-Marx-Oberschule in der BBS im VEB Kirowwerk den Artikel der LVZ vom 20. 10. 1965. Dieser Verbrennung ging eine heftige Diskussion unter den Schülern voraus."
21 Unter anderem mit zwei LVZ-Artikeln am 28. und 30. 10., der letztere unter dem Titel: „Wer ist denn gegen Gitarrenmusik?".

ihr innewohnende kriminelle Energie dagegen in 2 Abschnitten thematisiert, und zwar als Drohung, etwa, daß Jugendliche in einer Straßenbahn geäußert hätten, sie würden am Sonntag ihren Totschläger mitbringen, oder daß Lehrlinge Stahlruten angefertigt hätten. Statt einer Beschreibung der jugendlichen Demonstranten heißt es lediglich, diese „machten nach ihrem Aussehen und Auftreten den Eindruck, daß sie Anhänger dieser Beatgruppen sind". Und über den Polizeieinsatz gibt nur der Satz Auskunft: „... es erfolgte eine zügige Auflösung der Ansammlung ...". Breiteren Raum nimmt wieder die Identifikation der Verhafteten ein, ihre Altersstruktur und eventuelle Vorstrafen.[22] Erste Stimmungsberichte aus der Bevölkerung scheinen aber nur z. T. in die gewünschte Richtung – „daß man einmal zeigen muß, wer der Herr im Hause ist" – zu gehen.

Offensichtlich herrscht einen Tag nach dem Ereignis noch parteiinterne Unsicherheit. Wie ein Spuk taucht das Ereignis selbst nur kurz im Text auf. Mögliche Vorwürfe von oben, man habe etwa gegen die Stimmung in der Bevölkerung reagiert oder gar provoziert, gilt es abzuwehren. Die Festgenommenen werden als schon Kriminelle, nicht neuerlich Kriminalisierte präsentiert. So verhält sich der Text defensiv in viele Richtungen.

Erst am 5. 11. 1965 geht die Partei mit einem neuen LVZ-Artikel an die Öffentlichkeit, ohne allerdings das schockierende Ereignis selbst mit einem Wort zu erwähnen.[23] Auch „bei uns" gebe es Jugendliche, heißt es nur, „die der westlichen Ideologie und Unkultur anhängen und versuchen, sie hier heimisch zu machen. Auch in Leipzig. Inzwischen wurden die Anführer von Krawallen und Ausschreitungen dingfest gemacht." So wird der große, ganz bestimmte „Krawall" derealisiert.[24] Der Haupttext beschäftigt sich mit 4 Verhafteten, die mit Namen und Adresse, Vorstrafen und der Beschreibung ihrer abstoßenden „Lebensweise" vorgestellt werden. Der Text konzentriert sich dabei auf Sexualdelikte. Über die Verhafteten allgemein heißt es, unter ihnen gebe es „Geschlechtskranke, die sich nie den Ärzten gestellt haben". Nachdem somit der Zusammenhang von Kriminalisierung, Sexualisierung und Ansteckung nochmals entfaltet wurde, folgt die Politisierung des Jugendprotestes, u. a. mit Photographien der Beatles in Uniform und der „widerlich tätowierten Arme" eines Verhafteten.[25] Der Artikel schließt mit einem letzten Appell an Ekel und Abwehr gegen die „Verbreitung des Gifts ... Überlange Haare, so daß man nicht zu sagen vermag, ob man einem Jungen oder Mädel gegenübersteht, das beweisen alle Vorgänge der letzten Zeit –, sind Ausdruck einer uns völlig fremden Lebensweise. Diese Lebensweise wird bei uns eingeschleust." Das gegen die bedrohliche Undefinierbarkeit und Grenzüberschreitung gesetzte diffuse „uns" schließt wieder – ich denke gezielt – auch jene ein, die aus der Tradition der Abwehr „Gemeinschaftsfremder"[26] zustimmen. Die durchaus unsichere Zustimmung in der Bevölkerung soll auf eine verläßliche Basis gestellt werden. Daher versuchen die veröffentlichten Texte einerseits, durch Politisierung des Konflikts zu drohen, vor allem aber mit scheinbar unpolitischen Bildern diffuse Angst

---

22 43 Festgenommene waren vorbestraft, u. a. wegen Diebstahl, Sexualverbrechen, versuchter Republikflucht, Körperverletzung und Sachbeschädigung.
23 LVZ, 5. 11. 1965, S. 4.
24 Zum Mittel der Derealisierung auch Dorothee Wierling: „Negative Erscheinungen", a. a. O.
25 Es handelt sich um Tätowierungen mit Worten wie: Ehre, Treue dem Vaterland, Sieg, Geld regiert die Welt, USA-Dollar, Treue, US-Army.
26 Detlev Peukert, Arbeitslager und Jugend-KZ: Die Behandlung „Gemeinschaftsfremder" im Dritten Reich, in: ders., Jürgen Reulecke (Hg.), Die Reihen fast geschlossen. Beiträge zur Geschichte des Alltags unterm Nationalsozialismus, Wuppertal 1981, S. 413–434.

vor dem Fremden zu evozieren, während die konkreten Bilder des wirklichen Ereignisses tabuisiert werden. Die systematische Sammlung und Auswertung von Stimmungsberichten im Anschluß an die Demonstration und den Polizeieinsatz deuten an, daß diese Strategie bei älteren Arbeitern und Angestellten am ehesten verfing.[27]

Der Interpretations- und sprachliche Rahmen, in den das Bild vom jugendlichen Beatfan gezwängt wurde, war äußerst eng. Unfähig, das Versagen bei der Steuerung der Jugendkultur zu verstehen oder die Autonomiebedürfnisse der Jugendlichen zu begreifen und in die eigenen Erziehungsanstrengungen zu integrieren, beharrte man auf dem Diskurs der Verschwörung, Verführung und Ansteckung. Die anklagende Sprache der Quellen bewegt sich in den Wortfeldern von Fäulnis, Krankheit und Tod. Sexualität und die bedrohliche Überschreitung der Geschlechtergrenzen, hier insbesondere die Feminisierung des männlichen Beatfans, spielen dabei eine prominente Rolle. Der Jugendliche wird zum Träger der imperialistischen Bakterie und wird zugleich auf die Stufe des Primitiven erniedrigt, in der Gleichsetzung mit Tieren entmenschlicht. Diese rassistische Sprache des Untermenschentums, die hier verwandt wird, steht nicht nur in der Tradition des Nationalsozialismus, sondern auch in derjenigen des Stalinismus. Es gehörte zur Rhetorik der sowjetischen Schauprozesse, die vermeintlichen Gegner auf diese Weise zu erniedrigen. Es ist aber auch die Sprache des sog. „Kurzen Lehrgangs" der Geschichte der KPdSU (B), dem zentralen Schulungstext der SED seit 1946.[28] Von daher kommen in der DDR verschiedene Traditionen zusammen, die den Haß auf die Jugendlichen besonders drastisch zum Ausdruck kommen lassen: das eher systemunabhängige Phänomen einer ordnungsorientierten Erwachsenengesellschaft, die sich durch die Gewalt und Sexualität freisetzende, Tabus verletzende und Geschlechtsgrenzen überschreitenden Jugendmilieus be-

---

27 Das inhaltliche Profil der Äußerungen ist nicht eindeutig. Jugendliche werden als solche definiert, aber meist sind nur Geschlecht, Betriebsangehörigkeit und eventuell Parteizugehörigkeit angegeben. So heißt es zum Beispiel von einem „älteren Kollegen": „Die Zusammenrottung der Rowdys und Gammler bedeutet eine Gefahr für die älteren Genossen und Kollegen, die sich ernsthaft mit der Erziehung der Jugend beschäftigen. Es muß dann ja damit gerechnet werden, daß diese von den Jugendlichen eingezingelt und niedergeschlagen werden. Wir sind deshalb der Meinung, daß man unserer Jugend nicht mehr soviel Zucker in den Hintern blasen sollte." Ein anderer „Kollege", d. h. „parteiloser Arbeiter" wird so zitiert: „Ich muß meine Frau immer abends von der Arbeit abholen, da sich solche Rowdys in der Stadt Leipzig herumtreiben. Deshalb sind auch strengere Maßnahmen nötig." Aber die Betriebsgewerkschaftleitungsvorsitzende des Konsument-Warenhauses kritisiert: „Ich weiß nicht, ob das richtig war. Wir sagen sowas über Westdeutschland und machen dasselbe. Ich kann das den Kollegen nicht erläutern." Jugendliche äußern fast immer Vorbehalte, meist offene Kritik. Bei der Auswertung solcher Berichte ist natürlich Vorsicht geboten. Doch Erfolgsmeldungen stehen nicht im Vordergrund der Sammlung. Allerdings ist das Alter bzw. die Generationenzugehörigkeit nicht immer angegeben, außer bei den Jugendlichen.

28 So heißt es etwa im Schulungstext über politische Gegner der 30er Jahre: „Die kapitalistische Umwelt, die bestrebt ist, die Macht der Sowjetunion zu schwächen und zu untergraben, verstärkt ihre ‚Arbeit' zur Organisierung von Mörder-, Schädlings- und Spionenbanden innerhalb der Sowjetunion. ... In den Trotzkisten und Sinowjewleuten gewann der Faschismus treue Lakaien, die auf Spionage, Schädlingsarbeit, auf Terror- und Zerstörungsakte, auf eine Niederlage der Sowjetunion ausgehen, nur um den Kapitalismus wiederherzustellen. Die Sowjetmacht straft mit fester Hand diesen Abschaum der Menschheit und rechnet schonungslos mit ihm ab als mit Feinden des Volkes und Verrätern an der Heimat." Mehrfach ist in diesem Kapitel vom „Judas Trotzki" die Rede. Zitat aus: Geschichte der kommunistischen Partei der Sowjetunion (Bolschewiki), Kurzer Lehrgang, Berlin 1946, S. 399.

droht fühlen; die spezifisch deutsche Vorgeschichte des Nationalsozialismus, die ja nicht nur eine Vorgeschichte der Sprache, sondern der Taten und ihrer Duldung war; und schließlich die erneute Legitimierung von Rassismus durch eine stalinistisch erzogene Autorität, die um ihre Macht und ihre Normenwelt fürchtet.

3. Erinnerungen eines Demonstranten: „Sie gelten als nicht vorbestraft"

Im Rahmen meines Forschungsprojekts über den Geburtsjahrgang 1949/50 in der DDR war ich auf die Beatdemonstration von 1965 gestoßen und hatte einige thematische Interviews mit damals jugendlichen Teilnehmern[29] dazu durchgeführt. Die Erinnerungen an die 60er Jahre allgemein und das Jahr 1965 im Besonderen waren äußerst lebendig und emotional aufgeladen. Der schwierige Zugang zum subkulturellen „Material" und die Politisierung des Beat hatten das Milieu der jugendlichen Fans in einer Weise aufgewertet und überhöht, wie dies im Westen, wo es sehr viel unvermittelter um den Genuß ging, kaum möglich gewesen wäre. Während hier der Konflikt um laute Musik und lange Haare sich vorwiegend in den heimischen Wohnzimmern abspielte, war in der Erinnerung der DDR-Jugend der öffentliche, politisierte Raum das wichtigere Schlacht- und Spielfeld im Generationenkampf.[30] Zwischen Schrecken und Vergnügen bewegten sich auch die Erinnerungen an die Beatdemonstration vom Oktober 1965: Alle Gesprächspartner berichteten vom schockierenden Bild aufgepflanzter Bajonette, erinnerten aber auch, daß der Wasserwerfer verschmutzes Wasser aus dem innerstädtischen Fluß Pleiße getankt hatte, nur einen lächerlichen Strahl produzierte und schließlich vollends verstopfte. Über eine Veranstaltung zur „Beatdemo" im Studentenklub der Leipziger Universität Ende 1993 kam ich schließlich an die Adresse eines damals Verhafteten.

Herr Weißmann[31], 1965 ein 17jähriger Autoschlosserlehrling, machte beim Interview einen ernsten Eindruck, ließ sich mit mir die Regeln der Anonymisierung genau erläutern und bestätigen und kam dann zur Sache: „Im Vorfeld des berühmten Sonntag" habe es eine Reihe von Artikeln gegen den Beat und die Langhaarigen gegeben, er habe dann nur gehört, am nächsten Sonntag solle etwas los sein. Aber Flugblätter habe er nicht gesehen. „Ich muß das deshalb sagen, weil in den Verhören, die ich dann hatte, immer wieder, mit Vehemenz, also eigentlich ... darauf bestanden wurde, daß man die Frage mit Ja beantwortet." So definiert

---

29 Es handelt sich fast ausschließlich um männliche Jugendliche, unter den Verhafteten waren meines Wissens keine Mädchen oder junge Frauen. Meine Interviewpartner reagierten auf einen Zeitungsartikel in der Leipziger Volkszeitung – insgesamt wurden 5 thematische Interviews durchgeführt. Sie dienten u. a. der Vorbereitung einer öffentlichen Veranstaltung in Zusammenarbeit mit der Friedrich-Ebert-Stiftung und dem Studentenklub Moritzbastei in Leipzig.
30 Dorothee Wierling, Die Jugend als innerer Feind. Konflikte in der Erziehungsdiktatur der 60er Jahre, in: Hartmut Kaelble, Jürgen Kocka, Hartmut Zwahr (Hg.), Sozialgeschichte der DDR, Stuttgart 1994, S. 404–425. Damit ist nicht gesagt, daß die Konflikte um Beatmusik und das dazugehörige Milieu im Westen nicht auch politische Bedeutung hatten – es geht hier lediglich um den Grad, in dem der Staat und die darin führende Partei diesen Konflikt selbst eng politisch auslegten und den öffentlichen Raum selbst zum Zentrum der Auseinandersetzung machten.
31 Pseudonym. Das Interview fand im November in meinem Büro in der Leipziger Innenstadt statt und dauerte ca 2¼ Stunden.

Herr Weißmann das setting, das ihn offensichtlich an die vergangenen Verhör- und Gerichtserfahrungen erinnert. Er betont, daß er um eine möglichst genaue, objektive Beschreibung der Vorgänge bemüht ist, verweist im weiteren Verlauf immer wieder auf Erinnerungslücken oder Widersprüche – kurz, spricht wie ein gewissenhafter Zeitzeuge, der sich durch Suggestivfragen nicht beeinflussen lassen und nicht mehr und nichts anderes sagen wird, als er wirklich erinnert.

Die Haupterzählung – von mir ungesteuert – teilt sich in drei große Blöcke, von denen der erste den genauen Ablauf der Demonstration aus seiner Sicht darstellt. Am Platz, wo alles seinen Ausgangspunkt nahm, sammelten sich die Jugendlichen und standen eher unschlüssig herum. Es entstand wohl „ein gewisser Kern von Diskutiergruppen", aus denen heraus kamen dann „so Aufschreie gegen die DDR", das waren aber „agents provocateur, meines Erachtens. Ich bin heute überzeugt, daß das praktisch ‚gemacht' war, denn eigentlich war das ganze Ding ein bißchen langweilig." Schließlich sei die Polizei angerückt und habe die Jugendlichen zum Weggehen aufgefordert. Die zogen aber auf den nahegelegenen Marktplatz, wo dann auch der Wasserwerfer zum Einsatz kam, den Herr Weißmann zwar auch als eher schwach, aber dennoch bedrohlich in Erinnerung hat: Mitten auf dem leergespritzten Marktplatz habe ein Kinderwagen gestanden, der vom Strahl umgeworfen worden sei.[32]

Vor allem geht es Herrn Weißmann aber um die genaue Rekonstruktion seiner eigenen Bewegungen: Wie er sich in den Eingang eines Kinos verdrückt hat und die Kolonne der bajonettbewaffneten Bereitschaftspolizei an sich Richtung Marktplatz vorbeimarschieren sah, wie er, hinter deren Linien, auf den Innenstadtring ausweichen wollte, dort aber von einem Mannschaftwagen gestellt, von dessen Besatzung „ohne Vorwarnung" mit einem Schlagstock in den Nacken geprügelt und zurück in die Innenstadt gejagt wurde. „Und dann war nichts anderes als das praktisch maßlos geprügelt wurde …". Lebhaft erinnert er sich an einen älteren Passanten, der mit verhaftet wurde, und an einen jungen Mann, der krampfhaft seine wertvolle tschechische Fahrradpumpe festhielt, von der er sich unter keinen Umständen trennen wollte. Er selbst habe damals wie unter Schock gestanden: „Ich war halt ein ganz normaler Lehrling, der nur im Grunde versuchte, ein Stück Meinungsfreiheit zu praktizieren", sagt Herr Weißmann abschließend mit merkwürdiger Distanz.

Den nächsten großen Block seiner Erzählung bildet der Aufenthalt in verschiedenen Gefängnissen, die Verhöre und die Verurteilung, schließlich das Arbeitslager im Braunkohlerevier. Zunächst wurde er ins Polizeipräsidium gefahren, wo die Verhafteten stundenlang mit dem Gesicht zur Wand und an die Wand gestützten Händen, sowie leicht auseinandergewinkelten Beinen stehen mußten. Damals habe einer geschrieen, nun wisse er endlich, wie das bei der Gestapo gewesen sei, worauf er abgeführt worden und später bleich wiedergekommen sei. Kurz darauf sei aber die Erlaubnis gegeben worden, bequemer zu stehen. Herr Weißmann betont, daß ihm diese Parallele sofort eingeleuchtet habe, schließlich kannte er solche Methoden nur aus den antifaschistischen Filmen, mit denen seine Generation aufwuchs. Die folgenden Verhöre verliefen streng, aber ohne körperliche Übergriffe – sieht man vom zwangswei-

---

32 Die Szene erinnert unwillkürlich an den Kinderwagen, der im Eisenstein-Film „Panzerkreuzer Potemkin" (1925) die lange Treppe in Odessa herunterrollt. Ich kann hier nicht im Detail auf die Produktion von Erinnerungsbildern eingehen. Herr Weißmann vergleicht des öfteren seine Erfahrungen mit seinen Vorerwartungen – „wie man das aus dem Film kannte." Die Filmbilder dienen ihm als Folie für die Bestimmung der emotionalen Qualität dieser Erfahrung, vor allem der Überraschung, Überrumpelung und Déja-vus.

sen Haarschnitt ab. Über die Ermittlung sagt er: „Nach meinem Dafürhalten ist es natürlich keine kriminelle Situation gewesen ... ich würde das im Nachhinein natürlich als politisch einstufen." Vom Polizeipräsidium aus wurde er in das innerstädtische Untersuchungsgefängnis gebracht, kann aber nicht genau sagen, wie lange er sich dort aufhielt. Jedenfalls wurde er von dort direkt zur Verhandlung gefahren, wo er zum erstenmal seine Eltern wiedersah, die weinende Mutter und den Vater, dem man zuvor, als er sich nach seinem Sohn erkundigen wollte, im Polizeipräsidium die Waffen gezeigt hatte, die angeblich bei den Demonstranten gefunden worden waren. Im Gerichtssaal zeigte man ihm auch erstmals seinen Verteidiger, der aber schwieg, während der Vater ihn zu schützen versuchte, ja, sein Sohn habe zwar Westsender gehört, aber dort keine Nachrichten, und der Meister ihn – zu seiner Überraschung – als tüchtigen Lehrling pries. Eine bestimmte Anklage oder ein abschließend verkündetes und begründetes Urteil sind ihm nicht in Erinnerung. Das Ergebnis war jedenfalls, daß er zu einem mehrwöchigen Zwangsarbeitseinsatz verurteilt wurde, der sofort anzutreten war.

Im Braunkohlerevier wurden die betroffenen Jugendlichen – über hundert – im Saal des betrieblichen Kulturhauses untergebracht und mußten tagsüber Hilfsarbeiten in den Gruben verrichten. Insgesamt hat Herr Weißmann die Situation durchaus differenziert in Erinnerung: sowohl was die unterschiedlichen Gruppen von Arbeitern betrifft, mit denen man Kontakt hatte, als auch Veränderungen in der eigenen Situation.[33] Die Arbeits- und Lebensbedingungen waren zunächst katastrophal: Es gab keine geeignete Arbeitskleidung, sondern die schmutzige Arbeit mußte bei nassem Novemberwetter in der Kleidung verrichtet werden, die man zur Demonstration angezogen hatte: meist spitze Schuhe und Schlaghosen. Für die Jugendlichen gab es insgesamt nur zwei Toiletten. Das änderte sich aber nach einigen Tagen. Nicht nur wurde warme Arbeitskleidung ausgegeben, die sanitären Einrichtungen wurden verbessert, man konnte auf Kredit Toilettengegenstände und andere Kleinigkeiten kaufen, und die Jugendlichen erhielten sogar die Erlaubnis, ein Freizeitprogramm zu gestalten, Gitarrespielen eingeschlossen.

Bei der Entlassung wurde ihnen der Lohn ausgezahlt: „Ich hab soviel Geld in der Hand gehabt, ich glaube so über 200 Mark, ich verdiente damals (als Lehrling, D. W.) 64 Mark, das ist also sowas Verrücktes gewesen, und dann kann ich mich noch erinnern, da war so ne Kriminal- also Vollzugsbeamtin, die übergab mir dann meinen Personalausweis, ich mußte das quittieren, und dann hat die stereotyp, man trat da natürlich im Gänsemarsch an, stereotyp denselben Satz gesagt, ‚Ich weise Sie darauf hin, daß Sie nach § – weiß der Teufel was, als nicht vorbestraft gelten.' Das werde ich nie vergessen."

Bei seinen Freunden war er der Held und spendierte aus seinem „Vermögen" eine Runde Club-Cola. Der Meister hielt sich ganz zurück, der Direktor der Berufsschule hielt zwar eine strenge Rede, aber Behinderungen gab es nicht. Die Angelegenheit, so schien es, sollte das Verhältnis zur Jugend nicht auf Dauer belasten, offensichtlich sollte die Erinnerung an das Ereignis überhaupt verschwinden.

Nachdem die Geschichte so gut ausgegangen ist, kommt Herr Weißmann scheinbar zum Schluß: „So, im Wesentlichen ist das das ... Dazu muß ich noch sagen, also, daß ich in keiner Weise, während der ganzen Ereignisse, weder aktiv noch indirekt jemanden angegriffen, bedroht oder sonstwas habe." Und er fährt fort: „Ich habe ... Anlaß zu Vermutungen, daß die

---

33 Kontakt gab es mit „normalen" Strafgefangenen ebenso wie mit regulären Arbeitskräften. Weißmanns Erinnerungen sind hier von positiver Neugier geprägt.

Ereignisse oder die damit in Verbindung zu bringende Verurteilung immer wieder Anlaß gewesen sind, für (Behinderungen bei, D. W.) meinen(m) weiteren beruflichen Werdegang." So deutet er die Tatsache, daß ihm nie ein Auslandsaufenthalt, auch nicht ins sozialistische Ausland, genehmigt wurde. Als er in der zweiten Hälfte der 80er Jahre immer wieder vergeblich eine Kubareise beantragt hatte (eine Dienstreise als Siebdrucker, zu dem er mittlerweile umgeschult hatte), sprach er gegenüber seinem einflußreichen Chef die Beatdemonstration als möglichen Grund für die Verweigerung der Reise offen an. Der Vorgesetzte ging zum betrieblichen Stasioffizier und kam zurück mit dem Bescheid: „Wir sind nicht nachtragend". Weißmann durfte schließlich fahren.

Während des Interviews war ich das Gefühl nicht losgeworden, daß mein Gesprächspartner mit einem wohlüberlegten Erzählziel gekommen war. Die Erwartung einer Pointe brach zusammen, als der „Clou" nur darin zu bestehen schien, daß Weißmann erst nach längerer Prozedur nach Kuba reisen durfte. Seine mehrfache Betonung, daß die Situation keine kriminelle, er nicht vorbestraft sei, und daß er nie jemanden tätlich angegriffen habe, interessierte mich aber. Hieß das nicht, daß die Versuche der politischen Autoritäten, die beatbegeisterten Jugendlichen zu kriminalisieren, Früchte getragen hatten? Er schien sich ja noch immer gegen die Stigmatisierung als „Gammler" zu verteidigen! Wie aber paßte das zu seiner gleichzeitigen Betonung, daß ihm niemals mehr ein offener Vorwurf wegen seiner damaligen Verurteilung gemacht worden war und ihm am Ende sogar die Stasi verziehen hatte? War ich etwa die Instanz, vor der er sich rechtfertigte?

Mein Interviewpartner war aber doch noch nicht fertig: „Dann kam diese sogenannte Wende ... und nach ... 2 Jahren entschloß ich mich ... den Antrag auf Rehabilitierung zu stellen. ... Und deswegen bin ich nämlich eigentlich auch bei Ihnen." Und er reichte mir einen Brief, den er in Kopie mitgebracht hatte.

4. Nachrichten aus Nürnberg

„Sehr geehrter Herr Weißmann! Ihr Antrag auf Rehabilitierung liegt der aus Richtern des Oberlandesgerichts Nürnberg gebildeten 3. Rehabilitierungskammer des Landgerichts Leipzig zur Entscheidung vor. Ich darf Sie hierzu auf Folgendes hinweisen: Aufgrund des maßgeblichen Gesetzes über die Rehabilitierung und Entschädigung von Opfern rechtsstaatswidriger Strafverfolgungsmaßnahmen im Beitrittsgebiet ... sind strafrechtliche Entscheidungen eines staatlichen deutschen Gerichts für rechtsstaatswidrig zu erklären und aufzuheben, soweit sie mit wesentlichen Grundsätzen einer freiheitlichen rechtsstaatlichen Ordnung unvereinbar sind, weil sie der politischen Verfolgung gedient haben oder weil die angeordneten Rechtsfolgen in grobem Mißverhältnis zu der zugrundeliegenden Tat stehen. Diese Voraussetzungen liegen bei Ihnen nicht vor. Sie wurden nämlich verurteilt, weil Ihnen eine schwere Körperverletzung zur Last gelegt wurde. Es ist weder erkennbar, inwieweit die strafrechtliche Verfolgung Ihres Verhaltens politischer Verfolgung gedient hätte, noch kann davon ausgegangen werden, daß die ausgesprochene Strafe von 2 Wochen Arbeitseinsatz in grobem Mißverhältnis zu der zugrundeliegenden Tat steht. Auch ist die Annahme nicht gerechtfertigt, daß die Entscheidung insgesamt mit wesentlichen Grundsatzen einer freiheitlichen rechtsstaatlichen Ordnung unvereinbar wäre. Zwar trifft es zu, daß die Strafe, insbesondere im Hinblick darauf, daß Sie seinerzeit erst 17 Jahre alt waren, sehr hoch ausfällt, dies bedeutet jedoch bei einer Gesamtwürdigung Ihres damaligen Verhaltens noch nicht, daß der Strafausspruch unter rechtsstaatlichen Gesichtspunkten unvertretbar wäre. Ich bedaure, Ihnen unter den gegebenen Umständen keine bessere Auskunft geben zu können und gehe davon aus, daß Sie die Angelegenheit nicht weiter verfolgen."[34]

Diesen Brief hatte Herr Weißmann wenige Tage zuvor zugestellt bekommen. Erst durch ihn hatte er erfahren, wessen er damals offensichtlich angeklagt und wofür er verurteilt worden war. Während er sich zu DDR-Zeiten in relativer Sicherheit gewogen hatte, politisch vielleicht beargwöhnt, aber auf keinen Fall vorbestraft, mußte er nun annehmen, daß er systematisch betrogen worden, und daß das ihm zugefügte Unrecht viel größer war. Zwar hatte er nach der Wende auch Einblick in eventuelle Stasiakten beantragt, sich aber, als keine Reaktion erfolgte, nicht weiter darum gekümmert. Sein aktueller Zorn galt auch gar nicht den DDR-Behörden, sondern dem nun zuständigen Richter. Sein Rehabilitationsantrag, mehr aus symbolischen Gründen und vielleicht sogar vorwiegend aus Neugier gestellt – immerhin konnte er nun etwas Schriftliches verlangen – hatte stattdessen ergeben, daß er ein amtlich festgestellter Krimineller war, und zwar auch nach den Kriterien des Rechtsstaats, wie es im Text ja mehrfach betont wird. Hatte in der DDR die Politisierung des Jugendmilieus ihn in den Bereich der Kriminalität gebracht, ja, tatsächlich kriminalisiert, war es jetzt die Entpolitisierung dieses Milieus, daß ihn zum Kriminellen stempelte.

Der Brief aus Nürnberg schien wie ein Schlüssel zum Verständnis der Weißmannschen Erzählung und der Irritation, die ich beim Zuhören entwickelt hatte. Herr Weißmann sprach nicht nur zu mir – er sprach auch zu den westdeutschen Autoritäten, die seinen Antrag auf Rehabilitierung zurückgewiesen hatten. Das Interview stellte den ersten Versuch dar, die politische Verfolgung, die seine Verhaftung und Verurteilung bedeutete, einer westdeutschen Aussenseiterin glaubwürdig zu machen. Die damalige Erfahrung mußte repolitisiert werden, die Erinnerungen an Angst und Schock werden „Beweise" für sein Recht auf Anerkennung als politisch Verfolgter, die Vergleiche mit der Gestapo, die Beschreibung der Verhörmethoden, die Einordnung seines damaligen Verhaltens in den Kanon demokratischer Grundrechte, von denen er Gebrauch machte – all das sind auch Übersetzungen und Zusammenstellungen für den „Westen", eine Historikerin oder einen Richter, die nicht Teil der DDR-Erfahrungs- und Erinnerungsgemeinschaft sind.

Diese „Gemeinschaft" umschließt Freund und Feind, alle Teilnehmer des Konflikts, der im Arrangement endet. Erst die Ignoranz des Westens, der an diesem gemeinsamen Schweigen nicht teilhat, beendet dieses zähe, aber nicht weiter bedrohliche Arrangement. Plötzlich muß das Ereignis wieder ernst genommen werden. Die Diffamierungen, Repressionen und Behinderungen nehmen wieder ihre erste, bedrohliche Gestalt an.

Wie aber kam der westdeutsche Richter zu seiner Einschätzung? In seinem Zorn wollte Herr Weißmann Widerspruch einlegen und seine Gerichtsakten einsehen. Tatsächlich unternahm er aber nichts, und ich nahm selbst Kontakt zur Rehabilitierungskammer auf. Der unterzeichnende Richter hatte inzwischen seine Abordnung an das Landgericht Leipzig, die er übrigens von Nürnberg aus wahrnehmen konnte, beendet und war in Urlaub gefahren. Eine ostdeutsche Mitarbeiterin der Abteilung war aber bereit, mir Auskunft über das übliche Vorgehen in solchen Fällen zu geben. Gerichtsakten über geringfügige Vorgänge, und darum handele es sich hier ja wohl, würden nur 15 Jahre aufbewahrt, seien also in Herrn Weißmanns Fall wohl

---

34 Transkribiert auf der Basis des von mir selbst auf Band gesprochenen Brieftextes.

1980 vernichtet worden. Eventuell seien sie auch an die Staatssicherheit gegangen. Bei Gericht lägen in solchen Fällen nur Karteikarten vor, und die enthielten die zentralen Angaben zu Person, Delikt und Urteil. Viele Rehabilitierungsanträge würden nur aufgrund solcher Karteikarten bearbeitet und entschieden. Im übrigen sei es recht häufig, daß Kriminelle versuchten, eine Rehabilitierung und Entschädigung zu erlangen. Daß sie im Falle der Ablehnung in der Regel keinen Widerspruch einlegten, wertete sie als Bestätigung für die Richtigkeit der negativen Entscheidung.

Wo politische Devianz kriminalisiert wird, werden tendenziell alle kriminellen Delikte „politisch". Die Rehabilitationskammer, im Verständnis meiner Gewährsperson, mußte aber unterscheiden zwischen „allgemeiner" und systembedingter = politischer Delinquenz. Dabei verließ sie sich auf einen einfachen Test: Wer durch einen negativen Bescheid in seine Grenzen verwiesen war und sie nicht mehr überschritt, dem fehlte offensichtlich die Zuversicht, daß er ein glaubwürdiges Opfer des Systems war. Mit seinem Schweigen akzeptierte er die aus der DDR stammende Definition als systemunabhängiger Krimineller.

In diesem Sinne lagen auf Herrn Weißmanns Karteikarte die Dinge offensichtlich klar. Der Richter bezieht sich ja in seinem Text mehrfach auf das damalige „Verhalten" des Antragstellers, seine „Tat", und nicht auf den damaligen Urteilsspruch. Offensichtlich hält er diesen für ein angemessenes Abbild der Vorgänge oder will zumindest gegenüber dem Antragsteller diesen Eindruck erwecken. Kannte er den historischen Zusammenhang überhaupt? Welche Vorstellungen hatte er vom Verhältnis zwischen Recht, Kriminalität und Politik in der DDR? Teilte er einfach spontan das negativ Bild vom männlich-proletarischen Jugendlichen und seiner Bedrohung der öffentlichen Ordnung?

Im Sommer 1995 traf ich Herrn Weißmann noch einmal. Entgegen seiner damals geäußerten Absicht hatte er keinen Widerspruch eingelegt. Dafür gab er persönliche Gründe – berufliche Belastung und den Tod eines Familienmitglieds – an. Mein Bericht über mein Gespräch mit der Rehabilitierungskammer und die Deutung seines Schweigens durch die Behörde stachelten ihn und mich noch einmal an. Ich rief den Richter an. Es schien sich um einen aufgeschlossenen jungen Mann zu handeln. „Die Beatdemo haben wir rehabilitiert" lautet seine Auskunft. Ich las ihm seinen Brief vor: Wiedererkennen und Erstaunen. Das sei ja gar kein offizieller Bescheid, sondern nur eine vorläufige Mitteilung darüber, daß eine Rehabilitierung nicht automatisch erfolgen könne, sondern der Antragsteller „sich jetzt mal auf die Hinterbeine stellen" müsse. Bei dem angegebenen Delikt „schwere Körperverletzung" bedürfe es einer besonderen Initiative, die durch den Brief angeregt werden solle. Im übrigen handele es sich bei diesem Brieftyp, der natürlich massenhaft ausgegeben wurde, um eine häufige Kombination der verschiedenen Bausteine, die zu Beginn der Arbeit in der Rehabilitierungskammer entworfen wurden, um die Flut der Anträge bewältigen zu können.

Die Nachricht, die sich aus den Bausteinen in dem Brief an Herrn Weißmann ergab, war von diesem anders gelesen worden als vom Briefunterzeichner gemeint: Er las sie als ein abschließendes Urteil, da sie selbst Baustein einer vielschichtigen Erfahrung und Erinnerung war, ein Text in einer langen Reihe von Texten, die ihn und seinesgleichen zum Inhalt hatten. Zum Schluß will ich nach solchen Verbindungen genauer fragen.

5. Verbindungen

Die drei von mir vorgestellten Texte bzw. Textgruppen scheinen aus einander fremden Perspektiven entstanden. Am eindeutigsten wirkt diese Perspektive, vor allem durch ihr krudes Feindbild, in den Texten der SED. Es sind Texte des Kalten Krieges, der fanatischen Abwehr eines Westens, der als imperialistisch und aggressiv gedeutet wird. Es sind von daher typische Texte des kommunistischen Jargons dieser Zeit. Ich habe zu zeigen versucht, daß die SED-Genossen den vermutlich nicht völlig fehlgehenden Versuch machten, für ihr politisches Ziel das Bündnis mit der konservativen Elterngeneration zu suchen und dabei Anklänge an NS-typische Haltungen nicht scheuten. Aber der Haß, der Neid und die Angst, die sich gegen die Jugendlichen richten, verbinden die Autoren nicht nur taktisch mit der durch den NS geprägten älteren Generation. Den Großteil der SED-Mitglieder Mitte der 1960er Jahre bildeten nicht die traditionellen kommunistischen Milieus, sondern die Aufsteiger aus der HJ-Generation.[35] Von daher können die Zeitungstexte auch als solche gedeutet werden, in denen die nichtsozialistische Vorstellungswelt der Autoren zwischen Bilderflut und Bildertabu unkontrollierter zum Tragen kommt als in den disziplinierteren parteiinternen Texten. Als wichtigstes Verbindungsglied im äußeren und inneren Bündnis mit der Vergangenheit dient offensichtlich die <u>Arbeit</u> als zentraler Wert.[36] Arbeit verspricht Disziplin, Männlichkeit, Regelmäßigkeit, Berechenbarkeit, Kontrolle. Sie ist die wichtigste Eintrittskarte zu einer systemunabhängigen Respektabilität. Sie erlaubt den Aufbau einer Leitfigur, mit der sich alle identifizieren können, soweit sie nur an den Wert der Arbeit glauben. Das Fehlen der Arbeit als Wertorientierung dient umgekehrt zur Identifizierung derjenigen, die nicht respektabel sind, die nicht dazu gehören, die anders, die fremd sind. Der Wert der Arbeit verbindet zur Gemeinschaft, unabhängig vom sozialen Status. Wer nicht arbeitet, wird aus der Gemeinschaft ausgeschlossen.

Ganz gegen die Parteitexte scheint die Erinnerung von Herrn Weißmann zu stehen. Am eindeutigsten ist das vor allem dann, wenn seine Bilder gerade da am dichtesten sind, wo sie von der Partei nicht zugelassen wurden. Die Demonstration, trotz Festnahme und Prügel, war eben doch ein Sieg. Dennoch scheint Weißmann des öfteren zur Partei zu sprechen, sich gegen sie zu verteidigen, seine Respektabilität zu retten. So stellt er sich gleich zu Beginn als „ganz normalen Lehrling" vor, und berichtet mit leichter Ironie, aber nicht ohne Stolz, vom guten Zeugnis des Meisters, der sich auf seine Arbeitsleistung bezieht. Als tüchtiger Lehrling und Arbeiter, als jemand, der verschiedene Weiterqualifizierungen und beruflichen Wechsel unternahm, war Weißmann durchaus bereit, in der DDR-Gesellschaft jene kurzzeitig verlorene Normalität wiederzuerlangen. Davon handelt seine Erzählung, die von der schockartigen Un-

---

35 Lutz Niethammer, Volkspartei neuen Typs? Sozialbiographische Voraussetzungen der SED in der Industrieprovinz, in: PROKLA Jg. 20/1990, Heft 3, S. 40–70; s. a. Protokoll der Verhandlungen des VII. Parteitags der SED, Berlin 1967, Bd. IV, S. 226f: Nur 6,9 % der Mitglieder waren bereits vor 1945 Mitglied der KPD bzw. SPD. Mit 25,1 % bildeten die 31–40 Jahre alten (also zwischen 1927 und 1936 Geborenen) die größte Gruppe unter den Mitgliedern, gefolgt von denjenigen im Alter von 41–50 Jahren (Geburtsjahrgänge 1917–1926) mit 17,2 %.

36 Winfried Thaa, Die legitimatorische Funktion des Arbeitsparadigmas in der DDR, in: Politische Vierteljahresschrift 30 (1989), S. 94–113. Zur Tradition von Arbeit als sozialem Wert in Deutschland Joan Campbell, Joy in Work, German Work. The National Debate 1800–1945, Princeton University Press 1989; Alf Lüdtke, „Helden der Arbeit" – Mühen beim Arbeiten. Zur mißmutigen Loyalität von Industriearbeitern in der DDR, in: Hartmut Kaelble u. a. (Hg.), Sozialgeschichte der DDR, S. 188–213.

terbrechung seiner Zugehörigkeit allmählich übergeht in ihre Wiederherstellung, das Arrangement, die „Verzeihung". Mit der Kubareise ist dieser Bogen beendet, soweit Herr Weißmann zur Vergangenheit – den damaligen Autoritäten – spricht. Dieselbe Erzählung aber enthält eine anders verlaufende Linie, die systematisch zum Höhepunkt, dem ablehnenden Gerichtsbescheid, aufsteigt – soweit Herr Weißmann zur Gegenwart spricht: den heutigen Autoritäten.

Beide aber, so scheint es, sprechen nicht zu ihm. Denn obwohl der Richterbrief aus Nürnberg an ihn gerichtet ist, bezieht er sich ausschließlich, und mit Einverständnis, auf ein Substrat der Textsorte „Partei". Der Richter und seine Kollegen lesen die Akten, bzw. die Karteikarten, in denen in der Sprache der Justiz Paragraphen zur Begründung herangezogen, Gesetze zitiert, Delikte kategorisiert, Tatbestände in knappsten Formeln benannt werden. Diese Sprache ist ihnen vertraut. Sie sind nicht leichtfertig vorgegangen und haben offensichtlich die Umstände, unter denen Weißmann verhaftet und verurteilt wurde, sehr genau überprüft. „Die Beatdemo haben wir rehabilitiert", kann der Richter mir deshalb mit Recht zusichern – aber eben nicht alle Teilnehmer. Die Unbekümmertheit, mit der der Bausteinbrief an Weißmann versandt wurde, beruht auf der Annahme, daß der Adressat im Falle seiner „Unschuld" ein genaues, sicheres, individuelles Verständnis von der Rechtmäßigkeit seines damaligen Verhaltens hat und sich deshalb lediglich „auf die Hinterbeine" stellen muß, um auch die Rehabilitierungskammer davon zu überzeugen, die sich quasi gezwungen sieht, zunächst gemäß dem aktenmäßig festgestellten kriminellen Delikt zu erkennen. Verkannt hat aber der Absender, daß das Verständnis seiner Texte auf anderen Lese- und Lebenserfahrungen aufbaut, als im Brief vorausgesetzt. Herr Weißmann ist mit autoritären Zuschreibungen und Fremddefinitionen aufgewachsen. Ihnen offen und öffentlich zu widersprechen, war weder selbstverständlich noch erfolgversprechend. Der Kreis der Texte schließt sich für Weißmann, und er steckt in ihm drin. Am Ende stellte sich heraus, daß der Brief des Nürnberger Richters weniger eine Verfehlung der Vergangenheit von DDR-Erfahrung darstellt, als vielmehr eine Verfehlung ihrer Gegenwart in den Biographien, die jetzt verhandelt werden.

6. Textbeispiel

Fundstelle: Stiftung Archiv der Parteien und Massenorganisationen der DDR im Bundesarchiv (SAPMO), DY 30, IV 2/1/335, S. 99. Es handelt sich um das 19. Dokument in der sog. Roten Lesemappe, die den Mitgliedern des ZK und den geladenen Gästen zur Vorbereitung des 11. Plenums des ZK, das vom 15. bis 17. Dezember stattfand, vorgelegt wurde. Die Rote Lesemappe enthielt insgesamt 22 Dokumente, meist Berichte über „Vorkommnisse" in den Bereichen Kultur und Jugend, die von allen Teilnehmern am Tag zuvor unter Aufsicht zur Kenntnis genommen wurden.

Text

2. November 1965

An die
1. Sekretäre
der Bezirksleitungen der SED

Werte Genossen!

Zu Eurer Information teilen wir Euch mit, daß am Sonntag, den 31. Oktober, größere Gruppen von Rowdys in der Innenstadt von Leipzig versuchten, Unruhe zu stiften. Da die Rowdys Passanten belästigten, den Ablauf des Verkehrs gefährdeten und sich auch provozierend gegenüber VP-Angehörigen verhielten, war es erforderlich, Bereitschaftspolizei einzusetzen, um die Störung der öffentlichen Ordnung und Sicherheit zu beseitigen. Die Kräfte der Volkspolizei wurden dabei von den von der FDJ eingesetzten Ordnungsgruppen unterstützt. Durch die von der VP-Führung getroffenen umfangreichen Maßnahmen konnte in kurzer Zeit Ruhe und Ordnung wiederhergestellt werden.

Überprüfungen von festgenommenen Ruhestörern haben ergeben, daß die Anführer zum Teil Arbeitsbummelanten und asoziale Elemente sind, die ihren Lebensunterhalt durch Diebstahl und auf andere ungesetzliche Weise bestreiten. Die Anführer der Ausschreitungen sind sofort in Arbeitslager eingewiesen worden. Die in der Nacht vom 31. Oktober zum 1. November 1965 in Leipzig verteilten Zettel, die sich gegen ein angebliches Verbot der Beatmusik richteten, und mit denen zu weiteren Ausschreitungen aufgerufen wurde, bestätigen erneut, daß mit Hilfe der sogenannten Beat- und Gammlergruppen ideologische Zersetzungsarbeit geleistet werden soll.

Angesichts dieser Vorkommnisse ist es erforderlich, die ideologische Arbeit der Partei und FDJ sowie anderer Massenorganisationen unter der Jugend zu verstärken. Es war falsch, daß von seiten des Zentralrats der FDJ der Wettbewerb von Beatgruppen organisiert und die Auffassung verbreitet wurde, daß im Unterschied zu Westdeutschland Westschlager und Beatmusik bei uns keine schädliche Wirkung hervorrufen können. Ebenso falsch war es auch, daß durch Organe des Ministeriums für Kultur wahllos Lizenzen zum Auftreten solcher Gruppen erteilt wurden.

Die Erfahrungen von Leipzig lehren, daß es notwendig ist, den Entzug der Lizenzen für Musikgruppen differenzierter durchzuführen und sie zeigen desweiteren, daß es erforderlich ist, bei Beginn von Zusammenrottungen die Anführer von Rowdygruppen festzunehmen und sie den Gerichten zu übergeben und solche Anhänger, die keiner ordentlichen Arbeit nachgehen, anständiger Arbeit zuzuführen.

Mit sozialistischem Gruß
Zentralkommittee der Sozialistischen Einheitspartei Deutschlands
gez. Walter Ulbricht
Erster Sekretär

Erläuterung: Der Text selbst zeigt die erste zentrale Einschätzung der Leipziger Demonstration, ihre Deutung, eine „Analyse" der Ursachen und im Bereich der Gegenmaßnahmen die Festlegung einer harten Linie. Zugleich sind defensive Anteile deutlich, etwa, wenn der Polizeieinsatz umständlich gerechtfertigt wird, wenn das Verbot der Beatgruppen nur „angeblich" ausgesprochen wurde, und wenn für die Zukunft differenzierteres Vorgehen gefordert wird.

ATINA GROSSMANN

„Sich auf ihr Kindchen freuen."
Frauen und Behörden in Auseinandersetzungen um Abtreibungen, Mitte der 1960er Jahre

> „So sehr wir Ihre gegenwärtigen Sorgen verstehen, so glauben wir doch, dass Sie sich nach Überwindung des ersten Schocks auf Ihr Kindchen freuen werden. Wir wünschen Ihnen Kraft und Mut und alles Gute. Mit sozialistischem Gruß."[1]

> „Ich bin der Meinung, dass ich auch noch Recht auf mein Leben habe."[2]

1. Die Problemlage: Kontinuitäten und Wandel nach 1945

Anfang 1948 wurde in der Sowjetischen Besatzungszone das seit Jahrzehnten von Feministinnen, Sexualreformern und Kommunistischer Partei angestrebte Ziel erreicht – den § 218 des Strafgesetzbuches (StGB) aufzuheben, jedenfalls für kurze Zeit.[3] Die Länderparlamente der SBZ beschlossen neue Gesetze, die Abtreibung aus sozialen, medizinischen und ethischen Gründen gestatteten (ethische Gründe meinten Vergewaltigung oder Inzest). Erforderlich war

---

1   Brief der Referentin A., in der sie das Gesuch von Frau S. auf Korrektur einer Entscheidung zurückweist, ihrer Bitte um eine Indikation aus medizinischen Gründen stattzugeben, 30. Dezember 1968, Bundesarchiv Berlin (BArch B), Ministerium für Gesundheitswesen, Anträge auf Schwangerschaftsunterbrechung. Eingaben 1967 und 1968, DQ-1/Nr. 6324.
2   Brief von Frau R. V., 1. Dezember 1968, ebd.
3   Aufgehoben wurden §§ 218, 219 und 220 des Strafgesetzes. Das gilt ebenfalls für den Zusatz von 1935 zum Gesetz über Sterilisierung, der eugenische Abtreibungen rechtfertigte, und für das Gesetz von 1943, das die Todesstrafe als mögliche Sanktion für Abtreibung vorsah. Aufgehoben wurde aber auch die Polizeiverordnung Himmlers von 1941, die den Zugang zu Verhütungsmitteln einschränkte. Beides erfolgte früher und in starkem Kontrast zu den Ländern in den westlichen Zonen (von denen einige nur die Erbgesundheitsgerichte suspendierten). Zudem hatte die Sowjetische Militäradministration (SMAD) mit Befehl Nr. 6 vom 8. Januar 1946 das Gesetz für die Verhinderung erbkranken Nachwuchses aufgehoben, vgl. Atina Grossmann, Reforming Sex: The German Movement for Birth Control and Abortion Reform 1920–1950 (New York: Oxford University Press, 1995), S. 189–199; Kirsten Poutrus, „Ein Staat, der seine Kinder nicht ernähren kann, hat nicht das Recht, ihre Geburt zu fordern." Abtreibung in der Nachkriegszeit 1945 bis 1950, in: Unter anderen Umständen. Zur Geschichte der Abtreibung. Berlin/Dresden 1993, S. 73–85.

die Zustimmung einer Kommission, zu der jeweils Mediziner sowie Vertreter der Gewerkschaften und von Frauenvereinigungen gehören sollten.

Im Juni 1948 wurde ein solches Gesetz in Sachsen beschlossen, im November desselben Jahres in Brandenburg und Mecklenburg, Thüringen folgte im Dezember (allein Sachsen-Anhalt, dessen Gesetz im Februar 1948 verabschiedet wurde, sah keine soziale Indikation vor). Im März 1947 bestätigte die Berliner Stadtverordnetenversammlung die de-facto-Regel, daß Ärzte nicht bestraft wurden, die Abtreibungen während der Übergangszeit um und nach 1945 durchgeführt hatten. Das war ganz offensichtlich eine Entscheidung, mit der jene Ärzte geschützt werden sollten, die die zahllosen Abtreibungen an den Frauen gebilligt oder durchgeführt hatten, die sich mit Hinweis auf eine Vergewaltigung im Zuge der Eroberung durch die Rote Armee gemeldet hatten. Zwar gab es erbitterten Widerstand der Christlich-Demokratischen Union (CDUD) und auch von einigen Abgeordneten der Liberalen (LDPD) gegen das Ziel des SED, einheitliche Regeln durchzusetzen. Dennoch wurde in der SBZ etwas erreicht, was in Weimar nicht gelungen war: die Streichung selbst der reformierten Fassung des § 218 von 1926. Das Zentralorgan der SED, das „Neue Deutschland", stellte voller Stolz fest, nun hätte „die letzte Stunde der Kurpfuscher" geschlagen.[4]

In der sowjetischen Besatzungszone hatte sich in der neugebildeten SED ein Konsens gebildet, der sich auf den Mutterschutz bezog. Dabei war fraglos wichtig, daß zahlreiche Exilierte – zumindest zunächst – in die SBZ gegangen waren, nicht zuletzt mit der Hoffnung, einiges von den Sexreforminitiativen der Weimarer Republik wiederzubeleben bzw. weiterzuverfolgen, z. B. eine auf Ambulatorien gestützte Fürsorge und Beratungsstellen für Fragen von Ehe und Sexualität. Übereinstimmung – sozusagen ein revidierter Mutterschafts-Eugenik-Konsens – bestand darin, eine umfassende Entkriminalisierung abzulehnen, dafür jedoch die soziale Indikation zu legalisieren, zusätzlich zur medizinischen, eugenischen und ethischen. Es gehörten dazu Programme einer umfassenden Fürsorge, die die Geburtenziffern steigern helfen sollten, also „ausreichenden Mutterschutz, Schaffung von Kindergärten und Horten, die Frauen zu entlasten und für die gesunde Entwicklung der Kinder die notwendigen Voraussetzungen zu schaffen".[5]

Im Gegensatz zu den Forderungen der KPD in der Weimarer Republik meinte nun die Nachkriegs-SED, „der Paragraph 218 sollte nicht abgeschafft, sondern überflüssig werden".[6] In ihrer denkwürdigen Kampagne von 1931 hatte die KPD die Vorzüge der Legalisierung der Abtreibung für die Gesundheit der Frauen, aber auch für die Fruchtbarkeit betont – und das alles unter dem (gelegentlich etwas zögerlich präsentierten) Slogan „Dein Körper gehört Dir!". Nach zwölf Jahren Nationalsozialismus und vor allem angesichts der großen Zahl von Rückkehrern aus dem sowjetischen Exil, die jetzt einflußreiche Positionen in der SBZ hatten (und die sich des Rückzugs der Sowjetunion von der legalisierten Abtreibung 1936 bewußt waren),

---

4 Neues Deutschland, 27. September 1947, Stiftung Archiv der Parteien und Massenorganisationen der DDR im Bundesarchiv (SAPMO), DY 30, IV-2/17/29, S. 83. Verbrechen, die eine ethische Indikation rechtfertigten, mußten innerhalb von zwei Wochen angezeigt werden. Abtreibungen nach den ersten drei Monaten waren ausschließlich aus medizinischen Gründen erlaubt. Das Gesetz, das Sachsen-Anhalt im Februar 1948 annahm, betonte konkrete Hilfen für Frauen und neugeborene Babys, z. B. Wäscheausstattungen.
5 Käthe Kern, Was versteht man unter sozialer Indikation, Berlin 19. Dez. 1946, SAPMO, DY 30, IV-2/17/28; vgl. auch Für Dich, 1 (1946) H. 19, S. 8 und 1 (1946) H. 20, S. 4.
6 Vgl. eine undatierte Notiz im Nachlaß von Käthe Kern, SAPMO, NL 145/50, S. 213.

wurde die alte Parole als anarchistisch und individualistisch kritisiert und aufgegeben. Jetzt war das Ziel, ein Gesetz zu formulieren, das zweierlei verbinden sollte: die Bedürfnisse des Staates an der Erhaltung der „biologischen und moralischen Grundlagen für die Kontinuität des Volkes" mit den parallelen Bedürfnissen nach „einer lebensnahen Gesetzgebung".[7]

In einer eher defensiven Haltung setzten sich die Frauenausschüsse mit dem Parteivorstand der SED auseinander. Die Frauen, die sich hier organisierten, nahmen dabei Thesen der Weimarer Kampagnen auf: Gesellschaften, die nicht in der Lage seien, ihre Kinder zu ernähren, hätten kein Recht, deren Geburt zu erzwingen. Allerdings wurde dabei die Verknüpfung des Bezugs auf Rechte und Ansprüche auf körperliche Unversehrtheit der Frauen aufgegeben. Die Ausschüsse beharrten darauf, daß die Forderung nach legaler medizinischer Abtreibung keineswegs identisch sei mit dem „individualistischen" Anspruch auf ein Recht zur Kontrolle des eigenen Körpers. Die Forderung nach Abtreibung sei vielmehr notwendiger Ausdruck einer kollektiven sozialen Verantwortung:

„Wir glauben nicht an das Naturrecht; das Recht ist eine gesellschaftliche Kategorie. Und wir erkennen der Gesellschaft das Recht zu, über das Geschick von Mutter und Kind zu bestimmen; das allerdings unter einer Bedingung: daß die Gesellschaft ihnen wenigstens ein Mindestmaß erträglicher Daseinsbedingungen gewährleistet."[8]

Kommunisten fügten den maternalistischen Vorstellungen, wie sie in der Weimarer KPD und der SPD dominiert hatten, eine nationalistische Färbung hinzu. Sie unterstellten nicht nur einen natürlichen und höchstens zeitweise unterdrückten Kinderwunsch von Frauen. Denn zugleich waren sie auch von Ängsten über Kriegsverluste und eine Bevölkerungsverlagerung in den Westen geplagt, ausgedrückt etwa in Forderungen wie der: „Deutschland braucht Kinder, wenn sie unter menschenwürdigen Verhältnissen aufwachsen können, damit sie einmal zu Trägern des neuen demokratischen Lebens werden"[9]. Unter den neuen Verhältnissen, die den Sozialismus in greifbare Nähe zu rücken schienen, erwarteten Kommunisten wie Sozialdemokraten, daß ihre langgehegte Vision, glückliche und gesunde Mütter würden nicht länger Abtreibungen nötig haben, bald in Erfüllung gehe.[10]

Freilich hatten sich nach zwölf Jahren Nationalsozialismus, einem verheerenden Krieg, aber auch nach der Unterdrückung der Reformansätze in der Sowjetunion und dem permanenten Exil zumal besonders engagierter Aktivisten der Weimarer Sexreform die Bedingungen der Diskussion verändert. Im Zentrum standen jetzt weniger die dauerhafte Legalisierung der Abtreibung als die konkreten und wechselhaften Bedingungen, unter denen Abtreibung im Namen von Volksgesundheit und Wiederaufbau gerechtfertigt wären, „den Verhältnissen un-

---

7　Für Dich 1 (1946) H. 18, S. 3. Für eine umfassende Diskussion der Weimarer Bewegung gegen § 218 und die Frage der Kontinuitäten nach 1933 und 1945 vgl. mein Buch: Reforming Sex.

8　Abteilung Frauenausschüsse an den Vorstand der SED, 2. Oktober 1946, SAPMO, DY 30, IV-2/17/28.

9　Dr. Eva Kolmer, 29. Januar 1947, Pressedienst Frauenschutzgesetz 29. 1. 1947. Ähnliche Äußerungen auch bei Käthe Kern in ihrem Nachlaß, SAPMO NL 145 sowie ihre Äußerung vom 19. 12. 1946, SAPMO, DY 30, IV-2/17/28.

10　Dr. Friedrich Wolf, der § 218 und die soziale Indikation in: Neues Deutschland, 17. 12. 1946, SAPMO, DY 30, IV-2/17/29; vgl. auch Paul Ronge und Friedrich Wolf, Das Problem § 218, Rudolstadt o. d. [1946/47].

serer Zeit Rechnung tragend", wie es häufig hieß. Das gilt auch für solche Vorkämpferinnen und Vorkämpfer der Weimarer Kampagnen, die in Deutschland geblieben waren oder die nach Deutschland zurückkehrten, wie die Ärztin Anne-Marie Durand-Wever, die erste Präsidentin der Frauenorganisation in der SBZ, des Demokratischen Frauenbundes Deutschlands (DFD), oder Friedrich Wolf, dem Autor des gegen den § 218 gerichteten Theaterstücks „Zyankali" und Hauptvorkämpfer der Kampagne von 1931. Typisch ist ein Leitartikel in der „Frau von Heute" von Anfang 1947:

> „Kein vernünftiger Mensch ... hält eine Abtreibung für gut oder erwünscht. Sie bleibt ein unnatürlicher, nicht ungefährlicher Eingriff. Wir glauben und hoffen, daß mit einer Gesundung der wirtschaftlichen Verhältnisse einerseits und mit zunehmender Aufklärung der Frauen über den Gebrauch von Verhütungsmitteln andererseits die Abtreibung überflüssig und die Frage ihrer Strafbarkeit gegenstandslos werden wird."[11]

In genau dieser Situation allerdings waren es ironischerweise eben diese unmittelbaren Nachkriegsbedingungen, d. h. Notstand, Zerstörung und Verarmung, die es der SBZ zumindest eine Zeitlang ermöglichten, zur Weimarer Forderung nach Aufhebung des § 218 zurückzukehren – und diese sogar zu erfüllen. Der Konflikt zwischen individuellen Rechten und allgemeiner Wohlfahrt, der die Weimarer Sexreformer ebenso nachdrücklich beschäftigt wie gelähmt hatte, wurde zugunsten der letzteren entschieden. Aber im Unterschied zu den Westzonen wurden legale Möglichkeiten für eine Abtreibung einbezogen, zumindest in jenem Kontext von Unsicherheit und Not, der die ersten Nachkriegsjahre prägte.

Die öffentliche Rhetorik in der SBZ benutzte deshalb weithin Redefiguren aus den Weimarer Debatten über Reform und Legalisierung. Verwendet wurden aber auch Denkmuster und Wörter, die auf das Sowjetmodell der erneuten Kriminalisierung Bezug nahmen, im Zusammenhang pronatalistischer Wohlfahrtsmaßnahmen. Bemerkenswert ist, wie selten dabei – direkt oder indirekt – Bezug genommen wurde sowohl auf die Massenvergewaltigungen von 1945 wie auf die NS-Rassen- und Bevölkerungspolitik.[12]

Demgegenüber gab es auch nur einige sehr vorsichtige Versuche konservativer und christlicher Opponenten der Abtreibungsreform, die erst seit kurzem vergangene Nazipolitik auszunutzen: Sie verwiesen zur Bekräftigung ihrer These, Abtreibung sei Mord, auf Auschwitz oder die Nazi-"Euthanasie"-Programme. Und es war vertraute Rhetorik, wenn die Reformkräfte darauf aufmerksam machten, daß Frauen, die entschlossen waren, eine Schwangerschaft abzubrechen, dies in jedem Fall und ohne Rücksicht auf die Folgen tun würden. Vertraut war auch der Verweis auf die Unsinnigkeit von Gesetzen, die sich doch nicht durchsetzen ließen; wohlbekannt war auch der Hinweis auf die gesellschaftlichen und gesundheitlichen Folgen laienhafter Abtreibungen oder der auf unerwünschte oder behinderte Kinder. In diesen Zusammenhang gehörte schließlich der Hinweis auf die Notwendigkeit der Verhütung als einer Alternative zur Abtreibung, nicht selten begleitet von dem Argument, daß unter normaleren und glücklicheren Umständen die Frauen fraglos ihre mütterliche Rolle wieder ganz ausfüllen

---

11 Die Frau von Heute, Nr. 3, Februar 1947, S. 18: „Die Frau von Heute gibt Auskunft. Was bedeutet § 218?".
12 Dazu ausführlicher Atina Grossmann, Eine Frage des Schweigens? Die Vergewaltigung deutscher Frauen durch Besatzungssoldaten, in: Sozialwissenschaftliche Informationen, SOWI 24, 1995, S. 109–119.

würden. SED-Funktionäre und Funktionsträger der SBZ, die die neuen liberalen Regeln unterstützten, wurden in ihrer Haltung aber auch eingegrenzt von dem Befehl Nr. 234 der SMAD vom Oktober 1947. Darin wurde die rasche Steigerung der Arbeitsproduktivität gefordert, um Deutschland wieder aufzubauen, aber auch um der Sowjetunion die dringend benötigten Güter zu liefern. Es war dieser Befehl, der eine Reihe von Reformmaßnahmen anstieß, insbesondere zur Eheberatung und Mutter-und-Kind-Programme – und die Reform der Abtreibungsgesetzgebung.[13]

Der vorsichtige und zögerliche Ton der Debatte, zugleich die fortwährende Unterstellung, Frauen würden dann, wenn sich die Verhältnisse normalisiert hätten, wieder Kinder haben – und zwar für die Familie, den Staat und das Volk –, markierte bereits den politischen und rhetorischen Rahmen der weiteren Entwicklung. Vor diesem Hintergrund war es alles andere als eine drastische Kehrtwendung, als die soziale Indikation wenig später wieder aufgehoben wurde, von der neu gegründeten Deutschen Demokratischen Republik (nach dem 7. Oktober 1949). Ähnlich wie in der Sowjetunion 1936 wurden Denkmuster und Argumentationsformen, in denen soziale Not und Bedürftigkeit zentral waren – und die unmittelbar nach 1945 dazu genutzt worden waren, Abtreibungen zu legalisieren –, nun verwendet für das Gegenteil, für die erneute Rechtfertigung ihrer Kriminalisierung. Ebenso wie in der Sowjetunion beeilte man sich zu versichern, die notwendigen Voraussetzungen für ein gesundes Aufwachsen von Kindern – einschließlich des Schutzes und der Gleichstellung der Frauen – wären jetzt gesichert. Richtig war, daß eine Reihe von Wohlfahrtsmaßnahmen den Müttern zugute kamen. Dazu gehörten: Prämien für Mütter von zumindest drei Kindern, Zusatzleistungen für alleinerziehende erwerbstätige Mütter, verbesserte Kinderbetreuung und Schwangerschaftsfürsorge sowie andere Maßnahmen zugunsten der Mütter, aber auch Erziehungs- und Ausbildungsprogramme, die den Frauen helfen sollten, die Doppelbelastung einer vollen Erwerbsarbeit und der Kinderaufzucht zu meistern.[14]

Ähnlich wie in der Sowjetunion der 1930er Jahre behaupteten Partei- und Regierungsstellen in der DDR, die Legalisierung der Abtreibung habe zu einer wahren „Abortsucht" geführt. Es sei unübersehbar, daß „je mehr Genehmigungen [man erteile], desto mehr Anträge" eingereicht würden.[15] Die Legalisierung hatte weder den „Willen zum Kind" vorangebracht noch

---

13 Kirsten Poutrus argumentiert überzeugend, daß die SMAD nachdrücklich bestrebt war, die soziale Indikation in die Rechtsgründe für Abtreibung einzubeziehen. Das Motiv sei gewesen, die Bedeutung der „ethischen" Begründung für Abtreibung als weniger gewichtig erscheinen zu lassen, denn das bezog sich auf die Vergewaltigungsfälle, die von sowjetischen Soldaten begangen worden waren; vgl. dies., (K)eine Frauensache. Das Abtreibungsphänomen im sowjetisch besetzten Nachkriegsdeutschland (1945–1950), in: Ohne Frauen ist kein Leben. Der § 218 und moderne Reproduktionstechnologien, Berlin 1994, S. 99.

14 Zu den für notwendig erachteten Bedingungen für die erneute Kriminalisierung vgl. Generalstaatsanwalt Hilde Benjamin, Mitteilungen der juristischen Arbeitskommission im Zentralen Frauenausschuß, 3. Folge. Juristische Grundlagen für die Diskussion über den § 218. Abteilung Frauenausschuß bei der Deutschen Verwaltung für Volksbildung in der SBZ, Berlin, 27. 2. 1947, DFD-Archiv, SAPMO. Vgl. auch die gute Zusammenfassung in: Kirsten Thietz (Hg.), Ende der Selbstverständlichkeit? Die Abschaffung des § 218 in der DDR. Dokumente; Berlin 1992. Vgl. auch für die entgegengesetzte Entwicklung einer auf die Hausfrauenrolle bezogenen Politik in den Westzonen Robert G. Moeller, Protecting Motherhood. Women and the Family in the Politics of Postwar Germany, Berkeley 1993.

15 Vgl. Dr. K. H. Mehlan, Die Abortsituation in der DDR, in: Internationale Abortsituation. Kongreß vom 5.–7. 5. 1960, Leipzig 1961, S. 52–63.

die Gefahr illegaler Abtreibungen reduziert. Die letzteren waren unvermindert zahlreich und galten als seuchenhaft: „Legalisierung oder großzügige Lockerung [erschienen als] ein unzulängliches Mittel im Kampf gegen die Abtreibung."[16] Die liberalisierten Vorschriften, die nicht selten mißverstanden und sehr unterschiedlich angewandt wurden, hatten aber auch kaum die Zustimmung oder gar Unterstützung der Mehrheit der Ärzte in der SBZ gefunden. Das war vielleicht im unmittelbaren Anschluß an das Dritte Reich nicht besonders überraschend. Die allermeisten der fortschrittlichen Kollegen aus der Zeit vor 1933 waren tot oder im Exil. Zugleich hatte man den Ärzten angesichts des Fehlens von medizinischem Personal häufig die (zumal in den ersten zwei Jahren) harten Entnazifizierungsregeln erspart, im Unterschied etwa zu Lehrern. Eine erneute Verschärfung der Abtreibungsgesetze wurde deshalb von zwei Gruppen gleichermaßen begrüßt, die sonst häufig Konflikt miteinander hatten oder jedenfalls nicht gut aufeinander zu sprechen waren, der SED-Führung und der Ärzteschaft.

Am 27. Sept. 1950 legte der § 11 des neuen „Gesetzes über den Mutter- und Kinderschutz und die Rechte der Frau" erneut die Strafbarkeit der Abtreibung fest. Dieser Paragraph hob die erst kurz zuvor eingeführte soziale Indikation auf. Von da an durften die Kommissionen Abtreibungen oder, wie es hieß, „Schwangerschaftsabbrüchen" nur dann zustimmen, wenn es eindeutige Hinweise für eine ernste medizinische Gefahr für die Frau oder für erhebliche erbliche Gefährdungen bei den Eltern gab. Dieser § 11, der dem Gesetz über den Mutter- und Kinderschutz tatsächlich in letzter Minute hinzugefügt worden war, wurde „sehr stark diskutiert" und provozierte lautstarken Protest von örtlichen SED- und Frauengruppen[17], vielfach bei Versammlungen, die sich „steigerten ... bis zu einer Empörung und einem Durcheinander, so daß eine Pause eingelegt werden mußte". Arbeiterinnen attackierten das Gesetz, weil es von ihnen erwarte, „nur die Kinder für den Staat zu bringen, sie evtl. in ein Heim zu geben, das können wir nicht, dann wären wir keine Mütter..."[18] Sie fragten: „Warum will man wieder die Vielkinderehe, das wäre wie bei Hitler."[19] Funktionäre von DFD und SED verwiesen auf die positiven Maßnahmen, die das Gesetz enthalte. Sie suchten die enttäuschten Frauen davon zu überzeugen, „daß wir staatlicherseits jetzt doch alles Mögliche schon getan haben, um eine Geburt zu erleichtern". Und sie beharrten darauf, „daß unser Volk erneuert werden muß, nicht – wie Hitler es damals gesagt hat – um Soldaten für den Krieg zu schaffen, sondern um wirklich eine natürliche Erneuerung unseres Volkes zu einem Weiterbestand in der Zukunft zu schaffen".[20]

Die plötzlich erneuerte Strafbarkeit der Abtreibung rührte sehr frische und unverarbeitete Erinnerungen an die nationalsozialistische Zwangspolitik zur Mutterschaft wieder auf – Erinnerungen, die allerdings öffentlich verschwiegen wurden. Die neue sozialistische „Ethik einer gesunden und natürlichen Mütterlichkeit" nahm durchaus Bezug auf diese jüngste Vergangenheit einer erzwungenen Kanonenfutter-Produktion.[21] Aber zugleich vermied sie jede Diskus-

16 Mehlan, Die Abortsituation, S. 57.
17 SED-Landesverband Brandenburg an das ZK der SED, Frauenabteilung, Potsdam 18. Oktober 1950, SAPMO, DY 30, IV-2/17/30, S. 128.
18 SED-Landesverband Brandenburg an das ZK der SED, Frauenabteilung, Potsdam 26. Oktober 1950, ebd., S. 219.
19 SED-Landesverband Brandenburg an das ZK der SED, Frauenabteilung, Potsdam 18. Oktober 1950, ebd., S. 128.
20 Jenny Matern, Bundesvorstandssitzung des DFD, 11./12. Juni 1951, DFD-Archiv, SAPMO.
21 Richtlinien für Ehe- und Sexualberatungsstellen; 17. September 1946, Staatsarchiv Dresden, Landesregierung Sachsen, Ministerium für Arbeit und Sozialfürsorge, 35/1, Nr. 1810.

sion der Dimension rassistischer Aussonderung, welche die Nazi-Bevölkerungspolitik gekennzeichnet hatte. Diese neue Mutterschaftspolitik richtete sich ausdrücklich gegen die militaristischen (allerdings nicht die rassistischen) Absichten der NS-Ideologie. Es entsprach den herrschenden Anschauungen in der DDR, sich gegen eine nationalistische und völkische Sprache zu wenden, diese aber zugleich selbst anzueigen und zu verwenden. Danach waren Forderungen des Staates nach mehr Babys dann abzulehnen, wenn es um militaristische Ziele ging; sie waren hingegen gerechtfertigt, wenn es darum ging, das eigene Volk zu stärken. – Diese Logik war nicht auf die DDR beschränkt. Sie war auch in der Bundesrepublik anzutreffen.

Aber die Masse der Frauen war davon offenbar nicht allzusehr beeindruckt. Kommunisten, vor allem weibliche Aktivisten (die überwiegend im Rahmen des Demokratischen Frauenbunds Deutschlands, DFD, organisiert waren), wurden hart bedrängt, um den Schwenk der Partei zu klären.[22] Nach Jahren einer – in sich widersprüchlichen und ambivalenten – Nazi-Propaganda, die Aspekte der Geburtenförderung mit solchen der Verhinderung verknüpfte, vor allem aber den dramatischen Erfahrungen des Kriegsendes und insbesondere der Massenvergewaltigung vor allem im Osten Deutschlands war bei sehr vielen Frauen die Überzeugung fest verankert, daß Abtreibung dann gerechtfertigt war, wenn sie angesichts der sozialen Situation notwendig wurde.

Eine junge Zahntechnikerin antwortete in einem der zahlreichen Leserbrieforen, die über die Abtreibungsfrage in der Presse der SBZ publiziert wurden: „Was hat der Staat von sehr vielen Kindern, die unterernährt und krank sind, die ihm nur Kosten verursachen und vielleicht niemals auch nur die Durchschnittsaufgaben, die an einen Menschen gestellt werden, erfüllen können?"[23]

Überdies erinnerten sich viele in der SBZ an die entschiedene und kompromißlose Haltung der KPD gegen den § 218 in der Weimarer Zeit. Eine enttäuschte Ärztin, die Kommunistin war, notierte, daß die Denkprozesse dieser Gesetzgebung sich kaum nachvollziehen ließen. Das gelte vor allem für die vielen Frauen und Männer, die mit aller Entschiedenheit für Jahre und Jahrzehnte gegen den § 218 gekämpft hatten.[24] Das ausgedehnte Netz sozialer Hilfseinrichtungen, die von dem neuen Gesetz vorausgesetzt wurden, existierte freilich noch nicht. Und auch die Forderungen des DFD nach überall verfügbaren Möglichkeiten zur Geburtenkontrolle waren nicht erfüllt. Der DFD wurde deshalb darauf beschränkt, ab und an zu intervenieren, um Antragstellerinnen in ihren Auseinandersetzungen mit den Kommissionen über eine medizinische Indikation beizustehen. Freilich blieb dies wohl meistens ohne Erfolg. Der DFD drängte aber auch Mitglieder, Ärzte aus dem Westen für die Beratungsstellen zu rekrutieren, die dem „Schutz" von Müttern und Kindern dienen sollten.[25] Die Funktionärin Käthe Kern seufzte: „Gerade in bezug auf den § 11 muß von uns eine große ideologische Aufklärung geleistet werden."[26]

---

22 Dazu die DFD-Bundesvorstandssitzung vom 11. und 12. Juni 1959, Berlin, DFD-Archiv; vgl. auch die Briefe und Diskussionsnotizen in SAPMO, DY 30, IV-2/17/30.
23 Die Frau von Heute, Nr. 8, April 1947, S. 8.
24 Nachlaß von Elfriede Paul, BA SAPMO, NL 229/13.
25 DFD-Treffen, Berlin, 11.–12. Juni 1951, DFD-Archiv, SAPMO. Vgl. auch Sächsisches Ministerium für Gesundheitswesen, Staatsarchiv Dresden, 29, Nr. 2145 sowie DFD-Referentenmaterial, SAPMO, DY 30, IV-2/17/28.
26 Käthe Kern, DFD-Bundesvorstandssitzung, 19.–20. Oktober 1950, DFD-Archiv, SAPMO.

Fraglos fühlten sich SED-Frauen keineswegs wohl bei den Kompromissen, die sie eingehen mußten. Käthe Kern hatte bereits mehr als drei Jahre zuvor mit einer gewissen Resignation festgestellt: „Alles das sind sehr komplizierte Fragen. Mit Paragraphen allein wird man dem tatsächlichen Leben nicht immer voll und ganz gerecht."[27] Aber es war dieser neue § 11 (und nicht mehr § 218), der enorme Macht über die reproduktive Seite des Lebens ostdeutscher Frauen in den 1950er und 1960er Jahren hatte. Er basierte auf der – wie sich zeigte, falschen – Voraussetzung, daß Gleichheit der Geschlechter und ökonomische Sicherheit eine allgemein verfügbare gesetzliche Abtreibung unnötig machen würden.

2. Auf dem Weg zur Re-Legalisierung: Frauen schreiben – die Regierung antwortet

Die Situation nach 1950
Der § 11 des Gesetzes von 1950 verursachte enorme Interpretationsprobleme. Umstritten und unklar waren aber auch Formen und Intensität der Durchsetzung.[28] Daraus resultierte nicht zuletzt eine lebhafte Korrespondenz zwischen Bürgerinnen und dem Gesundheitsministerium. In ihren Schreiben protestierten Frauen energisch, allerdings ohne Erfolg gegen abschlägige Bescheide, die sie auf ihre Gesuche für legale Abtreibung durch die jeweiligen lokalen Kommissionen erhalten hatten. Diese Kommissionen sollten bei den Anträgen prüfen, ob eine medizinische, eugenische oder ethische Indikation vorlag – die soziale Indikation war ja durch den neuen § 11 abgeschafft worden.[29] Eingaben aus den 1960er Jahren, die in den Akten des

---

27 Notizen für eine Rede vor einer Frauenkonferenz, 28. Mai 1947, im Nachlaß Käthe Kern, in: SAPMO, NL 145/50, 125. Als einen Beleg für das nachdrückliche Interesse an der Abtreibungsfrage unter SED-Aktivisten vgl. die 35seitige Bibliographie, die über 800 Bücher, Aufsätze und Dissertationen zum Thema enthält: § 218 StGB als rechtspolitisches Problem. Eine Literaturübersicht, Dr. Günther Berg (Hg.), Jena 1947, SAPMO, NL 145.

28 Dabei wurden, wie Donna Harsch gezeigt hat, eindeutige Richtlinien für die Umsetzung des § 11 niemals erlassen, vgl. Donna Harsch, Schwangerschaftsabbruch in der DDR, 1950–1970, Ms, Beitrag für das Kolloquium zur Frauengeschichte der TU Berlin, Sommer 1995. Ich danke Prof. Harsch, History Department, Carnegie Mellon University, Pittsburgh, U.S.A., dafür, daß sie mir die Möglichkeit gibt, sich auf ihr Papier zu beziehen (das ich erst sah, nachdem ich meinen ursprünglichen Beitrag für die Washingtoner Konferenz im Oktober 1994 geschrieben hatte).

29 Es steht ganz außer Frage, daß das Gesetz eine unmittelbare Wirkung hatte. So wurden 1950 in der DDR 311.000 Geburten registriert, es gab 26.360 legale Abtreibungen, und die Schätzung über die illegalen Abtreibungen lag bei 84.000. 1951, nachdem das neue Gesetz gültig geworden war, stieg die Geburtenziffer leicht auf 318.000; hingegen sank drastisch die Zahl der legalen Abtreibungen auf 5.037; die geschätzte Zahl der illegalen Abtreibungen betrug immerhin 68.000. Vgl. dafür Dr. K.-H. Mehlan, Die Abortsituation in der DDR, in: Internationale Abortsituation, S. 52–63. – Über die Entstehung des Gesetzes von 1950 ist ein wichtiges Projekt in Arbeit bei Kirstin Poutrus, einer Doktorandin am Institut für Geschichtswissenschaft der Humboldt-Universität Berlin; vgl. ihren Aufsatz: „Ein Staat, der seine Kinder nicht ernähren kann, hat nicht das Recht, ihre Geburt zu fordern". Abtreibung in der Nachkriegszeit 1945 bis 1950, in: Unter anderen Umständen, Berlin/Dresden 1993, S. 73–85. Festzuhalten ist, daß im Unterschied zur lokalen Zuständigkeit für die Entscheidung über Abtreibungen bei Sterilisierungen das Ministerium entschied.

Ministeriums für Gesundheitswesen gesammelt sind, zeigen eine Reihe sich sehr entschlossener artikulierender Frauen. Für ihre Ansprüche auf eine legale Abtreibung setzten sie ein Argumentationsmuster ein, in dem das sozialistische Bürgerrecht, aber auch Zusagen für gesellschaftliche Teilhabe von Frauen eine prominente Rolle spielten. Zugleich nutzten sie diese Argumentationen und Wörter aber auch, um ihre Verzweiflung, ihren Ärger über Entscheidungen der lokalen Kommissionen auszudrücken.

Fraglos waren Kommissionen bzw. Berufungskommisionen überlastet. Das führte häufig dazu, daß sie viele Fälle so lange nicht berieten, bis alle Fristen für eine medizinische Indikation verstrichen waren. Die Verhütungsmittel, die als Alternativen zur Abtreibung angepriesen wurden, waren nicht zuverlässig und vor allem häufig nicht verfügbar (das hatte auch damit zu tun, daß es während der Nazi-Zeit nur eine geringe Produktion und vor allem keine Neuentwicklungen gegeben hatte). In manchen Fällen allerdings überwog jene Politik, die mit dem Stolz der jungen DDR verbunden war, Krankheiten energisch zu bekämpfen und vor allem angemessene Behandlung für jene Leiden anzubieten, die herkömmlich mit Not und Elend verbunden waren, wie etwa bei der Tbc. In solchen Fällen galt soziale bzw. sozial-medizinische Indikation als nicht mehr angezeigt oder notwendig. Es kam hinzu, daß die Ärzte, die in diesen Kommissionen saßen, dafür keinerlei finanzielles Entgelt erhielten und häufig diese Aufgabe überaus lustlos ausübten. Die Laienmitglieder, insbesondere die vom DFD, galten als schlecht ausgebildet bzw. wenig vorbereitet und unqualifiziert, um Entscheidungen über medizinische und eugenische Notwendigkeiten treffen zu können. Die Mediziner und Juristen mahnten sie sogar gelegentlich, den antragstellenden Frauen nicht mit zuviel Sympathie zu begegnen.

Die große Unsicherheit über das Gesetz, seine Unpopularität und nicht zuletzt Sorgen über mögliche Wirkungen auf die Gesundheit von Frauen führten allerdings dazu, daß man versuchte, sehr genaue und detaillierte Akten über legale wie illegale Aborte zu führen. Die Räte der Bezirke führten Vierteljahresverzeichnisse und berichteten regelmäßig an das Ministerium über alle Anträge auf Abtreibung; sie unterschieden dabei zwischen den angenommenen und zurückgewiesenen (in der Regel je ca. 50 Prozent). Diese Berichte vermerkten, ob die zugelassenen Abtreibungen (wegen medizinischer Indikation oder schwerer Erbkrankheiten) ohne Komplikation verlaufen waren. Aber sie untersuchten auch den Fortgang jener Schwangerschaft, deren Abbruch untersagt worden war; ausdrücklich notierten sie, welche davon tatsächlich ausgetragen, zugleich wieviele dieser Babys tot geboren oder vorzeitig geboren worden waren. Diese Akten dokumentieren eine fortwährende Sorge über das anhaltende Problem der Kindersterblichkeit (vor allem bei den Frühgeburten, für die die medizinische Betreuung als außerordentlich unzureichend galt). Dokumentiert wurden aber auch illegale Abtreibungen. Und: Es finden sich Bemerkungen der Zufriedenheit darüber, daß offenbar die meisten Frauen, die ihre Schwangerschaft hatten abbrechen wollen, sie dennoch austrugen, jedenfalls offenbar nur in wenigen Fällen eine illegale und vermutlich gefährliche Abtreibung versucht wurde. Desungeachtet blieb die Rate der illegalen Abtreibungen in den ersten Jahren nach dem Erlaß dieses Gesetzes (1950) hoch. Für die Jahre von 1950–1955 schätzte man pro Jahr 70–100.000 solcher Abtreibungen.[30] Die Ziffern für legale wie illegale Abtreibungen gingen fortwährend zurück. Dennoch schien es, daß weder die liberalisierte Abtreibungsmöglichkeit (bis 1950) noch die Restriktion (ab 1950) gegen die, wie es immer wieder hieß, anhaltende deutsche „Abtreibungsseuche" durchschlugen.

---

30 Harsch, Schwangerschaftsabbruch, S. 4.

„Eingaben" aus den 1960er Jahren

Im Unterschied zu den Statistiken, die 1949 einsetzen, stammen die Protest-Eingaben überwiegend aus der Mitte der 1960er Jahre. Dies ist sicherlich kein Zufall; es ist die Zeit, in der die Anti-Abtreibungsvorschriften in West- wie in Ostdeutschland zunehmend kritisiert wurden (zugleich war dies eine Periode der „Liberalisierung" in anderen Ostblockgesellschaften). Nach sieben Jahren fortwährender Erleichterungen führte das schließlich 1972 zur Wiederzulassung der Abtreibung.[31] 1965 waren standardisierte und liberalisierte „Instruktionen zur Anwendung des Artikels 11" an die lokalen Kommissionen erlassen worden. Die zulässigen Indikationen wurden erweitert über die strikt medizinischen und eugenischen hinaus und konnten Frauen unter 16 Jahren sowie solche über 40 Jahren einschließen, ebenfalls Frauen mit mehr als 5 Kindern oder Frauen, bei denen die durchschnittliche Zeitspanne zwischen 4 Geburten weniger als 15 Monate nach der letzten gewesen war, weiterhin Vergewaltigung, Inzest oder andere kriminelle Handlungen – diese wurden ausdrücklich wieder als Begründungen für eine Abtreibung zugelassen. Die Instruktionen sahen auch vor, daß Frauen, die sich selbst zu helfen suchten, nicht länger als straffällig anzusehen waren. Schließlich sollte neben einer physischen auch eine psychische Unfähigkeit, ein Kind auszutragen, in die Überlegungen einbezogen werden.[32]

Insgesamt erkannte man mit diesen Regelungen zumindest implizit an, daß der Versuch gescheitert war, die Nachfrage nach Abtreibungen einzudämmen. Dieser Wandel bedeutete eine eher defensive Antwort auf die immer noch hohe Rate illegaler Abtreibungen; zugleich widerspiegelten sie die offensichtliche Frustration vieler Frauen mit den Kommissionen. Positiver ist eine Lesart, die in diesen Vorschriften eine Antwort auf die insgesamt überaus hohe bzw. steigende Geburtenrate nach 1950 sieht (die Rate war von 13 Geburten auf 1.000 Einwohner 1951 über 16,3 Geburten 1954 schließlich auf 17,5 in dem denkwürdigen Jahr 1961 geklettert).[33] In den Führungsgremien von SED und Regierung blockierten weiterhin Ängste über die Bevölkerungszahl jede formale oder völlige Abschaffung des § 11. Daran änderten günstige demographische Daten ebensowenig wie Berichte, die Kinderbetreuung beeinträchtige zunehmend die Bereitschaft oder die Fähigkeit von Frauen, Erwerbsarbeit aufzunehmen.

Die Briefe der Frauen müssen in diesem Kontext gelesen werden. Dies war eine Arena, die geprägt war von zahllosen Konflikten, zumal bei den Auseinandersetzungen um das Gesetz von 1950. Zugleich aber sind die spezifischen Bedingungen in der DDR-Gesellschaft nach 1961 einzubeziehen. Nach der Errichtung der Mauer startete die Führung der DDR große Anstrengungen, das Niveau der weiblichen Erwerbsarbeit zu steigern, ohne dabei die pronatalistische Linie aufzugeben. Die 1960er Jahre – die in vielerlei Hinsicht expansive Dekade nach dem Mauerbau – brachten die Entwicklung extensiver Frauenförderungspläne für fachliche Qualifizierung und Weiterentwicklung, zugleich eine umfassende Diskussion über die Notwendigkeiten sozialer Leistungen: Waschanstalten und Waschstützpunkte, chemische Rei-

---

31 BArch B, DQ-1/Nr. 1686, zu 1949–1954; Nr. 1647 und Nr. 1646 sowie besonders Nr. 6324. Harsch zählt nur 18 Eingaben aus den frühen 1950er Jahren, jedoch eine steigende Zahl nach der Lockerung ab 1965: 32 1965, 40 1967 und 41 1968 (ebd., S. 17).

32 Es gibt eine gewisse Unsicherheit in den vorliegenden Arbeiten über die genaue Zielsetzung der Regulierungen von 1965. Vgl. dazu Harsch, Schwangerschaftsabbruch, S. 9 und Katharine von Ankum, Women and Re/production in the GDR, in: Women in German, Yearbook 9, 1993, S. 9f.

33 Dazu Harsch, Schwangerschaftsabbruch, S. 9f; vgl. Statistisches Jahrbuch der DDR 1961, Berlin 1962, S. 38.

nigungen, Großküchen und Krippen. Damit sollte die Doppelbelastung gelindert werden, die das Alltagsleben jeder ostdeutschen Frau prägte.[34]

Zahlreiche Frauen wurden beruflich fortgebildet bzw. „qualifiziert" oder in Managementpositionen gebracht. Zugleich suchte die SED die Zahl der Frauen unter ihren Mitgliedern zu steigern. Die Protestbriefe an das Gesundheitsministerium spiegeln dieses Klima hoffnungsvollen Fortschritts: Es werde gelingen, mehr Frauen in das gesellschaftliche, wirtschaftliche und politische Leben zu integrieren. Die Briefe reflektieren aber zugleich den scharfen und von vielen Frauen als sehr gravierend empfundenen Bruch – in dieser Perspektive – durch die Verweigerung der Selbstbestimmung über das Austragen von Kindern. Dazu kam dann noch hinzu, daß die erhebliche Zunahme der Zustimmungen zu Abtreibungsanträgen nach 1965 bei denen, die dennoch von einer Ablehnung getroffen waren, besondere Bitterkeit und das Gefühl, extrem unfair behandelt zu werden, ausgelöst haben dürfte.[35]

Frauen, die sich direkt an die DDR-Regierung wandten, um die Aufhebung einer negativen Entscheidung durch die jeweilige lokale Kommission zu erreichen, beharrten mit großem Nachdruck darauf, daß sie ihre Verantwortung zur Sicherstellung des Nachwuchses für den Staat erfüllt hätten (diese Verantwortlichkeit selbst stellten sie nicht in Frage). Dabei beanspruchten sie aber das Recht auf eigene Lebensfreude und auf Sexualität. Gleichzeitig sahen sie aber auch jeden Grund, Möglichkeiten zum Aufstieg im Beruf und im politischen Leben zu reklamieren. Das Gefühl, eigene Rechte verletzt zu sehen, speiste sich nicht nur, wie in den ersten Jahren nach 1945, aus der Wahrnehmung, medizinische oder eugenische Fragen würden nicht beachtet. Und hier wurde auch nicht nur die Misere der wirtschaftlichen und sozialen Umstände spürbar. Die Antragstellerinnen der 1960er Jahre haben offenbar nicht gezögert, jene Zusagen von Frauenrechten und Frauengleichheit ernst zu nehmen, die in eben dem Gesetz von 1950 formuliert worden waren, das ihnen zugleich die legale Abtreibung versagt hatte. Mindestens ebenso stark waren Wünsche und Sehnsüchte, nun auch jene vermehrten Möglichkeiten gesellschaftlicher Teilnahme wahrzunehmen, die allgemein von den Bürgerinnen der DDR erwartet wurde.

Andererseits aber waren die Briefschreiberinnen eine relativ kleine Gruppe, selbstsicher und zuversichtlich, aber auch verzweifelt genug, sich zu beschweren – und vor allem ihren Fall durch die Instanzen zu verfolgen. Es waren dies Frauen, für die die DDR-Gesellschaft vieles möglich gemacht hatte – sie selbst betrachteten oder präsentierten sich als besonders loyal (und mehrere bezeichneten sich ausdrücklich als Funktionärinnen).[36] Es läßt sich auch annehmen, daß Frauen, die sich engagierten und die gebotenen Möglichkeiten für eine Ausbildung bzw. zu beruflichem und sozialem Aufstieg wahrzunehmen suchten, weniger bereit waren, eine unerwünschte Schwangerschaft auf illegalem Wege zu beenden. In diesen Fällen lag es sehr viel näher, Abhilfe auf den zugelassenen und legalen Wegen zu suchen. Dazu paßt, daß sie vielfach ausdrücklich betonten, gewisse Einschränkungen bei der Abtreibung seien unab-

---

34 Dazu BArch B, DQ-1/Nr. 2215, Bericht über Krippen und Heime 1960; 10 Jahre Gesetz Mutter- und Kinderschutz und die Rechte der Frau.
35 Dazu von Ankum, Women and Re-Production, S. 134, wo sie DFD-Berichte zitiert, denen zufolge 88,8 % der Anträge nach 1965 akzeptiert wurden.
36 Bei 113 lag die durchschnittliche Zahl der Kinder bei 2,6 (also gewiß nicht „kinderreich"); 33 hatten Familienmitglieder in leitender Stellung, 16 lassen sich als mittlere Schicht identifizieren, waren Angestellte oder Facharbeiterinnen; nur fünf waren Arbeiterinnen oder gehörten zu Bauernfamilien; vgl. dazu insgesamt Harsch, S. 17.

dingbar – erst nach einem solchen Vorsatz erläuterten sie dann, weshalb sie sich selbst zu den staatlicherseits vorgesehenen „besonderen Fällen" zählen: „mein soz. Staat hat dafür gesetz. Bestimmungen erlassen, *dass in besonderen Fällen eine* Schwangerschaftsunterbrechung vorgenommen werden darf."[37]

Diese Minderheiten-Stimmen, die hier zitiert werden, scheinen mir dennoch aussagekräftig für Themen in der DDR-Gesellschaft, die über diese Gruppe weit hinausreichten. Es scheint mir bedeutsam, daß diese Frauen in dem Verweis auf die egalitären Ziele des Staates die Chance sahen, ihrem Anliegen oder ihrer Forderung mehr Durchschlagskraft zu verleihen. Es ist zugleich beeindruckend, welch hohes Maß an persönlichem Engagement, aber auch welches Gefühl von Verbundenheit oder Verbindung zwischen Bürgern bzw. Bürgerinnen und der staatlichen Bürokratie erkennbar wird – ein gleichsam intimer und familiärer Ton. Aber auch Zeitungen und Illustrierte nahmen die Klagen von Frauen auf und leiteten sie an die entsprechenden Behörden weiter. Leserbriefe, die in „Die Frau von Heute" und „Neues Deutschland", „Wochenpost" und anderen Zeitschriften erschienen, geben davon beredt Zeugnis. Beim Lesen hat man das Gefühl, in ein kleines und junges Land hineinzuhören, in dem zumindest einige weibliche Bürger eine herbe Enttäuschung erlitten haben; nach den Briefen zu urteilen, fühlten sie sich dennoch nicht völlig ausgeschlossen oder ausgestoßen.

Sehr viel schwieriger zu interpretieren sind die Antworten der Regierung. Insgesamt zeigte sie sich unberührt und unbeeindruckt von den Bitten und Appellen; zugleich beharrte sie auf dem Ton patronisierender Intimität. Die Formbriefe sind nichts anderes als kalte und gleichsam automatisierte Abweisungen. Und dabei scheint, daß es überhaupt keine Rolle spielte, aus welchen Umständen heraus die Frau geschrieben hatte. Aber auch hier ist ein Moment der Sorge erkennbar, jenes „Wir wissen, was gut für sie ist!", so etwas wie ein „guter Onkel"-(oder besser: „gute Tante")-Ton. Das wird sehr deutlich in den vorwurfsvollen Ratschlägen, doch auf jeden Fall Verhütungsmittel zu benutzen und die Dienste der Eheberatungsstellen in Anspruch zu nehmen. Die Briefe sind insgesamt freundlich, aber zugleich fest im Ton. Sie alle schließen mit dem Dank an die Frauen für ihr „Vertrauen".

Einerseits suchte das Gesundheitsministerium bzw. suchten seine Angestellten jeder Verantwortung (und jedem Vorwurf) dadurch auszuweichen, daß sie die Bittstellerinnen daran erinnerten, die Entscheidungen würden von örtlichen Kommissionen getroffen. Dabei waren die Antworten unmißverständlich in ihrer Unterstützung für die örtlichen Entscheidungen, Anträge auf Abtreibung zurückzuweisen. Den Frauen wurde der Rat gegeben, Schwangerschaftsberatungen und -fürsorge in Anspruch zu nehmen. Und in Zukunft sollten sie doch die Verhütungsempfehlungen der örtlichen Beratungsstellen beachten. Die Implikation ist klar: In dieser Sicht waren die Frauen allein verantwortlich für ihr Elend. Sie hätten ja die angeblich überall verfügbaren Verhütungsmittel nehmen können; nun aber müßten sie die Konsequenzen tragen. Diesen Schluß freilich waren die Bittstellerinnen in keiner Weise bereit zu akzeptieren. Die Mischung aus hilfreichem Angebot und Maßregelung klingt zum Beispiel so:

„Etwas erstaunt sind wir doch über ihre Unkenntnis zu Fragen der Schwangerschaftsverhütung. Sowohl die örtliche Presse wie unsere Frauenzeitschrift hat schon sehr viel Veröffentlichungen zu diesem Problem gebracht [sic]. Wir möchten daher nicht versäumen Ihnen zu empfehlen, sich nach der Geburt des Kindes vertrauensvoll an eine Ehe- und Sexual-

---

[37] BArch B, DQ-1/Nr. 6324, S. 19, Eingabe vom 5. Dezember 1968.

beratungsstelle zu wenden, um sich fachlich über die Möglichkeiten der Empfängnisverhütung beraten zu lassen. So sehr wir Ihre gegenwärtigen Sorgen verstehen, so glauben wir doch, daß Sie sich nach Überwindung des ersten Schocks auf Ihr Kindchen freuen werden. Wir wünschen Ihnen Kraft und Mut und alles Gute."

Diesen überaus freundlichen Worten stehen die beredten Klagebriefe von Bürgerinnen gegenüber.[38] Dazu gehörte z. B. der Brief von L. E. vom 1. August 1968 an das Referat „Eingaben" des Gesundheitsministeriums:

„In Industrie und Wissenschaft unseres Staates beschäftigt man sich mit der Belastbarkeitsgrenze des Menschen. Wer beschäftigt sich mit dieser Grenze bei einer berufstätigen Frau? Kann es Sinn und Zweck der Frau in unserer sozialistischen Gesellschaft sein, dazu verdammt zu sein, zwischen dem Kinderkriegen irgendwo eine untergeordnete Arbeit zu verrichten, obwohl sie mehr leisten könnte? Habe ich nicht mit der Erziehung von 3 Kindern zu ordentlichen Staatsbürgern meine Pflicht erfüllt? Steht mir heute, nachdem ich 20 Jahre für unseren Staat als Funktionär gearbeitet habe, nicht das Recht zu, mich trotz ausreichender Gesundheit dafür zu entscheiden, kein weiteres Kind mehr zu haben, sondern etwas für meine berufliche Qualifizierung zu tun? Ein Recht, das man ohne weiteres jedem Manne zuerkennt. Da die Natur die Männer mit diesem Problem verschont hat, glauben sie auch darüber urteilen zu dürfen, ob wir Kinder austragen müssen oder nicht. Oder hängt die gesellschaftliche Entwicklung einer Frau davon ab, ob sie das Pech hat, biologisch so beschaffen zu sein, daß sie leicht empfänglich ist?"[39]

Die Antragstellerinnen waren allerdings keineswegs bereit, das Argument zu akzeptieren, daß nur ganz besondere soziale Notlagen oder medizinische Notwendigkeit eine Abtreibung rechtfertigten. Sie beharrten hingegen auf Angeboten und Versprechungen, an der kollektiven Wohlfahrt teilzuhaben und individuelle Erfüllung ihrer Wünsche und Bedürfnisse zu finden. In einem solchen Fall antwortete das Ministerium kurz angebunden, daß Frauen ohne Frage das Recht hätten, individuelle und familiäre Interessen mit denen der Gesellschaft zu verbinden – aber doch nicht dadurch, daß sie das Risiko einer Abtreibung eingingen – so am 8. August 1968:

„Zu Ihren Ausführungen möchten wir bemerken, daß auch Sie selbstverständlich das Recht haben, daß jede Frau, bzw. jede Familie ihre eigenen Interessen mit denen der Gesellschaft in Einklang bringen kann, d. h. in Ihrem Falle, die Sicherung von optimaler Kinderzahl und optimalen Geburtenintervallen entsprechend der familiären Situation. Nur dürfen Sie dabei nicht vergessen, daß der Weg zur Erlangung dieses Zieles – entsprechend der prophylaktischen Zielsetzung des sozialistischen Gesundheitswesens – die Kontrazeption ist. Die Schwangerschaftsunterbrechung, die auch bei fachgerechter Ausführung wie jede Operation mit einem Risikofaktor behaftet ist, darf nur den Fällen vorbehalten bleiben, bei denen durch das Fortbestehen der Schwangerschaft Leben und Gesundheit der Frau gefährdet sind."[40]

38 Sofern nicht anders ausdrücklich notiert, stammen diese Briefe alle aus dem BA Potsdam, DQ-1/Nr. 6324.
39 Brief 1. August 1968 an Ministerium für Gesundheitswesen „Referat Eingaben", mit Stempel „Eingabe". BArch B DQ-1/Nr. 6324, S. 133.
40 BArch B, DQ-11/Nr. 6234, S. 130f.

Ein Beispiel für eine verärgerte Antwort auf einen derartigen Formbrief des Ministeriums ist der Brief, den eine Volkspolizistin – mit zwei Söhnen und einer Tochter – am 13. Juli 1968 schrieb. Sie berief sich auf ihr Recht auf Fortbildung: Sie würde ihren Studienplatz verlieren, wenn sie schwanger bliebe – so sei es ihr schon mehrfach in der Vergangenheit ergangen. Sie verwies darauf, daß ihre Familie aus lauter guten Sozialisten bestehe; alle würden bei der Hausarbeit helfen, sie und ihr Mann hätten durchaus Geburtenkontrolle geübt: „Wir bauten auf die Gummiindustrie". Hier schien alles bestens geregelt; dennoch aber war sie jeden Tag mit den häuslichen Pflichten nach der Arbeit beschäftigt, von 6 bis 11 Uhr abends – und nun war sie unfreiwillig erneut schwanger geworden. Sie verwies auf ihr Recht auf sexuelle Erfüllung ohne Furcht vor Schwangerschaft.

Dies waren dieselben Argumentations- und Rechtfertigungsfiguren, die bereits in den 1920er Jahren benutzt worden waren. Und auch ihre Beschwerde, daß ungeachtet aller offiziellen Bekundungen die Ärzte keineswegs bereitwillig wirksame Verhütungsmittel verschrieben, entsprach den Klagen aus den 1920er Jahren. Überhaupt hatten die regierungsamtlichen Ermahnungen, Verhütungsmittel zu benutzen, einen hohlen Klang bei den Frauen in der DDR: Jede wußte doch, daß die Verhütungsmittel vielfach ungenügend waren. Kondome waren notorisch unzuverlässig, und die begrenzte Anzahl von Verhütungspillen, die hergestellt wurden, galten bei vielen Frauen als gesundheitsschädlicher als eine erlaubte Abtreibung. Die Volkspolizistin hielt ihre Verbitterung und zugleich ihr Verwunderung darüber nicht zurück, daß Frauen auch in der modernen Zeit immer noch dazu verurteilt waren, unerwünschte Schwangerschaften austragen zu müssen.

„Wir als Frauen haben in unserer Republik schon viel, sehr viel geleistet und erreicht. Wir entscheiden auf allen Gebieten mit, nur darüber, ob wir ein Kind haben wollen oder nicht, können wir nicht entscheiden. Es gibt große Fortschritte in der Medizin, aber wenn man einen Arzt diesbezüglich um Hilfe bittet, ist die Antwort ein mitleidiges Lächeln über das Mißgeschick oder tröstende Worte. Beide sind keinen Pfifferling wert. … Gibt es außer „nicht tun" wirklich kein sicheres Vorbeugungsmittel? Machen wir uns doch nichts vor, zu einer guten Ehe gehört der körperliche Kontakt nun einmal dazu. Gehört die ständige Angst vor einer erneuten Schwangerschaft wirklich noch zum Leben einer Frau unserer Tage? Können wir uns wirklich erst persönlich etwas vornehmen, wenn wir über diese Jahre hinaus sind? Ich kann es nicht glauben. Ist es so schwer einzusehen, daß man, wenn man 35 ist und drei Kinder hat, auch als Frau den Wunsch hat, im Beruf etwas zu leisten und nicht in den kritischen Tagen die Nerven immer wieder bis zum Zerreißen auf die Probe gestellt werden."[41]

Ohne Frage hatte die DDR einer Reihe von Frauen Möglichkeiten eröffnet, ihre Wünsche und Sehnsüchte jenseits der häuslichen Sphäre zu entwickeln. Und diese Frauen waren durchaus bereit, dies anzuerkennen. Um so mehr waren sie empört darüber, daß sie an diesem besonders wichtigen Punkt besonders unfair behandelt wurden. Eine andere Frau, die entschlossen war, kein viertes Kind zu haben, schrieb am 1. Oktober 1967:

---

41 Auf diesem Brief, 13. Juli 1968, findet sich ausnahmsweise kein Stempel „Eingabe", allerdings handgeschrieben die Nummer E 56168. BArch B, DQ-1/Nr. 6324, S. 135f.

"Ich [bin] absolut nicht daran interessiert, mein Leben in meinen häuslichen vier Wänden in den nächsten 3 oder gar 6 Jahren zu verbringen... Ich kann mich diesmal bei allerbestem Willen nicht damit abfinden, wieder Mutter zu werden, wo doch alle meine Wünsche für das weitere Leben bei dem jetzigen Alter meiner Kinder in greifbare Nähe gerückt sind."[42]

Die mit Ärger vermischte Hoffnung der Frauen, solche Appelle würden Erfolg haben, hatte gewiß etwas zu tun mit der eigentümlichen Färbung der Geburtenförderung in der DDR. In scharfem Kontrast zum westdeutschen Familienmodell[43] erforderte die Geburtenförderungspolitik der DDR nicht, daß die Mütter zu Hause blieben. Der Staat erwartete Geburten, allerdings sollte das nicht zu einem Rückgang der Frauenerwerbstätigkeit oder der Beteiligung von Frauen am gesellschaftlichen politischen Leben führen. Das ist grundsätzlich bekannt; überrascht hat es mich aber, in welchem Ausmaß das Gesundheitsministerium bereit war, Mütter zu drängen, ihre Kinder in Pflegeeinrichtungen zu geben, d. h. in Tagesheime, Wochenheime und auch Dauerheime. Für das Ministerium waren diese Heime *die* Alternative zur Abtreibung.

Die Argumente, welche die Angestellten des Ministeriums formulierten, sollten die Frauen ermuntern, die Kinder auszutragen. Damit verknüpfte sich aber nicht die Erwartung, die Frauen sollten auch die Verantwortung für das Aufziehen der Kinder übernehmen. In einem Brief an eine 33jährige Frau in Spremberg, den das Ministerium für Gesundheit bzw. die Abteilung Mutter und Kind am 27. Dezember 1968 schrieb, wurde diese verzweifelte alleinerziehende Mutter gedrängt, ihr Kind in ein Dauerheim zu geben; dann wäre sie in der Lage, ihr Studium weiterzuführen und abzuschließen. Mit diesem Vorschlag konnten die staatlichen Behörden behaupten, die Forderungen der Weimarer KPD nach legaler Abtreibung endlich zu erfüllen – Forderungen, die unter der Parole vorgetragen worden waren, daß „ein Land, das seine Kinder nicht ernähren kann, kein Recht hat, Kinder zu fördern". Die DDR konnte behaupten, daß sie das Recht habe, Abtreibungen einzuschränken, weil hier für die Kinder gesorgt würde, selbst wenn die Mütter die Schwangerschaft eigentlich nicht gewollt hatten. In den Richtlinien von 1960 zur „Vorbereitung des 10. Jahrestages des Gesetzes über den Mutter- und Kinderschutz und die Rechte der Frau vom 27. September 1950" wurde dementsprechend festgestellt:

„Mit der Verwirklichung des Gesetzes über den Mutter- und Kinderschutz und die Rechte der Frau zeigen wir den westdeutschen Frauen, daß in unserem Staat die Frau eine geachtete Stellung auf allen Gebieten des Lebens einnimmt und beweisen auch die Überlegenheit unseres Arbeiter- und Bauernstaates gegenüber dem reaktionären, klerikal-militaristischen System der Adenauer-Regierung."[44]

Freilich, nicht alle Frauen akzeptierten diese Logik. Sie gingen vielmehr davon aus, daß sie nach vollendeter Schwangerschaft in jedem Fall mit der Sorge für das Kind befaßt waren, daß dies aber ihr eigenes Leben als Mutter (die viele bereits waren), als Arbeiter und Bürger einschränken oder beschädigen würde. In jedem Fall ist deutlich, daß dann, wenn es bereits Kinder gab, die Frauen auch richtige Mütter, d. h. für ihre Kinder da sein wollten, ebenso wie sie

---

42   BArch B, DQ-1/Nr. 6234, S. 409.
43   Dazu Robert G. Moeller, Protecting Motherhood.
44   BArch B, DQ-1/Nr. 5291.

ihre anderen gesellschaftlichen und Arbeitsaufgaben „richtig" wahrzunehmen suchten. Und eben dies war der Grund, weshalb sie die Zahl ihrer Kinder zu begrenzen suchten. Die staatlichen Behörden hingegen suchten die Probleme der erwerbstätigen Mütter, vor allem die der alleinerziehenden Mütter dadurch zu lösen, daß diese ihre Kinder in Heime geben sollten. Die Behörden diskutierten auch die Notwendigkeit, Tages- und Heimfürsorge für kranke Kinder einzurichten, dann würden die Arbeitszeiten und -verpflichtungen der Mütter nicht gestört oder unterbrochen. Aber die Frauen waren hier besonders mißtrauisch, eigensinnig und widerständig. Sie zögerten sehr, sich von ihren Kindern zu trennen, vor allem dann, wenn diese krank waren. Den allermeisten waren auch die Grenzen der staatlichen Fürsorge und Unterstützung allzu bekannt – Grenzen praktischer Art, mehr noch bei allem, was mit Gefühlen zu tun hatte. Überdies war die Zahl von Krippenplätzen überaus begrenzt.

Bezeichnend ist der Fall einer Frau, die vier Jahre zuvor geschieden worden war und seither mit ihren drei Kindern im Alter von 6, 7 und 12 Jahren allein lebte. Sie hatte schließlich einen guten Arbeitsplatz gefunden, der Möglichkeiten für weitere Fortbildung eröffnete. Sie war nun von einem anderen Mann, der sie verlassen hatte, erneut schwanger und protestierte gegen die Kommissionsentscheidung, die ihr die Abtreibung untersagte (vom 6. Dezember 1968):

„Auch die Bestimmungen über die Förderung der Frau nehmen mir nicht die Verantwortung für meine drei Kinder ab ... Es ist wirklich schwer allen Anforderungen als alleinstehende Frau und Mutter mit drei Kindern im Beruf und gegenüber der Gesellschaft gerecht zu werden."[45]

Ungeachtet der Ablehnung blieb sie davon überzeugt, daß sie die Schwangerschaft nicht austragen könnte. Hier ist freilich der weitere Fortgang nicht bekannt. Die Statistiken lassen aber vermuten, daß sie in der Tat das Kind austragen mußte bzw. ausgetragen hat.

In einem Brief, der auf den 1. Dezember 1968 datiert ist, legte eine Mutter von vier Kindern, von denen eines im Alter von einem Jahr gestorben war, ihren Fall dar. Sie litt an Tbc, aber es war nicht dieser Umstand, der eine Ausnahme nahelegte (die medizinische Indikation war abgelehnt worden in einem Staat, der sich viel auf seine besonders gute medizinische Fürsorge zugute hielt):

„Ich möchte meine 3 im Haushalt lebenden Kinder ordentlich großziehen, sie trotz unmöglicher wohnlicher Zustände zu ordentlichen sozialistischen Bürgern erziehen. Ich selbst möchte die letzte Kraft, welche ich trotz meiner scheinbaren Jugend noch besitze, meinen Kindern geben und darüber hinaus durch meine Arbeit im Industriebetrieb meine Treue zu meinem Staat der DDR beweisen. Ich bin der Meinung, daß ich auch noch Recht auf mein Leben habe und der Gesetzgeber, mein soz. Staat hat dafür gesetzliche Bestimmungen erlassen, daß in *besonderen Fällen* eine Schwangerschaftsunterbrechung vorgenommen werden darf."[46]

---

45 BArch B. DQ-1/Nr. 6324, S. 5f.
46 BArch B, DQ-1/Nr. 6324, S. 19f.

3. Staatliche Interessen und Stimmen der Frauen

Viele Fragen bleiben offen. Welches Maß an Zynismus ist uns, den Leserinnen und Lesern dieser Briefe an eine zentrale Behörde der DDR, erlaubt? Bereits das Genre der Eingabe eines „ordentlichen sozialistischen Bürgers" signalisiert Abhängigkeit. Die Rhetorik von Loyalität und sozialistischen Verpflichtungen, die diese Eingaben prägt, stützt Vermutungen, es handele sich hier um Texte, die vorwiegend oder fast ausschließlich strategisch-taktisch formuliert waren. Dennoch aber beeindruckt die Stärke der Wünsche und Sehnsüchte nach persönlicher wie sozialer Erfüllung. Beeindruckend aber ist ebenfalls, wie entschieden die Behörden diese Sehnsüchte ablehnten.

Mir scheint besonders deutlich, daß diese ausführlichen Briefe ungeachtet ihrer weithin instrumentellen Ziele und Sprache mit großer Intensität Zeugnis ablegen von dem harten und beschwerlichen, zugleich aber stolzen Leben, das diese Frauen führten. Frauen, die zur Feder bzw. zum Kugelschreiber (oder zur Schreibmaschine) griffen, eigneten sich die offiziellen Redeweisen über Gleichheit und Förderung der Frauenerwerbsarbeit sowie von öffentlicher Teilnahme an – sie machten sich die offizielle Sprache zu Nutze. In vielen Wendungen variierten sie den Wunsch, ebenso „guter Bürger", der die sozialen Verpflichtungen wahrnimmt, zu sein wie eine gute Mutter. Insofern geben diese Briefe Zeugnis von fortdauernden Widersprüchen zwischen Bürgersein und Mutterschaft, und dies vor allem in einem sozialistischen Wohlfahrtsstaat, der nach eigenen Aussagen insbesondere erwerbstätige Mütter schätzte.

In den frühen 1970er Jahren spitzten sich fraglos Widersprüche in der Sozialpolitik der DDR zu. Und es mag sein, daß die erneute Legalisierung der Abtreibung deshalb unvermeidlich wurde. Es verstärkte sich das Drängen auf Vollzeit-Teilnahme aller Frauen sowohl an der wirtschaftlichen Produktion wie an gesellschaftlichen Aufgaben. Diese Aktivitäten ließen sich aber nicht ohne weiteres verbinden mit zwei oder sogar drei „ordentlichen sozialistischen Kindern". Die hohe Scheidungsrate und die anhaltende Knappheit bei tauglichen Verhütungsmitteln ließ sich nur unter großen Mühen mit der Forderung nach einem disziplinierten sozialistischen Familienleben vereinbaren. Der Verweis auf eine sozialistische Geburtenpolitik wurde durch die (zumindest zeitweise) Möglichkeit visafreien Reisens nach Polen unterminiert; jedenfalls erleichterte das einen weithin bekannten Abtreibungstourismus nach Osten. Und die Berliner Mauer blockierte keineswegs Informationen über die Kampagnen, die Frauen in der Bundesrepublik gegen den Paragraphen 218 starteten.[47]

Aber diese Briefe, d. h. diese sorgfältig formulierten Texte loyaler DDR-Bürgerinnen, die so nachdrücklich und verzweifelt bemüht waren, von ihrem sozialistischen Staat nicht enttäuscht zu werden – diese Texte sagen auch viel darüber, weshalb die DDR schließlich doch genötigt war, am 9. März 1972 die Abtreibung zuzulassen, jedenfalls in den ersten drei Monaten nach der Empfängnis. An diesem Tag nach dem Internationalen Frauentag gab die Führung Wünschen nach, wie sie in den hier diskutierten Briefen ausgedrückt wurden. Die Texte der Briefe verweisen auf Bedürfnisse und signalisieren Forderungen, diese Bedürfnisse zu berücksichtigen. Vor allem aber wird hier die Stärke von Frauen erkennbar, die politisches Gewicht gewonnen hatten – *ohne* eine soziale Bewegung für die Frauen-Emanzipation und *ohne* den Hintergrund einer allgemein akzeptierten Rhetorik individueller Rechte.

Übersetzung aus dem Amerikanischen: Alf Lüdtke

---

47 Dazu von Ankum, Women and Re/Production, S. 134.

Inga Markovits[1]

Rechts-Geschichte. Ein DDR-Zivilprozeß aus den 1980er Jahren

Gerichtsakten ähneln geologischen Ablagerungen einer Epoche. Wie Schichtungen und Adern im Gestein erzählen sie von ruhigen Zeiten und von Umwälzungen; von Alltäglichem und von Ungewöhnlichem. Wer mit alten Akten arbeitet, wird abends wie von Ausgrabungen im Feld mit schmerzendem Rücken und staubig vom Geröll der Jahre nach Hause kommen. Aber wie Gesteinsproben, haben auch alte Gerichtsakten eine befriedigende Realität. Sie erzählen Geschichten, die einmal wahr waren; mehr noch: Geschichten, um die es sich einmal zu streiten verlohnte. Recht berührt fast alles, was im Leben von Menschen wichtig ist: Familie, Arbeit, tägliche Versorgung, die Beziehungen zu Mitbürgern und zum Staat. Es gibt kaum zuverlässigere Zeugnisse einer vergangenen Gesellschaftsordnung.

Ich will versuchen, an Hand eines einzelnen Fundstückes aus DDR-Zeiten etwas über das Rechts- und Gesellschaftssystem zu sagen, dem es entnommen ist. Mein Exemplar stammt aus den 1980er Jahren: ein Zivilprozeß in einer mittelgroßen Stadt. Der Fall ist einfach: Eine geistig behinderte Frau wird von der Polizei einer Scheckfälschung bezichtigt; obwohl sie strafrechtlich nicht verantwortlich ist, verklagt die Sparkasse, die den gefälschten Scheck akzeptiert hat, sie auf Ersatz des entstandenen Schadens und nimmt, als die Verklagte mit einer Gehaltsabtretung die geforderte Summe in Raten zu begleichen beginnt, ihre Klage zurück. Das juristische Hin und Her ergibt eine mitteldicke Akte von 32 Seiten; eigentlich nur das Bruchstück eines Rechtsfalls, denn es kommt zu keiner mündlichen Verhandlung und zu keinem Urteil. Trotzdem trägt dieses Bruchstück deutliche Züge seiner Herkunft. Aber bevor ich diese Züge nachzeichne und erkläre, will ich die geologische Fundstelle beschreiben, aus der mein Schaustück stammt.

---

[1] Ich bin der amerikanischen National Science Foundation zu zweifachem Dank verpflichtet: für die Finanzierung des Forschungsprojekts, auf dem die vorliegende Studie beruht (NSF SES – 9210575) und für finanzielle Unterstützung während eines Forschungsaufenthaltes am Center for Advanced Study in the Behavioral Sciences, Stanford (NSF SES – 9022192), wo dieser Beitrag geschrieben wurde. Besonderer Dank gilt auch der Volkswagenstiftung für ihre großzügige Unterstützung meiner Arbeit zur DDR-Rechtsgeschichte und, last not least, Bettina Leetz für einige Kopien und hilfreiche Telefonkommentare.

I.

In ostdeutschen Gerichtsarchiven sind heute vor- und nach-Wende-Akten friedlich vereint. So reihen sich die Jahrgänge 1989, 1990, 1991 der Entscheidungen eines ehemaligen Kreis- und jetzigen Amtsgerichts auf den Regalen scheinbar nahtlos aneinander. Aber selbst ein Besucher, der die deutsche Nachkriegsgeschichte wie im Kyffhäuser verschlafen haben sollte, würde sofort bemerken, daß um das Jahr 1990 herum in dem Land, das diese Akten produzierte, Ungewöhnliches passiert sein muß. Nicht nur, weil Aktenzeichen und Einbanddeckel sich verändern: sichtbare Farbabstufungen im Gestein. Er brauchte nur hier und da eine Entscheidung herauszuziehen und durchzublättern, um zu der Überzeugung zu gelangen, daß Rechtsprechung vor und nach dem historischen Bruch unterschiedlich ablief und unterschiedlichen Zielen diente. Was würde er finden?

Nehmen wir an, unser Besucher nimmt einen Aktendeckel aus der Mitte der 1980er Jahre aus dem Regal. Beim Aufschlagen findet er als erstes einen graufarbigen Zettel, der Gebührenwert und Gerichtskosten berechnet. Dann folgt die eigentliche Klageschrift: in früheren Jahren oft ein handschriftlicher Brief an das Gericht; jetzt – um 1985 herum – eher ein maschinengeschriebener Schriftsatz, den der Kläger bei der Rechtsantragsstelle des Gerichts zu Protokoll gegeben hat; vielleicht auch ein Eigenfabrikat, vom Kläger zu Hause selbst getippt, nachdem er sich vorher bei der Rechtsauskunft des Gerichts oder vom Justitiar seines Betriebs kostenlos hat beraten lassen. Die Klageschrift nennt Kläger und Verklagten mit Namen, Anschrift und Beruf und führt, zum mindesten für den Kläger, oft auch dessen zwölfstellige „Personenkennzahl" an: offenbar ist dies ein Staat, der seine Bürger sorgfältig registriert und ungern aus den Augen verliert.

Dann kommt die Begründung der Klage. Der Leser hat keine Mühe, zu verstehen, worum es geht: hier wird, in Alltagssprache, eine Geschichte aus der Sicht des Klägers erzählt. Sie beschreibt das unrechtmäßige Verhalten des Verklagten und das Verlangen des Klägers nach Wiedergutmachung. Weil auch ein in der Rechtsantragsstelle durch den Sekretär verfaßter Schriftsatz den mündlichen Schilderungen des Klägers folgt und dessen Wortwahl vielfach übernimmt, hat auch die amtlich aufgesetzte Klageschrift eine menschliche Färbung: die Entrüstung des Klägers über das ihm zugefügte Unrecht scheint deutlich durch. Selbstverfaßte Klagen schließen oft mit einer höflichen Floskel oder einer persönlichen Bitte ans Gericht: „Für eine baldige Bearbeitung wären wir sehr dankbar, da im Oktober größere Renovierungsarbeiten geplant sind," zum Beispiel.[2] Aber selbst wenn ein Rechtsanwalt die Klage aufgesetzt haben sollte (bei einem Zivilrechtsstreit der 1980er Jahre höchstens in einem Viertel der Fälle[3]), wird sie nicht in Juristenchinesisch geschrieben sein, sondern die gleichen sprachlichen Stilmittel benutzen, die auch ein Laie verwendet hätte: emotional geladene Worte, rhetorische Fragen, viele Ausrufungszeichen. Man spürt: hier geht es um einen Streit, der die Gemüter der Beteiligten bewegt.

---

[2] Alle Zitate, falls nicht anders angegeben, entstammen Zivilrechtsakten aus den 1980er Jahren, die aus den Aktenbeständen zweier ehemaliger Kreisgerichte kommen.

[3] DDR-Justizstatistiken enthalten keine Angaben zur Beteiligung von Rechtsanwälten an Zivilverfahren. Meine Schätzung beruht auf Auszählungen an einem ehemaligen Kreisgericht mit 3–5 Richtern, an dessen Zivilprozessen in den 1980er Jahren zwischen 17 % und 21 % der Parteien durch einen Rechtsanwalt vertreten waren. Obwohl zu Beginn dieser Periode Kläger doppelt so oft einen Rechtsanwalt benutzten wie Verklagte, glich sich das Verhältnis im Laufe der Jahre nahezu an.

Auch der Streitgegenstand hat menschliche Dimensionen. Die meisten Konflikte sind nicht aus kommerziellen Austauschgeschäften auf dem Markt erwachsen, sondern aus persönlichen Beziehungen der Beteiligten. Übrigens erweisen sich auch die zu Beginn der Klageschrift angeführten Personenkennzahlen nicht als die anonymen Verwaltungskürzel, für die der Leser sie anfangs gehalten hat. Anders als zum Beispiel die neunstellige amerikanische Sozialversicherungsnummer, die nur verrät, welche örtliche Zweigstelle der Behörde einem Antragsteller seine Nummer zuwies, ist die ostdeutsche PKZ auf ihren jeweiligen Inhaber persönlich zugeschnitten. Die ersten sechs Stellen nennen sein Geburtsdatum, die nächste sein Geschlecht, sodaß man schon allein aus dieser Zahl eine gewisse Vorstellung über den Menschen gewinnen kann, der dahinter steht. Es scheint dem Staat, der diese Nummern verwendet, nicht nur um bürokratische Erfassung und Kontrolle, sondern auch um die Person jedes Einzelnen zu gehen.

Der Eindruck wird beim Weiterblättern verstärkt. Nach der Klageschrift findet der Leser meistens die Stellungnahme des Verklagten in den Akten: seine Gegen-Geschichte, noch seltener von einem Anwalt aufgesetzt und noch emotionaler gefärbt als der Schriftsatz des Klägers, weil der Verklagte sich angegriffen fühlt und nicht nur seine Sache verfechten, sondern auch seine Person verteidigen will. Danach folgen in der Regel eine Reihe von Schreiben des Gerichts an Ämter und Personen, die im Leben von Kläger und Verklagtem ebenfalls eine Rolle spielen: ein Brief an die Abteilung Wohnungswirtschaft etwa, der um Auskunft darüber bittet, ob die Räumung eines Zimmers, die der Kläger anstrebt, eine unzumutbare Beeinträchtigung für den Verklagten bedeuten würde („Mit sozialistischem Gruß …"); die Anforderung einer Verdienstbescheinigung vom Arbeitgeber des Verklagten; vielleicht eine Frage an den Staatsanwalt, in der es um die Einziehung eines ungesetzlichen Mehrpreises beim Verkauf eines Autos geht. Auch Briefe von Privatpersonen liegen dazwischen: Zeugen schreiben, warum sie am festgesetzten Datum nicht zur mündlichen Verhandlung erscheinen können; Verwandte oder Freunde ergreifen gelegentlich Partei und schildern dem Gericht ihre Sicht der Dinge, oder jemand bittet um Rat, wie dieser Ex-Ehemann einer Partei, der die umstrittenen Kleidungsstücke in seinem Keller gefunden hat: „Jetzt wende ich mich vertrauensvoll mit der Bitte an Sie, Hohes Gericht, wie habe ich mich zu verhalten? Muß ich die Gegenstände vorher übergeben oder zur Gerichtsverhandlung mitbringen?" Man merkt: diese Prozesse finden nicht im luftleeren Raum, sondern in einem gesellschaftlichen Umfeld statt, in dem die Menschen nahe beieinander wohnen und arbeiten, in dem Luxusgüter knapp und Bürger von vielen Autoritäten abhängig sind.

Die vielen verschiedenen Papierarten in der Akte verraten auch, daß zwischen diesen Autoritäten eine deutliche Rangordnung besteht. Die Protokolle und Mitteilungen des Gerichts sind auf grobporigem, angegrautem Papier geschrieben, mit Durchschlägen auf dünnem, flatterndem Seidenpapier, oft schon angerissen, und kürzeren Mitteilungen, wie Ladungen und dergleichen, auf halben Seiten, um Papier zu sparen. Dieser Justizapparat muß offenbar mit seinen Mitteln haushalten. Die Antwortbriefe der Behörden sehen etwas feiner aus: weißere Bögen, weniger halbe Seiten. Das beste Papier kommt aus der volkseigenen Wirtschaft: oft fest und glatt, mit dekorativen Logos und Briefköpfen, die gern die Auszeichnungen des Betriebs aufzählen. Dann und wann liegt zwischen all den Blättern auch der blütenweiße Schriftsatz eines Westanwalts.

Das Herzstück einer Akte ist (wenn es überhaupt soweit kommt) das Protokoll der mündlichen Verhandlung. Es ist erstaunlich gründlich. Darstellung und Gegendarstellung der Parteien werden geduldig angehört und aufgeschrieben. Zeugen werden dem Leser mit Alter, Beruf und Wohnort vorgestellt und ihre Aussage in Ich-Form und oft mit Ausschweifungen wiedergegeben: „Ich weiß dies deshalb so genau, weil meine Tochter auch an diesem Tisch interessiert war und mein Vater ihr sagte, der Tisch sei schon dem Verklagten versprochen." Auch Einwände in der Verhandlung finden protokollarischen Niederschlag: „auf Vorhalten des Gerichts …", heißt es, oder: „auf Vorhalten des Vertreters des Verklagten …" Wenn alle gesprochen haben, glaubt auch der Leser, einigermaßen Bescheid zu wissen.

Der Ausgang des Prozesses – durch Einigung, Klagrücknahmen oder, seltener, Urteil – bringt also meistens keine Überraschung mehr. Man hat es kommen sehen. Urteile nehmen mit ihrer Rekapitulation des Sachverhalts noch einmal mehrere Seiten einer Akte ein; Einigungen und Klagrücknahmen sind kurz und bündig. Aber selbst wenn ein Streitfall entschieden und eigentlich alles schon geregelt ist, ist die Geschichte noch nicht notwendig zu Ende. So verraten Protokolle oft, daß ein Richter auch nach Abschluß der eigentlichen Verhandlung mit den Parteien noch zusätzliche Probleme besprochen hat, die sich aus dem Prozeß ergaben (wohin mit den Möbeln, wenn die Bodenkammer geräumt werden muß?) oder daß er Dritte, etwa Kollektivvertreter oder Schöffen, damit beauftragt, die Konfliktsituation auch nach der Entscheidung des Gerichts im Auge zu behalten. Offenbar soll Rechtsprechung in dieser Periode nicht nur entstandenen Streit schlichten, sondern auch zukünftigen Streit zu verhindern versuchen. Wenn der Leser die letzte Seite seiner Akte umgeblättert hat, ist ihm fast, als könne er alle Beteiligten, zufrieden oder ärgerlich, nach Hause gehen sehen.

Aber gerade weil die Geschichten, die diese Akten erzählen, so vollständig erscheinen, gerade weil es einem DDR-Gericht nicht nur um die prozessual faire Lösung eines Einzelstreits, sondern um gesellschaftliche Befriedung und um die „materielle Wahrheit" ging, regt sich gelegentlich auch Argwohn bei dem Leser. Sind wirklich alle Beteiligten an der Wahrheit interessiert? Ist nicht vielleicht doch Wichtiges ausgelassen worden? Von vielen, uns jetzt bekannten Praktiken der DDR-Justiz verraten auch solche Akten nichts, bei deren Bearbeitung sie eine Rolle gespielt haben müssen. Es läßt sich einer Prozeßakte zum Beispiel nicht ansehen, ob sie zum Gegenstand einer „Wochenmeldung" ans übergeordnete Gericht gemacht und zur Einsichtnahme dorthin verschickt wurde. Kein Aktenvermerk gibt darüber Auskunft, ob das Verfahren – wie es gelegentlich in Meldungen nach oben heißt – vom Bezirksgericht „unter Kontrolle genommen wurde", oder ob bei Dienstbesprechungen oder Parteiversammlungen im Gericht ein Problem besprochen und so, vielleicht, präjudiziert wurde. Die Wirklichkeit, von der ostdeutsche Gerichtsakten erzählen, ist eine menschliche Wirklichkeit, aber auch eine Wirklichkeit mit Lücken. Man kann nicht sicher sein, wer alles an der Geschichte mitgeschrieben hat.

Und was findet der Besucher, wenn er einige Schritte weiter geht und einen neuen Vorgang aus den 1990er Jahren vom Regal nimmt? Als Allererstes wird ihm das Papier auffallen. In diesem Rechtssystem gibt es keine sichtbare Hierarchie der Qualität mehr. Fast jedes Blatt ist holzfrei, weiß, mit elegantem Briefkopf und in gestochenem Computerdruck beschriftet. Hier, scheint es, kann sich jeder das Beste leisten. Zwischen den Bögen eine Fülle von Fotokopien, ebenfalls beste Qualität, während man zehn Jahre früher nur sehr gelegentlich eine gelbe, kaum lesbare „Lichtpause" gefunden hätte.

Wie die 1980er Akte, beginnt auch dieser Vorgang mit einer Kostenrechnung, diesmal auf ganzseitigem, glattem Formular. Aber in der Klageschrift, die folgt, wird der Leser vergeblich nach einer „Geschichte" suchen, die ihm erlauben würde, sich die Streitenden vorzustellen und an dem menschlichen Drama ihrer Auseinandersetzung teilzuhaben. Privatpersonen, die ihre Geschichte selbst erzählen könnten, erscheinen fast nie in diesen Akten. Sie lassen sich durch Rechtsanwälte vertreten. Geschäftsleute verschwinden hinter Justitiaren. Zwar berichten auch die von Juristen aufgesetzten Schriftsätze über einen konkreten Sachverhalt. Aber er ist reduziert auf das, was den Experten wichtig scheint, und bietet der Neugier oder dem Mitgefühl des Lesers kaum noch Anhaltspunkte. Außerdem wird die Schilderung der Ereignisse so oft von Paragraphen und Literaturzitaten und vor allem von Anlagen aller Art unterbrochen (Verträge, Rechnungen, Grundbuchauszüge etc.), daß sich der Faden der Erzählung leicht verliert. Auch der Schriftsatz der Gegenpartei macht die Sache nicht übersichtlicher: neue Rechungen, neue Bescheinigungen. Dazwischen juristische Argumente, die eine genaue Kenntnis nicht nur des Sachverhalts, sondern auch der anzuwendenden rechtlichen Regelungen voraussetzt: „In diesem Zusammenhang ist ergänzend auf die Moratoriumsregelung des Art. 223 § 2a Abs. 1 lit. A EGBGB zu verweisen," etwa. Wie bitte? Die eigentlichen Protagonisten der Geschichte erscheinen nur kurz mit Namen und Adresse. Gelegentlich wird jemand als „Eigentümer o. g. Grundstücks" oder in ähnlich abstrahierter Form vorgestellt.

Auch in der mündlichen Verhandlung sind die Streitenden selbst nicht anzutreffen. Obwohl der Richter das persönliche Erscheinen der Parteien anordnen kann (DDR-Richter taten das fast immer), ist die entsprechende Rubrik im Formblatt einer Akte aus den 1990er Jahren fast immer vom Richter durchgestrichen. Aber auch die Rechtsanwälte haben nur einen kurzen Auftritt. Das Protokoll der mündlichen Verhandlung, das zu DDR-Zeiten mehrere Seiten füllte, besteht jetzt meistens nur noch aus einigen kurzen Sätzen. Hier ist ein Beispiel: „Im Einverständnis mit den Parteien wird der Streitwert ... festgesetzt. Klägervertreter stellt den Antrag aus der Klageschrift. Beklagter stellt den Antrag, die Klage abzuweisen. Beschluß: neuer Termin auf Anruf."

Kein Wunder, daß das Ganze nur ein paar Minuten gedauert hat. Der Leser merkt: in diesem Rechtssystem geht es nicht um die Erziehung und Aussöhnung von Kläger und Beklagtem, die eine geruhsame Aussprache zwischen dem Gericht und den Parteien erfordert, sondern um die exakte Abgrenzung und Festlegung von Rechtspositionen, die die Experten schriftlich unter sich abmachen. So folgen auf das Protokoll der ersten Verhandlung denn auch meistens weitere Schriftsätze mit Fotokopien von Auszügen aus Kommentaren, Gerichtsentscheidungen und dergleichen, bis eine zweite öffentliche Sitzung noch lakonischer verläuft, als die erste: „Parteien stellen Anträge wie in der Sitzung von ... Beschluß: Termin zur Verkündung einer Entscheidung in 1 Monat."

Sollte es tatsächlich in dieser Zeit nicht zu einer gütlichen Lösung zwischen den Anwälten kommen (deren Inhalt man nicht aus den Akten erfahren wird), sondern zu einem streitigen Urteil, so wird auch dieses Urteil für den Leser vieles offenlassen. Es wird einen Tenor enthalten („Die Klage wird abgewiesen"), eine wortkarge juristische Beschreibung des Sachverhalts, die Anträge der Parteien und wahrscheinlich einen kurzen Satz, der die dürftige Schilderung des Streitfalls offen zugibt: „Zur Ergänzung des Tatbestandes wird auf den Inhalt der Schriftsätze und Anlagen Bezug genommen." Selbst die Entscheidungsgründe, in der Regel der sorgfältigste Teil des Urteils, werden oft keine sachliche Begründung dafür enthalten, warum der Kläger Recht oder Unrecht hatte, sondern nur formal feststellen, „daß der Kläger darlegungs- oder beweisfällig blieb." Dann noch ein paar Empfangsbestätigungen und der Kostenfestsetzungsbeschluß. Der Leser, der unbefriedigt von der Akte aufsieht, weiß immer noch nicht, ob er seine Sympathie dem Kläger oder eher dem Beklagten schenken soll.

Es würde ihm mit den meisten 1990er Zivilrechtsakten im Gerichtsarchiv ähnlich ergehen. Die neuen Akten sind in der Regel sehr viel umfangreicher als die vor der Wende: die vielen Schriftsätze, Formulare, Belege und Kopien und die perfekte Dokumentation des Austausches all dieser Mitteilungen zwischen den Parteien und dem Gericht summieren sich zu oft gewichtigen Papierpaketen. Aber die Geschichte, die sich aus diesen Bündeln herausschälen läßt, bleibt blaß und mager. Der „ganze Mensch", so wichtig im sozialistischen Recht, kommt hier nicht vor. Es wäre absurd, diesen Akten gegenüber den gleichen Vorwurf zu erheben, der einen gelegentlich beim Lesen von DDR-Akten beschleicht: daß ihre Geschichten vielleicht doch wichtige Aspekte der Wahrheit ausgelassen haben. Diese Akten erheben keinerlei Ansprüche auf Vollständigkeit. Es geht ihnen weder um „Geschichten" noch um „Wahrheit", sondern um die effiziente und präzise Abgrenzung isolierter Rechtsansprüche. Und weil Genauigkeit sich dort am besten realisieren läßt, wo es etwas zu zählen gibt, geht es fast immer um Geld oder um Ansprüche, die sich in Geld übersetzen lassen. Die 1980er Gerichtsakten zeugen von menschlichen Konflikten, die die Richter einer gesellschaftlichen Katharsis und Lösung zuzuführen versuchen. Die 1990er Akten beschreiben Recht als Handlanger des Markts und einen Prozeß, der viel Papier, viel juristische Expertise, möglichst wenig Zeit der Richter und keine Gefühle beansprucht.

Soweit das Umfeld. Nun zu unserer Geschichte.

II.

Am 2. 4. 1987 verklagt die Stadt- und Kreissparkasse Magdeburg beim Kreisgericht Magdeburg-Stadt Frau Helga Schmittchen geb. Mühlmann aus Gotha[4] auf Schadensersatz in Höhe von 300.– Mark zuzüglich 6 % Zinsen ab 8. 10. 1985. An diesem Tage habe eine „Helga Mühlmann" einen ihr nicht gehörenden und mit dem Namen „Schmittchen" unterschriebenen Scheck rechtswidrig eingelöst und (weil die Sparkasse dem Inhaber des Kontos den Verlust der Summe ersetzen mußte) „eine Schädigung des sozialistischen Eigentums" herbeigeführt. Zwar habe das Volkspolizei-Kreisamt (VPKA) Gotha, das nach Übergabe vom VPKA Magdeburg die Ermittlung führte, auf Grund der „gutachterlich festgestellten Zurechnungsunfähigkeit" von Frau Schmittchen deren strafrechtliche Verantwortlichkeit ausgeschlossen. Aber da sie trotz ihrer geistigen Behinderung „einer geregelten Tätigkeit" nachgehe – Frau Schmittchen arbeitet als Küchenhilfe in einem FDGB-Ferienheim in der Nähe von Arnstadt – sei sie gemäß § 350 in Verbindung mit § 349 des Zivilgesetzbuchs zu Schadensersatz verpflichtet. Die Zinsforderung von 6% ergebe sich aus dem Scheckgesetz von 1933 und einer Reihe anderer sorgfältig zitierter rechtlicher Bestimmungen aus Vorkriegsjahren. Unterschrift: „Dipl.-Jur. Michelsen, Justitiar."

Eine nicht weiter auffällige Klage auf Schadensersatz. Zwar ist die Tatsache, daß hier keine Privatperson, sondern eine staatseigene Institution klagt, statistisch gesehen eher die Ausnahme als die Regel: die meisten Zivilrechtsprozesse in der DDR fanden zwischen Bürgern statt.[5] Auch die in der Klageschrift zitierte Paragraphenfülle ist ungewöhnlich: DDR-Schriftsätze, in der Regel von Laien aufgesetzt, berufen sich sehr viel seltener auf spezifische gesetzliche

---

4 Alle Namen, Orts- und Datumsangaben des Falls wurden geändert.
5 1982 waren 66,8 % aller Kläger und 93,3 % aller Verklagten in DDR-Zivilrechtsverfahren Bürger. Unveröffentlichte Justizstatistik der DDR, 1982 – Zivilrechtssachen 1. Instanz. Nach meinen eigenen Auszählungen am Kreisgericht einer Kleinstadt von etwa 55 000 Einwohnern fanden rund 70 % aller Zivilprozesse in den 1980er Jahren zwischen Bürgern statt.

Bestimmungen als westdeutsche Zivilrechtsklagen und zitierten zum Beispiel Fallrecht (die Standardmunition westdeutscher Juristen) nur in seltenen Ausnahmefällen. Ein DDR-Richter hätte sich mit der bloßen Rezitation von Paragraphen und Präzedenzfällen auch kaum zufrieden gegeben. Ein Rechtssystem, dem es um materielle Wahrheit geht, läßt sich von Fakten eher überzeugen als von Regeln. So kam es zum Beispiel vor, daß Kündigungen, die statt spezifischer Verfehlungen eines Arbeitnehmers nur den von ihm verletzten Paragraphen des Arbeitsgesetzbuchs zitierten, von Arbeitsrichtern „wegen fehlender Begründung" wieder aufgehoben wurden. Trotzdem ist die Klageschrift der Stadtsparkasse typisch für einen Unterfall von Schadensersatzklagen, in denen ein Betrieb Schädigungen Dritter auch deswegen abzuwehren versucht, weil er andernfalls selbst in ein schlechtes Licht geraten könnte.[6] Wie kam es dazu, daß ein Sparkassenangestellter das auf einen anderen Namen lautende Konto mit einem von „Schmittchen" unterschriebenen Scheck belasten konnte? Warum schöpfte niemand Verdacht? Es geht bei der von Justitiar Michelsen verfaßten Klage nicht nur um 300.– Mark, sondern wohl vor allem um die Entlastung der Sparkasse gegenüber ihren Vorgesetzten.

Die Klage kommt auf den Tisch von Richter Herbert Blühm am Kreisgericht Magdeburg-Stadt. Was tut Herr Blühm? Er schreibt dem VPKA Gotha, Abteilung Kriminalpolizei, und fordert die Ermittlungsakte gegen Helga Schmittchen an – er will etwas über den Hintergrund der Geschichte wissen. Er schreibt dem Arbeitgeber von Frau Schmittchen, dem FDGB-Feriendienst, und bittet um eine Verdienstbescheinigung für die Verklagte; eine Forderung, die ein westdeutsches Gericht als Einmischung in die Privatangelegenheiten der Parteien angesehen und diesen selber überlassen hätte, die aber für DDR-Gerichte tägliche Routine war. Er erkundigt sich im selben Schreiben, ob Frau Schmittchen unter Vormundschaft steht oder ob sie sich im Rechtsverkehr selbst vertreten kann. Alles sinnvolle Schritte für einen Richter, der nicht nur reaktiv entscheiden, sondern den Parteien auch aktiv bei der Durchsetzung ihrer Rechte helfen soll.

Anderes, was man von ihm erwartet hätte, tut der Richter nicht. Er prüft nicht die Berechtigung des Schadensersatzanspruchs der Stadtsparkasse. Sonst hätte ihn ein Blick ins Zivilgesetzbuch belehrt, daß § 349 Abs. I ZGB einen Schädiger dann nicht verantwortlich macht, wenn ihm „wegen krankhafter Störung seiner Geistestätigkeit die Fähigkeit fehlt, sich pflichtgemäß zu verhalten," und daß diese Regel gemäß § 350 ZGB nur dann nicht gilt, „wenn das unter Berücksichtigung aller Umstände des Einzelfalls und der wirtschaftlichen Lage der Beteiligten gerechtfertigt ist." Im Lehrbuch des Zivilrechts hätte Herr Blühm nachlesen können, daß diese Ausnahmeregelung im allgemeinen nur dann eingreift, wenn der Geschädigte ein Bürger und der Schädiger haftpflichtversichert ist[7] – wenn also der Geschädigte finanziell schwach und der Schädiger ohne persönliche Belastung zahlungsfähig ist: Beides war hier nicht der Fall. Auch über die Begründetheit des Zinsanspruchs der Stadtsparkasse macht sich Herr Blühm keine juristischen Gedanken.

Statt dessen fügt er seinem Schreiben an den FDGB-Feriendienst noch ein paar Absätze hinzu:

---

6   1982 galten von den 50 750 Zivilrechtsklagen in der DDR 22,3 % der Durchsetzung außervertraglicher Schadensersatzansprüche; 3 752 oder 33,4 % dieser Klagen wurden von staatlichen Organen oder Betrieben eingelegt. Unveröffentlichte Justizstatistik der DDR, 1982 – Zivilrechtssachen 1. Instanz.

7   J. Göhring/M.Posch, Zivilrecht. Lehrbuch. Teil II, Berlin 1981, S. 227.

„Zur Vermeidung eines umfangreichen gerichtlichen Verfahrens sollte die Verklagte nach Aushändigung der Klageschrift dazu bewegt werden, eine freiwillige Lohnabtretung mit der Arbeitsstelle zu vereinbaren. Sofern eine derartige Zahlungsbereitschaft festgestellt wird, bitten wir um Zusendung einer Durchschrift der Abtretungserklärung.
Gleichfalls wird darum gebeten, daß die Verklagte ihre Bereitschaft erklärt, daß gegebenenfalls in ihrer Abwesenheit eine gerichtliche Verhandlung durchgeführt wird.
Wir bedanken uns für Ihre Mitarbeit in dieser Sache, die den persönlichen Umständen seitens der Verklagten angemessen und sachbezogen bearbeitet werden sollte."

Während er sich also anschickt, eine Aufklärung des Sachverhalts in die Wege zu leiten, nimmt Richter Blühm im gleichen Atemzug das Ergebnis seiner Erkundigungen bereits vorweg: unterstellt der Verklagten einen Scheckbetrug, der ihr nie in einem formalen Verfahren nachgewiesen wurde; akzeptiert den Anspruch der Sparkasse, ohne ihn juristisch zu hinterfragen; macht eine Frau haftbar, deren Zurechnungsfähigkeit von der Polizei selbst bestritten wurde und will sie sogar als Komplizin bei der eigenen Überrumpelung gewinnen, indem er vorschlägt, sie solle die noch nicht bewiesene Schuld entweder fraglos bezahlen oder sich ihrer Eintreibung jedenfalls nicht in den Weg stellen. Die angeforderte Ermittlungsakte aus Gotha, die Herrn Blühm genauere Auskunft über das Geschehen hätte geben können, trifft erst sieben Wochen später bei ihm ein. Sie wird am Ende des Verfahrens nach Gotha zurückgeschickt, ohne daß Herr Blühm je auf ihren Inhalt Bezug genommen hätte. Auch wenn es noch gut acht Monate brauchen wird, bis dieser Rechtsstreit abgeschlossen ist, scheint für den Richter dessen Ausgang schon auf Grund der Klageschrift der Stadtsparkasse und des darin enthaltenen kurzen Ermittlungsergebnisses der Polizei entschieden zu sein. Wie läßt sich die erstaunliche Schlußfolgerung erklären?

Herr Blühm selbst gibt zwei Gründe für sein Verhalten an: Arbeitsökonomie und Fürsorge für eine sozial schwache und besonders verletzliche Verklagte. Man müsse „die persönlichen Umstände der Verklagten angemessen" berücksichtigen, schreibt er ihrem Arbeitgeber. Zwei Monate später wiederholt er dieses Argument noch einmal in einem Brief an die Sparkasse, in dem er Justitiar Michelsen seine Strategie erklärt: „Wir bitten um Verständnis, da die Persönlichkeitsumstände der Verklagten eine feinfühlige und differenzierte Arbeitsweise erfordern." Es lassen sich in der Tat eine Reihe von Beispielen dafür anführen, daß die DDR-Justiz jedenfalls ab Mitte der 1970er Jahre bemüht war, auf die Empfindlichkeiten ihrer Bürger Rücksicht zu nehmen. So wies das Oberste Gericht 1983 DDR-Untergerichte an, die „Würde des Bürgers" im Strafprozeß zu wahren: Unbeherrschtheit, Gereiztheit oder Zynismus des Richters seien „mit den Grundsätzen der Führung des sozialistischen Strafprozesses unvereinbar".[8] Verhandlungen vor „erweiterter Öffentlichkeit" – an sich ein viel gepriesenes Erziehungsmittel der Justiz, mit dem nicht nur die Parteien selbst, sondern auch ausgewählte Zuschauer eines Prozesses von der Autorität des Gesetzes überzeugt werden sollten – fanden grundsätzlich nicht in Scheidungsverfahren statt und sollten auch dann nicht unternommen werden, wenn „Intimbeziehungen der am Rechtsstreit Beteiligten zu klären" waren oder wenn den Parteien gegenüber „besondere Rücksichtnahme aus gesundheitlichen oder Altersgründen geboten"

---

8 Bericht des Präsidiums des Obersten Gerichts vom 21. 12. 1982, Die Hauptverhandlung erster Instanz in Strafsachen, in: Informationen des Obersten Gerichts der DDR (OG-Informationen), Nr. 1/1983 S. 3, 12.

war.⁹ Richtern in Strafverfahren wurde eingeschärft, daß Bürger, die Opfer einer Straftat geworden waren, „eine psychologisch einfühlsame und kluge Behandlung verdienten."¹⁰

Aber auch dort, wo das DDR-Recht ein Bedürfnis der Bürger auf Respektierung ihres Privatlebens anerkannte, gewährte es ihnen doch kein Recht darauf. So konnten die Beteiligten selbst sich einer Verhandlung ihres Falls vor „erweiterter Öffentlichkeit" nicht widersetzen: gegen einen derartigen Beschluß des Kreisgericht-Direktors gab es kein Rechtsmittel.¹¹ Das Gericht – nicht die Sensibilitäten der Parteien – entschied zum Beispiel auch darüber, ob Mitglieder der Arbeitskollektive der Parteien etwa an Familienrechtsverfahren zu beteiligen waren. Und als das Oberste Gericht in einer Entscheidung aus dem Jahre 1982 die Verwertung von Tagebuchaufzeichnungen einer Ehefrau in einem Scheidungsprozeß ausschloß, tat es das nicht, weil die Benutzung gegen den Willen der Schreiberin ihr Recht auf Schutz ihrer Privatsphäre verletzt hätte, sondern weil das Gericht „rein gefühlsmäßige Äußerungen, abgetrennt vom objektiven Geschehen" für unzuverlässige Beweismittel hielt.¹² Der Ruf nach „Feinfühligkeit" war im DDR-Prozeßrecht also keine Waffe, die dem Betroffenen zustand, sondern gehörte ins Arsenal des Richters. Hier nutzt Herr Blühm das Argument für seine eigenen Zwecke. Wir brauchen es ihm nicht abzunehmen, wenn er vorgibt, die Verklagte, über deren spezifische Behinderung er zu diesem Zeitpunkt noch kaum etwas weiß, zum Preis von 300.– Mark plus Zinsen vor den Aufregungen eines Prozesses schützen zu wollen. Frau Schmittchen, die in der Küche des Ferienheims 570.– Mark Tarifgehalt und 5% Erschwerniszuschlag im Monat verdient, braucht nicht so sehr das Zartgefühl des Gerichts, als einen Anwalt, der für ihre Rechte eintritt.

Aber dem steht das zweite Motiv des Richters im Wege: sein Wunsch, „ein umfangreiches gerichtliches Verfahren" zu vermeiden. Dem FDGB-Feriendienst, der Frau Schmittchen zur Lohnabtretung „in angemessenen Teilbeträgen" überreden soll, schreibt Herr Blühm vier Wochen nach dem ersten Brief noch einmal: nur bei einer Lohnabtretung werde die Stadtsparkasse zu einer Klagrücknahme bereit und „die Vermeidung umfangreicher prozessualer Maßnahmen" möglich sein. „Andernfalls wird der Verklagten ein Pfleger bestellt; dies ist aber mit einem immensen Arbeits- und Zeitaufwand verbunden."

Der Richter übertreibt, zumal es genügt hätte, Frau Schmittchen nur für diesen Rechtsstreit einen Prozeßbeauftragten zu bestellen.¹³ Wahrscheinlich hat Herr Blühm noch nie mit einer ähnlichen Situation zu tun gehabt, weiß nicht, wie er sich verhalten soll, und möchte die prozessuale Klippe einer Gebrechlichkeitsvertretung für Frau Schmittchen lieber umschiffen. In ostdeutschen Zivilprozessen kamen nicht nur Pflegschaften, sondern auch die gerichtliche Beiordnung von Rechtsanwälten äußerst selten vor. DDR-Richter waren an einen inquisitorischen Verhandlungsstil gewohnt und sahen es als ihre Pflicht an, die Aufklärung eines Streitfalls aus eigener Initiative voranzutreiben. Dazu gehörte es auch, einer unbeholfenen Partei, wenn nötig, mit Hinweisen und Ratschlägen zu Hilfe zu kommen. In ihrer Rolle als umsichti-

---

9 Hinweise für die Vorbereitung und Durchführung von Verhandlungen in Straf-, Zivil-, Familien- und Arbeitsrechtssachen vor erweiteter Öffentlichkeit vom 24. 8. 1977, OG-Informationen Nr. 3/1977 S. 2, 3, 8.
10 Bericht des Präsidiums des Obersten Gerichts vom 21. 12. 1982, a. a. O. (Fußn. 8), S. 15.
11 Oberstes Gericht, Hinweise für die Vorbereitung und Durchführung von Verhandlungen ..., a. a. O. (Fußn. 9) S. 8.
12 Oberstes Gericht, Urteil vom 19. 1. 1982, zitiert in OG-Informationen Nr. 3/1982, S. 60.
13 § 36 Abs. I ZPO. Die Bestellung eines Pflegers hätte mit Einverständnis der Betroffenen durch das Staatliche Notariat angeordnet werden müssen; § 105 Abs. II Familiengesetzbuch.

ger Beistand aller Beteiligten scheinen viele Richter in der DDR für die einseitige Loyalität von Rechtsanwälten wenig Verständnis gehabt zu haben. Genügte es nicht, daß sich beide Parteien auf ihren Richter verlassen konnten? Selbst für die ostdeutsche Justizverwaltung spielten Rechtsanwälte eine so unbedeutende Nebenrolle, daß die an sich sehr gründliche DDR-Justizstatistik ihre Beteiligung an Zivilprozessen nicht einmal registrierte. So ist es vielleicht kein Wunder, daß auch Herr Blühm nicht auf den Gedanken kommt, Frau Schmittchens Probleme durch Beiordnung eines Rechtsanwalts zu lösen.

Aber seine Sorge um unnötigen Prozeßaufwand in dieser Sache klingt trotzdem glaubwürdig. Anders als westdeutsches Recht, das vom Streit lebt, mißbilligte und fürchtete ostdeutsches Recht den Streit, versuchte, Konflikte herunterzuspielen oder zu negieren oder – wenn Streit sich nicht vermeiden ließ – ihn möglichst unkontrovers und umfassend zu schlichten. Daher die Bemühungen von Richtern, durch „Aussprachen", Vermittlungsversuche und dergleichen möglichst viele Klagen schon im Vorfeld abzublocken. Kam es trotzdem zum Prozeß, so drängten Richter oft auf eine friedfertige Beendigung des Verfahrens: Rund zwei Drittel aller DDR-Zivilrechtsstreitigkeiten endeten mit einer Klagrücknahme oder einer Einigung.[14] Bei näherer Betrachtung stellen viele dieser „Einigungen" sich nicht als echte Kompromisse zwischen den Parteien, sondern als verkappte Niederlagen meistens des Verklagten heraus, nur deshalb in die Form von Einigungen gezwängt, weil der Richter drängte und weil sich bei einer Einigung die Gerichtskosten halbierten.[15] Der im Vergleich zu Westdeutschland fast doppelt so hohe Anteil nicht-streitiger Abschlüsse von Zivilverfahren zeugt also eher von der mangelnden Bereitschaft des Systems, Streit, welcher Art auch immer, offen ins Gesicht zu sehen, als von der Friedfertigkeit seiner Bürger.[16] Aber wenn Herr Blühm in seiner Korrespondenz mit dem FDGB-Feriendienst „auf die Vermeidung umfangreicher prozessualer Maßnahmen" drängt, paßt dies ins Richterbild eines Systems, dem gesellschaftliche Harmonie, oder auch nur der Anschein gesellschaftlicher Harmonie, wichtiger war als die offene Austragung von Konflikten.

Auch seinen Zeitdruck dürfen wir dem Richter glauben. Es ging im DDR-Prozeßrecht um die möglichst gründliche Aufklärung und Therapie von als pathologisch empfundenen gesellschaftlichen Spannungen und Widersprüchen. Um deren Ursachen auf den Grund zu kommen, war es auch nötig, die Betroffenen zu Worte kommen zu lassen. So warnte das Oberste Gericht vor „einer hektischen Verhandlungsatmosphäre infolge falsch verstandener Zügigkeit und Rationalität", die dazu führen müsse, daß „die Beteiligten sich nicht zusammenhängend äußern bzw. nicht aussprechen können."[17] Aussprachen brauchen Zeit. Obwohl DDR-Zivilprozesse nach westdeutschen Maßstäben in Rekordzeit anberaumt und entschieden wurden, brauchte eine einzelne Verhandlung sehr viel länger als in der Bundesrepublik. Die Geruh-

---

14 1982 endeten 27,8 % aller DDR-Zivilrechtsverfahren vor den Kreisgerichten mit einer Klagrücknahme und 36,1 % mit einer Einigung oder, in westdeutscher Terminologie, einem Vergleich. Unveröffentliche Justizstatistik der DDR 1982 – Zivilrechtssachen 1. Instanz.
15 § 166 Abs. III ZPO.
16 Ein Beispiel: Um außergerichtliche Kompromißlösungen zu erleichtern, bot § 47 ZPO den Streitenden die Möglichkeit, eine Einigung auch ohne gerichtliches Verfahren von einem Richter vermitteln und protokollieren zu lassen. Diese Möglichkeit wurde fast nie genutzt. S. Bericht des Präsidiums an das Plenum des Obersten Gerichts zu Fragen der Anwendung der ZPO, OG-Informationen Nr. 1/1977, S. 4, 8.
17 Das OG-Zitat bezieht sich auf Strafverfahren, hätte aber auch für Zivilverfahren gelten können. S. Bericht des Präsidiums an das Plenum des Obersten Gerichts zu Fragen der Anwendung der ZPO, ebenda, S. 4, 8.

samkeit erwies sich als kostspielig. Als im Laufe der Jahrzehnte DDR-Prozeßraten schneller zunahmen als die Zahl der Richter,[18] begannen sich auch die Erledigungsfristen der Gerichte zu verschlechtern. Zwar wurden 1989 immer noch 73,3 % aller Zivilverfahren in weniger als drei Monaten entschieden. Aber 1976 waren es noch 82,1 % gewesen,[19] und die ostdeutsche Justizverwaltung der 1980er Jahre drängte auf schnellere und effizientere Arbeit. Auch Richter Blühm wird unter Druck gestanden haben, seine Erledigungszeiten zu verbessern.

Trotzdem ist auch Zeitdruck keine ausreichende Erklärung für Herrn Blühms Verhalten. Um Zeit und Arbeit zu sparen, hätten ihm andere Strategien zur Verfügung gestanden: zum Beispiel ein Anruf bei der Klägerin, für einen DDR-Richter durchaus nichts Ungewöhnliches, in dem Herr Blühm Justitiar Michelsen die juristische Unhaltbarkeit seiner Klagebegründung hätte erklären können, um ihm so – ganz im Sinne der Zivilprozeßordnung – „Gelegenheit zu geben, die Klage zurückzunehmen."[20] Aber damit hätte sich der Richter eindeutig auf die Seite von Frau Schmittchen gestellt. Und dazu, scheint es, fehlte ihm der Mut.

Der Mut? Vielleicht auch nur die Phantasie, um in einem Land, in dem es üblich war, sich staatlichen Entscheidungen anzupassen, auch nur auf die Idee zu kommen, diese Entscheidungen auch einmal in Frage zu stellen. Zwar wird Herr Michelsen, auch in seiner Eigenschaft als Vertreter des Volkseigentums, für Herrn Blühm keine Autoritätsfigur gewesen sein. Eher ein Kollege: wahrscheinlich kannten sich Richter und Justitiar. Die Sparkasse wird öfters beim Kreisgericht als Klägerin aufgetreten sein; in der Regel, um unbestreitbar säumige Darlehnsschuldner zu verklagen, in der Regel also mit Erfolg, und es mag für Richter Blühm fast so etwas wie ein Reflex gewesen sein, der Klägerin auch diesmal den Erfolg zu unterstellen. Vor allem aber wird Herr Blühm gezögert haben, das VPKA in Gotha eines Fehlers zu bezichtigen. Zwar wußte er zur Zeit, als er beim FDGB-Feriendienst auf eine Lohnabtretung durch die Verklagte drängte, nicht mehr, als daß Frau Schmittchen „durch eine Schriftprobe" überführt worden und strafrechtlich nicht zurechnungsfähig sei. Der dürftige Bericht ließ viele Fragen offen. Wie sollte eine Küchenhilfe in Gotha zu einem Scheckformular aus dem mehr als hundert Kilometer entfernten Magdeburg gekommen sein? Wie sollte es der geistig behinderten Verklagten gelungen sein, den Scheck nicht nur auszufüllen, sondern auch noch erfolgreich einzulösen? Und in welcher Stadt? Wäre es nicht auch denkbar, daß die Polizei in Gotha, vielleicht durch eine Namensverwechslung auf Frau Schmittchen gestoßen,[21] zufrieden war, eine Beschuldigte gefunden zu haben, die sich ohne schlimme Konsequenzen für die Betroffene selbst „überführen" ließ, um auf diese Art und Weise eine komplizierte und lästige Betrugsermittlung erfolgreich abzuschließen?

---

18 Zwischen 1976 und 1986 stieg die Zahl der Richter in der DDR von 1 194 auf 1 257. Die Gesamtzahl der erledigten Verfahren stieg in der selben Periode von 190 014 auf 212 214 Fälle, was einen Anstieg der durchschnittlichen Arbeitsbelastung eines Richters von 151 auf 169 Fälle im Jahr bedeutete. Der Zuwachs spielte sich nur im ZFA-Bereich ab. Die Zahl der Strafrechtserledigungen in dieser Periode stieg bis 1980 und verringerte sich dann bis 1986 auf rund 98,5 % des Standes von 1976.
19 Unveröffentlichte Justizstatistik der DDR, Zivilrechtssachen 1. Instanz, 1976 und 1989.
20 § 28 Abs. II ZPO.
21 Bei genauerem Lesen der Klageschrift der Stadtsparkasse hätte Richter Blühm zum Beispiel bemerken können, daß der umstrittene Scheck von einer Helga Mühlmann aus Karl-Marx-Stadt eingelöst wurde, während die Verklagte, Helga Schmittchen geb. Mühlmann, in Gotha wohnt. Die Diskrepanz zwischen den Adressen wird an keiner Stelle in der Akte erwähnt, geschweige denn erklärt. Niemand bekommt die Akte in die Hand, der ein Interesse daran haben könnte, auf den Widerspruch hinzuweisen.

Für einen Westjuristen wäre die Vermutung plausibel gewesen. Es schockiert uns nicht, die Polizei, wie jeden anderen bürokratischen Apparat, als eine Organisation mit Eigeninteressen anzusehen, der es schon zuzutrauen ist, ihre „Definitionsmacht"[22] auch zur Bewältigung der eigenen Arbeitslast zu benutzen. Aber DDR-Richter hatten ein unkritischeres Verhältnis zur Polizei. Beide, Kreisgericht und VPKA, gehörten, zusammen mit der Staatsanwaltschaft, der Abteilung Inneres und der Staatssicherheit, zu den „Sicherheitsorganen" eines Kreises, deren Vertreter sich einmal im Monat trafen, um unter Leitung des Staatsanwalts Gefährdungen der Sicherheit und Ordnung zu besprechen: Ausreiser- und Asozialenprobleme, Brandstiftungen, Laubendiebstähle oder sonstige Ereignisse, die Sorgen bei der Regierung und Unruhe unter der Bevölkerung hervorrufen könnten. Das Gericht zog mit den anderen Mitgliedern dieser Runde bei der Kontrolle abweichenden Verhaltens also sozusagen an einem Strang. Man spielte sich gegenseitig zu. Wenn sich zum Beispiel in einem Scheidungsverfahren herausstellte, daß der Ehemann schon lange keiner Arbeit mehr nachging, informierte der Richter vielleicht den Staatsanwalt über die „asoziale Lebensweise" des Betreffenden. Wenn beim Besuch der Rechtsauskunft beim Gericht ein Bürger Ausreisepläne verriet, konnte es vorkommen, daß ein Bericht darüber an die Abteilung Inneres weiterging.

Aber es gab deutliche Rangunterschiede zwischen den ostdeutschen Hütern von Recht und Ordnung. Das Gericht, das sich vor allem mit privaten Streitigkeiten unter Bürgern abgab, befand sich nicht so nah am Puls der Macht wie diejenigen Organe, die unmittelbar staatliche Ansprüche auf Disziplin und Ordnung durchsetzten: Staatsanwaltschaft, Polizei, oft auch die Abteilung Inneres der Gemeinde (die Stasi war zwar einflußreich, aber auch anrüchig, und hielt sich weitgehend im Hintergrund). So gab es zwar eine gemeinsame Parteigruppe von Richtern, Staatsanwälten und Notaren im Gericht, aber die Rolle des Sekretärs übernahm fast immer ein Staatsanwalt. Auch bei der Kriminalitätsbekämpfung folgte die Justiz fast immer den Signalen der Staatsanwaltschaft: erließ fast alle Haftbefehle, die der Staatsanwalt beantragte; erkannte fast immer auf die Strafe, die der Staatsanwalt vorgeschlug. Selbst Bemühungen des Obersten Gerichts, Ende der 1980er Jahre ostdeutsche Richter auf Richtertagungen und dergleichen zu größerer „Eigenverantwortung in der Untersuchungshaftpraxis" zu erziehen, führten zu keinen sichtbaren Erfolgen:[23] bis zum Ende der DDR blieben ostdeutsche Richter geneigt, sich der Autorität des Staatsanwalts und seiner rechten Hand, der Polizei, zu beugen.

So kann man sich des Eindrucks nicht erwehren, als hätten viele DDR-Richter es im Laufe der Jahrzehnte verlernt, sich mit der Staatsmacht anzulegen. In einem Land ohne Verwaltungsgerichtsbarkeit gab es ohnehin für sie nur selten Gelegenheit dazu. Die wenigen Aktenfunde, die von Kollisionen zwischen Justiz und Staatsanwaltschaft oder Polizei berichten,

---

22 J. Feest, Die Situation des Verdachts, in: J. Feest/R. Lautmann, Die Polizei. Soziologische Studien und Forschungsergebnisse, Opladen 1971, S. 71, 81.

23 Meine Information stammt aus Berichten über Richtertagungen an das DDR-Justizministerium und aus dem Bericht eines Bezirksgerichtsdirektors an das Präsidium des Obersten Gerichts, die sich im Bundesarchiv in Potsdam befinden. So wurden in dem betreffenden Bezirk im 1. Halbjahr 1988 von 838 Anträgen auf Haftbefehle 12 Anträge von den Gerichten des Bezirks abgelehnt. Obwohl der Prozentsatz der beschuldigten Täter in Untersuchungshaft in diesem Bezirk von 21,2 % im Jahre 1985 auf 23,5 % im 1. Halbjahr 1988 anstieg, kam der Direktor in seinem Bericht zu dem Ergebnis, „daß auf der Grundlage der Erhöhung der Eigenverantwortung der Richter größere Sicherheit und Stabilität in der Untersuchungshaftpraxis erreicht worden sind."

zeigen in der Regel auch, daß der Zusammenstoß den betreffenden Gerichten in Revisionsberichten später angekreidet wurde. So wurde Gehorsam zum Reflex. Ich glaube nicht, daß in unserem Fall Richter Blühm bewußt ein ihm dubios erscheinendes Ermittlungsergebnis der Polizei aus politischer Vorsicht nicht in Frage stellte. Die Anpassung wird schon viel früher stattgefunden haben: Herr Blühm wird die Neigung und vielleicht auch die Fähigkeit verloren haben, Polizeiberichte skeptisch zu lesen. Wenn nicht die Sparkasse, sondern ein privater Bürger Frau Schmittchen verklagt hätte, und wenn als Beweisstück nicht ein Ermittlungsergebnis der Polizei, sondern das Zeugnis eines Nachbarn in den Akten gelegen hätte, hätte Herr Blühm die Klageschrift wahrscheinlich sehr viel sorgfältiger und kritischer gelesen. Aber hier wird die Kombination der Reizwörter „Sparkasse" und „Volkspolizei" wie im Reflex das Vor-Urteil zu Lasten der Verklagten ausgelöst haben.

Und wie reagiert Frau Schmittchens Arbeitgeber, der FDGB-Feriendienst, auf des Richters Vorschlag, eine behinderte Kollegin zur fraglosen Aufgabe ihrer Rechtsposition zu überreden? Genau so widersprüchlich wie der Richter selbst. Zwar bestätigt der Leiter des Feriendienstes in seinem Antwortschreiben ans Gericht, daß die Verklagte ahnungslos und hilflos ist:

„Kollegin Schmittchen kann es sich nicht erklären, worum es bei dem angesprochenen Zivilrechtsverfahren gehen soll. Sie hat angeblich kein Konto bei der Stadt- und Kreissparkasse Magdeburg und hat nach ihren Aussagen auch keine finanziellen Rückstände in Magdeburg. Dabei muß bemerkt werden, daß Kollegin Schmittchen nicht die geistigen Voraussetzungen besitzt, um Geldgeschäfte voll überblicken zu können ... Sollte es zu einem gerichtlichen Verfahren kommen, sind wir der Ansicht, daß sie sich auf keinen Fall selbst vertreten kann."

Aber ebenso wie das Gericht, zieht auch der FDGB-Vertreter aus der Hilflosigkeit der Verklagten nicht den Schluß, daß man sie gegen die Ansprüche der Sparkasse abschirmen müsse. Statt dessen pflichtet er der Strategie des Richters eifrig bei: „Die von Ihnen vorgeschlagene Möglichkeit einer monatlichen Lohnabtretung wird unsererseits befürwortet." Warum? Weil Sparkasse, Gericht und Polizei zusammen schon nicht Unrecht haben werden. Auch der Gewerkschaftsmann ist es gewohnt, sich den Autoritätsinkarnationen des Staates nicht in den Weg zu stellen. Er bittet den Richter, über den weiteren Gang des Verfahrens informiert zu werden, „damit wir eine entsprechende Durchsetzung veranlassen können." Auch dieser Satz verrät ein Autoritätsgefälle, diesmal vom Gericht zum FDGB-Funktionär. Wie viele Menschen in der DDR, wird auch der Leiter des Feriendienstes Recht vor allem als Befehl verstehen. Daher wahrscheinlich auch die Sprachverwirrung, die sich in vielen ostdeutschen Zivilrechtsakten findet, in denen Laien zivilrechtliche Sachverhalte oft in strafrechtlicher Terminologie beschreiben: statt von „Klage" von „Anklage" sprechen, oder eine „Ladung" als „Vorladung" bezeichnen. „Ich bitte, mich in allen Punkten freizusprechen," schreibt einmal ein Verklagter in einem Zivilprozeß. Auch in unserem Fall braucht der Leiter des FDGB-Heims eine strafrechtliche Vokabel: „Kollegin Schmittchen versicherte uns, daß sie noch keine gerichtliche Vorladung erhalten hat."

Die Postzustellungsurkunde in der Akte verrät zwar, daß die Klageschrift in den Hausbriefkasten des Ferienheims geworfen worden war. Aber der Brief des Leiters und die Tatsache, daß die Klage Frau Schmittchen offensichtlich nicht erreichte, hätte noch einmal ein juristisches Warnsignal bei dem Richter aufleuchten lassen müssen. Konnte man dieser Frau die eigene Interessenvertretung überlassen? Aber Richter Blühm kümmert sich jetzt nur noch um die Eintreibung der ungeprüften Schuld. Als drei Wochen nach dem ersten Brief des Ferienheims ein zweiter folgt und meldet, man habe sich mit Frau Schmittchen über eine Lohnabtretung in monatlichen Raten von 50.– Mark „geeinigt", reicht der Richter die Meldung an die Stadtparkasse weiter und bittet um Nachricht, ob die Klage nunmehr zurückgenommen werde. Es folgen eine Reihe von Schreiben in den Akten, in denen es um praktische Details der Zahlung geht: ein Brief des Ferienheims an das Gericht mit der Bitte um die Kontonummer der Klägerin; ein Schreiben der Stadtsparkasse an das Gericht des Inhalts, daß noch keine Zahlungen eingegangen seien und daß vor Übersendung einer Gehaltsabtretungserklärung der Verklagten die Klage nicht zurückgenommen werde; ein Brief von Herrn Blühm an den FDGB, der diesem die Kontonummer der Sparkasse mitteilt und anregt, eine Durchschrift der Lohnabtretungserklärung direkt an Justitiar Michelsen zu schicken; eine Vollzugsmeldung des FDGB: Kollegin Schmittchen habe die Lohnabtretungserklärung unterschrieben, Justitiar Michelsen sei Bescheid gegeben worden. Dazwischen auch ein Telefongespräch zwischen Richter und Justitiar, um die Ereignisse voranzutreiben. Über all dem gehen zwei weitere Monate ins Land.

In dieser Zeit hat Helga Schmittchen, von allen Seiten in die Enge getrieben, nach Hilfe gesucht. Sie findet sie nicht beim Staat, sondern in ihrer Familie. Am 8. 9. 1987 trifft bei der Stadtsparkasse Magdeburg ein Brief von Klara Hühne ein, Frau Schmittchens Schwester. Die Akte verrät nicht, welchen Beruf Frau Hühne hat: Ihr Brief ist mit der Hand geschrieben; in klarer, fast gedruckter Schrift; auf einfachem, linierten Papier; er enthält zwei oder drei kleine Orthographieschnitzer. Es ist ein Schriftsatz, der einem Anwalt Ehre gemacht hätte. Frau Hühne beschreibt die Behinderung ihrer Schwester: sie habe nur bis zur 7. Klasse die Hilfsschule besucht, habe einen starken Sprachfehler, könne weder schreiben noch lesen und sich „weder schriftlich noch mündlich gegen diese Klage wehren." Sie stellt die Fragen, die Herr Blühm zu stellen unterließ: An welchem Ort sei der Scheck eingelöst worden? Wie solle Frau Schmittchen, die den wahren Kontoinhaber nicht kenne, überhaupt in den Besitz des Schecks gekommen sein? Sie attackiert die Ermittlungsmethoden der Polizei, die bei der Schriftprobe, mit der sie Helga Schmittchen angeblich überführte, ihrer Schwester genau gesagt habe, was sie wo eintragen solle: „von eigenständigem Schreiben kann ja da keine Rede sein." Sie beruft sich auf die strafrechtliche Unschuldsvermutung: daß ihre Schwester den Scheck ausgefüllt und eingelöst habe, „ist ja wohl noch nicht bewiesen, oder?" Und sie bringt selber ein Beweisstück bei: ein Scheckformular, das Frau Hühne in Wiederholung der „Schriftprobe" der Gothaer Polizei nach ihren Angaben von der Verklagten ausfüllen ließ. Der Scheck liegt in der Akte: nicht aus dem festen, pergamentenen Papier westdeutscher Scheckformulare, sondern ein bescheidener grüner Zettel, ohne Spur von Wasserzeichen, der auch belegt, wie unbedeutend die Rolle des Geldes in diesem Lande war. Auf der Zeile, auf der der Mark-Betrag in Worten einzutragen ist, sollte Frau Schmittchen nach dem Diktat der Schwester „dreihundert" schreiben. Sie schreibt eine „3" in Spiegelschrift und dahinter „under": „Ɛunder". Schließlich liegt noch eine Vollmacht in dem Brief: „Ich, Helga Schmittchen, erteile hiermit meiner Schwester, Frau Klara Hühne, die Vollmacht, mich in Sachen der Klage wegen Schadensersatzforderung zu vertreten. Ich bitte Sie, meiner Schwester die nötigen Auskünfte zu geben, um einen Gegenklageantrag stellen zu können." Darunter in mühsamen, krakeligen Buchstaben die Unterschrift: „Helga Schmittchen."

Wir können nur spekulieren, warum Frau Hühne sich mit den Sorgen ihrer Schwester nicht an einen Anwalt wandte. Sie mag die Kosten gescheut haben. Bei nur rund 550 Anwälten in der gesamten DDR war es vor allem in den 1980er Jahren auch nicht immer einfach, einen

Rechtsanwalt zu finden. Aber vielleicht hat auch Frau Hühnes Zorn über das Vorgehen der Polizei und über die Willfährigkeit des Gerichts etwas mit ihrer Entscheidung zu tun, die Sache ihrer Schwester ohne Anwalt auszufechten. DDR-Bürger prozessierten in der Regel ohne Rechtsbeistand. Wenn sie doch einmal einen Anwalt zu Hilfe zogen, dann meistens in solchen Fällen, in denen der Prozeßgegner ein anderer Bürger war und in denen eine oder beide Parteien sich so in einen Streitstoff verbissen hatten, daß persönliches Prestige oder das Verlangen nach emotionaler Rechtfertigung eine große Geste verlangten: etwa in Scheidungssachen oder bei Prozessen um begehrte Luxusgüter wie Autos. Bei Auseinandersetzungen mit dem Staat schien eine Strategie der ungehemmten Streitlust weniger angebracht. So traten Anwälte so gut wie nie bei der Ausfechtung von Eingaben und Beschwerden gegen die Verwaltung in Erscheinung, und auch in erstinstanzlichen Strafverfahren, in denen ein Westbürger es für besonders wichtig gehalten hätte, sich gegen die überlegene Macht des Staatsanwalts zu verteidigen, waren DDR-Bürger wesentlich seltener durch einen Rechtsanwalt vertreten, als in Zivilprozessen.[24] In unserem Fall, in dem Frau Hühne versuchte, ihre Schwester gegen eine unheilige Allianz von Sparkasse, Gericht, Polizei und Arbeitgeber zu verteidigen, mag der Streit zu nah an Fragen der staatlichen Machtausübung gereicht haben, um sozusagen „Anwaltsmaterial" gewesen zu sein.

Das erklärt vielleicht auch, warum Frau Hühne sich mit ihrem Brief nicht an das Gericht, sondern an Justitiar Michelsen, den Vertreter der Klägerin, wandte. Normalerweise suchten Bürger mit Rechtssorgen Hilfe bei der Rechtsauskunftstelle ihres Kreisgerichts. Obwohl es eine Reihe anderer Adressen gab, bei denen man kostenlosen Rechtsrat fand (Staatsanwaltschaft, Gewerkschaften, der Justitiar im Betrieb, in den Anfangsstadien eines Streits auch ein Rechtsanwalt), war doch die Rechtsauskunft bei weitem die beliebteste Informationsquelle in Rechtsfragen. Hier gaben Richter jeden Dienstag kostenlose Auskunft, und es hat nicht den Anschein, als ob die vielen Bürger, die davon Gebrauch machten, dem Rat mißtrauten. Aber bei Frau Schmittchens Fall geht es nicht um einen privaten Streit zwischen zwei Bürgern, sondern um die Legitimität richterlichen Handelns. Frau Hühne traut in dieser Sache weder dem Arbeitgeber ihrer Schwester, noch dem Gericht. Wahrscheinlich wäre sie besser beraten gewesen, ihren Brief an das übergeordnete Bezirksgericht zu schicken, das von örtlichen Machthabern wie Kreisgericht und VPKA unabhängig war, das mehr auf juristische Genauigkeit hielt als die Untergerichte, und das Herrn Blühm schon seine Fehlinterpretation von §§ 349 und 350 ZPO wahrscheinlich nicht hätte durchgehen lassen. Statt dessen richtet Frau Hühne ihren Protestbrief an die Adresse, die von allen beteiligten Autoritäten dem Staat am fernsten zu stehen scheint: an den Prozeßgegner ihrer Schwester, die Stadtsparkasse.

Als Herr Michelsen den Brief bekommt, ruft er beim Kreisgericht an und berichtet. Herr Blühm muß in diesem Telefongespräch so etwas wie „lassen Sie mich das machen" oder „ich werde das in Ordnung bringen" gesagt haben. Jedenfalls schickt Justitiar Michelsen Frau Hühnes Brief „gemäß telefonischer Absprache vom 12. 9. 1987 zur weiteren Verwendung und Bearbeitung" an den Richter weiter, der folgendes Antwortschreiben an Frau Hühne schickt:

---

24 Meine Behauptung stützt sich auf den Bericht eines Kreisgerichtsdirektors an das übergeordnete Bezirksgericht, nach dem im Jahr 1984 in 366 Strafverfahren vor dem betreffenden Kreisgericht nur in 33 Fällen, das heißt, in 9 % der Verfahren, der Angeklagte durch einen Verteidiger vertreten war. Am selben Gericht wurden 1985 23,1 % aller Zivilrechtskläger durch einen Rechtsanwalt repräsentiert.

„Werte Frau Hühne!

Ihren Schriftsatz an die Stadt- und Kreissparkasse Magdeburg erhielten wir zuständigkeitshalber zur Sachakte. Wir sind bemüht, den Zivilrechtsstreit ohne mündliche Verhandlung abschließend zu klären, hierzu liegt dem Gericht die polizeiliche Ermittlungsakte vor. Da bei der Verklagten ... laut fachärztlicher Begutachtung Anhaltspunkte für ... Zurechnungsunfähigkeit vorliegen, wurden keine Maßnahmen der strafrechtlichen Verantwortlichkeit ausgesprochen. Unabhängig hiervon ist jedoch zu prüfen, ob zivilrechtliche Schadensersatzansprüche begründet sind.

Eine von Ihnen vorgelegte Prozeßvollmacht von Frau Schmittchen kann keine Rechtswirkung erlangen, ggf. wird seitens des Gerichts gem. § 9 Abs. 2 ZPO eine Pflegschaft anzuordnen sein.

Auskünfte aus der Ermittlungsakte der Volkspolizei dürfen nicht erteilt werden. Für den Fall einer Zivilverhandlung werden die entsprechenden Beweismittel objektiv geprüft und gewürdigt.

Blühm

Richter"

Und darunter die Verfügung an den Sekretär:

„WV nach Posteingang Sparkasse."

Der Brief ist ein Gemisch aus Unrichtigkeiten, Ausflüchten und Lügen. Richter Blühm beabsichtigt nicht, „zu püfen, ob zivilrechtliche Schadensersatzansprüche begründet sind" – er hat die Begründetheit der Ansprüche seit Beginn des Verfahrens unterstellt. Er rechnet auch nicht mit „dem Fall einer Zivilverhandlung" – wie die Wiedervorlage-Verfügung „nach Posteingang Sparkasse" belegt, wartet er nur noch auf die Bestätigung durch Herrn Michelsen, daß Frau Schmittchen mit den Ratenzahlungen begonnen hat, um das Verfahren einzustellen. Herrn Blühms Behauptung, Frau Schmittchens Prozeßvollmacht für ihre Schwester „könne keine Rechtswirkung erlangen", impliziert die juristische Handlungsunfähigkeit der Verklagten und müßte logischerweise auch die Unwirksamkeit ihrer Lohnabtretung zugunsten der Sparkasse zur Folge haben. Und wie die ganze Akte deutlich zeigt, hat der Richter auch nicht vor, „ggf. eine Pflegschaft für die Verklagte anzuordnen."

Auch Herrn Blühms Belehrung, daß „Auskünfte aus der Ermittlungsakte der Volkspolizei nicht erteilt werden" dürfen, belegt die Unehrlichkeit seiner Verfahrensweise. Sie ist typisch für die ängstliche Diskretion, mit der in der DDR-Justiz jede Information, die den Staat in irgend einer Weise kompromittieren konnte, gegen Blicke von außen abgeschirmt wurde. Zwar mag die Tatsache, daß sich in unserer Akte keine Kopie des polizeilichen Ermittlungsberichts findet, auch daran liegen, daß es in ostdeutschen Gerichten kaum Kopiergeräte gab: Xerox-Maschinen waren unerschwinglich. Aber der Mangel kam der Geheimniskrämerei des Systems entgegen. Kopiergeräte erleichtern auch die unkontrollierte Verbreitung von Informationen und wurden daher, selbst wenn es sie gab, im Sozialismus vorzugsweise unter Verschluß gehalten. Wichtige Daten wurden in der Regel nur an die weitergegeben, die sie zur Durchführung ihrer Aufgaben brauchten. So waren in der DDR Justizstatistiken zum Beispiel Verschlußsache. Die Entscheidungen des Obersten Gerichts wurden seit 1977 in hektographierten Infor-

Rechts-Geschichte 275

mationsheften „nur für den Dienstgebrauch" verbreitet. „Eine ausdrückliche Bezugnahme in Publikationen und Entscheidungen auf die ‚Informationen des Obersten Gerichts' ... ist nicht gestattet," schrieb OG-Präsident Toeplitz in seinem Geleitwort zu der Sammlung.[25] „Weitergabe von Hand zu Hand" steht noch 1988 auf dem Verteilerzettel, nach dem die Wochenmeldungen der Bezirksgerichte im DDR-Justizministerium vom Minister zum Abteilungsleiter ihre Runde machten. Es sind fast immer harmlose Kriminalberichte, in denen der Leser vergeblich nach Dingen sucht, die die Geheimhaltungsmanie verständlich machen könnten.[26]

In diesem Klima wurden selbst solche Strafrechtsdaten, die in Zivilrechtsfällen eine Rolle spielten, nur ungern in den Akten schriftlich festgehalten. Warum sich unnötige Blößen geben? Kein Wunder also, daß der Leser nie erfährt, was in der Ermittlungsakte stand und wie gründlich oder schludrig die Polizei in Gotha bei ihrer Überführung von Frau Schmittchen gearbeitet hat. Aber selbst wenn der Ermittlungsbericht in den Akten verblieben wäre, hätte Frau Kühne ihn auch als Vertreterin ihrer Schwester wahrscheinlich nicht zu Gesicht bekommen: Vor Erhebung der Anklage (zu der es ja nicht kam) hatte auch ein Verteidiger in der Regel keinen Zugang zu den Akten.[27]

Nicht, daß Frau Kühnes Kenntnis der Ermittlungsakte etwas am Ausgang des Verfahrens geändert hätte. Offenbar gelingt es Richter Blühm mit seinem Brief, sie von der Aussichtslosigkeit ihres Widerstands zu überzeugen: sie verstummt und taucht nicht mehr in unserer Akte auf. Wir sind auch bald am Ende der Geschichte angelangt. Noch einmal moniert die Sparkasse in einem Brief ans Gericht, daß noch keine Zahlungen von Frau Schmittchen eingegangen sind; noch einmal schreibt der Richter einen Mahnbrief an das FDGB-Ferienheim. In einem Entschuldigungsschreiben erklärt dessen Leiter die Verzögerung mit der Umstellung der Gehaltsabrechnungen auf Computer. Aktenvermerke verraten noch zwei Telefongespräche zwischen Richter Blühm und Justitiar Michelsen. Beim zweiten Gespräch kann Herr Michelsen endlich Fortschritt vermelden: die ersten beiden Ratenzahlungen von jeweils 50.– Mark sind bei der Stadtsparkasse eingegangen. Als auch die dritte Rate pünktlich kommt, nimmt Herr Michelsen am 27. 12. 1987 die Klage der Sparkasse zurück. Zwei Tage später stellt der Richter das Verfahren ein, ohne noch auf den Ablauf der zwei-Wochen-Frist zu warten, die das Gesetz einem Verklagten gibt, der auf der Weiterführung des Prozesses bestehen möchte.[28] Unter den Umständen ist ein Protest von Helga Schmittchen ja auch nicht zu erwarten. Es wird noch mindestens vier Monate brauchen, bis sie die Restschuld von 189,53 Mark zuzüglich Zinsen abgestottert hat.

---

25 Zum Geleit, OG-Informationen Nr. 1/1977, S. 3.
26 Politisch peinliche Ereignisse wie spektakuläre Fluchtfälle oder Demonstrationen wurden zu dieser Zeit entweder in Sondermeldungen oder in separaten Wochenmeldungen der Ia Senate der Bezirksgerichte gemeldet.
27 § 64 Abs. II StPO.
28 § 30 Abs. IV ZPO.

III.

Haben wir vielleicht die falsche Akte aus dem Regal gezogen? Ist unser Fundstück eine Anomalie, ein Fremdkörper, der keine Rückschlüsse auf das Umfeld zuläßt, dem wir ihn entnommen haben? Ja und Nein. Frau Schmittchens Geschichte ist schon deswegen untypisch, weil ihr Ausgang auf einer Gesetzesverletzung beruht: bei richtiger Anwendung der §§ 349, 350 ZPO (die die Verantwortlichkeit geistig behinderter und finanzschwacher Schädiger ausschließen) hätte Richter Blühm die Verklagte niemals haftbar machen dürfen. Es ist auch wahrscheinlich, daß Herr Blühm der Staatsmacht und ihren örtlichen Vertretern unkritischer und eilfertiger entgegentrat, als viele seiner Kollegen es getan hätten. Die meisten DDR-Richter versuchten, wenn es sich machen ließ, politischen Berührungen aus dem Weg zu gehen. Hier hätte es sich machen lassen: eine Berufung auf §§ 349, 350 ZPO hätte es überflüssig gemacht, noch auf die polizeiliche Ermittlungsakte aus Gotha einzugehen. DDR-Richter waren in der Regel Positivisten: nicht nur, weil das geschriebene Recht den eindeutigen Willen der Partei zum Ausdruck brachte, sondern auch, weil der Wortlaut des Gesetzes ihnen gegen unerwünschte Einflüsse von außen Zuflucht bot.

So habe ich beim Lesen unzähliger Zivil-, Arbeits- und Familienrechtsakten[29] aus der DDR nur ganz wenige Fälle gefunden, bei denen man, wie im Fall von Helga Schmittchen, von Unrecht sprechen muß. Die meisten Kreisgerichtsentscheidungen kamen zu vertretbaren Ergebnissen. Die meisten Richter taten ihre Arbeit sorgfältiger, ehrlicher und fürsorglicher als Herr Blühm. Und in den meisten Fällen kamen grundsätzliche Konfrontationen zwischen Bürger und Staat in DDR-Zivilrechtsakten gar nicht vor. Nicht nur die Richter, auch die Bürger wußten solchen Zusammenstößen aus dem Weg zu gehen. So wurden zum Beispiel politisch motivierte Kündigungen von Ausreisern oder Dissidenten fast nie vor DDR-Arbeitsgerichten angefochten. Normalerweise scheuten sozialistische Arbeitnehmer sich durchaus nicht, ihren Arbeitgeber zu verklagen. Aber sobald Politisches in einen Streit hereinspielte, hielten staatsbürgerliche Vorsicht, Resignation und vielleicht auch der gute Ratschlag des Sekretärs in der Rechtsantragsstelle des Gerichts einen potentiellen Kläger in der Regel davor zurück, den Staat vor Gericht herauszufordern. Frau Schmittchens Geschichte ist auch deswegen ein Ausnahmefall, weil die Bedeutung der polizeilichen Ermittlung für die zivilrechtliche Verantwortlichkeit der Verklagten ihn näher an Fragen der Machtausübung heranrückt, als dies normalerweise in Zivilprozessen geschah.

Trotzdem ist dieser Fall auch typisch für das Gerichtssystems, dem er entstammt. Er demonstriert die Schwächen einer Justiz, die so dichte, so lebendige und so fesselnde Geschichten erzählte wie die, die wir in unseren Vor-Wende-Akten finden können. Die richterliche Fürsorge und der pädagogische Eifer, die aus diesen Protokollen sprechen, legitimierten auch die Bevormundung und Manipulation der Bürger und gaben zum Beispiel Richter Blühm den Vorwand, den er brauchte, um Helga Schmittchen ihr Recht, angeblich zu ihrem eigenen Besten, vorzuenthalten. Die Alltagssprache dieser Akten und ihr direkter und menschlicher Erzählstil spiegeln ein Verfahren, in dem der Bürger zwar für sich selber sprechen konnte und in dem ihm meistens auch aufmerksam zugehört wurde, aber in dem er in der Regel auch ohne die

---

29 Ich habe Strafrechtsakten in meiner Aufzählung ausgelassen, weil das Problem der Abhängigkeit oder Unabhängigkeit von DDR-Richtern auf dem Gebiet des Strafrechts zu kompliziert ist, um sozusagen in einem Nebensatz entschieden zu werden.

Expertise und Streitsucht eines Anwalts auskommen mußte, und in dem juristische Formvollendung auch für die Richter wenig galt. Wenn wir also beim Lesen dieser Akten so selten über Paragraphen und Präzedenzfälle stolpern, liegt das auch daran, daß eben diese Hindernisse auch dem möglichen Machtmißbrauch des Systems so selten in den Weg gelegt wurden. Und die Korrespondenz des Gerichts mit Staatsanwalt, Verwaltung oder Arbeitgebern, die in diesen Geschichten eine so wichtige Rolle spielt, entspricht dem Netz der Autoritäten, in dem DDR-Bürger gleichzeitig aufgefangen und gefangen waren, und in dem die kollegialen Telefongespräche zwischen Richter Blühm und Justitiar Michelsen für den Ausgang von Frau Schmittchens Fall wichtiger werden konnten als die Bestimmungen des ZGB. Es ist bezeichnend, daß das „juristischste" Schriftstück unserer Muster-Akte von einem Laien stammt. Nur Frau Hühnes Brief an die Stadtsparkasse demonstriert die Logik, die Genauigkeit, die Streitlust und die Zweifel an der Unfehlbarkeit der Staatsmacht, die wir gewohnt sind, als die Berufsmerkmale eines Anwalts anzusehen. DDR-Bürger waren oft die besten Anwälte der eigenen Sache. Sie waren weniger am objektiven Recht, als an ihren subjektiven Rechten interessiert. So kam ihr Gebrauch des Rechts kapitalistischen Rechtsvorstellungen wesentlich näher, als ihr Staat es gerne sah.

Helga Schmittchens Fall bestätigt auch unseren anfänglichen Argwohn, daß DDR-Justizakten, die scheinbar so schlüssige und abgerundete Geschichten erzählen, vielleicht doch wichtige Aspekte eines Sachverhalts verschweigen könnten. Der Ausgang dieses Rechtsstreits wurde wesentlich durch das bestimmt, von dem nichts in unserer Akte steht: durch das Autoritätsgefälle zwischen Volkspolizei und Richter; wahrscheinlich durch die Beziehungen zwischen Richter und Justitiar; durch die Abwesenheit eines Rechtsanwalts. DDR-Akten sollten nicht nur die Stationen eines Verfahrensablaufs dokumentieren, sondern auch einen gesellschaftlichen Lern- und Veränderungsprozeß belegen. Sie mußten nicht nur professionellen, sondern zugleich auch politischen Ansprüchen genügen. So gerieten diese Geschichten eher in Gefahr, ihrer Moral abträgliche Einzelheiten zu verbiegen oder zu verschweigen.

Auch im Kapitalismus werden viele Prozesse durch das entschieden, was in den Akten nicht zur Sprache kommt: vor allem durch den unterschiedlichen sozialen Status und die ungleichen Geldmittel der Parteien, von denen abhängt, ob und wie hartnäckig sie ihre Rechte verteidigen können. Aber dergleichen Ungerechtigkeiten liegen „außerhalb" des Rechts. Der Rechtsprechungsprozeß bleibt „sauber". Über den von ihr selbst als entscheidend definierten Sachverhalt wird eine Westakte daher in der Regel gründlichere und zutreffendere Auskunft geben als eine Akte aus Vorwendetagen. Ihre Wahrheit ist enger und anspruchsloser als die materielle Wahrheit der Sozialisten. Die neuen Akten im Archiv belügen uns nicht. Aber sie erzählen uns auch kaum etwas über das Leben der Dabeigewesenen.

Quellen

Die Aktenbestände der ehemaligen DDR-Gerichte wurden von den Nachfolgegerichten in Ostdeutschland übernommen, so daß im Archiv eines jetzigen Amtsgerichts auch die Akten des ehemaligen Kreisgerichts zu finden sind, das dessen Vorgänger war. Wie vollständig die vor-Wende Aktenbestände heute noch sind, hängt vom Zufall ab. Schon zu DDR-Zeiten fehlten vielen Gerichten die Arbeitskräfte oder Energie, um ihre Archive den Bestimmungen der Aktenordnung entsprechend regelmäßig durchzuforsten. Besonders Gerichte mit viel Platz bewahrten also wesentlich mehr von ihren Akten auf, als das Gesetz verlangte. Allerdings wurde ein großer Teil dieser Bestände während der Wendezeit und danach bei mehr oder weniger systematischen Reinigungsaktionen wieder weggeworfen. So unterscheiden sich ostdeutsche Gerichte heute wesentlich im Reichtum ihrer Bestände.

Am ehesten werden Gerichte ihre Urteilssammlungen behalten haben. Die eigentlichen Prozeßakten werden meistens nur für die 1980er Jahre noch vorhanden ein, obwohl in manchen Gerichten auch noch wesentlich frühere Jahrgänge zu finden sind. Dazu können, wenn man Glück hat, noch eine Fülle anderer Akten in heutigen ostdeutschen Gerichtsarchiven liegen: Protokolle von Schieds- und Konfliktkommissionen, Arbeitspläne der Gerichte, Eingaben von Bürgern, die statistischen Erfassungsbögen des betreffenden Gerichts und Analysen und Berichte aller Art. In Strafsachen finden sich – neben Zufallsfunden von Haftbefehlen, richterlichen Bestätigungen und dergleichen – in der Regel nur jüngere Urteilssammlungen in Gerichten . Die eigentlichen Strafrechtsakten werden heute wie früher von der Staatsanwaltschaft verwaltet.

Ina Merkel

„... in Hoyerswerda leben jedenfalls keine so kleinen viereckigen Menschen." Briefe an das Fernsehen der DDR[1]

Die DDR-Bürger/innen haben ihrem politischen System selbst ein Ende gesetzt. Dabei haben sie ein hohes Maß an individueller Selbstbestimmtheit, Subjektivität und politischer Handlungsfähigkeit bewiesen. Dennoch wird in politologischen und zeitgeschichtlichen wissenschaftlichen Studien nach wie vor ein Ansatz favorisiert, in dem von der „Dominanz des Politischen und Ideologischen" und einer „Durchherrschtheit" der DDR-Gesellschaft ausgegangen wird.[2] Die Herausarbeitung von Herrschaftsstrukturen und Unterdrückungsmechanismen sowie des Systems der Verbreitung und Durchsetzung politischer Intentionen sind ebenso beliebte Forschungsthemen wie die Anpassungsleistungen von DDR-Bürgern. Beim Lesen dieser Forschungsberichte drängt sich der Eindruck auf, daß sich die Deutung politokratischer Texte und propagandistischer Leitbilder auf die darin enthaltenen Intentionen beschränkt und ihnen damit – zwar verspätet und nachholend – gewissermaßen „aufsitzt". Interessant müßte aber eigentlich die Frage sein, wie es diese „verhunzten und verzwergten" DDR-Bürger (Zitat Baring) geschafft haben, sich ihre eigene „Diktatur" vom Halse zu schaffen.

Ich will hier keine Hymne über die „Helden von Leipzig" und die „Revolutionäre" der Wende anstimmen, sondern nur meinen Gegenstand einleiten, der sich mit der Diskrepanz, dem Auseinanderfallen von politokratischer Intention und subjektiver Aneignung beschäftigt. Die Gleichzeitigkeit von Funktionalität und Dysfunktionalität des Systems ist mein Forschungsthema. Ich frage danach, inwiefern die mentalen Besonderheiten, die die Individuen in der DDR ausgeprägt haben, mit dem System und seinem ideologischen Erziehungsanspruch zu tun haben. Welche davon entstammen älteren historischen Schichten, welche spiegeln das sozialistische Wertesystem wider, welche haben sich in der Auseinandersetzung mit diesem System herausgebildet? Es gibt noch nicht viele aufgearbeitete Quellen, die Aufschluß über subjektive „Befindlichkeiten", individuelle Haltungen und Einstellungen, über das innere Verhältnis von Anpassung, aktiver Zustimmung und Widersetzigkeit geben.[3] Die subjektiven Aneignungsweisen weisen zudem gravierende generations-, geschlechts- und karrierespezifische Unterschiede auf. Ich kann darauf hier nur ansatzweise eingehen, weil die hier von mir untersuchte Quelle die dafür notwendigen Informationen nicht enthält. Dennoch versteht sich dieser Aufsatz als ein Beitrag zu einer Lebensstil- und Mentalitätsforschung, die sich die Hete-

---

1 Für die Unterstützung danke ich dem Deutschen Rundfunkarchiv, Standort Berlin, Historisches Archiv (DRA) und insbesondere Herrn Dr. Fischer.
2 So z. B. bei S. Barck, M. Langermann, J. Requate, Kommunikative Strukturen, Medien und Öffentlichkeiten in der DDR, in: Berliner Debatte 4/5 – 1995, S. 25.
3 Vgl. dazu die interessanten Überlegungen von A. Lüdtke, „Helden der Arbeit" – Mühen beim Arbeiten. Zur mißmutigen Loyalität von Industriearbeitern in der DDR, in: H. Kaelble, J. Kocka, H. Zwahr (Hg.), Sozialgeschichte der DDR, Stuttgart 1994, S. 188–213.

rogenität der DDR-Gesellschaft zum Gegenstand nimmt, nicht aber eine Egalisierung von Lebenslagen und Gleichschaltung der Individuen voraussetzt.[4]

Die Quellenlage zu einer solchen Fragestellung ist problematisch. Selbstzeugnisse von DDR-Bürger/innen, die über ihr tatsächliches Verhalten unter damaligen Gegebenheiten Aufschluß geben könnten, finden sich noch am ehesten in der Literatur- und Kunstszene, also einem exklusiven Kreis von Menschen. Ebenso steht es mit realistischen oder realitätsnahen Darstellungen des DDR-Alltagslebens in Filmen, Literatur und der Popmusik, die ich in mehrfacher Hinsicht für auskunftsträchtiger halte als die Akten der Politbürokratie. Nachträgliche Befragungen von Zeitzeugen erweisen sich, je mehr Zeit vergeht, als umso fragmentarischer, wird doch die Erinnerung durch heutige Wertungen stark verstellt und segmentiert. Zeitgenössische Tagebücher, Briefe und andere persönliche Aufzeichnungen sind bislang nur schwer zugänglich und müssen erst mühsam gesammelt und zusammengetragen werden. Inwiefern die Akten der Politbürokratie, der Stasi, der Polizei u.a. über das Alltagsleben Auskunft geben können, darüber ist erst ansatzweise nachgedacht worden. Eine authentische und massenhaft vorhandene, allerdings wegen der nur fünfjährigen Kassationsfrist nur zufällig und nicht kontinuierlich gesammelte Quelle sind die z. T. umfangreichen Bestände an Eingaben. Es handelt sich hierbei um Briefe von Bürger/innen aller Generationen und Schichten der Bevölkerung, die sie sowohl an die jeweiligen Staatsoberhäupter, an den Präsidenten, den Staatsratsvorsitzenden und schließlich den Generalsekretär, als auch an kommunale Behörden geschrieben haben.[5]

Ähnlich geartet, und doch auch wieder von ganz anderem Charakter sind die Briefe an das Fernsehen der DDR, genauer: an die Redaktion Prisma[6], eine Quelle, mit der ich mich seit gut zwei Jahren beschäftige. Im folgenden möchte ich unter einem spezifischen Blickwinkel den Zugang zu dieser Quelle beschreiben.[7]

---

4 Siehe dazu auch meinen Aufsatz „Leitbilder und Lebensweisen von Frauen in der DDR" in demselben Band, S. 359–382.
5 Vgl. F. Mühlberg, Zur Kulturgeschichte der Eingabe, unveröffentl. Manuskript 1995, m.W. der erste, der sich diesem Thema mit einer umfangreichen Forschungsarbeit zuwendet. Er schreibt: „In vielen Eingaben wird mehr als nur das Problem und die Forderung geschildert. Oft wird der bisherige Verlauf eines Vorgangs beschrieben. In diese Schilderungen betten sich dann – fast schon ethnographischen Tagebüchern gleich – alltägliche Geschichten der Eingabenschreiber. Sie besitzen einen hohen Grad an Authentizität…", S. 33.
6 Hierbei handelte es sich um ein seit 1963 monatlich, später vierzehntägig gesendetes innenpolitisches Magazin, in dem ausgewählte Mißstände in der Wirtschaft, der Kommunalpolitik und der Versorgung untersucht und an exemplarischen Fällen Lösungsvorschläge unterbreitet werden. Dieses Magazin erfreute sich unter DDR-Bürgern einer relativ großen Beliebtheit. Auf die Ambivalenzen der Rezeption werde ich weiter unten eingehen.
7 „Ziel und Aufgabe dieser Sendereihe ist es entsprechend des Grundsatzes ‚Plane mit – arbeite mit – regiere mit' die Zuschauer zu aktivem Handeln und zur Entfaltung sozialistischer Verhaltensweise zu veranlassen. Die Sendebeiträge der Redaktion Prisma, die vorwiegend veränderungswürdige Situationen behandelten, veranlaßte sehr viele Bürger, sich sowohl zu den Sendungen selbst als auch zu anderen Fragen an die Redaktion zu wenden, weil sie sich bei der Lösung ihrer Probleme durch die Einflußnahme ‚von Prisma' einen schnellen Erfolg versprachen. Auf diese Weise erhielt die Redaktion überdurchschnittlich viel Zuschauerpost, die Veranlassung war, ein eigenes Büro zur Beantwortung bzw. zur Erledigung der als Eingaben behandelten Post einzurichten. So werden die zu den Sendungen eingehenden Zuschriften als auch zu anderen, meist persönlichen Fragen der Zuschauer registriert und an die zustän-

Seit 1980 sammelten Mitarbeiterinnen unter dem Titel „Zeitgeist" jeweils 150 exemplarische Zuschriften pro Jahr. Das waren etwa 5 Prozent aller Posteingänge. Sie galten als „Archivgut …, … (das) den Zeitgeist repräsentiere(n), der in der historischen Forschung über den Entwicklungsstand der Probleme und den Bewußtseinsstand der Bevölkerung Aufschluß geben kann."[8] Vereinzelt finden sich auch Briefe in den Sendeunterlagen, die bis in das Jahr 1961 zurückreichen, obwohl die Sendereihe erst im März 1963 eröffnet wurde. Diese Sammlung ist ein Glücksumstand für Sozial- und Kulturhistoriker/innen, finden sich hier doch zeitgenössische Beschreibungen des Alltagslebens, die man so weder in publizierten Texten finden noch durch heutige Befragungen rekonstruieren kann. Die Zuschauer der Sendung schreiben aus den unterschiedlichsten Motiven. Neben der Zustimmung oder Kritik zu einer gerade gesendeten Folge werden vor allem Vorschläge für zukünftige Sendungen unterbreitet. Die Zuschauer berichten von Erlebnissen und Erfahrungen, Problemen und Vorfällen ihres Alltags und sie möchten, daß sich die Redaktion dieser Probleme annimmt und ihnen Öffentlichkeit verschafft.

Aus einer konkreten Situation heraus verfaßt, in der die Geduld des Einzelnen überstrapaziert wurde, spiegeln sie noch ganz unvermittelt die aufgeregte Stimmung, die Empörung oder die Verzweiflung ihrer Absender wider. Von der Redaktion PRISMA, dem Adressaten dieser Schreiben, erhoffte man sich vor allem Zustimmung, aber auch Hilfe in einer manchmal ausweglos erscheinenden Situation. Die Briefe spiegeln auch, das mag manchen überraschen, einen ausgesprochen kritischen Geist – gegenüber einem bestimmten Mangel, gegenüber Vorgesetzten, Parteifunktionären, Betriebsleitern und Verantwortlichen in den Ministerien – gegenüber der Bürokratie und nicht zuletzt auch gegenüber der Medienpolitik als solcher. Darüber hinaus läßt sich ein Hang zum Generalisieren beobachten, die Tendenz, von einem konkreten Problem auf den Gesamtzustand zu schließen und haarsträubende Folgen für die ganze Gesellschaft zu prognostizieren. Dadurch wird aus einem individuellen Einzelfall eine gesellschaftliche Angelegenheit und die Briefeschreiber von privaten Bittstellern zu Bürgervertretern, die ein gemeinschaftliches Interesse einklagen.

„In anderen demokratischen Ländern hätten die Volksvertretungen schon lange Anfragen an die Regierung gerichtet, da die Kohlenfrage eine Angelegenheit ist, die das ganze Volk betrifft. …
Im Gegensatz zu dieser traurigen Wahrheit stehen die Lobeshymnen auf uns selbst, die kaum noch erträglichen Selbstbeweihräucherungen und die in den hellsten Farben geschilderte allseitig günstige Planerfüllung, die wir von Presse, Rundfunk usw. anläßlich des XX. Parteitages hörten."[9]
„…wenn man dafür 20 Jahre zur Verfügung hatte und noch zu keinem Resultat gekommen ist, kann man gut und gern von einer mehr als peinlichen Pleite sprechen."[10]

---

digen Wirtschafts- oder Staatsorgane weitergeleitet und deren abschließende Beantwortung überwacht." Einleitung der Archivare in die „Zeitgeist-Sammlung", DRA, Historisches Archiv, Zeitgeist-Sammlung.
8 Ebd.
9 DRA, Historisches Archiv, Informationsbericht über Hauptprobleme aus den an die Redaktion PRISMA des DFF gerichteten Eingaben der Bürger in der Zeit vom 1.–31. 1. 1970 (im folgenden Informationsbericht).
10 Ebd., Informationsbericht vom 1. 9.–31. 10. 1970.

Neben der Tatsache, daß diese Briefe geeignet sind, um den manchmal absurden Alltag in einer ‚Diktatur von Schildbürgern' zu rekonstruieren, interessieren sie mich hier noch in einem anderen Zusammenhang. Ich werde in diesem Beitrag der Frage nachgehen, inwiefern sich in den Briefen ein (halb)öffentlicher Diskurs über den Zustand der Gesellschaft konstituiert und welche mentalen Besonderheiten DDR-Bürger/innen in diesem Diskurs offenbaren. Es ist im Grunde ein Diskurs über das Wohl und Wehe der sozialistischen Gesellschaft, über die Erwartungen, die Ideale und Hoffnungen, die ihre Bewohner damit verbinden. Es ist ein Diskurs, der von der Unzufriedenheit mit den herrschenden Zuständen lebt, und in dem es immer um die Veränderung bestehender Verhältnisse geht. Es ist ein Diskurs über etwas, das einem zwar alltäglich passiert, was aber in einer Weise passiert, bei der man immer wieder versucht ist zu sagen: „Typisch DDR!" Dieser Diskurs über die Gesellschaft verläuft in verschobenen Bahnen: Die Zuschauer berichten über ein spezifisches Ereignis, sie sprechen die Redaktion direkt an, doch die Redakteure antworten nur im Ausnahmefall. Sie behandeln die Kritiken und Hinweise als „Eingaben" und leiten sie an „zuständige Stellen" weiter. Erst diese wenden sich direkt an die jeweiligen Absender. Die Redaktion PRISMA fungiert als Vermittler zur Bürokratie.[11] Nur indirekt „antwortet" sie mit jeder Sendung auf die Fragen und Kritiken der Zuschauer. Auch in dieser umgeleiteten, verschobenen Form der Kommunikation spiegeln sich Eigentümlichkeiten des Verhältnisses der DDR-Bürger/innen zu ihrer „Diktatur".

Im Unterschied zu Leserbriefen an Zeitungen und Zeitschriften, die ich gelesen habe, schreiben an die Redaktion PRISMA vor allem Kritiker des Systems.[12] Sich beschweren, aufregen über etwas, meckern und kritisieren sind die den überlieferten Briefwechsel dominierenden Darstellungsformen. „Meckern" gehörte in der DDR zu den habituell verfestigten Grundmustern der alltäglichen Kommunikation.[13] Man meckert jemanden an oder man meckert mit jemandem über etwas. Abendbrotgespräche, Familienfeiern, kollektives Beisammensein, solidarische Spontanzusammenschlüsse in den Schlangen – überall gab es „was zu meckern".

Wie tief dies selbst im Bewußtsein der Parteiführung verankert gewesen sein mußte, darüber gibt ein Ausspruch Honeckers Aufschluß, der sich Ende der 80er Jahre über die „ewigen Meckerer und Nörgler" innerhalb der Partei mokiert und die Mitglieder auffordert, sich von ihnen zu trennen. Meckern stellt eine Form psychischer Kompensation dar, es entlastet vom Druck des alltäglichen Ärgers und dient der Bewältigung eines schwierigen Alltags. Zugleich zeugt es von einem gewissen Gemeinschaftssinn, denn es geht oftmals um überindividuelle Belange, die da in der Straßen- und Familienöffentlichkeit artikuliert werden. Das Meckern konstituiert den inneren Konsens der DDR-Bürger – im Ärger sind sie einig. Es ist eine Form der gemeinsamen Verweigerung von Zustimmung zu den von Partei und Regierung, oder auch nur von der Ortsobrigkeit oder dem betrieblichen Vorgesetzten verkündeten neuen Phrasen und Anforderungen. Gemeckert wird von unten nach oben, aber auch von oben nach unten. Mit dem Habitus des Meckerns korrespondiert ein spezifischer Humor, den die Fähigkeit auszeichnet, über sich selbst und die Unzulänglichkeiten des eigenen Alltags lachen zu können.

---

11 Bürokratie oder Politokratie sind Begriffe, die eigentlich nicht zur Abbildung dessen taugen, was damit gemeint ist, nämlich ein weitverzweigtes Geflecht von Stukturen der Leitung und Planung der Wirtschaft wie auch der Gesellschaft als ganzer. Mangels eines besseren möchte ich ihn hier als Arbeitsbegriff benutzen.
12 Nicht zu verwechseln mit den Systemkritikern!
13 Ich bleibe hier bewußt beim umgangssprachlichen „Meckern", weil z. B. der Begriff „Kritisieren" nicht treffend genug ist.

Der ironische Grundton vieler Briefe ist dafür bezeichnend. Dem Meckern wohnt eine systemstabilisierende Komponente inne, weil es anzeigt, daß man es noch aushalten kann und vor allem deshalb, weil es oftmals einen Vorschlag zur Veränderung enthält, was die Reformfähigkeit des Systems unterstellt. Erst wenn die Kritik in Wut, Resignation oder Verzweiflung umschlägt, kann sie systemgefährdend werden. Briefe dieser Art sind fast ausnahmslos anonym. Meckern bedeutet kulturell sicher noch viel mehr – es ist konstruktiv, es ist subversiv: Diese Gesellschaft lebte und hatte Farbe einzig nur durch das Meckern.

Im folgenden sollen einige ausgewählte Briefe von exemplarischem Charakter genauer analysiert werden. Es geht darum, 1. den darin geführten kritischen Diskurs über den Zustand der Gesellschaft ein stückweit zu rekonstruieren, um – 2. – Erklärungsansätze für die in diesen Briefen erkennbaren mentalen Besonderheiten von DDR-Bürgern zu entwickeln.

1. Irrationale Formen der Kommunikation

„Sie werden deshalb verstehen, daß bei allem Verständnis ...."

Eine Verkaufsstellenleiterin schreibt am 6. Januar 1986 an PRISMA: „Beiliegend übersenden wir Ihnen als Anschauungsmaterial dieses ‚wunderschöne' Modell eines Damen-Pullovers, an uns ausgeliefert in den Größen 46–52. Wir hinter dem Ladentisch wagen uns kaum, diesen Pullover den Kunden anzubieten. ... Der mit der Größe 48 bezeichnete Pullover hat die Breite einer Größe 54 und die Länge einer Größe 40. Wir wissen nicht, wie die Mitarbeiter von Mülana zu diesen seltsamen Abmessungen kommen, in Hoyerswerda leben jedenfalls keine so kleinen viereckigen Menschen."[14]

In diesem Brief wird PRISMA darauf aufmerksam gemacht, daß Pullover produziert werden, die man nicht verkaufen kann, weil sie aufgrund ihrer Form niemandem passen können. PRISMA reicht den Brief ungefragt weiter, offenbar an das Ministerium für Textilindustrie, denn von dort kommt drei Monate später das folgende Antwortschreiben:

„Werte Frau Hansa!
Am 4. 3. 1986 fand im VEB ‚Mülana' eine Beratung unter Teilnahme von Vertretern des VEB ‚Mülana', dem Fachbereich Obertrikotagen und der Abteilung Qualitätssicherung des ZWK Textil- und Kurzwaren statt. Beratungsgrund war die von Ihnen unter Kritik gestellte Paßform von Damen-Pullovern.
Folgender Standpunkt wurde erarbeitet:
Die Maßhaltigkeit des von Ihnen übergebenen Erzeugnisses ist gegeben [sic! – es gibt also doch viereckige Menschen! – I. M.]. Die Oberweite hat eine Weitenzugabe zum Körpermaß von 4 cm. Das heißt, sowohl die Oberweite wie auch die Erzeugnislänge garantieren die Paßform für Personen mit den Körpermaßen der Größe 48 und bewegen sich außerdem im Rahmen der Maßorientierung für Obertrikotagen, die das Modeinstitut erarbeitet. Natürlich muß ich Ihnen recht geben, daß das Erzeugnis, wenn es auf dem Tisch ausgebreitet

---

14 Brief vom 6. 1. 1986 (maschinenschriftlich), DRA, Historisches Archiv, Zeitgeist-Sammlung. – Hier und im folgenden werden alle Angaben über die Absender von mir anonymisiert; Orthographie und Interpunktion sind hingegen beibehalten.

wird, einen etwas unförmigen Eindruck hinterläßt. Man muß jedoch seine Meinung völlig ändern, wenn man den Pullover angezogen betrachtet. Eine andere Frage ist es, ob diese Schnittform für die Größen 48–54 sehr geeignet ist und vor allen Dingen ob sie vom Verbraucher gewünscht wird.

Aus diesen Gründen wurde festgelegt, daß ähnliche Artikel vom Betrieb nochmals in der Größe 48 gemustert werden und eine Abnahme unter Teilnahme meiner Mitarbeiter erfolgt, so daß für die Kollektion des 2. Halbjahres 1986 Modelle entsprechend der Größenauswahl gefertigt werden, das könnte heißen, daß bestimmte Modelle geändert werden müssen. .... Mit sozialistischem Gruß"[15]

Dieses Beispiel ist nicht nur typisch für die Arbeits- und Funktionsweise der Konsumgüterproduktion, es steht auch noch für eine irrationale Form der Kommunikation. Der seitens der Verkaufsstellenleiterin eingeklagte „vernünftige" Gesichtspunkt, daß nach ihren Erfahrungen niemand so etwas kaufen wird, steht in dem Antwortschreiben gar nicht zur Debatte. Mit der Mitteilung, „die Maßhaltigkeit ist gegeben" wird die tatsächliche Irrationalität einer nicht am Verkauf interessierten Produktion von Gebrauchsgütern sogar noch gesteigert. Jeder Austausch von Argumenten ist damit endgültig beendet. Nur notorische Meckerer wagen nach einer solchen Antwort einen erneuten Aufklärungs- oder Bekehrungsversuch.

Daß Realitätssinn auf taube Ohren stößt, dafür steht auch das folgende Beispiel. Einen Schildbürgerstreich größeren Ausmaßes leistete sich die DDR mit der gutgemeinten Subventionierung von Kinderbekleidung. Schon in den sechziger Jahren wird massiv kritisiert, daß die Versorgung mit Kinderbekleidung unzureichend ist. PRISMA faßt in seinem Monatsbericht die dazu eingegangenen Briefe folgendermaßen zusammen:

„Unabhängig davon, daß die Versorgung auf dem Sektor Kinderbekleidung einer starken Kritik unterliegt, gibt es Hinweise darüber, daß die Bekleidung im allgemeinen nicht den tatsächlichen Größen der heranwachsenden Kinder entspricht.
Es wird nachgewiesen, daß Mäntel für 10 bis 12 jährige Kinder so schmal im Schnitt sind, daß sie selbst 6 bis 7 jährigen zu eng, dafür aber zu lang sind. Unterhemden, Pullover u.a. sind stets in der Gesamtlänge um mindestens 20 cm zu kurz, so daß sie aus den Röcken oder Hosen herausrutschen."[16]

Noch 1983 kann das Ministerium für Handel und Versorgung auf eine diesbezügliche Kritik nicht „vernünftig" antworten:

„In Ihrer Anfrage bemängeln Sie einmal, daß im Sortiment Kinderschuhe in den oberen Größengruppen keine Sortimentsvielfalt besteht und zum anderen, daß das bestehende Größensystem in der Kinderoberbekleidung dem Wachstum der Kinder nicht mehr gerecht wird.
Sie haben hiermit zwei Probleme angesprochen, die ursächlich auf gleiche Gründe zurückzuführen sind. Wie Ihnen ja bekannt ist, wird durch die Regierung der DDR im Rahmen der sozialpolitischen Maßnahmen die Kinderbekleidung erheblich preisgestützt. Aber auch der

---

15   Ebd., Brief vom 4. 3. 1986 (maschinenschriftlich).
16   Ebd., Informationsbericht vom 1.–31. 3. 1970.

Volkswirtschaft der DDR sind Grenzen gesetzt. Eine Erweiterung der Kindergrößen um Größen der jetzigen Erwachsenenbekleidung würde zu erheblich höheren Preisstützungen führen, da vor allem kleinere Erwachsene diese Erzeugnisse kaufen würden. Diese Tendenz stellt sich derzeitig bereits bei den Konfektionsgrößen 158 bzw.164 sowie bei Schuhen der Größen 40 bis 42 heraus. Aus dieser Tatsache erklärt sich auch, daß für den Kunden oft nur wenige Modelle sichtbar werden. Auch in den Schuhsortimenten werden durch die Industrie eine Vielzahl von Modellen in allen Größen dem Handel geliefert. Der Abkauf dieser preisgestützten Artikel durch Erwachsene ist bei Schuhen aber besonders groß.

Sie werden deshalb verstehen, daß bei allem Verständnis für die durch Sie angeführte Problematik eine Erweiterung der Kindergrößen volkswirtschaftlich nicht vertreten werden kann."[17]

Diese Argumentation führt sich selbst ad absurdum. Man hätte die Subventionen von der Preisstützung nur auf das Kindergeld umlegen müssen und schon wäre das Problem gelöst gewesen. Doch auf diesen Vorschlag reagierte selbst die Regierung Modrow noch 1990 ablehnend. Die heilige Kuh Subvention durfte nicht geschlachtet werden. Auch PRISMA hat das Problem m. W. nie aufgegriffen, obwohl sich in allen Jahren Zuschriften zu diesem Thema finden.

Im Nachhinein muß man sich fragen lassen, warum man solch blödsinnigem Treiben jahrzehntelang zugesehen und sich still für sich oder laut in der Verkaufsstelle geärgert hat. Meinem Sohn paßten schon mit 11 Jahren keine „Kinderhosen" mehr und die „Jugendmode" war zu weit und zu lang. Ein ewiges Drama, dem nur mit Westgeld abzuhelfen war. Doch die Bürokratie blieb ungerührt. Kinderkriegen war in der DDR eine Entscheidung mit Folgeproblemen ohne Ende.[18]

Diese beiden Beispiele verweisen auf bestimmte Besonderheiten im Verhältnis von DDR-Bürgern zu ihrer Gesellschaft. Die Briefeschreiber beschreiben einen konkreten Mißstand. Implizit vermuten sie Nichtwissen der Behörden oder unsinnige Entscheidungen, die sie nicht genauer verifizieren können, als Ursache. Scheinbar verlangen sie nach Aufklärung darüber, wie es überhaupt dazu kommen konnte. Eigentlich aber suchen sie die Unterstützung anderer Vernünftiger – in diesem Falle PRISMA –, um diesen Mißstand öffentlich zu machen und damit einer Lösung zuzuführen. Sie denken offenbar, es hätte nur noch keiner mitbekommen, wie unsinnig und irrational es zugeht. Man müsse nur die Information den richtigen Stellen zukommen lassen und dann würde das Problem rational gelöst werden. Die Antwortbriefe zeigen deutlich, daß die Briefeschreiber – ganz naiv – von falschen Voraussetzungen ausgehen.

---

17 Ebd., Antwortbrief vom Büro des Ministers, Abt. Bekleidung vom 25. 2. 1983
18 Man mag es als banal abtun, aber die Aufzählung der „kleinen" Alltagssorgen, die mit dem Schwangerwerden begannen, macht dies deutlich. Ewige Wartezeiten bei der monatlichen Pflichtvorstellung bei der Schwangerenberatung, altmodische Umstandskleidung, keine Hosen, keine Baumwollwindeln, überfüllte Entbindungskliniken, nicht gestattetes Rooming in, nicht funktionierende Duschen, kein Krippenplatz – wenn doch, ewiges Kranksein der Kinder, d. h. permanente Unterbrechung der Arbeit mit entsprechender Negativbewertung durch die Kollegen, zu kleine Wohnung, Ofenheizung, Außentoilette, keine Waschmaschine, Kindernahrung, Kinderkleidung, Spielzeug, Schwierigkeiten beim Transport in die Stadt usw. usf. Für alle diese Probleme gibt es Briefe an PRISMA. Darin wird auch ein enormes Gefälle zwischen Stadt und Land sowie zwischen Berlin und Provinz deutlich. Sicher war das Anrecht auf einen Kindergartenplatz ein emanzipatorischer Fortschritt, aber wie teuer mußte er von den Müttern bezahlt werden!

Man weiß es längst und findet es auch noch in Ordnung so. Den Briefeschreibern wird beim Lesen der Antworten deutlich geworden sein, daß man gar nicht verstehen will.

Die Antwort hat mit dem Problem nichts zu tun, ein typischer Fall von Fehlkommunikation. Spätestens an dieser Stelle wird klar: Der Diskurs der Vernünftigen über den Zustand der Gesellschaft findet nicht statt, jedenfalls nicht zwischen den Kritikern und den Verantwortlichen. Er konstituiert sich nur indirekt zwischen Zuschauern und Redaktion. Hier stellt sich – zumindest symbolisch – Übereinstimmung her. Die Redaktion wendet sich selten direkt an die Absender, nur dann, wenn ihnen ein Thema so brennend und auch machbar, d. h. an der Zensur vorbei sendbar, erscheint, daß eine tiefergehende Beschäftigung damit Sinn macht.

Die Sendung greift den Gestus der Unzufriedenheit auf und zivilisiert ihn. Mehr oder weniger zurückhaltend wird ein „Einzelfall" kritisiert. Damit nimmt sie der Kritik aber auch ihre Spitze, die in der Verallgemeinerung bestand. Die Radikalität der Zuschauerkritik gründet in ihrem Realitätssinn. Hier suchen vernunftbegabte Wesen nach den Ursachen eines Problems, nach seinem rationalen Kern. Vernünftig sind sie nicht insofern, als sie über die notwendigen Lösungsstrategien verfügen, sondern einfach deshalb, weil sie der Realität ins Auge sehen und sich nicht von schönen Worten und Bildern über die wirklichen Zustände täuschen lassen.

Die Bürokraten drehen den Spieß um und versuchen den Eindruck zu vermitteln, als seien sie es, die über die notwendigen Informationen zur Ermittlung der wirklichen Zustände verfügten. Sie gebärden sich in ihren Antworten, als ob sie die Vernunft für sich gepachtet hätten. Das Problem kommt als ein Glaubenssatz, verkleidet in das Kostüm eines rationalen Argumentes, zum Zuschauer zurück und drängt ihn dazu, „Verständnis zu zeigen". Die Bürokratie antwortet aber auf eine Frage, die gar nicht gestellt worden ist. Sie agiert in formalisierten, quasi religiösen Riten, denen der Zauber der Vernunft, seine Aura qua Ideologie noch immer anhaftet. (Der Ausgangspunkt der marxistischen Revolutionstheorie war ja durchaus rational gegen die Irrationalität des von Weber so eingängig beschriebenen „Erwerbsstrebens" gesetzt.) Dies macht am Ende jedes Beharren des Zuschauers auf einer adäquaten Antwort gefährlich, denn das muß nun als Infragestellen des Systems verstanden werden, was es ja vielleicht letztlich auch war.

Diese Form bürokratischer „Überzeugungsarbeit" hat leider oft genug mindestens in einer Hinsicht gewirkt: Indem auf übergreifende Interessen der Gesellschaft verwiesen wird, gelingt die Umdeutung des soeben vorgetragenen Problems als eines gesellschaftlich relevanten in einen individuellen, privatistischen Einzelfall. Die Zuschauer generalisieren – die Bürokratie marginalisiert und appelliert zugleich an den Gemeinsinn der Zuschauer, der ohnehin vorhanden ist, sonst hätten sie nicht geschrieben. So irrational wie das Problem selbst, so irrational ist auch die Form der Kommunikation darüber.

Während die Bürokratie jedoch sehr grobschlächtig und leicht durchschaubar reagiert, sind die von PRISMA gegebenen Antworten an die Zuschauer von einer subtileren und versteckten Irrationalität. In der Sendung werden Mißstände maßvoll kritisiert, verantwortlich sind immer Personen niederen Ranges. Die Kritik stößt nicht zu den Ursachen vor und begnügt sich damit, persönliches Versagen als Ursache anzuprangern. Darauf nimmt ein ehemaliger Justitiar der Kommunalen Wohnungsverwaltung (KWV/GW) Bezug, als er einen PRISMA-Beitrag über Probleme bei der Wohnraumlenkung kritisiert:

„Alle aufgezählten Probleme waren verwaltungsrechtliche ... Probleme, die nahezu ausschließlich in die Kompetenz der Abt. Wohnungspolitik des Rates fallen, aber die KWV/GW-Betriebe sind ja daran gewöhnt, Prügelknabe der Nation = DDR zu sein, an dem man seine Auffassung von kritischer Auseinandersetzung demonstrieren darf, wobei Rechtsvorschriften und materielle Verhältnisse niemanden, insbesondere nicht unsere Medien interessieren, Hauptsache man hat einen Dummen, an dem u. über den man sich auslassen *darf*, ohne wirkliche Zusammenhänge und Gründe aufzudecken bzw. zu untersuchen. Die Folge dieser Praxis ist u.a., daß die Mitarbeiter der KWV-Betriebe, die noch ihren sozialen Auftrag trotz ungenügender materieller und finanzieller Mittel bei oft sehr komplizierten Rechtslagen mit hohem Einsatz erfüllen, zunehmend aufgeben, denn keiner ist gern der Fußabtreter für Leute, die keine Kenntnis haben oder die Augen bewußt verschließen und verantwortet gesellschaftliche Verhältnisse, die er nicht beeinflussen kann. ... Macht weiter so Genossen und Kollegen – die Talfahrt wird rasanter und ihr leistet Euren Beitrag P. V. PS: Ich erwarte keine Antwort – nur nachdenken."[19]

Die in diesem Brief ausgesprochene Wahrheit, daß – in diesem Falle – die Mitarbeiter der KWV für Verhältnisse verantwortlich gemacht werden und sich auch verantwortlich fühlen, auf die sie keinerlei Einfluß haben, verdeutlicht die perverse Lage, in der sich viele Staatsdiener und Bürokraten, Parteiarbeiter und Funktionäre Zeit ihres Lebens in der DDR befunden haben.[20] Dennoch – oder vielleicht gerade deshalb – vermittelt diese Sendung vielen Zuschauern das Gefühl, verstanden zu werden.

„Ich wende mich mit meinem Brief an die PRISMA-Redaktion, weil ich auf die Konsequenz und Kompromißlosigkeit hoffe, mit der Ihre Kollegen schon wiederholt allgemeine Mißstände aufgegriffen und angeprangert haben .... Ich wünsche Ihnen und uns allen für 1984 weiterhin diese unduldsame Unnachsichtigkeit mit Verantwortungslosigkeit, Verschwendung und Gedankenlosigkeit. Mit den besten Grüßen, Heinrich August W."[21]
„Wir könnten uns ja nun auch wieder an den Magistrat oder an den Staatsrat wenden, es bliebe doch nur der ewige gehabte Kreislauf. Wenn Sie sich einschalteten, wäre das weitaus wirksamer, um nicht zu sagen *massenwirksamer*.
Noch schöner, besser: Zu schön, um wahr zu sein, wäre das Erscheinen Ihres Aufnahmeteams. Sie sind wirklich meine letzte Rettung und damit auch die für 22 Mieter mit insgesamt 18 Klein- und Kleinstkindern, wovon 6 Mieter so etwas besitzen, was man noch als WOHNUNG bezeichnen kann.
Ich hoffe sehr auf Ihre Hilfe und verbleibe mit sozialistischem Gruß
Th. Dengler, HGL/Inkassobev./Schriftführer"[22]

Der Glaube an die Macht der Öffentlichkeit ist hier scheinbar noch ganz ungebrochen. Die kleine Einfügung „zu schön, um wahr zu sein" deutet aber darauf hin, daß es ein Wissen darüber gibt, daß im Fernsehen solche wirklich katastrophalen Zustände nicht gezeigt werden.

---

19 DRA, Historisches Archiv, Zeitgeist-Sammlung, Brief vom 26. 4. 1989 (maschinenschriftlich).
20 Worauf diese Mentalität des Ausharrens auf verlorenem Posten u.a. gründet, habe ich in der Analyse einer Funktionärinnenbiographie zu zeigen versucht, auf die ich hier nur verweisen kann: I. Merkel, „Was haben wir nur falsch gemacht?" Geschlechtsspezifische Strategien im Umgang mit der Wende, in: B. Rauschenbach (Hg.), Erinnern – Wiederholen – Durcharbeiten. Zur Psychoanalyse deutscher Wenden, Berlin 1992.
21 DRA, Historisches Archiv, Zeitgeist-Sammlung, Brief vom 8. 1. 1984 (maschinenschriftlich).
22 Ebd., Brief vom 19. 1. 1983 (maschinenschriftlich).

Die Vorstellung, das Fernsehen könnte hier eine Ausnahme machen, interpretiere ich eher als Drohung an die im Verteiler aufgeführten übrigen Empfänger des Briefes denn als naiven Optimismus eines DDR-Bürgers.

Implizit schwingt in dem Lob gegenüber der Sendung Prisma eine grundsätzliche Kritik an der Medienberichterstattung mit, gegenüber der Prisma offenbar eine Ausnahme darstellt. In dem folgenden Zuschauerbrief wird der Grundwiderspruch zwischen Medienbild und Realität auf den Punkt gebracht:

> „Wenn wir den Kopf nicht in den Sand stecken, dann wissen wir ganz genau, daß die Bevölkerung durchaus nicht immer so diskutiert, wie es Presse und Funk widerspiegeln, durchaus nicht immer der ‚offiziellen' Meinung ist; man höre nur einmal in die anscheinend bei uns unvermeidlichen und unsterblichen ‚Schlangen' hinein, was die Leute über diesen oder jenen Mangel in der Versorgungslage, in Fehlern der Verteilung, zu Reisebeschränkungen und vielen ähnlichen Dingen, die die Menschen bewegen, zu sagen haben."[23]

2. Die Steigerung eines absurden Alltags durch seine Entstellung in den Medien: „Hoffentlich habe ich Ihnen damit kein Geheimnis verraten!!"[24]

Von Anbeginn der Briefesammlung gibt es immer wieder mehr oder weniger wütende Briefe, in denen die Fernsehberichterstattung als Schönfärberei kritisiert wird. Diese Briefeschreiber verweigern offensiv jede Zustimmung zum offiziell verbreiteten Bild. Sie machen die Diskrepanz zwischen Bild und Realität, Wort und Tat zum Inhalt ihres Briefes. Doch daß sie ihre Kritik an Prisma richten, läßt vermuten, daß sie von der Redaktion zumindestens partiell Zustimmung erwarten.

> „... Es ist lächerlich in unserem ‚Arbeiter- und Bauernstaat', daß man trotz großer Angeberei im Fernsehfunk und in Wirtschaftszeitungen einigen Sachen wochenlang nachlaufen muß, oder sie überhaupt nicht zu kaufen bekommt."[25]
> „Parteitage, Tagungen des ZK und die Loblieder der Betriebe in der Presse sind das eine, die Praxis aber der Prüfstein für die Gebrauchsfähigkeit der Losungen und Verpflichtungen, die abgegeben wurden und deren Erfüllung dann einen Funktionär kaum noch interessiert."[26]
> „Bei jeder aktuell-politischen Sendung ist mir so, als wenn sich meine Kehle zuschnürt, wobei, wie man sagt, die Zornesader anschwillt."[27]

---

23 Ebd., Brief vom 9. 8. 1961 (maschinenschriftlich).
24 DRA, Historisches Archiv, Prisma: Sendeunterlagen, Presserezensionen, Zuschauerpost 1963–1991, Brief vom 10. 2. 1962.
25 DRA, Historisches Archiv, Zeitgeist-Sammlung, Informationsbericht vom 1.–31. 3. 1970.
26 Ebd., Brief vom 20. 3. 1989 (maschinenschriftlich).
27 Ebd., Informationsbericht vom 1. 11.–31. 12. 1969 einschl. Jahresübersicht.

Diese Zuschauer sind bereits einen Schritt weiter mit ihrer Kritik. Sie benennen die Absurdität der Situation, die darin besteht, daß jeder weiß, wie mies es aussieht, und die Medien trotzdem auf Schönfärberei bestehen. Wenn sie dennoch an PRISMA schreiben, dann deshalb, weil sie einen – wenn auch imaginären – Adressaten für ihren Unmut brauchen, und die Sendung offenbar dafür den entsprechenden Rückhalt zu bieten scheint.

„Werte PRISMA-Redaktion!
Ich möchte mich mit einem sehr interessanten und zugleich sehr schwierigen Fall an Sie wenden. Ich muß ehrlich zugeben, daß ich kein ständiger Gast Ihrer Sendung bin. Es fällt manchmal ziemlich schwer, Ihre Beiträge mit Geduld und Verständnis zu verfolgen, wenn man tag-täglich ähnliche oder krassere Beispiele selbst erlebt, die die Wirklichkeit des real existierenden Sozialismus wiederspiegeln. Soll man dann am Abend im Fernsehen in Ihrer Sendung weiterhin mit solchen Problemen konfrontiert werden, so hat man doch nicht die Nerven dazu. Wenn Ihre Sendezeit mit 45 Minuten in 14 Tagen entschieden zu knapp bemessen ist, denn Stoff gebe es für mindestens 24 Stunden am Tag, und Sie mit Ihrer Kritik meist an der Oberfläche bleiben und nicht bis an die Wurzel des Übels vordringen, so stellt PRISMA doch einen kleinen Gegenpol zu den standardgerechten Hoch-Rufen und der sonst üblichen rosa-rot Malerei in allen Medien dar. …"[28]

PRISMA erscheint so nicht nur als Schaltstelle zwischen Kritikern und Bürokratie, sie fungiert auch noch als eine Art Puffer zwischen Zuschauern und einem Fernsehen, das seiner Rolle als öffentliche Institution kaum noch gerecht wird. Einerseits leitet die Redaktion tatsächlich mit großer Ernsthaftigkeit und Menschlichkeit die persönlichen Probleme der Einzelnen an die „zuständigen" Stellen weiter und versetzt damit der trägen dahinvegitierenden Bürokratie einen kräftigen Schub. Andererseits funktioniert sie sehr wohl gerade im Sinne dieser Bürokratie, indem sie die Zuschauer/innen zur Mitarbeit und Kritik immer wieder auffordert und damit den Schein aufrechterhält, in dieser Gesellschaft ließe sich mit Vernunft etwas bewegen.

3. Über mentale Besonderheiten von Briefeschreibern

Das Bedürfnis nach Anerkennung – Legitimierung der Kritik
Für das Eintreten in den Diskurs ist es notwendig, sich als Person auszuweisen. Zugleich haben die Briefeschreiber das Bedürfnis, sich als Kritiker zu legitimieren. Sie bedienen sich dabei – je nach Gegenstand der Kritik und persönlichem Geschmack – unterschiedlicher Darstellungsformen. Dennoch lassen sich zwei Grundmuster herausarbeiten. Das ist zum ersten die Selbstdarstellung als aktives Mitglied der Gesellschaft und zum zweiten das Zitieren offizieller Verlautbarungen, um nachzuweisen, daß man ganz im Sinne von Partei und Regierung handelt. In einigen Fällen werden die Zitate sogar gegen ihre Verfasser gewendet:

„Es gibt Parolen die heißen: ‚Arbeite mit – plane mit – regiere mit – und spare mit jeder Mark – mit jeder Minute – und mit jedem Gramm Material' – sind das Phrasen oder soll

---

28 Ebd., Brief vom 14. 1. 1988 (maschinenschriftlich).

danach gehandelt werden? Ich bin Genosse und Mitarbeiter der ABI [Arbeiter-und-Bauern-Inspektion]. Ich schreibe Ihnen nicht, weil es mir Spaß macht oder weil ich Langeweile habe, aber so ein Ringelspiel das ausgeht wie das Hornberger Schießen ist mir zuwider und läßt viele unserer Mitbürger am Ende resignieren."[29]

Während sich dieser Genosse noch ernsthaft auf die Aufgabenstellung von Partei und Regierung bezieht und versucht, ihr einen Sinn abzugewinnen, ist bei dem Brief des Kollektivs des Kesselhauses des Bezirksfachkrankenhauses Rodewisch bereits eine andere Tendenz spürbar:

„... Wir wissen, daß Kritik dazu dient, um bestehende Mißstände zu beseitigen. Damit auch weiterhin gewährleistet ist, daß die Hauptaufgabe unserer Partei, nämlich die Verbesserung der Arbeits- und Lebensbedingungen für uns alle durchgesetzt wird, hoffen wir mit unserer Kritik einen kleinen Beitrag dazu zu leisten.
Denn Arbeit soll ja nicht nur dazu dienen, um unsere Wirtschaft zu stärken, sie soll doch auch dem Menschen das Gefühl geben etwas zu leisten und Freude zu machen. Das ist wohl doch nur unter günstigen Arbeitsbedingungen möglich oder sollen wir weiterhin tatenlos zusehen, wie in unserem Betrieb gewirtschaftet wird, oder das Arbeitsverhältnis lösen aufgrund der Mißstände?
Sie haben uns mit Ihrer Sendung und Ihrer Art Probleme anzugehen Mut gemacht und wir hoffen, daß wir mit unserem Problem bei Ihnen Beachtung finden. ..."[30]

Die notwendigen Loyalitätsbezeugungen werden perfekt beherrscht und von den Briefeschreibern gezielt eingesetzt. Diese Instrumentalisierung von Phrasen für die Legitimierung der Kritik verweist indirekt darauf, wie weit sich die Schreiber schon davon entfernt haben.

Realitätssinn, Ordnungssinn und Genügsamkeit
Der Duktus vieler Briefe zeugt von der Anstrengung der Schreiber, die Redaktion davon zu überzeugen, daß es sich bei dem von ihnen geschilderten Problem um einen besonders medienwirksamen und medienwürdigen Fall handelt. Soll ein Hilferuf ergehen, so greifen die Schreiber zu drastischen und sehr bildhaften Schilderungen ihrer Notlage, um die Redaktion zu veranlassen, sie persönlich zu unterstützen. Dies betrifft indvduelle Problemlagen ebenso wie unzureichende Arbeitsbedingungen, Verletzungen des Umweltschutzes oder Berichte über die Desorganisation eines Betriebes. Der Grundton der Briefe zeugt von dem Beharrungsvermögen tradierter Wertvorstellungen unter sozialistischen Verhältnissen. Das Insistieren auf Ordnung, auf die Einhaltung von Versprechen, auf Regelhaftigkeit und Planbarkeit und das Verlangen, der Realität ins Auge zu sehen, damit man sie bewältigen kann, verweisen auf eine Sozialisation unter vorsozialistischen Verhältnissen oder in einer Familie, in der diese Werte hochgehalten wurden. Es sind Tugenden, die für die Herausbildung der industriellen Produktionsweise notwendig waren, und die in der DDR verlorenzugehen drohten. „Schlendrian" und „Schlamperei" sind die am meisten gebrauchten Worte zur Charakterisierung der Situation.

---

29 Ebd., Brief vom 1. 3. 1981 (handschriftlich).
30 Ebd., Brief vom 10. 1. 1988 (maschinenschriftlich).

„Wir wollen doch alle, daß es bei uns vorwärts geht und der Schlendrian endlich aufhört. Entweder wollen diese leitenden Kader nicht oder sie sind unfähig, dann soll man sie absetzen und für den Schaden, aber sollen Ersatz leisten lassen.
Dies schrieb eine Bürgerin der Gemeinde Borna aus Sorge was um uns rum so in der Welt passiert. Wenn Unzufriedenheit herrscht und der Feind vor der Türe sitzt und lauert um uns zu schlucken.
Bin keine Genossin und habe keine Funktion, nur ich liebe unser Land."[31]

In diesem Brief paaren sich Ordnungssinn und Gerechtigkeitssinn. In der Konstruktion eines „Wir" sehe ich das Bemühen, die Redaktion auf die eigene Seite zu ziehen, um gemeinsam gegen Mißstände zu Felde zu ziehen. Doch dieses „Wir" hat noch eine andere Dimension: Es verweist auf ein Interesse an dem Wohlergehen der Gemeinschaft und auf die Sorge um ihren Niedergang.

Hilflosigkeit
Die wohl folgenträchtigsten Fehlentscheidungen seitens der Partei und Regierung wurden hinsichtlich der Wohnungspolitik getroffen. Dies drückt sich auch in dem überdurchschnittlich hohen Anteil von Wohnungsproblemen unter den an PRISMA gerichteten Briefen aus. Sie tragen oftmals den Charakter eines Hilferufes aus größter Not. Die 1972 dem Volk verkündete Honeckersche Wahnidee vom Wohnungsbauprogramm, in dem bis 1990 jedem eine und bis zum Jahr 2000 jedem seine Wohnung versprochen wurde, führte zum endgültigen Zusammenbruch der ohnehin am Rande des Abgrunds agierenden Wohnungspolitik. Alle Mittel und Kräfte wurden für den Neubau abgezogen. Damit wurden notwendige Reparaturkapazitäten für Dächer usw. weiter eingeschränkt. Altbausubstanz, die zu Beginn des Auftretens von Schäden noch mit wenig Aufwand hätte saniert werden können, wurde nun absichtsvoll dem Verfall preisgegeben. Die „proletarischen Elendswohnungen" des 19. Jahrhunderts sollten dem sozialistischen Neubau weichen. Berlin forderte zudem sein Recht von allen seinen Provinzen. Im Ergebnis sind mehr Wohnungen verfallen als neu gebaut werden konnten. Diese Bilanz prognostizierten kritische Architekten und Stadtentwickler von Beginn an. Doch ihre Warnungen wurden in den Wind geschlagen. Von dem daraus resultierenden Leid für tausende von Familien künden die überdurchschnittlich in den Briefen vertretenen Wohnungsprobleme. Insbesondere junge Familien waren durch diese Politik gestraft mit baufälligen, hygienegesperrten, schimmeligen, nassen und kalten Wohnungen. In den Briefen ist von Elendsbaracken, katastrophalen Zuständen, Verfall und Zerstörung dessen, was der Krieg verschont hätte, die Rede. Nicht selten beginnt ein Brief wie der folgende:

„Sehr geehrter Herr Karl Eduard von Schnitzler!
Betrifft Wohnverhältnisse meiner Familie
Wir verfolgen ständig Ihre Sendung der schwarze Kanal und auch die Sendung Alltag im Westen. Sie senden oft über die Wohnverhältnisse der BRD Bürger und auch von Ausländischen Arbeitern. Unter welchen unzumutbaren Wohnverhältnissen sie leben müssen.
Ich mit meiner Familie lebe aber auch unter unzumutbaren Wohnverhältnissen, wobei wir von unserem Staat auch keine schnelle Hilfe bekommen.

---

31 Ebd., Brief vom 27. 6. 1989 anonym (handschriftlich).

"Wir sind eine junge Familie mit 2 Kindern, 3 Jahre alt und 7 Monate alt. Wir besitzen eine 2 Raum Wohnung. Leider mußte unsere Wohnung im November 1981 durch die Hygiene gesperrt werden, da die Aufsteigende Feuchtigkeit, vorallem in der Küche (die nun nicht mehr heizbar ist) dermaßen gestiegen ist, das uns schon oft Lebensmittel verdorben sind. Die Kinder und die Mutter (da ich z. Z. zuhause bin, durch das Babyjahr) sind sehr oft an Bronchitis erkrankt. Mein kleinstes Kind ist nur an Bronchitis erkrankt, was auf die Dauer sich Chronisch auswirken kann. Aber nirgends bekomme ich Hilfe.
Wir Bemühen uns schon lange um eine größere Ausbauwohnung, vorallem mit Innentoilette und Bad. Zumal mein Mann als Maurer bei der KWV Dresden West arbeitet. Er setzt täglich andere Wohnungen in Stand und bemüht sich den Bürgern gegenüber ein gemütliches Heim zu schaffen. Seit 10 Jahren arbeitet er in der Werterhaltung von Wohnungen. Davon war er 4 Jahre durch die FDJ Inititive nach Berlin delegiert worden. Er arbeitete dort unter anderen RK Scharnhorststr. und im Klinikum Buch, wo er durch seine gute Arbeit zweimal als Aktivist ausgezeichnet wurde. Mein Mann sprach oft bei seinem Vorgesetzten vor, wegen einer größeren Ausbauwohnung, doch leider Ergebnislos. Da man uns auf der Wohnraumlenkung und auf der Wohnungskommision seines Betriebes keine Aussicht auf eine Wohnung machte, schrieben wir aus Verzweiflung eine Eingabe an den Staatsrat. Daraufhin wurde eine Aussprache von der Wohnraumlenkung mit uns durchgeführt. Um aus der nassen Wohnung herauszukommen, bot man uns die Mitgliedschaft in der AWG [Arbeiterwohnungsbaugenossenschaft] an. Der Rat der Stadt Dresden beschloß am 1. 10. 81 die Notwendigkeit der Vorrängigen Realisierung von hygiene gesperrten Wohnungen. Nach Aussage der Kollegin von der Wohnraumlenkung sagte sie uns, das 1983 eine AWG Wohnung realisiert werden kann. Die AWG Wohnungen werden dann durch die Betriebe erteilt. Danach sprach mein Mann über unsere Wohnverhältnisse wieder beim Betrieb vor, jedoch sagte man ihm dort, daß dieser Beschluß ihnen noch garnicht Bekannt wäre, außerdem warten schon einige Familien jahrlang auf eine AWG Wohnung und ob da unser Antrag berücksichtigt werden kann ist noch fraglich, da der Betrieb nur wenige Wohnungen zur Verfügung bekommt. Nach nochmaliger Aussprache auf der Wohnraumlenkung gab man uns auf unseren Wunsch hin nichts schriftliches darüber, das wir wirklich 1983 eine AWG Wohnung erhalten. Ich als Mutter von 2 kleinen Kindern kann es nicht Verstehen, das in solchen dringenden Fällen keine andere Wohnung zur Verfügung gestellt werden kann, zumal in unserem Staat soviel für die Gesundheit und das Wohlergehen der Kinder getan wird. Ehrlich gesagt wäre es mir jetzt lieber jeden Tag zur Arbeit zugehen, als den ganzen Tag in dieser nassen Wohnung zu sehen zumüssen, wie das hart erarbeitete Geld in Form von Möbeln verfault bzw. verrostet.
Ich bin seelisch und moralisch fast am Ende, wenn ich mir vorstellen muß, wie ich den kommenden Winter mit meinen 2 kleinen Kindern in dieser nassen Wohnung verbringen muß. Wo wir im Schlafzimmer nicht einmal Platz haben um ein 2. Kinderbett aufzustellen. Ich wäre Ihnen sehr Dankbar wenn sie mir und meiner Familie bei der Beseitigung der Mißstände mit Rat zu Seite zustehen.
Hochachtungsvoll Lieselotte Singer"[32]

---

32 Ebd., Brief vom 24. 2. 1982 (handschriftlich auf liniertem Schreibpapier). Es existiert ein weiteres Schreiben von Frau Singer vom 10. 10. 1982, in dem sie sich bei PRISMA für die Unterützung bedankt. „Wir sind froh darüber, nächstes Jahr eine neue Wohnung zu erhalten."

Angesichts solcher Zustände von etatistischem Verhalten der DDR-Bürger zu sprechen, halte ich für zynisch. Der Glaube an den Staat ist hier schon stark gestört. Dennoch bedient sich die Schreiberin einer Sprache, die direkt der Politbürokratie entlehnt zu sein scheint. Für mich ist dies Ausdruck einer tiefgehenden Hilflosigkeit angesichts der Tatsache, daß alle eigenen Initiativen und Angebote gescheitert sind. Diese Frau weiß wirklich nicht mehr weiter. Ihre Kompetenzen, ihre Anpassungsbereitschaft, ihre Geduld und das Vermögen auszuharren sind erschöpft. Die Anrufung eines Mannes, der sich wöchentlich eine Stunde lang mit angestrengter Überheblichkeit über westliche Zustände mokiert, der Appell an seine Ehrlichkeit sich selbst gegenüber stellt für diese Frau schon ein äußerst gewagtes Druckmittel dar. Der Vergleich mit den Elendsquartieren von Gastarbeitern in der Bundesrepublik ist in der Tat ein Affront.

Andere Briefeschreiber werden da deutlicher:

„Ich möchte Ihnen sagen, daß ich über dieses Vorgehen mehr als entrüstet bin. Ich kann unter diesen Umständen meine Stimme am 7. Mai diesen Leuten nicht geben, denn das was sie hier betreiben ist Augenauswischerei, also eine Verarschung, die einem Staatsorgan unwürdig ist. Unter diesen Umständen ist eine weitere Zusammenarbeit kaum noch möglich. Ich bin verzweifelt – wie soll das Problem blos gelößt werden?"[33]

Die Drohung ist hier ebenfalls Ausdruck von Hilflosigkeit. Dies wird noch deutlicher in dem folgenden Beispiel eines schwulen Pärchens aus Halle, dem es nicht gestattet wird, in der 2-Raum-Wohnung der jüngst verstorbenen Großmutter zusammenzuleben. Die Wohnungsverwaltung besteht unter Androhung der Zwangsräumung darauf, daß jeder für sich in den ihnen zugewiesenen 1-Raum-Wohnungen, die sich allerdings in zwei verschiedenen Orten befinden, leben soll. Das Pärchen zieht alle Register und stellt sogar einen Ausreiseantrag. Doch dies alles hilft nichts. Der Brief an Prisma ist für sie ein letzter Rettungsanker. Sie berufen sich darin auf die Verfassung. Zum Schluß schreiben sie:

„Letztendlich sind wir der Meinung, daß die Öffentlichkeit von unserem Problem erfahren soll und wie die Bürger unseres Landes dastehen. Es ist bewußt, das es Gesetze in unserem Land gibt und man sich danach halten muß. Aber dennoch steht doch eigentlich der Mensch im Mittelpunkt unserer Gesellschaft. Was bei uns nicht zu merken ist. ...
Sollte es dennoch zur Zwangsräumung kommen, werden wir diese dokumentarisch festhalten und was wir dann damit tun werden, kann sich eigentlich jeder denken. Für einen sozialistischen Gruß reicht unsere derzeitige Überzeugung nicht mehr aus B. und B."[34]

Auch in dem folgenden Brief weiß der Schreiber keinen Ausweg mehr. Anpassung und Wohlverhalten, aber auch Verweigerung haben nichts genutzt. Es bleibt nur noch der (beschämende) Hilferuf.

---

33 Ebd., Brief vom 6. 4. 1989 (maschinenschriftlich).
34 Ebd., Brief vom 17. 3. 1989 (maschinenschriftlich). Der Vorgang ist mit allen Briefen der KWV und sogar des Ministeriums des Innern erhalten.

„Ich habe mich mal sehr wohl in unserem Staat gefühlt und auch alles geglaubt, was uns so erzählt wird. Aber jetzt weiß ich, was der Arbeiter bei uns wert ist. Deshalb werden mein Sohn, die Schwiegertochter und ich auch am 7. Mai nicht zur Wahl gehen. Übrigens war die Schwiegertochter letztes Jahr im Krankenhaus und hat sich das 2. Kind abnehmen lassen, weil sie keine Wohnung hat. ... Ich bitte Sie helfen Sie mir. Aber bitte nicht meinen Namen im Fernsehen. Sie können mir glauben, wir hausen wie Tiere und das im Sozialismus."[35]

Wenn ein solcher Notruf zum Erfolg geführt hat, löst dies bei den Betroffenen nicht selten Schamgefühle aus.

„Ich möchte mich für Ihre freundliche Hilfe bei der Lösung meines Problems bedanken. In der Zwischenzeit wurde die Installation des Toilettenbeckens vorgenommen. Es war für mich ein bischen beschämend, daß ich Ihre Hilfe in einer so profanen Angelegenheit in Anspruch nehmen mußte, aber ich sah wirklich keinen anderen Ausweg mehr."[36]

Der Schreiberin ist es peinlich, daß sie die Redaktion wegen einer solchen Banalität belästigen mußte. Andere äußern Unverständnis darüber, warum es überhaupt des Eingreifens seitens der Redaktion bedurft hatte. Und wieder andere beschweren sich darüber, daß der Brief an PRISMA nicht zum gewünschten Erfolg geführt hat. Doch selbst die Enttäuschung hat verschiedene Ausdrucksformen.

„... Lassen Sie diese Zeilen als Information an PRISMA gelten, der ich auch die Treue halten werde. Ich sehe mich gezwungen in dem genannten Falle aufzugeben, auch wenn es mich ärgert, daß so viele betroffene Bürger auf unseren Staat schimpfen, nur weil einige Personen vor dem zuviel ‚Zugemuteten' die Augen verschließen. Mit freundlichem Gruß, Frau K. F., Coswig"[37]
„Heute erhielt ich Ihr Schreiben und möchte Ihnen folgendes mitteilen. Für was gibt es da PRISMA wenn einem sowieso nicht geholfen wird. Wahrscheinlich haben Sie durch mich keinen Nutzen. Jedenfalls bin ich maßlos enttäuscht. In Zukunft werde ich Ihre Sendung nicht mehr anschaun es ist doch sowieso alles sinnlos. Nicht mal das einfachste können Sie regeln. Es ist kein Wunder das es in Zukunft nichts mehr geben wird, weil nur kritisiert wird und sich sowieso nichts ändert."[38]

Widerspruchsgeist – Eigensinn – Unabhängigkeit
Zu den interessantesten Briefen gehören diejenigen, in welchen die großzügig gewährten Gaben der Bürokratie zurückgewiesen werden. Die etatistische Mißdeutung, die in diesen Briefen beklagt wird, macht deutlich, wie ritualisiert und formalisiert das „Eingabenwesen" auch bei PRISMA funktioniert, wenn man nicht unterstellen will, daß die Kritiker zum Schweigen gebracht werden sollten, indem man sie zu Dankbarkeit verpflichtet. Um dem zu entgehen, verzicht

---

35 Ebd., Brief vom 31. 1. 1989 (handschriftlich).
36 Ebd., Brief vom 5. 4. 1983 (maschinenschriftlich).
37 Ebd., Brief vom 12. 1. 1988 (handschriftlich).
38 Ebd., Brief vom 11. 2. 1988 (handschriftlich).

ein Zuschauer auf die ihm zugewiesenen Privilegien. Obwohl die Petition Erfolg hatte, bestehen die Briefeschreiber nochmals darauf, daß eine öffentliche statt einer privatistischen Lösung gefunden werden muß.

„Am 15. 1. 83 richtete ich ein Schreiben an Sie, mit der Bitte, doch einmal zu Überprüfen, weshalb es fast unmöglich ist, Musikinstrumente zu kaufen. In meinem Spez. Fall handelte es sich um die Beschaffung einer Gitarre. Sie waren so freundlich, sich der Sache anzunehmen und über Ministerium und Generaldirektor des Zentralen Warenkontors bekam ich jetzt von Markneukirchen über unser hiesiges Schallplattengeschäft eine Gitarre zugeschickt. Ich möchte mich sehr herzlich für Ihre Bemühungen bedanken. Ich bin sehr froh darüber, daß ich meiner Enkeltochter dadurch helfen konnte. Nur ist damit das Problem als solches nicht gelöst. Nach wie vor bleiben viele junge Leute ohne Instrument. Ich kann und möchte ja auch keinem verraten, welchen Weg ich gegangen bin, denn dann könnten Sie sich sicher vor Eingaben nicht retten und es ist mir klar, daß das auch nicht im Bereich Ihrer Möglichkeiten liegt. Vielleicht findet sich auch für die vielen Wünsche auf dieser Strecke eine gangbare Möglichkeit. Sie haben in Ihren Sendungen schon so manchen guten und gangbaren Weg gezeigt. Es würde mich freuen, wenn es Ihnen auch hier gelingen würde. Ich danke Ihnen nochmals herzlich. Ursel Ganz"[39]
„Ich komme nochmals auf o. g. Eingabe zurück und danke Ihnen für deren Bearbeitung. Inzwischen habe ich vom Ministerium für Handel und Versorgung und auch von den zuständigen GHG's [Großhandelsgesellschaft] Post erhalten und die Zusage, daß ich die Kinderfilzschuhe und die Regenbekleidung personengebunden erhalte.
Dieses habe ich mit meiner Eingabe nicht beabsichtigt, mir ging es um das Aufzeigen von Mängeln und die Bitte um Mithilfe bei der Beseitigung derselben. Im Grunde genommen ist mir im Moment nur gedient, aber so viele andere Bürger, die sich mit den gleichen Problemen herumplagen gehen leer aus. Die Meinung vieler Bürger ist doch, es hat doch keinen Zweck, sie resignieren und werden unzufrieden. Dies zu beheben war meine Absicht.
Dies habe ich auch an das Ministerium geschrieben. Eine Durchschrift lege ich bei zu Ihrer Kenntnisnahme. Vielleicht haben Sie die Möglichkeit, nochmals etwas zu unternehmen.
Mit sozialistischem Gruß
Hannelore Donath."[40]
„Ich habe in meinem Schreiben an das Ministerium doch nicht gebeten, mich beim Kauf eines Anoraks zu unterstützen. Mir ging es in der Hauptsache darum, auf diese Versorgungslücke aufmerksam zu machen. Habe ich denn nicht das Recht, auf mein Schreiben vom Ministerium Antwort zu erhalten? ... Abschließend möchte ich noch zum Ausdruck bringen, daß ich dieses Schreiben an das Ministerium nicht für mich geschrieben habe und somit auch keine Sondervergünstigung in Anspruch nehmen will. Aus diesem Grunde habe ich es auch abgelehnt, den Anorak in Halle-Neustadt zu kaufen."[41]

In diesem Briefen kommen verschiedene Momente einer spezifischen DDR-Mentalität zum Ausdruck. Das ist zum einen ein tief verwurzelter Gemeinsinn, der es den Briefeschreibern

---

39 Ebd., Brief vom 20. 4. 1983 (maschinenschriftlich).
40 Ebd., Brief vom 7. 3. 1988 (maschinenschriftlich).
41 Ebd., Brief vom 18. 12. 1985 (maschinenschriftlich).

unmöglich macht, das Geschenk unwidersprochen anzunehmen, und der auch darin zum Ausdruck kommt, daß sie sich verpflichtet fühlen, sich für andere einzusetzen. Es handelt sich zum zweiten um eine bestimmte Art von Genügsamkeit, um die Fähigkeit, sich mit wenigem schnell zufrieden zu geben. Allerdings muß man dabei in Betracht ziehen, daß es sich bei den Briefeschreibern generell um eine besondere Gruppe unter den DDR-Bürgern handelt. Sie repräsentieren zwar etwas DDR-Typisches, zugleich spiegeln sie – vor allem in Bezug auf ihren ungebrochenen Veränderungswillen – nur einen kleinen Ausschnitt der DDR-Bevölkerung wider, allerdings einen Teil, der recht eigenwillig und unabhängig wirkt. Für eine solche Haltung steht auch der folgende ironische Brief:

„Heute kann ich Ihnen eine erfreuliche Mitteilung machen. Nunmehr erhielt ich fünf Spannschrauben für die PP50 und zwar von der Fa. C. H. Morgenstern & Co aus Dresden.
Aus der etwas längeren Wartezeit und dem erhöhten Preis für die Schrauben schließe ich, daß sich die Mitarbeiter der Fa. sogar die Mühe gemacht haben, diese Schrauben in Sonderanfertigung einzeln herzustellen. Dafür möchte ich den Mitarbeitern der Fa. Morgenstern & Co meinen herzlichen Dank aussprechen. Und ich kann sagen, gut, daß es noch eine solche Firma in der Republik gibt. Danke.
Aus meiner Sicht kann ich ergänzend noch hinzufügen, daß es bis jetzt in den von mir besuchten Fachgeschäften ‚zum Glück' noch keine Stichsägen wieder gegeben hat und ich dadurch ca. 200,– M für eine neue gespart habe."[42]

Angst vor der Bürokratie?
Ganz im Gegensatz dazu stehen die folgenden Briefe, in denen vermutete oder tatsächliche Negativerfahrungen mit der Bürokratie thematisiert werden. Solche Briefe sind in der Minderheit. Ich vermute, daß bei Zuschauern mit solchen Erfahrungen das Vertrauensverhältnis zu PRISMA gestört war.

„Ich bin nicht gegen den Sozialismus und begrüße alles was die Partei tut. Habe meine Gesundheit im Bergbau eingebüßt, denn so wie es jetzt gemacht wird finde ich nicht für richtig, nur mit Beziehungen bekommt mann und die habe ich nicht. Ich bin schon gewarnt worden ich sollte nicht schreiben ich würde nur eingesperrt, aber es ist doch die Wahrheit. Für eine Antwort wäre ich sehr dankbar."[43]
„Noch unter dem Eindruck Ihrer heutigen Sendung tue ich etwas, was für mich ‚das erste Mal' bedeutet und was ich von vornherein für sinnlos halte: Ich möchte mich zu dem Inhalt Ihrer Sendung äußern! … Ich verschweige meinen Namen aus Angst, Sie könnten evtl. nicht zur Schweigepflicht ermahnt worden sein …"[44]
„Ich hatte mir ja geschworen, nie wieder an ‚PRISMA' zu schreiben, nachdem ich aufgrund eines Hinweises meinerseits, auf schluderhafte Arbeit im Bauwesen von dem Cottbuser Baudirektor 1981 als ‚Nestbeschmutzer' tituliert und von meiner Position beim HAG entfernt wurde."[45]

---

42   Ebd., Brief vom 24. 5. 1989 (maschinenschriftlich).
43   Ebd., Brief vom 29. 12. 1979 (handschriftlich).
44   Ebd., Brief vom 3. 1. 1980 (maschinenschriftlich).
45   Ebd., Brief vom 27. 10. 1989 (maschinenschriftlich).

Auf den ersten Blick könnte man meinen, hier bestätige sich erneut, was von vielen DDR-Bürgern unmittelbar in der Wendezeit behauptet worden ist: Man hätte Angst gehabt vor Beobachtung, Denunziation und Verfolgung durch die Behörden. Ich will gar nicht anzweifeln, daß sich insbesondere in den fünfziger Jahren solche Stimmungslagen herausgebildet haben und daß sie auch eine reale Ursache hatten. Aber der Grundgestus der Antwortbriefe seitens der Behörden zeigt etwas anderes: Indem den Bürger/innen mit ihren Anliegen grundsätzlich recht gegeben wird, müssen nicht sie, sondern die verantwortlichen Bürokraten Angst haben. Die Eingaben funktionieren als Druckmittel von unten nach oben und stellen damit ein wichtiges Korrektiv für politische Entscheidungen dar.[46] In diesen Briefen kommt zudem zum Ausdruck, daß die Zuschauer eine Form gefunden haben, mit ihrer Angst umzugehen, denn sie äußern sich, ob anonym oder nicht, über die Mißstände in der Gesellschaft und zeigen damit so etwas ähnliches wie Zivilcourage. Doch wirklich drastisch in ihrer Kritik, auch an PRISMA, werden viele Zuschauer erst in der „Wende":

„Ich frage mich, ob denn Frau Ebner [die Moderatorin – I. M.] noch nicht gemerkt hat, daß Ihre Sendung seit Jahren eine Alibifunktion für die fehlende kritische Publizistik hierzulande zu erfüllen hatte? ... Mit dieser Auffassung habe ich schon allein deswegen recht, weil in Ihrer Sendung eine kritische Auseinandersetzung mit dem Zustand unserer Medien nicht zu sehen oder zu hören war, obwohl in Ihrem Vorspann das Wort ‚Probleme' auftaucht. Ihre kritischen Beiträge wurden, das steht für mich fest, auch ‚abgesegnet'. Also tun Sie bitte nicht so, als würden Sie schon immer getan haben, was andere jetzt entdecken."[47]

„Ihre Sendung war ja wieder hochinteressant! Aber es gibt ja so viele Sachen; die haarsträubenden Verbrechen von der gemeinen ‚Obrigkeit'! Jetzt sollen diese gemeinen Verbrecher, die nicht einmal gefragt haben, wie es den kleinen Volk und den Kindern geht, so viel Rente Kriegen!! Haben diese Schufte uns nicht schon genügend beschissen?! Die sollen mal mit 350–400 Mark leben, wie so viele leben mußten!!"[48]

Jetzt kommen auch zum ersten mal Stimmungen und Meinungen hoch, die bisher unter dem Deckel verborgen geblieben sind. Da macht sich „das Volk" ordentlich Luft und fordert Sühne für die Entbehrungen der letzten Jahre. Der Volkszorn droht endgültig überzuschnappen, als das Fernsehen von immer neuen Privilegien der Partei- und Staatsführung berichtet. Aber auch Ausländerhaß wird jetzt deutlich ausgedrückt.

„Sie brachten ein Bildbericht vom Wartesaal Lichtenberg-Berlin. Wo sich Romänier niedergelassen haben und sich bei uns ansiedeln wollen, daß sind in bekannter Weise Zigeuner und Zigeuner sind gewissermaßen nichts tuer. Die breite Arbeiterklasse wird in Zukunft mit ihren eigenen arbeitsplätzen zu kämpfen haben. Die breite masse der Bevölkerung liebt das Wort ‚Ausländer raus', da schließe ich mich auch mit an. Mein Vorschlag wäre, ein Verpflegungsbeutel zu geben und mit dem nächsten Zug wieder nach hause schicken. Ich spreche in interesse über vieler gleichsinnter."[49]

---

46 Vgl. F. Mühlberg, a. a. O.
47 DRA, Historisches Archiv, Zeitgeist-Sammlung, Brief vom 7. 11. 1989 (maschinenschriftlich).
48 Ebd., Brief vom 28. 4. 1990 (handschriftlich).
49 Ebd., Brief vom 3. 5. 1990 (handschriftlich).

4. Traditionelle Tugenden

Die hier nur knapp angedeuteten mentalen Eigenarten, die DDR-Bürger in der Auseinandersetzung mit der sie umgebenden Gesellschaft ausgeprägt haben, sind im einzelnen nicht besonders eigentümlich. Das DDR-Spezifische ist ihre Mischung, das Gemenge von traditionalen und modernen Elementen, und die spezifischen Verknüpfungen, die sie miteinander eingehen.

Einsicht und Verständnis sind die mentalen Grundvoraussetzungen sowohl für die Konstituierung wie für die Aufrechterhaltung des Diskurses zwischen Zuschauern und Redaktion. Sie zeugen davon, daß die hier schreibenden DDR-Bürger trotz aller Kritik an den Zuständen immer noch bereit sind, den von Partei und Regierung gegebenen Erklärungen zu folgen, ja sogar um Erklärungen von dieser Seite nachfragen, um sich ihr Verständnis für die Situation zu erhalten. Wenn Zuschauer sich hinreißen lassen, die Irrationalität, die sie täglich erleben, auch als solche zu artikulieren und kein Verständnis mehr zu zeigen, steigen sie partiell aus diesem Diskurs aus. Die Briefe, heute gelesen, führen in geradezu überdeutlicher Weise die ganze Absurdität bestimmter Entscheidungen vor Augen. Viele Briefe sind gerade deshalb besonders interessant, weil sich die Schreiber von der allgemein üblichen Mentalität des Verstehens befreien und einfach erklären, nicht mehr zu verstehen.

Unverständnis aber entsteht genau da, wo sich tief verwurzelte mentale Dispositionen wie Ordnungs- und Gerechtigkeitssinn, Wahrheitsliebe und Veränderungswillen an der starren Realität reiben. Die wiederholt von den Zuschauern beschriebene Erfahrung, daß trotz guter und einsichtiger Vorschläge sich nichts verändert, lähmt und treibt in die Resignation und Verzweiflung. Denn diejenigen, die hier in ihren Briefen auf das Rationalitätsprinzip pochen, gehören im Grunde zu den Aktivisten der Gesellschaft, zu ihren Reformern und nicht zu den Aussteigern. Die von ihnen vorgeschlagenen Lösungen kreisen immer wieder um das Eine, die Forderung nach Disziplinierung, Bestrafung und Auswechslung verantwortlicher Personen. Die gröbste Verletzung ihres Gerechtigkeitssinns wird dadurch begangen, daß die Mißwirtschaft mit denselben Personen unverändert weitergeht, ja, daß sie selbst womöglich noch als Kritiker zur Verantwortung gezogen werden.

Doch die wohl gravierendste Verletzung ihrer Wahrheitsliebe erfahren sie durch die Schönfärberei in den Medien. Die Diskrepanz zwischen problematischer Wirklichkeitserfahrung und medialer Verklärung wird als eine Verhöhnung empfunden. Diese wirkt um so stärker, da sich die Briefschreiber um das Gemeinwohl sorgen. In den Antworten der Bürokratie werden sie auf sich selbst zurückgewiesen; es werden ihnen privatistische Motive unterstellt. Auch diese gibt es. Doch die Masse der von mir gefundenen Briefe argumentiert mit einem angenommenen Gemeinschaftsinteresse. Dieses Interesse an der Gemeinschaft hat oftmals idealistische Züge. Die Orientierung an „sozialistischen Idealen" war für viele Briefeschreiber ein prägendes Moment in ihrer Biographie. Sie halten mit einem gewissen Aktivismus an ihnen fest, obwohl ihnen jeder Tag neue Beweise dafür liefert, daß weder Funktionäre des Partei- und Staatsapparates noch die breiten Bevölkerungsschichten für seine Verwirklichung arbeiten.

Dieser Glaube an eine gemeinsame Sache, den Sozialismus oder vielleicht auch nur eine gerechte Gesellschaft, verführt sie aber auch dazu, immer wieder Einsicht und Verständnis aufzubringen und sich selbst in Genügsamkeit und Enthaltsamkeit zu üben. Indem sie idealistisch an solidarischen und egalitären Zielsetzungen festhalten, versagen sie sich die Möglichkeit zu grundsätzlicher und durchgreifender Kritik. Denn diese müßte zweifellos pragmatisch mit jeder „sozialen" Handlungsweise Schluß machen. Und so bleibt die Kritik in einem Teufelskreis befangen, aus dem sie nur partiell ausbricht, indem sie zynisch oder resignativ wird.

5. Texte: Gutenachtlektüre für DDR-Nostalgiker. Briefe aus der Zeitgeist-Sammlung 1980–1990[50]

Meißen, den 29. 12. 1979

An PRISMA

Ich möchte mal höflich anfragen, ob die Zustände, welche im Kreis Meißen herrschen überall sind und ob es ein Dauerzustand wird. Ich bin 62 Jahr alt, Schwerstbeschädigter und Diabetiker, gehe trotzdem noch arbeiten, da Arbeitskräfte fehlen. Bin Telefonistin.
Ich muß früh 4.00 Uhr aufstehen und bin 16.00 Uhr zuhause. Freizeit ist da nichts diese braucht man zum einkaufen. Ohne etwas warmes zu trinken geht man auf Arbeit, denn ich kann doch früh nicht erst den Herd anfeuern. Es gibt schon zwei Jahre keine Tauchsieder und keine elektr. Kocher und wenn dann muß man Beziehungen haben. Da ich arbeite und behindert bin kann ich nicht dauernd auf Reisen sein. Ich wohne auf dem Dorf, da gibt es nicht viel an Fleisch und Fischwaren immer das einerlei. In Nossen gibt es auch nicht viel und wenn dann Dauerschlangen und das halte ich nicht aus. Ölsardinen und Fischfilet sind Fremdwörter für uns. Ja wer Verwandte im Westen hat, die lassen sich alles schicken, das sieht man hier bei uns im Betrieb bei den Genossen. Ich bin völlig alleinstehend und habe keinen, der sich für mich anstellen kann.
Genau mit Bettwäsche, Handtücher und Wischtücher. Wenn es etwas gibt dann nur in der Zeit wo wir arbeiten. Es stehen auch immer wieder die selben Personen an so das diese schon so viel haben was gegen anderes getauscht wird. Gibt es da überhaupt noch eine Gerechtigkeit. Es wird ja mit dem einkaufen immer schlechter, nicht mal Kerzen für den Weihnachtsbaum nur wer Zeit hatte und sich anstellen konnte, da könnte man noch so vieles aufzählen. Bettwäsche gab es im Herbst für 380.00 und Handtücher 1 Stück 33.00. Das kann ich mir allerdings nicht leisten. Ich bin nicht gegen den Sozialismus und begrüße alles was die Partei tut. Habe meine Gesundheit im Bergbau eingebüßt, aber so wie es jetzt gemacht wird finde ich nicht für richtig, nur mit Beziehungen bekommt mann und die habe ich nicht. Ich bin schon gewarnt worden ich sollte nicht schreiben ich würde nur eingesperrt, aber es ist doch die Wahrheit. Für eine Antwort wäre ich sehr dankbar.

Mit sozialistischem Gruß, Frau Anna S., Meißen

(Brief handschriftlich auf Briefpapier)

---

50 Eine kommentierte Quellenedition der Briefe ist geplant beim Böhlau-Verlag, Wien, Köln, Weimar.

Frankfurt/Oder, den 28. 12. 1981

Werte Genossen!

Ich habe beim Einkauf zu Weihnachten im HO-Freizeit und Sportartikel in Frankfurt/Oder einen Vorfall erlebt, der die Einkaufsstimmung nur negativ beeinflußte. Mir geht es nicht darum nur etwas zu kritisieren. Vielleicht bietet sich einmal bei einer Programmgestaltung an, die von mir geschilderten Einkaufserlebnisse satirisch zu verarbeiten.

Mit sozialistischem Gruß
Frank P.

Niederschrift über persönlich erlebten Vorfall beim Kauf von Gleitschuhen am 21. 12. 81 im HO-Freizeit Frankfurt/Oder

Mir geht es darum, an Hand dieses Vorfalls darzustellen, wie durch interesselose Handelstätigkeit negative Bewußtseinsbeeinflußung stattfindet.

Nun konkret:
Seit 14 Tagen wurden die Bürger durch Beschäftigte der Verkaufsstelle HO-Freizeit darüber informiert, daß am 21. 12. 81 Gleitschuhe verkauft werden. Am 21. 12. standen um 14.00 100–120 Bürger und warteten auf die Öffnung des Geschäftes.
(Meine Meinung dazu: – Ist es notwendig, daß für ein solches Handelsobjekt (Preis 12,50) ein solcher konzentrierter Verkauf organisiert wird?)
Nach Öffnen stürmten die Bürger in das Geschäft. 70 Bürger gingen bis hinten durch und es bildete sich abermals eine erhebliche Konzentration.
Nach geraumer Zeit wurde ein Container herausgeschoben auf den sich nun die 70 Bürger stürzten.
Es gab Geschrei – Gedränge und ein wühlen, denn die Gleitschuhe gibt es in unterschiedlichen Größen.
Reaktion der Verkäuferin:
Platz da – Tür freimachen – jeder nur 1 Paar kaufen

Günstiger wäre gewesen wenn die Verkaufskräfte eine Vorsortierung vorgenommen hätten anstatt unqualifizierte und unhöfliche Äußerungen gegenüber den Bürgern zu äußern.
Die Organisation welche hier vorherrschte war ein organisiertes Chaos!

Noch ein weiterer Vorfall:
Es wurden Holzschlitten angeboten. Bürger erkundigten sich ob es nicht auch Glasfiberschlitten gäbe und ob vielleicht welche nach vorn gebracht werden?

Antwort der Verkäuferinnen:
Ja wir haben welche, aber erst müßen diese Holzschlitten verkauft werden, dann bringen wir die anderen nach vorne.

Der Schluß!
Am Ausgang gab es eine Rolle Verpackungspapier wo jeder Bürger sich sein Teil abreisen mußte.
Auf dem Papier stand:
„Frohes Weihnachtsfest und guten Einkauf"

Frank P.

(Brief handschriftlich auf kariertem Papier)

Dresden, den 16. 5. 82

Ursachen für das Wegwerfen von Brot

Wir diskutieren das Problem des Wegwerfens von Brot schon seit einiger Zeit und wollen die Ursachen erforschen. Ich möchte deshalb Ihnen folgende Begebenheit erzählen.
Als ich Freitag mittags 11.00 Uhr in der Kaufhalle 8036 Dresden Senftenberger Straße meine Einkäufe tätigte, stand eine lange Schlange Kunden vor dem Käseverkaufsstand. Erregt wurde diskutiert, denn es war keine Verkäuferin am Stand anwesend. Die Verkäuferin befand sich an den Regalen, wo das Brot zur Selbstbedienung angeboten wird. Einige Kunden hatte die Verkäuferin dorthin geholt, um darauf hinzuweisen, daß das gesamte angebotene Brot hart und alt wäre. Verschiedene Kunden beschimpften sich gegenseitig, daß sie das Brot ständig anfassen würden. Sie verlangten das Beschwerdebuch. Immer mehr Kunden kamen, denn am Freitag ist ja zu dieser Zeit Hochbetrieb in den Kaufhallen, und prüften das Brot, d. h. jeder nahm mehrere Brote nacheinander in die Hand und befühlte sie. Ich stand ungefähr 20 Minuten und beobachtete wie die Brote nun laufend von Hand zu Hand gingen. Was nutzt da ein Stückchen Papier, das in jedem Regal liegt. Auch andere Kunden gesellten sich zu mir und schimpften über einen derartigen Mißstand. Sie äußerten sich darüber, was wohl mancher von den Kunden in den Händen gehabt hätte – ich möchte hierzu nicht deutlicher werden. Während dieser ganzen Zeit – die Verkäuferin vom Käsestand hatte sich schon wieder an ihren Arbeitsplatz begeben – ließ sich niemand von der Leitung der Kaufhalle blicken. So verlangte ich den Leiter der Kaufhalle zu sprechen. Eine Verkäuferin gab mir eine ungenügende unfreundliche Auskunft, so daß ich selber auf die Suche ging, und mich auch einige Kunden dabei begleiteten. Aber die Suche blieb ohne Erfolg. Nach wiederholter Befragung der verschiedenen Verkäuferinnen verwies man mich an die Verantwortliche für Brot- und Backwaren. Diese sortierte in aller Ruhe Ansichtskarten. Sie erteilte mir die Auskunft, daß diese Brote heute vom Backkombinat Dresden in diesem Zustand geliefert worden wären. Wenn ich mich darüber beschweren wolle, dann sollte ich dieses dort tun. Die Frage von mir, warum sie das Brot vom Backkombinat so annehmen würde, wurde empört von Frau Bär zurückgewiesen. Sie war der Meinung, daß das Brot, das geliefert würde, auch verkauft werden müßte. In der Zwischenzeit konnte ich feststellen, daß ständig die Kunden das Brot abtasteten und keines mitnahmen und sich äußerten, dann lieber kein Brot essen zu wollen. Ältere Kunden bemerkten, daß sie dann ihre letzten Zähne einbüßen würden. Auch hörte ich, daß man von solchen Broten nur ein paar Schnitten gebrauchen könne und den Rest wegwerfen müsse.

Ist das nun nur in unserer Kaufhalle in Dresden so, oder trifft das für viele Verkaufsstellen zu? Denkt man daran, daß in fernbeheizten Wohnungen ein schon hart gekauftes Brot schon in einem Tag zu einem „Ziegelstein" wird? Wie steht man zur Hygiene, ist es nicht zu verhindern, daß eine Menge Menschen jedes Brot anfassen, ehe es auf den Tisch kommt? Kann man vielleicht die Brote einpacken, um das zu verhindern? Kann man das Brot in Foliebeutel tun, die an der Kasse wieder abgenommen werden? Mir ist nach diesem Vorfall das Brotessen verleidet worden. Sollte man sich nicht überhaupt mehr Gedanken darüber machen, wie man die sozialistische Verkaufskultur überall verbessert!! Ich bitte darum dieses Problem einmal zu untersuchen.

Im Nachgang zu dieser Anfrage möchte ich Ihnen mitteilen, daß mein Anliegen mit Schreiben vom 10. 1. 82 Ihre Antwort vom 22. 1. unter Ihrem Zeichen … bis zum heutigen Tage von einer Stelle zur anderen weitergegeben worden ist und noch keiner Lösung zugeführt wurde. Es liegen inzwischen fünf Benachrichtigungen vor. Ich glaube nicht, daß dieses im Sinne unseres Genossen Erich Honeckers ist, der im Bericht an den X. Parteitag forderte: „… dem Arbeiterwort Geltung verschaffen, hellhörig auf alle Signale achten, rasch und sorgfältig auf die Vorschläge und Kritiken der Werktätigen reagieren und Lösungen herbeiführen, wo sie notwendig und möglich sind."

Mit freundlichen Grüßen!
Ursula F.

(Brief maschinenschriftlich)

Antwort vom 30. 6. 1982

Motzek
Backwarenkombinat Dresden

Ihre Eingabe vom 16. 5. 1982 an das Fernsehen der DDR, Redaktion PRISMA

… Zum Frischegrad des Brotes möchte ich Sie davon informieren, daß lt. TGL [Technische Normen, Gütevorschriften und Lieferbedingungen, d. h. den staatlichen Standards; I. M.] Brot bis zu 3 Tagen als TGL-gerecht anzusehen ist. Der Produktionstag ist aus der Prägung bzw. dem Etikett ersichtlich. Demzufolge ist Brot vom Vortag kein „altes Brot" und weder hart noch ungenießbar.

Zu Ihren Feststellungen in Bezug auf die Hygiene muß bedauerlicherweise eingeschätzt werden, daß sich ein Teil der Kunden unvernünftig verhält. … Den wirtschaftsleitenden Organen des Einzelhandels wurde weiterhin empfohlen, durch ihre Werbeabteilungen Hinweisschilder anzufertigen, die auch die Kunden beim Einkauf von Brot in Selbstbedienungen an ihre Verpflichtung hinsichtlich der Hygiene erinnern.

Ich möchte mich für Ihre Hinweise bedanken und hoffe, daß Sie in den Verkaufsstellen weiterhin mit darauf achten, daß die getroffenen Festlegungen auch durchgesetzt werden.

Mit sozialistischem Gruß
Motzek

Karl-Marx-Stadt, den 22. 12. 81

Werte Kollegen der Sendung „Prisma"!

Hiermit übersende ich Ihnen einen Durchschlag meiner Eingabe an den Kraftverkehr Karl-Marx-Stadt. Ich erhoffe mir damit, daß der Kraftverkehr dieses Problem, das viele hundert Menschen täglich verärgert, pflichtbewußt prüft und vor allem verändert.

Eingabe

… Am 21. 12. 81 früh 6.30 Uhr bei 22 Grad ist der Busplatz am Flughafen wie immer weder geschippt noch gestreut, obwohl dieser Platz täglich von hunderten Menschen angelaufen wird.
Unser Bus, der 6.35 Uhr abfahren soll, kommt nicht. Nachdem sich eine große Menschenmenge angesammelt hat und alle tüchtig durchgefroren sind, kommt 6.50 Uhr ein Bus, obwohl mindestens 2 Busse gebraucht würden, um all die Menschen menschenwürdig zu transportieren.
Als wir, meine Kollegin und ich, endlich im Bus waren und mühevoll wenigstens auf einem Bein standen, wurde eine Frau, die in unserer Nähe stand, ohnmächtig. Sie konnte ja nicht fallen, aber es war ein tüchtiges Stück Arbeit, ehe wir sie auf einem Sitzplatz untergebracht hatten.
Jedenfalls waren wir froh, daß uns nur ein paar Knöpfe fehlten, als wir am Heinz-Fiedler-Stadion den Bus verlassen konnten.
Nachmittags an der Haltestelle Fritz-Heckert-Kombinat, 16.05 Uhr kommt ein Bus schon voll an, es ist völlig unmöglich mitzukommen. In der folgenden Zeit ist weder eine 51 noch eine 38 oder 53 zu sehen. Es hat sich zwischenzeitlich ein riesiger Menschenstrom angesammelt. 16.25 Uhr kommt eine 51, auch dieser Bus ist völlig überfüllt. 16.35 Uhr eine 38, nur wenige haben das Glück und die Kraft, sich in den Bus reinzuschieben. Ebenso ist es 15.45 Uhr. (sie meint 16.45 – I. M.)
16.55 Uhr kommt ein Bus der Linie 38. Ich kann einen Platz auf dem Trittbrett erwischen, weil ich günstig stand, wohlgemerkt, ich hatte bereits 55 Minuten in eisiger Kälte gewartet und nicht bloß ich!
Am Südring mußte ich dann nochmals auf eine 46 warten. Die Stimmung der Werktätigen brauche ich Ihnen wohl nicht zu schildern. Übrigens, die Linie 53 existiert nur im Fahrplan. …
Mein Vorschlag:
1 Bus befährt zusätzlich die Neefestraße. Dadurch würde für viele Werktätige der Umweg über den Südring wegfallen. Die Fahrzeit würde sich verkürzen, die Busse wären nicht derart überladen. Ich hoffe unbedingt auf eine baldige Änderung der derzeitigen unmöglichen Situation im Arbeiterberufsverkehr.
Von diesem Schreiben setze ich die Sendung „Prisma" in Kenntnis.

Mit sozialistischem Gruß,
Anna G.

(Brief maschinenschriftlich)

Berlin, den 8. 1. 1984

Werte Kollegen!
Das Weihnachtsfest ist gerade vorüber und in ungezählten Familien hat sich in Variationen die gleiche Geschichte abgespielt: Die anfängliche Freude der Kinder über das geschenkte Spielzeug wich schon bald der Enttäuschung, weil das – nebenbei gesagt nicht gerade billige – Spielzeug sich beim ersten Gebrauch in seine Einzelteile zerlegte oder die versprochene und erwartete Funktion nicht ausführte.
Mit viel Mühen und großem Zeitaufwand beschaffte Geschenke oder aus Verzweiflung angesichts des tristen Angebots erworbene Verlegenheitskäufe liegen unbeachtet im Kinderzimmer herum, weil sie ohne jeden Spiel- oder Unterhaltungswert sind.
Ich wende mich an Sie mit der Bitte, Ihre Aufmerksamkeit in Ihrer Sendung doch einmal der schlimmen Misere auf dem Spielzeugmarkt zuzuwenden. Ich weiß mich in meinem Ärger über untaugliches, lieblos gemachtes, fantasieloses und wenig dauerhaftes Spielzeug eins mit vielen Eltern und kenne aus meiner Mitarbeit im Elternaktiv die Klagen der Krippen- und Kindergartenerzieherinnen zu diesem Thema.
Wie konnte es dazukommen, daß in unserem Land mit großer und langer Tradition in der Spielwarenherstellung sich das Angebot im wesentlichen auf Babyrasseln, Plüschtiere und Puzzles reduziert?
Wer genehmigt die Herstellung von Plastspielzeug aus völlig ungeeigneten Materialien? Ein Spielzeugauto, das aus der Höhe eines Spieltisches herabfällt, zersplittert unweigerlich in scharfkantige, gefährliche Bruchstücke und wandert in den Mülleimer – welch eine verantwortungslose Verschwendung von wertvollen, nicht erneuerbaren Rohstoffen!
Auf jeder neuen Kunstausstellung finden sich vielbesprochene und hochgelobte Beispiele künstlerisch und pädagogisch wertvollen Spielzeugs; in das Angebot der Läden gelangt in den seltensten Fällen etwas davon.
Warum dürfen Spielwaren und Spiele überhaupt hergestellt werden, deren Untauglichkeit, Zerbrechlichkeit oder Langweiligkeit sich schon nach kürzester Zeit bei einem Test in einer Kindereinrichtung oder in familiärem Kreise herausgestellt hätte?
Womit spielen die Kinder oder Enkel der Betriebsdirektoren und Wirtschaftsfunktionäre, in deren Kompetenz die Herstellung und Entwicklung von Spielwaren und Spielen fällt? Ich bin mir bewußt, daß in der gegenwärtigen Zeit an unsere Wirtschaft gewaltige Anforderungen gestellt werden, damit unser weiterer ökonomischer Fortschritt gesichert werden kann. Dennoch glaube ich, daß man trotzdem einen winzigen Teil unseres ökonomischen Potentials sinnvoll und mit moralischem und volkswirtschaftlichem Gewinn für den Spielwarensektor einsetzen kann. Das Spiel unserer Kinder darf nicht länger als Nebensache behandelt werden.
Ich wende mit mit meinem Brief an die PRISMA-Redaktion, weil ich auf die Konsequenz und Kompromißlosigkeit hoffe, mit der Ihre Kollegen schon wiederholt allgemeine Mißstände aufgegriffen und angeprangert haben. Die Väter und Mütter in der Redaktion werden gewiß in meine Klage mit einstimmen können.
Ich wünsche Ihnen und uns allen für 1984 weiterhin diese unduldsame Unnachsichtigkeit mit Verantwortungslosigkeit, Verschwendung und Gedankenlosigkeit.

Mit den besten Grüßen, Hans-Jörg W. in Vertretung für Till (6) und Henning (3 J.)

(Brief maschinenschriftlich)

"... in Hoyerswerda leben jedenfalls keine so kleinen viereckigen Menschen."

Kinderkrippe Espenhain, den 30. 1. 89

Werte Prismaredaktion!

Unser Kollektiv, die Erzieherinnen der Kinderkrippe Espenhain, möchten uns mit folgendem Anliegen an Sie wenden.
Eine Kollegin unseres Kollektivs bewarb sich um eine Ferienunterkunft an der Ostsee aus der Zeitschrift „Wochenpost". Auf ihre Bewerbung erhielt sie folgenden Antwortbrief. Sie war darüber sehr empört, so daß sie den Brief dem Kollektiv zeigte. Wir konnten uns alle über den Inhalt des Briefes informieren und waren entrüstet über so ein Ferienangebot. Da Sie eine kritische Sendung sind, wären wir an Ihrer Meinung interessiert.

Mit sozial. Gruß,
das Kollektiv der Kinderkrippe Espenhain

(Brief handschriftlich, handschriftliche Bemerkung auf dem Brief: Generalstaatsanwaltschaft der DDR, Abt. II Gen. Dr. B. – *Der folgende Brief: ein maschinenschriftlicher Ormig-Abzug)*

Werte Familie
Sie bewarben sich bei mir um einen Urlaubsplatz für den Sommer 1989.
Auf meine Annonce erhielt ich bisher über 500 Zuschriften. Nach irgendeinem Gesichtspunkt muß ich auswählen. Sie werden sicher verstehen, daß ich meine persönlichen Interessen dabei in den Vordergrund stelle.
In den Jahren 1989–1991 habe ich umfangreiche Baumaßnahmen auf meinem Grundstück vorgesehen. Ab 1991 werde ich dann einige Jahre vier Zimmer vermieten. Ich bevorzuge bei der Auswahl meiner Urlauber Partner, die mir bei der Materialbeschaffung bzw. Baudurchführung behilflich sein können.
Ich benötige Unterstützung bei der Beschaffung von guten Fußboden- und Wandfliesen, Parkett, Radiatoren, eines Zentralheizungsofens ab 2,2 m^2 Heizfläche sowie Arbeitsleistungen als Fliesenleger und Putzer. Als Arbeitsleistung erwarte ich zwei, max. drei Arbeitstage.
Mein Angebot gilt nicht nur Einzelbewerbern, sondern auch Betrieben. Das Vermieten von ein bis zwei Zimmern an einen Betrieb wird von mir angestrebt.
Falls Sie mir helfen können, schreiben Sie bitte und unterbreiten genau die Art der Hilfe. Wer helfen kann, erhält mit größter Wahrscheinlichkeit ein Zimmer. Sollten Sie nicht zu denen gehören, die helfen können, schreiben Sie trotzdem. Die Chancen auf ein Zimmer sind dann zwar sehr gering, aber nicht ganz hoffnungslos.
Erhalte ich bis zum 28. 2. 89 keine Post von Ihnen, werte ich unsere begonnenen Verhandlungen als erfolglos beendet.

Mit freundlichen Grüßen, R.

Dazu existiert noch ein Hinweisblatt über Lage und Preise. In den Akten findet sich ein zweiter Brief mit demselben Angebot.

Nelkanitz, den 14. 4. 89

Wertes Prismakollektiv!

Am 08. 02. 1989 hatte meine Familie das Glück, nach einer Wartezeit von 15½ Jahren (Bestelldatum 16. 10. 1973) einen Wartburg 1,3 käuflich zu erwerben.
Frohen Mut's ging es auf nach Leipzig zum Autovertrieb. Nach einer Wartezeit von 4 Stunden wurde uns ein Auto, Wartburg 1,3, vorgestellt. Mit den Worten: „Das ist Ihr Fahrzeug, schauen Sie sich es an, inzwischen mache ich die Papiere fertig!", war das Problem des „Autokaufes" erledigt.
Ich persönlich konnte in der Verkaufshalle keine Fehler am Fahrzeug erkennen, denn die Zeit war knapp, es warteten ja noch viele Käufer auf ihre Autos. Also muß so ein Autokauf schließlich, aber für uns unerklärlich, schnell vonstatten gehen.
Nun die Probefahrt. Sie verlief ohne Probleme. Danach machte uns der Verkäufer aufmerksam, daß nur 2 l Kraftstoff im Tank sind, und das ich an der Tankstelle den Ölstand im Motor überprüfen sollte, es wäre „manchmal" etwas wenig Öl drauf. Und das Ergebnis? Es fehlte genau 1 l Öl. Für mich und meine Familie waren es 10,00 Mark!
Ich bin der Meinung, daß, wenn ein Fahrzeug ausgeliefert wird, der Ölstand stimmen sollte und auch der Tank gefüllt sein müßte. Gehört so etwas nicht zum Service? Warum wird ein Kunde mit solchen Sachen belastet?
Bei 1.000 Fahrzeugen sind das 1.000 l Öl, sprich 10.000,00 Mark, bei 3.000 Fahrzeugen sind das 30.000,00 Mark. Also ein Wartburg gratis für das Autowerk Eisenach!
Aber dem noch nicht genug.
Unser Auto hatten wir nun in unserem Besitz. In dem Autovertrieb Leipzig befindet sich eine Autozubehörverkaufsstelle. Könnte es nicht möglich sein, daß für ein neues und teures Auto auch Schonbezüge (aber nicht gerade nur in weiß) und Radkappen zum Verkauf zur Verfügung gestellt werden?
Wo bekommen wir nun Schonbezüge nach unserem Geschmack und Radkappen her? Sollen wir erst nach Berlin fahren? Wenn wir vom Dorf wegen jeder Kleinigkeit nach Berlin fahren sollen, reicht unser 18tägiger Jahresurlaub einfach nicht zu.
Das war nur als Einführung. Das eigentliche Übel beginnt erst jetzt. Auf der Heimfahrt von Leipzig blies mir von der Seitenlüftung die Luft direkt ins Gesicht. Also, verkehrte Einstellung. Durch Drehen der Belüftungsfächer wollte ich die richtige Einstellung erreichen. Beide Fächer fielen nach innen. Diesen kleinen Fehler beseitigte ich zu Hause selbst.
Mittwochs hatten wir das Fahrzeug geholt, Freitag, Sonnabend und Sonntag sind wir gefahren. Alles war soweit in Ordnung. Montag früh sollte wieder mit dem Wartburg gefahren werden, der Anlasser, sprich Magnetschalter, machte nur noch klick. Die Batterie war fast völlig leer. Nach ausgiebiger Fehlersuche bemerkte ich, daß der Ausschalter im Kofferraum verbogen und der Stromkreis nicht unterbrochen war. Also brannte seit Mittwoch, dem Kaufstag, das Licht im Kofferraum. Resultat, die Batterie war vollkommen entladen. Die Ursache war, daß der Winkel an der Kofferklappe, welcher diesen Schalter betätigt, zu weit nach innen reichte. Der Winkel wurde nachgebogen und somit dieser Fehler behoben. Bei dieser Aktion stellte ich fest, daß die Arretierung der Kofferklappe (Abklappsperre) nur links funktionierte. Die rechte Seite rastete nicht ein.
Diese Sachen wurden nur unter kleinen Fehlern verbucht.

2 Tage später, nach getaner Arbeit, ging es auf einen Besuch zu Verwandten. Auf der Heimfahrt stellte sich starker Regen ein und die Scheibenwischer sollten in Aktion treten. Aber es tat sich nichts. Kein Scheibenwischer bewegte sich. Nach Abstellen des Motors hörte ich, daß sich der Scheibenwischermotor drehte, aber die Scheibenwischerarme bewegten sich nicht. Die Ursache war, daß sich die Mutter von der Scheibenwischerwelle gelöst hatte und das Gestänge baumelte lustig herum. Auch dieser Fehler wurde von mir beseitigt, denn bei starkem Regen kann man ohne Scheibenwischer nicht fahren.
Aber noch nicht genug.
Nach einer größeren Fahrt von Nelkanitz (Kreis Döbeln) nach Nordhausen, Gera, Ronneburg, Karl-Marx-Stadt und nach Hause stellte ich fest, daß das Getriebe eigenartige Geräusche von sich gab. Dieses erwog mich, meine Vertragswerkstatt in Nossen aufzusuchen und das Fahrzeug einer genauen Kontrolle zu unterziehen. (Dazu das Fehler- und Mängelverzeichnis im Anhang)
Von meiner Vertragswerkstatt in Nossen wurde ich gut beraten. Es wurde sofort eine Garantiemeldung an das Autowerk Eisenach eingeleitet.
Am 12. 4. 1989 war nun der Termin, an dem ein Vertreter vom AEW Eisenach nach Nossen kam.
Unser Fahrzeug war leider nicht das einzige, welches größere Fehler aufzuweisen hatte, es waren 5 oder 6 Stück, so genau kann ich das nicht mehr sagen.
Nach einer genauen Einsicht durch den Vertreter vom Autowerk Eisenach, Koll. Zwiebel, zu meinen Aufzeichnungen und einer Probefahrt zur Feststellung der Mängel, kam es zu einer unschönen Aussprache. Zu dem Problem „Getriebe" gab es keine Einwände. Es soll ein neues Getriebe eingebaut werden, auch die Türen (sie klemmen) sollten neu eingestellt werden. Alles andere, so sagte Koll. Zwiebel, seien keine Garantiefälle. Auch die Antriebe weisen Mängel auf. Man sagte mir, daß dieses konstruktionsbedingt sei, was ich nach Aufklärung auch verstand. Es ist und bleibt aber ein Konstruktionsfehler!
Das die Dämmatte fehlt, ist was ganz normales, also auch kein Garantiefall! Hier mußte ich mich an die Verkaufsstelle wenden. Nach meinen Einwänden, daß er, Koll. Zwiebel, Vertreter des Herstellerwerkes wäre und diese Matte werksseitig schon fehlte, antwortete er kurzentschlossen, daß er für solche Sachen nicht kompetent sei. Auch über die Roststellen schaute er hinweg, er gab mir nur die Anweisung, die Bedienungsanleitung zu lesen. Wer tut dies nicht, wenn er ein teures Auto erwirbt.
Aber was soll denn alle Pflege, wenn schon nach 6-8 Wochen aus allen Pfalzen des Wartburgs 1.3 der Rost austritt? Nach meinen Bemerkungen, daß ich und meine Familie für gutes Geld, durch unserer Hände Arbeit, auch gute Ware verlangen kann, bekam ich zur Antwort, daß dieses nicht sein Problem sei und ich dieses Auto ja nicht kaufen brauchte. Auch er sei bereit, mir für den Wartburg 3.1 30.200,00 Mark zu zahlen und das Auto wäre sein eigen! Will dieser Mann noch Geschäfte machen? Muß man sich so eine Frechheit gefallen lassen? Von einem Vertreter eines Volkseigenen Betriebes kann man oder müßte man etwas mehr erwarten und verlangen können.
Nun meine Frage, habe ich nicht das Recht, für mein gutes, schwerverdientes Geld auch gute, qualitätsgerechte Ware zu erwerben?
Warum ist es nicht möglich, daß man alle Waren in guter Qualität herstellen kann? Würde dieser Koll. Zwiebel auch so ein mangelhaftes Fahrzeug fahren wollen?
Vielleicht wäre es Ihnen möglich, Ihrerseits dieses Problem, Herstellung, Qualität und Quantität im AWE Eisenach, einmal zu untersuchen.

Mit meinem Brief möchte ich einen Anstoß geben, Probleme zu lösen, welche sicherlich nicht nur mich und meine Familie belasten.
Wenn nur im Bereich Nossen 5 bis 6 Wartburgs 1.3 mit größeren Mängeln zur Vorstellung in die Vertragswerkstatt kommen, wieviele müssen es dann in der ganzen Republik sein? Können wir uns so etwas, besonders jetzt in der Vorzeit der Kommunalwahlen am 7. Mai 1989 leisten? Mit solchen Leistungen in unserer Volkswirtschaft kann man wohl wenige begeistern, was ich und meine Familie sehr bedauere.

Mit freundlichem Gruß,
Anton S.

(Brief maschinenschriftlich. – Oben handschriftliche Bemerkung: Analyse. Im Anhang findet sich eine zwei Seiten lange Auflistung aller Mängel.)

Altenburg, den 21. 4. 89

An Rat des Kreises Borna
Abt. Handel und Versorgung

Betrifft: Eingabe über Ihren soz. Möbelhandel Borna „Einrichtungshaus" gegen die Leiterin der Möbelabteilung.

[Die Schreiberin ruft auf Empfehlung einer Verkäuferin tagelang wegen Eintreffens einer Kücheneinrichtung im Einrichtungshaus an. Schließlich wird verkauft, aber ohne, daß sie davon erfährt, bzw. zu spät. Daraufhin fährt sie dennoch dorthin.]

… Von einer Bekannten habe ich dann noch erfahren, daß eine Küche bereits am Montag vor Ladenschluß verkauft wurde (unterm Ladentisch, bei Notwendigkeit kann ich auch Name und Adresse angeben). Im Einrichtungshaus kam es dann zu einer angeregten Diskussion mit der Leiterin der Möbelabteilung (ich nehme an, daß es die Leiterin war, vorgestellt hat sie sich nicht, meinen Namen hat sie aber aufgeschrieben). Jedenfalls sagte sie mir, daß am Telefon nie gesagt wird, ob etwas eingetroffen ist und wann es verkauft wird. Sie erklärte es mir mit folgendem Beispiel: Da rufen 20 Mann an und die würden dann alle an dem Tag und der Zeit da sein, aber sie hatten nur 5 Küchen zum Verkauf.
Ich konnte mich da nur wundern, warum bekam ich dann die Telefonnummer um täglich anzurufen??? Ich wurde doch von vorn und hinten belogen und „verarscht", von meinen Unkosten ganz zu schweigen.
Jeder weiß ja, daß unsere Versorgungslage nicht die Beste ist und man hat schon für vieles Verständnis, aber hier hört doch wohl der Spaß auf. Außerdem nannte sie mich egoistisch, weil ich eine Küche käuflich erwerben wollte. Die Frage drängt sich auf, ob die Frau auf dem richtigen Platz steht. Und mit Kundenfreundlichkeit in einem soz. Staat hat das sicher nichts zu tun! … Der Kollegin teilte ich mit, daß ich diese Sache nicht auf sich beruhen lasse und die Antwort war „Ich könnte mich beschweren wo ich will, aber eine Küche bekäme ich dort nie".

Ich hoffe, daß dieser Vorfall die entsprechende Aufmerksamkeit Ihrerseits bekommt. Ich erwarte Ihre Antwort und auch eine Stellungnahme dieser Kollegin. Außerdem möchte ich Ihnen noch mitteilen, daß gleichzeitig ein Durchsschlag an das DDR-Fernsehen Abt. „Prisma" geht.

Mit frdl. Gruß
Gudrun K.

(Brief maschinenschriftlich)

Auflistung der Eingaben vom September 1989 – Kurzbemerkungen der Redaktion

Keine Rollgurte, keine Hutablage für Wartburg. Keine Kinderturnschuhe. Abriß eines Gebäudes verzögert. Gewerbeantrag „Partyservice" abgelehnt. Zeitungsverkauf unterm Ladentisch. Veraltete Heizanlage im Großbetrieb. Es gibt keine Mischbatterien. Einfamilienhaus wird nicht projektiert. Gülleverschüttung auf Trinkwasserschutzgebiet. Dringende Werterhaltungsmaßnahmen werden nicht durchgeführt – seit 1986. Mängel in Rekowohnung werden nicht beseitigt. Schlechte A-L-Bedingungen in Kaufhalle und ungenügende Versorgung. WP. Nicht erhältliches Lenkgetriebe für Trabant. Haus ist dem Verfall preisgegeben. Schlechte AB im Betrieb. Bau eines Eigenheims für den Direktor geht vor den Bau eines Kindergartens. Reparatur eines Kühlschranks dank PRISMA O. K. Ungenügend gerichtete Wege und Straßen. Vollständige Küche nicht erhältlich. Öffnungszeiten von HO-Verkaufsstellen. Bedarf an Strandkörben kann nicht gedeckt werden. Recycling von Altfolien zu Verpackung. Rohrlegungsarbeiten werden nicht durchgeführt. WP. Kühlschrank wurde bezahlt und nicht geliefert. Nur Stammkunden bekommen Blumen. Schlechte AL im Betrieb. OP wird ständig verschoben. Folie wurde nicht verkauft. Wohnhaus verfällt. Lärm-Schmutz Belästigung. Leerstehende Wohnung in Köpenick. Keine Ersatzteile für Toilettenspülung. Gestopptes Bauvorhaben – Eigenheim. Schlechter Service bei KfZ Dacia. Es gibt kein Spielzeug für Kinder. Wohnraum wird vernichtet durch Vernachlässigung. WP. AL der Kollegen – Kollektiveingabe. WP – wollen kleinere Wohnung. Seit Jahren Turm (Fachwerk) am Haus kaputt. Streit Mieter – Besitzer. Keine Einhebelmischbatterie. Keine Wasserleitung im Dorf. Wäschetrockner nicht erhältlich. Reparaturarbeiten am Haus werden nicht weitergeführt. Belästigung durch Straßenbau. WP. Arbeitskräftemangel in Gaststätte. WP. WP. Umweltbelästigung. Zustand im Schweinestall. Energieverlust durch offene Haustür. Schlechte AL in Reparaturstützpunkt. Haus bedarf dringend REKO. Nicht vorhandene Ersatzteile für Diplomatenkoffer. Zustand am Komm unverändert? Behinderten-Problem. Schlechte AL im Betrieb. WP. Fehlinvestition – ein defekter Prüfstand. WP. Nicht erhältliches Hotelzimmer. Fernsehgerät auf Raten abbezahlen? Hocker zu Sitzgarnitur wurde nicht geliefert. AL bei der Deutschen Reichsbahn. Arbeitsmittel fehlen bzw. vergammeln im Freien. FehlinfosWärmedämmung. Neu erworbener Fahrradschlauch ständig undicht. WP. REKO der Loggia wird nicht durchgeführt. Zusatzteil für Küche nicht erhältlich. WP. Erhöhter Preis für Büchsenöffner gerechtfertigt? Schrott und Holz vergammeln ungenutzt. Modernisierung einer Wohnung. Kindergarten und -krippenplätze sollen geschaffen werden. Es schreibt ein 2. Sekretär der WPO Zwickau. Schwerstgeschädigter Sohn (20) muß von der Mutter treppauf – treppab getragen werden. Unzufrieden mit der Bearbeitung der

Eingabe – defektes Dach. Wohnungen verfallen. Wohnhaus verfällt. Feuchte Wohnung – seit Oktober 87. Neuerervorschlag. Baustopp: Apothekenausbau stürzte ein.

(Abkürzungen: AL = Arbeits- und Lebensbedingungen, WP = Wohnungsproblem, WPO = Wohnparteiorganisation, REKO = Rekonstruktion)

Autorinnen und Autoren

PETER BECKER, geb. 1962, bis September 1997 wissenschaftlicher Mitarbeiter am DHJ, Washington D. C., seither Professor for Central European History am Europäischen Hochschulinstitut in Florenz. Arbeitsschwerpunkte: Geschichte von Sexualität, Herrschaftspraxis, Polizei und Kriminologie, vornehmlich des 18. und 19. Jahrhunderts; in Vorbereitung ist ein Projekt zur Kulturgeschichte der Bürokratie des 19. Jahrhunderts.

BURGHARD CIESLA, geb. 1958, Historiker, wissenschaftlicher Mitarbeiter am Zentrum Zeithistorische Forschung in Potsdam; DFG-Projekt „Konkurrierende Systeme im deutschen Personenverkehr 1945–1990", gemeinsam mit dem Deutschen Museum München. Arbeitsschwerpunkte: Sozial- und Wirtschaftsgeschichte der SBZ/DDR, Technik- und Wissenschaftsgeschichte im 20. Jahrhundert. Veröffentlichungen: Johannes Vogler, Von der Rüstungsfirma zum volkseigenen Betrieb. Aufzeichnungen eines Unternehmens der SBZ von 1945–1948, München 1992 (Hg.); Technology Transfer Out of Germany After 1945, Amsterdam 1996 (Hg., zusammen mit M. Judt).

INSA ESCHEBACH, geb. 1954, Religionswissenschaftlerin, wissenschaftliche Mitarbeiterin am Zentralinstitut für sozialwissenschaftliche Forschung der FU Berlin. Forschungsprojekt zu NS-Strafverfahrensunterlagen der DDR-Justiz. Arbeitsschwerpunkt: Gedächtniskonstruktionen zum Nationalsozialismus. Veröffentlichungen u. a.: zus. mit J. Ebert (Hg.): „Die Kommandeuse". Erna Dorn – Zwischen Nationalsozialismus und Kaltem Krieg. Berlin 1994; Vernehmungsprotokolle als historische Quellen. Der Rostocker Ravensbrück-Prozeß 1966, in: WerkstattGeschichte No. 12/1995, S. 65–70; SS-Aufseherinnen des Frauenkonzentrationslagers Ravensbrück. Erinnerungen ehemaliger Häftlinge, in: WerkstattGeschichte No. 13/1996, S. 39–48.

ATINA GROSSMANN, geb. 1950, lehrt europäische Geschichte der Neuzeit und Frauenstudien an der Cooper Union und der Columbia University, beide New York City. Arbeitsschwerpunkte: Sexualität und Politik, Geschlechter- und Frauenpolitik, Politik der Frauen – von der Weimarer Republik bis in die beiden deutschen Staaten der 50er und 60er Jahre; zusammen mit Renate Bridenthal und Marion Kaplan hat sie herausgegeben: When Biology Became Destiny: Women in Weimar and Nazi Germany. New York 1984; zu ihren Veröffentlichungen gehören: Reforming Sex: The German Movement for Birth Control and Abortion Reform 1920–1950, Oxford/ New York 1995; Eine Frage des Schweigens: Die Vergewaltigung deutscher Frauen durch Besatzungssoldaten, In: Sozialwissenschaftliche Informationen/SOWI 24 (1995), S. 109–119.

RALPH JESSEN, geb. 1956, Historiker, Wissenschaftlicher Mitarbeiter für Vergleichende Gesellschaftsgeschichte der Freien Universität Berlin. Arbeitsschwerpunkte: Forschungen zu Geschichte von Polizei und Kriminalität im 19. Jahrhundert und zur Geschichte der akademischen Elite in der DDR. Veröffentlichungen u. a.: Polizei im Industrierevier. Modernisierung und Herrschaftspraxis im westfälischen Ruhrgebiet 1848–1914, Göttingen 1991; Die Gesellschaft im Staatssozialismus. Probleme einer Sozialgeschichte der DDR, in: Geschichte und Gesellschaft 21 (1995), S. 96–110; Die Grenzen der Diktatur. Staat und Gesellschaft in der DDR, Göttingen 1996 (Hg., zusammen mit Richard Bessel).

MATTHIAS JUDT, geb. 1962, Wirtschaftshistoriker, Berlin. Arbeitsschwerpunkte: DDR-Technologie- und Industriegeschichte sowie deutsche und amerikanische Konsumgeschichte im 20. Jahrhundert. Veröffentlichungen: (zusammen mit Burghard Ciesla) Technologietransfer Out of Germany After 1945, Amsterdam 1996; Die Entwicklung der DDR-Computerproduktion von 1945 bis Anfang der 60er Jahre – Ein Überblick, in: Gesellschaft und Innovation. Ansatzpunkte und Fragen interdisziplinärer Innovationsforschung, Berlin 1989; Zur Geschichte des Büro- und Datenverarbeitungsmaschinenbaus in der SBZ/DDR, in: Christian Kleinschmidt/ Werner Plumpe (Hg.), Unternehmen zwischen Markt und Macht, Essen 1994; Die sowjetische Nutzung des Produktions- und Wissenschaftspotentials der ostdeutschen elektrotechnischen und feinmechanisch-optischen Industrie 1945–1955, in: Christoph Buchheim (Hg.), Wirtschaftliche Folgelasten des Krieges in der SBZ/DDR, Baden-Baden 1995.

THOMAS KRAMER, geb. 1959, studierte an der Leipziger Universität. 1989 promovierte er zum Dr.phil. In bislang zwei Buch- und zahlreichen Zeitschriftenpublikationen, Fachvorträgen und Seminaren setzte er sich mit DDR-Comic- und Kulturgeschichte auseinander. Er lebt als freier Autor in Berlin.

THOMAS LINDENBERGER, geb. 1955, Historiker, Dr.phil., wissenschaftlicher Mitarbeiter am Zentrum für zeithistorische Forschung, Potsdam. Projektsprecher des DFG-Projekts „Herrschaft und Eigen-Sinn in der Diktatur. Studien zur Gesellschaftsgeschichte in Berlin-Brandenburg, 1945–1990". Arbeitsschwerpnkte: Sozialgeschichte der öffentlichen Ordnung im 20. Jahrhundert, Polizei im Staatssozialismus, Alltags- und Mikrogeschichte. Veröffentlichungen: Straßenpolitik. Zur Sozialgeschichte der öffentlichen Ordnung in Berlin, 1900–1914, Bonn 1995; als Herausgeber (zusammen mit Alf Lüdtke): Physische Gewalt. Studien zur Geschichte der Neuzeit, Frankfurt a.M. 1995; Aufsätze zur Theorie und Praxis von Alltagsgeschichte; Mitherausgeber von „WerkstattGeschichte".

ALF LÜDTKE, geb. 1943, wissenschaftlicher Referent am Max-Planck-Institut für Geschichte, Göttingen, apl. Prof. an der Universität Hannover. Arbeitsschwerpunkte: Wandel von Herrschaft und „Polizei" in der Neuzeit, Arbeitserfahrungen und Arbeiterpolitik sowie Perspektiven von Alltagsgeschichte und historischer Anthropologie; vgl. dazu zuletzt: Eigen-Sinn. Fabrikalltag, Arbeitererfahrungen und Politik von Kaiserreich bis in den Faschismus, Hamburg 1993; als Herausgeber: (mit Th. Lindenberger) Physische Gewalt. Studien zur Geschichte der Neuzeit, Frankfurt a.M. 1995; (mit Inge Marßolek und Adelheid von Saldern) Amerikanisierung, Stuttgart 1996; Mitherausgeber von „Historische Anthropologie", „Sozialwissenschaftliche Informationen-SOWI" und „WerkstattGeschichte"

Autorinnen und Autoren 313

INGA MARKOVITS, geb. 1937, Juristin; Professorin an der University of Texas Law School, Austin, USA. Arbeitsschwerpunkte: Rechtsvergleichung, sozialistischer Rechtsalltag, Familienrecht, DDR-Rechtsgeschichte. Veröffentlichungen: Die Abwicklung. Ein Tagebuch zum Ende der DDR-Justiz (München 1993); Children of a Lesser God: GDR Lawyers in Post Socialist Germany, in: Michigan Law Review 94 (1996); The Road from „I" to „We": Family Law in a Communitarian State, in: Utah Law Review (1996).

INA MERKEL, geb. 1957, Kulturhistorikerin, Assistentin am Institut für Europäische Ethnologie der Humboldt-Universität zu Berlin. Arbeitsschwerpunkte: Kulturgeschichte der DDR, Geschlechterverhältnisse und Sexualität, Konsumkultur; Veröffentlichungen: „...und Du, Frau an der Werkbank!" Die DDR in den 50er Jahren, Berlin 1990; (als Mitherausgeberin) Wunderwirtschaft. DDR-Konsumkultur in den 60er Jahren, Köln/Weimar/Wien 1996, Mitherausgeberin von „WerkstattGeschichte".

KATHERINE PENCE, geb. 1968, Doktorandin in Geschichte, University of Michigan, Ann Arbor. Arbeitsschwerpunkt: „Consumer Culture", Kalter Krieg und „Gender" in Ost- und West-Berlin, 1945–1961. Ph. D. voraussichtlich 1997.

UTA G. POIGER, geb. 1965, Assistant Professor, Department of History, University of Washington, Seattle. Arbeitsschwerpunkte: Amerikanische Kultureinflüsse in der DDR und der BRD; Geschichte der Beziehungen von „Geschlecht" und „Rasse"; Konsumkulturen. Veröffentlichungen u. a.: Rock 'n' Roll, Female Sexuality, and the Cold War Battle over German Identities, in Journal of Modern History 68, September 1996.

DOROTHEE WIERLING, geb. 1950, DAAD-Professorin für German Studies an der University of Washington, Seattle. Arbeitsschwerpunkte: Alltagsgeschichte des 19. und 20. Jahrhunderts in Deutschland, Oral History Geschlechtergeschichte, Sozialgeschichte der DDR. Veröffentlichungen u. a.: Mädchen für Alles. Arbeitsalltag und Lebensgeschichte städtischer Dienstmädchen um die Jahrhundertwende, Berlin/Bonn 1987; zusammen mit Lutz Niethammer und Alexander von Plato, Die volkseigene Erfahrung. Eine Archäologie des Lebens in der Industrieprovinz der DDR, Berlin 1991.

MARTIN GEORG GOERNER

Die Kirche als Problem der SED
Strukturen kommunistischer Herrschaftsausübung gegenüber der evangelischen Kirche 1945 bis 1958

Reihe: *Studien des Forschungsverbundes SED-Staat an der Freien Universität Berlin*
1997. XII, 433 Seiten – 170 mm x 240 mm
Gb, DM 98,– / öS 715,– / sFr 89,–
ISBN 3-05-003060-7

Auf welche Weise beabsichtigt die SED, die Kirchen in der DDR in ihr Herrschaftskonzept einzubinden? Welche Methoden wandte sie dabei an und welches Instrumentarium entwickelte sie dazu? Diese Fragen werden erstmals präzis und detailliert in Goerners Buch auf der Basis zahlreicher gründlich ausgewerteter Quellen untersucht. Die Bedeutung der Arbeit weist weit über den Horizont der DDR- und der Kirchengeschichte hinaus, denn ausführlich bezieht der Autor die sowjetische Deutschlandpolitik sowie viele systematische Aspekte zum Thema Herrschaft ein. Ein Buch für alle, denen die eiligen Publikationen der letzten Jahre zu oberflächlich sind.

Aus dem Inhalt:

I. *Theoretische Grundlagen*
   Marxismus-Leninismus und Christentum – Politische Systeme der DDR – Modelle für die Herrschaftsausübung der SED gegenüber der Kirche

II. *Die kirchenpolitischen Ansätze der SED vor dem „Neuen Kurs"*
   Die Rahmenbedingungen der SED-Kirchenpolitik – Die Phase der Integration von Christen und Kirche – Die Konfrontationsphase – Die Liquidierungsphase 1952-1953

III. *Die Ausbildung einer systematischen Kirchenpolitik*
   Erste Ansätze für eine Umorientierung – Die sowjetischen Anweisungen zum „Neuen Kurs" – Die Konzipierung einer systematischen Kirchenpolitik – Der Leipziger Kirchentag 1954

IV. *Die Entstehung eines Apparates für die Kirchenpoltik*
   Institutionalisierung der Kirchenpolitik – Zurückdrängen der Hauptabteilung „Verbindung zu den Kirchen" – Kirchenpolitik in den Massenorganisationen und der CDU – Die Abteilung für Kirchenfragen im Staatssekretariat für Staatssicherheit – Einrichtung eines Schulungssystems

V. *Die Differenzierungs- und Unterwanderungspolitik der SED*
   Unterwanderung der Kirchen mit „fortschrittlichen Kräften" – Systematisches Zurückdrängen der Kirchen

VI. *Die erste große Auseinandersetzung mit neuem kirchenpolitischem Konzept*
   Die politischen Rahmenbedingungen – Neue Verhärtung der Situation – Vergebliche Vermittlungsversuche und Reformansätze – Bildung des staatlichen Amtes für Kirchenfragen – Militärseelsorgevertrag und die Spaltung der EKD – erster Teilerfolg der SED: Die Verhandlungen 1958

Bestellungen richten Sie bitte
an Ihre Buchhandlung.

Sowjetische Speziallager in Deutschland 1945 bis 1950

Herausgegeben von Sergej Mironenko, Lutz Niethammer, Alexander von Plato (Koordination) in Verbindung mit Volkhard Knigge und Günter Morsch

Band 1
Studien und Berichte

Bearbeitet von Alexander von Plato

1997. ca. 450 Seiten – 170 mm x 240 mm
Gb, ca. DM 78,– / öS 569,– / sFr 71,–
ISBN 3-05-002531-X

24 deutsche und russische Wissenschaftler und Wissenschaftlerinnen zeichnen ein übersichtliches und dennoch komplexes Bild der sowjetischen Speziallager in Deutschland nach 1945.

- Kurze und prägnante Artikel über jedes einzelne Speziallager sorgen – entsprechend dem gegenwärtigen Wissensstand – für eine schnelle Information.
- Übergreifende Themen, wie z.B. zum Vergleich mit den Internierungslagern der westlichen Alli-ierten, zur Sowjetischen Militäradministration in Deutschland, zu den sowjetischen Geheimdiensten sowie zu den Archiven in Rußland und Deutschland werden von Spezialisten bearbeitet.
- Thematische Schwerpunkte zu den Speziallagern erlauben einen schnellen Zugriff beispielsweise auf die Häftlingszusammensetzung, auf das Leben im Lager, die Mobilität zwischen den Lagern, auf Versorgung, Krankheit und Tod, auf Verarbeitungsprobleme der Lagerzeit danach usw.
- Register, Abkürzungsverzeichnis und eine umfangreiche Bibliographie runden das Bild dieses Bandes als Standardeinführung ab.

Dieses Buch fundiert die schwierige Debatte, die in Deutschland um die Internierungen begonnen hat: Wurden hier Nazis als Täter bestraft oder Unschuldige interniert oder beides?

Bestellungen richten Sie bitte an Ihre Buchhandlung.

Akademie Verlag

Jahrbuch für Historische Kommunismusforschung

Arbeitsbereich IV im Mannheimer Zentrum für Europäische Sozialforschung der Universität Mannheim

Jahrgang 1997

Hermann Weber / Egbert Jahn / Günter Braun / Horst Dähn / Jan Foitzik / Ulrich Mählert (Hrsg.)

1996. 388 Seiten – 170 mm x 240 mm
Gb, Einzelbezug DM 98,– / öS 715,– / sFr 89,–
Fortsetzungsbezug DM 88,– / öS 642,– / sFr 80,–
ISBN 3-05-003137-

Aus dem Inhalt:

Abhandlungen und Miszellen
L. *Luks*, Zum Stalinschen Antisemitismus – Brüche und Widersprüche
J. *Mothes*, Kommunistische Regionalberatungen zu Lateinamerika in Kominternzeiten
G. H. *Hodos*, Stalinistische Prozesse gegen Sozialdemokraten
T. *Kampen*, Deutsche und österreichische Kommunisten im revolutionären China (1925 – 1949)

Forum
A. *Agosti*, Sowjetischer Kommunismus. Bilanzierende Aspekte eines Jahrhundert-Phänomens
P. *Broué*, Sind jene Archivbesucher die Bestinformierten, die zuletzt dort waren?
A. *Butenko*, Ergebnisse und Bewertungen der Oktoberrevolution
R. V. *Daniels*, Bürokratischer Fortschritt und gesellschaftlicher Rückstand in der Russischen Revolution
M. *Lewin*, Überlegungen zum geschichtlichen Weg der Sowjetunion

Dokumentation
I.-S. *Kowalczuk*, Frost nach dem kurzen Tauwetter: Opposition, Repressalien und Verfolgungen 1956/57 in der DDR
W. I. *Daschitschew*, „Nicht durchhaltbare Mission der sowjetischen Außenpolitik" – Ein Gutachten für Andropow
G. *Neugebauer*, G.-R. *Stephan*, „Eure Sorgen sind auch unsere Sorgen." Das Treffen von Gregor Gysi und Michail Gorbatschow am 2. 2. 1990 in Moskau

Biographische Skizzen
K. *Hartewig*, Helmut Thiemann, Rolf Markert und der Häftlingskrankenbau im Konzentrationslager Buchenwald
J. *Schröder*, Rolf Lindau (1888 – 1977)
H. *Müller Enbergs*, Meinungsoffiziere der Parteiführung

Bestellungen richten Sie bitte an Ihre Buchhandlung.

Konsum Seifenwerk Riesa

Konsum Seifenwerk Riesa, 84 Riesa, Paul-Greifzu-Straße 24-30

Frau
Heidrun G████

7840 Senftenberg

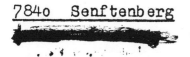

Leitbetrieb der
Erzeugnisgruppe
Seife, Hand- und
Körperreinigungsmittel

Mitglied der
Kammer für
Außenhandel
der DDR

Ihre Zeichen	Ihre Nachricht vom	Unsere Zeichen	Datum
		521	25.06.85

Betreff:

Verehrte Frau G████ !

Mit Interesse haben wir Ihr Schreiben mit Ihrem Vorschlag zur Kenntnis genommen. Leider müssen wir Sie um Verständnis bitten, daß wir Ihrem Wunsche nach "Kinderseife in Spielzeugform" nicht Rechnung tragen können. Unsere Aufgabe, die Produktion von Konsumgütern mengenmäßig bedarfsgerecht und volkswirtschaftlich optimal zu sichern, gestattet es nicht, von hochproduktiven Anlagen abzugehen und aufwendige Handarbeit mit geringen Losgrößen zu organisieren. Unsere Volkswirtschaft verlangt den sparsamsten Einsatz von Arbeitskräften und Produktionskapazität. Die unter dem Aspekt des scharfen Konkurrenzkampfes in der BRD und anderen westlichen Ländern üblichen Zugeständnisse an den Verbraucher, auch beim Risiko des Verlustes, sind für uns kein Maßstab und auch nicht erstrebenswert.

b.w.